求是智库
ZJU Think Tank

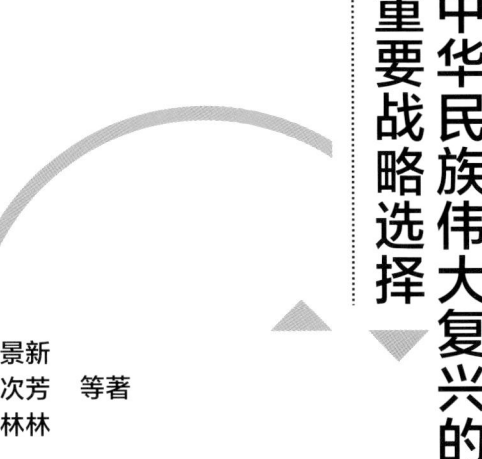

经略山区

中华民族伟大复兴的重要战略选择

王景新
吴次芳　等著
李林林

中国社会科学出版社

图书在版编目(CIP)数据

经略山区：中华民族伟大复兴的重要战略选择 / 王景新等著 . —北京：中国社会科学出版社，2021.6
ISBN 978-7-5203-8002-7

Ⅰ.①经… Ⅱ.①王… Ⅲ.①贫困山区—扶贫—研究—中国 Ⅳ.①F126

中国版本图书馆 CIP 数据核字（2021）第 038284 号

出 版 人	赵剑英
责任编辑	宫京蕾
责任校对	秦 婵
责任印制	郝美娜

出　　版	中国社会科学出版社
社　　址	北京鼓楼西大街甲 158 号
邮　　编	100720
网　　址	http：//www.csspw.cn
发 行 部	010-84083685
门 市 部	010-84029450
经　　销	新华书店及其他书店
印　　刷	北京君升印刷有限公司
装　　订	廊坊市广阳区广增装订厂
版　　次	2021 年 6 月第 1 版
印　　次	2021 年 6 月第 1 次印刷
开　　本	710×1000　1/16
印　　张	35
插　　页	2
字　　数	601 千字
定　　价	198.00 元

凡购买中国社会科学出版社图书，如有质量问题请与本社营销中心联系调换
电话：010-84083683
版权所有　侵权必究

"经略山区研究"课题组

主持人：

吴次芳，浙江大学土地与国家发展研究院院长，浙江大学公共管理学院教授、博士生导师

王景新，浙江大学土地与国家发展研究院教授，发展中国论坛副主席，湖州师范学院"两山"理念研究院常务副院长

成员：

叶艳妹（女），浙江大学土地与国家发展研究院常务副院长、教授、博士生导师

车裕斌，浙江师范大学农村研究中心副主任（主持工作）、教授、博士

李林林（女），浙江大学土地与国家发展研究院秘书长、助理研究员、博士

支晓娟（女），河海大学公共管理学院副教授、博士

陈志新，浙江大学西部发展研究院副教授、博士

倪建伟，浙江财经大学公共管理学院教授、博士

赵伟锋，武汉轻工业大学经济与管理学院讲师、博士

章艳涛（女），浙江师范大学讲师，中南大学马克思主义学院博士生

朱强，湖州师范学院"两山"理念研究院科研助理、博士

谷玮（女），浙江大学土地与国家发展研究院博士生

吕悦风，浙江大学土地与国家发展研究院博士生

张羽，浙江大学土地与国家发展研究院科研助理

前　言

　　中国是世界山地面积最广大的国家，山区占国土面积的70%。中国的山地构造塑造了绿水青山的主体骨架，奠定了自然环境的基础，成为自然分区和省级政区的重要界线。全国生态脆弱区占国土面积的60%以上，其中超过90%在山区；农村居民点条件差的有172万个，山区占总数的95%；每年发生的地质灾害，99%集中分布在山区；70%淡水资源的发源地位于山区，90%以上的森林资源位于山区；80%以上的少数民族生活在山区，90%以上的国境线位于山区，18个集中连片的欠发达地区几乎都在山区；2019年中国县级行政区划中，山区半山区占比75%。

　　重视山区在可持续发展中的地位作用是人类的共同愿望，更是世界上山地国家的共识。1992年联合国《21世纪议程》专辟第13章——可持续的山区发展，关注山区生态系统的可持续性和山区流域的综合开发两个主题。1998年，联合国将2002年确定为"国际山地年"（International Year of Mountains），并从2003年开始把每年的12月11日作为"国际山地日"（International Mountains Day）。2002年联合国《约翰内斯堡执行计划》第42段专门阐述了处理山区可持续发展问题所需要的行动。2012年联合国《我们期望的未来》第五部分"行动框架和后续行动"中专门对山区问题，包括山区生态系统，山区贫穷、粮食保障和营养，山区社会排斥和环境退化问题做了规定，倡导各国政府将山区政策纳入国家可持续发展战略。2015年联合国《变革我们的世界：2030年可持续发展议程》第33段指出：包括山地在内的自然资源的可持续管理，是经济和社会发展的必备条件。国际层面的《阿尔卑斯山公约》《喀尔巴阡山公约》《欧洲山区公约（草案）》等规范性文件，其共同目标都是关注如何促进山区的可持续发展。欧洲委员会从1999年通过的《欧洲空间开发展望——实现欧盟领土的平衡和可持续发展》，2002年通过的《欧洲大陆可持续空间开发的指导原则》，到 2011 年通过的《欧盟 2020 地区议程》，都特别强调要平衡山区的经济、社会发展与环境保护之间的关系。

中国共产党在近百年的发展历程中，对山区的开发和建设有着特别的情怀。在新民主主义革命时期，山区是革命根据地，曾经依托山区打天下。在社会主义革命和建设时期，依靠山区的"三线建设"构筑西部战备基地和平衡全国工业布局。改革开放和社会主义现代化建设时期，全面部署西部大开发，其中西部的绝大部分是山区。《国家八七扶贫攻坚计划》的国家级贫困县 592 个，其中 496 个在山区，占 83.8%。《中国农村扶贫开发纲要（2011—2020 年）》中 14 个集中连片贫困地区共涉及 680 个县，除少数沙漠化地区外基本上都在山区。《中共中央国务院关于实施乡村振兴战略的意见》中，乡村的主战场也在山区。到 2020 年全面建成小康社会，山区的贫困县将全面脱贫并走向小康。从 20 世纪 50 年代开始，国家就组织了大规模的山地资源考察。之后，不少学者从地理学、地质学、社会学、经济学、生态学、资源学、灾害学以及人类学等视角，对山区的发展进行了卓有成效的研究。

可是，把山区发展作为一个独特的经济地理单元研究其专门战略和政策，并将其纳入国家可持续发展的整体框架中统一谋划，并与中国"两个一百年"奋斗目标、总体国家安全体系建设、生态文明建设和中华民族长久生存发展联系在一起，进行系统性、综合性、战略性和实操性研究的仍然少见。在工业化和城市化的大背景下，山区研究总体上一直处于边缘地带和碎片化状态。回头审视中华民族的发展历史，到底经历了怎样的变迁？从山水中走来，孕育了黄河和长江文明；"革命中国"时代根据山区，以农村包围城市；"乡土中国"时代经略中原，得中原者得天下；"城乡中国"时代经略东南，推进工业化、城市化和东部沿海地区优先发展。从山水出发，可山区总体上还落后全国 10—15 年，落后沿海发达地区 20 年以上，到如今回不去也不愿意回去的山区，初心何寄？平衡何在？可持续何存？这将成为中国一个迫切需要解决的社会与国家问题。

人类从绿水青山中走来，沿着绿道迁徙繁衍。如果绿水青山从地球上消失，全球 90% 以上的生物将灭绝。从非洲赤道地带至中东阿拉伯沙漠，经过苏联中亚细亚，直至中国西部在横穿两大洲地带的沙漠化，几十处古代文明如今已成为一片废墟，根源就在于绿水青山的衰败。中华文明的摇篮——黄土高原，在盛唐时还是繁华的天朝圣地，可是千余年来人们忘却了对自然的尊重，忽视了对绿水青山的养育，造成了黄河的滚滚浊流，古人"黄河水清"的愿望不知道何时才能实现。中华民族的兴盛，文明在山水，梦在"两山"间。山区是高峰资源、峡谷资源、洞穴石林资源、瀑布资源、冰川资源、野生动植物资源、地质化石资源、湖泊资源、水能资源、草地资源、太阳能资源、地热能资源、矿产资源、水资源、燃料能资源等分布的富集区。总体上看，山区的农业资源、旅游资源、矿产资源、水资源、文化资源极其丰富，多种发展空间并存，多种资源赋存配套，是"绿水青山就是金山银山"两山理论的主战场。可以预见，面对百年未有之大变局和全球气温上升、环境恶化、资源枯竭、能源短缺、公共卫生安全事件频发、地缘政治冲突加剧，21世纪人类文明必将经历从"黄色农业文明"到"黑色工业文明"再到"绿色生态文明"的时代变革。中国在经历20世纪80年代的沿海开放、90年代的沿江开放以及2002年的沿边开放，必然规律性地进入沿山开放的时代，"山区中国"应该正在到来。"经略山区"将与"沿海中国"形成两轮驱动发展的大趋势，念好"山海经"是中华民族的历史使命、内在诉求和时代责任。

鉴于山区在炎黄发展史、民族复兴和国家可持续发展中的战略地位，2017年3月，在王景新教授的大力倡导和积极努力下，浙江大学土地与国家发展研究院牵头，联合浙江大学西部发展研究院、浙江师范大学农村研究中心、河海大学公共管理学院等相关专业的专家学者组成课题组，启动了"经略山区研究"课题。课题组按既定研究对象"分区聚类"选择调查样本，进行广泛深入的现场调研。样本分布于全国67个县，共115个乡镇230个村690个农户，加上课题组2017年暑假组织大学生到集中连片贫困山区入户问卷414份，合计农户问卷约1100份。其中北方山区（以秦岭-淮河线为界）12县，南方山区25县，中国藏区（西藏及云南、四川、甘肃、青海四省藏区）10县，南疆三地州（塔克拉玛干沙漠边缘）7县，山区非贫困县（含森林资源富集区）比较样本13个（参见第一章表1），取得了重要的第一手资料。在课题执行的三年多时间里，共举办了四次"经略山区研究"学术沙龙，统一课题研究框架思路和方法，交流样本县（市、区）调查情况和研究进展，探讨"山区中国与经略山区""经略山区与经略海洋""经略山区与乡村振兴""山区可持续发展与国家可持续安全"等重大问题。2019年12月7日，课题组在全国人大会议中心召开了"中国山区发展70年调研成果发布暨研讨会"，与会专家赞赏"经略山区研究"的意义和价值，认可课题调研成果主要结论、核心观点和相关建议，提出了许多有价值的修改意见，对完善本课题成果起到了十分关键的作用。

  本书按照"基础研究""本底调查与分析""战略和政策研究"三部曲依次展开。基础研究即第一篇"总论"，包括第一章"经略山区"的研究价值、理论框架和方法；第二章山区建设与可持续发展的国际经验与趋势；第三章中国集中连片特困地区县域发展的趋势、战略与政策；第四、五两章，是运用67个样本县域本底调查基础数据分别对中国集中连片山区贫困县域发展与农牧民生计现状和趋势进行分析并阐述中国山区发展七十年历史演进、现状剖析与治理构想。本底调查与分析的成果汇集成本书第二篇"调研报告"，其内容包含了第六章到第十六章共11篇反映不同地理类型区域的贫困县响应"脱贫攻坚战略""新型城镇化战略""乡村振兴战略"方面的不同做法和经验的调研报告。为什么有些片区的分省调研报告未收入本著？需要说明：一是本课题对集中连片贫困山区县前期调研始于2014年，完成比较早的调研报告已经分别收录于其他著作之中，本著若再收录则有重复发表之嫌，比如《秦巴山片区扶贫与就近城镇化协同发展之路——湖北省十堰市调研报告》收录到本研究院主办的《全球土地2016：热点与前沿》（吴次芳，2018）一书，《全域扶接轨新型城镇化——巴中市居村农民就近城镇化调查》收录到《就近城镇化研究》（王景新、庞波，2015），《贫困地区脱贫攻坚接轨新型城镇化的战略与对策——四川巴中、湖北十堰、陕西安康调查总报告》收录到《就近城镇化再研究》（王景新、车裕斌、庞波，2017）；二是由于新冠肺炎疫情，实地调查止于2019年12月底，调研计划中涉及的五类不同地理类型区域共67个样本县，其中有10个县未能完成实地调查，尽管这10个县的本底数据和主要经济指标课题组尽可能收录和运用到了本著"总论"之中，但没有这些县的调研报告，未完成所有样本县的实地调查，不同片区分省调研报告也不完整，这是本著的一大缺憾。战略和政策研究的成果汇集成本书第三篇"专题研究"，包括第十七章到第二十一章共5篇专论。涉及乡村活力评价、激发和维持的理论研究和实践经验总结，苏区模范乡建设的历史经验和乡村振兴及其地域空间重构的现实经验等。

全书由王景新教授制定大纲，组织撰写，并由李林林博士协助统稿和定稿。各章作者如下：前言，吴次芳；第一章、第二章，李林林、王景新；第三章，王景新、吴次芳、李林林；第四章，谷玮；第五章，吕悦风；第六章，李林林、王景新；第七章，陈志新；第八章，王景新、李林林、张羽；第九章，张羽、王景新；第十章，朱强、王景新；第十一章，王景新；第十二章，沈凌峰、周家颖、王景新；第十三章，章艳涛、王景新；第十四章，赵伟峰、王景新；第十五章，李林林、王景新，第十六章，王景新、余国静、杨昕；第十七章，吴次芳、王景新、叶艳妹、车裕斌、支晓娟，自然资源部国土整治中心范树印、高世昌、肖文等指导和参与；第十八章，王景新；第十九章，王景新、郭海霞、张羽；第二十章，王景新、支晓娟；第二十一章，王景新、李林林。在这里，对所有支持我们调研的省、市、县、乡、村诸多领导和农民朋友，以及对全国人大相关专业委员会、农业农村部、自然资源部、住房和城乡建设部、国家林业和草原局、国务院发展研究中心、中共中央党校、中国社会科学院、中国人民大学、中国农业大学等单位给我们提出修改完善意见的领导、专家、学者，表示最诚挚的谢意。

章太炎先生说：中国是一个"右高原，左大海"的国度。中国山区发展关系到国家的生态安全、经济安全、资源能源安全、文化安全、地缘政治安全和民族的团结进步。"山"与"海"共同构成了中华民族伟大复兴的结构图景和国家可持续发展的空间格局。如何经略山区，举足轻重、意义重大、影响深远。面对如此错综复杂的重大问题和民族使命，课题组深感认知能力、学术水平和思想智慧有限。作者真诚地欢迎国内外学者、政府官员和实践工作者不吝赐教。若能如愿，吾将"投我以木桃，报之以琼瑶"。

吴次芳

2020 年 5 月

目 录

第一篇 总论

第一章 "经略山区"的研究价值、理论框架和方法 …………(3)
 第一节 "经略山区"的研究价值 ……………………………(5)
 第二节 国内相关研究的学术史与研究动态 …………………(11)
 第三节 经略山区研究的目标、理论框架和方法 ……………(18)

第二章 山区建设与可持续发展的国际经验与趋势 ……………(35)
 第一节 国际山区研究学术史及研究动态 ……………………(37)
 第二节 山区建设与可持续发展的国际经验与发展趋势 ……(42)
 第三节 对我国山区建设与实现可持续发展的启示与建议 …(56)

第三章 中国集中连片特困地区县域发展的趋势、战略与政策 …(62)
 第一节 中国集中连片特困地区县域发展调研的主要结论 …(63)
 第二节 制定中国山区长远发展战略并纳入国家规划 ………(87)

第四章 中国集中连片特殊困难山区贫困县域发展与农牧民生计 ……………………………………………………………(98)
 第一节 研究区概况及数据来源 ………………………………(100)
 第二节 集中连片特殊困难山区样本县基本数据 ……………(102)
 第三节 集中连片特殊困难山区样本县经济综合实力 ………(122)
 第四节 集中连片特殊困难山区样本县地方财政收入 ………(124)
 第五节 分县域经济实力与社会发展情况 ……………………(126)
 第六节 2017年37个样本县情况切面 ………………………(134)

第七节 总结与讨论 …………………………………………… (137)

第五章 中国山区发展 70 年：历史演进、现状剖析与治理构想 …………………………………………………… (139)
　第一节 中国山区的战略定位 ……………………………… (140)
　第二节 中国山区发展的历史演变 ………………………… (144)
　第三节 中国山区的时代特征与发展困境 ………………… (152)
　第四节 中国山区的发展蓝图与实践路径 ………………… (156)

第二篇 调研报告

第六章 产业主导，衔接脱贫攻坚、乡村振兴与新型城镇化"三大战略"
　　　　——大兴安岭南麓镇赉、龙江两县实证研究 ……… (163)
　第一节 "三大战略"衔接的理论逻辑 …………………… (165)
　第二节 产业主导"三大战略"协同发展的理论依据与政策依据 ………………………………………………… (169)
　第三节 样本县产业主导"三大战略"的做法、经验与启示 ………………………………………………………… (173)
　第四节 研究小结 …………………………………………… (186)

第七章 资源型地区扶贫开发与山区县域经济转型
　　　　——山西省左权县、兴县调查报告 ………………… (189)
　第一节 调研背景及样本县经济社会发展总体状况 ……… (191)
　第二节 样本县扶贫开发的基本情况 ……………………… (196)
　第三节 样本县的村域经济与农民生计 …………………… (202)
　第四节 样本县国土资源利用状况及潜力 ………………… (204)
　第五节 推动资源型山区县域经济转型发展的建议 ……… (207)

第八章 秦巴山区通江县"三大战略"衔接锻造县域经济韧性 … (212)
　第一节 调研样本及研究价值 ……………………………… (213)
　第二节 反贫困提升县域经济韧性的历史表现 …………… (216)

第三节　乡村脱贫、振兴和新型城镇化衔接的做法与成效 …… （221）
　　第四节　县域经济韧性与乡村活力 ……………………………… （229）

第九章　大别山区红安县、武陵山区利川市脱贫攻坚和美丽乡村建设调查 ……………………………………………………… （241）
　　第一节　调研样本、内容和方法 ………………………………… （243）
　　第二节　脱贫攻坚的做法和成效 ………………………………… （247）
　　第三节　美丽乡村建设衔接"两大战略" ………………………… （253）
　　第四节　样本县域农户生计状况 ………………………………… （263）
　　第五节　样本县未来发展空间与人口承载力 …………………… （268）

第十章　乌蒙山区彝良县、滇西边境山区漾濞县调查报告 ……… （276）
　　第一节　调研背景、意义、内容和方法 ………………………… （278）
　　第二节　样本县国土资源与经济社会发展总体状况 …………… （282）
　　第三节　样本县贫困状况、脱贫成效及经验 …………………… （289）
　　第四节　样本县农户生计问题 …………………………………… （297）
　　第五节　样本县农户食物营养摄入状况 ………………………… （302）
　　第六节　加快山区县域经济发展的建议 ………………………… （309）

第十一章　罗霄山区井冈山市脱贫攻坚向城乡融合与乡村振兴协同推进跃升 ………………………………………………… （313）
　　第一节　样本价值、调研内容和方法 …………………………… （315）
　　第二节　脱贫攻坚成果巩固提升 ………………………………… （319）
　　第三节　县域经济发展与农户生计转变 ………………………… （325）
　　第四节　城乡融合与乡村振兴协同推进 ………………………… （331）
　　第五节　乡村空间与活力 ………………………………………… （341）

第十二章　罗霄山区炎陵县域脱贫、发展和农民生计调查 ……… （352）
　　第一节　调研样本、内容和方法 ………………………………… （354）
　　第二节　炎陵县脱贫攻坚的主要做法和基本经验 ……………… （356）
　　第三节　炎陵县经济社会发展状况 ……………………………… （364）
　　第四节　县域资源利用空间及未来发展政策建议 ……………… （369）

第十三章　乡村脱贫、振兴与新型城镇化衔接的策略、经验与问题
　　　　　　——武夷山区顺昌县洋墩乡响应国家"三大战略"
　　　　　　案例研究 ………………………………………………（376）
　第一节　样本县乡区位环境和经济社会概况 ………………………（379）
　第二节　山区乡村支柱产业转型和再造 ……………………………（381）
　第三节　山区乡村生产生活空间重构 ………………………………（385）
　第四节　"三大战略"衔接的经验与问题 …………………………（388）
　第五节　小结 …………………………………………………………（396）

第十四章　探索乡村振兴及绿色发展之路
　　　　　　——广东非贫困山区森林小镇调研报告 …………………（399）
　第一节　广东省森林小镇建设的总体状况 …………………………（404）
　第二节　广东森林小镇的类型、建设路径、投资和产业特色 ……（412）
　第三节　推进森林小镇建设需要讨论的问题和建议 ………………（426）

第三篇　专题研究

第十五章　中国乡村活力评价指数研究 ……………………………（433）
　第一节　乡村活力的理论内涵 ………………………………………（434）
　第二节　活力评价的相关理论与方法 ………………………………（439）
　第三节　德国乡村重振与乡村活力数据库建设的经验借鉴 ………（454）
　第四节　乡村活力与国土空间规划 …………………………………（459）
　第五节　乡村活力评价及其指标体系构建 …………………………（463）
　第六节　乡村活力评价的政策建议 …………………………………（473）

第十六章　"苏区模范乡"建设初心与振兴之路
　　　　　　——毛泽东《才溪乡调查》中的八村回访 ……………（476）
　第一节　镇村建制沿革及境域变迁 …………………………………（478）
　第二节　镇村经济与农民生计 ………………………………………（483）
　第三节　山区发展与乡村振兴路径 …………………………………（492）

第十七章　中国乡村振兴及其地域空间重构
　　　　　——特色小镇与美丽乡村同建振兴乡村的案例、经验及
　　　　　未来 ………………………………………………………（499）
　　第一节　中国乡村振兴已进入农村地域空间综合价值追求新
　　　　　阶段 ………………………………………………………（501）
　　第二节　特色小镇与美丽乡村同建振兴乡村的案例和经验 …（506）
　　第三节　特色小镇与美丽乡村同建振兴乡村的下一步 ………（515）

第十八章　中国乡村社会结构变动与治理体系创新 ………………（520）
　　第一节　"村落共同体"被社会主义（村域）集体经济共同体
　　　　　所取代 ……………………………………………………（522）
　　第二节　"基层市场共同体"转变为区域性政治经济文化中心
　　　　　共同体 ……………………………………………………（524）
　　第三节　"基层生产共同体"拓展成农民"三位一体"合作社
　　　　　共同体 ……………………………………………………（526）
　　第四节　"城乡两头家"成为中国乡村社会结构的重要特征 …（529）
　　第五节　构建中国特色社会主义乡村治理体系 ………………（532）

余　论 ………………………………………………………………（538）

第一篇　总　论

第一章 "经略山区"的研究价值、理论框架和方法

摘要：本章论述了"经略山区"的研究价值，梳理了国内相关研究的学术史与研究动态，在此基础上，界定了经略山区研究的目标、核心概念、框架和方法。认为：经略山区的研究价值是由山区在人类社会发展史上的重要地位和作用决定的，重视山区在可持续发展中的地位作用是世界上山地国家的共识；山区孕育了灿烂的人类文明，滋养了平原发展和城市崛起，在工业化和城镇化的时代，山区竭尽所能支持了国家、地区经济发展，自身却在平原和城市优先发展潮流中落伍了；随着社会经济的迅速发展，全球气候变化和生态环境持续恶化等问题凸显，山区已成为问题区域和贫困地区的代名词；当今世界，山区生态环境保护作为全球生态屏障、水源保护地及其可持续发展关键区域日益受到国际组织和山地国家的共同关注，山区发展研究也逐渐成为全球关注的热点课题之一。中国作为山区大国，山区问题及其可持续发展研究及相关战略和政策制定一直处于被忽视的边缘地位，亟须把山区发展作为一个独特的经济地理单元研究其专门战略和政策，并纳入国家可持续发展的整体中统一谋划。中国山区问题是个综合性问题，完全停留在自然科学层面上来认识是远远不够的，亟待加强系统性、综合性研究，形成多学科交叉、协同研究的格局，在更高层次上，把山地研究和山区发展有机地结合起来。

关键词：经略山区；研究价值；理论框架

Chapter1 Research value, theoretical framework and method of "Planning and management of mountain area"

Abstract: In this chapter, the research value of "strategically planned mountain areas" is discussed, while the academic history and trends of related research in China are sorted. On this basis, targets, core concepts, framework and methods of the research are defined. It argues that the research value of "strategically planned mountain areas" firstly depends on theimportance of mountain areas in the history of development of human society and in the contemporary sustainable development, which is a global consensus. Second, mountain areas have nurtured brilliant civilization, including development of plains and the rises of cities. Although in the era of industrialization and urbanization, mountain areas greatly support the economic development of countries and regions, they are, however, left behind in the priority development trend of plains and cities. Third, with the rapid development of social economy, irrational development of mountain areas leads to accelerating global climate change and deteriorating of the ecological environment, so that mountain areas have become a synonym for poor areas. Fourth, nowadays, international organizations and mountain countries pay more attention to the ecological function of mountain areas in the aspects of global eco – barrier, water source protection and sustainable development. Research on the development of mountain areas has gradually become one of the hottest issues around the world. As a major country of mountainous areas, China has always put aside the research of mountain issues and its sustainable development, as well as the formulation of relevant strategies and policies. It is urgent to study the strategy and policy of mountain areas as a unique economic geography unit and integrate it into the overall planning of national sustainable development. The problem of mountain areas in China is a comprehensive one, and it is far from enough to research it solely within the field of natural science. It is urgent to systematically, comprehensively, interdisciplinary and collaboratively study, at a high level, the mountain research and mountain development.

Subject：Strategically Planned Mountain Areas; Research Value; Theoretical Framework

第一节 "经略山区"的研究价值

一 山区在人类社会发展史上有重要地位和作用

山区孕育了灿烂的人类文明，滋养了平原发展和城市崛起。山区在中华民族繁衍生息的历史长河中曾经处于中心地位。蒙昧时代，人类从山林走来，湖北"郧阳人"（距今约 100 万年的直立人化石）、北京周口店"山顶洞人"（距今约 1.8 万年）都与山区相关联；狩猎时代，山区是人类获取食物的主要场所；农耕文明时代，山区是人类避乱所和休养生息的美丽田园，是农林产品生产供给基地，是国家建设资源宝库。正因为如此，中国人关注山区问题时代久远，先秦古籍《山海经》[1] 无疑是中国先民多次考察自然地理和人文地理活动的记录，是中华民族文化宝典之一，更是世界上最早的有关文献。有学者认为，《山海经》一书是由帝禹时代（距今 4200 年）的《五藏山经》，夏代（距今约 4200—3500 年）的《海外四经》，商代（距今约 3500—3000 年）、周代（距今约 3000—2200 年）的《海内五经》合辑而成。《五藏山经》共记述东南西北中五个区域 26 条山脉的 447 座山，以及相关的水系 258 处、地望 348 处、矿物 673 处、植物 525 处、动物 473 处、人文活动场景 95 处[2]。也有学者认为，中国有关山地的研究最早可以追溯至 3000 年前周人按照不同地形进行分类

---

[1] 作者佚名，译者李润英、陈焕良：《山海经》（图文珍藏本），岳麓书社 2006 年版。
[2] 转引自重构《根据中国古籍〈山海经〉复原绘制的中国 4200 年前的古地图》，《福建师大福清分校学报》2009 年第 1 期。

垦耕①。但是，工业化和城市文明时代，山区竭尽所能支持了中国革命和建设，自身却在平原和城镇优先发展潮流中暂时落伍了，反倒成了问题区域和贫困地区的代名词。

重视山区在可持续发展中的地位作用是世界上山地国家的共识。20世纪90年代，美国USGS依据高度、坡度以及地势的起伏等三个标准对山地进行界定，测定全球山区面积为3580万平方公里，约占地球陆地面积的24%。此外，结合同时代绘制的世界人口地图，可以明确大约有7.2亿人，即12%的世界人口居住在山地，而另外14%的人口居住在山地附近。也就是说，在世界范围内，山地面积以及居住在山地地区的人口都分别达到了世界总（表）面积和全球总人口的1/4，山地和山区研究的重要性不言自明②。

山地（Mountains）或山区（Mountain areas/regions/territories）由于其丰富的自然资源，以及在水源供给、生态（包括特定农业）产品产出、生物多样性维持、气候调节、旅游休闲等多种自然、社会与经济方面的功能，对一国或者一定区域的经济社会发展至关重要。国际上，在1992年巴西里约热内卢召开的联合国世界环境与发展大会上，181个国家联合签订了《21世纪议程》（*Agenda* 21），其中第13章"管理脆弱的生态系统：可持续的山区发展"（Managing Fragile Ecosystems: Sustainable Mountain Development）的制订和颁布，使得山地和山区问题的重要性在国际社会上达到更广泛的共识。在该章中，主要关注的是山区生态系统的可持续发展与（山区）流域的综合开发两个领域。28年之后的今天，在一系列国际会议、国际机构和国际组织的推动下，山区研究的范围和内容有了极大的拓展。

除了山区面积以及山区居民数量在体量上的重要性之外，Price教授还提到了三点需要在更大范围内加强山区研究的原因。第一个原因是人类关键的几类主要粮食作物都起源于山地。在已经确认的世界八个最早实现作物家庭化种植（domestication）的起源地中，几乎所有或是其主要部分都是在山区，包括安第斯山沿线、地中海周边地区、中美地区、埃塞俄比亚、中东地区、东南亚中部地区、中国，以及印度。在20种能够满足世

---

① 丁锡祉、郑远昌：《初论山地学》，《山地研究》1986年第3期。
② Price M F. Mountains, *A Very Short Introduction*, Oxford University Press, 2015, pp. 2-3.

界 80% 人口粮食需求的农作物中，包括玉米、土豆、大麦、高粱、苹果以及番茄在内的 6 种直接源自山区；另外的 7 种，包括小麦、大米、豆子、燕麦、葡萄、柑橘以及黑麦，被引入到山区种植后已经衍生出很多不同的品种。同样，很多调料，包括藏红花、黑胡椒、小豆蔻，家养动物，包括羊驼、山羊、美洲驼、绵羊、牦牛等也首先是在山区得到生长和驯化。也就是说，山区的发展与人类在食物方面的基本需求密切相关。

第二个原因是山区丰富的矿产资源。与起源于山区的农作物相比，山区矿产资源有更为长久的历史。世界上绝大部分的金属来源地都与造山（mountain-building）运动相关。但由于各类物理、化学作用，特别是地壳运动，很多矿藏现在已经处于地下深处（有的已经远离山地）。同时，从罗马帝国时代开始，山区矿产资源的开采和交易为历史上各大帝国的成长和扩张提供了重要基础。当然，历史上地下矿产资源的持续开采也导致了部分山区严重的环境污染问题。但至今，山区仍然是许多金属矿产的主要来源地。比如世界一半的钨矿产自我国的南部山区，几乎一半的银矿产自北美的西部山区，而世界上超过三分之一的铜矿是由智利的安第斯山区供应的。除了金属外，山区也是各类宝石的出产地，比如哥伦比亚东部安第斯山区是绿宝石的主要产区，缅甸的抹谷山谷（Mogok valley）则是几个世纪以来红宝石的主要来源地。在贸易全球化的推动下，这些金属矿产和宝石资源为当地人们提供了更多的收入来源。

第三个原因是世界范围内对山区具有的重要文化影响力的共识。除了从中世纪直到 19 世纪时期的基督教将山脉视作有恶魔居住的危险地的象征之外，其他很多文化体系都对山脉持有比较积极的态度和观点。特别是在中华文化中，山脉经常会被形容为一种神圣的（宇宙）生物，比如龙，而龙是慈爱和智慧的象征。在近现代社会，随着工业化和城市化的推进，很多传统文化（包括少数民族文化、保存下来的古老方言、传统手工技艺等）在平原地区逐渐退化乃至消失。而山区一般由于其偏僻的地理位置和相对落后的经济和社会发展的封闭性，很多传统文化得以保留至今[①]。山区

[①] 2016 年 11 月 24 日至 25 日，在浙江台州召开的第五届山地城镇可持续发展专家论坛主题为 "山地城镇文化保护与文化建设"，主要侧重对 "中国山地城镇规划建设中的文化思想" 以及 "山地文化保护、传承与输出" 两个主题进行研究。这突显了山地以及山区的文化问题在我国山区研究中日益受到关注。参见 Price M F. Mountains, *A Very Short Introduction*, pp.74-78.

的文化多样性也在一定程度上促进了山区生物多样性的保护和维持，比如形成和发展于山区的印加族文明和藏族文明在悠久的历史发展过程中，特别是在其宗教教义影响下，形成了一套全面的可持续地管理和利用自然资源的体系，对当地自然资源的可持续利用发挥了关键作用[1]。可以说，山地的发展和演变不仅关系山区居民的日常生活和长久发展，也会对周边平原地区居民的生产生活产生影响，尤其是在气候和水资源方面。

二 应对气候变化催生山区可持续发展研究热

随着社会经济的迅速发展，全球气候变化和生态环境持续恶化等问题凸显，山区逐渐成了问题区域。山区生态环境保护作为全球生态屏障、水源保护地及可持续发展的关键区域日益受到国际组织和山地国家的共同关注，山区发展研究也逐渐成为全球关注的热点课题之一。

最早在国际社会引起关注的是作为全球环境和气候变化重要参与者和影响者的山区生态系统。1971 年联合国教科文组织（UNESCO）推出的"人与生物圈计划"（Man and the Biosphere Programme），其中涵盖了 14 项有关世界主要生态系统的主题，第 6 项即为"人类活动对山区生态系统的影响"。1992 年联合国环境与发展大会通过《21 世纪议程：可持续发展行动计划》，第 13 章"管理脆弱的生态系统：可持续的山区发展"（Managing Fragile Ecosystems: Sustainable Mountain Development）中，主要关注的就是山区生态系统的可持续发展与（山区）流域的综合开发两个领域。1998 年 11 月，联合国大会将 2002 年定为"国际山地年"（International Year of Mountains），以强调山地生态系统在提供诸如水资源、森林产品等物资，以及提供生物多样性的稀有物种保护区、碳和土壤营养物的储存地、旅游场所等方面的重要作用。2002 年《约翰内斯堡执行计划》第 42 段阐述了处理山区可持续发展问题所需的行动，同《21 世纪议程》第 13 章一起构成山区可持续发展的总体政策框架[2]。除了山区（山

---

[1] Edwin Bernbaum, *Sacred Mountains of the World*, San Francisco: Sierra Club, 1990; McNeely, Jeffrey A., *Conserving Diversity Mountain Environments: Biological and Cultural Approaches*, Pre-Prints of the National Meeting of JWS, 1995.

[2] 参见联合国大会《山区可持续发展——秘书长的报告》，2005-08-29，http://undocs.org/zh/A/60/309，第 3 页。

脉）生态系统问题外，该文件还提及了山区性别平等、山地经济发展、山地社区参与，以及山地社区的贫困等方面所需的行动。这些可以看作是促进山区可持续发展的一系列具体目标，而且都是定性目标。从2003年起，联合国大会将每年12月11日设为"国际山地日"（International Mountain Day），组织相关宣传和纪念活动。2012年《我们期望的未来》中（第五部分"行动框架和后续行动"A项"主题领域和跨部门问题"）专门对山区问题，包括山区生态系统，山区贫穷、粮食保障和营养，山区社会排斥和环境退化问题做了规定。更重要的是，该文件倡导各国政府将山区政策纳入国家可持续发展战略。这也成为部分国家及地区，包括下文重点讨论的欧盟地区促进山区可持续发展的基本方略。2015年《变革我们的世界：2030年可持续发展议程》采取了整合经济、社会与环境三个层面的可持续发展框架，包括对山地在内的地球自然资源的可持续管理被视作经济和社会发展的必备条件（第33段）。尽管该文件主要关注的是山地的生态价值（目标6.6是对与水资源有关的山地等生态系统的保护和恢复、目标15.4是对包括生物多样性在内的山地生态系统的保护），但毫无疑问，这份文件涉及山区经济、社会与环境三个方面的可持续发展政策。

此后，各国（包括发展中国家和发达国家）或者地区的整体可持续发展战略都应将山区经济、社会与环境融合的可持续发展作为题中应有之义。这期间，国际层面还有《阿尔卑斯山公约》《喀尔巴阡山公约》《欧洲山区公约（草案）》等相关的规范性文件出台。这些文件促进了山地国家可持续发展，比如，《阿尔卑斯山公约》是一份阿尔卑斯山地区可持续发展的国际性领土条约，拟于1991年，1995年正式生效。该条约寻求在保护阿尔卑斯山的自然环境和文化完整性的同时，促进该地区的发展。阿尔卑斯山坐落于欧洲中部，覆盖了8个国家（奥地利、法国、德国、意大利、列支敦士登、摩纳哥、斯洛文尼亚和瑞士），有着丰富的生物、水、木材等自然资源和文化资源，居住着近1400万人口，是一个极具吸引力的旅游胜地。近年来，在《阿尔卑斯山公约》的协约框架下，通过欧盟阿尔卑斯山区拥有国的共同努力，在保护人们现有生存空间的基础上提高阿尔卑斯山区区域的可持续发展能力的诸多领域取得了显著成效。

三 中国山区可持续发展研究滞后亟须改变

中国是一个多山的国家，山地、丘陵和高原构成中国领土骨架。中国

31个省、市、自治区（未计算港澳台），除上海市外都有山地分布。2006年，在全国县级行政区划中，山区县895个，丘陵县531个，合计1426个，占全国县级行政区划（含县级市）总数的68.82%；山区县域面积428.1万公顷，丘陵县域面积203.7万公顷，合计631.8万公顷，占全国幅员总面积的65.81%、县域面积的70.63%；山区县域人口30489万，丘陵县域人口28387万，合计58876万，占全国县域人口的61.21%。石山老先生（2011）计算，"山区（包括丘陵区）占国土面积的70%"[①]。山区县域经济，尤其是农业经济所占比重大，山区和丘陵县GDP之和占全国县域经济总量的51.6%；第一产业增加值占全国县域第一产业增加总值的56.24%；粮食产量占全国县域粮食总产量的52.01%[②]。

中国港澳台地区都属于岛屿型地貌，或多或少都有山地、丘陵分布。香港是一座受到海水淹没的多山地体，境内山陵可与华南丘陵视为一体。香港特别行政区境内也是山多平地少，境域（连同水域）总面积2755.03平方公里，其中陆地面积为1104.39平方公里，约有650平方公里属天然山坡，约占陆地总面积的58.9%。澳门半岛除了连岛沙洲和附属堆积地区较平坦外，大部分是丘陵，与华南沿岸山脉震旦走向相同，半岛上有莲花山、东望洋山（松山）、炮台山、西望洋山和妈阁山等山脉，其中松山最高，海拔93米。因为香港和澳门特别行政区的独特政治经济地位，山区、丘陵等地貌特征对社会经济影响不大。但我国台湾地区的情况就不一样了。台湾岛面积为3.62万平方公里，几乎都被山脉和丘陵挤占。中央山脉纵贯全岛，长达330公里，有台湾屋脊之称；此外，还有玉山山脉（中央山脉西侧）、阿里山山脉（玉山山脉西侧）、海岸山脉、竹东丘陵、竹南丘陵、苗栗丘陵、飞凤山丘陵、恒春丘陵等。山地、丘陵约占全岛总面积的三分之二，耕地面积仅86万公顷，农户却有78万户，农业人口400多万人，平均每一农户拥有农地面积约为1.16公顷，地狭人稠，经营山区的重要性不言而喻。

但是，我国山区问题及其可持续发展研究以及相关战略和政策的制定一直处于被忽视的边缘地位。总体上看，国内学界有关山区开发与建设，山区农业、林业、畜牧业发展，山区生态、小流域治理，山区扶贫和农民

---

① 石山：《中国山区开发与建设》，中国林业出版社2011年版，第43页。

② 陈国阶、方一平、高延军：《中国山区发展报告——中国山区发展新动态与新探索》，商务印书馆2010年版，第1—3页。

生计，以及有关"山区根据地建设历史""三线建设历史""西部大开发"等方面已形成一定研究成果。也有学者结合我国山区实现可持续发展面临的问题与主要矛盾，以及山区自身的生态资源优势与发展潜力，提出了加快山区可持续发展的具体政策与保障措施[1]。但是，把山区发展作为一个独特的经济地理单元研究其专门战略和政策，并纳入国家可持续发展的整体中统一谋划，与中国全面建成小康社会、"两个一百年"奋斗目标、总体国家安全体系建设和中华民族长久生存发展联系在一起，进行综合性、战略性研究的少见。鉴于山区经济文化发展的客观条件与平原地区存在较大差异，不同山区的用地条件与发展模式也有差别[2]，在新型城镇化建设、乡村振兴以及全面实现小康社会的时代背景与要求下，应根据山区的具体情况制定相应的发展策略，不能将在沿海及平原地区的建设方式与发展模式照搬照抄。

与国外相比，我国在山区发展政策的制定方面同样存在着许多差距（详见本书第二章），这种状况亟须改变。

第二节 国内相关研究的学术史与研究动态

一 国内山区研究的学术史梳理

关于山地的近代科学研究始自20世纪初，尤其是中华人民共和国成立以后在全国大规模开展的山地资源考察。这次对我国境内几乎所有山地的考察为20世纪50年代开始的我国山地资源的开发利用以及涉及山地灾害、环境、可持续发展以及山地生态等相关研究奠定了坚实基础。20世纪80年代中期"山地学"的提出为将山地作为一个专门研究领域以及山地学科的发展提供了基础和平台，但由于研究视角与方法的局限以及对专门的山地科学理论探索的不足，迄今山地研究仍未形成统一的山地科学基

---

[1] 顾益康：《浙江省山区可持续发展战略问题研究》，《湖州师范学院学报》2014年第7期。

[2] 吴良镛：《简论山地人居环境科学的发展——"第三届山地人居科学国际论坛"特约报告》，《山地学报》2012年第4期。

础理论，更遑论山地学作为一门独立学科的建立①。

对山地的相关研究多是从自然环境科学，尤其是地理学的视角出发。而对涵盖山地、高原与丘陵地带的山区的研究则更多涉及的是社会科学，包括社会学、经济学以及人类学等的视角。相关研究领域覆盖山区贫困问题、山区农户生计改善、山区经济②、山区人居环境建设、山区农村建设③，以及山区城镇化④等。从山区开发、建设和发展的行动上看，中国共产党近百年历程中，对依托山区革命和建设有特别的情怀，开发和建设山区积累了丰富的经验，但阶段性特征明显，时断时续，没有长期和连贯的发展战略和政策。具体来说，在新民主主义革命时期，"我们曾经依托山区打天下，山区是革命根据地，当年是先进地区，威风凛凛精神焕发。革命胜利了，山区却落后了，成了建设包袱，……"⑤。社会主义革命和建设时期，我们曾经依靠山区（三线建设）构筑西部战备基地和平衡全国工业布局。"三线建设这根'扁担'，确实挑起了国防战备和发展西部这两个战略要求的重担"，"使西南荒塞地区整整进步了50年"。⑥ 改革开放和社会主义现代化建设时期，我们部署西部大开发。"中国西部绝大部分是山区。西部大开发，说到底就是山区的开发。"⑦ "经过15年的开发建设，西部地区已具备较强的经济实力，人力资源不断积累，市场空间不断拓展，发展能力不断增强，发展活力竞相迸发，发展动力加快转换，到2020年如期实现全面建成小康社会目标已经具备坚实的基础。"⑧

从山区开发建设的主要内容看，从20世纪50年代开始，政府组织山区人民发展果园；60年代兴修水利；70年代治山改土；80年代治山造

---

① 余大富：《〈山地研究〉与山地研究》，《山地学报》2012年第6期。
② 杜润生：《山区经济研究是个大课题》，《经济地理》1990年第1期。
③ 张凤荣等：《山区农村的起源、现状和未来：土地的视角》，中国农业大学出版社2019年版。
④ 邓伟、唐伟：《试论中国山区城镇化方向选择及对策》，《山地学报》2013年第2期。王艳：《中国山区经济》，《近20年理论与研究综述》，《淮南师范学院学报》2016年第3期。
⑤ 石山：《中国山区开发与建设》，中国林业出版社2011年版，第59页。
⑥ 陈晋：《三线建设战略与西部梦想》，《党的文献》2015年第4期。
⑦ 严瑞珍、王征国、罗丹（编著）：《山区的综合发展——理论分析和太行山区经验证据》，中国人民大学出版社2004年版，第3页。
⑧ 国家发展和改革委：《西部大开发"十三五"规划》。

林；90 年代提出了以实现山区可持续发展为主要目标的山区综合开发战略。特别是 1996 年初，中央农村工作领导小组决定由原林业部牵头协调中央 11 个部委、金融机构在全国组织实施"全国山区综合开发示范县建设"。山区综合开发的主要内容是"改土、治水、植树、修路、办电"①。自 1996 年启动到 2006 年，先后四期共 30 个省 114 个山区县作为示范县建设，成立了"全国山区综合开发协调小组办公室"（设在原国家林业局），但该试点并未达到预期效果。

我国有关山区开发的具体政策措施主要体现在自 2000 年以来国务院先后批复实施的 4 个西部大开发五年规（计）划。以第 4 个西部大开发五年规划，即《西部大开发"十三五"规划》（国函〔2017〕1 号）为例，在该规划中，直接涉及山区的政策措施包括：①加大生态环境保护力度，比如，加大黄土高原区、秦巴山区、武陵山区、滇桂黔石漠化地区、三峡库区等重点区域水土流失治理；②实施易地搬迁脱贫，对居住在地质灾害频发、环境恶劣、生态脆弱、不具备基本生产发展条件、"一方水土养不起一方人"的深山区、石山区、荒漠区、高寒区、地方病多发区的贫困人口，按群众自愿原则，应搬尽搬，因地制宜选择搬迁安置方式，按规划、分年度、有计划地实施易地扶贫搬迁；③在完善农业基础设施方面，支持山区因地制宜建设"五小水利"工程；④在优化特色农业结构布局方面，林区山区以及农林、农牧交错区着力发展生态友好型农业，推行种养结合等模式，加快发展粮果复合、果茶复合、林下经济等立体高效农业。与前三个规划相比，该规划提供了一个更为综合的山区开发和发展框架。相应的山区政策开始由"反应性策略"（reactive strategies）阶段（以农业、财政补偿为主）向"前瞻性策略"（proactive strategies）阶段（建构专门的山区经济）迈进，但仍以隐性山区政策（农业政策和扶贫政策）为主②，尚未形成一个统一的山区发展政策或者战略③。

从现实情况看，我国山区下一步发展还存在一系列制约因素，表现

---

① 李维长：《山区可持续发展的世界意义》，《世界林业研究》2004 年第 1 期。
② 陈宇琳：《阿尔卑斯山地区的政策演变及瑞士经验评述与启示》，《国际城市规划》2007 年第 6 期。
③ 尚海洋、张志强、熊永兰：《国际山区发展政策与制度热点分析》，《世界科技研究与发展》2011 年第 4 期。

在：①在发展的自然基础方面，存在生态环境脆弱，以及由于山区地形复杂导致的边缘性和相对封闭性[1]。②农村贫困集中于山区的问题依然突出[2]，贫困山区农户生计脆弱性特征依然明显[3]。列入《国家八七扶贫攻坚计划》的国家级贫困县592个，其中496个在山区，占83.8%[4]。《中国农村扶贫开发纲要（2011—2020年）》中14个集中连片贫困地区共涉及680个县，除少数沙漠化地区外基本上都在山区。剔除上述《计划》和《纲要》中重复的347个县，全国山区贫困县共有740多个。③由于多数山区经济社会资源基础薄弱，特别是人才资源匮乏，导致后天发展能力不足。④长期以来，我国有关山区发展的目标主要通过农业政策和扶贫政策实现[5]。虽然最新的山区政策已经开始从单一补贴的扶贫政策向包括经济、农业、教育、基础设施和社会保障等综合开发和区域发展方向转变，但各类政策的制定和实施多是由单一部门进行，尚未实现跨部门联合，在国家层面上也并未形成针对山区可持续发展的战略性引导政策[6]。⑤除缺乏统一性、战略性的山区综合发展政策外，作为具有世界上最大山区面积的国家，我国并没有一部专门的山区法，也很少有相关立法讨论。有关山区的内容散见于《矿产资源法》《森林法》《水土保持法》等法律规定中。在国内山区立法方面，我国较为滞后[7]。

二　国内山区研究机构与研究动态

从山区研究机构和研究成果看，自然科学领域的山区研究机构和研究

---

[1] 于法稳、于贤储：《加强我国山区可持续发展的战略研究》，《贵州社会科学》2015年第8期。

[2] 陶绿：《山区可持续发展国际伙伴关系给我们的启示》，《林业经济》2013年第10期。

[3] 李立娜、何仁伟、李平、罗健：《典型山区农户生计脆弱性及其空间差异——以四川凉山彝族自治州为例》，《山地学报》2018年第5期。

[4] 石山：《大农业战略的思考》，中国农业出版社2008年版，第121页。

[5] 陈宇琳：《阿尔卑斯山地区的政策演变及瑞士经验评述与启示》，《国际城市规划》2007年第6期。

[6] 邓伟、方一平、唐伟：《我国山区城镇化的战略影响及其发展导向》，《中国科学院院刊》2013年第1期。

[7] 尚海洋、张志强、熊永兰：《国际山区发展政策与制度热点分析》，《世界科技研究与发展》2011年第4期。

成果相对较多，主要集中在山区自然资源调查，农业、林业、畜牧业生产技术，山区生态环境、小流域治理，土地整治技术等方面，主要研究机构有中国科学院·水利部成都山地灾害与环境研究所（简称"成都山地所"），以及河北农业大学山区研究所。人文社会科学参与山区研究的机构和人员屈指可数，与这种状况相一致，有关山区战略和政策、山区建设和发展、山区扶贫和农民生计等方面的研究，基本是相关研究机构的副业。

成都山地所是由1965年成立的中国科学院地理研究所西南地理研究室发展而来。以"认知山地科学规律，服务国家持续发展"为战略目标，其基本定位是以山地灾害、山地环境和山区可持续发展为主要研究领域，致力于为"增强我国防御山地灾害能力、保障山区生态安全和促进经济社会发展"提供科学依据和技术支撑。应该指出，成都山地所的陈国阶、方一平、高延军等研究人员有比较多的人文社会科学方面的山区问题研究成果，如商务印书馆出版的专著《中国山区发展报告——中国山区聚落研究》（陈国阶、方一平、陈勇、沈茂英、杨定国、王青、刘邵权、高延军，2007），《中国山区发展报告——中国山区发展新动态与新探索》（陈国阶、方一平、高延军，2010），《决策咨询通讯》刊载的《中国山区发展的战略影响与国家导向》（方一平，2009），《中国科学院院刊》刊载的《我国山区城镇化的战略影响及其发展导向》（邓伟、方一平、唐伟，2013），等。

河北农业大学山区研究所成立于1982年。周大迈研究员是山区开发研究专家之一。国家北方山区农业工程技术研究中心（简称国家山区中心）是科技部挂靠在河北农业大学的科研单位，在河北省山区农业工程技术研究中心的基础上，对"太行山道路"作进一步延伸。国家北方山区农业工程技术研究中心针对我国北方山区经济和生态发展中的重大关键性问题和实用性技术问题进行系统化、配套化和工程化的研究开发，促进山区经济的跨越式发展和生态快速恢复。

对我国山区研究起到重要推动作用的研究者还有中国人民大学农村发展研究所的严瑞珍教授、原农业部老干部石山，以及被誉为"中国农村改革之父"的杜润生。1994年，在德国项目支持下，严瑞珍教授创建了"太行山扶贫与发展试验区"，试验区位于河北省内丘县。在万年顽石上开垦出5.2万亩梯田。2001年，他带领团队在内蒙古和林格尔县创建了另一个扶贫试验区。由这两个试验区的实践和研究,产出了一批科研成果。原农业部老干部石山1955年加入谭震林领导的中共中央办公厅农村组工作。从1977年开始,62岁的石山到中国科学院主持农业现代化实验县的工作,当时选择的5个实验县有的属于山区,由此开始了他对山区发展的研究。他在退休后的40年间一直从事山区发展研究,并不断呼吁加强山区建设,呼吁组建一个综合性研究山区的机构。历任国家农业委员会副主任、中共中央书记处农村政策研究室主任、国务院农村发展研究中心主任的杜润生先生,曾于1990年专门撰文指出我国"山区经济研究是个大课题"。他认为:我国山地面积约占国土面积的2/3,是一个大的经济区域,研究山区经济的发展对我国乃至世界经济发展具有重要意义。作为我国主要的"生态源",山区粮食问题的解决以及矿藏资源与水力、风力、太阳能、地热等可再生能源的开发和利用必须统筹规划,不能以破坏山区生态平衡为代价。同时,对山区人力资本的投入,包括提高劳动力素质、发展山区教育事业以及重要生态功能区的劳动力转移问题,对我国山区经济发展至关重要。山区经济发展问题值得不断探索与完善[1]。

在山区开发与建设的地方实践层面也有一些较好的做法,比如:其一,河北省—太行山区开发。1978年全国科技大会和1979年中共十一届三中全会后。河北省通过科技进山,揭开了太行山开发序幕,走在了全国山区开发前列。1986年国务院把河北开发太行山的做法誉为"太行山道路",以此带动了全国山区开发[2]。2016年7月17日,河北省科学技术厅印发了《河北省山区科技发展"十三五"规划(2016—2020)》。说明河北省一直不间断地制定"五年计划",推动全省科技进山与太行山开发。其二,浙江省委、省政府2012年提出"要把山区转型发展作为促进区域协调发展的重大举措"。2012年2月3日至4日,浙江省农村工作会议上,时任浙江省委副书记、省长夏宝龙提出,"把推进山区转型发展作为促进区域协调发展的重大举措,着力发展绿色特色产业,积极促进人口内聚外迁,大力推进区域开放协作"。随后,浙江省选定丽水、衢州等地区作为试点。2012年7月26日,《衢州山区科学发展试验区实施方案》获

---

[1] 杜润生:《山区经济研究是个大课题》,《经济地理》1990年第1期。
[2] 严瑞珍、王征国、罗丹(编著):《山区的综合发展——理论分析和太行山区经验证据》,中国人民大学出版社2004年版,第4页。

省政府批复（浙政函〔2012〕115号），《方案》主要明确了衢州"绿色发展示范区""山区城乡统筹试验区"和"山区体制创新先行区"的定位；提出了包括树立新理念、探索新路径、培育新产业、构建新平台、打造新环境、强化新基础和建立新机制在内的七大主要任务；设立了涵盖生态保护、绿色发展、新型城市化、下山移民扶贫、民生改善、低丘缓坡开发利用等领域的十大示范工程。同年8月，省政府批复《浙江丽水山区科学发展综合改革试验区总体方案》，该《方案》以国家级扶贫开发改革试点、低丘缓坡开发利用试点、农村金融改革试点和省级生态经济创新发展综合配套改革试点"四大试点"为重点，提出建立健全集聚集约、绿色产业、开放合作三大发展促进机制，探索创新土地、金融、人才三大要素保障机制，以及深化完善生态环境保护机制等主要任务。力争到2020年，基本形成比较完善的山区科学发展制度体系，建成全国山区科学发展先行区、全国生态文明建设示范区和全省机制体制创新区。2013年3月19日，浙江大学与丽水龙泉市合作共建山区科学发展综合改革试验区示范点的启动仪式在浙大紫金港校区举行。之后，丽水试点和龙泉试验区示范点的工作少有报道。上述这些试验多数虎头蛇尾，不了了之。

中国山地/山区问题是个综合性问题，完全停留在自然科学层面上来认识是远远不够的，其研究亟待加强系统性、综合性，形成多学科交叉、协同研究的格局，在更高层次上，把山地研究和山区发展有机地结合起来。有学者呼吁，"目前中国山地科学已进入比较成熟的发展时期，我们需要从国家战略需求和学科发展的角度去推动山地研究，构建中国山地研究的科学体系"[①]；有学者呼吁出台一部《山区法》，2008年全国政协委员吴鸿在提案中也建议我国应尽快制定《山区法》。上述呼吁已经凸显了山区问题和山区发展研究的现实意义和学术价值。"经略山区"课题将对中国共产党领导下的山区建设作历史纵深系统研究，将调查了解自中国共产党十八大以来，我国集中连片特困地区县域经济社会发展现状和趋势，总结贫困县响应"脱贫攻坚""乡村振兴"和"新型城镇化"战略（简称"三大战略"）的策略、经验和问题，及早谋划我国连片特殊困难地

---

① 陈真亮、李明华：《山区可持续发展立法与罗马尼亚山区法考察》，《山地学报》2009年第2期。

区脱贫攻坚目标任务2020年完成后（简称"后扶贫时代"）可持续发展的战略思路，并与中国全面建成小康社会、新型城镇化和城乡一体化、"两个一百年"奋斗目标、总体国家安全体系建设和中华民族长久生存发展联系在一起进行综合性、战略性研究，这是先前未有的研究，是在以往山区问题与山区发展研究基础上的新拓展。

第三节　经略山区研究的目标、理论框架和方法

一　研究目标及核心概念

经略山区研究旨在以可持续发展理论、习近平总书记"总体国家安全观"和可持续安全理论为指导，研究总结中国共产党百年来领导山区建设的历史经验与教训，调查了解自中国共产党第十八次全国代表大会以来，我国集中连片特困地区县域经济社会发展现状和趋势，总结贫困县响应"脱贫攻坚""乡村振兴"和"新型城镇化"战略的策略、经验和问题，及早谋划我国连片特殊困难地区脱贫攻坚目标任务2020年完成后可持续发展的战略思路，以及"实施区域协调发展战略"和"统筹发展和安全"基本方略的途径与方法，讨论融区域协调发展、国家可持续发展与可持续安全于一体的国家中长远战略和政策。核心概念如下：

（一）山地、丘陵与山区

经略山区研究首先需要对"山区"做出比较准确的界定。在现代测量以及绘图技术，特别是人造卫星技术的发明和运用之前，对山地的认定一般是基于地方或者地区性的标准。中国的习惯用语中，与山区相关联的概念有山地、丘陵、半山区等。山地，一般指海拔在500米以上，起伏较大的地貌。丘陵，是指地球岩石圈表面形态起伏和缓，绝对高度在500米以内，相对高度不超过200米，由连绵不断的低矮山丘组成的地形。日本还有"中山间地域"，是由1988年日本农业白皮书发布的新概念，即从平原的周边地区开始，到山地之间的平坦但耕地少的地区。此外，现代科技的运用使一个可以对山地进行科学界定的国际性标准成为可能。在20世纪90年代，美国地质勘查局（The United States Geological Survey，简称

USGS）不但开发出了可以记录地球表面每一平方公里的平均海拔高度的数据库，而且提出以高度、坡度以及地势的起伏（altitude, slope and relief）三个标准对山地进行界定。有学者认为，山地与山区描述对象的中心都为山，二者有相似之处也有一定的差异："山地侧重地形地貌上的垂直差异，反映在海拔、起伏度和坡度三个方面，着重区域的自然属性；山区强调地貌与人文的区域性，注重区域的完整性和连续性，在研究人文社会经济现象时，多采用山区的提法，其边界是一种人为的、具有较强人文意义的模糊边界"（钟祥浩，2000[①]；江晓波、曾鸿程，2009[②]；范建容、张子瑜、李立华，2015[③]）。综合上述关于山地、丘陵、半山区、中山间地域等概念的认识，考虑区域地貌自然属性和区域人文社会经济相对完整性，"经略山区研究"课题组把山地、丘陵分布地区和高原地区统称山区，研究对象锁定为中国山区县域，包含分布于山地、丘陵和高原区域内的县，以及被山体包围或分割且县域内山地和丘陵面积之和大于等于全县辖区面积70%的县。这样的界定，既符合中国对山区的习惯认定，也比较适合于国际学术交流。

联合国环境规划署（UNEP）对山地界定的指标为：类型1，海拔（elevation）>4500m；类型2，海拔3500—4500m；类型3，海拔2500—3500m；类型4，海拔1500—2500m，且坡度≥2°；类型5，海拔1000—1500m，且坡度≥5°或者7km半径内局部海拔变化（local elevation range in 7 kilometer radius）>300m；类型6，海拔300—1000m且7km半径内局部海拔变化>300m并位于纬度23°N—19°S之外的区域；类型7，被山体（mountains）包围的面积<25km² 且不满足上述六类指标的孤立内陆盆地或高原（isolated inner basins and plateaus）。欧盟委员会（European Commission）定义的山地界定指标为：类型1，海拔>2500m；类型2，海拔1500—2499m且3km半径内坡度>2°；类型3，海拔1000—1499m且3km半径内坡度>5°；类型4，海拔300—999m且7km半径内局部海拔变

---

① 钟祥浩：《山地学概论与中国山地研究》，四川科学技术出版社2000年版，第41—42页。
② 江晓波、曾鸿程：《量化中国山区范围：以四川省为例》，《山地学报》2009年第1期。
③ 范建容、张子瑜、李立华：《四川省山地类型界定与山区类型划分》，《地理研究》2015年第1期。

化>300m；类型 5，海拔 0—299m 且东南西北四个基本方向的标准偏差>50m（范建容、张子瑜、李立华，2015）。可见，UNEP 和欧盟等国际组织都把高海拔地区直接归类为山地，中低海拔区域要结合坡度与局部海拔变化或地形起伏度等指标来进行山地界定。有些国家直接将山地概念融入山区的界定之中，除了高度标准外，还规定由于海拔高度、倾斜度、植被周期及其他方面的物理和地理等不同于平原地区的因素的存在，而对当地人们的生产和生活产生负面影响的，也作为山区的认定标准。如山地面积占国土面积 70%的罗马尼亚，2002 年 9 月 5 日，政府颁布的《对山区界定标准的审批决定》（*Decision on the approval of the criteria for delimitation of the mountain area*），将由于特定原因的存在导致土地利用的可能性很低，同时土地开发的成本极大提高的区域定为山区，这些原因包括：海拔高度在 600 米以上带来的恶劣气候条件，导致作物生长季节缩短；海拔在 600 米以下，大部分的农用地坡度超过 20 度，由于坡度过陡导致不能使用农业设备或者需要使用的农业设备过于昂贵；虽然不如上述两种情况严重，但由于各种不利情况的叠加导致如上述一样不利的耕作条件的[1]。意大利、日本等国家也有类似做法。

（二）山区建设与山区发展

汉语词汇中经常使用"建设"一词，释义为建立、设置；陈设布置；或泛指创立新事业，增加新设施，充实新精神。"建设"一词自古有之，《墨子·尚同中》记载并解释，"先王之书《相年》之道曰：'夫建国设都，乃作后王君公，否用泰也。轻大夫师长，否用佚也。维辩使治天均。'则此语古者上帝鬼神之建设国都立正长也，非高其爵，厚其禄，富贵佚而错之也"[2]。当代中国无论官方文件，还是文人论著，"建设"一词更是比比皆是。许多时候，"建设"与"发展"甚至混用。如"山区建设"和"山区发展"，"乡村建设"和"乡村发展"，区别在于，"建设"侧重于过程，"发展"侧重于结果。本研究的论述中也常常混用这两个概念，有时是特意为之，企望用"山区建设"替代"山区发展"，更多地强调山区生态环境、生产生活条件的改善和向好的方向转化，用以克服过分

---

[1] 贾欢、顾月月：《论山区概念的法律界定》，《长春大学学报》2010 年第 4 期。
[2] 参见古诗文网，https://so.gushiwen.org/guwen/bookv_ 3402.aspx。

强调 GDP 增长所带来的负面效应。

因此，本课题组将"山区发展"界定为："创新、协调、绿色、开放、共享"发展理念指导下，山区县域多元经济主体发展壮大，经济稳定增长，政治、文化、社会持续进步，生态修复，小流域得以治理，资源和环境向好的方向转化。山区县域发展是绿色崛起和可持续发展：它意味着山区县域深化改革、大胆创新，县域经济社会运行的体制机制（市场主体发育、资源配置市场化、市场监管、政府及社会化服务体系等方面）与东部发达县域的差距极大缩小，充分激发山区县域发展活力；它意味着山区县域经济社会发展的整体水平与东部发达县域大体相近，城乡居民的生产生活方式和收入水平、基本公共服务供给方式和水平，域内逐步趋同，域外与东部发达县域差距极大缩小，差距比例适度；意味着山区生态修复，小流域治理成效显著，资源环境"复兴"，域内形成绿色崛起的根基，域外极大拓展生态功能空间，成为构建大尺度生态系统的发源地，可持续发展战略基地。山区县域政治、经济、文化、社会和生态资源环境与上述方向相反演化或变迁，则视为县域发展受挫或县域经济社会衰退。

（三）山区中国和经略山区

"山区中国"是一种基于中国境域自然地貌属性和人文社会经济属性所做出的一种关于基本国情的判断。犹如中国著名社会学家费孝通先生把农耕时代的中国描述为《乡土中国》（1947）[①]；著名经济学家周其仁先生把工业化、城镇化高歌猛进而农业现代化滞后、农村相对衰落阶段的中国解读为《城乡中国》（2013）[②]；类似的还有中国人民大学人类学研究所赵旭东教授等著述《城乡中国》（2018）[③]，中国人民大学经济学院院长刘守英教授等的论文《"城乡中国"正在取代"乡土中国"》（2019）[④]。本课题组作出"山区中国"的判断，是基于：（1）中国是一个多山的国家，山区、丘陵的面积占全国国土面积的 74.7%，中国 17%的国土面积构成

---

① 费孝通：《乡土中国》，生活·读书·新知三联书店 1985 年版。
② 周其仁：《城乡中国》，中信出版社 2013 年版。
③ 赵旭东等：《城乡中国》（"理想中国"丛书），清华大学出版社 2018 年版。
④ 刘守英：《"城乡中国"正在取代"乡土中国"》，《北京日报》2019 年 8 月 26 日第 14 版。

了地球骨架的屋脊，中国大陆平均高度是世界平均高度的1.83倍。（2）人类从山林走来，中国亦不例外；山区发展对于中华民族伟大复兴的地位作用意义重大。其一，中国共产党领导全国人民依托山区、扎根于山区，取得了土地革命的胜利、反日本法西斯侵略战争的完全胜利，最终迎来了民族独立和人民解放。从这个意义上说，山区是新中国的摇篮。其二，新中国近70年的社会主义革命和建设取得的巨大成就，改革开放以来国家工业化、城镇化飞速发展，国家繁荣富强和人民共同富裕的景象初显，中华民族的伟大复兴离不开山区丰富的水、森林、矿产和其他经济资源，离不开山区劳动人民的巨大奉献和牺牲。从这个意义上说，山区是今日中国之繁荣昌盛的卓越贡献者。（3）山区在中国未来可持续发展中占有极其重要的战略地位。如果说"城乡中国"正在或已经取代"乡土中国"，那么，我们认为"山区中国"的时代正在到来。党的十九大明确"新时代我国社会主要矛盾是人民日益增长的美好生活需要和不平衡不充分的发展之间的矛盾"①，并据此推出了一系列基本方略和重大战略。可以预见，贯彻落实习近平总书记"新时代中国特色社会主义思想和基本方略"，坚持"创新、发展、绿色、开放、共享"的发展理念，实施"乡村振兴战略""区域协调发展战略""健康中国战略"，坚持"总体国家安全观""统筹发展和安全"，以及实现"共同、综合、合作、可持续安全"等，必将迎来山区重大变革，"山区中国"时代正在到来，"经略山区"将与"沿海中国"湾区战略形成两轮驱动发展的大趋势，念好"山海经"是新时代的需要。

"经略山区"是以新时代中国特色社会主义思想为指导，追求山区县域发展、农牧民家庭生计改善、国土空间生态涵养三者兼顾，经济社会可持续发展与总体国家安全体系建设相向而行的筹谋、规划、建设、经营和治理。本课题组认为，"经略山区"是对中国传统文化的继承和发展，亦是中国特色社会主义新时代山区发展战略的要旨。"乡土中国"时代经略中原，得中原者得天下；"城乡中国"时代经略东南，先图工业、城市和东部沿海地区优先发展，再谋城乡一体化和区域协调发展；"山区中国"

---

① 习近平：《决胜全面建成小康社会夺取新时代中国特色社会主义伟大胜利——在中国共产党第十九次全国代表大会上的报告》，人民出版社2017年版，第19页。

时代经略山区，而"经略山区"的提法避开了"山区开发""禁止开发"或"限制开发"等提法的片面性，综合了山区规划、建设、经营、管理多方面的含义，其内含"山区发展"的概念也更具全面性和策略性。"经略山区"顺应了习近平主席"两山"理念和绿色发展思想，符合时代要求。

二　研究思路和框架

本课题预设研究思路按照"基础研究""本底调查与分析""战略和政策研究"三部曲依次展开。研究实践基本执行了预设思路，最终形成现有框架。

基础研究汇总为第一篇"总论"，共五章。第一章"'经略山区'的研究价值、理论框架和方法"，在论述"经略山区"的研究意义、梳理国内相关研究的学术史与研究动态的基础上，界定了经略山区研究的目标、核心概念、框架和方法。第二章"山区建设与可持续发展的国际经验与趋势"，是基于对国际山区研究学术史以及研究动态的梳理，对全球山地国家重视山区建设的共同愿景、趋势，以及倡导可持续发展的立法、制度和政策措施等方面进行综述。第三章"中国集中连片特困地区县域发展的趋势、战略与政策"，是对中国大陆五种地理类型区域样本县（分片区、分省）调研报告和相关建议报告的总结，其中包含"合理定位、持续推进、把'经略山区'纳入后扶贫时代国家战略"和"制定中国山区发展战略并纳入'十四五'规划的建议"。第四章"中国集中连片特殊困难山区贫困县域发展与农牧民生计"，是从统计分析中国11个集中连片特殊困难山区样本县2011—2017年的主要经济社会指标入手，展现脱贫攻坚计划实施以来集中连片山区贫困县域发展概况与居民生计现状及趋势在面板数据层面所反映出的特征和时间节点特征，为后续研究提供参考性基础数据。第五章"中国山区发展七十年：历史演进、现状剖析与治理构想"，分析了中国山区从土地改革、工业战备、发展滞后再到政策扶植的多次战略转变，研判中国山区在民族可持续发展和国家可持续安全中的地位作用和发展趋势，构想中国山区未来发展和治理。

本底调查与分析的成果汇集成本书第二篇"调研报告"。在课题组20余份不同片区分省调研报告中，遴选了11篇（分成11章）收入本著，即第六章"产业主导,衔接脱贫攻坚、乡村振兴与新型城镇化'三大战略'——大兴安岭南麓镇赉、龙江两县实证研究";第七章"资源型地区扶贫开发与山区县域经济转型——山西省左权县、兴县调查报告";第八章"秦巴山区通江县'三大战略'衔接锻造县域经济韧性";第九章"大别山区红安县、武陵山区利川市脱贫攻坚和美丽乡村建设调查";第十章"乌蒙山区彝良县、滇西边境山区漾濞县调查报告";第十一章"罗霄山区井冈山市脱贫攻坚向城乡融合与乡村振兴协同推进跃升";第十二章"罗霄山区炎陵县域脱贫、发展和农民生计调查";第十三章"乡村脱贫、振兴与新型城镇化衔接的策略、经验与问题——武夷山区顺昌县洋墩乡响应国家'三大战略'案例研究";第十四章"探索乡村振兴及绿色发展之路——广东非贫困山区森林小镇调研报告"。这些报告反映了不同地理类型区域的贫困县响应"脱贫攻坚战略""新型城镇化战略""乡村振兴战略"的不同策略、政策、做法和经验。需要说明的是,没有将所有片区的分省调研报告收入本著,一是因为本课题对集中连片贫困山区县前期调研始于2014年,产出比较早的调研报告已经分别收入其他著作之中,本著若再收入则有重复发表之嫌,比如《秦巴山片区扶贫与就近城镇化协同发展之路——湖北省十堰市调研报告》收入《土地热点丛书》(吴次芳,2018),《全域扶贫接轨新型城镇化——巴中市居村农民就近城镇化调查》收入《就近城镇化研究》(王景新、庞波,2015),《贫困地区脱贫攻坚接轨新型城镇化的战略与对策——四川巴中、湖北十堰、陕西安康调查总报告》收入《就近城镇化在研究》(王景新、车裕斌、庞波,2017);二是由于新冠肺炎疫情,实地调查止于2019年12月底,调研计划中涉及的五类不同地理类型区域共67个样本县,其中有10个县未能完成实地调查,尽管这10个县的本底数据和主要经济指标课题组尽可能收入和运用了到本著"总论"之中,但未完成所有样本县的实地调查,不同片区分省调研报告也不完整,这是本著的一大缺憾。

战略和政策研究的成果汇集成本书第三篇"专题研究",共五章。第十五章"中国乡村活力评价指数研究",乡村振兴本质上就是提升乡村的发展活力,山区发展根本在于乡村发展,课题组在自然资源部国土整治中心支持下,对此开展了专题研究,其最终成果收入本著。第十六章"'苏区模范乡'建设初心与振兴之路——毛泽东《才溪乡调查》中的八村回访"，详细描述了1985年来这八个村的境域变迁、村域经济结构及农户生计方式变迁，分析和研究了才溪乡苏维埃建设初心，以及新时代才溪镇基层政权建设和社会治理的做法、成效和特色。第十七章"中国乡村振兴及其地域空间重构——特色小镇与美丽乡村同建振兴乡村的案例、经验及未来"，认为中国农村全面复兴始于中华人民共和国成立，特色小镇与美丽乡村同建推进中国乡村振兴进入地域空间重构和综合价值追求新阶段；下一步，应该以县域为单元，以乡村振兴为重心，以特色小镇和美丽乡村同步规划建设为抓手，制定更加具体可行的"乡村振兴"计划和推进政策。第十八章"中国乡村社会结构变动与治理体系创新"，分析了当代中国乡村社会结构发生的重大变动，认为"村落共同体"已被社会主义（村域）集体经济共同体所取代，"基层市场共同体"转变为区域性政治经济文化中心共同体，"基层生产共同体"拓展成农民"三位一体"合作社共同体，"城乡两头家"已成当今中国社会结构重要特征；乡村治理体系创新方向和目标，应以中共十九大报告精神和《中共中央、国务院关于实施乡村振兴战略的意见》为遵循，构建中国特色社会主义乡村治理体系。这些专题研究成果，是本课题组提出中国山区长远发展战略和政策的重要依据。

三 调研样本与方法

本底调查采用经济人类学和经济社会史相结合，按照分区聚类抽样的办法选择调研样本，组织课题组成员开展实地调查；招募和培训暑期大学生调查团队进县、进村入户问卷。调研内容：（1）样本县（市、区）情以及经济社会发展情况。包括：土地及利用、人口分布和密度、资源环境、基础设施、市场化程度、金融服务体系、农业生产社会化服务（含科学技术）现状；本县（市、区）第三次全国农业普查数据，区域经济社会发展情况，如地区生产总值（GDP）、产业结构及支柱产业状况、财政收入、城乡居民可支配收入等；村域经济及产业结构，村集体收入与支出，交通、电力、电信、电视、饮用水等的"村村通"情况，村级社区基本公共服务；农村劳动力流动、农户进城定居和农民生计情况。（2）样本市、县域改革发展的主要规划（或"多规合一"）制定、管理和实施的情况、经验和问题。包含全面深化改革规划、经济社会发展

"十三五"规划、扶贫攻坚和"全面小康"建设规划，土地利用总体规划和土地整治规划，全域城镇体系规划［中心城市（县市区所在地或城关镇）→次中心（重点镇、中心镇、特色小镇）→美丽乡村（中心村或社区、建制村和自然村）］，全域城乡一体化规划、旅游规划、生态环境保护规划，等。(3) 样本县（市、区）全域国土空间规划利用方面已有的想法做法、初步经验和需要研究的问题。包括：全域国土空间"三区"（城镇、农业和生态）"三线"（生态保护红线、永久基本农田、城镇开发）边界划定和管控，全域发展及"四化同步推进"过程中的农村土地复合利用与管控，传统村落保护利用及其宅基地制度改革等方面。(4) 特殊样本县（市、区）的特别情况与问题。比如：集中连片特殊贫困县脱贫攻坚规划计划、投入、效益、脱贫摘帽时间表等，摘帽后县域经济社会发展设想或思路；革命老区县（市、区）根据地时期的山区建设成就、经验以及物资和非物质文化遗产保护传承情况；"三线"时期重点县（市、区）建设情况、遗产及其对当前和未来发展的影响，"三线"建设的经验和问题等。(5) 样本市、县目前面临的主要问题，对山区建设与未来发展路径的思考与建议，以及对国家支持政策的需求和建议。

调研方式和方法。(1) 在样本县（市、区）召开座谈会，由接待单位出面邀请县发改委、国土局、扶贫局（办）、规划局、农办、农业林业局、统计局、史志办或档案局等相关部门的负责人参加，就调研内容交流情况；同时收集调研提纲所列各种规划、计划、方案、总结、经验材料和相关历史资料，特别是样本县（市、区）调研年份国民经济和社会发展统计公报、统计年鉴、政府工作报告、脱贫攻坚总结、农业农村经济年报，革命老区县县志和相关档案资料等，此外收集样本县（市、区）国土空间变化调查资料，主要是土地利用规划及相关数据，由于土地利用类型图（如 GIS 图或"二调"矢量图）等资料受限于保密纪律，后面的调研放弃了收集。(2) 每个样本县（市、区）选择 3 个左右的调研村，与村干部和该村隶属乡（镇）分管干部座谈，内容为乡、村两级基本情况、发展状况、困难、问题及未来打算等；同时，每村选择 3 户（经济状况好、中、差各 1 户）入户就农户生计、人口流动和城镇化等情况进行问卷调查，村级问卷、农户问卷由课题组带来。(3) 每个样本县（市、区）调查时间一周左右。调研结束后，运用统计分析法（借助 XLSX 工作表）对各类样本县本底调查数据，以及农户问卷、县乡村三级座谈了解的数据等进行统计分析；同时运用扎根理论法整理和归纳座谈内容，记录各类信息、情况、意见和建议。在这些工作的基础上撰写分省或分片区的调研报告，再提炼相关结论、经验和规律。

调研样本选择与实施。课题组按既定研究对象"分区聚类"选样，分五种地理类型区域，样本总计67个县，分布于：11个集中连片特困山区的37个县，其中北方山区（以"秦岭—淮河线"为界）12县，南方山区25县；中国藏区（西藏及云南、四川、甘肃、青海四省藏区）10县；南疆三地州（塔克拉玛干沙漠边缘）7县；山区非贫困县（含森林资源富集区）比较样本13个。每个样本县调查2—3个乡镇，每个乡（镇）调查2—3村，每村除与村组干部座谈外入户问卷3户（经济条件上、中、下各1户）。截至2019年12月末，已调查57个县（表1-1），共115个乡（镇）230个村690个农户，加上课题组2017年暑假组织大学生到集中连片贫困山区入户问卷414份，农户问卷合计约1100份。

表1-1 "山区发展与国家安全战略研究"调研样本县及地理类型分布一览表（截至2019.10）

区域	省份	隶属地市	样本县（市、区）		样本特殊性及调查时间
一、六盘山区等11个集中连片特殊困难地区					
（一）"秦岭—淮河线"以北山区（简称北方山区）					
六盘山区	青海省	西宁市	1	湟源县	黄土高原与青藏高原、藏文化与汉文化接合部（属祁连山脉），2019.8
		海东地区	2	乐都区	青海东部农业县、果蔬之乡，2019.8
	宁夏回族自治区	固原市	3	西吉县	将台堡红军主力会师地
		中卫市	4	海原县	陕甘宁革命根据地一部分
大兴安岭南麓山区	吉林省	白城市	5	镇赉县	中国白鹤之乡，2019.5
	黑龙江省	齐齐哈尔市	6	龙江县	杂粮产区、畜牧大县。2019.5
燕山—太行山区	河北省	保定市	7	阜平县	抗日根据地模范县
		承德市	8	平泉市	辽、蒙、冀交界
	山西省	晋中市	9	左权县	片区外贫困县、太行根据地行政中心，2017.7—8
	河南省	洛阳市	10	嵩县	片区外贫困县，2017.5

续表

区域	省份	隶属地市	样本县（市、区）		样本特殊性及调查时间
吕梁山区	山西省	吕梁市	11	兴县	山西版图最大的贫困县，2017.7—8
	陕西省	榆林市	12	横山县	陕甘革命老区

（二）"秦岭—淮河线"以南山区（简称南方山区）

区域	省份	隶属地市	样本县（市、区）		样本特殊性及调查时间
秦巴山区	湖北省	十堰市	13	竹溪县	发展中国论坛、浙江师大、浙江农林大联合课题组"秦巴山片区扶贫与就近城镇化协同发展研究"调查的湖北片区6县，本课题组主持人担任该课题组长，2015.6
			14	竹山县	
			15	房县	
			16	丹江口	
			17	郧阳区	
		襄樊市	18	保康县	
	四川省	巴中市	19	通江县	川陕革命根据地首府。4次调查：2005.7；2014.3；2015.3；2018.10
			20	平昌县	"秦巴山片区扶贫与就近城镇化研究"。2次调查：2014.3；2015.3
			21	南江县	
	陕西省	安康市	22	石泉县	本课题主持人主持农业部软科学课题"贫困地区脱贫接轨新型城镇化的战略与政策"的调查，2016.6
			23	宁陕县	
			24	平利县	
武陵山区	湖北省	恩施土家族苗族自治州	25	利川市	巫山流脉与武陵山北余脉交汇部，2018.7
乌蒙山区	贵州省	遵义市	26	湄潭县	80年代土地改革试验县
	贵州省		27	桐梓县	黔北门户、川黔锁钥
	云南省	昆明市	28	禄劝彝族苗族自治县	乌蒙山主峰所在、彝族苗族聚居地，2019.10
		昭通市	29	彝良县	云、贵、川三省接合部，2017.7
滇桂黔石漠化区	贵州省	黔东南苗族侗族自治州	30	从江县	云贵高原向广西丘陵过渡带
	广西壮族自治区	百色市	31	德保县	右江河谷中游地带，2017.10
滇西边境山区	云南省	大理白族自治州	32	漾濞彝族自治县	横断山滇西高山峡谷区，2017.7
	云南省	保山市	33	昌宁县	多民族山区农业县
大别山区	河南省	信阳市	34	新县	以林为主，将军县之一
	湖北省	黄冈市	35	红安县	红军的摇篮、将军故乡，2018.7

续表

区域	省份	隶属地市	样本县（市、区）		样本特殊性及调查时间
罗霄山区	湖南省	株洲市	36	炎陵县	炎帝神农氏安寝地，2017.7
	江西省	吉安市代管	37	井冈山市	中央苏区发源地，2018.7

二、实施特殊扶持政策的西藏及四省藏区（简称中国藏区）

区域	省份	隶属地市	样本县（市、区）		样本特殊性及调查时间
西藏区	西藏自治区	拉萨市	38	堆龙德庆县	卫藏区代表县，2019.7
		昌都地区	39	类乌齐县	康巴区代表县，2019.7
			40	边坝县	康巴区代表县，2019.7
四省藏区	云南省	迪庆藏族自治州	41	香格里拉县	康巴区代表县 乡村考察，未进村入户，2013.8
	四川省	阿坝藏族羌族自治州	42	理县	安多藏区代表县、5·12汶川地震重建县——理县，2011.5；汶川漩口镇、水磨镇，2001.10
			43	汶川县	
	甘肃省	甘南藏族自治州	44	迭部县	安多藏区代表县。乡村考察，未进村入户，2012—2013
			45	碌曲县	
			46	夏河县	
			47	共和县	安多藏区代表县、江西沟乡和上社村。2次调查：2002.4；2005.8

三、实施特殊扶持政策的新疆南疆三地州（简称南疆三地州）

区域	省份	隶属地市	样本县（市、区）		样本特殊性及调查时间
新疆南疆三地州	新疆维吾尔自治区	喀什地区	48	麦盖提县	嵌入塔克拉玛干沙漠的县，2019.6
			49	英吉沙县	农业部项目下贫困县村级公益事业投入机制研究调查，2008.7
			50	疏勒县	
			51	喀什市	
		和田地区	52	皮山县	嵌入塔克拉玛干沙漠。4次调查：2009.5；2010.6；2011.9；2019.6
			53	洛浦县	塔克拉玛干沙漠边缘。3次调查：2009.5；2010.6；2011.9
			54	和田县	

四、非贫困山区县及森林资源富集区（简称非贫困山区县）

区域	省份	隶属地市	样本县（市、区）		样本特殊性及调查时间
太行山区	河南省	焦作市	55	修武县	中华古县，2017.5
		焦作市代管	56	济源市	河南小三线，2017.5
武夷山脉	浙江省	丽水市	57	龙泉市	浙江山区综合发展试点县，2015.12
	福建省	龙岩市	58	上杭县才溪	革命老区，闽10强县。2次调查：2011.1；2018.10
		南平市	59	顺昌洋墩乡	福建省定贫困县，2019.4

续表

区域	省份	隶属地市	样本县（市、区）		样本特殊性及调查时间
森林小镇调查县（山区研究课题组调查部分）	广东省	广州市	60	增城区	林地和森林资源利用，2017.8
		深圳市	61	盐田梅沙街办	林地和森林资源利用，2017.8
		惠州市	62	惠东县	林地和森林资源利用，2017.8
		佛山市	63	高明区	林地和森林资源利用，2017.8
		江门市	64	恩平市	林地和森林资源利用，2017.8
	广西壮族自治区	贵港市	65	桂平市	林地和森林资源利用，2017.10
		玉林市	66	十万大山林场	林地和森林资源利用，2017.10
		自治区直属	67	高峰林场	林地和森林资源利用，2017.10

说明：上述四类样本合计67个县（市、区），已调查57个，即表中注明调研时间的县（市、区），暂未调查的10县（市、区），即表中未注明调查时间的样本；部分样本是"山区发展与国家安全战略研究"课题组与发展中国论坛"秦巴山片区扶贫接轨新型城镇化"和"森林小镇研究"联合课题组共同完成的。

利用学术沙龙和学术研讨会等平台，组织课题组全体成员以及同行专家学者协同研究是本课题研究的一个重要特色，可以弥补个体研究及其单一方法的局限。课题执行的3年多的时间里，我们举办了四次"经略山区研究"学术沙龙，讨论和统一课题研究框架思路和方法，交流样本县（市、区）调查情况和研究进展，研讨"山区中国与经略山区""经略山区与经略海洋""经略山区与乡村振兴""山区可持续发展与国家可持续安全"等问题。在课题研究任务基本完成，中国集中连片特殊困难地区县域发展现状、趋势及农民生计等主要研究结论基本形成，未来中国山区可持续发展战略和政策的核心观点基本形成之后，为论证和研讨上述成果、核心观点及其政策建议的稳妥性、可行性，2019年12月7日下午，由浙江大学主办，浙江大学土地与国家发展研究院、发展中国论坛、深圳中环油新能源有限公司承办，在全国人大会议中心召开了"中国山区发展70年调研成果发布暨研讨会"。会议邀请全国人大相关专业委员会、农业农村部、自然资源部、住房和城乡建设部、国家林业和草原局、国务院发展研究中心、中共中央党校、中国社会科学院、中国人民大学、中国农业大学等单位的领导、专家、学者，论证课题组的主要研究结论、核心观点和建议。与会专家赞赏"经略山区研究"的意义和价值，认可课题调研成果主要结论、核心观点和相关建议，认为"这个成果对国家未来发展和制定'十四五'规划有重要的参考价值",提出了许多有价值的修改意见。这次会议也得到了主流媒体的关注,集中报道了课题组主要研究结论和建议,突出了《专家建议制定中国山区发展战略规划》《专家建议将中国山区发展战略纳入"十四五"规划》《山区建设是农村现代化补短板的主战场》《"森林小镇"是山区中国未来发展的现实路径》等主题[①]。媒体加入呼吁促使我们再次撰写政策建议。会后,课题组立即根据已形成的调研报告,吸纳与会专家意见,正式形成《制定中国山区发展战略并纳入"十四五"规划的建议》。建议报告呈送相关部委后,自然资源部部长、副部长等领导首先作出批示。2020年1月7日,由自然资源部国土空间规划局牵头,组织了国土勘测规划院、自然资源经济研究院、国土整治中心以及"纲要编制组"的成员共30余人,听取"经略山区研究"课题组主持人吴次芳、王景新对"中国集中连片特困地区县域发展调研成果及'经略山区'政策建议"的专题汇报。这次会议提出了一些需要再研究的问题,比如有专家学者质疑:山区为什么一定要发展,人类对山区空间的需求究竟是什么,对标发达国家(如德国、日本、美国),为什么中国山区必须经略,能否给出一些基本原理;山区大国发展的规律是什么,其他山区国家的经验有哪些,希望在这个基础上再给出中国经略山区的方式;课题研究样本如何进一步扩大,已有研究结论和建议如何进一步完善;等等。这些建议促使我们进一步深入研究。学术沙龙和学术研讨对本著作的最终完成起到了指引作用,借本著出版之际,课题组对所有为本课题提供调研条件、配合调查研究的相关样本县(市、区)的涉农部门及其领导和有关工作人员,向在学术沙龙和学术研讨会上贡献了自己的见识、思想和观点的相关部委领导和专家学者,宣传报道本课题阶段成果的

---

① 新华社采写了《专家建议制定中国山区发展战略规划》;《经济参考报》(金辉):《山区建设是农村现代化补短板主战场》,2019.12.11;第一财经(章轲):《专家建议制定中国山区发展战略规划、纳入"十四五"》,2019.12.7;中国网(赵娜):《中国山区发展70年调研成果发布暨研讨会在京举行》,2019.12.8;今日头条:《专家建议制定中国山区发展规划,建设乡村"森林小镇"》,2019.12.8;《中国绿色时报》(张红梅):《中国山区发展70年调研成果发布》2019.12.12;《中国科技日报》(马爱平):《专家建议以示范引领与区域协作为抓手创新森林小镇发展》,2019.12.8;中国扶贫网(张院静):《中国山区发展70年调研成果发布暨研讨会在京举行》,2019.12.9;农视网(向雨瑶):《中国山区发展70年调研成果发布暨研讨会成功举办》,2019.12.8。

媒体朋友，以及出版社的编辑朋友们表示衷心感谢！

（本章作者：王景新、李林林）

参考文献（按引用顺序）：

1. 作者佚名，译者李润英、陈焕良：《山海经》（图文珍藏本），岳麓书社 2006 年版。

2. 丁锡祉、郑远昌：《初论山地学》，《山地研究》1986 年第 3 期。

3. Price M F. Mountains：*A Very Short Introduction*［M］. Oxford：Oxford University Press，2015.

4. Mehta，Manjari，*Cultural Diversity in the Mountains：Issues of Integration and Marginality in Sustainable Development*，Pre-Prints of the National Meeting of JWS，1995：262-263.

5. Bernbaum，Edwin，*Sacred Mountains of the World*，San Francisco：Sierra Club，1990；McNeely，Jeffrey A.，*Conserving Diversity Mountain Environments：Biological and Cultural Approaches*，Pre-Prints of the National Meeting of JWS，1995.

6. 石山：《中国山区开发与建设》，中国林业出版社 2011 年版。

7. 陈国阶、方一平、高延军：《中国山区发展报告——中国山区发展新动态与新探索》，商务印书馆 2010 年版。

8. 顾益康：《浙江省山区可持续发展战略问题研究》，《湖州师范学院学报》2014 年第 7 期。

9. 吴良镛：《简论山地人居环境科学的发展——"第三届山地人居科学国际论坛"特约报告》，《山地学报》2012 年第 4 期。

10. 宋金平、李香芹、吴殿廷：《我国山区可持续发展模式研究——以北京市山区为例》，《北京师范大学学报》（社会科学版）2005 年第 6 期。

11. 马文余、黄光锦：《全面推进山区开发研究》，《前线》2007 年第 2 期。

12. 石山：《大农业战略的思考》，中国农业出版社 2008 年版。

13. 方一平：《中国山区发展的战略影响与国家导向》，《决策咨询通讯》2009年第2期。

14. 余大富：《〈山地研究〉与山地研究》，《山地学报》2012年第6期。

15. 杜润生：《山区经济研究是个大课题》，《经济地理》1990年第1期。

16. 张凤荣等：《山区农村的起源、现状和未来：土地的视角》，中国农业大学出版社2019年版。

17. 邓伟、唐伟：《试论中国山区城镇化方向选择及对策》，《山地学报》2013年第2期。

18. 王艳：《中国山区经济》，《近20年理论与研究综述》，《淮南师范学院学报》2016年第3期。

19. 陈晋：《三线建设战略与西部梦想》，《党的文献》2015年第4期。

20. 严瑞珍、王征国、罗丹（编著）：《山区的综合发展——理论分析和太行山区经验证据》，中国人民大学出版社2004年版。

21. 李维长：《山区可持续发展的世界意义》，《世界林业研究》2004年第1期。

22. 陈宇琳：《阿尔卑斯山地区的政策演变及瑞士经验评述与启示》，《国际城市规划》2007年第6期。

23. 尚海洋、张志强、熊永兰：《国际山区发展政策与制度热点分析》，《世界科技研究与发展》2011年第4期。

24. 于法稳、于贤储：《加强我国山区可持续发展的战略研究》，《贵州社会科学》2015年第8期。

25. 陶绿：《山区可持续发展国际伙伴关系给我们的启示》，《林业经济》2013年第10期。

26. 李立娜、何仁伟、李平、罗健：《典型山区农户生计脆弱性及其空间差异——以四川凉山彝族自治州为例》，《山地学报》2018年第5期。

27. 邓伟、方一平、唐伟：《我国山区城镇化的战略影响及其发展导向》，《中国科学院院刊》2013年第1期。

28. 陈真亮、李明华：《山区可持续发展立法与罗马尼亚山区法考察》,《山地学报》2009 年第 2 期。

29. 钟祥浩:《山地学概论与中国山地研究》,四川科学技术出版社 2000 年版。

30. 江晓波、曾鸿程:《量化中国山区范围:以四川省为例》,《山地学报》2009 年第 1 期。

31. 范建容、张子瑜,李立华:《四川省山地类型界定与山区类型划分》,《地理研究》2015 年第 1 期。

32. 贾欢、顾月月:《论山区概念的法律界定》,《长春大学学报》2010 年第 4 期。

33. 费孝通:《乡土中国》,生活·读书·新知三联书店 1985 年版。

34. 周其仁:《城乡中国》,中信出版社 2013 年版。

35. 赵旭东等:"理想中国"丛书《城乡中国》,清华大学出版社 2018 年版。

36. 刘守英:《"城乡中国"正在取代"乡土中国"》,《北京日报》2019 年 8 月 26 日第 14 版。

37. 习近平:《决胜全面建成小康社会夺取新时代中国特色社会主义伟大胜利——在中国共产党第十九次全国代表大会上的报告》,人民出版社 2017 年版,第 19 页。

第二章 山区建设与可持续发展的国际经验与趋势

摘要：山地占全球陆地面积超过四分之一，是全球生态系统的重要组成部分。本章基于对国际山区研究学术史以及研究动态的梳理，发现实现山区建设和可持续发展是全球山地国家的共同愿景和发展趋势。通过进一步分析世界主要山地国家的山区建设与发展实践，可以将其经验与发展趋势总结为五点，分别是：在城乡统一发展战略下制定山区可持续发展政策，通过山区立法保证山区发展的稳定性和长远性，重视山区社区建设和社区参与，在生态环境保护基础上促进山区农业可持续发展，以及鼓励与支持专门的山区管理及研究机构的建立。这为我国下一步的山区建设与可持续发展提供了启示与经验借鉴。

关键词：山区建设；可持续发展；国际经验

International Experience and Trend of the Construction and Sustainable Development of Mountains

Abstract：Ountains account for more than a quarter of the global land area. It is an important part of the global ecosystem. Based on a review of the international research history and trends of mountains, this chapter finds that it is the common vision and trend of mountainous countries to attach importance to the sustainable development of mountains. Through a further analysis of the practicein major mountainous countries worldwide, the experience and trends of mountain development can be summarized into five points. First, coordinated development of urban and rural areas is a precondition for policies concerning sustainable development of mountains. Second, legislation on mountains secures thestability and long-term development of mountain areas. Third, policies and laws on mountains should pay attention to the organization and participation of mountain communities. Fourth, protection of the ecological environment in mountain areas contributes to the sustainable development of mountain agriculture. Finally, establishment of specialized agencies and researchinstitutionsregardingmountains is encouraged. These insights above can be applied in China in terms of the futuredevelopment of mountain areas.

Key words: Development of mountains; Sustainable development; International development

山地占全球陆地面积超过四分之一，其生态系统在提供诸如食物、水资源、森林产品、能源等物资，以及提供生物多样性的稀有物种保护区、碳和土壤营养物的储存地、旅游场所等方面发挥了关键作用[①]。山区也是占世界人口十分之一的山区居民的居住地[②]，保存有丰富的文化遗产资源与独特的自然人文景观。与此同时，山地生态系统的天然脆弱性以及山区地形地貌对农业生产和道路交通等基础设施建设的限制也在一定程度上阻碍了山区经济与社会发展。以山区农业生产为例，按照全球平均水平，全球共有八分之一的人口处于粮食不安全状态。而在山区农村，这一比例是二分之一，意味着约有3亿山区居民处于粮食不安全状态，其中一半处于长期饥饿状态。近年来，随着世界范围内气候变化和生态环境退化等问题凸显，作为生态屏障和水源保护地的山区可持续发展日益受到关注，同时山区农业的可持续生产与经营也构成山区可持续发展

---

① Yuka Makino, Sara Manuelli and Lindsey Hook, "Accelerating the Movement for Mountain Peoples and Policies", *Science*, Vol. 365, No. 6458, 2019, pp. 1084-1086.

② Xuan Li, Mahmoud El Solh and Kadambot H. M Siddique (eds.), *Mountain Agriculture: Opportunities for harnessing Zero Hunger in Asia*. Food and Agriculture Organization of the United Nations Bangkok, 2019.

的重要议题。

为推动国际山区研究,联合国教科文组织早在 1973 年将山地列为"人与生物圈计划"(Man and Biosphere Programme,MAB)第 6 个研究课题[①]。从 1980 年开始,以国际山地学会(International Mountain Society,IMS)为代表的一系列国际山地组织与研究机构成立。联合国大会更是于 1998 年 11 月将 2002 年定为"国际山地年",并从 2003 年起将每年的 12 月 11 日设为"国际山地日"(也称"国际山地年"和"国际山地日"),组织相关宣传和纪念活动。从国别或地区实践看,"欧盟 2020 战略"以及欧洲山区协会制定的"山地计划 2020"所展现的欧洲山区可持续发展经验较为先进,山区可持续发展理论逐步成形[②]。但实践中,只有少数主要山地国家将国际山区行动成果与建议及时转化为国内政策并实际应用到本国山区发展过程中[③]。作为世界上山地面积超过整个国土面积一半的国家中辖区面积最广的国家,中国尽管从 20 世纪末开始重视山地研究[④],但迄今并未形成专门的山区发展战略与政策法律框架。在梳理国际山区研究学术史以及研究动态基础上,本章力图通过分析主要山地国家实践,总结山区建设与可持续发展的国际经验与发展趋势,进一步为我国下一步山区建设与发展提供经验启示。

第一节 国际山区研究学术史及研究动态

一 国际山区研究学术史综述

从全球范围看,第二次世界大战以后首先在发达国家,随着一系列经济改革政策的颁布实施以及新科技革命的推动,一些资本积累较为雄厚的

---

① 李正、李雄:《城镇化背景下的山地开发与保护:关于研究方法和技术的英文文献综述》,《中国园林》2016 年第 32 卷第 4 期。

② 李林林、王景新:《山区可持续发展的基本理论、欧洲经验及启示》,《西北农林科技大学学报》(社会科学版)2018 年第 18 卷第 4 期。

③ Makino, Manuelli and Hook, "Accelerating the Movement for Mountain Peoples and Policies".

④ 李正、李雄:《城镇化背景下的山地开发与保护:关于研究方法和技术的英文文献综述》。

国家率先进入经济发达国家行列。伴随新兴经济体的崛起，比如亚洲的中国和印度经济的发展壮大，世界经济整体进入平稳发展阶段。此一阶段经济的发展主要以资源消耗为代价，尤其是在发展中国家。而经济水平的增长以及基础设施的完善也主要肇始并局限于城市地区。农村地区，包括山区农村，虽然提供了城市开发和发展必要的资源基础，但并未同时共享到经济发展的成果①。

从20世纪60年代开始，发达国家首先认识到（自然）资源的有限性以及以资源消耗为代价的发展模式的局限性，随后1972年6月在瑞典首都斯德哥尔摩举行的联合国人类环境会议（The United Nations Conference on the Human Environment）上，"可持续发展"（sustainable development）的概念被首次提出。虽然当时有关山区的发展问题并未纳入可持续发展的讨论范围，但从70年代开始，在山区开展的科学研究项目逐渐增多，其中尤以联合国教科文组织（UNESCO）和联合国大学（United Nations University）合作开展的研究为甚。1986年，UNESCO、联合国环境规划署（the United Nations Environment Programme，简称UNEP），以及世界气候研究计划（the World Climate Research Programme，简称WCRP）共同创建了第一个可以监测山地环境变化的全球架构——世界冰川监测服务处（World Glacier Monitoring Service，简称WGMS）。也就是说，在20世纪90年代之前，科学家们就已经开始通过收集到的大量数据来证明山地的环境和居民给其他地区（居民）所带来的益处及其遇到的各种挑战。这为在1992年联合国环境与发展大会通过的《21世纪议程：可持续发展行动计划》（以下简称《21世纪议程》）第13章关于山区可持续发展问题的规定奠定了基础。山区的发展问题也顺理成章变成一项全球性议题。

最早在国际社会引起关注的是作为全球环境和气候变化重要参与者和影响者的山区生态系统。1992年颁布的《21世纪议程》第13章"管理脆弱的生态系统：可持续的山区发展"（Managing Fragile Ecosystems: Sustainable Mountain Development）主要关注的就是山区生态系统的可持续发

---

① Andreas Schild and Eklabya Sharma, "Sustainable Mountain Development Revisited", *Mountain Research and Development*, Vol. 31, No. 3, 2011, p. 238.

展与（山区）流域的综合开发两个主要问题，而对山区及当地人们的综合发展关注不够。在此之后，为促进山区环境及当地居民生活水平的可持续发展，主要是在山区面积较为广袤的国家，开始陆续制定专门的山区政策和法律，或者建立专门的山区研究机构①。而随着联合国 2002 年"国际山地年"和每年（2003 年起）12 月 11 日"国际山地日"的确立，山地和山区研究在越来越多的国家受到重视。在研究内容方面，国际山区研究的领域呈多元化趋势。主要包括：山区形成和演化过程的研究；山区地形学和山志学的研究；山区垂直地带的特点和地区分异规律的研究；山区气候、土壤、解冻、泥石流等研究②；山区类型的划分及其有关因素研究；山区开发利用研究；山区经济、民族和居民点研究；高山生理研究及登山活动；山区农业农村发展；等等③。

　　经过不断的发展和完善，国外山地国家形成了比较完整的山区发展政策体系，体现出山区全面发展和综合治理的政策导向。国外山区发展政策体现出高度法律化、强调综合性、重视协调发展与保护，以及注重改善山区发展环境等主要特点④，对制定和完善符合我国国情的山区发展政策具有一定的启示和借鉴意义。有关山区综合开发的国际经验集中体现在制定法律政策、召开山区发展相关会议、成立山区组织、加强区域合作等方面⑤。涉及山区可持续发展战略与政策的制定，根据欧盟经验，需要山区经济、社会与环境 3 个方面融合的可持续发展；同时，可以借助关系模型与可持续发展概况矩阵等工具为制定具体的山区政策提供相关证据资料⑥。

---

① 李维长：《山区可持续发展的世界意义》，《世界林业研究》2004 年第 17 卷第 1 期。

② 刘敏：《国外山地气候资源的研究与开发利用现状》，《气象科技》1989 年第 2 期。

③ 李维长：《山区可持续发展的世界意义》；王金凤、李平、马翠萍：《世界山区可持续农业农村发展进程（SARD-M）及启示》，《经济问题探索》2012 年第 4 期；赵鑫、苏延乐：《德国阿尔卑斯山区农业可持续发展实践与经验借鉴》，《世界农业》2015 年第 6 期。

④ 张建新、邓伟、张继飞：《国外山区发展政策框架与启示》，《山地学报》2016 年第 34 卷第 3 期。

⑤ 成墨：《国外山区开发研究概况》，《山区开发》1990 年第 1 期；侯一蕾、赵正、温亚利：《我国山区综合开发研究综述》，《资源开发与市场》2013 年第 29 卷第 5 期。

⑥ 李林林、王景新：《山区可持续发展的基本理论、欧洲经验及启示》。

二 国际山区研究机构与研究动态

世界范围内有关山区研究的兴起与推进首先得益于专门或者侧重山区发展研究的国际机构与组织，包括联合国粮农组织（Food and Agriculture Organization of the United Nations，简称 FAO）、国际山地协会（International Mountain Society，简称 IMS）、欧洲山区协会（European Association of Mountain Areas，简称 Euromontana）、国际山地综合发展中心（International Centre for Integrated Mountain Development，简称 ICIMOD）、瑞士伯尔尼大学发展与环境中心（Centre for Development and Environment，简称 CDE）、中亚大学山地社会研究院（Mountain Societies Research Institute，简称 MSRI）以及苏格兰高地与岛屿大学山地研究中心（The Centre for Mountain Studies，简称 CMS）[①]。此外，作为联合国的一个自愿联盟组织，由联合国粮农组织（FAO）主办的国际山区伙伴关系组织（Mountain Partnership）在组织与协调有关政府和机构通过共同努力实现全球山区的可持续发展方面发挥了重要作用。目前有 200 多个国家和国际机构为其成员。

从研究涉及的地理范围方面，上述国际机构与组织包括国际和地区/区域两个层面。比如国际层面的国际山地协会（IMS）以及联合国粮农组织（FAO）主办的国际山区伙伴关系组织，其主要作用和目标是促成各大山区研究国际机构、大学和非政府组织（主要是其成员国家和机构）之间的联系和合作，搭建国际山区研究的全球合作平台。同时，两者通过直接组织和参与有关的山区研究和实践项目，也推动了具体国家和地区面临的山区（如水资源管理、气候变化等）问题的解决。

在区域山区研究层面，由于各相关国际机构针对的具体地区不同，因此需要重点研究解决的山区问题会有差异。这其中，成立较早同时规模较大的研究机构首推欧洲山区协会（Euromontana）。从 1996 年正式创立开始，Euromontana 一直努力从全局性视角出发，研究与欧洲山区可持续发展有关的问题，最终目标是改善欧洲山区居民的生活条件。也因此，其工

[①] 李林林：《国际山区研究进展及其发展趋势》，载吴次芳（主编）《全球土地 2017：热点与前沿》，浙江大学出版社 2018 年版，第 96—114 页。

作内容涵盖了地区融合，农业和农村发展，山地产品、能源、创新、公共服务、教育和培训，林业和木材供应链，可持续旅游业，环境和气候变化，人口流动和交通基础设施建设，以及山区对青年人才的吸引等有关山区发展的多个方面的问题。

总部位于尼泊尔首都加德满都的国际山地综合发展中心（ICIMOD）基于兴都库什-喜马拉雅山区作为周边国家和地区超过10亿居民的水源地及其重要的生态缓冲区功能，研究工作首先侧重于对该地区水资源和生物多样性的保护和维持。同时，针对进入新千年以来，该地区经历的诸如人口快速增长、经济发展、城市化和大规模人口外流等变化，中心也适时将山区农业与农村收入多元化，以及山区文化、平等、性别和治理等问题作为研究重点。而随着气候变化问题在全球的蔓延，中心也加大了对如何协助山区人们理解并逐步适应气候变化的研究力度。

瑞士伯尔尼大学发展与环境中心（CDE）虽然地处北欧，但研究关注的重点却涉及包括瑞士阿尔卑斯山在内的欧洲山区、非洲东北部山区，以及东南亚、中亚和安第斯山地区。此外，在对地区性山区问题的深入研究和对比基础上，中心也积极组织和参与了一系列全球性山区研究平台和网络（比如"山区议程"和"国际山区论坛"）的管理和建设。其具体的研究内容根据关注区域的不同而有所差别，但核心是在推动和培养山区的可持续发展能力，增强山区与其所在环境和全球整体发展趋势的嵌入性。

位于吉尔吉斯斯坦首都比什凯克的中亚大学山地社会研究院（MSRI）主要是通过加强自身与山区发展有关的科学研究能力，为中亚山区居民生活质量和山区环境的改善提供强有力的科学支撑。其近几年关注的重点问题包括山区农业发展问题，山区社会的转型和山区可持续发展问题，山区的旅游用地、能源开发、森林资源、生物多样性，应对山区气候变化问题，以及山区自然资源的管理体系等。

苏格兰高地与岛屿大学山地研究中心（CMS）隶属于苏格兰高地与岛屿大学珀斯学院。作为高校内部的山地研究中心，其重点是通过开展高质量的学术研究，召开国际性学术会议，引导和参与山区相关学术（培训）课程的设计，为苏格兰及其他国家或地区，乃至全球有关山区政策的制定提供信息和知识支撑。进入新千年以来，中心参与的山区研究项目主要涉及山区的自然保护与可持续发展、山区的全球变化与环境变化，以及山区森林资源研究。可以说，该中心的山区研究项目主要涉及各大山区发展过程中诸如自然资源保护、气候变化等共性问题的研究和解决，而不是专注于某一特定区域山区的发展问题。

整体而言，在全球层面，在上述国际组织和机构长期不断的努力下，山区问题已经成为国际和（多数多山国家）国内政治议程中的重要组成部分。对山区问题的关注也逐渐与气候变化、地区可持续发展等全球性议题相结合，彰显了山区在缓解全球气候变化、维持地区可持续发展方面的关键作用。而区域性的国际研究机构和组织则更加注重本区域内的山区发展问题，同时逐渐将山区发展融入本地区的整体（经济社会）发展战略之中，进一步挖掘和发挥山区在促进地区发展中的潜力。典型的如欧洲山区协会应2010年欧盟委员会推出的"欧盟2020战略"（2014—2020），于2013年提出的"山地计划2020"。这为我国及时制定综合性的山区发展战略并纳入国家"十四五"规划（国民经济和社会发展第十四个五年规划纲要）提供了借鉴。

第二节　山区建设与可持续发展的国际经验与发展趋势

从具体内容看，国外山区发展政策一般可以划分为山区经济政策、社会政策和生态环境政策三种类型，同时每一类政策又由涉及不同内容的次级政策构成[①]。在山区建设与可持续发展的国际框架之下，需要的是山区经济、社会与环境三个方面相融合的发展政策与措施。结合世界范围内主要山地国家与地区在山区开发、建设与可持续发展方面的实践，可以得出以下值得我国借鉴的经验，并进一步管窥山区建设与可持续发展的国际趋势。

一　城乡统一发展战略下制定山区可持续发展政策

如上所述，在山区可持续发展的国际框架之下，需要的是经济、社会

[①] 张建新、邓伟、张继飞：《国外山区发展政策框架与启示》；李林林、王景新：《山区可持续发展的基本理论、欧洲经验及启示》。

与环境三个方面融合的可持续发展。这早在2002年欧洲委员会的部长委员会（the Committee of Ministers of the Council of Europe）通过的《欧洲大陆可持续空间开发的指导原则》（Guiding principles for sustainable spatial development of the European Continent）中就得以体现。在其第五部分关于不同类型欧洲地区的空间开发措施下第四点关于山区部分，特别提到要平衡山区的经济、社会发展与山区环境保护之间的关系[1]。诚然，欧洲地区对山区发展问题的重视与该地区山区面积广袤密不可分。如果只算28个欧盟国家的山区面积，该面积占全部欧盟国土面积的30%，同时山区人口占欧盟国家总人口的17%。如果从整个欧洲地区看（包括欧盟28国、挪威、瑞士、巴尔干半岛和土耳其），山区面积占欧洲地区总面积的41%，人口占比接近26%[2]。同时，由于山区多位于乡村地区，所以这也离不开欧盟长期以来坚持的城乡统一发展的空间开发战略。

从20世纪90年代开始，随着欧盟规模不断扩大，能够促进欧洲整体经济平衡发展和区域空间协调统一开发的欧洲一体化空间规划体系的建立逐步提上日程。在前期一系列政策措施，如欧洲结构发展基金和凝聚力基金的基础上，欧洲委员会首先编制了《欧洲空间开发展望——实现欧盟领土的平衡和可持续发展》（European Spatial Development Perspective: Towards Balanced and Sustainable Development of the Territory of the EU，简称ESDP），作为欧盟各成员国空间发展规划的指导框架[3]。为了充分利用欧盟各区域的经济发展潜力，避免形成主要（经济）活动集中于少数核心或者大城市地区的局面，ESDP首先提出要建立发展均衡的多中心（Polycentric）城镇体系，以及新型的城乡关系。在新形势下，城市和乡村地区发展的相互依存性增强，城乡统一、合作发展的需求日益明显。实际上，欧盟在文化、自然和地理地貌上的多样性主要是由农村地区贡献的。欧洲

---

[1] The Committee of Ministers, *Recommendation Rec (2002) 1 of the Committee of Ministers to Member States on the Guiding Principles for Sustainable Spatial Development of the European Continent*. January30, 2002.

[2] Martin Francis Price, *Mountains: A Very Short Introduction*, Oxford University Press, 2015, p. 376.

[3] 景娟、钱云、黄哲姣：《欧洲一体化的空间规划：发展历程及其对我国的借鉴》，《城市发展研究》2011年第6期。

空间发展目标的实现不仅涉及大城市和城镇地区,农村地区的发展也非常重要。如果农村地区的社会经济功能能够得到长期的稳定和保障,将会极大地推动形成多中心的城乡均衡发展结构①。2007 年负责空间规划和开发的欧盟成员国部长非正式会议通过的《欧盟的地区议程:迈向一个更具有竞争力和可持续发展能力的多样化的欧洲地区》(Territorial Agenda of the European Union: Towards a More Competitive and Sustainable Europe of Diverse Regions)再次强调要建立发展均衡的多中心城镇体系,以及新型的城乡合作伙伴关系。作为相互依赖的合作伙伴,城市和农村地区各自的主管部门应该确定它们共同的资产,制定联合的区域发展战略,以此共同为使区域具有吸引力并促进私人和公共部门的投资奠定基础,此即所谓的城乡伙伴关系②。在 2011 年欧盟最新颁布的《欧盟 2020 地区议程:迈向一个包容、智慧、可持续的多样化的欧洲地区》(Territorial Agenda of the European Union 2020: Towards an Inclusive, Smart and Sustainable Europe of Diverse Regions)中,提出要推动城市、农村和特定地区(如边缘地区和人口稀少地区)的综合发展;要通过基于广泛伙伴关系的综合治理和规划来确认城乡之间的相互依存关系③。可以说,欧盟的城乡统一发展战略为作为乡村地区重要组成部分的山区可持续发展政策的制定奠定了良好的基础。根据 2019 年 5 月 5 日公布的《中共中央国务院关于建立健全城乡融合发展体制机制和政策体系的意见》,城乡融合发展体制机制的建立以及新型城乡关系的重塑将进一步推动我国新型城镇化以及乡村振兴战略的实施,也为我国制定综合性的山区建设与可持续发展战略提供了政策前提。

二 通过山区立法保证山区发展的稳定性和长远性

综观世界范围内山区综合开发的实践经验,首先体现在专门制定的山

---

① European Commission, *European Spatial Development Perspective: Towards Balanced and Sustainable Development of the Territory of the EU*, 1999, pp. 66-67.

② Bundesministerium für Umwelt, Naturschutz, Bau und Reaktorsicherheit (BMUB), *Territorial Agenda of the European Union: Towards a More Competitive and Sustainable Europe of Diverse Regions*, 2007, pp. 3-4.

③ European Union, *Territorial Agenda of the European Union 2020: Towards an Inclusive, Smart and Sustainable Europe of Diverse Regions*, 2011, pp. 6-7.

区法律与政策。从具体实践看，山地国家都比较重视通过山区立法的形式确定本国山区的基本定位、发展战略、主要任务以及政府的职责和权限等内容，从而保证山区发展的稳定性和长远性[①]。比如：日本 1970 年《山村发展法》（Mountain Village Development Act）、南非 1970 年《山地流域法》（Mountain Catchment Areas Act）、瑞士 1974 年《山区投资法》（Law on Investment in Mountain Regions）、奥地利 1979 年《山区特别提案》（Mountain Area Special Initiative）、西班牙 1982 年《山区农业法》（Law on Mountain Agriculture）、法国 1985 年《山区发展和保护法》（Act on mountain development and protection）、保加利亚 1993 年《有关山区发展的议案》（Act Respecting the Development of Mountain Regions in the Republic of Bulgaria）、意大利 1994 年第 97 号法令《针对山区的新规定》（New provisions for mountain areas）、乌克兰 1995 年《山地社区法》（Act on the status of human mountain settlements）、韩国 1997 年《林业和山村发展促进法案》（Forestry and Mountain Villages Development Promotion Act）、瑞士 1997 年《山区投资补助法案》（Federal Act 901.1 of 1997 on Aid to Investment in Mountain Regions）、俄罗斯联邦北奥塞梯-阿兰共和国 1998 年《山区发展法案》（The Development of Mountain Regions Act）、格鲁吉亚 1999 年《高山地区社会经济和文化发展法》（Law of Georgia on Social-Economic and Cultural Development of High Mountainous Regions）、吉尔吉斯斯坦 2002 年《有关山地区域法》（The Law of the Kyrgyz Republic about Mountain Territories）、克罗地亚 2002 年《丘陵和山地地区法》（Law on Hilly and Mountainous Areas）、罗马尼亚 2004 年《山地法》（Mountain Law of Romania），以及阿尔及利亚 2004 年《山区可持续发展与保护法》（Act on the protection of mountain zones in framework of sustainable development）等[②]。

根据 2002 年联合国粮农组织（FAO）出版的《山区与法律：新趋势》（*Mountains and the Law-Emerging Trends*）中的统计，在 2002 年确定

[①] 尚海洋、张志强、熊永兰：《国际山区发展政策与制度热点分析》，《世界科技研究与发展》2011 年第 33 卷第 4 期。

[②] 陈真亮、李明华：《山区可持续发展立法与罗马尼亚山区法考察》，《山地学报》2009 年第 27 卷第 2 期；张建新、邓伟、张继飞：《国外山区发展政策框架与启示》；李林林：《国际山区研究进展及其发展趋势》。

"国际山地年"和2003年开始将每年12月11日确定为"国际山地日"之前,只有12个左右国家制定了特定、全面或者部分山区法律①。此后,国家层面的山区立法逐渐增多,而且涉及可持续山区发展的各个方面,比如农业、文化、教育、林业、卫生、经济、环境、生物多样性、旅游业、交通设施以及矿业开发等②。整体来看,世界各国关于山区的法律政策的主要内容为:(1)山区资源开发;(2)区域扶贫问题;(3)社区建设和社区参与;(4)区域多样性保护;(5)金融扶贫;(6)山区冲突的解决;(7)山区水资源的开发;(8)山区生态的保护;等等③。

以日本为例,其领土由本州、四国、九州、北海道四大岛及7200多个小岛组成,总面积37.78万平方公里,总人口约1.27亿(2016年)。日本重视山区发展是由本国国情所决定的:(1)日本是一个岛国,境内多山,"平原面积占总面积15%,山地丘陵占85%。耕地占总面积14%"④,其中,约3000万亩耕地在山区,占其耕地总面积的34%左右,日本农户40%左右居住在山区;而且,日本的山地分布普遍,"在47个都道府县中,山地、丘陵占土地面积的比重,仅有三个县在50%以下,而有18个府县占80%以上,个别县竟高达93%"⑤。山区丘陵是日本粮食生产以及保持生态平衡的重要地区,其地位作用不容忽视。(2)第二次世界大战后,日本失去大片殖民地,9000多万国民集中在四个狭长的岛屿,加上安置战后遣返人员,为解决吃穿用和就业问题,不得不转向山区丘陵的开发利用。"从1946年至1960年,日本开垦荒地达910多万亩,大部分是在山区。1955年垦区粮食产量达36亿斤,约占当年粮食总产量的1/10。"⑥(3)第二次世界大战期间及战后的超量采伐造成了大面积荒

---

① Annie Villeneuve, Astrid Castelein, and Mohamed AliMekouar, *Mountains and the Law—Emerging Trends*, FAO Legislative Study 75, Rome, 2002, p.12.
② 尚海洋、张志强、熊永兰:《国际山区发展政策与制度热点分析》,第680页。
③ 侯一蕾、赵正、温亚利:《我国山区综合开发研究综述》。
④ 王克海:《日本是怎样发展山区经济的》,《内蒙古林业》1981年12期。该文于1980年12月24日获时任中共中央总书记胡耀邦的批示:"文涛同志(时任林业部部长——笔者注):这个材料怎么才能使各省市委书记、各地市委书记、各县市委书记和中央有关同志都能看到一下,并且大家都动脑子想一想?一共只有三千字,写得十分动人,有说服力。"
⑤ 段豫川:《日本山区的开发和利用》,《山区开发》1989年4期。
⑥ 佚名:《日本山区的开发利用》,《甘肃农业科技》1973年3期。

山秃岭，山区生产条件恶劣，土壤侵蚀严重，农业技术落后，产量低，农民生活很苦，大部分地区无学校，60%的地区无医疗设备，以致人口外流，形成著名的"过疏地带"，这种状况使日本认识到要抑制经济和人口向大城市集中，必须大力振兴山村。总之，开发建设山区，对日本农业发展和平衡全国经济都具有重要意义。

日本山区开发的首要特点是"整体规划、法制先行、综合治理"[①]。日本在战后及时制定了《国土综合开发法》和全国性的综合开发计划，进行了以防止水土流失和完善保护林为主要内容的国土整治工作。在山地治理方面，1952年，日本根据山区丘陵农民的要求，制定了《急倾斜地带农业振兴临时错置法》，并于1960年颁布了《治山治水紧急处置法》。为了避免对森林资源的破坏，先后颁布了《森林法》《林业基本法》以及山地水土保持等有关法规。为了培养山村的经济实力，提高居民福利，消除地区差别，1965年日本开始实行《山村振兴法》，该法于1975年和1985年分别作了修正。日本山区开发以改善生活环境、提高居民福利和自然资源利用率为目标，因此，在具体实施过程中是山、水、田、林、路综合治理，农、林、牧、副、渔全面发展[②]。

日本山区的综合治理和全面发展以综合立法为前提。除了《山村振兴法》外，为达到既加快山区开发与山区经济发展步伐，又保护好山区生态环境的目的，日本政府在1963—1987年相继出台了《基本观光法》《自然环境保全法》和《综合保养地域整备法》等一系列法律，做到了山区旅游开发的有序发展[③]。同时，自1970年以来，日本制定了包括《过疏地域对策紧急措置法》《过疏地域振兴特别措置法》《过疏地域活性化特别措置法》与《过疏地域自立促进特别措置法》（简称《新过疏法》）在内的4个有关过疏化地区振兴方面的法规。过疏化地区覆盖了日本绝大部分的边远山村和渔村。通过增强产业基础、完善道路及与此相关的交通和通信设施、改善生活环境、建设与保护本地区的美好景观和振兴地区文化、建设重点村落促进地区社会重组等措施，以及日本各都道府

---

① 扬立文：《日本的山地治理与开发》，《世界林业研究》1995年第5期。
② 陆肇海、贾大林、吴远彬：《日本开发山区的做法和经验》，《世界农业》1993年第2期。
③ 扬立文：《日本的山地治理与开发》。

县及市町村制定的"都道府县（或市町村）过疏地区自立促进计划"，《新过疏法》目标是提高过疏化地区的自立能力[①]。尽管从日本现状来看，"人口回流和经济恢复的山区农村鲜有"[②]，但上述综合性的山区立法与措施却在一定程度上延缓了山区农村的衰落。

法国也是实行山区综合立法的典型代表之一。自20世纪60年代以来，法国政府及有关部门为开发、整治和发展山区制定了一系列法律法规和计划，包括农业指导法、农村改革法、放牧利用法、山地整治政策、自然保护法、山地保护和整治的全国性法令、整治指导纲领、未垦土地开发法、山区发展新措施和平衡援助计划、山地发展和保护法等[③]，为推动法国山区稳定和长远发展奠定了基础。

三 重视山区社区建设和社区参与

社区建设和社区参与是国际山区政策研究中普遍关注的热点。山区社区建设是山区政策制定与实施的基础。2005年由世界粮农组织（FAO）牵头开始实施的SARD-M（山区可持续农业农村发展）项目设立目的之一就是提高民间社会对山区生态系统作用与价值的认识，提高对SARD-M项目特定政策、法律和制度需求方面的认识。从该项目在实践中的执行情况看，山区居民对于政策制定对山区可能产生的影响以及政策的制定过程普遍缺少认识，尤其是山区居民很少能够参与相关政策的制定[④]。为了建设相关的机制以保障山区居民在政策与法律制定过程中的参与，包括欧盟、日本、法国、印度以及意大利在内的国家和地区都制定了相关措施。

意大利位于欧洲南部，以阿尔卑斯山为界，北与法国、瑞士、奥地利相邻，还与法国和南斯拉夫拥有共同的海岸边界。意大利国土总面积为30.13万平方公里，其中山地占35%，丘陵占42%，平原为23%。原全国山区综合开发协调小组办公室组织的"中国山区经济技术赴意大利培训团"

---

① 焦必方：《伴生于经济高速增长的日本过疏化地区现状及特点分析》，《中国农村经济》2004年第8期。
② 张凤荣等：《山区农村的起源、现状和未来：土地的视角》，中国农业大学出版社2019年版。
③ 姚懿德：《法国山区发展及其整治》，《中国人口·资源与环境》1993年第3期。
④ 尚海洋、张志强、熊永兰：《国际山区发展政策与制度热点分析》，第681—682页。

曾撰文介绍意大利的山区开发与建设经验，包括《意大利的山区开发》①《意大利山区开发的成功经验与启示》②《意大利山区开发建设的做法与有益启示》③《意大利山区经济政策》④ 等文章。基于上述文献研究可知：意大利十分重视山区建设，在欧盟政策框架下，通过本国政府的努力和多年建设，山区经济发展已经具备了一定规模和水平，有许多经验可供借鉴。其中最有借鉴意义的做法首推组织公众广泛参与编制国土利用规划，这是山区建设的首要工作。为保证国土利用规划的执行效率，在规划编制过程中组织从议员到业务部门、工程师、辖区农户的广泛参与讨论和修改，规划编制部门与相关业务部门反复磋商规划的协调与配套，不同层级规划编制，最后由各级议会审议通过即形成法律文件，从而保障山区建设和经济发展的延续性和具备稳定的法律依据⑤。

在意大利山区开发与建设的地方实践中，通过山区经济合作社的组建，可以将分散经营、小规模的、不适应市场竞争的中小农场主和经营者按其自身的意愿以"平等、自由"的方式组织起来⑥。在欧盟和意大利以及地方政府的直接支持和帮助下，山区农户通过经济合作扩大了生产规模，提高了集约化生产水平，实现了农户分散的农业生产与集中的加工供销的有机结合，成为推动山区经济发展的完善的组织载体，提高了山区农户的经济收益。作为意大利山区开发与建设的有效组织载体，该山区经济合作社在运行中的成功经验包括：一是以农民社员为基础，合作社内所有社员地位平等、合作紧密，决策实行"一人一票制"，有利于保证合作社

---

① 全国山区综合开发技术与管理培训团：《意大利的山区开发》，《林业科技通讯》1997年第4期。

② 杨超、刘再清：《意大利山区开发的成功经验与启示》，《林业经济》1997年第5期。

③ 姚昌恬、高广文：《意大利山区开发建设的做法与有益启示》，《林业经济》1998年第5期。

④ 中国山区经济技术开发赴意大利培训团：《意大利山区经济政策》，《林业财务与会计》1998年第4期；中国山区经济技术开发赴意大利培训团：《意大利山区经济政策（续）》，《林业财务与会计》1998年第5期。

⑤ 姚昌恬、高广文：《意大利山区开发建设的作法与有益启示》；杨勇华：《意大利山区开发对江西丘陵山区农业发展的启示》，《江西教育学院学报》（社会科学版）2003年第5期。

⑥ 杨超、刘再清：《意大利山区开发的成功经验与启示》，第20—26页；中国山区经济技术开发赴意大利培训团：《意大利山区经济政策》，第41—42页。

与社员农户的长期稳定协作;二是合作社的组建与发展得到了政府的支持和保护,同时有健全的专业机构提供社会化服务;三是合作社由农户自发组织形成,政府仅给予鼓励和引导,不强制推行某种模式,真正尊重农户的意愿[1]。

法国国土以平原为主,其中海拔 250 米以下的平原地区占国土面积的 60%,介于 250—500 米的丘陵地带占 20%,高于 500 米的山地约占 20%。法国划分的山区地带(包括深丘)占领土面积的 30%,主要的山区地带有北阿尔卑斯、南阿尔卑斯、科西嘉、中央高原、汝拉、比利牛斯和孚日地区[2]。根据 1985 年法国颁布的《山区开发与保护法》(Development and Protection of Mountains Act 85-30),山区是指受海拔高度、坡度及气候等条件制约,土地利用受限、工程成本增加的"困难"地区。截至 2002 年,全法国划入山区范围的市镇共有 6130 个。通过近 40 年的努力,法国山区发展取得了较好的成果,逐渐形成了不同特色的法国六大山区发展模式:冬季旅游为主的阿尔卑斯山区;夏季旅游和自然保护为主的比利牛斯山区;以畜牧业为主的中央高原区;以综合发展为主的孚日山区;以农产品加工为主的汝拉山区;以本地居民迁出为主的科西嘉岛[3]。在前期多年的山区整治与发展过程中,法国政府清楚意识到要真正贯彻落实山地政策,必须要考虑山区居民的切身利益,将山区居民动员起来,防止他们形成"集体性的不满情绪"。1985 年的《山区开发与保护法》也明确规定了要在"山区人民自发愿望下积极参与山区整治",要"调动山区居民的积极性,使山区资源开发得到更大的经济效益",实行各山区的自主发展。与之相配套的是,地方决策机构的相应权力也下放给山区居民,使其有机会"关心整体问题,而不是部分行动"。为了提高山区居民的参与度,法国政府注重山区国民教育的普及以及多种职业技能的培训。同时规定了"应将低地从高地的保护措施中得到的一部分收益再返还给高地居民用于投资高地管理",并设

---

[1] 陈胜、宋娜:《意大利农业复兴对中国山区乡村振兴的启示》,《世界农业》2019 年第 10 期。
[2] 施庆宁:《浅谈法国的山区开发》,《国际科技交流》1990 年第 12 期。
[3] 刘欣:《山区发展:法国策略对北京的启示》,《北京规划建设》2007 年第 4 期。

立了"全国山区自主发展干预基金"①。

四 在生态环境保护基础上促进山区农业可持续发展

日本早期的山区开发利用除了注重整体规划、综合治理，由政府投资进行重点开发外，还将植树造林、防止水土流失作为山区开发的重要基础。据不完全统计，20世纪六七十年代，日本每年平均造林35万公顷，是世界上造林面积比较大的国家之一，到80年代，日本森林覆盖率达到68%②。为了在进行农业开发的同时防止水土流失，日本政府要求按照坡度分级，规定开垦范围。如岩手县卷葛山区，规定8度以下的为缓坡地，主要栽培水稻；8—15度的为坡地，种植小麦、大豆等旱地作物；15—20度的为急坡地，主要经营草地、修筑梯田、栽培果树；25度以上为陡坡地，主要发展林业。限制开垦陡坡地，只能营造水土保持林和水源林，急坡地修筑梯田，坡地和缓坡则实施等高带状耕作或实施玉米间种大豆，套种豆科植物，或建立牧草缓冲带。对山地开垦范围如此分等定级可以有效防止水土流失，促进山区农业可持续发展。此外，通过农业种植结构的调整，以生产粮食为主转向多种经营，也能实现在推动山区农业发展的同时，保护好山区生态环境。早期，日本山区粮食生产是主体，山区耕地占82%，果园面积只有5%。1952年以后，日本对山区开发利用明确提出土地综合利用和多种经营的方针。到1974年，日本全国山区农业总产值构成中，林业占38%，耕作业占31%，畜牧业占2%，果树、养蚕、特产等占9%；到1976年，山村饲养的肉牛占日本全国的6%，奶牛占38%，猪占30%；到1980年代初，山地果树占全国栽种面积的70%③。随着一系列关于过疏化地区（主要覆盖了日本绝大部分的边远山村和渔村）法律法规的颁布，对山区农业直接补贴政策逐步完善。直接补贴政策是在过疏地区振兴法、搞活特定农村及山区等八个相关法律和政策划定的区域内，选择那些农业生产条件不利且放弃耕作的可能性很大的农用地作为补贴对象。该政策的实行对山区农业的发展影响很大④。

---

① 姚懿德：《法国山区发展及其整治》，第77页。
② 王克海：《日本是怎样发展山区经济的》，第3—4页。
③ 段豫川：《日本山区的开发和利用》，第53—54页。
④ 胡霞：《日本过疏地区开发方式及政策的演变》，《日本学刊》2007年第5期。

德国国土总面积 35.72 万平方公里，人口约 8110 万（2014 年），境内地形以平原为主，南部有巴伐利亚高原和阿尔卑斯山地，西南部有艾费尔高原，中部有中德山地，东南部有图林根林山和厄尔士山（克鲁什内山），森林覆盖面积约占全国土地面积的 1/3。就山区农业可持续发展而言，德国农业的战略定位已经摆脱了单纯的食物生产和供给，更多地赋予农业其他重要的功能，如保护自然资源，特别是保护气候、土壤、地下水以及物种的多样性，提供良好的工作、生活和休养的场所，为工商业提供原材料，为能源部门分担能源供给。阿尔卑斯山区的发展定位是在保护自然资源的基础上，主要发展畜牧业和旅游业。在保护自然资源方面，在山区提倡近自然林业的经营方式，即减少人为干预，尽量依靠自然的力量经营森林，采伐要由皆伐转变为择伐，保持林地持续覆盖，保证森林生态系统的协调性；同时推广使用清洁能源，发展生态健康的旅游业，既保护又合理利用森林资源。在山区畜牧业发展方面，建立了家庭农场为基础、农民专业合作社为支撑的农工综合体、产销一体化发展模式，畜牧业延伸到二三产业，如牛奶、奶酪、香肠等农产品加工业十分发达，同时批发、零售、运输、包装等企业与之衔接，大大提升了农业产值的转化增值能力。在阿尔卑斯山区，畜牧业产值占农业产值的 70% 以上[1]。德国阿尔卑斯山区农业可持续发展的经验值得我们借鉴。

法国也将生态环境保护作为促进山区农业生产可持续发展的前提之一。在法国，无论城市还是乡村或低海拔丘陵、高海拔山区，都是绿树成荫，植被保护相当完好。同时，法国非常重视山区农业的发展。法律明文规定：山区最好的土地必须保留给农业利用；山区必要的基础设施建设必须少占或者不占用农地，严格限制旅游业和城镇建设占用农地。此外，通过适当调整山区农用地以及土地整治，合并小块农田，扩大农场面积，并给予山区农业各种补偿性补贴和奖励金，以维持山区农业的生存与发展[2]。随着农业生产规模的扩大，品种改良和化肥、农药使用量的增加，以及畜牧业的"集约化"经营，法国农业地带的自然环境不断恶化，并于 80 年代后期提出环境保护型农业的概念，其目的是抑制过剩的农产品，

---

[1] 赵鑫、苏延乐：《德国阿尔卑斯山区农业可持续发展实践与经验借鉴》，第 175—177 页。
[2] 姚懿德：《法国山区发展及其整治》，第 75—76 页。

同时对环境和农田生态系统给予保护①。农村地区环境质量的提高是农业能否实现可持续发展的必要条件。

五 鼓励与支持专门的山区管理以及研究机构的建立

在意大利，对山区重要性的法律确认源于 1947 年的《意大利宪法》（于 1948 年生效），其要求必须保护山区特定的法律地位与利益（第 44 条）。这一宪法规定为自 20 世纪 50 年代以来与山区有关的各种法律的颁布奠定了基础②。随着 1971 年第 1102 号关于山区开发新规定的法令颁布，有关山区管理的权力下放给了各地区政府以及其他地方自治机构，其中最重要的是山区共同体（communitàmontane），专门管理地方山区事务。此前关于支持山区发展的大部分措施都是在国家一级零散采取的，没有形成统一的发展战略。

根据 1971 年第 1102 号法令，山区共同体是一种特殊形式的地方政府。有关这些山区共同体的规则目前由 1990 年第 142 号法案（1999 年修订）做了专门规定。在相关文献以及判例法中，山区共同体都被视为一个自治性的地方机构。它由几个山区的市政府组成，并由地区政府首长建立。地区立法规定了山区共同体成立的批准程序，制定了采取共同行动的程序，规范了分区规划和年度计划的制定，设定了分发地区援助和欧盟资金的标准，并对山区共同体与当地其他实体之间的关系进行管理。山区共同体的代表机构由每个共同体的市议会选举产生。共同体的执行机构由组成该共同体的各市的市长、副市长和议员组成。

山区共同体的组成基于地理和人口统计标准。人口超过 4 万的城市不能加入地方山区共同体。此外，地区立法也将居住在山区的人口少于当地总人口 15% 的、山地面积不大的市排除在共同体之外。但是，这些被排除在外的地区仍然可以享受欧盟、意大利中央政府或地区政府对山区的各类援助。根据第 142 号法令，山区共同体成立的目的是提高山区的价值，履行其自身承担的以及委派给他们的职能，并共同行使一部分市政职能。为此，共同体必须采取多年的行动措施和干预计划以及年度运营计划，而

---

① 李志明：《法国的环境保护型农业》，《世界农业》1994 年第 5 期。
② Villeneuve, Castelein and Mekouar, *Mountains and the Law-Emerging Trends*, p. 65.

且必须确定要实现其社会经济发展目标所需要的资源，包括可以从欧盟以及意大利中央和地区政府获得的资源①。意大利各山区共同体的创建目的、地位以及拥有的自治权使其成为位于市、省和地区之间的"二级"实体机构。

法国 1985 年《山区开发与保护法》中设立了包括中央和地区两级的山区机构，分别为国家山地开发、管理与保护委员会（the National Mountain Development, Management and Protection Board）及各山区开发、管理与保护委员会（Mountain Range Development, Management and Protection Committees）。国家山地委员会主要确定山区开发、管理和保护的目标，并制定适合山区开发、管理和保护，以及推动山区公共活动协调发展的措施。同时接受针对各类措施的优先顺序以及向山区提供援助的基本条件等方面的咨询。委员会每年都会收到有关每个山区中央政府投资计划的进度报告。委员会主席由国家总理或自然环境规划部长担任，并由代表与山区有关的所有部门的 59 名成员组成。尤其是来自国家、地区和地方选举的代表、咨询机构、工会组织、协会、农村经营者和山区委员会。国家山地委员会设有一个常务委员会，由从其成员中任命的 17 人组成，以协助主席制订委员会的工作计划。它主要监督委员会发布的建议和提议的执行情况，还可以召集任何认为对其工作有用的听证会②。

在法国的七个山区中，每个山区都有一个委员会。它们的组成和运行由法令确定，分别为：中央山区（第 85—995 号法令）；北阿尔卑斯山区（第 85—996 号法令）；南阿尔卑斯山区（第 85—997 号法令）；科西嘉（Corsica）山区（第 85—998 号法令）：比利牛斯山区（第 85—999 号法令）；汝拉（Jurassien）山区（第 85—1000 号法令）；孚日（Vosgien）山区（第 85—1001 号法令）。与国家委员会一样，上述地区委员会也负责确定本山区开发、管理和保护的目标，并制定适合本山区开发、管理和保护所需要采取的措施。他们发布计划、意见和建议以协调本山区内的公共活动，参与制定地区间计划的指南，并参与设计相应地区计划中涉及本山区经济、社会和文化发展的规范。这些地区委员会每年也会收到有关向本

---

① Villeneuve, Castelein and Mekouar, *Mountains and the Law-Emerging Trends*, p. 67.
② Villeneuve, Castelein and Mekouar, *Mountains and the Law-Emerging Trends*, pp. 47-48.

地山区拨款，以及中央、地区和政府部门，还有国有企业在本地的农业开发和投资计划的年度报告。地区山区委员会还讨论各种更改山区边界的建议，而且它们自身可能会主动提出此类边界更改的建议。就乡镇规划而言，各山区委员会为山区管理指令的起草提供意见。《乡镇规划法》规定，在收到地区委员会或相关山区委员会的意见或建议后，应通过法令发布的地区管理指令，制定有关该地区的开发、保护与发展之间的管理与平衡的中央政府根本指导方针。此外，山区委员会还可以针对某些敏感区域（例如高山地区）起草具体建议。

除了设立专门的政府管理机构外，法国政府也重视推进专门山区研究机构的建立。在山区农业方面，创建了国立农业科研机构以及一批民间行业组织。国立农业科研机构主要有国际农业研究发展中心与国立农业科学研究院等。主要从事与农业及食品相关的研究，包括环境、森林及食品安全、企业管理、经济管理等方面。研究目的在于提高企业及行业竞争力，改进食品质量、管理和保护自然资源。民间行业组织有农业行会、农业工会、农业合作社、农业生产者协会等，构成法国农业服务网络。这些组织机构都从欧盟、法国政府以及地方议会获得资金支持[①]。

日本比较重视山区开发研究，除了国家在有关县、市设立直属研究机构外，每个山区县基本上都有自己的山区研究单位或在综合性研究院所和大学设立专项研究课题。它们研究的主要内容是山地农田基本建设，新地造成模式以及由此产生的环境保护问题，不同类型地区特种农、林、牧各业生产技术等[②]。以岛根县中山间地域研究中心的建设为例，该中心是岛根县于1998年率先在全国建立的专门以中山间地域的发展为研究对象的综合研究机构。其研究服务的范围包括相邻四县的中山间地域。中心建设所用60亿日元资金全部由岛根县政府提供。成立这一中心的基本构想是，以对中山间地域的保护、振兴和发展为宗旨，开展农业、林业、畜牧业综合一体技术的研究等，总体来看涵盖研究、支援和情报三大功能，即对山区的社会问题、农业综合开发、林业、畜牧业等方面的研究，积极推广研究成果，组织山区人员来中心进行研修，为山区培养人才，推进山区与外

[①] 韦松龙：《法国及欧盟山区农业发展战略》，《广西农业科学》2000年第6期。
[②] 陆肇海、贾大林、吴远彬：《日本开发山区的做法和经验》，第12—14页。

界的交流，通过调查、收集、整理和发布山区的情报，出版相关图书介绍山区的各种情况，在更大范围推进山区事业的振兴①。

中国应该向上述主要山地国家学习，成立专门服务于山区的综合服务机构或组织，并赋予其一定权限，负责山区的可持续发展。首先，可以建立一个全国性的负责山区综合治理和发展的权威机构，赋予其与山区战略性地位相匹配的权力；其次，要针对不同山区或山系的特点科学设置山区机构的组织架构，而且需要在设立专门的山区机构或组织的同时，关注山区民间机构的参与，由政府和民间组织共同努力，将山区作为一个整体来重点关注，从而降低单部门参与的决策性失误②。鉴于我国山区面积广大且类型多样，主要包括西北黄土丘陵区、青藏高原地区、西南山区、东南山区，不同区位和类型的山区所具备的资源禀赋以及社会经济发展状况不同，应因地制宜，采取不同发展策略。随着国土空间规划的落地，特别是生态功能分区，山区的生态调节和生态支持功能更加突出，山区生态与资源开发之间的矛盾也需要更多关注。

第三节　对我国山区建设与实现可持续发展的启示与建议

通过对国际山区研究学术史与研究动态，以及主要山地国家山区建设与可持续发展经验的梳理与总结，可以发现实现山区建设和可持续发展是全球山地国家的共同愿景和发展趋势。作为主要的山地大国，中国近年来通过成立专业的山区研究组织与机构，包括中国地理学会山地分会、中国自然资源学会山地资源专业委员会、挂靠中国科学院成都山地灾害与环境研究所的数字山地专业委员会，以及国际山地中心中国委员会等，有关山地的研究更加系统并逐步实现与国际接轨。整体来看，国际山区建设与发展政策强调山区经济、社会与环境三方面的融合发展，重视协调发展与保护，并具有高度法制化的特点。中国作为一个山区大国，山区在实现国家

---

① 陈育宁：《日本山区农业经济发展对我国的启示——日本岛根县农村问题考察》，《中国软科学》2003 年第 8 期。

② 王金凤、李平、马翠萍：《世界山区可持续农业农村发展进展（SARD-M）及启示》，第 64—67 页。

可持续发展和可持续安全中具有极其重要的作用，却一直没有与之相匹配的山区发展战略，亟须弥补。下一步在继续强化山区研究国际合作的同时，我国应及时制定全国层面的山区发展战略，并纳入国家"十四五"规划。

具体来说，首先，乡村振兴战略以及城乡融合发展体制机制的建立为我国制定综合性的山区建设与可持续发展战略提供了政策前提。其次，在退耕还林、还草政策的持续推动下，我国山区农业的可持续发展在确保山区生态功能的前提下将更加依赖农业科技水平的提高。鉴于现有山地研究机构与学术团体主要限于自然科学领域，对山区社会，尤其是山区经济政策的研究关注不够，下一步包括国家与地方各级政府部门与相关研究机构应当引导与支持更具有综合性的山区管理与研究机构的创建。同时，要注重国际与国内对与山地及山区有关科学研究成果的转化，将实践证明有效的研究成果及时转化为具体政策进行推广。再次，为保证当地社区以及居民在山区政策制定以及发展过程中的参与，相关政府机构与部门应在做好政策宣传与资金保障的同时，保障其在地方国土空间规划以及相关经济社会发展规划制定与实施过程中的知情与参与权利。集体股份合作制改革以及农民专业合作社的建设，配套山区产业扶持计划有助于提升山地社区与居民参与地方发展的内生动力。最后，我国目前并没有一部统一的《山区法》，也很少有相关立法讨论。有关山区的内容散见于《矿产资源法》《森林法》《水土保持法》等法律规定中。在国内山区立法方面，我国较为滞后。下一步应在梳理总结相关立法基础上，统筹制定一部涵盖山区建设与可持续发展的总体性法律。

（本章作者：李林林、王景新）

参考文献（按引用顺序）：

1. Yuka Makino, Sara Manuelli and Lindsey Hook, "Accelerating the Movement for Mountain Peoples and Policies", *Science*, 365 (6458), 2019, pp. 1084-1086.

2. Xuan Li, Mahmoud El Solh and Kadambot H. M Siddique (eds.),

Mountain Agriculture: Opportunities for Harnessing Zero Hunger in Asia. Food and Agriculture Organization of the United Nations Bangkok, 2019.

3. 李正、李雄:《城镇化背景下的山地开发与保护:关于研究方法和技术的英文文献综述》,《中国园林》2016 年第 32 卷第 4 期。

4. 李林林、王景新:《山区可持续发展的基本理论、欧洲经验及启示》,《西北农林科技大学学报》(社会科学版) 2018 年第 18 卷第 4 期。

5. Andreas Schild and Eklabya Sharma, "Sustainable Mountain Development Revisited", Mountain Research and Development, Vol. 31, No. 3, 2011, pp. 237–241.

6. 李维长:《山区可持续发展的世界意义》,《世界林业研究》2004 年第 17 卷第 1 期。

7. 刘敏:《国外山地气候资源的研究与开发利用现状》,《气象科技》1989 年第 2 期。

8. 王金凤、李平、马翠萍:《世界山区可持续农业农村发展进程(SARD-M)及启示》,《经济问题探索》2012 年第 4 期。

9. 赵鑫、苏延乐:《德国阿尔卑斯山区农业可持续发展实践与经验借鉴》,《世界农业》2015 年第 6 期。

10. 张建新、邓伟、张继飞:《国外山区发展政策框架与启示》,《山地学报》2016 年第 34 卷第 3 期。

11. 成墨:《国外山区开发研究概况》,《山区开发》1990 年第 1 期。

12. 侯一蕾、赵正、温亚利:《我国山区综合开发研究综述》,《资源开发与市场》,2013 年第 29 卷第 5 期。

13. 李林林:《国际山区研究进展及其发展趋势》,载吴次芳(主编)《全球土地 2017:热点与前沿》,浙江大学出版社 2018 年版,第 96—114 页。

14. The Committee of Ministers, Recommendation Rec (2002) 1 of the Committee of Ministers to Member States on the Guiding Principles for Sustainable Spatial Development of the European Continent. January30, 2002.

15. Martin Francis Price, Mountains: A Very Short Introduction, Oxford

University Press, 2015.

16. 景娟、钱云、黄哲姣：《欧洲一体化的空间规划：发展历程及其对我国的借鉴》，《城市发展研究》2011年第6期。

17. European Commission, "European Spatial Development Perspective: Towards Balanced and Sustainable Development of the Territory of the EU", 1999-05-10, http：//ec. europa. eu/regional_ policy/sources/docoffic/official/reports/pdf/sum_ en. pdf.

18. BundesministeriumfürUmwelt, Naturschutz, Bau und Reaktorsicherheit (BMUB), "Territorial Agenda of the European Union: Towards a More Competitive and Sustainable Europe of Diverse Regions", 2007-05-25, http：//ec. europa. eu/regional_ policy/sources/policy/what/territorial-cohesion/territorial_ agenda_ leipzig2007. pdf.

19. European Union, "Territorial Agenda of the European Union 2020: Towards an Inclusive, Smart and Sustainable Europe of Diverse Regions", 2011-05-19, http：//ec. europa. eu/regional_ policy/sources/policy/what/territorial-cohesion/territorial_ agenda_ 2020. pdf.

20. 尚海洋、张志强、熊永兰：《国际山区发展政策与制度热点分析》，《世界科技研究与发展》2011年第33卷第4期。

21. 陈真亮、李明华：《山区可持续发展立法与罗马尼亚山区法考察》，《山地学报》2009年第27卷第2期。

22. Annie Villeneuve, Astrid Castelein, and Mohamed AliMekouar, *Mountains and the Law-Emerging Trends*, FAO Legislative Study 75, Rome, 2002.

23. 王克海：《日本是怎样发展山区经济的》，《内蒙古林业》1981年第12期。

24. 段豫川：《日本山区的开发和利用》，《山区开发》1989年第4期。

25. 佚名：《日本山区的开发利用》，《甘肃农业科技》1973年第3期。

26. 扬立文：《日本的山地治理与开发》，《世界林业研究》1995年第

5 期。

27. 陆肇海、贾大林、吴远彬：《日本开发山区的做法和经验》，《世界农业》1993 年第 2 期。

28. 焦必方：《伴生于经济高速增长的日本过疏化地区现状及特点分析》，《中国农村经济》2004 年第 8 期。

29. 张凤荣等：《山区农村的起源、现状和未来：土地的视角》，中国农业大学出版社 2019 年版。

30. 姚懿德：《法国山区发展及其整治》，《中国人口·资源与环境》1993 年第 3 期。

31. 全国山区综合开发技术与管理培训团：《意大利的山区开发》，《林业科技通讯》1997 年第 4 期。

32. 杨超、刘再清：《意大利山区开发的成功经验与启示》，《林业经济》1997 年第 5 期。

33. 姚昌恬、高广文：《意大利山区开发建设的做法与有益启示》，《林业经济》1998 年第 5 期。

34. 中国山区经济技术开发赴意大利培训团：《意大利山区经济政策》，《林业财务与会计》1998 年第 4 期。

35. 中国山区经济技术开发赴意大利培训团：《意大利山区经济政策（续）》，《林业财务与会计》1998 年第 5 期。

36. 杨勇华：《意大利山区开发对江西丘陵山区农业发展的启示》，《江西教育学院学报》（社会科学版）2003 年第 5 期。

37. 陈胜、宋娜：《意大利农业复兴对中国山区乡村振兴的启示》，《世界农业》2019 年第 10 期。

38. 施庆宁：《浅谈法国的山区开发》，《国际科技交流》1990 年第 12 期。

39. 刘欣：《山区发展：法国策略对北京的启示》，《北京规划建设》2007 年第 4 期。

40. 胡霞：《日本过疏地区开发方式及政策的演变》，《日本学刊》2007 年第 5 期。

41. 李志明:《法国的环境保护型农业》,《世界农业》1994 年第 5 期。

42. 韦松龙:《法国及欧盟山区农业发展战略》,《广西农业科学》2000 年第 6 期。

43. 陈育宁:《日本山区农业经济发展对我国的启示——日本岛根县农村问题考察》,《中国软科学》2003 年第 8 期。

第三章 中国集中连片特困地区县域发展的趋势、战略与政策

摘要：本章是对中国大陆五种地理类型区域样本县（分片区、分省）调研报告和相关建议报告的总结。主要观点是：我国脱贫攻坚取得了决定性成就，其目标任务如期完成以后，全国欠发达县和低收入人群仍将主要集中在山区，农业农村现代化和区域协调发展的短板也在山区，山区持续发展仍然需要政策扶持；中国是一个多山的国家，重视山区可持续发展就是夯实中华民族繁衍生息和国家长治久安的基础；后扶贫时代，应以习近平"绿水青山就是金山银山"理念为指导，把山区建设置于国家可持续发展、"中华民族伟大复兴"和"构建人类命运共同体"等宏大战略目标下谋划和探索，及时制定中国山区长远发展战略并纳入国家规划，包括国家发展规划和国家空间规划。

关键词：特殊地区；县域发展；长远战略；政策建议

Chapter 3 Trends, Strategies and Policies for The Development of Counties in China's Concentrated and Contiguous Poverty-Stricken Areas with Special Difficulties

Abstract: This chapter is a summary of the research report and related recommendation report of the sample counties (from different regions and provinces) of the five geographical types in Mainland China. The main point is: China has achieved decisive achievements in the fight against poverty. After its goals and tasks are completed as scheduled, underdeveloped counties and low-income people in the country will still be concentrated in mountainous areas. The weak points of agricultural and rural modernization and regional coordinated development are also from mountainous areas. The continued development of mountainous areas still requires policy support. China is a mountainous country, and attaching importance to the sustainable development of mountainous areas is to lay a solid foundation for the long-term prosperity of the Chinese nation and the long-term stability of the country. In the post-poverty reduction era, Xi Jinping's "Two Mountains" theory should be used as a guide to plan and explore the development of mountainous areas under the grand strategic goals, including national sustainable development, "the great rejuvenation of the Chinese nation", and "building a community of human destiny". It is necessary to formulate a long-term development strategy for China's mountainous areas in time and incorporate itinto national plans, including the national economic and social development plan and the national spatial planning.

Key words: Poverty-strickenareas with Special difficulties; Development of County areas; Long-term Development Strategies; Recommendations

第一节　中国集中连片特困地区县域发展调研的主要结论

为了认清中国山区本色及其在中华民族可持续发展和可持续安全中的地位和作用，及早谋划我国连片特殊困难地区脱贫攻坚目标任务2020年完成后（简称"后扶贫时代"）可持续发展战略思路，2017年3月，浙江大学土地与国家发展研究院牵头，联合浙江师范大学农村研究中心、河海大学公共管理学院、湖州师范学院"理念研究院"（后期加入）等高校相关专业的专家学者组成课题组，启动了"经略山区研究"。课题组以国务院扶贫办确立的 832 个贫困县为主要调研对象，选择 67 个县（市、区）展开调研。样本分布于五种地理类型区域：11 个集中连片特困山区的 37 个县，其中，北方山区（以"秦岭—淮河线"为界）12 县，南方山区 25 县；中国藏区（含西藏及云南、四川、甘肃、青海四省藏区）10 县；南疆三地州（塔克拉玛干沙漠边缘）7 县；山区非贫困县（比较样本）13 个。课题组历时 3 年，已调查 57 个县、115 个乡（镇）、230 个村，入户问卷 1100 份（有效问卷），形成了 20 余份分片区、分省调研报告。在此基础上，作者重新归纳、提炼和研究，得出的主要结论如下：

一、我国脱贫攻坚取得了决定性成就，其目标任务将如期完成；党的十八大以来，三大战略相互衔接，推动了中国农村地域空间"三个重构"，引发农村制度深化改革，促成中国特色社会主义农村制度体系渐趋完善和成熟。农村地域空间重构的壮阔局面，体量规模及其制度变革的广度、深度和效益，中国无前例、全球无二例。

中国扶贫的做法和成效赢得了世界广泛赞誉。按照农民人均纯收入 2300 元人民币（2010 年不变价格）脱贫标准，中国农村贫困人口由 1978 年的 7.7 亿人[①]，减少到 2018 年末的 1660 万人，减少了 7.534 亿人；同期，贫困发生率从 97.5% 降低到 1.7%，降低了 95.8 个百分点。脱贫攻坚、精准扶贫战略实施的成效尤其显著，"贫困人口从 2012 年年底的 9899 万人减到 2019 年年底的 551 万人，贫困发生率由 10.2% 降至 0.6%，连续 7 年每年减贫 1000 万人以上"[②]。

中国自改革开放以来，国家扶贫战略大体上经过了四个阶段。1978—1985 年，经济增长减贫战略（不含具体扶贫目标），农村改革促进经济快速增长，使农村贫困大面积缓解。1986—2000 年，开发式扶贫战略。国家制定贫困标准，确定重点扶持的贫困县，安排专项扶贫资金，实施了有组织、有计划、大规模的开发式扶贫。1986 年，我国首

[①] 中国社会科学院和国务院扶贫办：《中国扶贫开发报告 2016》，《光明日报》2016 年 12 月 28 日。

[②] 习近平：《在决战决胜脱贫攻坚座谈会上的讲话（2020 年 3 月 6 日）》（单行本），人民出版社 2020 年版，第 3 页。

次认定贫困县 331 个[①]。1994 年颁布实施《国家八七扶贫攻坚计划》，根据该《计划》认定的国家重点扶持贫困县 592 个。2001—2011 年，综合扶贫战略，连片开发和扶持贫困村整村脱贫。2001 年，颁布实施《中国农村扶贫开发纲要（2001—2010）》，明确提出扶贫开发工作以整村推进、劳动力转移培训和产业化扶贫作为工作重点。2012—2020 年，"脱贫攻坚、精准扶贫"，脱贫攻坚重点转向集中连片特殊困难地区，精准识别贫困村、贫困人口。2012 年 6 月，国务院扶贫开发领导小组办公室（简称国务院扶贫办）公布《六盘山区等 11 个集中连片特殊困难地区分县名单》和西藏、四省藏区、新疆南疆三地州的贫困县，共 14 个片区、680 个县，作为新阶段扶贫攻坚的主战场。另外，集中连片特殊困难县片区外国家扶贫开发工作重点县（简称"片区外扶贫工作重点县"）有 152 个，全国合计 832 个贫困县。中办发〔2013〕25 号文件[②]发出后，"脱贫攻坚、精准扶贫"战略正式实施。按照《全国扶贫开发建档立卡工作方案》规定的"一高一低一无"[③] 贫困村识别标准，全国建档立卡的贫困村 12.8 万个[④]，占行政村总数（60 万个）的比例约为 21.3%。到 2020 年 2 月底，"全国 832 个贫困县中已有 601 个宣布摘帽，179 个正在进行退出检查，未摘帽县还有 52 个，区域性整体贫困基本得到解决"[⑤]。与此同时，贫困村大幅度减少，贫困人口收入大幅度增长。到 2020 年 2 月，未出列的贫困村 2707 个；832 个贫困县农民人均可支配收入由 2013 年的 6079 元增加到 2019 年的 11567 元，年均增长 9.7%；"全国建档立卡贫困

[①] 按照 1985 年年人均收入低于 150 元的标准人定贫困县，对少数民族自治县和革命老区标准有所放宽。

[②] 《中共中央办公厅、国务院办公厅印发〈关于创新机制扎实推进农村扶贫开发工作的意见〉的通知》。

[③] 贫困村识别原则上按照"一高一低一无"的标准进行，即行政村贫困发生率比全省贫困发生率高一倍以上，行政村 2013 年全村农民人均纯收入低于全省平均水平 60%，行政村无集体经济收入。

[④] 国务院扶贫办：《建档立卡的贫困村占全国比重 1/5》，央视网新闻 2016 年 9 月 21 日，http://news.cctv.com/2016/09/21/ARTIqIPb7xPhF1W05tjr5nSq160921.shtml。

[⑤] 习近平：《在决战决胜脱贫攻坚座谈会上的讲话（2020 年 3 月 6 日）》（单行本），人民出版社 2020 年版，第 3 页。

户人均纯收入由 2015 年的 3416 元增加到 2019 年的 9808 元,年均增长 30.2%"[①]。

中共十八大以来,三大战略相互衔接,农村地域空间同时植入了基础建设、山水林田湖综合治理、产业转型升级、城乡空间规划布局建设、民居改造和居住环境整治、社区组建及基本公共服务配套建设等,推动农村地域空间"三个重构"和综合价值追求:(1)乡村"三生"空间再造。生产空间整备,包括农田水利、土地整理;生活空间改造,如危旧房和旧村改造、新村社区及服务中心、文化体育广场建设;生态空间修复拓展,含森林、湿地、城乡空间绿化以及"三区三线"空间边界划定、管控及互动关系重构和理顺。(2)城乡聚落空间重构。包括中心城镇、圩镇、村庄、道路、水系及其相对应的人口、产业、医院、市场、学校……全域整体布局、规划和建设。(3)区域产业体系重构。区域主导产业培育,支柱产业随资源环境、主体功能区、产业政策和市场变动而适时调整、变动和升级;区域产业体系重构,特别是农业功能向二三产业拓展,农村地域空间一二三产业融合发展的规划、布局和行动,以及由此引发的农业农村产业组织、经济组织重构。

与上述三个重构同时展开的以土地为核心的产权制度改革,以产业组织重构及其农民参与和共享机制为核心的分配制度改革,以城乡均等化为价值追求的基本公共服务体制机制建立,标志着中国特色社会主义农村制度体系渐趋完善和成熟,托举"中国特色社会主义道路自信、理论自信、制度自信、文化自信"[②]。

二、进一步研究发现,山区县域发展事关我国"生态文明建设"千年大计,事关"乡村振兴战略""区域协调发展战略""新型城镇化战略""健康中国战略"与"统筹发展和安全"治国方略能否有效实施,事关中华民族"从站起来、富起来,到强起来的伟大飞跃"[③];扶持山区发

[①] 习近平:《在决战决胜脱贫攻坚座谈会上的讲话(2020 年 3 月 6 日)》(单行本),人民出版社 2020 年版,第 3—4 页。

[②] 习近平:《习近平谈治国理政》(第二卷),外文出版社有限责任公司 2018 年第 1 版第 3 次印刷,第 3—4 页。

[③] 习近平:《决胜全面建成小康社会夺取新时代中国特色社会主义伟大胜利——在中国共产党第十九次全国代表大会上的报告》,人民出版社 2017 年版。

展就是夯实中华民族繁衍生息和国家长治久安的基础。

农耕时代的中国是"乡土中国"[①],"乡土中国"时代经略中原,得中原者得天下;工业化城镇化高歌猛进而农业农村现代化相对滞后的中国是"城乡中国"[②],"城乡中国"时代经略东南,先图工业、城市和东部沿海地区优先发展,再谋城乡一体化和区域协调发展。党的十九大明确提出"新时代我国社会主要矛盾是人民日益增长的美好生活需要和不平衡不充分的发展之间的矛盾"[③],并据此推出了一系列基本方略和重大战略。课题组判断:贯彻落实习近平总书记新时代中国特色社会主义思想和基本方略,实施国家重大战略,必将迎来中国山区重大变革,"山区中国"时代正在到来,将与"沿海中国"湾区战略形成两轮驱动发展的大趋势,念好"山海经"是新时代的需要。

中国生态文明建设和可持续发展的空间在山区。"坚持人与自然和谐共生。建设生态文明是中华民族永续发展的千年大计"[④],山区则是我国永续发展的未来空间。如第一章所述,山区构成我国领土骨架,承载力大;山区县域经济,尤其是农业经济比重大;此外,山区县未充分利用资源多,潜力大。2017年末,调研样本的37个县,县均国土面积3224.34平方公里,户籍人口42.10万,人口密度130.6人/平方千米,相当于东南沿海地区同期人口密度的1/5左右。分片区看,北方六盘山区人口密度最小,县均只有78.11人/平方千米;南方大别山区人口密度最大,县均300.56人/平方千米。山区样本县承包地确权登记丈量的耕地面积比原有上报耕地面积都有增加,南方山区县一般增长20%左右,且撂荒比例较大,复种指数低。山区样本县均林地面积230.77万亩,多数县的山林资源未合理利用。

[①] 费孝通:《乡土中国》,生活·读书·新知三联书店,1985年6月版;生活·读书·新知三联书店于2013年9月重新出版,2016年1月第4次印刷。

[②] 周其仁:《城乡中国》,中信出版社2013年版;赵旭东等:"理想中国"丛书《城乡中国》,清华大学出版社2018年版;刘守英:《"城乡中国"正在取代"乡土中国"》,《北京日报》2019年8月26日第14版。

[③] 习近平:《决胜全面建成小康社会夺取新时代中国特色社会主义伟大胜利——在中国共产党第十九次全国代表大会上的报告》,人民出版社2017年版,第19页。

[④] 习近平:《决胜全面建成小康社会夺取新时代中国特色社会主义伟大胜利——在中国共产党第十九次全国代表大会上的报告》,人民出版社2017年版,第23页。

中国可持续安全的战略屏障在山区。"坚持总体国家安全观,统筹发展和安全"是习近平新时代中国特色社会主义思想和基本方略的重要内容。当今国际局势复杂多变,"总体和平、局部战争,总体缓和、局部紧张,总体稳定、局部动荡"① 的国际局势仍然没有改变。"世界形势面临百年未有之大变局",其主旋律就是美国等西方国家公开把中国当作主要竞争对手,有些国家试图在地缘上围堵、在规则上钳制、在发展上迟滞、在形象上妖魔化中国②。我们期盼可持续发展和可持续安全,但绝不能指望霸权国家恩赐,唯有居安思危、未雨绸缪。多山是中国基本国情,山区在国家可持续发展和可持续安全中具有极其重要的战略地位。我们要统筹经济建设和国防建设,把国家长远发展和国家安全融为一体,纳入当下国民经济宏观发展战略体系和构建总体国家安全体系的全局来谋划和建设,从现在开始就要加快行动,推动国民经济社会发展与总体国家安全体系建设相向而行。

实施"乡村振兴战略"彻底解决我国贫困问题,如期建成富强民主文明和谐美丽的社会主义现代化强国,重点和难点在山区,困难和出路也在山区。全国 832 个贫困县中,山区县 626 个③,占总数 75.24%。后扶贫时代,全国欠发达县将仍然集中于山区。山区村集体经济尤为薄弱,保障村级组织运转和社区基本公共服务主要依靠财政。建档立卡贫困村主要集中在山区。山区贫困县的村集体经营收益低,截至 2016 年末,课题组已调查的样本村合计 1202 个,其中当年无经营收益④的 837 个村,占总样本的 69.6%,高于同期全国平均水平(51.5%)18.1 个百分点;当年经营收益 100 万元以上的村仅占样本村总数的 0.6%,低于全国平均水平(3.1%)2.5 个百分点(表 3-1)。实地调查还显示:保障村级组织和村域社区基本公共服务刚性支出,2017 年每村 15 万—20 万元。这意味着村集体当年经营收益低于 15 万元的村都需要公共财政托底,山区贫困县这

---

① 中国外交部网站:《中国对当前国际形势的看法》,网址:https://www.fmprc.gov.cn/web/ziliao_ 674904/tytj_ 674911/zcwj_ 674915/t3464.shtml.
② 《国际形势黄皮书:全球政治与安全报告(2019)》发布会新闻报道,中国社会科学网 2018.12.27,http://www.cssn.cn/gjgxx/gj_ bwsf/201812/t20181227_ 4801908.shtml.
③ 11 个集中连片贫困山区 505 个县,西藏、南疆和四川藏区 175 个特困县中山地和丘陵面积超过县域国土面积 70%的 68 个县,片区外国家扶贫开发工作重点县 152 个中山地和丘陵面积超过县域国土面积 70%的 53 个县,合计 626 个县。
④ 村集体当年经营收益=经营收入+发包及上交收入+投资收益-经营支出-管理费用。

表 3-1 样本县 2016 年村级集体收益统计表

样本	汇入村数（个）	当年无经营收益村 个	当年无经营收益村 %	当年有经营收益村 5万元以下 个	5万元以下 %	5万—10万元 个	5万—10万元 %	10万—50万元 个	10万—50万元 %	50万—100万元 个	50万—100万元 %	100万元上 个	100万元上 %
通江县空山镇	6	6	100	0	0	0	0	0	0	0	0	0	0
利川市	576	323	56.1	133	23.1	82	14.2	33	5.7	5	0.9	0	0
左权县	206	163	79.1	23	11.2	9	4.4	3	1.5	4	1.9	4	1.9
兴县	380	345	90.8	13	3.4	15	4.0	2	0.5	2	0.5	3	0.8
红安县城关镇	34	0	0	1	2.9	25	73.5	5	14.7	3	8.8	0	0
合计	1202	837	69.6	170	14.1	131	10.9	43	3.6	14	1.2	7	0.6
全国	558553	287400	51.5	130801	23.4	57027	10.2	52162	9.3	13627	2.5	17536	3.1

来源：样本县镇的数据源于课题组实地调查座谈和样本县农经统计报表；全国数据源于农业部编《中国农业统计资料（2016）》，中国农业出版社，2017年11月版，第192页。

一比例高达94.6%，其中完全依赖财政才能运转的村占69.6%，需要公共财政补贴部分资金的占25%。即使比较富裕的非贫困山区县、镇（如上杭县、才溪镇），村级组织运转和社区基本公共服务也是财政"扛大头"（表3-2）。这一状况若不迅速改变，保障村级组织运转和村域社区基本公共服务难以为继。

表3-2 才溪镇6村集体经济组织支付能力和实际刚性支付调查（2017年） （单位：万元）

村名	当年经营收益	当年经营收益构成			转移支付及补助收入	支付能力
		发包及上交	发展基金投资收益	紫金矿业股份分红		
溪北村	5.10	1.50	2.40	1.20	10.00	15.10
中兴村	1.80	0.60	0	1.20	10.00	11.80
溪东村	3.20	2.00	0	1.20	10.00	13.20
溪西村	2.90	1.70	0	1.20	10.00	12.90
才溪村	10.80	9.60	0	1.20	10.00	20.80
下才村	14.10	0.90	12.00	1.20	10.00	24.10

表3-3 才溪镇6村村级组织运转及社区基本公共服务刚性支出调查（2017年） （单位：万元）

科目	溪北村	中兴村	溪东村	溪西村	才溪村	下才村
一、村级组织支付能力（见表5）	15.10	11.80	13.20	12.90	20.80	24.10
二、村级集体刚性支出总计	15.43	12.60	12.70	12.20	20.00	23.34
1. 村级组织运转费用合计	11.23	10.80	9.70	8.90	16.50	18.34
村组干部报酬（含误工补贴）	7.50	6.30	6.70	6.60	12.00	13.34
办公费用	1.73	3.00	2.20	1.70	3.50	4.00
会议费用（含村民代表会议）	2.00	1.50	0.80	0.60	1.00	1.00
2. 公共设施维护费用	3.00	1.30	2.00	2.30	1.50	2.00
3. 其他（救济性、奖励性）支出	1.20	0.50	1.00	1.00	2.00	3.00
三、村级可用经费支出后余缺	-0.33	-0.80	0.50	0.70	0.80	0.76

说明：(1) 才溪镇6村调查是毛泽东《才溪乡调查》中的8村变迁而来。(2) 表中数据系课题组与村干部座谈时的匡算，没有财务会计账目精准，但能够反映村集体收支实际情况。(3) 才溪镇每村"两委"配备5—7名，村级工资性支出大体是：村支部书记2000元/月，村委会主任2000元/月，村支部副书记800元/月，副主任700元/月，村"两委"委员600元/月，妇女主任500元/月，村民小组长300元/年，村主职干部误工补贴每月不超过12天，副职及委员误工补贴4天，每天均按80元计；村文员（2人）、保洁员（3—4人）岗位均由县乡财政购买，工资分别为1900元/月、830元/月。

后扶贫时代，低收入人口也集中在山区。实地调查和入户问卷都显示，山区贫困县农民生计以外出（离县）从业为主的家庭生计策略短期内不会改变。2017年暑假，我们组织大学生深入集中连片贫困山区入户问卷，收回有效问卷414份，统计分析结果是：问卷农户家庭总人口1811（户均4.37）人，劳动力967（户均2.34）人，劳动力负担系数为53.6%；户均承包耕地和林地分别为4.24亩和8.53亩，户均总收入6.64万元，其中外出（离县）从业收入占64%；户均可支配收入2.24万元，人均可支配收入5200元；问卷农户外出（离县）从业396人，占问卷农户劳动力总数的41.0%，其中跨省流动的占外出（离县）从业总人数的46.5%，有些县农村劳动力外出（离县）从业及随徙人口占比高达60%以上。实地调查（表3-4）证实了上述结论，如：率先脱贫县出列的井冈山市，自中共十八大以来，农民人均可支配收入从2011年的3670元增长到2017年的9556元，增长了1.6倍，农民农村居民家庭恩格尔系数（逆指标）由2011年的44.6%降到2017年的30.4%，生活质量已进入相对富裕阶段；井冈山市乡村劳动力常年外出（离乡）从业人员比例呈下降趋势，由2011年的56.03%下降到2017年的39.88%，但出省从业人员的比例却呈现上升趋势，由2011年的40.16%上升到2017年的58.40%。这说明，脱贫后山区乡村劳动力外出（离县）从业仍将是农民家庭生计重要策略。

表3-4　　2011—2017年井冈山市农村居民收入水平及生活质量变化

年份 主要指标	2011	2012	2013	2014	2015	2016	2017
乡村总户数（万户）	2.60	2.63	2.68	2.70	2.80	3.26	2.89
乡村总人口（万人）	11.24	11.25	11.41	11.57	11.70	13.15	11.91
乡村劳动力资源总数（万人）	6.80	6.86	6.84	6.76	6.70	7.38	6.57
乡村从业人员（万人）	5.85	6.33	5.86	5.70	5.72	6.48	5.37
常年外出（离乡）从业人员（万人）	3.81	2.86	2.90	2.90	2.62	2.93	2.62
常年外出（离乡）从业人员比例（%）	56.03	41.7	42.4	42.90	39.10	39.71	39.88
其中出省从业人员（万人）	1.53	1.68	1.63	1.52	1.45	1.62	1.53

续表

主要指标\年份	2011	2012	2013	2014	2015	2016	2017
出省从业人员比例（%）	40.16	58.74	56.21	52.41	55.34	55.29	58.40
农村居民人均可支配收入（元）	3670	4222	58527	6799	7687	8857	9556
农村居民家庭恩格尔系数（%）	44.6	48.35	38.37	30.7	30.7	39.68	30.4
农村居民家庭基尼系数	0.3339	0.2750	0.2814	0.4540	0.3690	0.3400	0.3834

数据来源：根据井冈山市统计局统计年鉴2016、2011—2017年的统计公报整理。

实施"区域协调发展战略"短板和重心在山区。根据山区样本37县主要经济指标统计分析：2017年，贫困县均GDP99.54亿元、财政收入8.65亿元，只相当于2016年全国四百强县第200名县的经济规模（GDP427亿元）和财政收入规模（27.20亿元）的23.3%和31.8%；人均GDP、人均财政收入分别为27381元、2635元，只相当于同期全国人均GDP（59660元）的45.9%、人均财政收入（12414元[①]）的21.2%。我们假定山区贫困县人均GDP和人均财政收入以年均12%的速度增长，推算到2020年"摘帽"时，人均GDP可达38468元，大约相当于2011年全国人均GDP（36403元）水平，人均财政收入3702元，大约相当于2007年全国人均财政收入（3885元）水平。样本37县城乡居民可支配收入中位数与全国城乡居民人均可支配收入比较，2017年：北方、南方山区县域城镇居民人均可支配收入分别为23816元、27336元，北方、南方山区县域农民人均可支配收入分别是9811元、8983元，大体上只相当于2012年全国城（24565元）乡（7917元）居民可支配收入的平均水平[②]。大体上，山区贫困县发展水平比全国平均水平落后5—10年。

实施"健康中国战略"活力源泉在山区；记住乡愁和传承红色文化根脉在山区；实现中华民族"从站起来、富起来，到强起来的伟大飞跃"资源保障和地域空间在山区。山区在国家治理中的地位同样极其重要。

---

① 2017年，全国财政一般预算收入172566.6亿元÷全国年末总人口13.9008亿人≈12414元。

② 全国数据源于《中国统计摘要2018》，中国统计出版社2018年版，第8、57页。

"欲知朝中事,山中问野人",这是中国传统文化;"山区是神经末梢,是检验我们政策和工作力度的最有力的场所"①,这是中国共产党百年革命和建设的历史经验。

总之,山区已经上升为新时代中国实施可持续发展和可持续安全战略的交汇中心。山区发展关系国运。山区贫困则中国贫弱,山区发展则中国富强,山区绿色崛起则中华民族复兴、国家长治久安。

三、中国藏区和南疆三地州贫困县域发展和农牧民家庭生计改善对原生环境②的依赖性极强;县域原生环境、支柱产业、家庭生计、制度选择之间相互依存、制约与互动的关系尤为明显;外部干预对上述四因素都能产生影响,但最有效的干预是产业干预。要重温马克思主义世界观、方法论及其关于地理环境与人类社会关系的学说,认真研究总结"两山"理念及其实践经验,以指导我们的行动。

中国藏区严苛的地理环境对县域产业、农牧户家庭生计方式和地方制度安排有极其深刻的影响。调研样本昌都市类乌齐县、边坝县地处念青唐古拉山区,海拔3500—5000米,人口稀疏,截至2018年末,类乌齐、边坝人口密度分别只有9人/平方千米、4.8人/平方千米。这里绝大部分空间都被岩石构成的高耸入云的层峦叠嶂所挤占,连绵陡峭的横断山和纵横交织的金沙江、怒江、澜沧江等江河则将这里切割得沟深坡陡,深刻影响着县域产业,进而决定农牧民家庭生计及其地方制度安排。(1)农牧业仍然是县域支柱产业,且囿于青稞种植和牦牛养殖。牦牛养殖周期一般为7年,养殖者与牦牛长时间相处有了感情,舍不得卖或杀,牦牛拥有量也是藏民家庭经济社会地位高低与否的评判标准。为维持家庭生活水平并确保家庭经济社会地位,避免兄弟间分家析产导致家庭财富分散和生活水平显著降低,历史上罕见的"一妻多夫"家庭婚姻策略在藏区一些地方延续至今③。(2)游牧生产方式下,牧业户较难形成永久性居民点或居民区,冬季草场和夏季草场都有牧民住宅,尽管夏季草场的住宅相对简陋,

---

① 石山:《大农业战略的思考》,中国农业出版社2008年版,第140页。
② 原生环境,即衍生出区域经济的人文发展和生态地理环境。
③ 1981年4月18日,西藏自治区第三届人民代表大会常务委员会第五次会议通过《西藏自治区施行〈中华人民共和国婚姻法〉的变通条例》,第二条"废除一夫多妻、一妻多夫等封建婚姻,对执行本条例之前形成的上述婚姻关系,凡不主动提出解除婚姻关系着,准予维持"。

但住房、围墙、牛羊卷等一应俱全,不仅"一户一宅"制度难执行,而且分散居住的牧民,无法获得类似农耕文明的"村落"或游牧文明的"部落"社区互助①,人们只能通过家庭制度创新来满足生计需要。(3) 冬虫夏草(简称"虫草")是青藏高原特有珍贵野生保健药用资源。样本县虫草采挖占藏区农户家庭收入高达 65%—70%,但虫草资源并非均衡分布,一县内一般只有 2—3 个乡(镇)虫草资源富集,要保障全县农牧户平等享有虫草采集和交易权,就必须保障农牧户跨区域采集虫草的权利,故虫草产地只能实行国家所有、统一管理,而不能集体所有、承包经营。为此,藏区形成了虫草资源开发与保护规划、虫草采集年度计划、《冬虫夏草采集管理暂行办法》《冬虫夏草交易管理暂行办法》,以及《虫草采集证》和《虫草收购许可证》申办、依法纳税等完整的制度体系。

人类对原生环境进行适当外部干预(包括政府、社会、市场干预)是有效的。南疆三地州等干旱沙漠化区域把生态修复、治沙和培育沙漠产业、提升农户应对气候能力等作为主要干预手段,在推动区域环境、支柱产业、家庭生计和制度改革之间良性互动方面,提供了成功案例。(1) 麦草方格固沙,广植防风林,构筑大面积防沙屏障,在屏障内实施多种乔灌树种混交种植,如红柳柠条、梭梭、沙棘、沙枣、沙拐枣、杨树等,增加值被多样性,生态修复成效显著。塔克拉玛干大沙漠东南边缘的和田地区,森林总面积 120.5 万公顷,其中人工林 29.35 万公顷,天然荒漠林 90.1 万公顷,全域森林覆盖率 1.42%,绿洲森林覆盖率 30%②;塔克拉玛干大沙漠西南边缘的喀什地区麦盖提县,是嵌入塔克拉玛干沙漠的县,县国土总面积 1.52 万平方公里,其中沙漠占 90%,绿洲占 10%。自 2013 年 10 月始,深圳中环油新能源有限公司投资 4.8 亿元,在县城东南沙漠边缘启动百万亩防风固沙生态林基地建设,截至笔者调查日(2019.6)已经建成 33 万亩;同期,全县森林总面积达到了 170 万亩;该县还建成国家湿地公园(唐王湖湿地公园)1927 公顷。这些做法改变了

---

① 朱苏力:《藏区的一妻多夫制》,《法律和社会科学》2014 年第 13 卷第 2 辑,第 1—42 页。

② 新疆维吾尔自治区防沙治沙办:《防沙治沙助推经济社会发展——和田地区防沙治沙考察调研报告》,《新疆林业》2013 年第 3 期。

县域小气候，据不完全统计，全县沙尘天气由2010年的106天减少到2018年的40天，年降雨量由2010年的53.6毫米增加到目前的109.6毫米。（2）沙漠产业——特色林果产业开发，如核桃、红枣、灰枣、葡萄、石榴、红柳大芸、梭梭大芸、文灌果等的栽培、接种、采挖、初级加工和深加工产业链。至2017年末，和田地区种植红柳大芸50万亩，种植农户达9000户，仅和田地区于田县大芸鲜品的总产量就突破6000吨，直接经济效益超过4000万元，从事种植的农户平均收入5000元，部分种植大户年收入达到数十万元[①]。麦盖提县林果面积101万亩，其中红枣达到56万亩，灰枣25万亩，核桃20万亩。

从中国藏区和南疆三地州实践看，外部干预原生环境、支柱产业、家庭生计和制度选择，都可以产生影响，但最有效的外部干预是对县域产业干预。尽管生态修复可以恢复植被，产业政策调整可以引导支柱产业随气候环境、市场和产业政策调整转型升级，扶持贫困户可以帮其提升应对气候变化的能力和改善家庭生计方式，顶层设计制度改革和灌输社会主义价值观可以引导地方制度和习俗重建，但要看到，区域主导产业和支柱产业不转型升级，家庭生计方式依旧，习俗和制度改革也将面临困境，修复的植被也可能为生计所迫而再次被破坏，形成人与原生环境恶性循环。只有不断培育环境友好型、资源节约型主导产业，并使其成长为区域支柱产业，始终保持县域支柱产业与区域生态环境、气候、市场和产业政策相适应，才能使新的生产、生活方式适应习俗转变和制度安排，维持和保障县域环境持续向好，形成人与原生环境良性循环。

重温马克思、恩格斯历史唯物主义和辩证唯物主义世界观、方法论及其关于地理环境与人类社会关系的学说；认真研究总结习近平总书记"两山"理念及其丰富的社会实践经验，要用正确的世界观、方法论和成功经验指导我们的行为。人类对原生环境不是无能为力的，古代中国有大禹治水、都江堰、坎儿井等利国利民的环境改造工程，有列入世界遗产名录的中国山区农耕文明奇观云南红河哈尼梯田；当代中国有塞罕坝、库布齐、毛乌素、南疆三地州治沙的成功经验，有青藏公路、铁路和高原机场

---

① 佚名：《亿棵红柳大芸"沙漠淘金"助力和田农民脱贫》，新华网2018年5月30日，天山网转 http://news.ts.cn/system/2018/05/30/035235165.shtml.

等改变特殊地理环境和不利区位条件的立体交通平稳运行。这都是人类能够改造原生环境的最好证明；但人类治理生态环境也不可为所欲为，因不尊重自然规律而失败的治理工程和稍纵即逝的新产业同样不胜枚举。

四、"城乡两头家"已成集中连片特困地区大多数农户相对稳固的家庭生计策略，乃至成为当今中国农村社会结构的重要特征；沿着这个思路拓展研究发现，中国乡村"村落共同体"已被社会主义村集体经济共同体所取代，"基层市场共同体"转变为区域性政治经济文化中心共同体，"基层生产共同体"拓展成农民"三位一体"合作社共同体。

"两头家"[①]是著名社会学家陈达先生描述早期南洋华侨集体选择的一种家庭婚姻策略[②]。当今中国，农业转移人口大规模、长时间流动，久之也会产生适应城乡两头奔忙的"一家两地、城乡两头家"的家庭生计策略：（1）老弱妇孺留守田园经营承包土地，青壮年和有文化的劳动力转移到城镇和富庶地区就业，外出就业收入约占农户总收入的6成[③]，这已成贫困县大多数农户相对稳固的家庭生计方式。（2）外出农民既在户籍地修房建屋，又在就业城镇购房、租房；成人户籍留在村集体，以保障集体土地承包权、宅基地使用权和收益分配权（简称"村集体三权"），义务教育适龄儿童户籍转到就业地，以获取优质教育资源，保障子女辈市民化。需要指出，当今中国"城乡两头家"与旧时闽粤移民南洋文化结构下的"两头家"，其存在的社会经济基础具有相同性，都属于人口流动状态下农民集体选择的"家庭策略"；但二者之间有本质区别，"两头家"描述的是南洋华侨的家庭婚姻策略，"城乡两头家"描述的是农户一家两地、城乡两头奔忙的家庭生计策略。

[①] "因久在南洋的人，容易与家乡疏远，且因经济比较充裕，可以再娶，娶时以南洋妇女最为便利。""有些'两头家'的主妇，虽经长时间，亦各相安无事。不但如此，两个夫人有时候还可以彼此爱护。"

[②] 陈达：《南洋华侨与闽粤社会》，商务印书馆（据1939年版排印）2011年版，第157页。

[③] 2017年暑假，我们组织大学生深入11个集中连片贫困山区进行入户问卷，收回有效问卷414份。统计显示：问卷农户中外出务工共396人，占问卷农户劳动力总数的41.0%，其中跨省流动的占外出务工总人数的46.5%，有些县农村劳动力外出务工及随徙人口占比高达60%以上；问卷农户户均承包耕地和林地分别为4.24亩和8.53亩，户均总收入6.64万元，其中外出务工收入占64%，户均可支配收入2.24万元，人均可支配收入5200元。

"城乡两头家"在我国集中连片特困地区已成普遍现象。综合课题组问卷和进村访谈数据,山区样本县在城镇购房的农户约占外出务工农户总数的30%、户籍农户总数的20%;农户进城镇购房以就近就地为主,在户籍地市、县、建制镇区和乡政府治所地购房的农户占城镇购房农户的60%以上。调性样本(表3-5)比较显示:"城乡两头家"的农户所占比重北方山区低于南方山区,山区贫困县低于非贫困山区县,中国藏区和南疆三地州低于山区。南方非贫困山区县一小部分农户分别在市县级城市、省级城市和省外中心城市购买了2—3套房产,个别农户还在港、澳购买了住房。"城乡两头家"现象并非局限于山区农村和农民,公务员、事业单位和国有企业员工队伍中有保留农村宅基地和房屋的,城镇居民有下乡购房或长期租房的,日渐增长的庞大的春节流动人口中有多少人属于"城乡两头家"者,不过无人专门调查分析罢了。这至少说明,陆学艺先生等研究者描述的"流动的中国"[1]已成常态。

表3-5　　山区贫困县和非贫困县农户进城镇购房的典型样本比较(截至2018年10月)

样本村名	总户数(户)	总人口(人)	城镇购房(户)	城镇购房中(户)				备注
				集镇	市县城	省城	外省	
通江县(贫困县)								
文昌村	234	1258	81	40	28	8	5	
玉坪案村	313	1264	65	36	27	0	2	
天井坝村	239	1050	21	18	0	0	3	
柳林村	92	386	8	5	2	0	1	
青龙村	204	1046	25	16	6	0	3	
五福村	162	654	14	5	7	0	0	
王坪村	484	1888	70	50	10	0	10	
小计	1728	7546	284/16.4%	170	80	8	26	
利川(贫困县)								
烽火村	443	1393	35	10	25	0	0	
鹰嘴山村	129	440	0	0	0	0	0	
楠木村	323	1323	56	15	30	7	4	

---

[1] 陆学艺:《当代中国社会流动》,社会科学文献出版社2004年版。

续表

样本村名	总户数（户）	总人口（人）	城镇购房（户）	城镇购房中（户）				备注
				集镇	市县城	省城	外省	
兰田村	325	1148	43	21	19	2	1	
大道角村	286	1158	52	14	28	3	7	
鹊平村	378	1372	101	54	30	9	8	
小计	1884	6834	287/15.2%	114	132	21	20	
红安（脱贫摘帽县）								
石门桥村	367	1546	240	168	48	12	12	
李态村	295	1276	80	50	15	10	5	
梅潮村	318	1256	50	38	7	2	3	
高楼村	327	1248	160	50	90	12	8	
小计	1307	5326	530/40.5%	306	160	36	28	
井冈山（脱贫摘帽县）								
大陇村	480	1480	480	372	100	3	5	建制镇区村
新城村	486	2008	486	400	75	5	6	建制镇区村
小计	966	3488	966/100%	772	175	8	11	
神山村	54	231	30	3	24	3	0	
坝上村	163	636	50	10	40	0	0	
排头村	235	1002	90	11	65	6	8	
小计	452	1869	170/37.6%	24	129	9	8	
不计镇区村合计	5371	21575	1271/23.7%	614	501	74	82	
计镇区村合计	6337	25063	2237/35.3%	1386	676	82	93	

说明：数据源于本课题组与调查村干部座谈时逐户筛查统计，进城购房农户数可能漏填。

表3-6　（比较样本）上杭县（福建省经济十强县）才溪镇（截至2018年10月）

村名	总户数（户）	人口（人）	城镇购房（户）	城镇购房中（户）					备注
				才溪镇区	龙岩上杭	福州厦门	广东外省	港澳地区	
溪北村	435	2087	86	11	35	17	18	5	

续表

村名	总户数(户)	人口(人)	城镇购房(户)	城镇购房中(户)					备注
				才溪镇区	龙岩上杭	福州厦门	广东外省	港澳地区	
中心村	578	2259	98	13	42	14	26	3	
溪东村	398	1826	220	80	80	28	30	2	镇区门店80户
溪西村	430	1600	79	15	50	7	6	1	
下才村	993	3856	230	90	56	37	42	5	部分农户住镇区
才溪村	1072	4636	350	149	120	38	39	4	部分农户住镇区
合计	3906	16264	1063/27.2%	358	383	141	161	20	

说明：数据源于本课题组与调查村干部座谈时逐户筛查统计，进城购房农户数可能漏填。

循着上述思路拓展研究发现：中华人民共和国成立70年来，乡村社会结构变动极其剧烈。（1）费孝通先生"差序格局"分析框架已不能准确描述和概括当今中国乡村社会结构，近3亿农业转移人口在居住地和就业地分别结成了全新的社会经济关系网络，这种关系网络贯穿城乡，既有血缘、亲缘、乡缘等传统基因，又有他乡的业缘和新利益圈层关系，传统村落小圈层波浪式"差序格局"基本瓦解了。（2）日本学者平野义太郎（1944）和美国学者杜赞奇（1988）等描述和分析的"村落共同体"被社会主义集体经济共同体所取代。村集体经济共同体，有60多年（1958以来）社会主义集体所有土地、森林、水面等共有资源，有几代人共同创造、传承下来的共有资产、资金积累，有特定的政治文化生态、社会结构和互动方式。村级集体经济共同体是一个有灵魂、有内聚性的治理单元，其内聚性传统村落共同体无法比拟。（3）刘玉照教授（2002）的"农村基层生产共同体"[①]被农民生产、供销、信用综合（简称"三位一体"）合作社共同体所取代，"三位一体"合作社已形成共有资源、资金和资本，社员（农户）与合作社结成紧密实体，他们将"总部"设在区域性政治经济文化中心，上联各级政府，转达农民诉求，争取各种权益；下联农民合作社基层社、家庭农场和农户，下达政府文件和政策，协调各种关系，组织文化交流活动。（4）中国乡村立体交通网络和渐趋普及的现代化交通运输能力，使农民出行更加便捷快速，加上互联网、电子商务

---

① 刘玉照：《村落共同体、基层市场共同体与基层生产共同体——中国乡村社会结构及其变迁》，《社会科学战线》2002年第5期。

普及和新媒体助力，瓦解了美国学者施坚雅（1964）所描述的"基层市场共同体"，农民社会交往、就业、贸易、休闲乃至表达诉求的空间和范围极度扩展，一天时间可轻松往返于市、县中心城镇，在高铁网络辐射地区，农民交往、诉求直达省城乃至京城……

未来中国，"从社会结构来说，最关键的出路，就是在中国社会努力构建起一种公正、合理、开放的符合中国国情的现代化社会流动模式"①。从中华民族永续发展和安全角度思考，应该尽早调查、研究、探索并建立一套适应现代社会流动，满足乡村振兴、城乡融合发展、国家总体安全需求的城乡人口、产业、资本、技术和信息等要素互通的体制机制。

五、集中连片特困地区县域响应国家三大战略的策略是"三步并作一步走"；用域内基础建设、产业转型升级、城乡聚落空间重构、产权和分配制度配套改革，将三大战略串联成一个相互衔接、协同推进的有机整体；有效实施这一策略，需要把农民群众穷则思变的欲望转化成为响应国家战略的动力，激活并长久维持乡村活力。

中共十八大以来，三大战略相继推出，其历史逻辑前后相继。脱贫攻坚是改革开放以来我国扶贫开发战略的四个阶段之一，始于改革开放之初；乡村振兴战略是中共十九大（2017年10月）提出的，但它却是在社会主义新农村建设（2005）和美丽乡村建设（十八大以来）基础上展开的；新型城镇化战略是中共十八大（2012年11月）首先提出。从全国层面看，三大战略循序渐进，每一个战略都针对中国农村现代化进程中的某一特定历史时期的特殊问题。但集中连片特困地区不可能等待脱贫攻坚目标任务完成以后，再实施乡村振兴和新型城镇化战略，他们只能"三步并作一步走"，把乡村脱贫、振兴和新型城镇化串联成一个整体。就是说，三大战略相互衔接是特困地区县域发展实践之必需。此其一。

其二，三大战略能够相互衔接。（1）三大战略根本目标一致，都是瞄准"农民生计改善"和"人的全面发展"，只是不同阶段的发展侧重点不同。脱贫攻坚目标是"两不愁三保障"，其本质在于保障农民基本的生存发展权利；乡村振兴总目标是"产业兴旺、生态宜居、乡风文明、治理有效、生活富裕"，其本质是追求更加富裕、美好的生活；新型城镇化

---

① 陆学艺：《当代中国社会流动》，社会科学文献出版社2004年版，第16页。

的实质是城乡一体化，也就是在保障人的基本生存发展权、追求富裕美好生活的基础上追求社会公平与公正，达成人与人、人与社会、人与自然环境和谐相处。（2）三大战略任务互补、前后相继。中共中央、国务院《中国农村扶贫开发纲要（2011—2020年）》《国家新型城镇化规划（2014—2020年）》《乡村振兴战略规划（2018—2022年）》等文件已经有完整表达，不再赘述。

其三，三大战略相互衔接已有成功经验。课题组基本理清了集中连片特困地区贫困县响应国家战略的策略和政策：从响应策略看，各地基本是全域谋划，以脱贫攻坚统领域内经济社会发展全局，三大战略接轨融合，整体规划、一体化建设和管理；从基本做法和初步经验看，用域内基础建设、产业转型升级、城乡聚落空间重构等手段，可以将三大战略串联成一个相互衔接、协同推进的有机整体；从基本政策看，都是在深化农村改革的国家政策导引下，围绕域内基础建设、产业转型升级、城乡聚落空间重构而进行以土地产权制度改革为核心的配套制度改革和政策调整。

三大战略衔接面临的突出矛盾和问题：一是人口流动政策究竟如何选择，贫困地区农业人口究竟是进城还是返乡？二是产业主导三大战略的地位和作用明显——产业脱贫、产业兴村镇、产业兴城；谁兴产业，如何兴产业，以及产业如何主导和衔接三大战略？课题组建议：

——化解相关矛盾，引导人口优化布局。强化贫困县域中心城市、建制镇、特色小镇与美丽乡村一体化规划、建设和管理，逐步缓解改善人口流动和布局不合理现象；激活并长久维持农村集体经济组织、农户和农业科技的活力，吸引农业转移人口回流；挖掘并发挥资本、科学技术的潜力，替代特困地区农村劳动力资源缺口；继续加大贫困县域基础设施建设，以及市场、信息和互联网+的能力提升，缓解山区人口不足对消费方面的影响。

——激活并长期维持县域产业活力。区域经济活力源于区域产业活力，产业活力取决于产业根植性，夯实产业根植性关键：一是产品原料适合本地的地域特性，其中以具有地域标识性产品为最佳；二是产品生产技术具有本地产业发展的知识技术历史积累，其中，以非物质文化遗产传承性产品最佳；三是产业组织形式、参与和分配机制形成，其中产业参与各方责权利达到均衡为最佳。实践证实：保持区域支柱产业的活力，必须把域内后来产业的发展牢牢钉在先前的产业基础之上,有效利用先前的资源、资金、资产以及产业知识、技术积累,选择既符合时代特点,又适合区域实际的主导产业,循序渐进。

六、三大战略相互衔接提升了集中连片特困地区县域经济韧性。县域经济韧性是指县域经济系统应对自然资源、社会政治环境、产业政策、市场需求和人口变动等冲击扰动的能力;乡村活力是县域经济韧性的重要组成部分;适时转型升级县域支柱产业,构建多样性产业结构,培育多元经营主体,激发并维持村集体与农户经济活力,可提升县域经济韧性。

我们总是说"中国经济韧性强",但是,什么是经济韧性,如何评估中国经济韧性,尚需研究。借助演化韧性思想[1]和相关研究[2],课题组将县域经济韧性界定为县域经济系统应对自然资源、社会政治环境、产业政策、市场需求和人口变动等冲击扰动的能力。县域经济韧性可从县域资源和产业多样性、产业根植性,以及县域人口承载能力加以评价。乡村活力包括乡村资源空间活力、产业结构活力、基层组织活力、集体经济与农户经济活力。

课题组尚未系统研究贫困县域经济韧性,只关注了其中两个问题:其一,和平发展时期,作为农业转移人口输出地的贫困县,能够维持县域经济社会持续发展的人口资源下限,即乡村发展、停滞和衰退的人力资源供给边界;其二,非常时期(重大灾害、经济危机、安全危机),可以作为战略后方的山区县域最大人口承载能力。这两者之间的回旋余地(弹性)似乎可用于衡量县域经济韧性。

关于和平建设时期维持县域经济社会持续发展的人口资源下限。课题组实地调查数据显示,贫困县外出(离县)从业劳动力占本地劳动力总数的比例40%—60%,但这些县自改革开放40多年来,无一例外保持了快速、持续发展态势,只是县际横向比较落后一些罢了,尤其是自党的十八大以来,支持政策向"脱贫攻坚主战场"倾斜,贫困县域GDP、财政收入、城乡居民可支配收入等主要经济指标年均增长速度基本保持在

---

[1] 孙久文、孙翔宇:《区域经济韧性研究进展和在中国应用的探索》,《经济地理》2017年第10期。

[2] 李连刚、张平宇、谭俊涛、关皓明:《韧性概念演变与区域经济韧性研究进展》,《人文地理》2019年第2期。

10%左右，高于全国 GDP 增速 2—3 个百分点。这说明：只要贫困县域农业转移人口比例不超过农村总劳动力的 40%，同时通过资本和科技替代劳动力手段，保障特殊地区县域基础设施、信息、市场和物流等方面的供给与需求相适应，就可维持特殊地区贫困县域持续发展。

非常时期山区县域人口承载能力上限，课题组调研了三个方面：

——革命老区县战争时期人口承载力历史（案例）经验。(1) 中央苏区发源地井冈山大小五井一带，物质匮乏，"人口不满两千，产谷不满万担……"①，还有国民党当局频繁的军事"会剿"和严密的经济封锁。然而就是这样一个狭小的地域空间，保障了朱、毛红军会师后的 3 个师、9 个团等共 1 万多人的每月消费粮食 40 多万斤的给养②。土地（粮食）承载人口比原人口增长了 4 倍；时年，川陕苏区首府通江县，驻扎了中央西北军事革命委员会、红四方面军总指挥部、中共川陕省委、川陕省苏维埃政府等机关，川陕苏区红军部队 5 个军 15 个师 8 万余人。通江境域设置的"三县两特区"，本籍 29 万余人，隶籍 3 万多人。该县保障了域内军民粮食供给外，土地（粮食）承载人口比原人口增长 10.3%，此外还贡献军粮 5000 万斤，库存粮食 700 多万斤③。(2) 抗日战争时期，山西太行山区左权县（太行根据地行政中心）、吕梁山区兴县（晋绥边区领导机关驻地）经济建设都有不俗的表现，如晋绥边区先后共辖 75 县、16 万平方公里、约 600 万人口，仅 1944 年，驻地党政军民开荒 75 万亩，较上年增长细粮 11 万担、植棉 18 万亩，生产土布 60 万匹④，保障了党政军人员给养和战争需要。

——山区不再开发，充分利用县域闲置资源可新增的人口承载力。南方山区一些县耕地撂荒比例 40%左右，农民住房空置率 25%—55%，县域城镇体系（包括经济开发区、建制镇、乡人民政府驻地和传统圩镇）中的房地产有较大存量，基础设施利用率不高。这些资源如果充分利用，县

---

① 毛泽东：《井冈山的斗争》，《毛泽东选集》第一卷，人民出版社 1991 年版，第 68 页。

② 张泰城、刘佳桂：《井冈山革命根据地经济建设史》，江西人民出版社 2007 年版，2015 年 4 月第 3 次印刷，第 41—48 页。

③ 中共通江县委党史研究室：《通江苏维埃志》，四川人民出版社 2006 年版，本节数据均源自该著。

④ 根据晋绥边区革命纪念馆图片资料整理。

域人口承载力将提升 30% 左右。

——生态环境人口承载力,即维持县域持续发展及生态环境持续向好趋势的人口密度。(1) 借鉴 "中国人口分布适宜度研究" 课题组(封志明、扬艳昭等,2014)提供的经验:2010 年,我国 2353 个县(市、区)中,"人口适宜度为 80 以上,人口资源环境与发展基本协调地区包括 708 个县(市、区),占地 144.6 万 km², 相应人口 5.1 亿人,集中分布在中国东中部地区"[①]。我们计算这类县域的人口密度,平均 353 人/平方千米,人居环境适宜度、水土资源适应度在 95 以上,社会经济协调度达到 90 左右的水平。(2) 研究南方山区脱贫摘帽贫困县、经济强县的人口密度,一般也在 360 人左右/平方千米。课题组根据上述经验和相关实践经验(注释专栏 3-1)推算,山区县域适宜人口密度可达 350 人左右/平方千米。

注释专栏 3-1　山区县域人口承载力实践经验(案例)

中部地区脱贫摘帽贫困县案例:湖北红安县,位于大别山南麓,2018 年 8 月 7 日,经湖北省人民政府批准退出贫困县序列。该县总面积 1796 平方公里,2017 年末,户籍总人口 65.36 万,人口密度 364 人/平方千米,地区生产总值(GDP)153.81 亿元,人均 GDP25285 元,三次产业结构 17.79∶47.94∶34.27,财政总收入 40.76 亿元(人均 6236 元),一般公共财政收入 16.7 亿元;城乡居民人均可支配收入分别为 24908 元、10448 元,城乡居民恩格尔系数分别为 38.5% 和 38.7%,按照联合国相关标准,红安县农民生活水平已经进入相对富裕阶段。该县耕地、山林、城乡房地产潜力大,现有耕地总面积 61.8 万亩,其中未利用耕地约占 40%;山林 108.4 万亩,其中有林地 88.4 万亩,森林覆盖率 47.9%,山林绿色产业尚未形成规模,中国光谷·红安高新技术产业园累计完成投资 74.2 亿元,建成区面积 40 平方公里,投产企业 261 家,落户企业 454 家,未来吸纳劳动力和居民的能力强。课题组与该县负责人推算,以红安全县现有耕地、森林、农民闲置住房资源和工业园区充分利用,至少可容纳 90

[①] 中国人口分布适宜度研究课题组(封志明、扬艳昭等):《中国人口分布适宜度报告》,科学出版社 2014 年版,第 20 页。

万人（人口密度500人/平方千米）过上富裕生活。

东部地区非贫困县域案例：浙江永嘉县处于括苍山脉（武夷山余脉延伸段），总面积2698平方公里，其中山地面积为2308.5平方公里，占区域总面积的85.6%，素有"八山一水一分田"之称，人均耕地不足0.5亩。2017年末，全县户籍数29.82万户、97.85万人，人口密度为362人/平方公里（未计算外来常住人口），森林覆盖率保持在69.2%以上，人均GDP39333元，全县财政总收入50.46亿元，一般公共预算收入31.60亿元；城镇常住居民人均可支配收入41760元，农村常住居民人均可支配收入20271元，城乡居民恩格尔系数分别33.2%和35.5%，已进入相对富裕阶段，未见生态危机。

综上：和平发展时期，山区贫困县合理利用现有耕地、山林和城乡房地产存量资源，人口承载力可在现有基础上平均提升1.7倍；顺势而为，将对纾解我国"东南地狭人稠、西北地广人稀"格局发挥作用。如果未雨绸缪，及早在战略后方（山区）开展储备性建设，将在非常时期我国人口疏散安置、军民给养保障等方面发挥巨大作用。

七、胡焕庸线本质上是一条人口密度分界线[1]；后继研究者还认为，胡焕庸线也是地理和区域原生环境分界线，是中国生态条件突变的一个梯度带等；本课题组认为，胡焕庸线可以作为中国实施"统筹发展和安全"基本方略的空间布局分割线，以此线为分界，东南谋繁华和当今发展，西北谋安全与未来发展。

我们认同"东决繁华、西决生死"[2]的观点，并进行了三方面的调研：

从国家安全来看，中国西北稳固，国家总体安全就有底气。（1）古代中国政权安危——无论内忧还是外患，威胁大多来自西北，西周灭商是从西岐（今陕西省岐山县）向朝歌（位于河南省鹤壁淇县）进攻，秦灭

---

[1] 1935年，中国地理学家胡焕庸教授在《地理学报》第二期发表《中国人口之分布》一文，提出黑河（爱辉）—腾冲线（胡焕庸线），揭示：该线东南半壁36%的土地供养了全国96%的人口；西北半壁64%的土地仅供养4%的人口，二者平均人口密度比为42.6∶1。

[2] 罗天昊：《中国：东决繁华，西决生死》。http://www.heefox.com/heefox371/weixinInterfaceController/.

六国是从西北向东南用兵①,汉王朝主要威胁来自西北的匈奴,宋元明清时期中原王朝与游牧政权反复争夺的边陲重地基本都在河套、辽东、西域这些地方。(2) 近代中国,保住西北就能赶走侵略者,获得民族独立和维护国家主权完整。中国近代史上几次外敌入侵,包括两次鸦片战争、八国联军进北京、日本侵华战争,虽然都从海上突破,但中国政府只要固守西北,就能卷土重来,赶走侵略者。

从国家发展看,胡焕庸线的西北半壁落后、东南半壁发达,这种格局在中国至少存在了 1500 年。隋炀帝贯通大运河②三下扬州的历史说明,至少在隋朝,我国东南半壁就很富庶了。延续至近现代,东南富庶日甚一日,到 1935 年,胡焕庸先生划分了我国人口密度对比线。中华人民共和国成立 70 年来,中国人口由西北向东南地区集聚日趋明显,"中国人口分布适宜度研究"课题组结论:"1953—2010 年,中国人口的空间集聚程度趋于提高,……有近 80%的人口集中分布在 20%的国土面积上,中国人口的空间分布基本符合'二八定律'。"③ 所以才有《李克强之问:"胡焕庸线"怎么破?》④。总理要求"我们要研究如何打破这个规律,统筹规划、协调发展,让中西部老百姓在家门口也能分享现代化"。

从"统筹发展与安全"长远战略看,以胡焕庸线为界,西北半壁既是前沿阵地,又是战略后方;集中连片山区是未来中国可持续发展与可持续安全的"山背脊梁"。比如:(1) 中国藏区,东有横断诸山,南有喜马拉雅山,西有喀喇昆仑山,北有阿尔泰山、祁连山,将中国与南亚、中亚天然隔绝,是国土安全的天然屏障。(2) 中国 11 个集中连片特困山区基本上分布在胡焕庸线两侧,从北至南,依次为大兴安岭、燕山—太行山、吕梁山、六盘山、秦巴山、大别山、武陵山、乌蒙山、罗霄山、滇黔桂石漠化山区、滇西边疆山区,恰如中国的"山背脊梁"。可是"山背脊梁"营养不良。长此以往,我们上愧对祖先,下辜负子孙。这是我们强烈建议

---

① 秦朝早期都邑西垂(亦称西犬丘)在当今甘肃今西和县、礼县一带。
② 公元 605 年 4 月 14 日,隋炀帝下令开凿大运河,至 611 年元月贯通,全长 4000 多里。
③ 中国人口分布适宜度研究课题组(封志明、扬艳昭等):《中国人口分布适宜度报告》,科学出版社 2014 年版,第 4—5 页。
④ 人民网-时政频道:2014 年 11 月 28 日,http://politics.people.com.cn/n/2014/1128/c1001-26113082.html。

把"经略山区"纳入后扶贫时代的国家战略的现实逻辑。后扶贫时代，应以实施"区域协调发展战略"为入口，继续支持山区县域发展；进一步落实邓小平"两个大局"战略构想和习近平"统筹发展和安全"基本方略，设置专门机构，调查研究及谋划山区发展和国家安全中长远战略和推进政策。

第二节 制定中国山区长远发展战略并纳入国家规划

一 理由和依据

把"经略山区"作为中国山区长远发展战略的必要性、紧迫性，除了蕴含在上述七个调研结论之中的理由以外，还有：

（一）实现山区可持续发展是全球山地国家共同愿景和发展大趋势

重视山区可持续发展是由山区本色及其在人类社会发展史上的地位作用决定的。按照美国 USGS 依据高度、坡度、地势起伏等三个标准对山地的界定和测定，全球山区面积3580万 km^2，占地球表面积的24%；同时代绘制的世界人口地图匡算大约有7.2亿人，即12%的世界人口居住在山地，而另外14%的人口居住在山地附近[1]。Price 教授认为，除了山地面积体量及山区居民数量比重大之外，山区的重要性还体现在：人类关键的几类主要粮食作物都起源于山地；山区有丰富的矿产资源，世界上绝大部分的金属来源地都与造山运动相关；山区具有重要文化影响力。因此，国际组织和山地国家都特别重视山区可持续发展以及山区生态系统对全球环境和气候变化的重要影响，纷纷建立国际组织、山地协会或山地/山区研究院所或中心，知名的如"国际山地协会"（International Mountain Society）、国际山地综合发展中心（International Centre for Integrated Mountain Development）、欧洲山区协会（Euromontana）、瑞士伯尔尼大学发展与环境中心（Centre for Development and Environment）、中亚大学山地社会研究院（Mountain Societies Research Institute）、苏格兰高地与岛屿大学山

---

[1] Martin Francis Price, *Mountains: A Very Short Introduction*, Oxford University Press, 2015.

地研究中心（The Centre for Mountain Studies）等①。这些机构为确立"国际山地年"（2002）、"国际山地日"（每年12月11日），制定"山地计划2020"、《阿尔卑斯山公约》《喀尔巴阡山公约》《欧洲山区公约（草案）》和推动山区可持续发展发挥了重要作用。

（二）中国是山地大国，一直没有与之相匹配的山区发展战略，亟须弥补

长期以来，我国山区问题及其可持续发展研究以及相关战略和政策的制定一直处于边缘地位。总体上看，国内学界有关山区开发与建设，山区农业、林业、畜牧业发展，山区生态、小流域治理，山区扶贫和农民生计，以及有关"山区根据地建设历史""三线建设历史""西部大开发"等方面已形成一定研究成果。也有学者结合我国山区可持续发展面临的问题与主要矛盾，以及山区自身的生态资源优势与发展潜力，提出了加快山区可持续发展的具体政策与保障措施②。但是，把山区发展作为一个独特的经济地理单元，研究其专门战略和政策，纳入国家可持续发展整体中统一谋划，并与中国全面建成小康社会、"两个一百年"奋斗目标、总体国家安全体系建设和中华民族长久生存发展联系在一起，进行综合性、战略性研究的少见。与国外相比，我国在山区发展政策的制定方面存在着许多差距。农业农村部老干部石山先生曾多次呼吁组建一个综合性山区研究和协调机构；中国科学院·水利部成都山地灾害与环境研究所陈国阶等也一直呼吁《中华人民共和国国民经济和社会发展五年计划纲要》要增加"山区发展方面的专门篇章"③。但这些呼吁至今未得到相关部门的响应。近年来，上述状况有所改观，如中国地理学会山地分会、中国自然资源学会山地资源专业委员会、挂靠中国科学院成都山地灾害与环境研究所的数字山地专业委员会，以及国际山地中心中国委员会等机构建立和展开研究，使有关山地的研究更加系统并逐步实现与国际接轨。但是，整体来

---

① 李林林、王景新：《山区可持续发展的基本理论、欧洲经验及启示》，《西北农林科技大学学报》（社会科学版）2018年第18卷第4期。

② 顾益康：《浙江省山区可持续发展战略问题研究》，《湖州师范学院学报》2014年第7期；于法稳、于贤储：《加强我国山区可持续发展的战略研究》，《贵州社会科学》2015年第8期。

③ 陈国阶、方一平、高延军：《中国山区发展报告——中国山区发展新动态与新探索》，商务印书馆2010年版，第iv页。

看,中国山区问题及其可持续发展研究与中国作为世界山地大国的地位不相匹配,与山区在实现我国可持续发展和可持续安全中重要作用不相匹配。我们再次呼吁由相关高校牵头,联合全国山区可持续发展与总体国家安全研究力量,组建多部门、多学科参与的"山区发展与国家安全"综合研究智库,为相关战略和政策制定提供支撑。

（三）谋划中国山区长远发展战略符合"中华民族永续发展的千年大计"[①]

山区在国土空间生态涵养、山区发展与区域协调发展、国家可持续发展和总体国家安全体系建设中究竟扮演什么角色,与我们对山区本色及其在国土空间规划布局中地位作用的认识相关。把山区建设置于国家可持续发展、"中华民族伟大复兴的中国梦"和"推动构建人类命运共同体"等宏大战略目标下思谋,是新时代中国特色社会主义建设题中应有之义。我们应该形成以下共识:

1. 反哺山区是时候了。中国山区本质是富裕的,但在庇佑中国革命、支援中国建设以及平原和城市区率先发展中暂时落伍了。农业农村部老干部石山先生曾呼吁"端正人们对山区的看法"。他认为"我国山区本质是富裕的,特别是南方山区是国际上公认的全世界的一块宝地,穷是我们指挥失误造成的"。"我们曾经依托山区打天下,山区是革命根据地,当年是先进地区,威风凛凛精神焕发。革命胜利了,山区却落后了,成了建设的包袱,灰溜溜的。"[②] 应该看到,脱贫攻坚战略实施是执政党和国家对山区自然生态修复、生产生活基础建设、区域产业转型升级一次特别重大的补课,是对山区人民支持革命和建设的回馈,2020年脱贫攻坚完成以后山区支持政策不应终止。

2. 新时代山区建设的要旨是"经略山区"而不是山区大开发。对山区本色认识不清,导致了山区战略和政策左右摇摆、时断时续。我们曾经大办钢铁,消耗了大量林木,曾经毁林开山造田、过度采伐木材、不顾环境开矿采石,至今仍觊觎古树奇木装点城镇,这些做法迟滞了山区发展。

[①] 习近平:《决胜全面建成小康社会夺取新时代中国特色社会主义伟大胜利——在中国共产党第十九次全国代表大会上的报告》,人民出版社2017年版,第23页。

[②] 石山:《中国山区开发与建设》,中国林业出版社2011年版,第58—59页。

我们曾经依靠山区构筑西部战备基地和平衡全国工业布局；当我们感觉大兵压境时，"深挖洞、广积粮"，"三线建设"风生水起，"使西南荒塞地区整整进步了50年"（费孝通1991年语），"三线建设这根'扁担'挑起了国防战备和发展西部这两个战略要求的重担"①；当我们觉得"发展是时代主旋律"、东南地区应成为中国发展引擎时，山区项目和产业又大踏步撤回城市和东部沿海地区。当我们思考中国区域协调发展、中华民族繁衍生息的长久大计时，"西部大开发"应运而生，"经过15年的开发建设，西部地区已具备较强的经济实力……"②。上述过程中，中央和地方政府都曾关注过山区开发，如"1986年国务院把河北开发太行山的做法誉为'太行山道路'，以此带动全国山区开发"③；启动于1996年的"全国山区综合开发示范县"（四期共30个省114个山区县）建设等。但这些试验多数虎头蛇尾，不了了之。新时代"经略山区"，是以习近平"两山"理念和新时代中国特色社会主义思想为指导，追求山区县域发展、农牧民家庭生计改善、国土空间生态涵养三者兼顾，经济社会可持续发展与总体国家安全体系建设相向而行的筹谋、规划、建设、经营和治理。

3. 把"经略山区"纳入实现伟大复兴中国梦的国家战略体系有重大意义。要看到，中国山区不仅要养活几亿人口，而且要为全国可持续发展和可持续安全提供支撑和保障，不可能像美国、加拿大、俄罗斯、澳大利亚、巴西等山区大国那样，把山区人口基本迁移到城市和平原区，让其处于休整或半休整状态④。中国山区功能不能止步于生态和水源涵养，必须寻求山区县域发展、农牧民家庭生计改善、国土空间生态涵养三者兼顾的平衡点。脱贫攻坚战中，贫困县践行习近平总书记"两山"理念，在县域发展、农牧民家庭生计改善、国土空间生态涵养三者兼顾方面，已有许多成功案例，比如：北方山区红松嫁接樟子松、用材林及三北防护林更换轮伐、生态林换种、国有林场的森林小镇建设等利用方式；南方山区核桃

---

① 陈晋：《三线建设战略与西部梦想》，《党的文献》2015年第4期。
② 国家发展和改革委：《西部大开发"十三五"规划》。
③ 严瑞珍、王征国、罗丹：《山区的综合发展——理论分析和太行山区经验证据》，中国人民大学出版社2004年版，第4页。
④ 陈国阶、方一平、高延军：《中国山区发展报告——中国山区发展新动态与新探索》，商务印书馆2010年版。

林、香榧林、胡椒林、黄桃林、竹林、山茶林、木棉小镇；中国藏区以虫草为主的林下采集经济；南疆三地州封沙造林和新兴沙漠产业，毛乌素、库布齐的沙漠治理，塞罕坝林场的实践等。这些宝贵的实践经验应及时加以总结提炼，以指导未来山区发展实践。

课题组建议，以"一带一路"的谋略和气魄，谋划和部署"山区中国"建设。应及早把"经略山区"纳入实现伟大复兴中国梦的国家战略体系，与已有国家战略各展其长："一带一路"谋求沿线国家共同发展与合作安全，联通其外；"大湾区战略""京津冀协同发展战略""长江经济带战略"引领全国，追赶繁华；"经略山区""统筹发展与安全"，强健中国"山背脊梁"，固本其内。建议由相关高校牵头，联合全国山区可持续发展与总体国家安全研究力量，组建多部门、多学科参与"经略山区"综合研究智库，为相关战略和政策制定提供支撑。

二　总体思路

1. 重点实施范围：瞄准集中连片特殊困难地区和脱贫攻坚重点县中的山区县。贯彻落实党的十九大关于"加大力度支持革命老区、民族地区、边疆地区、贫困地区加快发展，强化举措推进西部大开发形成新格局"[①]的精神，建议经略山区选择如下重点片区和实施县域：在国家层面向中西部山区倾斜，仍然将"十二五"至"十三五"以来脱贫攻坚主战场——14个集中连片特殊困难地区作为下一步经略山区实施重点地区，将脱贫攻坚重点县（680个）和片区外国家扶贫开发工作重点县（152个）中的山区县（约626个）作为实施"区域协调发展战略"和实施"乡村振兴战略"的重点县，继续予以支持；在地方层面，东部沿海地区有山区县的省、区、市（上海市除外）本级区域协调发展和乡村振兴战略实施规划和方案，也应把山区发展纳入规划予以重点关注和支持。上述片区和贫困县中基本包含了支持革命老区、民族和边疆地区加快发展的对象，也是推进西部大开发形成新格局的主要着力点，推动其区域经济社会加快发展和农民生计改善，就牵住了我国正在实施的几大发展战略的

---

① 习近平：《决胜全面建成小康社会夺取新时代中国特色社会主义伟大胜利——在中国共产党第十九次全国代表大会上的报告》，人民出版社2017年版，第32—33页。

"牛鼻子"。

2. 人口集聚战略：突破"胡焕庸线"，逐步转变"中国东南地狭人稠、西北地广人稀"格局。时过境迁，我国地理学家胡焕庸先生在1935年提出的划分我国人口密度的对比线所描述的"我国东南地狭人稠、西北地广人稀"格局不仅没有改变，而且，中国人口的空间集聚程度还趋于提高。经略山区的一个重大战略目标就是破解这一难题：一方面科学规划和充分发挥京津冀、长三角、粤港澳大湾区城市群的人口集聚效应；另一方面探索中西部城市群，尤其是山区县域城镇体系和美丽乡村吸纳积蓄人力资源的能量、途径和办法，培育沿边经济带、渤（海湾）—（内）蒙（古）—新（疆）经济带、包（头）—昆（明）经济带等新经济带，逐年减轻东南人口过重压力。

3. 空间规划：小片开发、大片保护，生态涵养和绿色发展统筹兼顾。建议：国家层面坚持主体功能区的定位和空间规划，总体上把握和监控山区小片开发、大片保护格局；在省域国土空间规划中，应该明晰和细化域内山区的优化开发、重点开发、限制开发和禁止开发地域空间定位，严格划定和管控"三区三线"空间边界并理顺其互动关系；山区县域内部，应在"美丽乡村建设"平台上，同时植入"四化同步发展""新型城镇化""城乡一体化"和"基本公共服务均等化"，实现"看得见山、望得见水、记得住乡愁""绿水青山就是金山银山"等多重梦想和愿景，实现农村地域空间综合价值追求，推动乡村空间结构重构。要综合规划农村人口、产业、村庄、集镇、道路建设；要科学布局农村生产空间，重建农民生活空间，修复和拓展城乡生态空间，追求农村地域空间的经济价值、生态环境价值、生活（社会、文化）价值三者和谐；要理顺农村政治组织、产业及合作组织、社会组织之间的关系，调整农民之间及其与各类产业及合作组织、村组集体和国家的关系。

陕西省安康是小片开发、大片保护的典型之一，可供总结推广。在国家主体功能区规划中，安康市被列为限制开发区域和禁止开发区域面积达91.9%，仅有8.1%为省级重点开发区域。安康的10县区中，9个县被列入限制开发的重点生态功能区。安康市采取措施，在8.1%可开发区域建设高新区，于2013年10月出台了《安康市关于发展"飞地经济"的指导意见》，引导限制开发的5个县把重大项目向全市唯一的重点开发区域集中，从而形成了生态功能区域内小片开发、大片保护，工业化、城镇化和绿色发展兼顾的县域绿色崛起格局（注释专栏3-2）。

注释专栏3-2　建设安康高新区，用"飞地经济"模式支持生态功能区县域工业化

在国家主体功能区规划中，陕西省安康被列为限制开发区域和禁止开发区域面积达91.9%，仅有8.1%为省级重点开发区域。安康的10县区中，9个县列入限制开发的重点生态功能区，限制进行大规模高强度工业化城镇化开发。

2013年10月，安康出台了《关于发展"飞地经济"的指导意见》，通过规划、建设、管理和利益分配、项目支持等合作机制，引导限制开发的5个县把重大项目向全市唯一的重点开发区域集中。对"飞出地"而言，企业"飞"到安康高新区后，既有效破解土地"瓶颈"，也带动了"飞出地"劳动力的转移就业，减轻了人口压力，为城乡统筹发展拓展了空间。对企业而言，安康高新区的人流、物流、信息流优势都远优于"飞出地"，有利于降低生产成本，增强竞争优势。

飞地经济产业园区共分三块，共67平方公里，已建设25平方公里，计划分配给5个县，一期给白河、镇坪和岚皋3个县，截至2016年6月，已入驻企业8家（白河3家、镇坪3家、岚皋2家）。税收政策为：5年内全部归飞出地3个县，5年后3个县占70%、高新区占30%，经济统计初次在新区，年底划入3个县。四统一分的管理模式：高新技术区负责"土地征地和拆迁、基础设施、土地报批、融资"，3个县各自负责自己的招商引资。其中的"产城新区"的威尼斯水城是原来的老机场（现在搬到富强机场），广场做成海绵城市，通过产业转化、搬迁就业，保留3个县自己的文化和特色，让迁入农民记得住"乡愁"。2016年安康市将加快飞地园区基础设施建设，推动优势产业和重大项目向园区聚集，力争全年12个项目开工、5个项目投产。加大企业帮扶力度，落实降低制度性交易成本、人工成本、企业税费负担、社会保险费、企业财务成本、电力价格、物流成本等措施。力争培育30家规模工业企业和5家产值过5亿元企业，新增投资千万元入园工业企业50家，新建标准化厂房15万平方米。"飞地经济"正成为安康新型工业高地、就业创业平台、对外交流窗口、改革创新标杆。

——课题组2016年实地调查

4. 产业布局:"四化同步推进",加快形成山区县域绿色崛起和生态涵养包容和谐新格局。山区县域应依托区域的历史文化和环境条件基础有针对性选择主导产业。以下案例可供总结推广:云南省漾濞县110多万亩核桃林,其林木寿命有的已达500余年,围绕核桃的加工工业、旅游业和相关服务业等新业态业已形成,该县农业劳动力基本不外出。新疆南疆和田地区在洛浦县、和田县、皮山县等地封沙造林,形成了新兴沙漠产业——27万亩红柳大芸产业链(包括采种、种苗培育,大芸收购、加工、运输和销售业),从而极大提高了沙化地区农民的创业激情。还有湖南炎陵黄桃产业、云南彝良县胡椒产业、井冈山竹林改造提升等实践经验也可供总结借鉴。

三 路径选择

1. 把山区县域确立为我国农业农村现代化补短板的主战场。第一,首先通过加强土地和山水林田湖草系统治理,提升基本农田粮食产出及综合生产能力;其次要大力发展融生态功能和经济功能于一体的特色林业经济,变现"绿树青山就是金山银山";最后通过探索林下经济(种养业、旅游业)和山林生产粮棉油(如坚果、水果、木棉、山茶油)的技术和方法,寻找生态涵养和国家粮食安全兼顾的新途径。第二,借鉴日本和我国台湾地区的经验,将我国农业生产经营从一产(初级农产品生产),延伸到二产(加工制造)以至三产(消费、餐饮、休闲体验、服务),使其转型为六级产业($1\times2\times3$)[①],在振兴农业经济的基础上形成山区县域工业化特色。第三,积极探索适应山区绿色崛起要求的新型工业化、城镇化、信息化,县级中心城市和重点镇布局新型工业、物流业、旅游服务业。

[①] 日本水产省2010年提出六级化产业政策并制定《六级产业化法》;台湾地区早在20世纪90年代就有学者(比如台湾大教授江荣吉)倡导"六级产业",转引自肖志宇、段兆麟《中国大陆农业一二三产业发展理念与策略构想》,"第三届两岸农村治理学术研讨会——两岸农村用永续发展的经验与前瞻",2017年11月11—12日于广州大学。

2. 脱贫攻坚接轨乡村振兴、新型城镇化和城乡一体化。放手基层和地方的制度创新，多途径实现脱贫攻坚与新型城镇化、乡村振兴和城乡一体化联动；以县域为单元，以山区乡村振兴为重心，以特色小镇和美丽乡村同步规划建设为抓手，对农村地域空间综合价值追求、永续发展作出长远、系统规划。当前阶段，集中连片贫困山区县域应把脱贫攻坚融入区域经济社会发展总体战略之中，及早谋划脱贫攻坚接轨新型城镇化、乡村振兴和城乡一体化战略设计，加快基础设施条件的建设与改善，发挥国家扶贫资金的杠杆作用，使区域脱贫工作与新型城镇化、乡村振兴和城乡一体化通盘谋划、有机融合。"秦巴山区脱贫攻坚接轨新型城镇化和城乡一体化"已蹚出路子（如十堰、巴中、安康等市），可供总结推广。

3. 部署"山区生态文明和可持续发展试验示范县建设"。贯彻2019"中央一号文件"精神，整合实施"乡村振兴战略""区域协调发展战略"等政策资源向山区县域倾斜，以"山区生态文明和可持续发展试验示范县建设"的名义，规划、确立和继续支持一批具有长远战略地位的欠发达山区县、革命老区县、民族县和边疆县加快发展。其改革试验内容大体包括：扶贫成果巩固提升、低收入农户生计改善和构建反贫困长效机制；山林和草原资源合理利用与粮食安全和绿色发展；农村土地制度和集体产权制度深化改革；乡村振兴接轨新型城镇化和城乡一体化；军民融合发展、后扶贫时代山区可持续发展与可持续安全综合体系建设路径和政策探索；等等。

（本章作者：王景新、吴次芳、李林林）

参考文献（按引用顺序）

1. 习近平：《在决战决胜脱贫攻坚座谈会上的讲话（2020年3月6日）》（单行本），人民出版社2020年版。

2. 习近平：《习近平谈治国理政》（第二卷），外文出版社有限责任公司2018年第1版第3次印刷。

3. 习近平：《决胜全面建成小康社会夺取新时代中国特色社会主义伟大胜利——在中国共产党第十九次全国代表大会上的报告》，人民出版社

2017年版。

4. 费孝通：《乡土中国》，生活·读书·新知三联书店，1985年6月版；生活·读书·新知三联书店于2013年9月重新出版，2016年1月第4次印刷。

5. 周其仁：《城乡中国》，中信出版社2013年版。

6. 赵旭东等："理想中国"丛书《城乡中国》，清华大学出版社2018年版。

7. 刘守英：《"城乡中国"正在取代"乡土中国"》，《北京日报》2019年8月26日第14版。

8. 石山：《大农业战略的思考》，中国农业出版社2008年版。

9. 朱苏力：《藏区的一妻多夫制》，《法律和社会科学》2014年第13卷第2辑。

10. 陈达：《南洋华侨与闽粤社会》，商务印书馆（据1939年版排印）2011年版。

11. 陆学艺：《当代中国社会流动》，社会科学文献出版社2004年版。

12. 刘玉照：《村落共同体、基层市场共同体与基层生产共同体——中国乡村社会结构及其变迁》，《社会科学战线》2002年第5期。

13. 孙久文、孙翔宇：《区域经济韧性研究进展和在中国应用的探索》，《经济地理》2017年第10期。

14. 李连刚、张平宇、谭俊涛、关皓明：《韧性概念演变与区域经济韧性研究进展》，《人文地理》2019年第2期。

15. 毛泽东：《井冈山的斗争》，《毛泽东选集》（第一卷），人民出版社1991年版。

16. 张泰城、刘佳桂：《井冈山革命根据地经济建设史》，江西人民出版社2007年10月第1版，2015年4月第3次印刷。

17. 中国人口分布适宜度研究课题组（封志明、扬艳昭等）：《中国人口分布适宜度报告》，科学出版社2014年版。

18. Martin Francis Price, *Mountains: A Very Short Introduction*, Oxford University Press, 2015.

19. 李林林、王景新：《山区可持续发展的基本理论、欧洲经验及启示》，《西北农林科技大学学报》（社会科学版）2018年第18卷第4期。

20. 顾益康：《浙江省山区可持续发展战略问题研究》，《湖州师范学院学报》2014 年第 7 期。

21. 于法稳、于贤储：《加强我国山区可持续发展的战略研究》，《贵州社会科学》2015 年第 8 期。

22. 石山：《中国山区开发与建设》，中国林业出版社 2011 年版。

23. 陈晋：《三线建设战略与西部梦想》，《党的文献》2015 年第 4 期。

24. 严瑞珍、王征国、罗丹：《山区的综合发展——理论分析和太行山区经验证据》，中国人民大学出版社 2004 年版。

25. 陈国阶、方一平、高延军：《中国山区发展报告——中国山区发展新动态与新探索》，商务印书馆 2010 年版。

第四章　中国集中连片特殊困难山区贫困县域发展与农牧民生计

摘要：山区是贫困县的集聚区，也是脱贫攻坚战的重要战场。本章将从11个集中连片特殊困难山区的37个样本县2011—2017年主要经济社会指标入手，展现脱贫攻坚计划实施以来集中连片山区贫困县域发展概况与居民生计现状及趋势在面板数据层面所反映出的时间节点特征，为研究者提供参考性基础数据。研究发现，我国特困山区县域发展增速较快，但在总量和人均量上与全国平均水平和发达县域依然存在较大差距。特困山区的发展存在较为显著的南北方差异，总体上看南方山区发展现状优于北方山区。特困山区县域内城乡居民收入差距将进一步扩大。在后脱贫时代即将到来之际，建议在肯定脱贫伟大成果的同时正视部分县域将依旧落后的现实，将山区作为战略重点，全方位提升山区发展水平。

关键词：特困山区；县域发展；居民生计；战略重点

Chapter 4　The Development of Counties and Farmers' Livelihood in China's Concentrated and Contiguous Poverty-stricken areas with Special Difficulties

Abstract: As concentrated areas of poverty, mountainous areas play a significant role in poverty alleviation work. Using the main economic and social indicators of 37 sample-counties in 11 contiguous and poverty-stricken areas with special difficulties from 2011 to 2017, this chapter reveals the development profile of the concentrated poor mountainous counties in the mountainous areas and the status of residents' livelihoods since the implementation of the poverty alleviation plan. Here we show that the development of counties in extremely poor mountainous areas grew faster on average, whereas there was still a large gap between the extremely poor mountainous areas and developed areas. In addition, the development status of the southern mountainous areas is superior to the northern mountainous areas in general. What's more, the income gap between urban and rural residents in extremely poor mountain areas will expand further in the future. As post – poverty era is approaching, it is recommended that we should face up to the fact that some counties will still fall behind respectively, and efforts should be made to support the less developed mountainous areas.

Key words: Extremely Poor Mountainous Areas; County Development; Residential Living; Strategic Focus

党的十八大以来，党中央把脱贫攻坚作为全面建成小康社会的底线任务和标志性指标，做出一系列重大部署。党的十九大后，党中央把打好精准脱贫攻坚战作为全面建成小康社会的三大攻坚战之一。这些年，脱贫攻坚力度之大、规模之广、影响之深前所未有，进展符合预期[1]。党的十八大以来，贫困人口和贫困发生率大幅度减少，贫困人口从2012年底的9899万减少到2019年底的551万，贫困发生率由10.2%降至0.6%，贫困县将按预期脱贫出列。在肯定我国脱贫巨大成果的同时，我们无法忽视贫困县域之间存在较大差距，且与国家发达县域依旧存在较大差距的问题。习近平总书记指出，脱贫只是迈向幸福生活的第一步，是新生活、新奋斗的起点。要防止因后续政策支持不足返贫或因病因伤返贫，要坚持"富脑袋"和"富口袋"并重，加强扶贫同扶志扶智相结合，加强开发式扶贫同保障性扶贫相衔接[2]。在后脱贫时代，如何正确认识山区发展现状，如何缩小落后山区与发达地区之间的差距

---

[1] 习近平2019年4月16日在解决"两不愁三保障"突出问题座谈会上的讲话。
[2] 习近平2020年1月19日至21日在云南考察调研时的讲话。

将成为未来更加重要的工作。

中国是山区大国，山区面积占全国总面积约70%，包括山地、丘陵和高原等众多山区类型。山区在未来中国可持续发展与可持续安全上拥有极其重要的战略地位，同时也是打赢脱贫攻坚战重要的战场。2017年3月，浙江大学土地与国家发展研究院牵头，联合浙江师范大学农村研究中心、河海大学公共管理学院相关专业的专家学者组成课题组，启动了"经略山区"研究课题。课题组共选取67个样本县进行深入调查，其中位于南方山区和北方山区的样本县共37个。本章通过对37个南北山区样本县国民经济发展基础数据进行分析比较，总结我国南北方特困山区发展的一般性规律，为特困山区脱贫攻坚和后脱贫时代贫困县域可持续发展提供数据支持。

第一节 研究区概况及数据来源

一 研究区概况

山区是中国重要的地理单元和资源富集区，同时也是贫困人口的集中分布区域。根据《中国农村扶贫开发纲要（2011—2020年）》，国家扶贫新战略重点集中部署在14个特殊片区，其中包括六盘山区、秦巴山区、武陵山区等11个集中连片特殊困难山区。课题组以国务院扶贫办确立的832个贫困县为主要调研对象，选择范围包括大陆的山地、丘陵和高原区域内，以及县域内山地和丘陵面积超过地方总面积70%的县域作为调查对象，最终选取六盘山区、秦巴山区、武陵山区、乌蒙山区、滇黔桂石漠化区、滇西边境山区、大兴安岭南麓山区、燕山—太行山区、吕梁山区、大别山区、罗霄山区等11个集中连片特殊困难山区中的37个县（市、区）开展实地调研，并通过访谈、结构化问卷等方式对我国集中连片困难山区贫困县县域发展和居民生计现状进行深入探究。37个样本县集中分布于胡焕庸线以东区域，其中以"秦岭—淮河"为南北分界线，北方山区样本县共12个，南方山区样本县共25个（见表4-1）。

表 4-1　　　　　　　　　　37 个集中连片特困山区样本县

区位	连片特困山区	所属省份	所属地市	样本县（市、区）
北方山区（秦岭—淮河以北）	大兴安岭南麓山区	吉林省	白城市	镇赉县
		黑龙江省	齐齐哈尔市	龙江县
	燕山—太行山区	河北省	保定市	阜平县
			承德市	平泉市
		山西省	晋中市	左权县
		河南省	洛阳市	嵩县
	吕梁山区	山西省	吕梁市	兴县
		陕西省	榆林市	横山县
	六盘山区	青海省	西宁市	湟源县
			海东地区	乐都县（区）
		宁夏回族自治区	固原市	西吉县
			中卫市	海原县
南方山区（秦岭—淮河以南）	秦巴山区	湖北省	十堰市	竹溪县
				竹山县
				房县
				丹江口
				郧阳区
			襄樊市	保康县
		四川省	巴中市	通江县
				平昌县
				南江县
		陕西省	安康市	石泉县
				宁陕县
				平利县
	大别山区	河南省	信阳市	新县
		湖北省	黄冈市	红安县
	武陵山区	湖北省	恩施土家族苗族自治州	利川市
		贵州省	遵义市	湄潭县
	乌蒙山区	贵州省	遵义市	桐梓县
		云南省	昆明市	禄劝彝族苗族自治县
			昭通市	彝良县
	滇西边境山区	云南省	大理白族自治州	漾濞彝族自治县
		云南省	保山市	昌宁县
	滇桂黔石漠化区	贵州省	黔东南苗族侗族自治州	从江县
		广西壮族自治区	百色市	德保县
	罗霄山区	湖南省	株洲市	炎陵县
		江西省	吉安市代管	井冈山市

二 数据来源与处理

2011年12月，中共中央国务院印发《中国农村扶贫开发纲要（2011—2020年）》，针对深入推进扶贫开发工作做出了进一步明确要求，这标志着我国农村扶贫开发工作进入新的历史阶段。本研究将2011年选定为研究的基准年份，选取2011—2017年11个集中连片特殊困难山区37个样本县经济社会发展主要数据，展开样本县县域发展与居民生计情况分析。为保证数据能够反映最新的真实情况，最理想的分析时间跨度为2011—2019年。然而由于2018年及2019年数据大量缺失，严重影响分析结果的精确程度，因此本研究选取2017年作为阶段性分析的末年。研究数据来源以地方统计年鉴、国民经济和社会发展统计公报为主，少量数据来源于政府工作报告。在数据的收集整理过程中发现，各样本县统计年鉴和国民经济和社会发展统计公报的数字较为接近，而政府工作报告中的数字相对偏高，但偏高幅度并不大。出于数据完整性考虑，在没有统计年鉴或统计公报的样本县，采用当地政府工作报告数据。

为提高研究信度与效度，本研究对数据进行了预处理。其中，人口密度、人均生产总值、人均财政收入、城乡居民可支配收入比、城乡居民人口比以及户籍人口增长率、地区生产总值增长率、人均生产总值增长率等数据为在原始数据基础上经过二次计算获得，因而与各政府部门发布的统计数据可能存在一定出入；此外，由于通过趋势外推、指数平滑等方法得出的年均增长率并不能反映样本县经济社会发展的真实情况，所以本章对数据缺失值采取不处理手段；还有，考虑人口数据的可获得性，本章在计算人口密度、人均生产总值、人均财政收入时采用地方户籍人口数据。

第二节 集中连片特殊困难山区样本县基本数据

表4-2为2011—2017年11个集中连片特殊困难山区37个样本县基本数据，后续分析在此数据基础上展开。

第四章 中国集中连片特殊困难山区贫困县域发展与农牧民生计

表 4-2　11 个集中连片特殊困难山区 37 个样本县基本数据（2011—2017）

样本县	年份	面积（平方千米）	户籍人口（人）	城镇户籍人口（人）	农村户籍人口（人）	人口密度（人/平方千米）	地区生产总值（亿元）	人均生产总值（元）	财政总收入（亿元）	地方一般公共预算收入（亿元）	人均财政收入（元）	城镇居民可支配收入（元）	农村居民可支配收入（元）	城乡居民可支配收入比	城乡居民人口比	城镇居民恩格尔系数（%）	农村居民恩格尔系数（%）
湟源县	2011	1509.00	136452	31052	105400	90	18.79	13770.41		0.86	630.26				0.29		
	2012	1509.00	134932	30366	104566	89	19.93	14770.40		1.04	770.76				0.29		37.70
	2013	1500.00	134771	59195	75576	90	21.46	15923.31		0.97	719.74				0.78		
	2014	1509.00	134666	69368	65298	89	23.83	17695.63		1.21	898.52				1.06		
	2015	1509.00	131369	42432	88937	87	23.84	18147.36		1.56	1187.49	23700.00	8446.00	2.81	0.48		
	2016	1509.00	131259	42128	89131	87	25.52	19442.48		1.44	1097.07	25883.00	9225.00	2.81	0.47		
	2017	1545.00	130504	41520	88984	84	28.67	21968.68		1.58	1210.69	28272.00	10078.00	2.81	0.47		
乐都县	2011	3050.00	285404	50859	234350	94	47.37	16597.52	1.42	0.86	497.54				0.22		
	2012	3050.00	288512	125470	163037	95	55.00	19063.33		1.78		16303.00			0.77		
	2013	2481.00	291050	127866	163178	117	68.09	23394.61		2.39					0.78		
	2014	2481.00	292890	129577	163241	118	73.39	25057.19		2.34					0.79		
	2015	2481.00	287216	96665	190551	116	79.31	27613.36		2.77					0.51		
	2016	2481.00	288726	97211	191515	116	85.27	29533.19		1.90					0.51		
	2017	2481.00	288436	97262	191174	116	91.65	31774.81		1.71		27832.00	10026.00	2.78	0.51		

续表

样本县	年份	面积（平方千米）	户籍人口（人）	城镇户籍人口（人）	农村户籍人口（人）	人口密度（人/平方千米）	地区生产总值（亿元）	人均生产总值（元）	财政总收入（亿元）	地方一般公共预算收入（亿元）	人均财政收入（元）	城镇居民可支配收入（元）	农村居民可支配收入（元）	城乡居民可支配收入比	城乡居民人口比	城镇居民恩格尔系数（%）	农村居民恩格尔系数（%）
西吉县	2011	3130.00	516000			165	29.25	5668.60	1.08	0.85	209.30	13491.80	4015.96	3.36			
	2012	3985.00	511000			128	36.07	7058.71	1.24	0.95	242.66	15282.40	4658.50	3.28			
	2013	3985.00	511000			128	41.90	8199.61	1.48	1.14	290.02	17192.70	5303.10	3.24			37.70
	2014	3985.00	509150			128	45.32	8901.11	1.77	1.36	347.25	18601.00	6222.30	2.99			
	2015	3985.00	496325			125	49.20	9912.86	2.17	1.67	437.42	19965.30	6857.10	2.91			
	2016	3985.00	554799			139	49.49	8921.09	2.05	1.52	369.86	21410.00	7565.60	2.83			
	2017	3985.00	347376			87	61.51	17707.04		1.68		23240.00	8404.00	2.77			
海原县	2011	6899.00	470300			68	25.16	5349.78	0.94	0.65	199.87	13251.35	2626.87	5.04	0.12		
	2012	6899.00	460284			67	29.32	6369.98	1.40	0.86	304.16	14867.40	4225.33	3.52	0.14		
	2013	6899.00	462994			67	33.97	7337.03	1.99	1.26	429.81	16811.00	4838.00	3.47	0.15		
	2014	6899.00	395586	79902	315684	57	38.16	9646.45	2.43	1.58	614.28	17570.10	5765.00	3.05	0.25		
	2015	6899.00	451780			65	43.75	9683.92	2.61	1.74	577.71	19046.00	6258.00	3.04	0.28	34.80	
	2016	6899.00	456600			66	48.93	10716.16	2.71	2.01	594.28	20592.00	6872.00	3.00	0.24		
	2017	6899.00	398370	112279	286091	58	52.36	13143.56		2.22		22346.00	7658.00	2.92	0.39		

续表

样本县	年份	面积（平方千米）	户籍人口（人）	城镇户籍人口（人）	农村户籍人口（人）	人口密度（人/平方千米）	地区生产总值（亿元）	人均生产总值（元）	财政总收入（亿元）	地方一般公共预算收入（亿元）	人均财政收入（元）	城镇居民可支配收入（元）	农村居民可支配收入（元）	城乡居民可支配收入比	城乡居民人口比	城镇居民恩格尔系数（%）	农村居民恩格尔系数（%）
竹溪县	2011	3310.00	374114			113	42.72	11418.98	3.00	2.22	801.89	10059.00	4006.00	2.51	0.23	40.91	48.80
	2012	3310.00	374774			113	48.76	13010.51	3.77	2.79	1005.94	11826.00	4466.00	2.65	0.19		
	2013	3310.00	374318			113	56.17	15005.96	4.26	3.21	1138.07	13143.00	5105.00	2.57			
	2014	3310.00	369772			112	62.00	16767.09	5.14	3.80	1390.05	18507.00	6818.00	2.71			
	2015	3310.00	359600			109	66.60	18520.58	5.88	4.35	1635.15	20076.00	7550.00	2.66	0.58		
	2016	3279.00	360000			110	72.60	20166.67	6.47	4.79	1796.25	22000.00	8400.00	2.62	0.61		
	2017	3585.00	358748			100	78.38	21848.21	6.60	4.76	1839.73	23829.00	9117.00	2.61			
竹山县	2011	3586.00	470000			131	49.66	10565.96	3.53	5.15	751.06		3923.00		0.12		
	2012	3586.00	470000			131	58.13	12368.09	4.46	3.30	948.94		4436.00		0.12		
	2013	3586.00	460000			128	68.13	14810.87	5.28	5.28	1147.83	14581.58	5099.00				
	2014	3586.00	449299			125	74.19	16512.39	6.08	4.56	1353.22	18894.00	6900.00				
	2015	3586.00	463241	170704	292537	129	86.50	18672.79	7.17	5.22	1547.79	20549.00	7628.00	2.69	0.58		
	2016	3586.00	465226	177484	287742	130	96.17	20671.67	7.42	5.45	1594.92	22242.00	8353.00	2.66	0.62		
	2017	3586.00	461017	180719	280298	129	96.87	21012.24	8.58	5.95	1861.10	24337.00	9233.00	2.64	0.64		

续表

样本县	年份	面积（平方千米）	户籍人口（人）	城镇户籍人口（人）	农村户籍人口（人）	人口密度（人/平方千米）	地区生产总值（亿元）	人均生产总值（元）	财政总收入（亿元）	地方一般公共预算收入（亿元）	人均财政收入（元）	城镇居民可支配收入（元）	农村居民可支配收入（元）	城乡居民可支配收入比	城乡居民人口比	城镇居民恩格尔系数（%）	农村居民恩格尔系数（%）
房县	2011	5110.00	486500			95	43.77	8996.92	3.50	2.55	719.42	12261.00	3965.00	3.09	0.23		
	2012	5110.00	485500			95	52.75	10865.09	4.55	3.33	937.18	14155.00	4500.00	3.15	0.17		
	2013	5110.00	490000			96	60.68	12383.67	5.42	3.99	1106.12		5149.00				
	2014	5110.00	478800			94	66.08	13801.17	5.49	4.02	1146.62	17834.00	6878.00	2.59			
	2015	5110.00	477600			93	71.04	14874.37	6.18	4.60	1293.97	21622.00	7592.00	2.85	0.18		
	2016	5110.00	478500			94	77.64	16225.71	6.93	5.10	1448.28	23560.00	8350.00	2.82			
	2017	5110.00	476500	189361	287139	93	86.34	18119.62	8.50	5.78	1783.84	25658.00	9133.00	2.81	0.66		
丹江口	2011	3121.00	459925	166320	293605	147	108.38	23564.71	21.44	15.79	4661.63	13389.00	4587.00	2.92	0.57		
	2012	3121.00	459619	192535	267084	147	130.74	28445.30	25.79	19.64	5611.17	15462.00	5213.00	2.97	0.72	27.59	48.50
	2013	3121.00	460664	191367	269297	148	150.72	32717.99	16.85	10.59	3657.76	17181.00	6015.00	2.86	0.71	22.15	
	2014	3121.00	459900	189100	270800	147	165.81	36053.49	17.20	11.53	3739.94	21002.00	7728.00	2.72	0.70		
	2015	3121.00	462600	187300	275300	148	182.04	39351.49	19.46	13.21	4206.66	22827.00	8553.00	2.67	0.68		
	2016	3121.00	464900			149	198.68	42736.07	18.25	12.95	3925.58	24719.00	9367.00	2.64	0.67		
	2017	3121.00	463300	150600	312700	148	223.49	48238.72	20.89	14.92	4508.96	27122.00	10327.00	2.63	0.48		

续表

样本县	年份	面积(平方千米)	户籍人口(人)	城镇户籍人口(人)	农村户籍人口(人)	人口密度(人/平方千米)	地区生产总值(亿元)	人均生产总值(元)	财政总收入(亿元)	地方一般公共预算收入(亿元)	人均财政收入(元)	城镇居民可支配收入(元)	农村居民可支配收入(元)	城乡居民可支配收入比	城乡居民人口比	城镇居民恩格尔系数(%)	农村居民恩格尔系数(%)
郧阳区	2011	3863.00	630000			163	54.97	8725.40	9.47	8.22	1503.17	10000.00	3997.00	2.50	0.26		
	2012	3863.00	620000			160	63.51	10243.55	9.79	6.54	1579.03	11462.46	4493.00	2.52	0.24		
	2013	3863.00	630000			163	73.62	11685.71	8.55	6.00	1357.14	12902.06	5165.00	2.07			
	2014	3832.00	563543			147	82.82	14696.31	10.00	7.07	1774.49	14600.00	7038.00	2.07			
	2015	3832.00	628451			164	91.25	14519.83				21867.00	7783.00	2.81	0.78		
	2016	3832.00	631900	277215	354685	165	100.69	15934.48	12.46	8.12	1971.83	23704.00	7457.00	3.18			
	2017	3832.00	629600			164	113.66	18052.73		9.36					0.81		
保康县	2011	3222.00	280500	112800	167700	87	56.02	19971.48	7.08	3.95	2524.06	11520.00	4776.00	2.41	0.67	42.40	46.80
	2012	3225.00	278600	113500	165100	86	70.08	25154.34	9.54	5.61	3424.26	13410.00	5538.00	2.42	0.69		46.20
	2013	3225.00	272377	114912	157465	84	81.50	29921.76	9.61	7.30	3528.20	14806.00	6274.00	2.36	0.73		37.97
	2014	3225.00	271900	116987	154913	84	92.15	33891.14	11.44	9.13	4207.43	19817.00	8376.00	2.37	0.76		
	2015	3222.00	269200	92997	176203	84	101.53	37715.45	13.64	11.51	5066.86	21710.00	9165.00	2.37	0.53		38.00
	2016	3222.00	269000	98962	170038	83	109.57	40732.34	12.20	10.30	4535.32	23827.00	9973.00	2.39	0.58	37.54	38.42
	2017	3222.00	268400	105500	162900	83	117.47	43766.77	12.16	10.06	4530.55	25924.00	10920.00	2.37	0.65	36.25	37.62

续表

样本县	年份	面积（平方千米）	户籍人口（人）	城镇户籍人口（人）	农村户籍人口（人）	人口密度（人/平方千米）	地区生产总值（亿元）	人均生产总值（元）	财政总收入（亿元）	地方一般公共预算收入（亿元）	人均财政收入（元）	城镇居民可支配收入（元）	农村居民可支配收入（元）	城乡居民可支配收入比	城乡居民人口比	城镇居民恩格尔系数（%）	农村居民恩格尔系数（%）
通江县	2011	4116.00	690000	168000	522000	168	65.65	9514.49	1.95	1.42	282.61	13942.00	4402.00	3.17	0.32	43.50	50.70
	2012	4119.00	772800	128300	644500	188	77.48	10025.88	2.95	2.18	381.73	16220.00	5085.00	3.19	0.20	42.90	50.10
	2013	4120.00	770500	133200	637300	187	82.18	10665.80	3.81	2.92	494.48	18075.00	5780.00	3.13	0.21	42.50	50.00
	2014	4120.00	757500	131100	626400	184	90.41	11935.31	4.56	3.46	601.98	26168.00	6505.00	4.02	0.21	42.70	43.50
	2015	4120.00	748900	129400	619500	182	97.38	13003.07	5.19	3.81	693.02	23660.00	7742.00	3.06	0.21	41.90	42.80
	2016	4116.00	746159			181	104.45	13998.36	6.16	4.31	826.00	25792.00	9863.00	2.62	0.22	40.40	42.50
	2017	4116.00	735423			179	115.11	15652.22		4.61		28078.00	10833.00	2.59	0.23	39.50	41.90
平昌县	2011	2229.00	1054000			473	81.04	7688.92	3.67	2.30	342.67	15377.00	5021.00	3.06			
	2012	2229.00	1071000			480	95.50	8917.23	4.95	2.53		16344.00	5351.00	3.05			
	2013	2229.00					102.07	11742.00	5.94	3.12		18241.00	6115.00	2.98			
	2014	2229.00					110.13	12882.00	7.13	4.79	697.96	20385.00	6871.00	2.97	0.45		
	2015	2229.00	1021545			458	121.29	11873.06	8.03	6.84	821.22	23710.00	9039.00	2.62	0.47	31.60	60.00
	2016	2229.00	977813			439	131.49	13446.94	9.14	7.38	908.55	25777.00	9928.00	2.60		41.84	45.97
	2017	2229.00	1006001			451	145.52	14465.58		8.27		28125.00	10895.00	2.58		42.10	45.79

续表

样本县	年份	面积（平方千米）	户籍人口（人）	城镇户籍人口（人）	农村户籍人口（人）	人口密度（人/平方千米）	地区生产总值（亿元）	人均生产总值（元）	财政总收入（亿元）	地方一般公共预算收入（亿元）	人均财政收入（元）	城镇居民可支配收入（元）	农村居民可支配收入（元）	城乡居民可支配收入比	城乡居民人口比	城镇居民恩格尔系数（%）	农村居民恩格尔系数（%）
南江县	2011	3388.00	690000			204	69.85	10123.20	2.64		382.14						
	2012	3388.00	690000			204	82.77	11995.01	3.99		578.84	16803.00	5430.00	3.09			
	2013	3388.00	658085			194	95.10	14451.02	5.40		820.56	18685.00	6160.00	3.03	0.28		
	2014	3388.00	660000			195	97.36	14751.47	6.39		968.18	20845.00	6918.00	3.01	0.30		
	2015	3388.00	664246			196	105.06	15816.07	7.11		1070.39	23915.00	9084.00	2.63		38.16	53.80
	2016	3388.00	664283			196	112.97	17006.25	7.38		1110.97	26045.00	9957.00	2.62		37.30	53.80
	2017	3388.00	660096			195	124.81	18907.57	8.09		1225.58	28362.00	10927.00	2.60		37.10	53.70
石泉县	2011	1516.00	171300			113	33.65	19643.90	1.93	0.69	1126.68	17400.00	4770.00	3.65	0.35		
	2012	1516.00	171400			113	41.85	24416.57	2.33	0.94	1359.39	20525.00	5948.00	3.45	0.37		
	2013	1516.00	171700			113	47.79	27833.43	2.80	1.14	1630.75	22988.00	6786.00	3.39	0.38		
	2014	1516.00	172000			113	54.76	31837.21	3.38	1.30	1965.12	25747.00	7675.00	3.35	0.39		
	2015	1516.00	172500			114	62.98	36510.14	4.02	1.47	2330.43	27909.00	8443.00	3.31	0.41		
	2016	1516.00	182795			121	71.43	39076.34	4.14	1.50	2265.98	25854.00	8753.00	2.95	0.42		
	2017	1516.00	183309			121	80.96	44163.84	4.61	1.51	2513.46	28145.00	9555.00	2.95	0.44		

续表

样本县	年份	面积（平方千米）	户籍人口（人）	城镇户籍人口（人）	农村户籍人口（人）	人口密度（人/平方千米）	地区生产总值（亿元）	人均生产总值（元）	财政总收入（亿元）	地方一般公共预算收入（亿元）	人均财政收入（元）	城镇居民可支配收入（元）	农村居民可支配收入（元）	城乡居民可支配收入比	城乡居民人口比	城镇居民恩格尔系数（%）	农村居民恩格尔系数（%）
宁陕县	2011	3678.00	74387			20	14.66	19707.74	0.66	0.39	893.03	16794.00	4815.00	3.49	0.25		
	2012	3678.00	74575			20	18.93	25383.84	0.87	0.53	1161.92	19733.00	5830.00	3.38	0.28		
	2013	3678.00	74861			20	21.35	28519.52	1.36	0.64	1816.70	21785.00	6445.00	3.38	0.27		
	2014	3678.00	74035			20	22.22	30012.83	1.41	0.72	1904.50	24116.07	7315.00	3.30	0.28		
	2015	3678.00	73899			20	24.52	33180.42	1.43	0.82	1935.07	26094.00	8025.00	3.25	0.35		
	2016	3678.00	72589			20	26.62	36672.50	1.96	0.86	2699.31	25358.00	8270.00	3.07	0.38		
	2017	3678.00	72346			20	30.16	41688.00		0.88		27427.00	9061.00	3.03	0.41		
平利县	2011	2627.00	193000			73	29.33	15196.89		0.69		17159.00	5362.00	3.20			
	2012	2627.00	193300			74	39.82	20600.10		0.93		20007.00	6247.00	3.20			
	2013	2627.00	193600			74	50.50	26084.71		1.13		22408.00	7165.00	3.13			
	2014	2627.00	193900			74	60.59	31248.07	2.66	1.28	1371.84	25097.00	8147.00	3.08			
	2015	2627.00	232095			88	67.93	29266.81	2.98	1.42	1282.62	27306.00	8929.00	3.06	0.43		
	2016	2627.00	232684			89	77.29	33218.01	3.03	1.38	1302.20	25728.00	8859.00	2.90	0.44		
	2017	2627.00	232392			88	87.52	37660.63		1.08		28059.00	9679.00	2.90			

第四章 中国集中连片特殊困难山区贫困县域发展与农牧民生计　111

续表

样本县	年份	面积（平方千米）	户籍人口（人）	城镇户籍人口（人）	农村户籍人口（人）	人口密度（人/平方千米）	地区生产总值（亿元）	人均生产总值（元）	财政总收入（亿元）	地方一般公共预算收入（亿元）	人均财政收入（元）	城镇居民可支配收入（元）	农村居民可支配收入（元）	城乡居民可支配收入比	城乡居民人口比	城镇居民恩格尔系数（%）	农村居民恩格尔系数（%）
利川市	2011	4602.00	910000			198	64.77	7117.33	11.47	5.71	1260.97	12636.00	3930.00	3.22	0.30		
	2012	4602.00	915900			199	73.35	8008.54	12.08	6.57	1318.81	14488.00	4536.00	3.19	0.31	39.70	46.70
	2013	4602.00	923800			201	82.01	8877.46	13.70	7.72	1482.55	16070.00	5159.00	3.11	0.34		
	2014	4602.00	917000			199	90.97	9920.39	15.18	8.76	1655.06	20092.00	7091.00	2.83	0.37		
	2015	4602.00	916279			199	98.86	10789.29	15.97	9.74	1742.83	22109.00	7839.00	2.82	0.40		
	2016	4602.00	920284			200	107.27	11656.56	16.55	9.82	1798.89	24409.00	8607.00	2.84	0.41		
	2017	4602.00	913727			199	117.88	12901.05	19.02	10.17	2081.25	26711.00	9473.00	2.82	0.43		
湄潭县	2011	1864.00	494600			265	36.82	7444.78	6.21	2.69	1255.56	15185.00	5841.00	2.60	0.15		
	2012	1864.00	493200			265	44.11	8943.63	5.65	3.76	1145.58	17303.00	6816.00	2.54	0.15		
	2013	1864.00	493600			265	54.04	10948.14	7.07	4.82	1432.33	20450.00	7654.00	2.67	0.15		
	2014	1864.00	495600			266	66.15	13347.46	9.04	4.89	1824.05	22950.00	9144.00	2.51	0.15		
	2015	1864.00	503096			270	77.09	15323.56	10.12	5.67	2011.54	25222.00	10113.00	2.49		38.10	38.30
	2016	1864.00	507064			272	90.11	17770.93	9.76	4.51	1925.40	27331.00	11054.00	2.47		36.90	38.90
	2017	1864.00	506616			272	104.64	20653.85	10.58	4.67	2089.02	29536.00	12137.00	2.43		33.60	30.70

续表

样本县	年份	面积(平方千米)	户籍人口(人)	城镇户籍人口(人)	农村户籍人口(人)	人口密度(人/平方千米)	地区生产总值(亿元)	人均生产总值(元)	财政总收入(亿元)	地方一般公共预算收入(亿元)	人均财政收入(元)	城镇居民可支配收入(元)	农村居民可支配收入(元)	城乡居民可支配收入比	城乡居民人口比	城镇居民恩格尔系数(%)	农村居民恩格尔系数(%)
桐梓县	2011	3202.00	710058			222	62.69	8828.56	6.84	3.94	963.70	13522.00	5121.00	2.64			
	2012	3202.00	715319			223	74.89	10469.45	10.56	5.71	1476.10	15930.00	5981.00	2.66			
	2013	3202.00	734455			229	90.41	12309.81	12.69	6.43	1728.02	18160.00	6720.00	2.70		39.60	41.60
	2014	3202.00	742100			232	108.54	14626.06	13.03	6.56	1755.83	20662.00	8169.00	2.53			
	2015	3202.00	747034			233	125.17	16755.93	11.11	5.10	1487.03	22441.00	8987.00	2.50	0.42	39.50	40.50
	2016	3202.00	749123			234	138.86	18536.34	11.61	5.52	1549.81	24393.00	9805.00	2.49	1.42	39.50	
	2017	3202.00	742255			232	159.58	21499.58	13.39	6.06	1803.96	24394.00	10795.00	2.26	2.42		
禄劝彝族苗族自治县	2011	4249.00	399500			94	38.69	9684.61	4.21	3.58	1054.84	16799.00	3808.00	4.41	0.23		
	2012	4249.00	402000			95	49.74	12372.06	4.87	4.87	1211.14	19925.00	4585.00	4.35	0.24		
	2013	4249.00	405000			95	58.20	14370.74	5.98		1476.99	22088.00	5438.00	4.06	0.27		
	2014	4249.00	480188			113	63.64	13253.16	6.06		1261.77	23725.60	5920.00	4.01	0.29		
	2015	4249.00	487287			115	75.00	15392.08	5.87		1203.97	25885.00	6595.00	3.92	0.27		
	2016	4249.00	487287			115	81.96	16820.56	6.37		1306.58	28137.00	7301.00	3.85	0.28		
	2017	4249.00	487287			115	91.19	18713.94	6.12	5.92	1255.69	30557.00	8046.00	3.80			

续表

样本县	年份	面积（平方千米）	户籍人口（人）	城镇户籍人口（人）	农村户籍人口（人）	人口密度（人/平方千米）	地区生产总值（亿元）	人均生产总值（元）	财政总收入（亿元）	地方一般公共预算收入（亿元）	人均财政收入（元）	城镇居民可支配收入（元）	农村居民可支配收入（元）	城乡居民可支配收入比	城乡居民人口比	城镇居民恩格尔系数（%）	农村居民恩格尔系数（%）
彝良县	2011	1957.00	105400			54	12.81	12153.70	1.58	0.91	1499.05	13789.00	4238.00				
	2012	2804.00	590017			210	46.13	7818.42	4.60	2.20	779.64	16059.00	3864.00	4.16	0.05		
	2013	2804.00	594790			212	19.81	3330.59	4.99	2.30	838.95	18115.00	4439.00	4.08	0.16		
	2014	2804.00	601396			214	46.99	7813.49	5.26	2.41	874.63	18170.00	6106.00	2.98	0.21		
	2015	2804.00	607252			217	47.59	7836.94	5.58	2.84	918.89	19748.00	6777.00	2.91	0.21		
	2016	2804.00	550000			196	51.88	9432.73	4.44	2.94	807.20						
	2017	2804.00	623319			222	56.59	9078.82		3.32	0.00	23162.00	8259.00	2.80	0.24		
从江县	2011	3244.00	344600			106	22.58	6552.52	2.63	1.57	763.20	12896.00	3965.00	3.25	0.07		
	2012	3244.00	347300			107	27.99	8059.31	3.74	2.45	1076.88	14934.00	4628.00	3.23			
	2013	3244.00	351600			108	34.49	9809.44	5.00	3.10	1422.07	18951.00	5364.00	3.53			
	2014	3244.00	352400			109	41.07	11654.37	5.40	3.50	1532.35	20496.00	6126.00	3.35		31.45	
	2015	3244.00	351500			108	48.25	13726.88	6.03	4.00	1715.50	22710.00	6867.00	3.31		29.71	
	2016	3244.00	362400			112	57.28	15805.74	6.80	4.70	1876.38	24981.00	7622.00	3.28		29.72	
	2017	3244.00	373700			115	60.91	16298.45	6.74	4.05	1803.59	27529.00	8438.00	3.26		29.68	

续表

样本县	年份	面积（平方千米）	户籍人口（人）	城镇户籍人口（人）	农村户籍人口（人）	人口密度（人/平方千米）	地区生产总值（亿元）	人均生产总值（元）	财政总收入（亿元）	地方一般公共预算收入（亿元）	人均财政收入（元）	城镇居民可支配收入（元）	农村居民可支配收入（元）	城乡居民可支配收入比	城乡居民人口比	城镇居民恩格尔系数（%）	农村居民恩格尔系数（%）
德保县	2011	2575.00	366900			142	53.20	14499.86	7.68	3.19	2093.21	18886.00	3756.00	5.03	0.10		
	2012	2575.00	365900			142	51.33	14028.42	7.80	4.56	2131.73	21734.00	4414.00	4.92	0.10		
	2013	2575.00	367700			143	57.25	15569.76	8.58	5.53	2333.42	23799.00	4988.00	4.77	0.25		
	2014	2575.00	368400			143	63.56	17252.99	8.91	5.57	2418.57	25774.00	5656.00	4.56			
	2015	2575.00	367800			143	72.39	19681.89	10.22	6.39	2778.68	27552.00	6159.00	4.47			
	2016	2575.00	350800			136	80.90	23061.57	10.05	6.53	2864.88	28770.00	8850.00	3.25			
	2017	2575.00	368675			143	99.69	27040.51	10.68		2896.86	30842.00	9736.00	3.17			
凌云彝族自治县	2011	1957.00	105400			54	12.81	12153.70	1.58	0.91	1499.05		4238.00				
	2012	1957.00	105700			54	14.99	14181.65	1.93	1.19	1825.92	17500.00	5066.00	3.45	0.39		
	2013	1957.00	106005			54	16.88	15923.78	2.00	1.46	1886.70	19760.00	5972.00	3.31	0.43	39.40	45.60
	2014	1957.00	106652			54	17.43	16342.87	1.28	0.77	1200.17	22441.00	7518.00	2.98	0.47		
	2015	1957.00	105921			54	18.84	17786.84	1.38	0.86	1302.86	24482.00	8295.00	2.95	0.46		
	2016	1957.00	105667			54	20.89	19769.65	1.83	1.19	1731.86	26550.00	9075.00	2.93	0.47		
	2017	1957.00	105926			54	22.72	21447.71	2.18	1.48	2058.98	29727.00	9937.00	2.99	0.47		

续表

样本县	年份	面积（平方千米）	户籍人口（人）	城镇户籍人口（人）	农村户籍人口（人）	人口密度（人/平方千米）	地区生产总值（亿元）	人均生产总值（元）	财政总收入（亿元）	地方一般公共预算收入（亿元）	人均财政收入（元）	城镇居民可支配收入（元）	农村居民可支配收入（元）	城乡居民可支配收入比	城乡居民人口比	城镇居民恩格尔系数（%）	农村居民恩格尔系数（%）
昌宁县	2011	3888.00	348328			90	43.14	12384.88	6.84	4.17	1963.67	14700.00	4563.00	3.22	0.10		
	2012	3888.00	348812			90	57.91	16602.07	7.98	5.21	2287.77	16905.00	5341.00	3.17	0.36		
	2013	3888.00	349370			90	68.55	19621.03	8.84	5.97	2530.27	19559.00	6383.00	3.06	0.15		
	2014	3888.00	350675			90	75.94	21655.38	6.34	4.43	1807.94	21647.00	7419.00	2.92	0.22		
	2015	3888.00	350878			90	83.73	23863.00	6.67	4.70	1900.95	23564.00	8323.00	2.83			
	2016	3888.00	335000			86	94.10	28089.55	7.43	5.26	2217.91						
	2017	3888.00	353786			91	103.62	29288.33	8.35	5.70	2360.98	28021.00	9952.00	2.82	0.36		
镇赉县	2011	4737.00	293873			62	107.60	36614.46	6.36	4.08	2164.20	13817.00	4180.53	3.31	0.55		
	2012	4737.00	285057			60	112.50	39465.79	7.70	5.50	2701.21	15527.00	5120.00	3.03	0.58		
	2013	4737.00	285244			60	127.80	44803.75	7.46	5.65	2615.30	19489.00	5996.00	3.25	0.58		
	2014	4737.00	275400			58	138.30	50217.86	8.23	6.27	2988.38	17200.00	6404.00	2.69	0.59		
	2015	4737.00	274100			58	135.54	49449.11	9.35	6.78	3411.16	18665.00	7221.00	2.58	0.71		
	2016	4737.00	310000			65	139.50	45000.00	9.27	7.08	2991.87	20998.00	8232.00	2.55			
	2017	4737.00	300000			63	141.60	47200.00	5.84		1946.67	21851.00	8664.00	2.52			

续表

样本县	年份	面积（平方千米）	户籍人口（人）	城镇户籍人口（人）	农村户籍人口（人）	人口密度（人/平方千米）	地区生产总值（亿元）	人均生产总值（元）	财政总收入（亿元）	地方一般公共预算收入（亿元）	人均财政收入（元）	城镇居民可支配收入（元）	农村居民可支配收入（元）	城乡居民可支配收入比	城乡居民人口比	城镇居民恩格尔系数（%）	农村居民恩格尔系数（%）
龙江县	2011	6200.00	620000			100	70.55	11379.03	5.27	3.96	850.00	9717.00	8928.00	1.09			
	2012	6200.00	620000			100	83.80	13516.13	6.10	4.59	983.87	11430.00	8596.00	1.33			
	2013	6200.00	620000			100	89.20	14387.10	7.70	5.80	1241.94	13239.00	9713.00	1.36			
	2014	5887.00	596500			101	90.80	15222.13	8.80	6.62	1475.27	14907.00	11039.00	1.35			
	2015	6200.00	595000			96	92.59	15561.34	7.35	4.53	1235.29	16147.00	11413.00	1.41			
	2016	6200.00	600000			97	98.60	16433.33	10.40	7.82	1733.33	17439.00	12439.00	1.40			
	2017	6200.00	583932			94	92.07	15767.25	4.07		697.00	18728.00	14176.00	1.32			
阜平县	2011	2495.00	222000			89	25.80	11621.62	1.87	1.52	842.34	11108.00	2706.00	4.10			
	2012	2495.00	210000			84	27.72	13200.00	2.00	1.62	952.38		3262.00				
	2013	2496.00	217975			87	30.50	13992.43	2.63	1.89	1206.56	10205.00	3913.00	2.61			
	2014	2496.00	220824			88	32.50	14717.60	2.95	2.12	1335.91	11647.00	5150.00	2.26			
	2015	2496.00	221747			89	32.79	14787.12	2.86	2.35	1289.76	13044.00	5815.00	2.24			
	2016	2496.00	210000			84	36.59	17423.81	3.62	2.97	1723.81		6542.00				
	2017	2496.00	220000			88	42.32	19236.36		3.18		16072.00	7405.00	2.17	0.12		

续表

样本县	年份	面积（平方千米）	户籍人口（人）	城镇户籍人口（人）	农村户籍人口（人）	人口密度（人/平方千米）	地区生产总值（亿元）	人均生产总值（元）	财政总收入（亿元）	地方一般公共预算收入（亿元）	人均财政收入（元）	城镇居民可支配收入（元）	农村居民可支配收入（元）	城乡居民可支配收入比	城乡居民人口比	城镇居民恩格尔系数（%）	农村居民恩格尔系数（%）
平泉市	2011	3296.00	448208			136	103.19	23022.79	14.00	5.89	3123.55	13232.00	4953.00			40.38	47.20
	2012	3294.00	449888			137	122.29	27182.32	17.00	7.15	3778.72					41.50	52.00
	2013	3297.00	450588			137	139.19	30890.75	18.00	9.20	3994.78	18203.00	7299.00	2.49			
	2014	3294.00	451839			137	148.14	32786.01	17.10	9.62	3784.53	19988.00	8131.00	2.46			
	2015	3297.00	452210			137	155.68	34426.48	10.11	6.22	2235.69	21807.00	8977.00	2.43			
	2016	3297.00	446939			136	166.80	37320.53	10.80	5.89	2416.44	23752.00	9990.00	2.38			
	2017	3294.00	453000			138	172.56	38092.72		6.47		25961.00	11139.00	2.33	3.45		
左权县	2011	2028.00	162271	61484	100787	80	28.66	17661.81	9.20	4.00	5669.53	15231.00	2771.00	5.50	0.61	26.80	27.30
	2012	2028.00	163039	64253	98786	80	34.00	20853.91	9.42	4.35	5777.76	17638.00	3236.00	5.45	0.65	27.10	
	2013	2028.00	164067	66725	97342	81	35.11	21399.79	9.50	4.42	5790.32	19561.00	3699.00	5.29	0.69	26.80	
	2014	2028.00	164565	68935	95630	81	40.77	24774.41	10.40	5.40	6319.69	20954.00	4142.00	5.06	0.72		
	2015	2028.00	165000			81	43.10	26121.21	8.31	4.50	5036.36	22352.00	4430.00	5.05	0.79	17.70	13.60
	2016	2023.00	165796			82	44.05	26569.70	6.87	4.54	4141.84	23687.00	4745.00	4.99	0.79	16.60	28.30
	2017	2023.00	166603	75202	91401	82	52.60	31572.06		4.56		25369.00	5257.00	4.83	0.82		

续表

样本县	年份	面积（平方千米）	户籍人口（人）	城镇户籍人口（人）	农村户籍人口（人）	人口密度（人/平方千米）	地区生产总值（亿元）	人均生产总值（元）	财政总收入（亿元）	地方一般公共预算收入（亿元）	人均财政收入（元）	城镇居民可支配收入（元）	农村居民可支配收入（元）	城乡居民可支配收入比	城乡居民人口比	城镇居民恩格尔系数（%）	农村居民恩格尔系数（%）
嵩县	2011	3008.90	589000	61000	528000	196	127.60	21663.84	6.18	4.68	1048.83	15760.00	5680.00	2.77	0.12		
	2012	3008.90	590900	215700	375200	196	132.30	22389.58	7.34	5.56	1242.04	17752.00	6475.00	2.74	0.57		
	2013	3008.90	593400	85800	507600	197	146.70	24721.94	8.32	6.30	1401.42	19817.00	7323.00	2.71	0.17		
	2014	3008.90	596200	86200	510000	198	133.80	22442.13	6.30	5.30	1056.69	21409.00	8041.00	2.66	0.17		
	2015	3008.90	599300	89300	510000	199	145.94	24351.74	7.29	5.78	1216.42	23141.00	9083.00	2.55	0.18		
	2016	3009.20	602200			200	156.61	26006.31		6.47		24981.00	9777.00	2.56	0.17		
	2017	3009.20	605300			201	172.46	28491.66		7.47		27270.00	10853.00	2.51	0.42		
兴县	2011	3168.00	281000			89	56.12	19971.53	17.19	4.97	6117.44	12544.00	2455.00	5.11			
	2012	3168.00	282000			89	70.43	24975.18	25.28	7.33	8964.54	14540.00	2831.00	5.14			
	2013	3168.00	284000			90	63.70	22429.58	27.05	8.02	9524.65	15936.00	3230.00	4.93			
	2014	3168.00	286000			90	62.29	21779.72	21.85	8.02	7639.86	16997.00	3546.00	4.79	0.62		
	2015	3168.00	287554			91	58.70	20413.56	22.00	6.30	7650.74	18119.00	3769.00	4.81	0.67		
	2016	3168.00	289506	115775	173731	91	60.44	20876.94		7.12		19061.00	4006.00	4.76	0.72		
	2017	3168.00	291363	121908	169455	92	85.89	29478.69		13.33		20148.00	4471.00	4.51			

续表

样本县	年份	面积(平方千米)	户籍人口(人)	城镇户籍人口(人)	农村户籍人口(人)	人口密度(人/平方千米)	地区生产总值(亿元)	人均生产总值(元)	财政总收入(亿元)	地方一般公共预算收入(亿元)	人均财政收入(元)	城镇居民可支配收入(元)	农村居民可支配收入(元)	城乡居民可支配收入比	城乡居民人口比	城镇居民恩格尔系数(%)	农村居民恩格尔系数(%)
横山县	2011	4333.00	366580			85	93.11	25399.64	5.40	2.03	1473.08	20515.00	6701.00	3.06	2.19		
	2012	4333.00	370803			86	104.22	28106.57	10.60	3.74	2858.66	23920.00	7860.00	3.04	2.19		
	2013	4333.00	372708			86	121.85	32693.15	11.12	4.44	2983.57	26527.00	8725.00	3.04			
	2014	4333.00	372016	169639	202377	86	136.09	36581.76	10.67	4.01	2868.16	29021.00	9364.00	3.10	0.84		
	2015	4333.00	375140			87	116.51	31057.74				25905.00	9760.00	2.65			
	2016	4333.00	299700			69	132.20	44044.04	10.00	4.20	3336.67	28000.00	10500.00	2.67			
	2017	4333.00	381754	66054	315700	88	154.46	40460.61		4.96		32153.00	11534.00	2.79	0.21		
新县	2011	1612.00	357900			222	112.10	31321.60	5.82	2.24	1627.27	14815.00	5922.00	2.50			
	2012	1612.00	363500	154924	208576	225	110.00	30261.35	7.33	2.82	2017.06	16689.00	6473.00	2.58	0.74		
	2013	1612.00	361900	149971	211929	225	109.90	30367.50	8.79	3.38	2428.30	18521.00	7704.00	2.40	0.71		
	2014	1612.00	363500	154924	208576	225	109.10	30013.76	10.48	4.03	2882.53	20299.00	8578.00	2.37	0.74		
	2015	1612.00	366300	162527	203773	227	110.00	30030.03				21718.00	9880.00	2.20	0.80		
	2016	1612.00					117.50		11.05	4.25						37.10	
	2017	1612.00	370700			230	127.60	34421.36		5.00		31637.00	18492.00		1.01		39.70

续表

样本县	年份	面积（平方千米）	户籍人口（人）	城镇户籍人口（人）	农村户籍人口（人）	人口密度（人/平方千米）	地区生产总值（亿元）	人均生产总值（元）	财政总收入（亿元）	地方一般公共预算收入（亿元）	人均财政收入（元）	城镇居民可支配收入（元）	农村居民可支配收入（元）	城乡居民可支配收入比	城乡居民人口比	城镇居民恩格尔系数（%）	农村居民恩格尔系数（%）
红安县	2011	1796.00	664600			370	76.10	11450.50	12.26	4.08	1844.72	14409.00	4350.00	3.31		38.89	44.50
	2012	1796.00	654900	114200	540700	365	95.97	14654.15	17.07	5.61	2606.50	16397.00	4953.00	3.31	0.21	43.50	44.10
	2013	1796.00	657700	114400	543300	366	107.67	16370.69	22.30	7.80	3390.60	17984.00	5641.00	3.19	0.21	41.20	39.90
	2014	1796.00	647200	110000	537200	360	120.76	18658.84	28.19	10.37	4355.69	19516.00	8057.00	2.42	0.20	18.10	17.88
	2015	1796.00	656000			365	130.66	19917.68	34.08	13.11	5194.63	21202.00	8826.00	2.40	0.67	39.50	39.70
	2016	1796.00	660700			368	140.92	21328.89	34.60	14.71	5237.17	23104.00	9537.00	2.42		39.40	39.40
	2017	1796.00	653600			364	153.81	23532.86	4.08	44.21	624.24	24908.00	10488.00	2.37	0.26	38.50	38.70
炎陵县	2011	2030.00	202200			100	36.18	17893.18	4.55	3.05	2250.25	16292.00	3507.00	4.65			
	2012	2030.00	202200	90000	112200	100	42.51	21023.74	6.05	4.03	2992.09	18652.00	3608.00	5.17	0.80		
	2013	2030.00	202200	90000	112200	100	48.91	24188.92	7.27	4.84	3595.45	19271.00	5525.00	3.49	0.80		
	2014	2030.00	202200	90000	112200	100	55.26	27329.38	5.64		2789.32	21007.00	6155.00	3.41	0.80		
	2015	2030.00	192800	45200	147600	95	61.43	31862.03	9.06	6.61	4699.17	22753.00	6720.00	3.39	0.31		
	2016	2030.00	194000	57000	137000	96	67.30	34690.72	9.90	7.50	5103.09	24607.00	7362.00	3.34	0.42		
	2017	2030.00	193000	57000	136000	95	65.70	34041.45	10.70	7.80	5544.04	26535.00	8116.00	3.27	0.42		

续表

样本县	年份	面积（平方千米）	户籍人口（人）	城镇户籍人口（人）	农村户籍人口（人）	人口密度（人/平方千米）	地区生产总值（亿元）	人均生产总值（元）	财政总收入（亿元）	地方一般公共预算收入（亿元）	人均财政收入（元）	城镇居民可支配收入（元）	农村居民可支配收入（元）	城乡居民可支配收入比	城乡居民人口比	城镇居民恩格尔系数（%）	农村居民恩格尔系数（%）
井冈山市	2011	1288.00	163020			127	38.09	23365.23	5.12	3.79	3140.72	17110.00	5400.00	3.17		35.60	44.60
	2012	1297.50	164248	96282	67966	127	44.04	26813.11	6.45	5.40	3926.99	19462.00	6162.53	3.16	1.42	45.52	48.35
	2013	1297.50	164000	43000	121000	126	49.28	30048.78	6.52	5.25	3975.61	22029.00	6650.70	3.31	0.36		30.70
	2014	1297.50	168100	43700	124400	130	54.70	32540.15	6.95	5.80	4134.44	24981.00	5819.00	4.29	0.35	36.70	30.70
	2015	1288.00	168600	50086	118514	131	57.57	34145.91	7.75	5.60	4596.68	26951.00	7687.00	3.51	0.42	34.02	30.70
	2016	1297.50	169743	107515	62228	131	62.88	37044.24	7.39	5.04	4354.00	29215.00	8577.00	3.41	1.73	34.02	39.68
	2017	1297.50	170348	107898	62450	131	70.53	41403.48	8.30	5.32	4872.38	31798.00	9556.00	3.33	1.73	31.40	30.40

第三节 集中连片特殊困难山区样本县经济综合实力

地区生产总值（以下简称"地区GDP"）是按市场价格计算的地区所有常住单位在一定时期内生产活动的最终成果，是衡量地方经济状况的重要综合性指标，能够反映该地区总体经济实力和市场规模。从总量上看，2011—2017年37个样本县地区GDP水平逐年上涨，平均水平从2011年的53.86亿元上涨至2017年的99.54亿元，增长45.68亿元，增长幅度高达84.81%。从增速上看，2011—2017年，37个样本县各年地区GDP增长率均超过全国平均水平。虽然2011—2015年增长率呈下滑趋势，但在2016年又得到了回升，呈现"放缓—加速"的"V"字形发展规律（图4-1）。

尽管37个样本县总体经济实力增幅与增速较快，但将37个样本县进行地域性分类后发现，南北山区的经济发展历史与未来趋势存在较为显著的差异。观察图4-1可以发现，2011—2014年，北方山区平均GDP始终

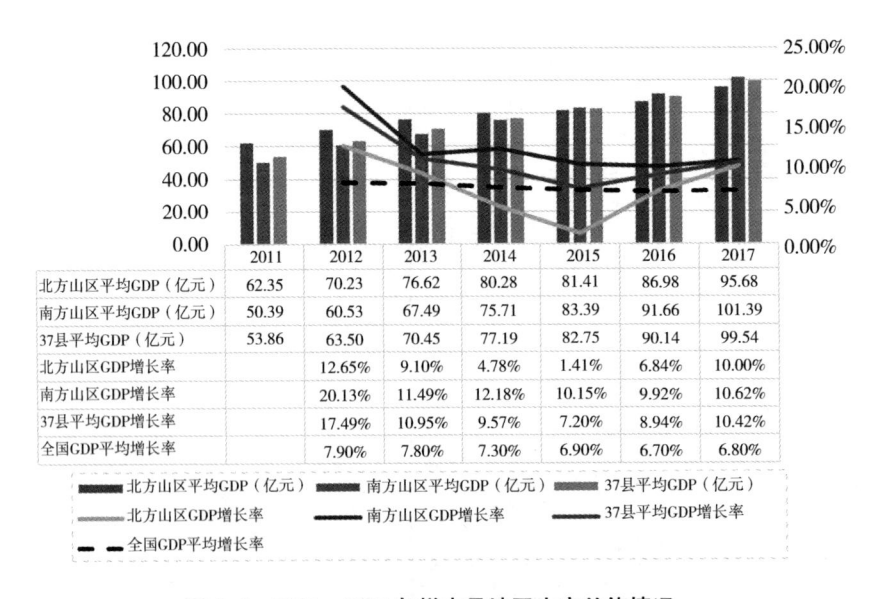

	2011	2012	2013	2014	2015	2016	2017
北方山区平均GDP（亿元）	62.35	70.23	76.62	80.28	81.41	86.98	95.68
南方山区平均GDP（亿元）	50.39	60.53	67.49	75.71	83.39	91.66	101.39
37县平均GDP（亿元）	53.86	63.50	70.45	77.19	82.75	90.14	99.54
北方山区GDP增长率		12.65%	9.10%	4.78%	1.41%	6.84%	10.00%
南方山区GDP增长率		20.13%	11.49%	12.18%	10.15%	9.92%	10.62%
37县平均GDP增长率		17.49%	10.95%	9.57%	7.20%	8.94%	10.42%
全国GDP平均增长率		7.90%	7.80%	7.30%	6.90%	6.70%	6.80%

图4-1 2011—2017年样本县地区生产总值情况

高于南方山区，而这一情况在2015年发生扭转，2015—2017年南方山区平均地区GDP开始超过北方山区。观察图4-1南北山区地区GDP增长率

曲线可以发现，南方山区地区 GDP 增长率呈下降趋势，而北方山区则表现出"下跌后反弹"的走向。"放缓—加速"的"V"字形地区 GDP 增长趋势在北方山区得到了放大，2015 年南北山区地区 GDP 增长率差值达 8.74%，而这一数字在 2017 年仅为 0.62%。北方山区 GDP 增长率在 2014、2015、2016 这三年均低于全国平均水平，说明这几年北方山区样本县的发展力度相对较弱。

进一步将人口因素考虑在内后可以发现，37 个样本县人均 GDP 增长幅度较大，但平均水平在全国依然处于尾部（图 4-2）。2011—2017 年 37

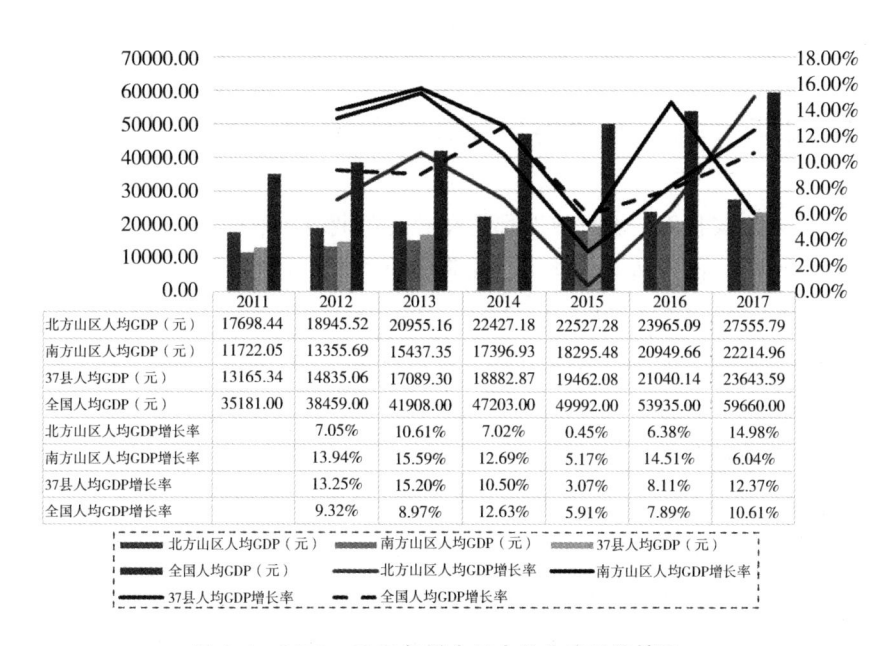

	2011	2012	2013	2014	2015	2016	2017
北方山区人均GDP（元）	17698.44	18945.52	20955.16	22427.18	22527.28	23965.09	27555.79
南方山区人均GDP（元）	11722.05	13355.69	15437.35	17396.93	18295.48	20949.66	22214.96
37县人均GDP（元）	13165.34	14835.06	17089.30	18882.87	19462.08	21040.14	23643.59
全国人均GDP（元）	35181.00	38459.00	41908.00	47203.00	49992.00	53935.00	59660.00
北方山区人均GDP增长率		7.05%	10.61%	7.02%	0.45%	6.38%	14.98%
南方山区人均GDP增长率		13.94%	15.59%	12.69%	5.17%	14.51%	6.04%
37县人均GDP增长率		13.25%	15.20%	10.50%	3.07%	8.11%	12.37%
全国人均GDP增长率		9.32%	8.97%	12.63%	5.91%	7.89%	10.61%

图 4-2　2011—2017 年样本县人均生产总值情况

个样本县人均 GDP 逐年提升，从 2011 年 13165.34 元上升至 2017 年 23643.59 元，上涨 10478.25 元，上涨幅度达 79.99%。南北山区人均 GDP 均逐年上涨，但北方山区人均 GDP 高于南方山区，两者之间差距并未显著缩小。需要注意的是，无论是 37 个样本县整体人均 GDP 还是南北山区分区人均 GDP，都和全国人均 GDP 存在较大差距，甚至水平相对较高的北方山区人均 GDP 也仅约为全国水平的 1/2。山区贫困县人均 GDP 落后的局面依然未发生根本性扭转。

从人均 GDP 增速看，37 个样本县人均 GDP 增速与全国增速基本保持一致走向，在 2015 年经历了小谷底后反弹回升。分别看南北山区人均 GDP 增长速度可以发现，在 2017 年之前南方山区增速基本与全国增速持平且部分年份略高于全国平均增速，南方山区人均 GDP 增速始终高于北方山区。然而 2017 年，南方山区人均 GDP 增长率显著下滑，北方山区持续上扬并首次超越南方山区，两者差额近 9 个百分点。

总的来看，11 个集中连片困难山区 37 个样本县的总体经济实力在波动中持续提升，南北山区县域间的总体经济实力差距逐步缩小。然而无论是南方山区还是北方山区，贫困县的人均生产总值与全国平均水平差距依旧明显，总量落后的事实未发生根本性改变。

第四节　集中连片特殊困难山区样本县地方财政收入

地方财政收入是地方政府部门在一定时期内所取得的货币收入，是支持地方发展、提供地方公共物品和服务的最主要来源。地方财政收入的高低水平在一定程度上反映了地方经济社会发展能力与潜力。不同统计口径下的地方财政收入包含不同内容，其中财政总收入属于大口径统计方法，能够体现地方财政的总体情况。

从财政总收入绝对值看，2011—2017 年 37 个样本县财政总收入总体呈缓慢上涨趋势，从 2011 年平均财政总收入 5.76 亿元上涨至 2017 年 8.65 亿元，增长幅度为 50.17%。但各地财政总收入增长率逐年下降，呈现疲软态势，从 2016 年开始增长率未超过 2%（图 4-3）。

南北山区样本县财政总收入呈现不同的发展趋势。从图 4-3 中可以看到，北方山区财政总收入呈倒"U"形发展趋势，财政总收入增长率呈指数型下跌趋势，并于 2014 年跌破 0。北方山区样本县财政总收入在 2013 年达到顶峰后逐渐下降，2013 年平均值为 8.75 亿元，而 2016 年跌至 6.35 亿元。与北方山区相比，南方山区的财政总收入较为坚挺。2011—2017 年，南方山区财政总收入持续上涨，增幅达 63.94%。但与北方山区样本县相似，南方山区样本县财政总收入增长速度大幅下降，增长率从 2012 年的 21.83% 降低至 2017 年的 1.26%。

当考虑人口基数时，37 个样本县人均财政收入表现出与财政总收入相似的发展规律（图 4-4）。37 个样本县整体人均财政收入缓慢增长，

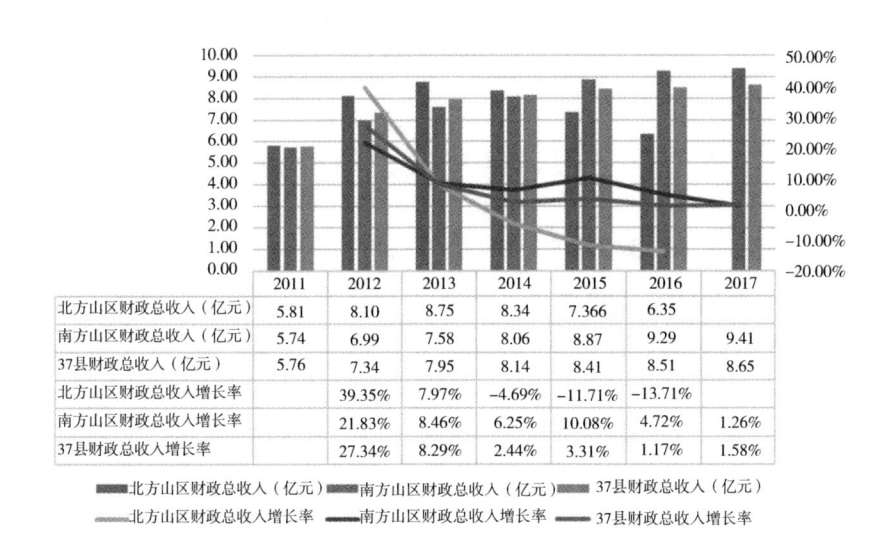

	2011	2012	2013	2014	2015	2016	2017
北方山区财政总收入（亿元）	5.81	8.10	8.75	8.34	7.366	6.35	
南方山区财政总收入（亿元）	5.74	6.99	7.58	8.06	8.87	9.29	9.41
37县财政总收入（亿元）	5.76	7.34	7.95	8.14	8.41	8.51	8.65
北方山区财政总收入增长率		39.35%	7.97%	-4.69%	-11.71%	-13.71%	
南方山区财政总收入增长率		21.83%	8.46%	6.25%	10.08%	4.72%	1.26%
37县财政总收入增长率		27.34%	8.29%	2.44%	3.31%	1.17%	1.58%

图 4-3　2011—2017 年样本县财政总收入情况

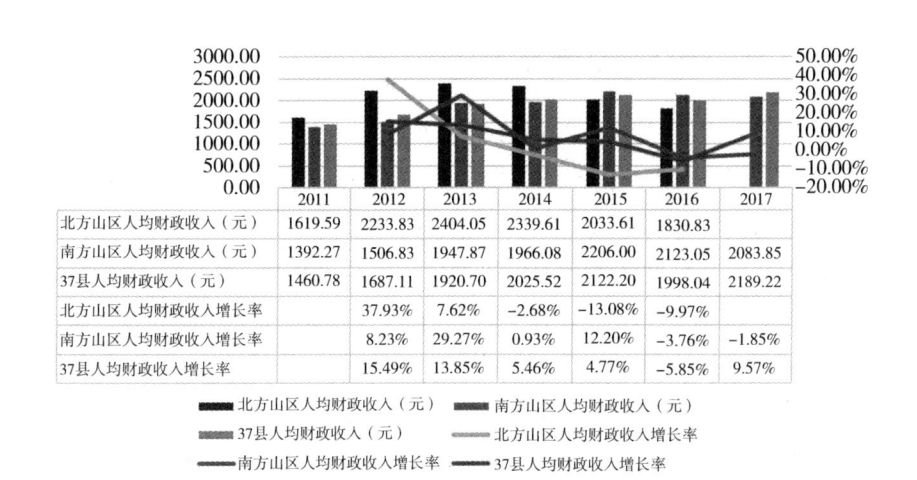

	2011	2012	2013	2014	2015	2016	2017
北方山区人均财政收入（元）	1619.59	2233.83	2404.05	2339.61	2033.61	1830.83	
南方山区人均财政收入（元）	1392.27	1506.83	1947.87	1966.08	2206.00	2123.05	2083.85
37县人均财政收入（元）	1460.78	1687.11	1920.70	2025.52	2122.20	1998.04	2189.22
北方山区人均财政收入增长率		37.93%	7.62%	-2.68%	-13.08%	-9.97%	
南方山区人均财政收入增长率		8.23%	29.27%	0.93%	12.20%	-3.76%	-1.85%
37县人均财政收入增长率		15.49%	13.85%	5.46%	4.77%	-5.85%	9.57%

图 4-4　2011—2017 年样本县人均财政收入情况

2017 年较 2011 年增长 728.44 元/人，增幅为 49.87%。北方山区人均财政收入于 2011—2013 年呈上涨趋势，2014 年开始逐步下滑，2016 年人均财政收入仅 1830.83 元。南方人均财政收入于 2011—2015 年缓慢上升，2016 年起开始下降。南北山区人均财政收入差额呈缩小趋势。从人均财政收入增长率看，北方山区人均财政收入增长率持续下降，2015、2016

年负增长率在10%左右；南方山区和37个样本县人均财政收入增长率波动下跌，并于2016年双双进入负增长。

第五节 分县域经济实力与社会发展情况

上文将37个样本县作为一个整体，纵向讨论了11个集中连片特殊困难山区县域经济发展和财政收入的情况。实际上，各县的整体经济实力与社会发展情况存在较大差距，县域间发展不平衡显著。与全国平均水平和发达县域水平相比，各县域的发展也呈现不同的趋势。接下来，文章将从横向角度出发，探讨样本县之间的差异及其潜在规律。由于面积和人口规模存在差异，因此各县域间地区GDP不具有横向的可比性，故选取其他标准化后的指标进行比较。为了更好对比样本县与发达县域发展水平的差距，本章选取2011年全国百强县第100名——江苏省高淳县作为参照县进行分析。

一 地区整体发展情况

表4-3反映了2011—2017年样本县县域发展与居民生计的增长情况。2011—2017年，地区GDP年均增长值最低和最高的县域分别为湟源县（1.41亿元）和丹江口市（16.44亿元）。仅3个县年均增长值超过10亿元，超过1/3县域地区生产总值年均增长值小于等于5亿元，超过1/2县域地区生产总值年均增长值为5亿—10亿元（图4-5）。而发达县域高淳县同期地区生产总值年均增长值为47.98亿元，远高于11个集中连片特殊困难山区样本县的水平，是其中最高值的近3倍。年均增长率最低和最高的县域分别为新县（2.18%）和彝良县（28.09%），72.97%县域地区生产总值年均增长率超过全国平均水平，说明11个集中连片特殊困难山区的宏观经济发展速度在全国尺度上较为靠前，发展潜力较大，或将成为全国经济发展的快速增长新区域。其中彝良县年均地区生产总值增速达28.09%，高出高淳县14.54%。综上，特困山区县域经济总量仍然落后，且与发达县域依旧存在较大差距，但其增长速度较快，拥有较高的经济发展潜能。

表 4-3　2011—2017 年 11 个集中连片特殊困难山区 37 个样本县县域发展及居民生计增长情况

样本县	南北分区	2011—2017年地区生产总值 年均增长值（亿元）	年均增长率（%）	年均增长率与全国水平差值（%）	年均增长率与高淳县水平差值（%）	2011—2017年人均生产总值 年均增长值（元）	年均增长率（%）	年均增长率与全国水平差值（%）	年均增长率与高淳县水平差值（%）	2011—2017年城镇居民可支配收入 年均增长值（元）	年均增长率（%）	年均增长率与全国水平差值（%）	年均增长率与高淳县水平差值（%）	2011—2017年农村居民可支配收入 年均增长值（元）	年均增长率（%）	年均增长率与全国水平差值（%）	年均增长率与高淳县水平差值（%）
湟源县	北方	1.41	7.30	-1.75	-6.25	1171.18	8.10	-1.11	-4.77	1524.00	9.22	1.82	0.20	544.00	9.23	-1.51	-0.55
乐都县	北方	6.32	11.60	2.55	-1.95	2168.18	11.43	2.22	-1.44								
西吉县	北方	4.61	13.19	4.14	-0.36	1719.78	20.91	11.70	8.04	1392.60	9.49	2.09	0.47	626.86	13.10	2.36	3.32
海原县	北方	3.89	12.99	3.94	-0.56	1113.40	16.16	6.95	3.29	1299.24	9.10	1.70	0.08	718.73	19.52	8.78	9.74
竹溪县	南方	5.09	10.64	1.59	-2.91	1489.89	11.42	2.21	-1.45	1967.14	15.46	8.06	6.44	730.14	14.69	3.95	4.91
竹山县	南方	6.74	11.78	2.73	-1.77	1492.33	12.14	2.93	-0.73	1951.08	13.66	6.26	4.64	758.57	15.33	4.59	5.55
房县	南方	6.08	11.99	2.94	-1.56	1303.24	12.38	3.17	-0.49	2232.80	15.91	8.51	6.89	738.29	14.92	4.18	5.14
丹江口	南方	16.44	12.82	3.77	-0.73	3524.86	12.68	3.47	-0.19	1961.86	12.49	5.09	3.47	820.00	14.48	3.74	4.70
郧阳区	南方	8.38	12.87	3.82	-0.68	1332.48	12.88	3.67	0.01	2284.00	18.84	11.44	9.82	576.67	13.28	2.54	3.50
保康县	南方	8.78	13.14	4.09	-0.41	3399.33	13.97	4.76	1.10	2057.71	14.47	7.07	5.45	877.71	14.48	3.74	4.70
通江县	南方	7.07	9.81	0.76	-3.74	876.82	8.65	-0.56	-4.22	2019.43	12.38	4.98	3.36	918.71	16.19	5.45	6.41
平昌县	南方	9.21	10.25	1.20	-3.30	968.09	11.11	1.90	-1.76	1821.14	10.59	3.19	1.57	839.14	13.78	3.04	4.00
南江县	南方	7.85	10.16	1.11	-3.39	1254.91	10.97	1.76	-1.90	1926.50	11.04	3.64	2.02	916.17	12.36	1.62	2.58

续表

样本县	南北分区	2011—2017年地区生产总值			2011—2017年人均生产总值			2011—2017城镇居民可支配收入			2011—2017农村居民可支配收入		
		年均增长值（亿元）	年均增长率（%）	年均增长率与全国水平差值（%）	年均增长率与高等县水平差值（%）	年均增长值（元）	年均增长率（%）	年均增长率与全国水平差值（%）	年均增长率与高等县水平差值（%）	年均增长值（元）	年均增长率（%）	年均增长率与全国水平差值（%）	年均增长率与高等县水平差值（%）
石泉县	南方	6.76	15.76	6.71	2.21	3502.85	14.46	5.25	1.59	1535.00	8.34	0.94	−0.68	683.57	12.28	1.54	2.50
宁陕县	南方	2.21	12.78	3.73	−0.77	3140.04	13.30	4.09	0.43	1519.00	8.52	1.12	−0.50	606.57	11.11	0.37	1.33
平利县	南方	8.31	19.99	10.94	6.44	3209.11	16.33	7.12	3.46	1557.14	8.54	1.14	−0.48	616.71	10.34	−0.40	0.56
利川市	南方	7.59	10.50	1.45	−3.05	826.25	10.42	1.21	−2.45	2010.71	13.29	5.89	4.27	791.86	14.79	4.05	5.01
湄潭县	南方	9.69	19.01	9.96	5.46	1887.01	18.54	9.33	5.67	2050.14	11.73	4.33	2.71	899.43	12.96	2.22	3.18
桐梓县	南方	13.84	16.85	7.80	3.30	1810.15	15.99	6.78	3.12	1553.14	10.33	2.93	1.31	810.57	13.23	2.49	3.45
禄劝县	南方	7.50	15.36	6.31	1.81	1289.90	11.60	2.39	−1.27	1965.43	10.49	3.09	1.47	605.43	13.28	2.54	3.50
彝良县	南方	6.25	28.09	19.04	14.54	−439.27	−4.75	−13.96	−17.62	1339.00	9.03	1.63	0.01	574.43	11.76	1.02	1.98
从江县	南方	5.48	17.98	8.93	4.43	1392.27	16.40	7.19	3.53	2090.43	13.47	6.07	4.45	639.00	13.41	2.67	3.63
德保县	南方	6.64	11.03	1.98	−2.52	1791.52	10.95	1.74	−1.92	1708.00	8.52	1.12	−0.50	854.29	17.20	6.46	7.42
漾濞县	南方	1.42	10.02	0.97	−3.53	1327.72	9.93	0.72	−2.94	2037.83	11.18	3.78	2.16	814.14	15.26	4.52	5.48
昌宁县	南方	8.64	15.72	6.67	2.17	2414.78	15.43	6.22	2.56	1903.00	11.35	3.95	2.33	769.86	13.88	3.14	4.10
镇赉县	北方	4.86	4.68	−4.37	−8.87	1512.22	4.32	−4.89	−8.55	1147.71	7.94	0.54	−1.08	640.50	12.91	2.17	3.13
龙江县	北方	3.07	4.54	−4.51	−9.01	626.89	5.59	−3.62	−7.28	1287.29	11.56	4.16	2.54	749.71	9.01	−1.73	−0.77

第四章 中国集中连片特殊困难山区贫困县域发展与农牧民生计 129

续表

样本县	南北分区	2011—2017年地区生产总值 年均增长值（亿元）	年均增长率（%）	年均增长率与全国平均水平差值（%）	年均增长率与高等县平均水平差值（%）	2011—2017年人均生产总值 年均增长值（元）	年均增长率（%）	年均增长率与全国平均水平差值（%）	年均增长率与高等县平均水平差值（%）	2011—2017城镇居民可支配收入 年均增长值（元）	年均增长率（%）	年均增长率与全国平均水平差值（%）	年均增长率与高等县平均水平差值（%）	2011—2017农村居民可支配收入 年均增长值（元）	年均增长率（%）	年均增长率与全国平均水平差值（%）	年均增长率与高等县平均水平差值（%）
阜平县	北方	2.36	8.60	-0.45	-4.95	1087.82	8.76	-0.45	-4.11	709.14	6.35	-1.05	-2.67	671.29	18.27	7.53	8.49
平泉市	北方	9.91	8.95	-0.10	-4.60	2152.85	8.75	-0.46	-4.12	1818.43	11.89	4.49	2.87	780.29	14.46	3.72	4.68
左权县	北方	3.42	10.65	1.60	-2.90	1987.18	10.17	0.96	-2.70	1448.29	8.88	1.48	-0.14	355.14	11.26	0.52	1.48
嵩县	北方	6.41	5.15	-3.90	-8.40	975.40	4.67	-4.54	-8.20	1644.29	9.67	2.27	0.65	739.00	11.40	0.66	1.62
兴县	北方	4.25	7.35	-1.70	-6.20	1358.17	6.70	-2.51	-6.17	1086.29	8.22	0.82	-0.80	288.00	10.51	-0.23	0.73
横山县	北方	8.76	8.80	-0.25	-4.75	2151.57	8.07	-1.14	-4.80	1662.57	7.78	0.38	-1.24	690.43	9.47	-1.27	-0.31
新县	南方	2.21	2.18	-6.87	-11.37	442.82	1.59	-7.62	-11.28	2803.67	11.57	4.17	2.55	209.50	25.57	14.83	15.79
红安县	南方	11.10	12.44	3.39	-1.11	1726.05	12.76	3.55	-0.11	1499.86	9.55	2.15	0.53	876.86	15.80	5.06	6.02
炎陵县	南方	4.22	10.45	1.40	-3.10	2306.90	11.31	2.10	-1.56	1463.29	8.10	0.70	-0.92	658.43	15.01	4.27	5.23
井冈山市	南方	4.63	10.81	1.76	-2.74	2576.89	10.00	0.79	-2.87	2098.29	10.88	3.48	1.86	593.71	9.98	-0.76	0.20

注：根据国家统计局公布数据计算。2011—2017年国内生产总值年均增长率为9.05%，人均生产总值地区年均增长率为9.21%，城镇居民人均可支配收入年均增长率为7.40%，农村居民人均可支配收入年均增长率为9.02%；2011—2017年国内生产总值年均增长率为10.74%，2011—2017年高等县地区生产总值年均增长率为13.55%，人均生产总值年均增长率为12.87%，城镇居民可支配收入年均增长率为9.78%，农村居民可支配收入年均增长率为9.78%。年均增长值为有数据起始年至有数据末年地区生产总值之间的差值；年均增长率同期全国平均增长率的差额。

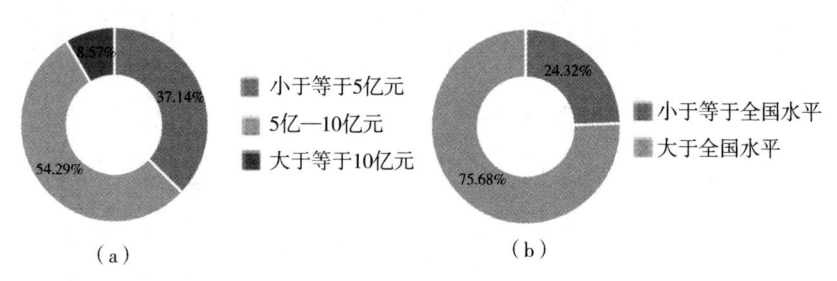

(a) 样本县地区GDP年增长值（元/年）
(b) 样本县地区GDP年增速与全国平均比较

图 4-5　样本县地区经济发展水平

将人口基数考虑在内后可以发现（图 4-6），18.92% 县域人均生产总值年均增长值低于 1000 元，超过一半县域人均生产总值年均增长值为 1000—2000 元，29.73% 县域人均生产总值年均增长值超过 2000 元。7 成县域人均生产总值的年均增长率是高于全国平均水平的，而仅有近 3 成低于全国平均水平。由此可以推断，37 个样本县的人均生产总值发展速度较快。其中，年均增长值最低与最高的县域分别为彝良县和丹江口市，分别为 -439.27 元和 3524.86 元。由于彝良县在 2012 年县域空间范围发生调整，人口剧增，因此将彝良县的数据剔除后，样本县中人均生产总值年均增长值最低的县域为新县，年均增长值 442.82 元，与丹江口市相差 3082.04 元。同理，剔除彝良县的数据之后，人均生产总值年均增长率最低县域为新县，仅 1.59%；而增长率最高的县域为西吉县，高达 20.91%。在看到特困山区县域发展向好面的同时，不能忽视其依旧落后的事实。虽然特困山区人均 GDP 增速快，但由于其基数小，所以依然与发达县域的水平存在鸿沟。2011—2017 年，高淳县人均生产总值年均增长率仅 12.87%，但由于其基数较高，人均生产总值年均增长值达到 10416.38 元，远高于特困山区的增长水平。另外，37 个样本县中仅 10 个县的人均生产总值年均增长率高于高淳县，这也意味着特困山区县域和发达县域的经济发展水平差距将进一步扩大。可以判断，特困山区县绝对贫困的事实在短时期内难以发生实质性改变。

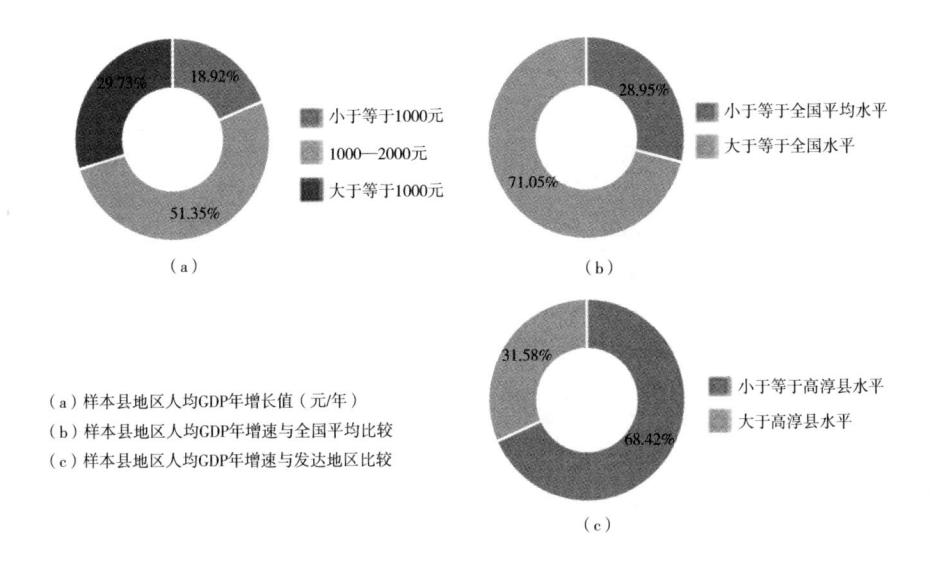

图 4-6 样本县地区考虑人口因素后的经济发展水平

二 城乡居民收入情况

居民可支配收入包括工资性收入、经营性净收入、财产性净收入和转移性净收入，通常被认为是消费开支的最重要决定因素，可以用于衡量一个地区居民生活水平。从城镇居民可支配收入看，年均增长值最低和最高的县域分别为阜平县（709.14元）和郧阳区（2284.00元），两者相差1574.86元；从年均增长率看，通江县增长率为2.38%，列37个样本县最低，房县增长率为12.89%，列37个样本县最高。从图4-7中可以发现，样本县中绝大多数（69.44%）县域城镇居民可支配收入年均增长值为1000—2000元，27.78%县域超过2000元，而仅有1个县小于1000元。从增速上看，样本县的城镇居民可支配收入年均增长率普遍高于全国平均水平，仅阜平县一个县域低于全国平均增速。实际上，特困山区的城镇居民可支配收入增速普遍高于发达县域。高淳县同期城镇居民可支配收入年增长值为2838.57元，年增长率为9.02%，在37个样本县中有26个（70.27%）高于高淳县的增速（图4-7）。

与城镇居民相比，农村居民的可支配收入增长幅度和增长速度均呈现较低水平。观察图4-8可以发现，大部分（63.89%）县域农村居民可支

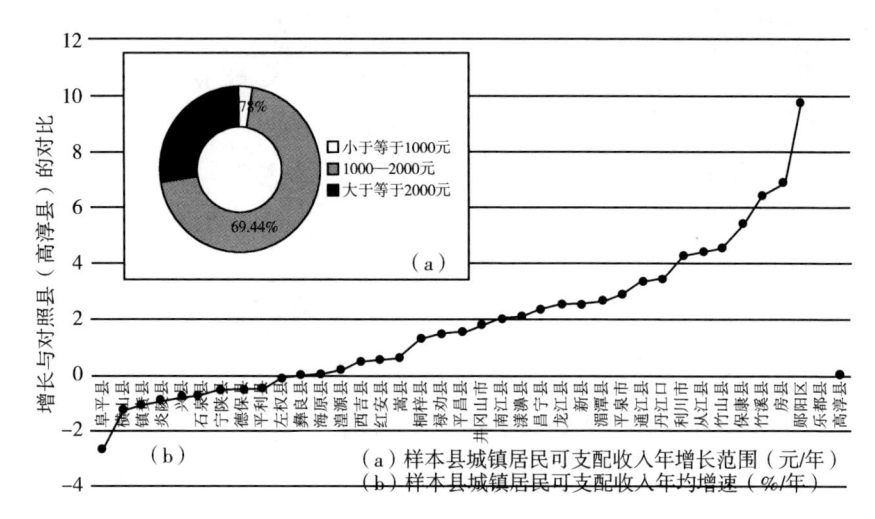

图 4-7 样本县城镇居民可支配收入增长情况

注：乐都县数据缺失，共显示 36 个样本县的数据。

配收入年均增长值为 500—800 元，超过 800 元的县域仅占约 1/4，而仍有 3 个县年均增长值低于 500 元，整体增长幅度低于城镇居民可支配收入。样本县农村居民可支配收入年均增长值最低和最高的县域为兴县和通江县，分别为 288.00 元和 918.71 元，两者相差 630.71 元。

与全国农村居民可支配收入增长水平相比，37 个特困山区县域增速普遍高于全国水平。共有 30 个样本县的农村居民可支配收入增长率高于 10.74%（即全国平均水平），其中新县高达 25.57%。虽然仍有部分县域的农村居民收入增长缓慢，但与全国平均水平和对比县域高淳县差距不大，更多县域的农村居民收入增速相对较快（图 4-8）。

城乡差异不断扩大的基本规律在 11 个集中连片特困山区中得到了印证，虽然城镇居民和农村居民的可支配收入都在逐年增长，但两者差距却在逐步扩大。从图 4-9 中可以看到，除了阜平县外，其他 35 个样本县的城乡居民可支配收入年增长值差距保持在较大水平。有 17 个样本县城乡居民可支配收入年增长值差在 500—1000 元的范围内，15 个在 1000—1500 元范围内，新县、郧阳区和井冈山市的指标差距超过 1500 元，分别高达 2594.17 元、1707.33 元和 1504.58 元。

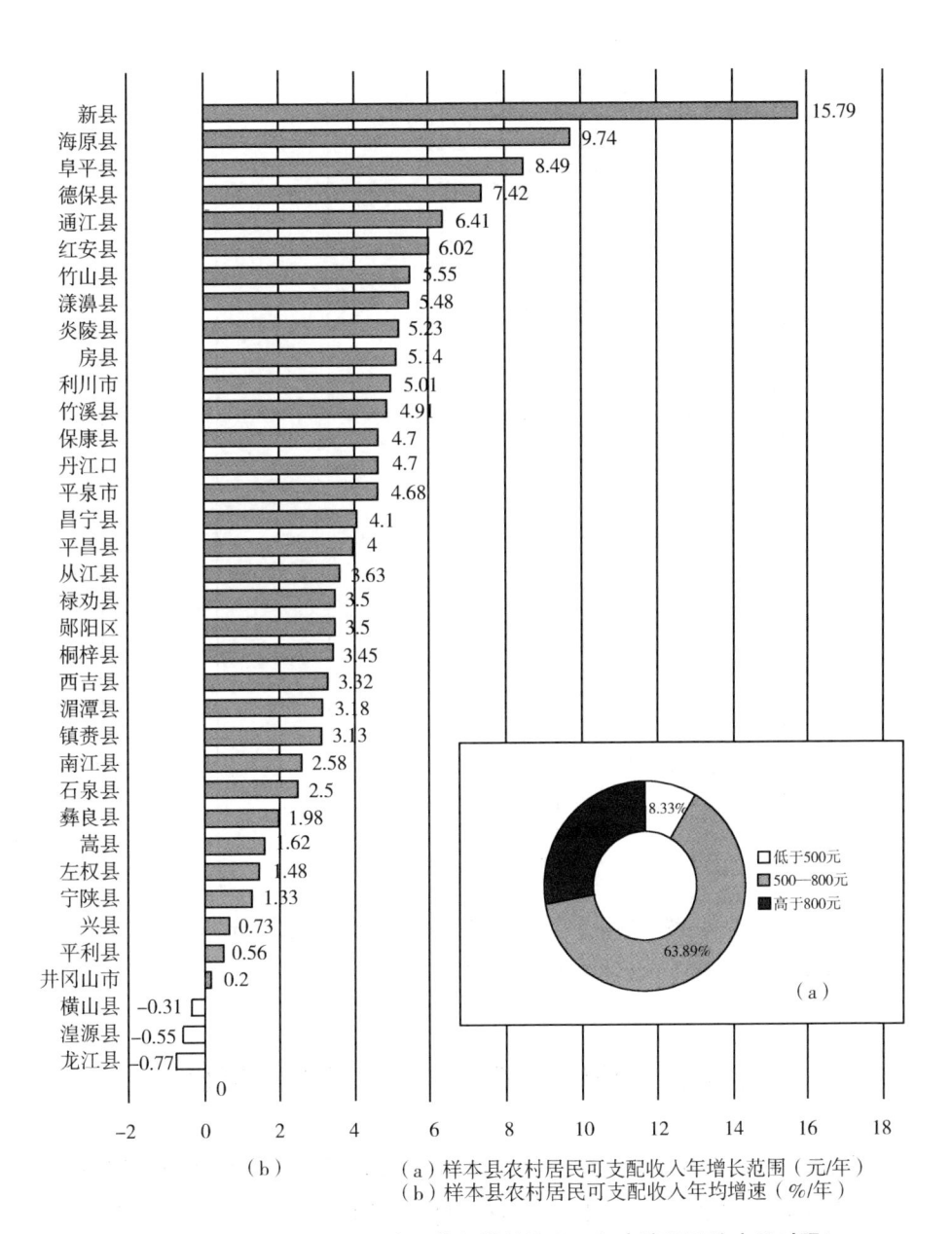

图 4-8　样本县农村居民可支配收入增长情况（与高淳县平均水平对照）

注：乐都县数据缺失，共显示 36 个样本县的数据。

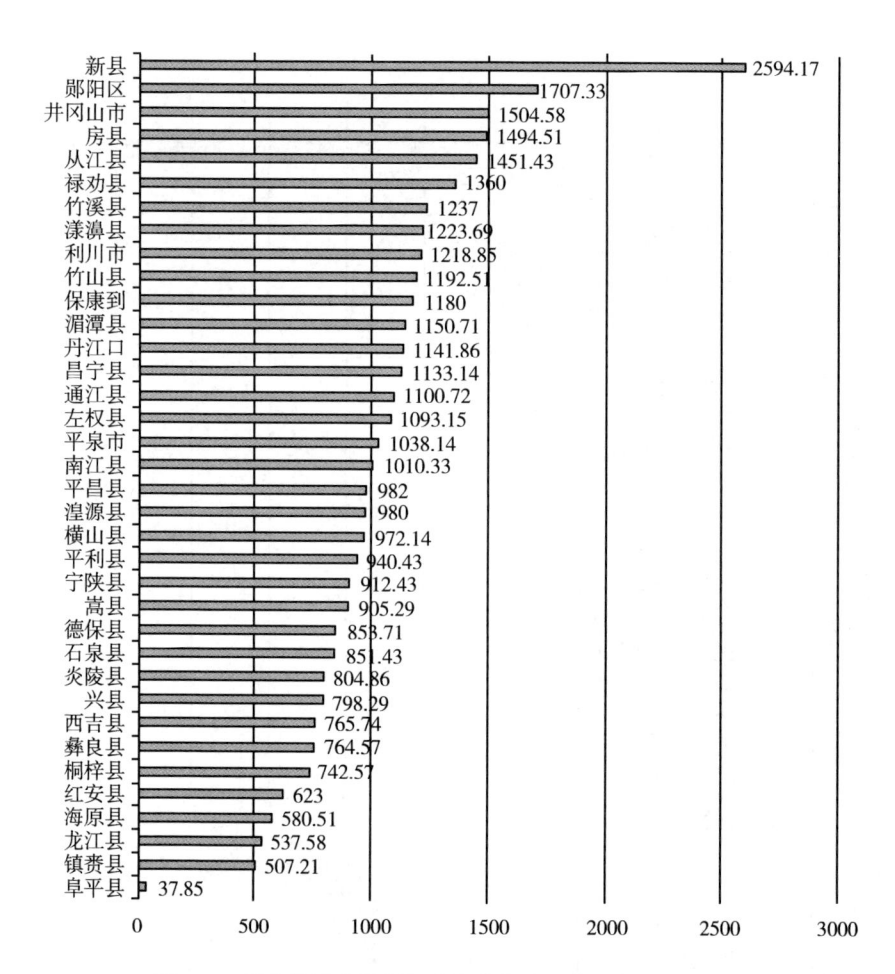

图 4-9 样本县城乡居民可支配收入差距年增长量（元/年）

样本县	增长量
新县	2594.17
郧阳区	1707.33
井冈山市	1504.58
房县	1494.51
从江县	1451.43
禄劝县	1360
竹溪县	1237
漾濞县	1223.69
利川市	1218.85
竹山县	1192.51
保康到	1180
湄潭县	1150.71
丹江口	1141.86
昌宁县	1133.14
通江县	1100.72
左权县	1093.15
平泉市	1038.14
南江县	1010.33
平昌县	982
湟源县	980
横山县	972.14
平利县	940.43
宁陕县	912.43
嵩县	905.29
德保县	853.71
石泉县	851.43
炎陵县	804.86
兴县	798.29
西吉县	765.74
彝良县	764.57
桐梓县	742.57
红安县	623
海原县	580.51
龙江县	537.58
镇赉县	507.21
阜平县	37.85

注：乐都县数据缺失，共显示 36 个样本县的数据。

第六节　2017 年 37 个样本县情况切面

上文对 37 个样本县 2011—2017 年的整体经济社会情况和变化情况进行了简要描述分析，通过对时空面板数据的分析，获得了 11 个集中连片特困山区县域发展及民众生计的基本格局情况。让我们将目光聚焦 2017 年，以 2017 年 37 个样本县的情况为切面，展示 11 个集中连片特殊困难山区县域的发展现状。

一 南北方山区差距较小领域

南方山区的人口密度、地区生产总值以及人均生产总值均高于北方山区，但两者之间的差异并不显著。2017年，北方山区平均人口密度为134人/平方千米，而南方为148人/平方千米，比北方高出10.45%；北方地区平均生产总值为98.95亿元，南方为104.51亿元，两者相差5.62%；北方山区平均人均生产总值26562.94元，南方的数字是北方的1.06倍，为28136.76元。

二 南北方山区差距较大领域

南方山区比北方山区城乡居民可支配收入总体水平更高，南方山区样本县城乡居民可支配收入差异较小，北方山区较大。结合表4-4和图4-10可以发现，在2017年，南方山区无论是城镇还是农村，居民的可支配收入都普遍高于北方。从贫富差距角度上看，南方的贫富差距比北方的小，即南方山区居民的收入水平差异不大，而在北方山区，穷的很穷富的很富。

表4-4　　　　　　南北山区城乡居民可支配收入分布　　　　　（单位：元）

	最大值	最小值	中位数	上四分位数	下四分位数
南方山区城镇	31798.00	23162.00	27529.00	28362.00	25658.00
北方山区城镇	32153.00	16072.00	24304.50	27691.50	20573.75
南方山区农村	12137.00	8046.00	9679.00	10795.00	9679.00
北方山区农村	14176.00	4471.00	9345.00	11067.50	10795.00

城乡居民可支配收入比为城镇户籍居民可支配收入与农村户籍居民可支配收入的比值，可以反映某地区城乡居民收入的差异情况。根据数据显示，北方城乡居民可支配收入比最大值为4.83（左权县），最小值为1.32（龙江县），中位数为2.78（乐都县），极值相差3.51。而在南方，城乡居民可支配收入波动范围较小，其中收入比最大值为3.80（禄劝县），最小值为2.26（桐梓县），中位数为2.81（房县），极值仅相差1.54（南方山区缺少郧阳区和新县数据）。我们可以从图4-11中更加直观地感受这一结果，南方山区城乡居民可支配收入比更为集中，且整体略高于北方。

（a）2017年南北山区样本县城镇居民可支配收入对比
（b）2017年南北山区样本县农村居民可支配收入对比

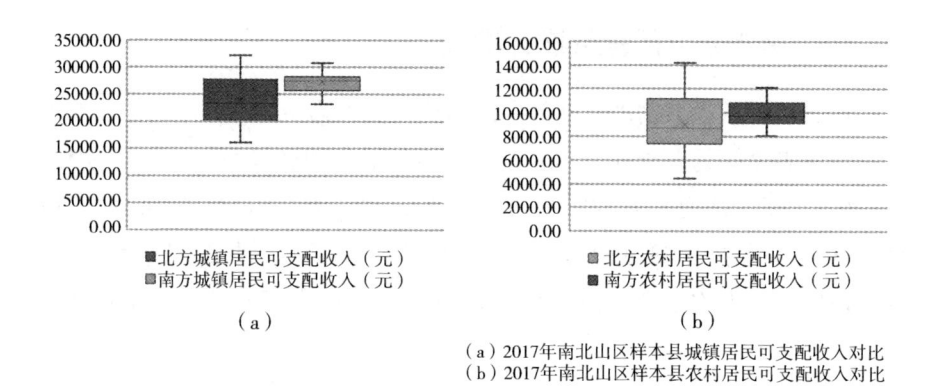

图 4-10　2017 年南北山区样本县居民可支配收入对比

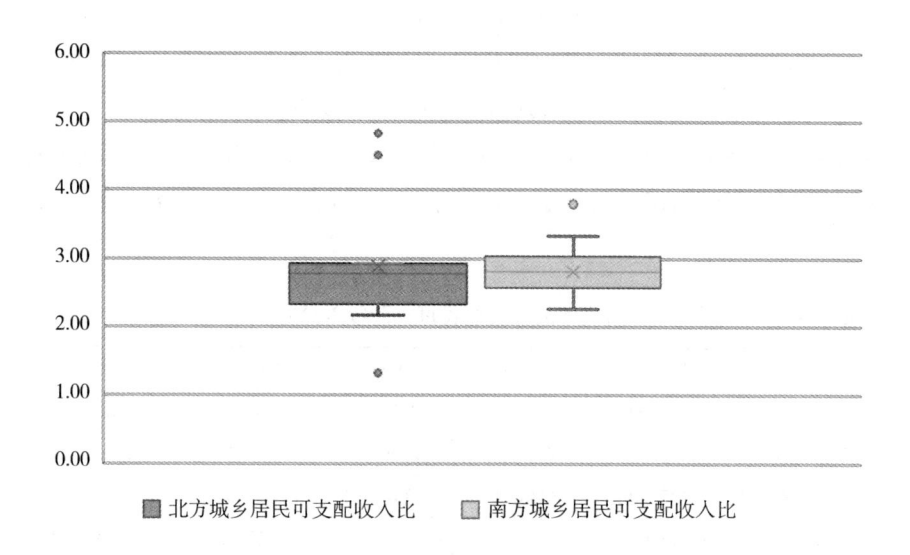

图 4-11　南北山区城乡居民可支配收入比对比

三　山区发展整体水平依然落后

虽然在前文分析中可以看到，2017 年 11 个集中连片特殊困难山区县域发展较 2011 年有很大的进步，且部分县域发展速度高于全国平均发展速度和对照发达县域，但指标总量在全国范围内依然落后。将样本县 2017 年的经济发展评价指标与全国平均水平进行对比后发现（表 4-5），37 个样本县中人均生产总值水平最高的丹江口没有达到全国平均水平，与全国平均水平相差19.14%，而最低的彝良县仅为全国平均水平的15.22%；城镇居民可支配收入最高的横山县与全国平均水平存在差距，后者是前者的1.13倍，而全国平均城镇居民可支配收入是37个样本县中最低值（阜平县）的2.26倍。37个样本县中，仅龙江县的农村居民可支配收入高出全国水平5.54%，处于末端的兴县仅为全国平均水平的33.29%。

表4-5　2017年11个集中连片特殊困难山区与全国平均对比　（单位：元）

	人均生产总值（元）	城镇居民可支配收入（元）	农村居民可支配收入（元）	城乡居民可支配收入比
37个样本县中最高	丹江口	横山县	龙江县	左权县
	48238.72	32153.00	14176.00	4.83
37个样本县中最低	彝良县	阜平县	兴县	龙江县
	9078.82	16072.00	4471.00	1.32
全国平均水平	59660.00	36396.00	13432.00	2.71

第七节　总结与讨论

作为脱贫攻坚的重要地理区域、中国重要的地理单元和我国自然资源富集地，山区拥有重要的战略地位，将成为国家未来发展的战略重点。本章对我国11个集中连片特殊困难山区县域发展和居民生计情况进行分析，得到如下主要发现：

首先，我国脱贫攻坚取得巨大成效，特困山区县域发展增速较快。2011—2017年，11个集中连片特殊困难山区37个样本县的地区生产总值、人均地区生产总值、财政总收入、人均财政收入和地方一般公共预算收入基本呈上升趋势，整体增长速度高于全国平均水平和发达县域平均水平。

其次，虽然我国山区经济得到快速发展，居民生活水平有了大幅度提升，但与发达县域依然存在巨大差距。2017年，特困山区样本县中人均生产总值、城乡居民可支配收入最高值均低于全国平均水平和发达县域平均水平。

再次，特困山区中，南方山区和北方山区的发展水平和居民生计存在一定差距，总体上看，北方山区发展稳定性和未来发展趋势较南方山区更弱。2011—2017年南方山区的地区生产总值增长率、人均生产总值增长率、财政总收入增长率、人均财政收入增长率和一般地方公共预算收入基本高于北方山区。尤其在2013—2015年，北方山区各经济指标增速下滑，在部分年份甚至发生负增长。2017年，南方山区人口密度、地区生产总值、人均生产总值均高于北方山区。南方山区城乡居民可支配收入水平高于北方山区，且南方山区城乡居民可支配收入差距小于北方山区。

最后，贫困县域内城乡居民可支配收入差距较大。大部分县域城镇居民可支配收入的增长幅度大于农村居民可支配收入的增长幅度。也就是说，居民收入增长红利在城镇范围内更加明显，这也意味着样本县城乡居民收入差距将进一步扩大。

2020年是决胜全面建成小康社会、决战脱贫攻坚之年，脱贫进度符合预期，成就举世瞩目。通过课题组的调查分析发现，我国特困山区经济社会发展明显加快，基本生活条件明显改善，彰显了中国共产党领导和我国社会主义制度的优势，凝聚了全党全国各族人民的智慧和心血。巩固脱贫成果难度大，在已脱贫的山区中和人口中，有的产业基础较为薄弱，有的产业项目缺乏特色、同质化严重，有的没有稳定的就业支撑，有的政策性收入占比过高。为巩固特困山区发展成果，推动山区可持续高质量发展，进一步缩小"山海"差距，国家和地方应当将山区作为战略重点，持续通过产业扶贫、异地扶贫搬迁、劳务输出扶贫、交通扶贫、水利扶贫、教育扶贫、健康扶贫、金融扶贫、农村危房改造等方法帮助山区经济社会落后县域的发展，进一步推动贫困山区物质生活与精神境界的双重提升、生活方式与生产方式的双重变革、生存权与发展权的双重保障、产业现代化与新型城镇化的双重实现。

（本章作者：谷玮）

第五章 中国山区发展 70 年：历史演进、现状剖析与治理构想

摘要：中国山区占据全国四分之三的国土面积，承载全国六成的人口，在我国社会经济发展、物质资源供给、生态系统保护与民族文化传承等过程中均具有支柱性、战略性作用。自新中国成立70年以来，山区发展经历了从土地改革、工业战备、发展滞后再到政策扶植的多次战略转变。科学研判山区发展趋势，合理定位中国山区在民族可持续发展和可持续安全中的作用，对于进一步体现国家意志、促进国家战略实施、提升国家治理能力、实现"两个一百年"奋斗目标具有重要的意义和价值。

关键词：山区；新中国70年；历史演进；基本经验；治理构想

Chapter 5 Historical Evolution and Current Situation Analysis of Chinses Mountainous Development In the Past 70 Years and Its Governance Suggestion

Abstract: The mountainous area of China occupies three-quarters of the country's land area and carries 60% of the country's population. It plays a pillar and strategic role in the process of China's social and economic development, the supply of material resources, the protection of ecosystems, and theInheritance of cultural heritage. Since the founding of the New China seventy years ago, mountain development has undergone many strategic transformations, including land reform, industrial preparedness, lagging behind of development, and policy support.

Scientific research and judgment on the development trend of mountainous areas and rational positioning of the role of Chinese mountainous areas in national sustainable development and sustainable security are of great importance for further embodying national will, promoting the implementation of national strategies, enhancing national governance capabilities, and achieving the goal of "two hundred years".

Key words: Mountainous Areas; 70 Years of New China; Historical Evolution; Basic Experience; Governance Suggestion

作为山地面积大国和山区人口大国,我国的山区发展战略在新中国成立 70 年以来经历了数次变革,并对当时的全国发展走向产生了深远影响。在国际"百年未有之大变局"以及国内发展"不平衡、不充分"的新常态下,客观审视中国山区对于中华民族的重要意义,总结中国山区发展的历史经验,展望未来中国山区的发展趋势,分析其中蕴含的深刻逻辑,无疑对"后小康时代"我国山区生态文明建设与可持续发展具有重要的价值。

第一节 中国山区的战略定位

一 山区是类型复杂的国土空间地理单元

我国是一个多山的国家,山区构成了我国领土的骨架。数据显示全国海拔高度小于 200 米且地表相对起伏高度小于 100 米的平原地类面积为 246.33 万平方千米,包括低山丘陵(120.26 万平方千米)、山地(390.78 万平方千米)与高原(202.62 万平方千米)在内的山区面积总计 713.6 万平方千米,约占国土总面积的 74.70%[①](盈斌、方一平,2017)。除面积广阔之外,我国山区经度区间超过 50°,纬度地跨热带、亚热带、温带及寒温带,海拔涵盖 200 米至 7000 米高度,在区域上覆盖

---

① 盈斌、方一平:《中国山区类型划分及其空间格局特征》,《贵州师范大学学报(自然科学版)》2017 年第 35 卷第 5 期。

全国除上海之外的30个省、市、自治区（未包括中国港澳台地区），空间分异特征显著。加之中国陆地区域的稳定性受到太平洋岛弧构造、欧亚板块与印度板块的挤压与影响，致使我国山区地质条件复杂、地形变化剧烈、气候类型多样、区域间差异巨大，这给我国的国土空间综合治理工作带来了很大的操作难度。

二 山区是我国社会经济发展的重要保障

来自2006年的相关统计数据显示：山区县人口（30489万）与丘陵县人口（28387万）合计58876万，占全国人口总量的61.21%；山区和丘陵县GDP之和占全国县域经济总量的51.6%，第一产业增加值占全国县域第一产业增加总值的56.24%；粮食、油料、肉类、茶叶、药材、果蔬等农副产品产量均占全国总产量的半数以上[1]。时至今日，上述指标在全国范围内的所占比例并未发生根本性改变。山区在我国人口承载、经济发展与物资供给中的支柱性、战略性地位决定了中国无法效仿美国、加拿大、澳大利亚等地广人稀型国家所采用的迁移山区人口、修养山区资源的管理模式，也不能延续过去"资源过度开发、粗放利用、奢侈消费"的错误路径，需要结合我国山区的基本情况与时代特征，科学合理地挖掘山区发展潜能。

三 山区是全国区域发展不平衡的主要贡献者

相比我国平原地区，山区经济发展情况相对滞后。20世纪80年代中期我国划定的18个连片贫困地区全部都属于山地或高原地区；1994年国家"八七扶贫攻坚计划"公布的592个国家级贫困县中有496个在山区，占到总数的83.8%。2011年国务院印发的《中国农村扶贫开发纲要（2011—2020年）》，圈定了14个集中连片特殊困难地区680个脱贫攻坚重点县，加上前述592个贫困县中延续下来（与680县交叉440县）、未列入14个片区（片区外）的国家扶贫开发工作重点县152个，在832个"国字号"贫困县中，山区县共计626个，占总数75.24%。2016年特困山区的县域经济（GDP）和财政收入平均规模分别为89.19亿元和9.49

---

[1] 陈国阶、方一平、高延军：《中国山区发展报告——中国山区发展新动态与新探索》，商务印书馆2010年版。

亿元，只相当于同期全国四百强县中游（第 200 名）县域的经济规模（427 亿元）和财政收入规模（27.20 亿元）的 20.9% 和 34.9%。由此可见，全国欠发达县域仍然大量连片分布在山区地带，成为全国区域经济协调发展的主要短板。

四　山区是"三农"问题的焦点区与主战场

"三农"问题是全国范围内普遍存在的现实国情：农村经济发展速度相对滞后，城乡差距不断扩大；农业作为弱质产业在国民经济中的比重连年降低，农产品进出口受到"去全球化"和"贸易壁垒"的严重挤压，发展形势严峻；农民的医疗、保障、教育、就业等问题长期无法得到妥善解决，劳动力过剩。自 21 世纪以来，"中央一号文件"已经连续 16 年关注"三农"问题，聚焦"乡村振兴"发展战略，坚持农业农村优先发展的原则。我国山区城镇化水平较低，农业在社会经济发展中占较大比重，统计数据显示我国云、贵、川等西南典型山区省份的城镇化率分别为 46.69%、47.52%、52.29% 与 31.14%（数据来源于 2018 年，全国同期水平为 59.58%），农业人口比重分别达到 70.86%、83.60%、70.59% 与 82.57%（数据来源于 2014 年，全国同期水平为 45.2%）[1]，在一些偏远山区和少数民族聚居山区，这一比重甚至会高达 90% 以上。可以说，山区的农村特色更明显、农业问题更集中、农民需求更迫切，其"三农"问题所诱发的经济社会矛盾相较平原与城市地带也更为敏感尖锐[2]。因此，我国"三农"问题治理的主战场仍应该着眼于广袤的山区地带。

五　山区是体现民族团结的示范区

山区是少数民族人口聚居的主要区域。在我国，除满族、回族等几个习惯居住在平原和城市的少数民族以外，绝大部分少数民族都有世居高原山地与偏远山区的传统习俗[3]。参考 2010 年全国第六次人口普查数据，中国少数民族总人口数高达 1.12 亿，占全国人口总数的 8.4%，其中超过半数的少数民

---

[1] 本书使用的数据，除特别说明外，均来自国家统计局出版的各种统计资料和公开发布的数据。

[2] 陈国阶：《中国山区发展研究的态势与主要研究任务》，《山地学报》2006 年第 5 期。

[3] 陈国阶：《中国山区发展面临的问题与挑战》，《科技导报》2004 年第 6 期。

族人口聚居于我国西南与西北的山区。除此以外，我国东北地区长白山系、大兴安岭南麓山区以及中部地区的大别山区、武陵山区以及罗霄山区等地也分布大量的少数民族人口。数千年流传下来的文化传统与风俗习惯决定了这种少数民族与山区的亲缘关系将紧密相关且长期存在。因此，未来少数民族社会的进步、经济的繁荣、民族间的团结也将与山区发展休戚相关。

表 5-1　　　　　　　　中国少数民族山区集聚分布简表

区域	山地名称	聚居的主要少数民族
西南地区	横断山系	藏族、彝族、苗族、回族、蒙古族、羌族、白族、纳西族、怒族、佤族、傈僳族、独龙族、普米族、傣族、景颇族、哈尼族、拉祜族、布朗族、阿昌族、德昂族等
	喜马拉雅山脉	藏族、门巴族、珞巴族
	岷山	藏族、羌族、回族
	乌蒙山	彝族、苗族、布依族
	大娄山	土家族、苗族、布依族
	苗岭	苗族、侗族、布依族、水族、仡佬族
西北地区	阿尔泰山	哈萨克族、维吾尔族、蒙古族、回族
	祁连山脉	藏族、回族、蒙古族、裕固族、哈萨克族、土族、撒拉族
	六盘山	回族
	积石山	东乡族、撒拉族、保安族
东北地区	大、小兴安岭	满族、赫哲族、鄂伦春族、达斡尔族、鄂温克族
	长白山	朝鲜族、满族
中南地区	武陵山	土家族、苗族、侗族
	南岭	瑶族、畲族
	大瑶山	瑶族
	九万大山	仡佬族
	五指山	黎族、苗族
华东地区	浙闽山区	畲族
	台湾山脉	高山族

六　山区是全国生态系统的安全屏障

截至 2017 年底，全国共建立各种类型、不同级别的自然保护区合计 2750 个，总面积达 14733 万公顷，约占全国陆地面积的 14.88%，其中超过七成都分布在我国山区。山区不仅是我国森林、水体、草地、矿产等自然资源的主要分布区，也是生物多样性、生态系统多样性以及景观多样性的集中体现区，它为人类生活、生产、生态提供安全保障的生态系统功能及其所依托的格局空间。改革开放至今我国经济的跨越式发展迫使山区不断强化对自然资源的掠夺式利用，导致森林锐减、草场退化、物种灭绝、水土流失等一系列生态退化现象。维系山区生态系统服务价值，筑牢山区全国生态系统的安全屏障不仅是"山水林田湖草生命共同体"的生动实践，更是我国社会经济高质量发展的坚实保障。

第二节　中国山区发展的历史演变

作为山地面积大国和山区人口大国，我国山区发展的时代背景、政策制定、制度安排与目标导向在中华人民共和国成立70年以来经历了数次变革，呈现出明显的阶段性发展特征，并对当时的全国整体发展走向产生了深远影响。

一　中华人民共和国成立初期至20世纪60年代初："社会主义改造"夯实山区农业基础

中华人民共和国成立初期，我国山区大多位置偏远闭塞，地方势力强大，整体生活与文化水平较低，群众对外交往较少，接受新事物的能力十分有限。特别是部分新解放区内的山区接受国民政府长期统治，对中国共产党和新中国政权认识模糊[①]。为重新建立新的政治、经济与社会秩序，根除封建剥削的经济基础，中华人民共和国政府在全国范围内推动开展土地改革运动，到1953年全国基本完成土地改革，实现了党对人民作出的"耕者有其田"的承诺。[②] 全国土地改革共惠及全国3亿多农民（山区农民超过2亿人），不仅分得了原先地主阶级占有的约7亿亩土地和其他生产资料，还免除了过去每年必须向地主交纳的约600亿斤粮食的苛重的地租，使得农民生产积极性迅速增加。根据史料数据，全国粮食产量由

[①] 李巧宁：《建国初期山区土改中的群众动员——以陕南土改为例》，《当代中国史研究》2007年第4期。

[②] 高国力、王继源：《新中国70年来我国农业用地制度改革：回顾与展望》，《经济问题》2019年第11期。

1949 年的 2263.6 亿斤增至 1952 年的 3278.3 亿斤，增长 44%，年均增长 14.6%。棉花由 1949 年的 888.8 万担增至 1952 年的 2607.4 万担，增长近 2 倍。1952 年全国农业总产值 483.9 亿元，比 1949 年增加 48.5%，年均增长 14.1%。[①] 土地改革不仅解放了封建主义对农民生产力的极大束缚，促进了新中国建国初期农业生产的迅速恢复和发展，也为社会主义改造和社会主义建设创造了重要的条件。

1958 年，中共中央先后发布了《关于在农村建立人民公社问题的决议》《关于人民公社的十八个问题》等一系列文件，由此开启了轰轰烈烈的人民公社化运动。以当今的眼光辩证地回顾历史事件，不可否认的是，人民公社化运动忽视了客观的经济发展规律，过分夸大了主观意志和主观努力的作用，严重影响了国民经济、工农业生产与人民生活。然而这种集体化模式也在一定程度上将农业资本积累和基础设施建设推动到一个较高的水平，数据显示全国大中型拖拉机数量由新中国初期的不足百台上升至 1962 年的 5.5 万余台，农机总动力由 1949 年的 8.1 万千瓦上升至 1962 年的 757 万千瓦[②]，灌溉面积与复种指数显著攀升[③]，加之小型水利工程与大型灌区的兴建，井灌、机电排灌等科学技术的应用以及优良品种的大面积培育和推广工作，基础薄弱的山区农业得到了空前绝后的大发展，为后期向农业规模化与现代化迈进打下了坚实基础。

二 "三五"至"五五"期间：国家"三线建设"助推山区工业跨越发展

1964 年到 1965 年初，经过中国共产党和中国人民的奋斗，中国国民经济走出了"大跃进"和三年自然灾害导致的经济困难局面，准备开始新一轮强有力的回升。然而当时急剧变化的国际形势打断了我国大力发展农业、基本解决人民吃穿用的"三五"计划初步设想。中国国土安全体

[①] 叶明勇：《建国以来中国农村经济结构变迁及其历史内涵》，《古今农业》2011 年第 1 期。

[②] 方师乐、黄祖辉：《新中国成立 70 年来我国农业机械化的阶段性演变与发展趋势》，《农业经济问题》2019 年第 10 期。

[③] 孟繁琪：《关于发展农业规模经营若干问题的研究（下）》，《中国农村经济》1987 年第 2 期。

系面临着严峻的外来风险。

出于国防战备和工业发展的考虑,建设战略大后方的思路被郑重提上国家议程。毛泽东主席根据地理区位和军事战略优势将我国划分成了"一、二、三线"地区,即沿边沿海地区为"一线",中部地区为"二线",长城以南、广东韶关以北、京广铁路以西、甘肃乌鞘岭以东的陕甘宁云贵川等地的大片山区为"三线"。考虑到"三线地区"战略区位非常明显——距西面国土边界上千公里、离东南海岸线七百公里以上,且四面有青藏高原、云贵高原、太行山、大别山、贺兰山、吕梁山等连绵起伏的山脉作天然屏障,易守难攻。三线山区承载起国家战略后备地的重任,在"好人好马上三线,备战备荒为人民"的召唤下,数以百万计的工人、解放军官兵、工程技术人员从大城市钻进了小山沟,包括军工、民用、交通、电力、通信、支农在内的大批新建项目落地在西部,"三线建设"由此拉开序幕。

"三线建设"的实施过程大致可以分为两个阶段。一是"三五时期",即1966—1970年,国家共投入资金560多亿元,主要用于成昆、滇黔、川黔三条铁路以及攀枝花、酒泉钢铁厂以及重庆工业基地的建设。二是"四五""五五"时期,即1971—1980年,共安排建设项目1100多个,投资1492亿元,占同期全国基建总投资的36.4%。通过"三线建设",西部地区的基础设施与工业产业得以从无到有实现飞跃式发展。在三线建设期间,西部共增加铁路8046公里,公路新增通车里程22.78万公里,新增内河港口吞吐能力3042万吨;建成了贵州六盘水、河南平顶山等50多个统配煤矿区,葛洲坝、龙羊峡、神头等大中型水、火电站68座,开发了8个油气田,建成钢铁工业企业984个、有色金属工业企业945个。交通、能源、机械、轻纺、电子等产业取得了巨大的进步,从根本上改变了我国工业制造和武器生产原来主要依靠东部沿海工业发展的局面,在西部山区建成了具有相当规模、门类齐全、产学研用相结合的国防科技工业体系[①]。除此之外,三线地区大范围、大规模的长期建设,还有力地促进了西部省区的经济繁荣和科技文化进步。随着铁路、公路的开通,资源的开发,科研机构和大专院校的内

---

① 陈海秋:《关于三线建设评价的分歧与争论》,《玉溪师范学院学报》2003年第9期。

迁，使长期不发达的西南山区和少数民族地区涌现出几十个中小工业城市，其中攀枝花、六盘水、十堰、金昌等，更成为著名的新兴工业城市。西部山区贫困落后的面貌得以改善，社会经济、文化水平得到显著提高，与内地及沿海地区的差距逐步缩小。

三 改革开放至21世纪初："政策瓶颈"下的山区经济发展地带性分异

1978 年，在邓小平同志的倡导下，以中共十一届三中全会为标志，中国开启了改革开放历史征程。为适应改革开放的需求，我国在经济发展上实行了重视沿海地区的非均衡发展战略。20 世纪 70 年代末到 80 年代初，珠三角地区借助国家在深圳等地建立经济特区的政策导向以及毗邻港澳的区位优势，成为当时全国经济增长的重心，20 世纪 80 年代末到 90 年代初，长三角借助中央开发浦东战略的实施，将这一地区发展成为全国新的经济增长重心，2000 年前后，北方环渤海地区又得到了国家政策的进一步倾斜，承载广大山区的西部地区作为"先富带动后富"非均衡发展中的后者，其经济发展速度与东部沿海平原地区的差距日益扩大。参照胡鞍钢（2001）、陈国阶等（2003）关于 2000 年我国经济发展水平的相关研究成果可知（详见表 5-2、表 5-3），全国农村经济发展水平呈现西部—中部—东部的阶梯式地带变化情况。2000 年农民人均纯收入东部 3063.15 元＞中部 2077.07 元＞西部 1592.66 元。西部农民人均纯收入仅为中部地区的 76.68%、东部地区的 52%。西部地区第一产业 GDP 占比，乡村人口占总人口比例、农林牧渔从业人数占农村人数比例远高于其他地区，其差距主要是非农产业发展水平所致。

与此同时，全国县域经济同样呈现出山区—丘陵—平原的垂直空间规律性变化梯度。2000 年平原县人均 GDP6333.91 元＞丘陵县 5424.76 元＞山区县 4194.16 元。山区县 GDP 仅为丘陵县的 77.32%、平原县的 66.22%，珠江三角洲平原中的经济发展佼佼者与西部山区贫困县间的人均 GDP 极差高达几十倍之多。尽管也存在个别发展势头良好的东部山区县（北京延庆、浙江安吉等），然而总体而言山区平均发展水平仍全面落后丘陵与平原地区。

表 5-2　　　　　中国三大地带经济发展水平比较（2000 年）

地带区	西部	中部	东部
GDP（亿元）	4687.35	5982.38	11334.46
第一产业占比	22.26%	19.15%	11.45%
第二产业占比	36.23%	46.22%	49.16%
第三产业占比	41.51%	34.63%	39.39%
农民人均纯收入（元）	1592.66	2077.07	3063.15
乡村人口占比	71.27%	67.03%	60.01%
农林牧渔从业人员占农村人员比例	76.29%	73.37%	53.89%

表 5-3　　中国三大地形区农村（县与县级市）经济发展水平比较（2000 年）

地形区	山区	丘陵	平原
样本县数量	901	532	646
面积（平方千米）	4363513	2055077	2581820
总人口（万人）	29590	28112	36571
乡村人口（万人）	25376	23696	30729
人均 GDP（元）	4194.16	5424.76	6333.91
人均非农产业增加值（元）	2969.30	3978.80	4736.00

2000 年党中央、国务院提出了西部大开发战略，这是国家明确区域协调发展所做出的振兴西部的重大决策，这一战略涵盖了广大西部山区，通过大量资金、技术和项目投入在以青藏铁路、三峡水利等为代表的重大基础建设上取得了突出进展，明确了成渝经济区、关中经济区、环北部湾经济区等优先发展区域。然而山区作为后发展地区，21 世纪初与 20 世纪 80 年代的发展环境却不能同日而语，当年东部沿海地区享有的政策红利已然不复存在。土地政策方面，20 世纪 80 年代耕地红线政策尚未被国家明确提出，城镇及工矿用地指标可以通过占用耕地的形式轻松获取，许多东部地区通过优惠的价格招商引资，迅速地完成了工业化初期的资本积累，而 21 世纪山区发展不仅受到政策掣肘，还面临与发达地区的不平等竞争。工业发展方面，广大东部地区的许多县域经济都经历过乡镇企业的大发展时期，小化工、小钢铁、小造纸、小五金、小水电、小矿山、小机械、小冶金等"十五小"不仅可以较为自由地"村村点火、处处冒烟"，

还能享受政府的资金、政策扶持,为许多地区工业发展奠定了较好的硬件基础与人才资源,而山区工业发展既无资金又无技术,还被戴上了高能耗、高污染产业"硬指标"的桎梏,使得许多坐拥自然资源宝库的山区难以实现开发利用。产业结构方面,东部沿海地区已整体进入工业化发展中后期,正在经历产业转型升级的加速发展阶段,而我国山区大部分还处于从农业社会向工业社会过渡时期,尚处于克服发展阻力、谋求起步的阶段。山区耕地、森林、草地等农业资源丰富,第一产业在国民经济体系中占较大比重,不少山区市县的一产占比超过30%。一般第一产业的年增长率在2%—3%,而工业增加值年增长率可以达到15%—20%,弱质产业使得区域发展的"马太效应"不断扩大。

四 21世纪初至今:"三大战略"助推山区可持续发展阶段

自2004年中央发布新时期第一个"三农一号文件"开始,政府着重引导"三农"正向发展,相继出台了扶贫攻坚、新型城镇化、乡村振兴等重大战略举措,推动农村地域空间重构,引发农村制度深化改革,对山区产业结构、基础配套以及所在农户的家庭生计方式产生了深远的影响。

21世纪以来,中央围绕使市场在资源配置中起决定性作用和更好发挥政府作用,对深化农村土地制度改革做出了一系列重大决策部署,为激发农村集体经济活力创造了良好的外部环境。党的十六届五中全会(2005年10月)提出了在稳定、完善以家庭承包经营为基础、统分结合的前提下,有条件的地方可根据自愿、有偿的原则依法流转土地承包经营权,发展多种形式的适度规模经营。同年12月的第十届全国人大常委会第十九次会议通过决定,自2006年1月1日起废止《农业税条例》,有效减轻了农民身上的财政负担。党的十七届三中全会(2008年10月)通过文件,对已经存在和施行的土地流转制度做了进一步的认定和发展。指出要"加强土地承包经营权流转管理和服务,建立健全土地承包经营权流转市场,按照依法自愿有偿原则,允许农民以转包、出租、互换、转让、股份合作等形式流转土地承包经营权,发展多种形式的适度规模经营。2014年与2016年相继发布的《关于引导土地经营权有序流转发展农业适度规模经营的意见》和《关于完善农村土地所有权承包权经营权分置办法的意见》对"土地所有权、承包权、经营权三权分置"做出系统全面的制度安排,在坚持农地集体所有制的基础上,在农户承包经营权的基础上分解出承包权和经营权,以此满足农民的多样化选择,实现土地的社会化配置和城乡要素的双向流动,并在农村经济效率提升和社会秩序平稳之间形成更优平衡。2019 年修改通过的《土地管理法》,取消了多年来集体建设用地不能直接进入市场流转的二元体制,为城乡一体化发展扫除了制度性的障碍。十余年来我国农村土地制度的深化改革,保证了农民集体、承包农户、新型农业经营主体共享土地权利,为合理配置农村要素资源、引导土地经营权流转、发展多种形式适度规模经营奠定了制度基础,为西部山区农业发展、乡村振兴、城乡融合释放了新的发展活力。

为解决贫困人口超全国半数以上的 14 个集中连片特困山区的区域性贫困问题①,党的十八大以来,党中央围绕以精准扶贫为中心的脱贫攻坚做出了一系列重大部署和安排,扶贫工作取得了举世瞩目的成就。一是财政扶贫投入逐年升级:目前,中央共出台了 42 项针对贫困地区的财政支持资金,涉及生态补偿、教育、医疗、社会保障、产业发展、基础设施建设等多个领域,扶贫资金总额由 2010 年的 606.2 亿元上升至 2017 年的 4419.5 亿元(详见表 5-4),其中中央拨付金额涨幅接近四倍,省级财政转移支付与其他社会资本参与扶贫增幅均在十二倍以上(李小云等,2019),形成了"多个渠道引水、一个龙头放水"的扶贫投入新格局(黄征学等,2019)。二是贫困范围逐渐减少:贫困人口数量由 2012 年的 9899 万人减少到 2018 年的 1660 万人,六年时间减少 8000 多万人,年均减贫 1300 多万人;建档立卡贫困村数量由 2013 年底的 12.8 万个减少至 2018 年底的 2.6 万个;全国 832 个贫困县在 2016 年摘帽 28 个县,2017 年摘帽 125 个县,2018 年摘帽 280 个县左右(详见图 5-1)。三是扶贫制度逐步完善:通过"五级书记挂帅"领导机制、贫困群体建档立卡识别机制、"两不愁、三保障"非收入性贫困指标评价、"五个一批"的扶贫政策等创新举措,逐步实现以责任、政策、投入、动员、监督和考核体系为主体的脱贫攻坚的一体化布局,中国特色脱贫攻坚制度体系得以在实践

---

① 孙久文、张静、李承璋、卢怡贤:《我国集中连片特困地区的战略判断与发展建议》,《管理世界》2019 年第 35 卷第 10 期。

中不断完善。

表 5-4 贫困山区扶贫资金总额及分项结构变化①

类型	2002 年	2010 年	2014 年	2015 年	2016 年	2017 年
扶贫资金总额（亿元）	250.2	606.2	1420.9	1902.6	2958.6	4419.5
中央拨付（亿元）	200.8	419.6	862.7	1177.5	1670.2	2053.6
省级财政（亿元）	9.9	25.4	125.2	171.3	259.7	332.0
其他资金（亿元）	22.0	141.0	429.5	551.7	1025.4	2027.0

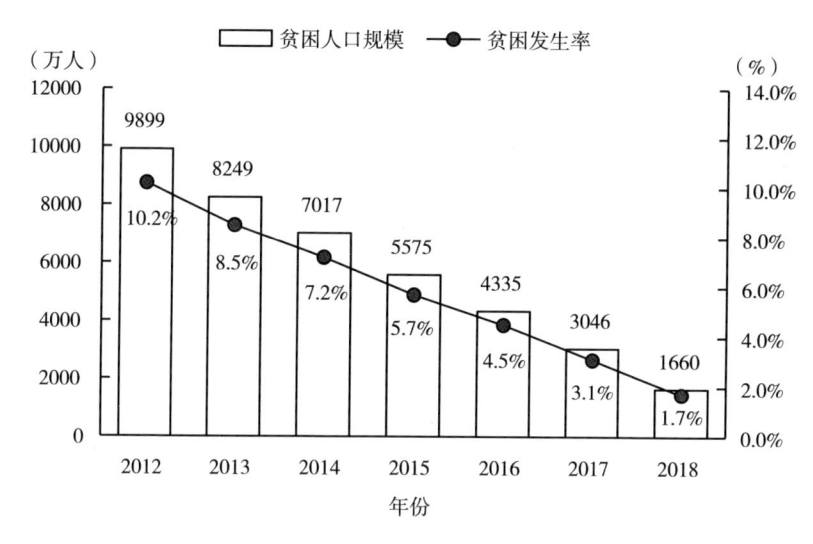

图 5-1 党的十八大以来全国农村贫困人口及贫困发生率变化趋势

与此同时，在乡村振兴战略与新型城镇化战略的持续推进下，以城乡均等化为价值追求的基本公共服务机制不断完善，山区基础设施得以快速提升，山地屏障所造成的交通、信息、物资流通壁垒被逐步打破。参考《中国交通年鉴（2017）》的相关数据，仅 2016 年全年连片特困山区高速公路、普通国省干线、农村公路的固定资产投资就达到 3611.6 亿元，占全部扶贫重点地区［集中连片特困地区、国家扶贫开发工作重点县、少数民族县（不含西藏）、边境县（不含西藏）、革命老区］的 53.9%。

---

① 中央拨付包括中央扶贫贴息贷款、中央财政扶贫资金（含以工代赈）、退耕还林还草工程补助、低保资金，其他资金包括对口帮扶、东西扶贫协作、企业帮扶、非政府组织资金和社会公众捐款等。此外，由于缺乏市和县的配套资金数据，故各分项加总小于资金总额。

截至2017年,全国14个集中连片特困地区中的10个片区(除秦巴山区、乌蒙山区、滇黔桂石漠化区和四省藏区)已经实现了自然村100%通公路。2017年14个连片特困贫困山区的有线电视信号覆盖率已经达到96.3%,其中大兴安岭南麓山区和吕梁山区已达到100%;除西藏和四省藏区外的其他地区自然村网络宽带覆盖率达到85.6%,比2015年提高了15.6个百分点[1]。山区"交通靠走、通信靠吼"的状况已经得到大幅改善。

第三节 中国山区的时代特征与发展困境

一 全面消除绝对贫困目标基本实现,山区脱贫仍面临多重困局

经过党和政府的不懈努力,2018年末中国农村贫困人口数量骤降至1660万人,较2012年末的9899万人减少了8239万人,较1978年末的7.7亿人,累计减贫7.5亿人。党的十九大报告提出的"确保到2020年中国现行标准下农村贫困人口实现脱贫"的目标即将实现[2]。然而考虑到中国政府设定的农村贫困标准仅为农民人均纯收入2300元/年(2010年不变价),折合每人每天1.25美元,参照2018年世界银行指定的极端贫困线(每人每天1.9美元)、中等偏低贫困线(每人每天3.2美元)和中等偏高贫困线标准(每人每天5.5美元),到2020年中国仅能实现极端贫困人口的全面脱贫,距离国际标准下的高质量脱贫仍存在较大差距。

对于经济发展、产业基础与公共服务普遍落后的山区地带而言,这一情况将表现得更为明显。数据显示2016年集中连片特困山区县域人均GDP和人均财政收入约为20975元和2232元,是同期全国平均水平的38.9%和19.3%。最早脱贫摘帽的井冈山市人均GDP、人均财政收入、城镇和农村居民人均可支配收入等四项指标分别为37046元、4354元、29215元、8577

---

[1] 孙久文、张静、李承璋、卢怡贤:《我国集中连片特困地区的战略判断与发展建议》,《管理世界》2019年第35卷第10期。

[2] 习近平:《决胜全面建成小康社会夺取新时代中国特色社会主义伟大胜利——在中国共产党第十九次全国代表大会上的报告》,人民出版社2017年版。

元，只占同期全国平均水平的 68.6%、37.7%、86.9%、69.4%①。即使（假设）山区贫困县人均 GDP 和人均财政收入以年均 12%的速度增长，到 2020 年贫困县"全面摘帽"时，人均 GDP 为 34512 元，也只相当于 2011 年全国人均 GDP（35083 元）水平，人均财政收入为 3572 元，也只相当于 2007 年全国人均财政收入（3885 元）水平，整体经济发展仍落后全国平均水平 10 年左右，成为扶贫攻坚的深水区。

除此之外，山区脱贫还面临着严峻的"个体性致贫"与"结构性致贫"困境②。参照 2017 年全国各省区 334 个深度贫困县（绝大多数地处山区）的调查统计显示③，1.67 万个自然村中贫困发生率超过 20%，其中因病、因残致贫人口分别占贫困总人口的 42.3%与 14.4%，65 岁以上贫困人口占 17.5%，初中以下文化程度的占 96.6%④。一方面，山区医疗卫生教育条件状况落后所造成的居民受教育程度低，身体素质差，地方病、慢性病较为普遍等因素在一定程度上限制了山区农户的自脱贫发展。另一方面，由于山区长期处于相对隔绝状态，普遍存在生产条件恶劣、产业基础薄弱、公共服务缺失、社会结构分化等特征，自身发展的内生性动力较差，对于政府与社会的帮扶较为依赖，缺乏发展的可持续性。在"后小康时代"专项资金、人才、项目等帮扶外力逐渐减弱的现实情况下，山区极易陷入贫困的结构性陷阱，存在贫困代际传递与脱贫后再返贫的风险。

二 自然资源、生态环境、主导产业与家庭收入间相互依存影响

山区地形以山地和丘陵为主，平坝及川道等低平土地面积本身就十分稀少，加之国家西部重大生态修复区、南水北调中线水源地保护区等红线

---

① 国家统计局：《中国统计年鉴 2016》，中国统计出版社 2016 年版。
② 邢成举：《结构性贫困对贫困代际传递的影响及其破解——基于豫西元村的研究》，《中州学刊》2017 年第 2 期。
③ 董铭胜：《有效应对脱贫攻坚面临的困难和挑战》，人民观察，http://www.cpad.gov.cn/art/2018/10/23/art_ 56_ 90541.html。
④ 王恒、王博、朱玉春：《乡村振兴视阈下农户多维贫困测度及扶贫策略》，《西北农林科技大学学报》（社会科学版）2019 年第 19 卷第 4 期。

设置，在耕地资源严重受限的情况下，山区农业经营带有典型的小农经济自给自足的特征，具体表现为粮食、蔬菜、肉类等农副产品的自产自销以及劳动力、土地、生产工具（畜力等）等生产要素的自给自足。同时，以逐利为导向的社会资本要素在以市场为主导的资源配置机制下更偏爱流向发展水平相对较高的区域，很难在非行政因素的指引下主动进入山区地带，加之山区整体受传统农耕文化和乡土情结的影响程度较深，民众本身对非农产业、金融产品、农村借贷等"新鲜事物"的认可程度相对较低，更偏向于"经验主义"和"依靠自己勤劳的双手创造财富"。多方因素决定了传统农牧业依然是山区县域发展的主导产业。在这样的发展模型下，考虑到山区贫困农户科技文化素质较低、技术创新能力较弱、农业耕种方式原始等特征，依靠相对廉价的劳动力，用人力替代资金与技术的投入，依靠不断追加劳动投入来扩大或维持土地产出和物质再生产就成为当地贫困农户经济行为的基本模式。而不甚发达的土地流转市场、相对原始的农业种植模式与种植品种以及居高不下的农业劳力需求则又在一定程度上桎梏了家庭收入的合理增长。山区的自然条件、生态环境、主导产业与家庭收入由此构成了相互作用的关系链接，限制了山区的科学发展。

三 "人走屋空、两栖占用"已成为山区农户的典型家庭生计策略

随着我国城镇化进程的持续快速推进，"乡土中国"中由血缘、地缘、亲缘关系为主轴的传统村落小圈层波浪式"差序格局"基本被瓦解，近三亿农业转移人口在居住地和就业地构成了贯穿城乡的全新社会经济关系网络，大量离土出村的劳动力选择不回村、不返农的生活方式，深切改变传统乡土社会中的人地关系、礼治秩序、务农方式、村庄演化与城乡结构，标志着一个与"乡土中国"不同的"城乡中国"的到来[1]。对于产业支撑与就业机会相对薄弱的山区地带而言，城乡发展的巨大差异加速了农村青壮劳动力与高素质人才的持续外流，继而逐步演化为"人走屋空、两栖占用"的"城乡两个家"模式。参照集中连片特困山区的农户调查问卷反馈结果[2]：414 份调查问

---

[1] 刘守英：《"城乡中国"正在取代"乡土中国"》，《北京日报》2019 年 8 月 26 日。
[2] 数据来源自浙江大学"经略山区研究"课题组于 2017 年暑期前往集中连片特困山区开展的农户问卷调研，调研共收集有效问卷 414 份。

卷共涉及农户家庭总人口1811人（户均4.37人），其中外出就业（离县）人数396人，占问卷农户劳动力总数的41%，部分县农村劳动力外出（离县）从业及随徙人口占比甚至达到60%以上。在这种"农二代""出村不回村"的行为模式背后，一方面山村留守人口基本以60周岁以上老年人以及部分未成年人为主，村庄"老龄化""空心化"愈发普遍，并由此产生了村庄建设用地闲置、农地碎片化经营以及耕地撂荒等问题，严重制约了农业现代化发展和乡村振兴战略的实施。另一方面，大量农村人口涌向城市后，农民工逐渐成为城市贫困人口新的构成。受限于城乡二元户籍制度的影响，进城务工人员难以平等享受城市的社会保障和公共服务，反而需要个人承担在医疗、教育、养老等方面的高额费用，在"收入贫困"的基础上还面临"消费贫困"的困扰，其自身发展权受到极大抑制。

四 战略地位尚未得到重视，经略山区亟须法规制度保障

中国山区不仅要养活数亿人口，还要为国家可持续发展和可持续安全提供支持保障。然而从20世纪末的珠三角、长三角、环渤海地区"经济增长第三极"战略，到"十一五"规划期间提出的"中部崛起""东北振兴""西部开发"和"东部新跨越"战略，再到探索生态文明建设过程中提出的"一带一路"倡议、长江经济带和京津冀协同发展等区域发展战略，山区作为国家极为重要的地理单元始终未能得到与战略地位相匹配的发展指引，经略山区亟须相应的靶向法规制度保障。具体表现为：一是专项法规与制度。参考法国于20世纪末就明确提出将山区农业特色保护列入国家农业指导法中的专项制度安排，日本也在1999年修订完成的《农业农村基本法》中强化了有关山区发展的制度安排。尽管我国山区面积居世界首位，然而至今尚无一部明确指导山区发展的法律法规，相关管制内容散见于《矿产资源法》《森林法》《草原法》《水土保持法》等法律条文中，这给山区的综合治理带来了极大的不便。二是自然资源产权制度。乡村振兴背景下的山区综合发展离不开城乡间产业、资本、技术、信息等要素的互通流通，而这一要素优化配置过程势必会改变山区自然资源的产权格局。需进一步完善自然资源产权制度，探索集体经济的有效实现形式，在要素开放的产权下，保障农民的财产权益，让群众合理合法地分享乡村振兴的成果，避免让资本下乡沦为圈钱圈地的盛宴。三是生态保护

制度。我国山区承载了全国近九成的生态脆弱地带，是国家重要的生态屏障，如何在发展过程中处理好开发与保护之间关系，深度践行"绿水青山就是金山银山"的生态文明理念，离不开生态保护制度的激励与管制引导。四是文化和传承制度。2012 年至今，我国共公布中国传统村落五批，共计 6819 个。这些传统村落所处地形复杂多样，超过八成分布在山区或者丘陵地带，往往地处古代经济和交通相对发达、近代相对衰退的一些地区[①]。传统村落既是我国农耕文明与民族特色的集中体现，也是传统文化传承与重塑的重要载体，需要在山区经济发展的同时加以高度重视。五是基层治理与组织保障制度。相比较平原地区与沿海发达地区，山区在基层组织运转模式以及财政、人才、公共服务配套等方面都存在明显短板，"固本强基"将是未来山区治理的重要方向。应结合山区特征建立长效的组织保障机制，推动山区乡村治理向更高层次拓展。

第四节　中国山区的发展蓝图与实践路径

一　以国家重大战略为导向，全面推动山区多维贫困治理

随着 2020 全面建成小康时期的到来，绝对贫困地区数量可预见将大幅减少，相对贫困落后山区的发展问题，将成为生态文明时代扶贫攻坚的主要战场。扶贫工作的重心将由从消除绝对贫困向缓解相对贫困转变，从主要解决收入贫困向解决多维贫困转变，从以农村为主向城乡统筹扶贫转变，从注重脱贫速度向注重脱贫质量和人民获得感转变。集中连片贫困山区也应及早谋划将脱贫攻坚融入区域经济社会发展总体战略之中，以体现公平性的相对贫困治理手段为切入调整收入分配、完善社会形态、提高人民生活质量，放手基层和地方的制度创新，多途径实现脱贫攻坚与新型城镇化、乡村振兴和城乡一体化等国家重大战略间的协同联动，加快山区基础设施与重大农业水利工程的建设与改善，尽可能发挥国家扶贫资金的杠杆作用，使区域脱贫工作与新型城镇化、乡村振兴和城乡一体化通盘谋划，有机融合。

---

① 《一个千年古村和它的最后 13 位村民》，中国传统村落网，http://www.chuantongcunluo.com/index.php/home/zxzx/zxzx_details/wid/2253.html。

二 以生态文明建设为依据，践行生态优先原则

山区是多物种、多水系、多地貌和多种气候特征汇集的多元化复杂生态系统[1]，在发展过程中需始终牢记"绿水青山就是金山银山"的生态文明的建设理念，坚持以节约和保护为先、自然恢复为主体，绿色、循环、低碳的发展途径，加快自然资源登记监测体系与自然资源产权体系建立，统筹山区生态保护和环境治理，确保区域内生态环境保护与治理一体化能够落到实处。探索地区间碳交易、绿色金融、生态债券、绿色信贷等方式，建立区域性环境权益交易市场等平台，吸引更多社会资本参与该区域的生态建设和环境保护，促进区域生态补偿机制的多元化。

三 以国土空间规划为抓手，通过高水平规划承载高质量发展

深入贯彻落实国家"五级三类"的国土空间规划体系，于国家层面总体上把握和监控山区小片开发、大片保护格局；在省域国土空间规划中细化和明确辖区内山地优化开发、重点开发、限制开发和禁止开发地域空间定位，严格划定和管控"三区三线"空间边界并理顺其互动关系；在市、县、乡级规划中统筹规划山区人口、产业、村庄、集镇、道路建设，科学布局农村生产空间，重建农民生活空间，修复和拓展城乡生态空间，追求农村地域空间的经济价值、生态环境价值、生活（社会、文化）价值三者和谐，以"功成不必在我"的境界将山区发展的"一张蓝图绘到底"。

四 以产业转型升级为目标，形成山区特色产业链条

山区县域应依托区域的历史文化和环境条件基础有针对性地选择主导产业。第一，山区县域应该确立为我国农业现代化的主战场。一是加强土地和山水林田湖草系统治理，提升基本农田粮食产出及综合生产能力；二是大力发展融生态功能和经济功能于一体的特色林业经济，变现"绿水

---

[1] 孙志燕、施成杰：《以"区域协同"推动秦巴山区更高质量发展的对策建议》，《中国工程科学》2020年第22卷第1期。

青山就是金山银山"；三是探索林下经济（种养业、旅游业）和山林生产粮棉油（如坚果、水果、木棉、山茶油）的技术和方法，寻找生态涵养和国家粮食安全兼顾的新途径。第二，借鉴日本和我国台湾地区的经验，将我国农业生产经营从一产（初级农产品生产），延伸到二产（加工制造）以至三产（消费、餐饮、休闲体验、服务），使其转型为六级产业（1×2×3），在振兴农业经济的基础上形成山区县域工业化特色。第三，积极探索适应山区绿色崛起要求的新型工业化、城镇化、信息化，在县级中心城市和重点镇布局新型工业、物流业、旅游服务业。

五 以脱贫攻坚战为契机，建立多方参与的财政支撑体系

中央与政府的资源力量不足以支撑扶贫工作全面深化铺开，相关财政体系改革创新仍是后扶贫时代可持续发展的重要工作。需建立多元参与的财政支撑体系，明确政府、市场以及社会和个人的责任分工，鼓励通过税收优惠、机会准入、名誉奖励等方式吸引社会力量参与扶贫；进一步优化财政支出结构，提升科教文卫、基础设施、社会保障等公共服务支出在扶贫财政中的占有比例，实现山区贫困地带公共服务均等化，通过"开源"与"节流"使得扶贫资金利用效率最大化，从而促进贫困地区和个人的发展。

（本章作者：吕悦风）

参考文献（按引用顺序）：

1. 盈斌、方一平：《中国山区类型划分及其空间格局特征》，《贵州师范大学学报（自然科学版）》2017年第35卷第5期。

2. 陈国阶：《中国山区发展研究的态势与主要研究任务》，《山地学报》2006年第5期。

3. 陈国阶：《中国山区发展面临的问题与挑战》，《科技导报》2004年第6期。

4. 李巧宁：《建国初期山区土改中的群众动员——以陕南土改为例》，《当代中国史研究》2007年第4期。

5. 高国力、王继源：《新中国70年来我国农业用地制度改革：回顾

与展望》,《经济问题》2019 年第 11 期。

6. 叶明勇:《建国以来中国农村经济结构变迁及其历史内涵》,《古今农业》2011 年第 1 期。

7. 方师乐、黄祖辉:《新中国成立 70 年来我国农业机械化的阶段性演变与发展趋势》,《农业经济问题》2019 年第 10 期。

8. 孟繁琪:《关于发展农业规模经营若干问题的研究(下)》,《中国农村经济》1987 年第 2 期。

9. 杨宏伟、张淑芳:《西部大开发背景下对"三线"建设的思考——纪念西部大开发战略实施十周年》,《学理论》2010 年第 33 期。

10. 陈海秋:《关于三线建设评价的分歧与争论》,《玉溪师范学院学报》2003 年第 9 期。

11. 孙久文、张静、李承璋、卢怡贤:《我国集中连片特困地区的战略判断与发展建议》,《管理世界》2019 年第 35 卷第 10 期。

12. 邢成举:《结构性贫困对贫困代际传递的影响及其破解——基于豫西元村的研究》,《中州学刊》2017 年第 2 期。

13. 王恒、王博、朱玉春:《乡村振兴视阈下农户多维贫困测度及扶贫策略》,《西北农林科技大学学报》(社会科学版) 2019 年第 19 卷第 4 期。

14. 刘守英:《"城乡中国"正在取代"乡土中国"》,《北京日报》2019 年 8 月 26 日。

15. 孙志燕、施成杰:《以"区域协同"推动秦巴山区更高质量发展的对策建议》,《中国工程科学》2020 年第 22 卷第 1 期。

第二篇 调研报告

第六章 产业主导，衔接脱贫攻坚、乡村振兴与新型城镇化"三大战略"
——大兴安岭南麓镇赉、龙江两县实证研究

摘要： 本章研究的主要问题是山区贫困县域通过产业主导，实现脱贫攻坚、乡村振兴与新型城镇化"三大战略"相互衔接的必要性与可行路径。尽管对"三大战略"衔接问题的探讨首先缘于实践部门而非学界，但三者的衔接与协同推进不仅在实践中已成为中国市县域经济社会发展的新常态，而且具有充分的理论逻辑。基于已有实证研究和相关政策规定，文章进而提出产业的培育发展与转型升级是推动"三大战略"衔接并协同发展的核心与关键。以镇赉、龙江两县为样本，文章对产业主导"三大战略"衔接的做法、经验启示与未来发展方向进行了分析与总结。认为在政府支持下，（扶贫）产业的培育发展离不开农户与企业的共同参与，而通过多种合作方式的建立可以将更多收益留给农民。同时，产业的培育发展需要结合当地资源禀赋，推动建立可持续发展的产业体系以及长效脱贫机制。最重要的是，在建立健全城乡融合发展体制机制目标导向下，在县域内应统筹谋划城乡产业发展，推动建立城乡产业协同发展机制。

关键词： 产业主导；脱贫攻坚；乡村振兴；新型城镇化；衔接

Chapter 6 The Synergy between Poverty Alleviation, Rural Revitalization and New-type Urbanization Strategies Based on Industrial Development
—An Empirical Study on Zhenlai County and Longjiang County in the Southern Foot of Daxing'anling

Abstract： The main researchquestion of this chapter is to discuss the necessity and feasible means of promoting the synergy between Poverty Alleviation, Rural Revitalization and New – type Urbanizationstrategiesthroughindustrialdevelopment in poor counties. Attempts to coordinate the three strategies originate from local areas instead of the academia. Nonetheless, this coordinated development of the three strategies not only has become the new normal of social and economic development of counties in China, but also has a strict logic in theory. Based on existing field studies and relevant central policies, this article furtherproposes that the cultivation, transformation and upgrading of industry is the key to promoting a coordinated development of the three strategies. Taking Zhenlai County and Longjiang County as samples, this article then analyzes and summarizes the practice, experiences and future direction of development of the synergy between the three strategies. It argues that with the support of local governments, development of local industry requires participation of farmers and enterprises, and the establishment of multiple forms of cooperation can leave more benefits to farmers. Meanwhile, the cultivation and development of industry need to create a sustainable industrial system and a long – term poverty alleviation mechanism on the basis of local resources. Most importantly, under the guidance of establishing sound institutions for an integrated development of urban and rural areas, it is necessary to make overall plans for urban and rural industrial development in the county area and design coordinated development mechanisms for urban and rural industries.

Key words: Industrial Development; Poverty Alleviation; Rural Revitalization; New-type Urbanization; Synergy

本章是经略山区研究课题的一部分，在本章展开研究之前，作者所在课题组已经进行了大量实地调查、研究和不同区域比较，得出的基本结论是：（1）中国农村改革40多年来，反贫困取得了巨大成就，举世公认。按照农民纯收入2300元人民币（2010年不变价格）脱贫标准，中国农村贫困人口由1978年的7.7亿人，减少到2018年末的1660万人，减少了

7.534亿人；同期，贫困发生率从97.5%降低到1.7%，降低了95.8个百分点。按照国务院扶贫开发领导小组办公室2019年6月公布的数据，全国832个贫困县中已经有436个县脱贫出列，占52.4%。这是指完成了贫困县退出程序并由省政府向社会公告过的县，事实上还有一大批完成了县级申请、市级初审、省级核查和第三方评估，等待着审核公示后出列的贫困县，即2019年末还将有一批贫困县出列。剩余不多的贫困县主要集中于南疆三地州和中国藏区等深度贫困地区，到2020年末，全国脱贫攻坚目标任务将如期完成。(2) 中共十八大以来，贫困县域在响应脱贫攻坚、乡村振兴、新型城镇化战略（以下简称"三大战略"）过程中，独辟蹊径，用域内基础建设、主导产业转型、城乡聚落空间重构、产权和分配制度改革，将"三大战略"串联成一个相互衔接、协同推进的有机整体，推进了中国贫困地区农村地域空间"三个重构"，其壮阔局面、体量规模、广度深度和效益，中国史无前例，全球今无二例。(3) 进入后扶贫时代，集中连片特困地区县域经济水平、农民生活质量大体上比全国平均水平滞后10年，建议以贯彻落实党的十九大"实施区域协调发展战略"为切入口，继续对欠发达山区县域发展实施扶持。

本章研究案例是吉林省白城市镇赉县、黑龙江省齐齐哈尔市龙江县[①]，地处大兴安岭南麓山区，在整个课题中代表北方山区的土地资源富集、农牧业交错县域发展类型。本章旨在延展课题组前期调研基本结论(2)，以镇赉、龙江两县为样本，研讨"三大战略"衔接的理论逻辑，产业主导"三大战略"的政策依据、典型案例、经验与启示。

第一节 "三大战略"衔接的理论逻辑

"三大战略"衔接的理论和现实问题探讨缘起于实践部门而非学界。中共十八大以来，脱贫攻坚、乡村振兴和新型城镇化"三大战略"相继推出。用历史唯物主义眼光看，"三大战略"的历史逻辑是前后相继的。

[①] 2019年5月8—15日，课题组先后赴镇赉、龙江两县调研，调研人员除本文两名作者外，还有浙江大学土地与国家发展研究院科研助理张雅倩，在此，笔者对参与调研人员以及镇赉、龙江两县各级党委、政府、相关部门，还有参与座谈、访谈的村组干部农户一并表示衷心感谢！

脱贫攻坚是改革以来我国扶贫开发战略的四个阶段之一①，它起始于改革开放之初；乡村振兴战略虽然是中共十九大（2017年10月）提出的，但它却是在社会主义新农村建设（2005）和美丽乡村建设（十八大以来）基础上展开的；新型城镇化战略是中共十八大（2012年11月）首先提出"新型城镇化"道路，中央城镇化工作会议（2013年12月）上提出并讨论《国家新型城镇化规划》，翌年3月，中共中央、国务院印发《国家新型城镇化规划（2014—2020年）》。从全国层面看，"三大战略"推进是循序渐进的，每一个战略都针对中国农村现代化进程中的某一特定历史时期的特殊问题，前一个战略是后一个战略的基础，后一个战略则是前一个战略的拓展和延伸。但集中连片特困地区县域，不可能等待脱贫攻坚目标任务完成以后，再实施乡村振兴和新型城镇化战略，他们只能"三步并作一步走"，用跨越式发展加速推进乡村脱贫、振兴和新型城镇化；再则，党的十八大、十九大以来一以贯之的"推动新型工业化、信息化、城镇化、农业现代化同步发展"，贫困县概莫能外。也就是说，"三大战略"衔接，首先是中国"区域协调发展"和"四化同步推进"的要求所决定的。从中国经济发展战略历史演进逻辑和农村现代化渐次推进的现实发展逻辑看，"三大战略"必须相互衔接，此其一。

其二，从发展目标追求和主攻任务看，"三大战略"能够相互衔接。（1）"三大战略"的目标一致，都是瞄准"农民生计改善"和"人的全面发展"，只是不同阶段的发展侧重点不同，发展要求逐级提升。脱贫攻坚目标是"两不愁三保障"，即到2020年稳定实现农村贫困人口不愁吃、不愁穿，农村贫困人口义务教育、基本医疗、住房安全有保障，其本质在于保障农民基本的生存发展权利；乡村振兴总目标是"产业兴旺、生态宜居、乡风文明、治理有效、生活富裕"，其本质是在保障人的基本生存发展权、追求更加富裕生活的基础上，达成人与人、人与社会、人与自然环境的和谐相处；新型城镇化的实质是城乡一体化，追求大中小城市、小城镇、新型农村社区协调发展，希望打破传统城镇化造成的城乡二元结构，落实到人的全面发展上，就是在保障人的基本生存发展权、追求富裕

---

① 国家扶贫战略经过了四个阶段：经济增长减贫（1978—1984）；开发性扶贫（1986—2000年，其中包括《国家八七扶贫攻坚计划》瞄准592个贫困县）；综合扶贫、整村推进（实施《中国农村扶贫开发纲要（2001—2010）》）；脱贫攻坚、精准扶贫（2012—2020）。

美好生活的基础上，最大限度地追求社会公平、公正。(2)"三大战略"的任务互补且前后相继。从"三大战略"产生与演变的内在规律看，整体上在各自内容不断深化和延展的同时，相互之间连接更加紧密。一是随着《国家八七扶贫攻坚计划（1994—2000 年）》的公布与实施，我国在践行综合性扶贫攻坚战略基础上，基本解决了贫困人口的温饱问题。国务院《中国农村扶贫开发纲要（2001—2010 年）》以及中共中央、国务院《中国农村扶贫开发纲要（2011—2020 年）》的先后实施更是在解决少数贫困人口温饱问题基础上，提出了"两不愁三保障"的脱贫目标。作为"十三五"规划重要组成部分，2015 年《中共中央、国务院关于打赢脱贫攻坚战的决定》正式提出脱贫攻坚战略。二是如果追溯乡村振兴战略的雏形，那么 2005 年"社会主义新农村建设"作为国家重大战略的提出，以及 2012 年中共十八大以后逐步开展的美丽乡村建设都为 2017 年中共十九大乡村振兴战略的提出奠定了前期基础。三是从中共十八大报告提出"坚持走中国特色新型工业化、信息化、城镇化、农业现代化道路"到中共中央、国务院印发《国家新型城镇化规划（2014—2020 年）》，以农业转移人口市民化为重点的城乡一体化建设与城乡融合发展，成为脱贫攻坚目标实现与乡村振兴战略实施的重要支撑。在国家层面，脱贫攻坚、乡村振兴和新型城镇化"三大战略"在逻辑上是前后相继的。

其三，从集中连片特殊困难地区贫困县域响应国家战略的策略、做法和实践经验看，"三大战略"相互衔接已经成为贫困县全域谋划、整体规划、一体化建设和管理的新趋势。还要看到，"三大战略"的协同推进并不会也不能只局限于山区县，实践中，"三大战略"的协同推进已成为中国市县域经济社会发展新常态。其中，产业的培育发展与转型升级是推动"三大战略"衔接并协同发展的核心与关键。课题组及时发现并关注了这一趋势，早在 2014 年 3 月，王景新教授牵头组成联合课题组，展开了"秦巴山片区扶贫开发、美丽乡村和新型城镇化协同推进研究"，课题组对四川巴中、湖北十堰、襄阳三市的 10 多个县（区）展开调查；2016 年 1 月初，原农业部软科学委员会办公室定向委托王景新团队继续开展"贫困地区脱贫接轨美丽乡村和新型城镇化的战略与政策——秦巴山片区实证研究"，课题组又对秦巴山北麓陕西安康地区 5 县开展了调研。形成的一批成果，除了呈送农业部软科学委员的调研报告、政策建议报告以外，其余成果汇集成《就近城镇化研究》《就近城镇化再研究》两本专著,由中国社会科学出版社先(2015年4月)后(2017年11月)出版。上述研究基本理清了集中连片特困山区县域响应国家战略的策略和政策,主要是:从响应策略看,各地基本上是全域谋划,以脱贫攻坚统领域内经济社会发展全局,"三大战略"接轨融合,整体规划、一体化建设和管理;从基本做法和初步经验看,用域内基础建设、主导产业转型、城乡聚落空间重构等手段,可以将"三大战略"串联成一个相互衔接、协同推进的有机整体;从基本政策看,都是在深化农村改革的国家政策导引下,围绕域内基础建设、产业转型升级、城乡聚落空间重构而进行配套的、以土地产权制度改革为核心的制度改革和政策调整;从面临的突出矛盾和问题看,一是农业人口究竟是进城还是返乡,人口流动政策究竟如何选择?二是产业主导"三大战略"的地位和作用十分明显,产业脱贫、产业兴村镇、产业兴城,但谁兴产业、如何兴产业,以及产业如何主导和衔接"三大战略"?探讨后一矛盾和问题解决之道,正是本章的价值追求。

关于"三大战略"的逻辑关联,国内现有研究主要是针对脱贫攻坚与乡村振兴战略的衔接机制,或者乡村振兴与新型城镇化的关联,较少将"三大战略"放在一个框架内展开研究。但这并不妨碍笔者学习吸纳已有相关研究成果的一些核心观点,比如:脱贫攻坚与乡村振兴战略之间是一种共生共存共促的关系,表现在内容的一致性、功能的互构性、价值的一元性和主体的共通性[1];脱贫攻坚为贫困地区发展以及乡村振兴奠定了坚实基础,而乡村振兴战略的推进有利于建立稳定脱贫的长效机制,为稳定脱贫攻坚成果提供保障[2];实践中,产业发展基础薄弱、人力资源短板、贫困群众的精神贫困,以及产业项目发展的短视性与功利性等是影响两大

---

[1] 李晓园、钟伟:《乡村振兴中的精准扶贫:出场逻辑、耦合机理与共生路径》,《中国井冈山干部学院学报》2018年第11卷第5期;冯丹萌:《国际视角下脱贫攻坚与乡村振兴相融合的探索》,《当代经济管理》2019年第41卷第9期。

[2] 左停、刘文婧、李博:《梯度推进与优化升级:脱贫攻坚与乡村振兴有效衔接研究》,《华中农业大学学报》(社会科学版)2019年第5期;庄天慧、孙锦杨、杨浩:《精准脱贫与乡村振兴的内在逻辑及有机衔接路径研究》,《西南民族大学学报(人文社科版)》2018年第39卷第12期。

战略衔接的难点和薄弱环节①。国外学者则更多地关注了减贫、乡村发展、城镇化三者之间的关系，Kay（2009）②认为一个能在城乡融合前提下协同农业与工业发展的经济策略最有可能在推动农村发展的同时减少贫困；Christiaensen 和 Todo（2014）③认为，过去针对城市化对减贫作用机制的研究没有区分（超）大城市主导的城市化与小城镇主导的城镇化，而且只关注农村非农产业对减贫的作用，提出只有中小城镇主导的城镇化以及农村非农产业发展这两者的结合才能真正推动减贫。两者的结合虽不会直接带来经济的快速增长，但却能推进经济的包容性发展，从而带动更多贫困人口脱贫。但 Imai 等（2017）④认为，城镇化并不是实现脱贫的关键驱动因素。为实现可持续脱贫更重要的是对农村农业以及非农产业的投资。从长期来看，农业农村发展更有潜力减少收入不平等，推动减贫工作。这些研究成果为我国当前正在推行的农业农村优先发展的城乡融合发展体制机制进一步提供了理论支持。具体来说，脱贫攻坚目标的实现以及脱贫摘帽后成果的巩固同时需要乡村振兴战略与新型城镇化战略的支撑，其中乡村经济的可持续发展是实现稳定脱贫目标的根本之策。

第二节 产业主导"三大战略"协同发展的理论依据与政策依据

一 理论依据

脱贫攻坚、乡村振兴与新型城镇化战略衔接并协同发展有其必要性，尤其是在贫困县域。我们进一步认为，产业兴旺是串联乡村脱贫、振兴和

---

① 杨世伟：《乡村振兴战略与精准脱贫攻坚有机衔接研究》，《中国国情国力》2019 年第 6 期。

② KAY CRISTO'BAL, "Development Strategies and Rural Development: Exploring Synergies, Eradicating Poverty", *Journal of Peasant Studies*, Vol. 36, No. 1, 2009, pp. 103-137.

③ Luc Christiaensen and Yasuyuki Todo, "Poverty Reduction during the Rural-Urban Transformation—The Role of the Missing Middle", *World Development*, Vol. 63, November 2014, pp. 43-58.

④ Katsushi S. Imai, Raghav Gaiha, and Alessandra Garbero, "Poverty Reduction During the Rural-Urban Transformation: Rural Development Is Still More Important than Urbanisation?", *Journal of Policy Modeling*, Vol. 39, No. 6, November-December 2017, pp. 963-982.

走向城镇化的主轴之一，是经济基础。依靠产业发展可以减轻直至消除贫困，所以才有"产业扶贫之路"①；产业可持续发展，不断增加农户收入和家庭积累，是农户由简单再生产走向扩大再生产的必由之路，也是稳定脱贫攻坚成果，并顺势推进美丽乡村建设的必由之路，所以"乡村振兴，产业兴旺是重点"；同时，产业可持续发展还可以兴城、兴镇。就乡村城镇化而言，乡村主导产业功能不断拓展，并伴随乡村发展而不断转型升级，即农业功能不断向二三产业拓展，农村地域空间实现一二三产业融合发展。随着农村居民生产方式、生活方式、收入水平和基本公共服务供给方式和水平趋同于城镇，乡村实现城镇化。

鉴于此，我们提出，区域（县域、乡镇域、村域）主导产业或支柱产业的培育、发展、转型升级的演进机制，就是脱贫攻坚、乡村振兴与新型城镇化"三大战略"相互衔接和协同推进的机制。其中，蕴含着两个机制：其一，区域主导产业从培育、发展、壮大、衰退，到转型升级、再发展的循环演进机制；其二，产业发展演进所对应的乡村脱贫、乡村振兴、乡村城镇化适应机制。具体来说，脱贫阶段的产业以能增收为目标；乡村振兴阶段的产业必须是环境友好型与资源节约型产业，以适应美丽乡村建设需求；乡村城镇化阶段产业不仅必须是环境友好型产业，还需要兼顾城乡要素融通，兼顾城乡居民生产生活方式虽各具特色，但收入水平、生活品质和基本公共服务一体化。产业兴衰有其规律，乡村兴衰也有其规律，二者衔接在一起观察：产业兴、农民富、乡村发展；产业衰、农民穷、乡村停滞或衰退，是产业串联三大战略主轴的理论逻辑。

二 政策依据

根据现行相关国家政策，乡村产业的发展是串联和推动"三大战略"协同发展的"牛鼻子"。随着1994年《国家八七扶贫攻坚计划（1994—2000年）》（以下简称"八七计划"）的公布，我国开始实施综合性扶贫攻坚战略。涉及扶贫开发的基本途径，"八七计划"首先提出要重点发展投资少、见效快、覆盖广、效益高、有助于直接解决群众温饱问题的种植业、养殖业和

---

① 根据农业农村部在2019年全国产业扶贫工作推进会上公布的数据，目前，全国92%的贫困户已经参与到带动作用明显的特色优势产业发展之中，已脱贫人口中主要通过产业帮扶实现脱贫的占到67%（冯克，2019）。

相关的加工业、运销业。这与当时解决贫困人口基本温饱问题的扶贫政策目标相照应。到2000年底，农村绝对贫困人口由8000万下降到3209万人，贫困发生率减少到3.4%。基本解决了贫困人口的温饱问题，使我国农村贫困从普遍性、区域性、绝对性贫困向点状分布和相对贫困发生转变。随后，国务院印发《中国农村扶贫开发纲要（2001—2010年）》，提出要尽快解决少数贫困人口温饱问题，进一步改善贫困地区基本生产生活条件，巩固温饱成果。在产业发展方面，除了提出要继续把发展种养业作为扶贫开发的重点外，还强调要积极推进农业产业化经营。通过对当地具有资源优势和市场需求的农产品生产进行连片规划建设，形成有特色的区域性主导产业。到2010年，在1196元的贫困标准线下，中国贫困人口已经减少到2688万，贫困发生率下降到2.8%。2011年，中共中央、国务院共同连续印发《中国农村扶贫开发纲要（2011—2020年）》，目标是到2020年，稳定实现扶贫对象"两不愁三保障"。同时明确提出产业扶贫，包括发展贫困地区特色支柱产业和旅游产业。通过调整贫困地区产业结构，积极发展新兴产业，承接发达地区产业转移，增强贫困地区发展的内生动力。

可见，在中央系列扶贫开发政策中，产业扶贫是实现贫困地区脱贫致富的主要动力和基本途径。在与乡村产业振兴目标衔接时，要引导各地由注重产业覆盖向注重产业长效发展转变，兼顾非贫困村和非贫困户的产业发展需求，加大对产后加工、主体培育、产品营销、科技服务的支持力度，推动一二三产业融合发展[①]。这在《中共中央、国务院关于实施乡村振兴战略的意见》以及《乡村振兴战略规划（2018—2022年）》中都有体现。后者专门提出要以"完善利益联结机制为核心，以制度、技术和商业模式创新为动力，推进农村一二三产业交叉融合，加快发展根植于农业农村、由当地农民主办、彰显地域特色和乡村价值的产业体系，推动乡村产业全面振兴"。

产业的发展与当地城镇化进程也密不可分。根据中共中央、国务院2014年印发的《国家新型城镇化规划（2014—2020年）》，城镇化是现代化的必由之路，是解决农业农村农民问题的重要途径，是推动区域协调

---

① 冯克：《农业农村部：67%脱贫人口主要靠产业帮扶"摘穷帽"》，《农民日报》2019年9月2日第1版。

发展的有力支撑，是扩大内需和促进产业升级的重要抓手。对城镇化仍处于较为初级发展阶段的地区（经济欠发达地区）来说，产业发展首先是推动城镇化建设的动因。反过来，城镇化的发展也会催生新的产业，加速城镇化以及经济社会发展水平，助推脱贫攻坚目标任务的实现。从国家新型城镇化规划（2014—2020年）发布至今，新型城镇化战略与脱贫攻坚战略已经过5年多的叠加发展阶段。这期间，根据国家发改委2016年12月发布的《新型城镇化系列典型经验之二：国家新型城镇化综合试点地区探索实践》，试点地区在推进农业转移人口市民化、促进城乡要素高效配置、推进城乡一体化发展、推进新型城市建设，以及拓宽投融资渠道等五个方面取得一系列成功经验，对贫困地区下一步开展新型城镇化建设提供了借鉴。①

此外，新型城镇化的实质是城乡一体化以及城乡融合发展，其中包括城乡产业的融合。不管是对已脱贫地区还是对剩余贫困地区来说，在继续推动和巩固脱贫攻坚战略、贯彻实施乡村振兴战略以及新型城镇化战略时，应将城镇和乡村发展通盘考虑，统筹谋划城乡产业发展，以及城乡基础设施、公共服务、资源能源、生态环境保护等主要布局。其中，城乡产业的统筹发展是连接三大战略的核心和关键。在2019年4月15日公布的《中共中央、国务院关于建立健全城乡融合发展体制机制和政策体系的意见》中首次提出要搭建城乡产业协同发展平台，并重点强调特色小镇与小城镇联结城乡的功能，为下一步"三大战略"的

---

① 在国家层面，新型城镇化战略与脱贫攻坚战略的相关性主要体现在三个方面：一是从区域协调发展的角度看，中西部地区，特别是资源环境承载能力较强的贫困地区的城镇化建设，有助于承接东部发达地区产业转移，形成新的经济增长极，进而推动脱贫攻坚目标的实现。二是从集约节约利用土地、促进农业现代化发展的角度看，在我国人均耕地仅0.1公顷、户均土地经营规模仅0.6公顷的前提下，城镇化建设可以带动农村剩余劳动力逐步向城镇转移，农民人均耕地占有量相应增加，可以促进农业生产的规模化和现代化，进而提高农民生活水平。同时，新型城镇化是以人为本的城镇化，应通过统筹推进户籍制度改革和农业转移人口平等享受城镇基本公共服务，以逐步实现农业转移人口的市民化。三是从城乡发展一体化的角度看，新型城镇化建设与农业农村发展是一个互动的过程。在推动新型城镇化建设的同时，通过城乡统一要素市场建设，以及各类城乡规划、城乡基础设施与公共服务的一体化，可以使广大农民有机会平等参与经济社会的现代化进程，享受现代化发展带来的成果。同时，农业和农村的现代化建设可以为新型城镇化提供重要保障和持续动力。城乡一体化发展体制机制的建立与实施可以逐步缩小城乡差距，推动实现和巩固脱贫攻坚的目标与成果。

协同实施指明了方向。

第三节 样本县产业主导"三大战略"的做法、经验与启示

一 两县脱贫攻坚的现有成果与经验启示

镇赉县位于吉林省西北部,地处黑吉蒙三省区接合部,是国家扶贫开发工作重点县,大兴安岭南麓特困片区重点攻坚县。全县辖区面积4737平方公里,辖11个乡镇、141个行政村、458个自然屯,农业人口18万。其中,贫困村82个,建档立卡贫困户18884户、36077人。截至2018年末,全部82个村已退出贫困村序列(2017年共退出贫困村49个,2018年剩余33个贫困村出列),全县贫困发生率下降到0.06%。[①] 2019年4月28日,经吉林省人民政府批准,镇赉县退出贫困县。龙江县2001年列为黑龙江省级贫困县,2011年被国家划入大兴安岭南麓特困片区县,有27个贫困村,建档立卡贫困户4718户、10209人。截至2018年末,全部27个贫困村已脱贫出列26个,剩余一个2019年争取脱贫。全县3206户、6698人实现脱贫,未脱贫1512户、3511人,贫困发生率为0.71%。2019年5月7日,经黑龙江省人民政府批准,龙江县退出贫困县。整体来看,2019年是两县脱贫攻坚任务完成之年,也是总结脱贫攻坚工作经验教训,布局开展乡村振兴战略的元年。需要在解决剩余贫困人口脱贫和已脱贫人口后续巩固提升基础上,统筹推进城乡地区发展,全面推进脱贫攻坚效果,实现脱贫攻坚与乡村振兴、新型城镇化战略的有效衔接。

按照"两不愁三保障"的要求,两县在脱贫攻坚方面已积累的成果包括:(1)已建成完整的扶贫工作机制,包括扶贫责任体系和帮扶工作体系。(2)突出产业扶贫的关键作用。龙江县坚持把产业发展作为实现脱贫攻坚任务的治本之策,依托资源禀赋和产业基础,确立了以高档肉

[①] 镇赉县人民政府网站:http://www.jlzhenlai.gov.cn/xxgk/tzgg/201812/t20181207_683509.html(镇赉县2018年贫困村退出名单公告);http://www.jlzhenlai.gov.cn/xxgk/tzgg/201711/t20171130_376303.html(镇赉县贫困村退出名单公告)。

牛、食用菌、瓜菜为重点，以杂粮杂豆、特色养殖、林果经济等为补充的产业脱贫体系。经统计，截至2018年底，有4409户贫困户有2个产业带动，占贫困户总数的93%；有2555户贫困户有3个及以上产业带动，占贫困户总数的54%；户均增收3930元。镇赉县通过县级统筹，建立了"1+2+X"产业扶贫体系。针对82个贫困村，投入扶贫资金3.1亿元，为每村建设一个500千瓦光伏扶贫电站，2018年兑现分红1078万元，带动户均增收890元。在此基础上，大力实施庭院经济、万栋日光大棚、中低产田改造等产业项目。（3）完善农村基础设施弱项，提升整体人居环境。（4）通过就业扶贫、生态扶贫、金融扶贫等措施推动贫困人口自我发展。（5）通过健康扶贫、教育扶贫以及低保政策兜底保障实现精准扶贫到户。已有的脱贫攻坚工作基础为两县脱贫摘帽后衔接布局乡村振兴战略提供了前提条件。但区别于脱贫攻坚，乡村振兴战略惠及的是整个乡村地区，具有渐进性、持久性、整体性和综合性等特点。通过进一步梳理总结调研两县脱贫攻坚相关工作的经验，具有以下几点启示：

1. 纠正脱贫攻坚政策覆盖面不够均衡的问题。鉴于脱贫攻坚工作任务下各项扶贫政策与补贴主要适用于贫困村，在涉农整合资金的使用，以及道路、饮水、文体等基础设施建设上享受政策并不均衡。不但导致部分非贫困村基础设施建设趋于落后，而且使非贫困村贫困人口与边缘贫困人口不能享受相应扶贫政策，容易形成新的干群矛盾。对脱贫摘帽县，在脱贫后的巩固提升阶段继续完成剩余贫困村贫困人口脱贫目标任务的同时，也应及时解决非贫困村贫困人口的脱贫问题。

2. 防止扶贫产业的单一与同质化现象。扶贫产业的单一与同质化会使其后续发展面临较大的市场风险，不利于形成稳定与可持续的产业发展体系。在扶贫产业的扶持与发展过程中，应注重引入新型农业经营主体，同时发挥龙头企业的带动作用，形成一定产业规模，提高产品的市场竞争力。通过对两县的比较，在目前阶段，镇赉县整体上的扶贫产业较为单一，除光伏产业外，主要围绕种植业和养殖业展开，缺乏可以持续带动农民扩大就业、创业能力的特色优势产业。[①] 在龙江元盛食品有限公司以及龙江绿铭农业发展有限公司等农业龙头企业引领带动下，作为国家级农产

[①] 镇赉县《关于2018年国家脱贫攻坚成效考核反馈问题整改进展情况报告》。

品质量安全县的龙江县利用各乡镇村的资源与区位优势,发展以龙江和牛以及沙棘木耳为典型代表的特色养殖与种植业,为贫困人口创造持续增收动力。

3. 扶贫产业的引导和开发,需要结合当地资源禀赋,符合当地社会风俗习惯。以镇赉县莫莫格蒙古族乡为例,利用当地少数民族能牧惯养的习惯,扶持和带动贫困人口发展养殖业。到 2018 年,全乡养殖户 2628 户,全乡畜牧业收入达到 4000 万元。龙江县鲁河乡的红松果林产业作为生态主导型经济的典型代表,也是利用其地处山区的自然生态、林业资源等独特优势,因地制宜选择的可持续发展产业。①

4. 在创建扶贫产业体系过程中,不仅要关注产业的可持续性,更要关注贫困人口在扶贫项目实施过程中的参与程度,使其能够通过扶贫产业的参与提高自身发展能力。实践中,"分红式扶贫"是贫困地区地方政府较为常用的扶贫手段②。通过扶贫产业每年的固定分红,可以确保或者提升贫困人口收入,尤其是"兜底户"的基本生活。但这种直接分红方式客观上会助长贫困户"坐享其成"心理,扶贫却不能扶志。而通过直接参与扶贫产业的生产和经营,特别是通过企业提供的就业机会,贫困人口不仅能拿到工资和分红,也能学习到一定的生产技术,激发其脱贫致富的内生动力,实现可持续脱贫目标。黑龙江省龙江县的部分沙棘木耳产业与吉林省镇赉县 2017 年投资兴建的 2 个大型养殖扶贫基地都是采取的"政府(投资固定资产)+企业(租赁经营)+农户就业"经营模式。尽管也属于分红式扶贫,但除了所得租金用于贫困户分红外,贫困人口还可以选择到企业

---

① 鲁河乡所在区域为黑龙江省西部风沙干旱、半干旱地区。为改善当地生态条件,自 2000 年开始规划了 6 个小流域,以水塔山小流域和繁荣西山小流域为首,开创了黑龙江西部石质荒山造林模式。截至 2014 年,鲁河乡共绿化山头 175 座,绿化面积达到 38560 亩,其中客土栽植樟子松纯林 5000 亩,荒山荒地造林面积 16260 亩。为进一步拓展农民收入渠道,实现当地林业生态效益与经济效益相结合,2004 年首先在鲁河乡繁荣村试验樟子松幼林嫁接 500 株红松,当年嫁接成活率达到 84%。2006 年春,依托牡丹江市虎凤红松果林研究所的技术优势,将鲁河乡 2063 亩樟子松幼林,通过高枝嫁接,成功改造成为红松果林;目前为止,鲁河乡已发展红松 1.3 万亩,成为名副其实的"红松果林之乡"。

② 王井怀、杨永纯等:《分红式扶贫的利与弊》,《新华每日电讯》2019 年 7 月 26 日第 15 版。

务工赚取工资收入，同时学习一些农业生产技术，增强自身发展潜力。①

5. 要在清产核资基础上推动农村集体资源变资产、资金变股金、农民变股东，为巩固提升阶段确保农民收入稳定持续增长提供制度与组织保障。此次调研的贫困村普遍没有建立村级集体经济组织，由村委会代行村集体经济组织职能，这也是两县绝大多数村庄的共同现象。根据在两县四个镇一共 8 个村的实证调研，除去龙江县鲁河乡的繁荣村将全部土地资源，包括耕地、林地、草地等全部分包到户以外，其他 7 个村集体都拥有面积不等的集体所有并统一经营的土地资源与资产。② 这为进行农村集体产权制度改革提供了前提。

二　两县通过产业主导实现"三大战略"协同发展的现有实践

脱贫攻坚战略的实施，特别是扶贫产业的建立，为贫困地区乡村振兴战略布局打好前期基础。乡村振兴战略包括产业兴旺、生态宜居、乡风文

---

① 龙江县属于"三山三岗四平川"的地貌特征，森林覆盖率高，生态环境优良，适合发展高端食用菌产业。2016 年以来，利用产业扶贫资金，龙江县陆续在山泉镇、鲁河乡和错海林场建设了三处县级食用菌生产基地。其中，2017 年在山泉镇官窑村建造的占地面积 73 万平方米的高标准挂袋大棚 500 栋和占地面积 6 万平方米的菌包生产及加工车间耗资 1.12 亿元。2018 年引入龙江绿铭农业发展有限公司，将位于官窑村的食用菌生产基地和菌包厂租赁给绿铭公司进行食用菌的培育、生产、加工包装和销售。租赁期限为 15 年，公司每年支付承包费 600 万元，县政府再将 600 万元承包费用于向全县 1 万户贫困户分红，每户 600 元。除了分红收入外，有劳动能力的贫困户还可以选择到绿铭公司务工。绿铭公司从菌包生产，到木耳培植，再到包装销售，整个产业链都和扶贫产业挂钩，全年可吸纳贫困户及周边剩余劳动力 2000 人次（临时工），人均年增收 3000 元以上。在绿铭公司带动下，贫困户中掌握木耳种植技术的人越来越多，也催生了贫困户通过发展木耳产业实现脱贫致富目标的内生动力。

② 具体而言，镇赉县莫莫格乡莫莫格村拥有村集体所有并统一经营的草地 770 公顷、机动地 12.5 公顷，以及盐碱地 60 公顷，2018 年机动地承包费收入 6.25 万元、盐碱地租金 11 万元；莫莫格乡包力村拥有村集体所有并统一经营的农防林 20 公顷，以及机动地（废弃林场）30 公顷，2018 年机动地承包费收入 9 万元；镇赉镇新立村拥有村民小组所有并统一经营的耕地（农户开垦的册外地）850 公顷、村集体所有并统一经营的机动地 24.8 公顷，以及草地 1200 公顷，2018 年册外地承包费 56 万元、机动地承包费 9 万元；镇赉镇架其村拥有村集体所有并统一经营的册外地与机动地共 500 公顷，2018 年承包费收入 61.8 万元。龙江县鲁河乡三道沟村拥有村集体所有并统一经营的防护林 230 亩、机动地 800 亩，2018 年机动地承包费收入 14 万元、林木采伐更新收入 9.5 万元。龙兴镇龙兴村拥有村集体所有并统一经营的防护林 1300 亩，2018 年林木采伐更新收入 70 万元；龙兴镇新功村拥有村集体所有并统一经营的防护林 1660 亩、牧草地 350 亩，2018 年林木采伐更新收入 7 万元，村集体收 20%，合计 1.4 万元，剩余归农户。

明、治理有效、生活富裕五项内容。通过扶贫产业的开发，可以直接为贫困地区的产业兴旺和生活富裕奠定初步基础。在建立健全城乡融合发展体制机制和政策体系的目标要求下，脱贫攻坚战略在协调推进乡村振兴战略的同时，也需要及时衔接新型城镇化战略。通过乡村振兴与城镇化建设两边同时开弓，能更有效完成脱贫攻坚目标工作任务，并持续巩固脱贫成果。结合调研的实际情况，本章认为，两县在产业主导，衔接推进脱贫攻坚与乡村振兴和新型城镇化战略方面已经形成一定基础，表现在：

1. 利用国家乡村振兴政策优先在脱贫摘帽县实施的时机，确保脱贫攻坚力度和扶持政策强度不减，重点做好巩固提升，确保稳定持续脱贫，为乡村振兴战略全面实施做好开局。在 2019 年宣布正式脱贫摘帽之前，龙江县和镇赉县早在 2018 年 3 月和 5 月先后制定发布《龙江县贯彻落实乡村振兴战略实施意见》与《镇赉县乡村振兴战略的实施意见》，对在实施乡村振兴战略过程中如何继续推动农村脱贫攻坚工程做出了规定，包括：(1) 确保贫困退出质量；(2) 全力推进产业扶贫；(3) 推进政策兜底保障；(4) 激发贫困人口内生动力；(5) 强化脱贫攻坚责任和监督。在下一步乡村振兴战略规划（2018—2022 年）的制定中，两县应进一步细化上述各项工作重点，并将其延伸至非贫困村贫困人口以及城镇贫困人口，建立城乡统筹的贫困治理体制机制，为乡村全面振兴奠定坚实基础。

2. 建立了可持续发展的生态产业体系。从 1994 年发布的国家八七扶贫攻坚计划开始，强调要加强贫困地区生态建设，发展林业生态产业。在中共中央、国务院《中国农村扶贫开发纲要（2011—2020 年）》中，更是明确通过提高贫困地区森林覆盖率指标来助推其脱贫攻坚工作。实践证明，生态建设以及生态环境的改善是实现贫困地区经济可持续发展，进而脱贫致富的必要条件。以龙江县生态林业建设为例，龙江县通过林业工程建设，有林地面积达到 104 万亩，全县森林覆盖率由建设初期的 4.3% 提高到现在的 12.2%。森林面积的大幅增加首先有助于植被恢复、水土保持、抵御自然灾害，直接带来沙化面积的减少，使生态环境得到改善。其次，生态环境的改善，尤其是防风固沙林的建设，促进了粮食的丰产增收，农民年均收入明显提高。最后，生态环境的改善不仅促进了农业的可持续发展，而且提升了农业的产业结构。生态林业成为农民增收致富新的增长点，实现了生态文明建设与经济发展"双赢"目标。生态林业主要包括两项内容：一是生态经济林。二是林下经济。龙江县通过实施天然林保护、退耕还林等重大生态环境保护工程，带动了林农脱贫致富。通过支持贫困地区成立林业专业合作社，鼓励贫困户以林地、技术、劳动力、资金入股，形成"龙头企业+合作社+大户+基地+农户"产业发展模式，大力发展林果、林菌、林药、林畜等林下经济，有效带动农户经济收入增长。在植树造林、绿化荒山基础上的生态经济林建设以及林下经济的开发也为发掘当地生态旅游产业提供了前提。通过林果采摘、休闲观光、乡村民宿，以及农家乐等旅游资源的进一步开发与配套，使农业功能从单纯以生产功能为主向生产、生活、生态、文化等多功能复合转变，推动实现乡村一二三产业的融合发展。

3. 在农业龙头企业与贫困户共同参与的扶贫产业中，鼓励建立契约型、分红型和股权型等合作方式，确保农户持续增收。比如龙江县委、县政府从2016年起实施的肉牛产业扶贫工程创建了四种扶贫模式，除"国有资产+龙头企业合作经营"模式（扶贫比例占贫困户总数10.5%）属于分红式扶贫以外，还实施了"政府+龙头企业带动贫困户"扶贫模式（扶贫比例占贫困户总数41.6%）、"龙头企业+金融"扶贫模式（扶贫比例占贫困户总数20.9%）以及"合作社+政府+金融"扶贫模式（扶贫比例占贫困户总数59.7%）。通过上述四种不同类型产业扶贫模式，实现了由政府引导的、农业产业化龙头企业与贫困农户建立的契约型和分红型扶贫合作方式。尤其是在"政府+龙头企业带动贫困户"扶贫模式中运用的政府补贴、财政贴息贷款、企业回购让利等政策组合拳，将利益分配的重点向产业链上游（即贫困农户）倾斜，促进了农户持续增收。①

---

① "政府+龙头企业带动贫困户"扶贫模式是指优选贫困户作为扶持对象，每户限定购买16月龄肉牛基础母牛2头，采用"龙头企业+舍饲精养+改良"的合作方式，由企业回购贫困户改良出的6月龄牛牛犊。截至2018年，共落实贫困户2109户，购买基础母牛4058头，投入财政扶持资金1138.2万元。按照每个贫困户可交售犊牛4头，每头收入8000元，去掉成本费用3000元，纯收入20000元。加上交犊补母补助1000元，纯收入2.4万元，每户按3口人计算，年人均增收2660元，实现可持续脱贫目标。"龙头企业+金融"模式是指贫困户贷款投资参与养殖，每户5万元，注入元茂畜牧培育养殖有限公司发展高档肉牛育肥，贫困户不承担风险，确保每户每年纯收益2500元。共带动贫困户997户，注入扶贫贷款4985万元。"合作社+政府+金融"扶贫模式是指采用户贷社用社还、政府补助贴息方式，全县共组建养殖扶贫合作社44个，其中高档肉牛改良合作社7个（最初入社贫困户2840户、6191人，财政投入产业扶贫资金740.772万元），入社贫困户452户，贫困户实现经济收益45.7万元，户均增收1011元。

4. 继续加强乡村产业发展的相关扶持政策，在农村居民人均年收入持续增长基础上缩小城乡收入差距。根据图6-1和图6-2所示，从2001—2018年近20年间，镇赉县与龙江县农村居民人均可支配收入都呈持续增长状态。从图6-3显示的年增长率变动情况来看，2011年之前龙江县农村居民人均可支配收入年增长率波动幅度较大，但整体上都呈现出正增长；2011年之后该收入每年的增长率保持在稳定状态，增长幅度不大。镇赉县农村居民人均可支配收入除2004年与2009年出现负增长外，其他年份均为正增长，但增长幅度不大。从2013年开始，两县农村居民人均年收入增长幅度基本保持相当。同时，通过对比表6-1和表6-2中关于两县农村居民人均年收入的绝对数值，可以发现，从2008年开始，龙江县农村居民人均可支配收入反超镇赉县同期水平，同时差距逐年拉大。比较而言，龙江县农村居民人均可支配收入水平更高，城乡居民人均可支配收入差距不断缩小，为接轨乡村振兴战略以及城乡融合发展体制机制的建立打下了良好基础。这其中，龙江县城乡产业的多样化与融合发展起了关键作用。

表6-1 镇赉县2001—2018年农村、城市人均可支配收入及城乡收入差距

（单位：元）

年份	农村人均可支配收入	城市人均可支配收入	城乡收入差距
2001	1095	3897	2802
2002	2005	4010	2005
2003	2161	4100	1939
2004	1994	4665	2671
2005	2268	5271	3003
2006	2524	6100	3576
2007	2612	8060	5448
2008	2953	8940	5987
2009	2770	9850	7080
2010	3415	11300	7885
2011	4132	13817	9685
2012	5121	15527	10406
2013	5769	17374	11605
2014	6508	17203	10695

续表

年份	农村人均可支配收入	城市人均可支配收入	城乡收入差距
2015	7221	18665	11444
2016	8023	20233	12210
2017	8873	21589	12716
2018	9822	22668	12846

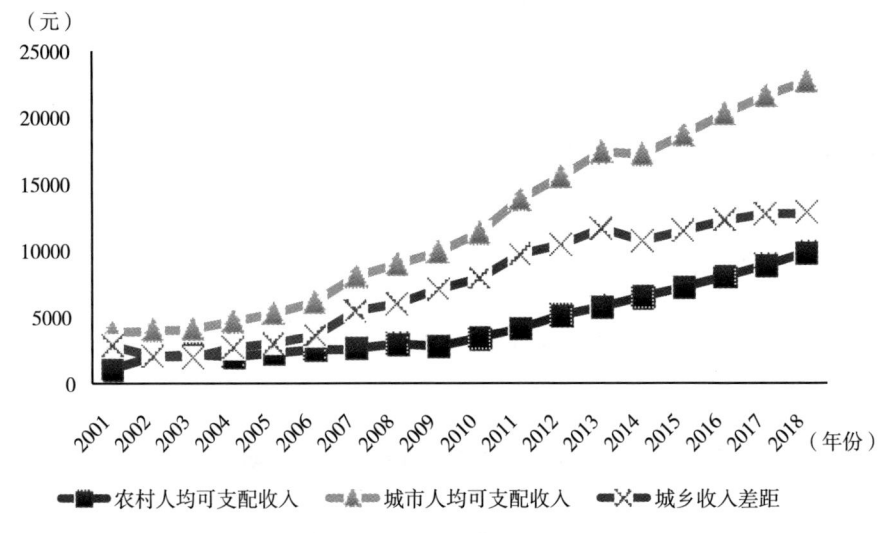

图 6-1 镇赉县 2001—2018 年农村、城市人均可支配收入及其差距趋势图

表 6-2 龙江县 2001—2018 年农村、城市人均可支配收入及城乡收入差距

(单位：元)

年份	农村人均可支配收入	城市人均可支配收入	城乡收入差距
2001	64	2298	2234
2002	1199	6444	5245
2003	1292	6654	5362
2004	1412	7111	5699
2005	1998	4212	2214
2006	2118	5302	3184
2007	2392	5972	3580
2008	4126	6793	2667
2009	4423	7655	3232

续表

年份	农村人均可支配收入	城市人均可支配收入	城乡收入差距
2010	7190	8437	1247
2011	7521	9717	2196
2012	8596	11430	2834
2013	9713	13239	3526
2014	10756	14993	4237
2015	11413	16147	4734
2016	12725	17421	4696
2017	14176	18728	4552
2018	15551	20005	4454

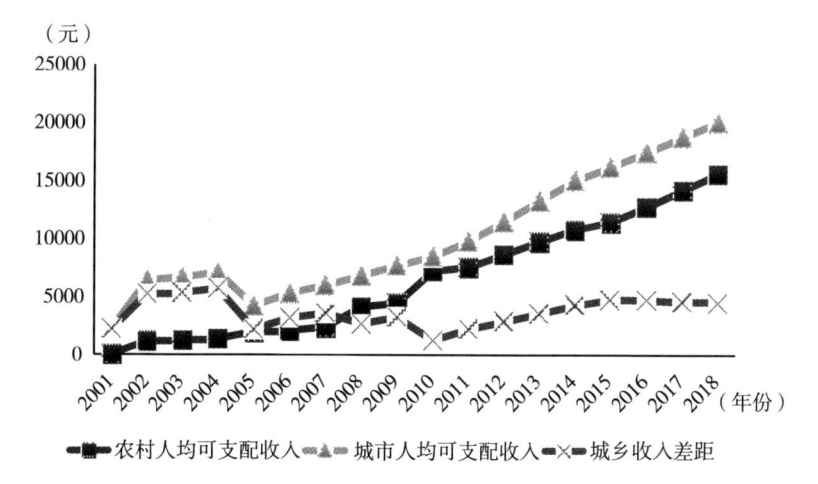

图 6-2　龙江县 2001—2018 年农村、城市人均可支配收入及其差距趋势图

三　两县实现"三大战略"协同发展努力方向

两县当前的脱贫攻坚与乡村振兴实践，尤其是其建立的乡村产业体系，已经为"三大战略"的协同推进奠定了初步基础。但要真正实现"三大战略"的协同发展，需要建立城乡产业协同发展机制，并以此为抓手，建立稳定及可持续的城乡融合发展体制机制。从长远看，两县还需继续加强以下几方面改革：

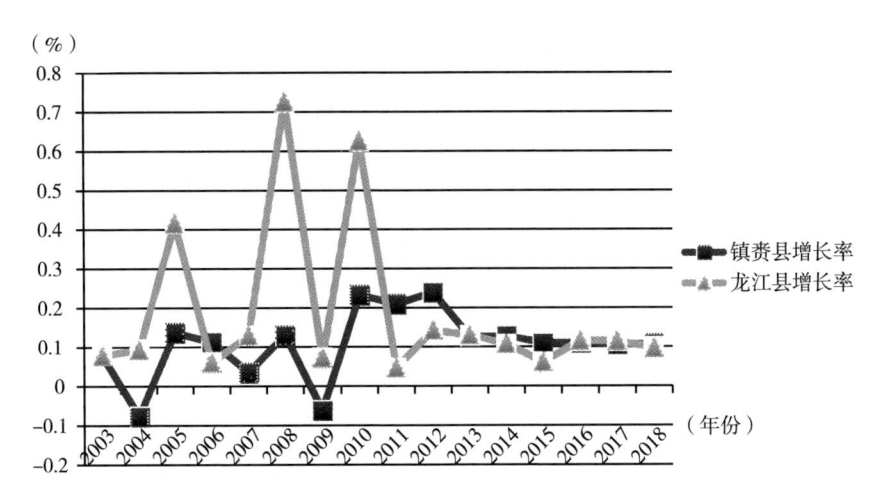

图 6-3　镇赉县与龙江县 2003—2018 年农村居民人均可支配收入年增长率对比图

1. 通过推动和实施承包地三权分置改革，规范承包地流转机制与实践。在小农户之外，培育包括家庭农场、种植大户，以及农民专业合作社等新型农业经营主体，在农业龙头企业带动下构建农业产业化联合体。根据两县 2018 年国民经济和社会发展统计公报与统计年鉴，镇赉县耕地总面积 199339 公顷，合计约 299 万亩，人均耕地面积 11.3 亩；龙江县耕地总面积 364663.17 公顷，合计约 547 万亩，人均耕地面积 9.42 亩，都属于农业大县。从两县调研村庄情况看（表 6-3、表 6-4），由于村民外出务工比例较大，导致土地流转现象普遍。一般都是村内或镇域内流转，流转期限多数是一年。流转价格近几年在中心村镇可以到 300 元/亩以上，但多数价格在 300 元/亩以下。虽然外出务工村民比例较大，但在较高的土地流转率下，并没有出现土地抛荒与撂荒现象。同时借助于土地流转，在村种地农户的土地经营规模将逐渐扩大。以龙江县鲁河乡繁荣村为例，村内现有土地经营规模 400 亩以上的农户 4 户，一般农户土地经营规模普遍在 200 亩以上，最少的也有 70 多亩。① 为了提升农业经营规模与水平，优化农业产业结构，地方政府应在贯彻落实中央承包地三权分置政策与法

---

① 根据鲁河乡 2018 年农村经济基本情况统计表，全乡 7021 户农户的耕地经营规模情况如下：经营耕地 10—30 亩的农户有 101 户，经营耕地 30—50 亩的农户有 1000 户，经营耕地 50—100 亩的农户有 1800 户，经营耕地 100—200 亩的农户有 3900 户，经营耕地 200 亩以上的农户有 220 户。

律规定基础上，鼓励建立稳定的土地流转合同机制，培育家庭农场、种植大户，以及农民专业合作社等新型规模经营主体。同时，支持农业产业化龙头企业发展，鼓励发展农业产业化龙头企业带动、农民合作社和家庭农场跟进、小农户参与的农业产业化联合体。支持发展县域范围内产业关联度高、辐射带动力强、多种主体参与的融合模式，实现优势互补、风险共担、利益共享。

表 6-3　　　　　　　镇赉县调研村庄土地流转情况

事项 村名	耕地总面积 （亩）	流转面积 （亩）	流转比例	流转期限	流转价格 （元/亩）
莫莫格村	7485	1800	24.05%	基本上 1 年	300
包力村	7575	2250	29.70%	主要 1 年，5 年以上的占 30%	200
新立村	26190	4500	17.18%	主要是 1 年，期限最长的是 8 年	200
架其村	18600	4500	24.19%	基本上 1 年	300

表 6-4　　　　　　　龙江县调研村庄土地流转情况

事项 村名	耕地总面积 （亩）	流转面积 （亩）	流转比例	流转期限	流转价格 （元/亩）
繁荣村	37400	20000	53.48%	基本上 1 年	240—260
三道沟村	36874	24000	65.09%	基本上 1 年	250—260
龙兴村	18164.7	(≈) 12170	66.67%	主要 1 年，绝大多数 3 年以下	旱地 300—350；水田 500
新功村	16220	(≈) 6023	40%	主要 1 年	200—240

2. 挖掘并合理利用当地土地后备资源，为发展产业并协同推进"三大战略"提供土地与资金支持。根据镇赉县 2015 年土地利用变更调查数据，全县土地总面积 471869.45 公顷。其中，未利用地面积为 149062.41 公顷，占全县土地总面积的 31.59%。未利用土地中，以盐碱地为主，在各乡镇均有分布。根据耕地后备资源开发成果，宜耕未利用地超过 4 万公顷，通过工程措施即可开发利用，潜力较大，宜耕后备资源充足。龙江县有农用地 588723.95 公顷，除耕地、园地、林地、牧草地、城镇及工矿用地、交通运输用地、水域及水利设施用地以外，还

有其他土地 14182.58 公顷。近年来，龙江县共计实施了 8 个土地整治项目，新增耕地 622.85 公顷。尽管龙江县的宜耕地后备资源少于镇赉县，但通过土地整治工程措施，仍有增加耕地后备资源的潜力。根据《国务院关于促进乡村产业振兴的指导意见》（2019 年 6 月 28 日），新增耕地指标和城乡建设用地增减挂钩节余指标跨省域调剂产生的收益，应全部用于巩固脱贫攻坚成果和支持乡村振兴。该政策措施为贫困地区 2020 年脱贫攻坚任务完成后继续扶持乡村产业，衔接乡村振兴与新型城镇化战略提供了资金支持。

3. 进一步提升两县城市与小城镇建设水平，增强其吸纳农村转移人口能力。基于两县 2018 年全县户籍人口与城市居民户籍人口，计算得出两县的城镇化率分别是 40.63%（镇赉县）与 21.58%（龙江县）。虽然与按照城市常住人口计算的城镇化率相比该比率会偏低[①]，但结合表 6-5 与表 6-6 中两县调研村庄农业转移人口主要流入省外的统计结果看，两县城市建成区常住人口比例应该不高。以龙江县为例，全县劳动力总计 27.11 万人，其中累计转移农村劳动力 17.6 万人，2018 年新增 4000 人，且以举家外出务工形式为主。下一步除全面放开县城与各建制镇落户限制外，还需同时加强城镇基础设施建设与基本公共服务配套，保障在城镇就业居住但尚未落户的农业转移人口平等享有城镇基本公共服务，推动农业转移人口市民化。

表 6-5　　　　　　　镇赉县调研村庄劳动力情况　　　　　（单位：人,%）

序号	村名	劳动力	外出务工人数	占比	主要省内/省外务工
1	莫莫格村	526	240	46	省外（浙江）
2	包力村	470	140	30	省外（浙江）
3	新立村	1360	500	37	省外（浙江、大连和绥化）
4	架其村	827	380	46	省内（80%在镇赉县城）
合计		3183	1260	40	

说明：数据源于课题组与调查村干部的座谈记录

[①] 根据国家统计局 2019 年 8 月 15 日发布的《新中国成立 70 周年经济社会发展成就系列报告之十七》：城镇化水平不断提升、城市发展阔步前进，到 2018 年末，我国常住人口城镇化率达到 59.58%。

表 6-6　　　　　　　龙江县调研村庄劳动力情况　　　　　（单位：人，%）

序号	村名	劳动力	外出务工人数	占比	主要省内/省外务工
1	繁荣村	2100	850	40	省外（东北地区）
2	三道沟村	2200	2200	100	省外（主要辽宁）
3	龙兴村	2000	1000	50	省外（满洲里和其他东北地区）
4	新功村	1122	429	38	省外（山东）
合计		7422	4479	60	

说明：数据源于课题组与调查村干部的座谈记录

4. 继续做实、做强城镇第二、三产业，在强化城镇产业就业支撑的同时，构建城乡产业协同发展机制。根据两县 2018 年国民经济和社会发展统计公报，镇赉县 2018 年末地区生产总值 117.00 亿元，同比增长 1.4%，但该增长速度从 2014 年起整体上已呈下滑趋势。三次产业结构比例为 25.4∶33.8∶40.8，其中，第一产业增加值同比增长 2.2%；第二产业增加值同比增长 8.1%；第三产业增加值同比下降 6.5%。第三产业占比最大，主要依托镇赉县"中国白鹤之乡""全国卫生城市""全国宜居城镇"美誉下的草原湿地生态特色，以及金丰、洋沙湖等旅游资源。在继续加强农业基础设施、优化农业产业结构、推动农业产业化以巩固提升脱贫攻坚成果的同时，也应在经济新常态下通过创新促进产业升级，带动全县工业经济发展。

龙江县 2018 年全县地区生产总值 100.49 亿元，同比增长 8.7%，其中，第一产业增加值实现 45.00 亿元，同比增长 3.1%；第二产业增加值实现 25.84 亿元，同比增长 17.6%；第三产业增加值实现 29.65 亿元，同比增长 6.5%。三次产业结构比例为 44.8∶25.7∶29.5。第一产业占比最大与龙江县农业人口占多数（将近 80%）直接相关。第二产业仍有较大增长潜力。目前，龙江县有建材、装备、粮食化工、采掘、食品和新兴能源等 7 大产业，工业企业 136 家，其中，规模以上工业企业 13 家。全县工业年可实现产值 50 亿元、增加值 17 亿元、税金 6200 万元。已初步形成"一地四园区六产业"的工业发展规划体系。[①] 第三产业主要依赖旅游

---

① 数据来源：工业概况，龙江县政府官网，http://www.ljxrmzfw.gov.cn/ljgk/xyjj/2014/03/357.html，2019 年 8 月 21 日。

产业的开发建设。按照《龙江县山区发展新模式实施意见》（龙发〔2018〕3号），在实施区域生态恢复基础上，龙江县将优化产业结构，大力发展生态主导型经济，包括生态旅游以及林下经济开发等。已有的新功杜鹃山花节、杏山镇杏花节，以及新建的鲁河田园综合体与山泉镇水上乐园有望成为主打品牌。

尽管两县今后产业发展的着力点不同，但都应在城乡融合发展前提下，对城乡产业进行统一规划，构建城乡产业协同发展机制。其中，抓住小城镇以及特色小镇的建设机遇，可以为城乡产业协同发展搭建更好平台。

第四节　研究小结

脱贫攻坚、乡村振兴与新型城镇化"三大战略"协同推进发源于山区贫困县。在巩固提升阶段，如何实现将脱贫攻坚成果与乡村振兴战略以及新型城镇化战略有序衔接与结合，共同推进乡村繁荣与城乡融合发展是摆在脱贫摘帽县面前的一道待解之题。对尚未脱贫县，要在县域经济社会发展滞后、村级集体经济薄弱、相当部分农户尚未摆脱贫困基础上追赶发达县域的乡村振兴和新型城镇化步伐，不可能等待脱贫攻坚目标任务完成以后再实施乡村振兴和新型城镇化战略。因此，"三大战略"协同推进的理论与实践研究对贫困县与已脱贫摘帽县都具有重要意义。基于书中对调研两县"三大战略"衔接的实践与理论探讨，我们认为通过产业主导，可以助推贫困县域脱贫攻坚、乡村振兴与新型城镇化战略的衔接与协同发展。

首先，在脱贫攻坚目标任务导向下，产业的培育与发展主要依托政府方面的产业扶贫资金，而该资金的利用效率与扶贫产业的运作模式密切相关。与政府利用产业扶贫资金直接投资入股成立扶贫企业相比，与农业（龙头）企业开展租赁合作方式可以同时实现政府完成脱贫攻坚任务、贫困户脱贫致富，以及企业实现盈利三重目标。对政府而言，通过分红可以直接提高贫困户收入水平，降低贫困发生率，实现脱贫攻坚任务考核目标。对贫困户而言，一是扶贫产业分红可以为其提供一项稳定收入来源，二是在合作企业务工可以赚取额外工资收入，学习农业生产技术。对企业而言，以租赁形式与政府开展扶贫产业合作能够减轻企业的前期投资压力，有助于企业扩大生产经营规模或者将更多资金投入生产技术与技艺的研发，提升其技术研发水平。但在定期支付承包费用于分红以及解决部分贫困人口就业前提下，鉴于产业经营的风险主要由企业承担，地方政府可以在各项惠农项目和资金申请上在同等条件下向合作企业倾斜。因此，在农业龙头企业与贫困户共同参与的扶贫产业中，应鼓励建立分红型、契约型和股权型等多种合作方式，确保农户持续增收。

其次，扶贫产业的培育与开发需要在结合当地资源禀赋基础上实现可持续发展。尤其对于山区县域而言，可以在实施区域生态恢复与保护基础上，优化当地产业结构，发展包括林下经济以及生态旅游等在内的生态主导型经济，推动建立可持续发展产业体系以及长效脱贫机制。

最后，在当前构建农业农村优先发展的城乡融合发展体制机制目标导向下，贫困（摘帽）县可持续产业体系的建立需要在推进三大战略协同发展基础上，统筹谋划城乡产业发展，尽快搭建城乡产业协同发展平台。在继续推动农业产业现代化水平的同时，新型城镇化战略的协同推进不仅能加快实现农业转移人口市民化，而且能通过城镇第二、三产业的发展强化城镇产业就业支撑，推动建立城乡产业协同发展机制。从镇赉与龙江两县的实践情况看，当前阶段的主要任务是在继续扶持当地扶贫产业接轨实现乡村产业兴旺目标，建立可持续的乡村产业体系的同时，协同推进新型城镇化战略。尤其是通过小城镇建设，加强城乡产业之间的联结，推动建立稳定长效脱贫机制。这也对当地相关产业的转型升级提出了要求。此外，在可持续的乡村产业体系与稳定长效的脱贫机制之间，还需要通过深化农村集体产权制度改革，更好发挥农村集体经济组织在发展集体产业与实现乡村振兴中的能动作用。

（本章作者：李林林、王景新；张雅倩参与镇赉、龙江两县调研）

参考文献（按引用顺序）：

1. 李晓园、钟伟：《乡村振兴中的精准扶贫：出场逻辑、耦合机理与共生路径》，《中国井冈山干部学院学报》2018 年第 11 卷第 5 期。
2. 冯丹萌：《国际视角下脱贫攻坚与乡村振兴相融合的探索》，《当代经济管理》2019 年第 41 卷第 9 期。

3. 左停、刘文婧、李博:《梯度推进与优化升级:脱贫攻坚与乡村振兴有效衔接研究》,《华中农业大学学报》(社会科学版) 2019 年第 5 期。

4. 庄天慧、孙锦杨、杨浩:《精准脱贫与乡村振兴的内在逻辑及有机衔接路径研究》,《西南民族大学学报(人文社科版)》2018 年第 39 卷第 12 期。

5. 杨世伟:《乡村振兴战略与精准脱贫攻坚有机衔接研究》,《中国国情国力》2019 年第 6 期。

6. KAY CRISTO'BAL, "Development Strategies and Rural Development: Exploring Synergies, Eradicating Poverty", *Journal of Peasant Studies*, Vol. 36, No. 1, 2009, pp. 103-137.

7. Luc Christiaensen and Yasuyuki Todo, "Poverty Reduction during the Rural-Urban Transformation—The Role of the Missing Middle", *World Development*, Vol. 63, November2014, pp. 43-58.

8. Katsushi S. Imai, Raghav Gaiha, and AlessandraGarbero, "Poverty Reduction During the Rural-Urban Transformation: Rural Development Is Still More Important than Urbanisation?", *Journal of Policy Modeling*, Vol. 39, No. 6, November-December 2017, pp. 963-982.

9. 冯克:《农业农村部:67%脱贫人口主要靠产业帮扶"摘穷帽"》,《农民日报》2019 年 9 月 2 日第 1 版。

10. 王井怀、杨永纯等:《分红式扶贫的利与弊》,《新华每日电讯》2019 年 7 月 26 日第 15 版。

第七章 资源型地区扶贫开发与山区县域经济转型
——山西省左权县、兴县调查报告

摘要：改革开放以来，山区一直扮演着各类自然资源开发与输出的角色，其自身发展长期处于被忽视的边缘地位。伴随着工业化及城市化的发展，我国许多山区生态、贫困等问题突出，成为我国经济发展的低谷区和扶贫攻坚的重点区。如何从可持续发展视角推动中国山区县域经济转型发展是一个亟须解决的问题。课题组在综合分析山西省两个样本县产业、资源、基础设施、村域经济、农户生计以及国土资源利用潜力等因素的基础上，认为：第一，以资源开发与输出为主导的山区县域经济比较脆弱，抗风险的能力也不强，受市场条件变化、生态环境保护等因素的影响，容易导致经济衰退与发展滞后。2020年以后，国家应从政策层面进一步支持此类山区县域经济的转型发展。第二，在资源型山区县域经济转型发展过程中，农村腹地的经济发展是基础，城镇自身的建设完善是引导，产业转型是动力，合理的城乡发展秩序以及机制设计是保障。具体而言，应采取以下措施：一是加快农村扶贫开发进程，夯实山区发展的腹地基础；二是繁荣农村经济，促进山区乡镇发展；三是修复生态环境，建立山区生态补偿机制；四是构建合理的城镇体系，重视县城对乡镇的辐射带动作用；五是提升基础设施及公共服务水平，改善城镇发展环境；六是发展特色产业，提升县域可持续发展能力。

关键词：资源型地区；扶贫；山区；县域经济转型

Chapter 7 Poverty Alleviation in Resource-based Areas and County Economic Transformation in Mountainous Areas
—Investigation Report of Zuoquan County and Xingxian County in Shanxi Province

Abstract: Since the reform and opening up, the mountain area has been playing the role of all kinds of natural resources development and output, and its own development has been neglected for a long time. With the development of industrialization and urbanization, many problems such as ecology and poverty in mountainous areas are prominent, which have become the low-lying areas of economic development and the key areas of poverty alleviation. How to promote the transformation and development of county economy in mountainous areas of China from the perspective of sustainable development is an urgent problem to be solved. Based on the comprehensive analysis of the industry, resources, infrastructure, village economy, farmers' livelihood and the potential of land and resources utilization in the two sample counties of Shanxi Province, the research group believes that: first, the mountainous county economy dominated by resource development and output is relatively weak, and its ability to resist risks is not strong, which is easily guided by the changes of market conditions, ecological environment protection and other factors leading to economic recession and lagging development. After 2020, the state should further support the transformation and development of such mountainous county economy from the policy level. Second, in the process of economic transformation and development of resource-based mountainous counties, the economic development of rural hinterland is the foundation, the construction and improvement of cities and towns is the guide, the industrial transformation is the driving force, and the reasonable urban and rural development order and mechanism design are the guarantee.

Specifically, the following measures should be taken: first, accelerate the process of rural poverty alleviation and development, consolidate the hinterland foundation of mountain development; second, prosper the rural economy, promote the development of mountain towns; third, repair the ecological environment, establish the mountain ecological compensation mechanism; fourth, build a reasonable urban system, pay attention to the radiation driving role of the county town; fifth, improve the infrastructure and public services; The sixth is to develop characteristic industries and enhance the sustainable development ability of the county.

Key words: Resource-based Areas; Poverty Alleviation; Mountain Areas; County Economic Transformation

第一节 调研背景及样本县经济社会发展总体状况

一 调研背景和意义

山区既是自然资源的赋存地，也是集水源涵养、气候调节、生物多样性维持、生态产品供给等多种功能与经济社会发展于一体的复杂系统，在区域乃至国家的发展中具有重要的战略地位。改革开放以来，山区一直扮演着各类自然资源开发与输出的角色，其自身发展长期处于被忽视的边缘地位。伴随着工业化及城市化的发展，我国许多山区生态、贫困等问题突出，已成为我国经济发展的低谷区、扶贫攻坚的重点区和"三农"问题的焦点区。与其他国家的情况有所不同，我国山区仍然居住着大量居民，山区不发展，就谈不上国家的全面发展；山区人民不实现小康，也就实现不了真正意义上的全面小康。可以说，山区的发展及生态系统可持续性直接影响到国家未来的经济和社会走向以及生态环境安全。但是，如何"从统筹和可持续发展的角度看待中国山区的发展"尚未破题，这是事关中国未来可持续发展的极为重要、最为困难和亟须探索的内容。

山西省是多山省份，同时也是典型的资源型地区，山西省山区的兴起、繁荣以及衰退均离不开资源开发的影子。随着市场条件的变化、国家对生态环境保护的重视等因素的影响，山西省山区普遍进入了经济衰退阶段，这类地区应该走一条怎样的发展路径值得关注。2017年7月31日至8月5日，调查组对山西左权县、兴县开展了为期6天的调查，试图在研究左权县、兴县当前扶贫开发及县域经济转型发展实践的基础上，探索新时期资源型地区县域经济转型发展的道路和促进政策。

二 调研内容、方法和样本

赴山西调研前，课题组根据《山区发展战略研究方案》制定了调查提纲和问卷，内容包括：（1）样本县情以及经济社会发展情况，包括土地及利用、人口分布和密度、资源环境、基础设施、市场化程度、金融服务体系、农业生产社会化服务现状、区域经济社会发展情况、村域经济及产业结构、村集体收入与支出、村级社区基本公共服务、农村劳动流动、农户进城定居和农民生计情况等。（2）样本市、县域改革发展的主要规划制定、管理和实施的情况、经验和问题，包含全面深化改革规划、经济社会发展"十三五"规划、扶贫攻坚和"全面小康"建设规划、土地利用总体规划和土地整治规划、全域城镇体系规划、全域城乡一体化规划、旅游规划、生态环境保护规划等。（3）样本县全域国土空间规划利用方面已有的想法做法、初步经验和需要研究的问题，包括全域国土空间边界划定和管控、全域发展及"四化同步推进"过程中的农村土地复合利用与管控、传统村落保护利用及其宅基地制度改革等方面。（4）样本县的特别情况与问题，比如集中连片特殊贫困县脱贫攻坚规划计划、投入、效益、脱贫摘帽时间表等，摘帽后县域经济社会发展设想或思路；革命老区县根据地时期的山区建设成就、经验以及物资和非物质文化遗产保护传承情况。

本次调研得到了山西省国土资源厅规划处、左权县国土资源局、吕梁市和兴县国土资源局的大力支持[①]。课题组完成了山西省2县、4个乡镇、7个行政村的实地调查和19份村干部和农户问卷（表7-1）。实地调查过程中，调研组分别与左权和兴县国土、发改、住建、林业、农委、扶贫办

[①] 山西省国土资源厅规划处、左权县国土资源局、吕梁市和兴县国土资源局，以及所有调查样本乡（镇）、村和访谈农户给予了课题组大力支持，提供了相关资料、文献，课题组对参与单位和个人表示衷心感谢！

等有关部门座谈会，主持召开乡镇村干部座谈会 4 次，本报告是在上述基础上形成的。

表 7-1　　　　　山西省调查样本一览表（2017 年 7—8 月）

县	乡（镇）	行政村	访谈村干部、农户数（编号）
左权县	麻田镇	柴城村、麻田村	A1，B1—B4
	寒王乡	寒王村	A2，B5—B8
	桐峪镇	桐峪村	
兴县	魏家滩	薛家沟	A3，B9—B12
		魏家滩村	A4，B13—B16
	蔡家崖	蔡家崖村	B17—B19

三　样本县经济社会发展总体状况

（一）样本县的经济发展情况

第一，产业体系重构初见成效，但稳增长调结构形势依然严峻。

作为典型的资源型地区，样本县产业结构体系单一，"一煤独大"的现象非常突出。由于样本县经济发展与煤炭产业的相关性非常强，因此县域经济比较脆弱，抗风险的能力也不强。从实地调研的情况来看，在 2012 年煤炭价格下滑后，样本县的煤炭产业均出现大幅度的衰退，而煤炭产业下滑，直接导致县域经济的整体下滑，经济结构不合理等问题逐步暴露出来。

左权县是山西省的产煤大县，同时也是国家 100 个重点产煤县之一。地区生产总值的大部分都来自工业增加值，而工业增加值的大部分都来自煤炭产业。不均衡的经济发展结构，造成了左权县产业经济"一煤独大"的局面。煤价下跌后，山西全省经济发展陷入困境，经济效益"断崖式"下跌，左权县煤铁传统产业也受到了冲击，滞缓财力增长。"十三五"以来，左权加速工业转型升级并逐步壮大特色农业，全县工业、农业实现了新提升。2016 年，左权县地区生产总值完成 44 亿元，增长 4.2%；规模以上工业增加值完成 14.4 亿元，增长 3%。其中，非煤工业产值 15.9 亿元，全县煤与非煤产值比达 1.09∶1。山区特色农业发展步伐加快，核桃种植总面积达 36 万亩，总产量 1200 万公斤，产值 2.4 亿元。城镇居民人均可支配收入完成23687元,增长6.1%,农村居民人均可支配收入完成4745元,增长7.1%。但是,目前左权仍处宏观经济减速换挡与动力转换期,经济下行压力仍在加大,经济总量不大,部分经济指标仍处于全市中下游,发展不足仍是面临的主要问题。

"十二五"期间,兴县"一产弱、二产不优、三产小"的结构性矛盾依然突出。受煤炭市场需求持续疲软、行业产能过剩、资金环境趋紧等因素影响,全县以煤炭产业为主的工业经济增长乏力。"十三五"以来,兴县致力于产业结构优化升级,发展后劲明显增强。2016年华电锦兴肖家洼煤矿全面达产达效,兴县煤炭产能稳定达到2690万吨,成为吕梁市第一产煤大县。华兴铝业二期100万吨氧化铝项目建成投产,氧化铝产能达到230万吨;中铝华润吕梁轻合金基地一期年产50万吨轻合金项目开工建设。山西省委、省政府把兴县确立为全省重要的铝工业基地,兴县铝产业发展迈出了关键性的一步。农业方面,小杂粮、绒山羊、经济林等特色产业规模不断扩张,清泉醋业、黄河农业、三星油脂、山花烂漫、晋绥枣业等农业龙头企业不断壮大,产业体系逐步完善。此外,电子商务、物流产业从无到有,不断壮大,成为全县经济新的增长点。但是,因宏观经济下行、生产要素成本上升、工业产品价格下滑等客观因素影响,兴县经济总量仍然较小、经济结构不够合理、农业和服务业总体规模小层次低、民营经济发展严重不足等一系列产业结构深层次问题也逐步暴露出来。

第二,原有工业结构导致生态欠账较多,绿色发展任务较重。

样本县原有工业主要依靠的煤炭产业,而且煤炭产业大多也只是停留在采掘层面上,主要从事一些初级产品的生产,具有技术含量低、资源消耗大、附加值低等特点,对煤炭资源无法高效利用,不仅产品附加值低、竞争力小,而且造成了资源浪费、环境污染。

以兴县为例,2010年以来,兴县工业经济在经历规模快速扩张后,受煤炭形势疲软影响,开始主动转型调整。一方面变输煤为输电,进行煤炭产业的升级;另一方面积极从非煤产业做文章,大力发展铝系产业、清洁能源产业、物流等新型产业。目前,兴县工业经济基本上形成了以铝系产业为主,电力、煤层气、物流及煤炭为辅的新型产业格局,铝系产业将成为县域经济发展新的增长极。但兴县工业结构仍以煤炭等资源型产业为主,生态破坏、环境污染较重。长期积累的问题正在集中显现,环境保护、污染治理和生态修复任务繁重。由于县域内多为山地丘陵区，沟壑纵横，地质结构复杂，地质、自然灾害易发、多发、频发，加之其他多种因素叠加，使得全县生态环境治理修复困难较大，实现绿色发展需要付出更大的努力。

左权县的情况也是类似，作为能源大县，除采煤沉陷区治理治理任务之外，单位GDP主要污染物产业强度、排放强度在短时间内仍将处于高位，资源环境承载能力面临严峻挑战，污染排放和环境保护的红线将成为新上项目的硬约束。

第三，第三产业发展缓慢，不利于人口聚集及城镇化发展。

样本县原有以煤炭为主的产业体系，导致大量投资放在了生产方向，而对于与生活相关的服务业投入过少，加之县域人口规模较小，造成第三产业产值较低，普遍发展缓慢，减缓了人口集聚和城镇化发展的进程。

据统计，2016年左权县固定资产投资总额为994000万元，其中31.8%为工业投资，20.6%农林牧渔业投资，5.3%为交通运输行业，与生活相关的批发零售餐饮行业只有2.1%，文化、体育和娱乐业只有1.5%，住宿餐饮业只有0.3%。

兴县的情况也类似，但在三产投资方面近年有所改善。2016年兴县固定资产投资总额为1423058万元，其中19.1%为工业投资，2.1%为农林牧渔业投资；在第三产业方面，观澜宾馆、黄河酒店等一批餐饮服务业项目投入运行，全县旅游服务的接待能力和对外形象有了一定提升；但2016年兴县地区生产总值604451万元，其中工业占70.8%，批发和零售业只占4.1%，住宿餐饮业只占0.7%。因此，从总体上看，两县第三产业发展缓慢的格局并没有改变，不利于人口聚集及城镇化发展。

(二) 样本县城镇基础设施与公共服务发展状况

一直以来，由于样本县产业结构等原因，造成了一定程度的产城关系不协调。由于样本县产业大都是与煤炭相关的采掘业，产业对于原材料开采地的依赖性，导致县域内主要企业选址多在远离镇区的地方，如本次实地调查的山西西山晋兴能源有限责任公司位于兴县县城以北50公里处。同时，目前煤炭企业基本都是国有大型企业，往往都封闭运行，缺少在城区或镇区集聚的动力。由于体制的原因，国有大中型企业以及下属企业通常以自我管理为主，在基础设施和公共设施方面无法共享，造成了产业与乡镇空间布局一定程度错位与不合理。

  2012年以来，左权在城市建设中坚持规划先行的"高起点规划、高标准建设"发展思路，先后投资3000余万元，聘请多家国内知名规划、设计单位对左权县城进行把脉、论证，完成了县城总体规划、中心城区控制性详细规划、城市道路等9个市政基础设施专项规划以及中心城区城市设计与河道治理规划设计，为实现城建工作的科学合理、特色突出、个性鲜明、功能完善奠定了良好的基础。在此基础上，左权县以建设山水宜居名城、打造和谐幸福家园作为目标，以产业园区建设、城镇基础设施建设及保障性住房建设为抓手，以山水生态改善、文化底蕴挖掘为重点，围绕"大县城"发展战略进行开发建设。通过一系列工程建设，为突出城市特色、打造城市亮点、改善人居环境，促进全县的转型跨越发展起到了积极推动作用。目前，左权县城建成区绿化覆盖率达39.8%，绿地率达36.4%，人均公共绿地达10.5平方米，路灯亮化率达98%；县城饮用水达到国家一流城市安全标准；用水普及率、集中供热普及率、人均道路面积、污水集中处理率、绿化覆盖率五项城市发展指标超全省县城发展目标。

  "十二五"以来，兴县也在加速推进新型城镇化。在编制完成县城新区规划和旧区控制性详细规划的基础上，通过实施一系列重点工程，人民居住环境明显改观，制约交通瓶颈彻底被打破，水、电等基础条件逐步改善。但县域内整体基础设施配套水平仍然不高。在县城不足4平方公里的建成区居住着近12万人口，每平方公里居住3万人左右，而且大部分属于棚户区，导致基础设施无法配套，居住环境恶劣，城市形象十分落后。除基础设施之外，在教育、医疗、社会保障等方面也难以提供高水平的公共服务。在调查中也发现，在比较利益的驱动下，不少农村居民基于求学、就医等更高的需求，跳过县城直接进入更高级别城市发展。

第二节 样本县扶贫开发的基本情况

  左权县属太行山革命老区，2001年被列为国家扶贫开发工作重点县。到2015年底，全县建档立卡贫困村125个，占行政村总数的61.6%；贫困户13525户，占全县农业人口总户数27.14%；贫困人口36645人，占全县农业人口总数的27.14%；贫困发生率26.55%。"十三五"期间，左权县将通过专项扶贫、行业扶贫、社会扶贫三条路径，对全县贫困人口实施"特色产业增收、易地扶贫搬迁、生态建设补偿、教育培训增技、社会保障兜底、结对帮扶共建、基础能力改善"七大攻坚工程，力争到2018年125个贫困村稳定脱贫，现行标准下36645名贫困人口全面脱贫，实现"两不愁三保障"，摘掉贫困县帽子。

兴县是革命老区，也是吕梁山区连片特困县。到2015年底，全县尚有贫困村275个，贫困户22460户，贫困人口62316人。贫困村占全县农村总数的73.1%，贫困人口全省第三、全市第二，贫困发生率25.3%，因病因学、缺技术、缺劳力、缺资金致贫占贫困人口的80%以上，呈现出贫困人口多、贫困面积大、贫困程度深、贫困发生率高的特点。"十三五"期间，兴县围绕全面脱贫任务，按照"五个一批"要求，全力推进脱贫攻坚"五大工程"，到2019年末要实现全面脱贫摘帽，全县6.2万扶贫对象稳定脱贫，贫困发生率降到2%以内。

一　样本县脱贫举措

（一）产业扶贫

"十三五"期间，左权县通过发展经济林、蔬菜、中药、杂粮、养殖、旅游、光伏、电商等8大特色农业产业，帮助贫困户增收脱贫。

兴县通过发展经济林、光伏、家政、小杂粮、食用菌、养殖、蔬菜、农产品加工、旅游、电商等"十大产业"帮助3.2万贫困人口稳定脱贫。

（二）易地扶贫

"十三五"期间，左权计划完成建档立卡贫困人口4038人和同步搬迁非贫困人口2039人。到2020年，全县创建高标准太行秀美宜居示范乡村100个，其中精品示范村15个、中心示范村35个、特色示范村50个。到2020年，完成125个贫困村危房改造任务，从根本上解决农村困难群众的住房安全问题。

兴县把推进新型城镇化和精准脱贫工作有机结合起来，以扶贫开发促进新型城镇化，以城镇化推动扶贫，提高贫困人口城镇化率，"十三五"期间计划通过易地扶贫搬迁工程，帮助0.8万贫困人口稳定脱贫。

(三) 生态扶贫

"十三五"期间,左权县计划通过实施林业生态治理扶贫,扶持发展造林专业合作社(专业队),吸纳3290名贫困人口参与林业工程建设,确保入社贫困人员人均收入达3000元以上,并保证按造林亩投资总额的45%支付贫困劳力劳务费用,帮助贫困户实现增收;计划实施新一轮退耕还林工程,涉及5300余户16000余人,其中贫困户1500余户4300余人,使贫困人口直接享受每亩1500元的政策性补助。计划实施森林生态保护扶贫,选聘生态护林员640人,全部以建档立卡贫困人口为对象,每年每人平均管护收入5900元,可带动1300名左右贫困人口脱贫。

兴县把脱贫攻坚与生态文明建设紧密结合,通过狠抓植树造林,实现荒山增绿、贫困群众增收,以根治水土流失,兴水富民,计划通过加大植树造林力度,建立生态补偿机制,带动0.3万贫困人口稳定脱贫。

(四) 教育扶贫

左权县对建档立卡贫困普通高中在校生,按照每生每年2000元标准资助;对中等职业学校一、二年级在校贫困学生,实现建档立卡贫困生接受中等职业教育免学费和国家助学金补助政策全覆盖;对考入大学本科(二本B类及以上)高等院校的建档立卡贫困大学生一次性资助5000元,实现建档立卡贫困家庭学生教育全覆盖;将贫困劳动力纳入"就业援助月""民营企业招聘周"等公共就业服务专项活动,建立完善县乡村三级基层人力资源和社会保障服务平台,向贫困劳动力免费提供求职登记、职业指导、职业介绍、政策咨询等服务;成立劳动派遣或人力资源公司,在千人村建立劳务网点,对贫困户开展一对一就业帮扶,增加贫困户收入,尽快脱贫。到2018年,全县培育新型职业农民3000人,认定新型职业农民300人,培育农村科技创新带头人300人,千村万人就业培训3000人。

兴县对建档立卡的贫困人口在上学等方面给予扶助,确保贫困人口上得起学,免除建档立卡贫困家庭学生普通高中学杂费,对考入专科以上院校的建档立卡贫困家庭大学生给予一次性资助。同时,依托"吕梁山护工"的品牌影响力,组织开展护理护工培训,力争每个有劳动力的贫困家庭至少有1人参加培训。"十三五"期间,规划培训护理护工和家政服务人员5000人,每年1000人。培训对象以贫困人口中的青壮年劳动力和未就业的大专以下毕业生为主,重点培养护工、月嫂,致力打造晋绥老区特色劳务品牌，实现就业3000人，其中贫困户达到60%以上，可带动2000个家庭脱贫。此外，还结合国家有关政策，加强农民技能培训，助力县产业扶贫工作。

（五）社会保障兜底扶贫

左权县对最低生活保障家庭人口、收入和财产状况定期进行分类复核复审，做到应保尽保、应退尽退。将60岁以上符合五保供养条件的老年人，不达60岁但无依无靠、无法维持正常生活的重度残疾人全部纳入五保范围。对因突发事故、重大疾病等造成暂时性生活困难的家庭给予临时性生活救助或急难救助，提高乡镇敬老院供养水平，提高五保对象入住率。到2018年，农村老年人日间照料中心实现800人以上行政村全覆盖。

兴县对年龄偏大、身体残疾或其他丧失劳动能力的贫困人口，由社会保障兜底脱贫，解决1.1万贫困人口脱贫问题。通过开展社会募捐活动和"献爱心"活动，多渠道筹集资金，帮助困难群众脱贫。对农村低保户的救助由分档救助逐步过渡到补差救助，为兜底脱贫奠定基础。将完全或部分丧失劳动能力的贫困人口全部纳入农村低保，逐步将各类保障标准提高至国家扶贫标准。

（六）基础设施配套扶贫

左权县通过加强外通内联、通村畅乡交通运输网络建设，做好"五大"农村路扶贫项目、重要县乡公路改造项目、农村旅游公路建设项目，每年至少要有300名贫困劳动力参与交通建设，人均工资性收入5000元。道路建养两项惠及贫困人口600人，人均增收5000元。力争50支农建水保专业队吸纳贫困劳动力2315人，每人每年至少实现工资性收入1.5万元，带动1.2万贫困人口年人均增收5000元。投资1.59亿元，持续实施贫困乡村配电网建设工程，力保满足3000个贫困户安装屋顶分布式光伏电站以及35个村地面集中式光伏电站需求。

兴县围绕农村"三基"建设，着力补齐农村基础设施和公共服务设施建设滞后的短板。到2019年，要对全县235个贫困村的基础设施进行配套和完善，达到贫困村退出标准。

此外，左权县实施结对帮扶共建工程，通过选派驻村工作队和第一书记、建立机关干部结对帮扶制度，引入龙头扶贫企业、采取"公司+基地+合作社+农户"的方式，以多种形式实现与贫困村、贫困户对接帮扶。

兴县也通过制定产业发展扶贫政策、加大品牌创建力度、创新金融扶贫模式等多种形式助力扶贫工作。

二 样本县扶贫效果及退出机制

（一）扶贫效果

通过以上措施，样本县的扶贫工作取得明显成效。截至2016年底，左权县有23个贫困村摘帽，减贫6928人。建档立卡贫困村减至102个，占行政村总数的50.24%；贫困人口减至29717人，占全县农业人口总数的22.01%；贫困发生率减至21.77%。

兴县2016年实现40个贫困村摘帽，减贫1.3万人。建档立卡贫困村减至235个，贫困人口减至46163人，贫困发生率减至17.3%。

（二）退出标准和程序

——贫困户退出标准和程序。贫困人口退出以户为单位，主要衡量标准为该户年人均可支配收入稳定超过国家扶贫标准且吃穿不愁，义务教育、基本医疗、住房安全有保障。贫困户退出按下列程序办理：

第一，村内民主评议。由村"两委"组织村民代表召开民主评议会，按照年度贫困户退出计划，初步拟定贫困户退出名单。

第二，村内核实认可。退出名单经村"两委"、驻村工作队和第一书记核实，得到拟退出贫困户认可。

第三，村内公示。退出名单经核实认可后，在村内公示（公示时间不少于7天），公示无异议后，报乡（镇）政府。

第四，乡（镇）审核公告。乡（镇）政府对贫困户退出标准和程序执行情况进行核查，对符合退出条件的贫困户公告退出，并于当年12月底前在扶贫开发信息系统中予以脱贫标注；对不符合条件或未完整履行退出程序的，退回重新核定。

第五，县监督检查。县脱贫攻坚领导小组对全县贫困户退出工作进行监督检查，发现问题立整立改。

——贫困村退出标准和程序。贫困村退出以贫困发生率为主要衡量标准，原则上贫困村贫困发生率降至2%以下。统筹考虑基础设施、基本公共服务、产业发展、集体经济收入等综合因素。贫困村退出按下列程序办理：

第一，乡（镇）调查核实。乡（镇）政府按照年度贫困村退出计划，对预退出贫困村入村调查核实，确定符合退出标准的贫困村名单，在乡（镇）内公示（公示时间不少于7天），公示无异议后，报县脱贫攻坚领导小组。

第二，县审核公告。县脱贫攻坚领导小组对贫困村退出标准和程序执行情况进行核查，对符合退出条件的贫困村公告退出，并于当年12月底前在扶贫开发信息系统中予以脱贫标注；对不符合条件或未完整履行退出程序的，责成相关乡（镇）进行核查处理。

第三，市监督检查。市脱贫攻坚领导小组对全市贫困村退出工作进行监督检查，发现问题立整立改。

——贫困县退出标准和程序。贫困县退出以贫困发生率为主要衡量标准，原则上贫困县贫困发生率降至2%以下。贫困县90%以上的贫困村通过扶贫实现退出；农民人均可支配收入增长幅度高于全省平均水平；基本公共服务主要领域指标达到或接近全省平均水平。贫困县退出按下列程序办理：

第一，县级申请。贫困县脱贫攻坚领导小组于当年12月底前提出退出申请，上报市脱贫攻坚领导小组。

第二，市级初审。市脱贫攻坚领导小组进行初审，初审结果于次年1月10日前上报省脱贫攻坚领导小组。

第三，省级核查。省脱贫攻坚领导小组对拟退出贫困县进行专项评估核查。

第四，社会公示。省脱贫攻坚领导小组将拟退出贫困县名单向社会公示征求意见，公示时间不少于7天。

第五，评估检查。公示无异议后，国定贫困县退出由省脱贫攻坚领导小组向国务院扶贫开发领导小组报告，国务院扶贫开发领导小组对国定贫困县退出情况进行专项评估检查。

第六，批准退出。对符合退出条件的国定贫困县和省定贫困县，由省政府正式批准退出；对不符合条件或未完整履行退出程序的，责成相关市进行核查处理。

(三) 退出后相关政策

贫困户、贫困村退出后，在攻坚期内可继续享受国家及省扶贫相关政策，防止出现边脱贫、边返贫现象，切实做到应进则进、应扶则扶、应退则退。

贫困县退出后，在攻坚期内国家及省原有扶贫政策保持不变，从财政专项扶贫资金里给予奖励。贫困县退出后，解除《国务院扶贫开发领导小组关于建立贫困县约束机制的通知》（国开发〔2014〕12号）中规定的贫困县限制、禁止的事项，从退出贫困县的次年起不再参与贫困县考核。

第三节 样本县的村域经济与农民生计

一 样本县特色农业发展情况

"十二五"期间，左权县大力发展核桃种植、设施农业等特色农业，新发展核桃10万余亩，总面积达35.5万亩，总产达900万公斤，产值约2.2亿元，农民人均种植核桃2亩以上，人均核桃收入达1600元。"左权绵核桃"被国家工商总局注册为地理标志证明商标，核桃产业大县的目标已基本完成。目前，左权县生态庄园由215处增加到257处，经营总面积扩大到35万亩。设施蔬菜总面积达1.9万亩，总产量达5.9万吨，产值2.36亿元，尤其是麻田莲菜从无到有，种植规模达3500余亩，亩均收入7000元以上，麻田莲菜园区被国家农业部列为设施蔬菜标准园，成为当地农民脱贫致富的新支柱。此外，左权县还在扎实推进第二批国家水土保持重点县项目，新增灌溉面积2.6万亩、农机总动力1.4万千瓦，主要农作物综合机械化水平达62%，粮食总产5958万公斤，实现"十连增"。

"十二五"期间，兴县大力推进小杂粮、红枣、核桃、马铃薯、畜牧养殖五大产业基地建设。截至2015年末，全县杂粮种植面积达到60万亩，栽植核桃经济林23万亩、红枣经济林17万亩，发展设施蔬菜1700亩，申报绿色认证示范片8个。此外，兴县还积极推进康宁和蔡家崖两个农业园区建设，占地1000亩的康宁农业园区已有清泉醋业、黄河农业小杂粮、三星油脂等5家企业入驻。占地102亩的蔡家崖农业园区，也已初具规模。

二 样本县农业劳动力配置状况

从统计数据可以看出，2016年左权县从事第一产业的劳动力仍然占41.98%。根据配第—克拉克定理，随着经济的发展，劳动力会从第一产业依次向第二、第三产业转移，从而实现产业结构的优化。因此，产业结构转变能促进农村劳动力的释放，从第一产业生产中解放的劳动力，将成为城镇发展的人力基础。但现有统计数据说明，左权县农村仍然有大量的人力资源被束缚在第一产业，不利于推动县域城镇产业结构的正常更替及城镇化发展。

从兴县的情况看，2016年兴县从事第一产业的劳动力占27.8%，常年在县域外打工的劳动力占26.5%。除在第一产业的劳动力外，有相当一部分劳动力外流到县域之外，也不利于推动县域经济结构的转型升级及城镇化进程。

从统计数据还可以看出，随着样本县资源型产业转型的不断推进，煤炭企业释放大量的劳动力，使样本县劳动力呈现出过剩的现象。这些过剩劳动力，一部分滞留在第一产业，另一部分则外流到县域之外。如何有效利用这些劳动力，对于县域经济的转型与城镇化发展至关重要。

三 样本县农民收入及消费情况

统计资料显示，2016年兴县农民人均可支配收入只有4006元，仅为同期全国水平的32.4%，而农民的人均消费水平为2246.8元，也只有全国平均水平的22.18%，远低于其他省份地区。

2016年左权县农民人均可支配收入只有4745元，仅为同期全国水平的38.4%，而农民的人均消费水平为5973.8元，也只有全国平均水平的59%，低于其他省份地区。

从统计数据可知，样本县农民人均可支配收入偏低，农村贫困问题相对突出，而收入水平则直接影响了农村地区的消费市场的开拓。调查中发现，除了消费水平较低之外，在消费结构方面，样本县农村消费也面临和全国其他地方同样的问题，生存型消费占比过高，发展型和享受型消费比例低，农村地区的消费潜力尚未释放。农村腹地消费需求不足及消费层次低，在一定程度上制约样本县的城镇化发展。

第四节　样本县国土资源利用状况及潜力

一　样本县的资源状况

（一）以煤炭为主的矿产资源丰富

左权县隶属于山西省晋中市，位于山西省晋中市东南部，太行山主脉中段西侧，地处晋、冀、豫三省交界，东与邢台、武安搭界，南与长治、邯郸相邻，是京津冀一体化的毗邻县。左权全县辖10个乡镇、203个行政村，总人口16万，总面积2028平方公里，耕地面积24万亩，林地总面积211万亩。左权县矿产资源丰富，全县已发现煤、铁、锰、铬、钛、铝、石灰岩、白云岩、硫铁矿、磷、含钾岩石、高铝黏土、硬质黏土、软质黏土、紫砂陶土、蓝晶石、石榴石、白云母、辉绿石、硅石、玄武岩、红板石、建筑石料等30个矿种、44处矿产地，全县煤炭储量48.5亿吨。

兴县隶属于山西省吕梁市，位于山西省西北部、吕梁市北端，东邻岚县、岢岚，南连临县、方山，北倚保德，西隔黄河，与陕西省神木县相望。兴县全县辖7个镇10个乡、376个行政村，人口30.68万，面积3168平方公里，是山西省版图最大的县。目前探明的矿种有煤炭、铝土矿、铁矿、硅、煤层气、石墨等23种，多数矿种品质优良，易于开采，其中煤铝属优势矿种。全县储煤面积约2000平方公里，占国土总面积的63%，是河东煤田的重要组成部分，总储量461.54亿吨，已探明储量136亿吨，其中埋藏在1000米以内的储量为71亿多吨，平均发热量7874千卡/千克，属优质动力煤和配焦煤。铝土矿探明储量1.86亿吨，远景储量大于5亿吨，分布面积254平方公里，是全省五大铝土矿区之一。

（二）文化旅游资源丰富

左权县文化底蕴丰厚，是中国的"歌舞之乡"，素有"民歌的海洋""小花戏之乡"美称，曾被省和国家命名为"山西省民间艺术之乡"和"中国民间艺术之乡"。2006年，山西省左权县申报的"左权开花调"，入选第一批国家级非物质文化遗产名录。左权县原名辽县，1942年5月25日国民革命军第八路军副总参谋长左权将军牺牲于此，山西人民为纪念左权将军，遂更县名为左权。县域内自然景观、革命遗址和人文历史景点交相辉映。自然景观主要有龙泉公园，是1992年经国家林业部门批准建设国家森林公园。1992年成立，1993年8月开始建设，已建成具有清代建筑风格的龙窑寺等一批景点。革命遗址和人文历史景点主要有麻田八路军总部纪念馆、左权将军烈士陵园等。

兴县主要旅游景点主要有"两馆一园"，即晋绥革命纪念馆、"四八"烈士纪念馆、晋绥解放区烈士陵园，以及"两山一洞"，即石楼山、石猴山、仙人洞。晋绥革命纪念馆属国家级重点文物保护单位，位于县城以西7公里的蔡家崖村，曾是贺龙元帅及八路军120师生活和战斗11年之久的根据地；晋绥解放区烈士陵园，属省级文物保护单位。"四八"烈士纪念馆，属省级文物保护单位，是全国100个红色旅游经典景区之一。石楼山的"石楼晚照"、黑茶山的"茶山积雪"等兴县十景闻名遐迩，天谷崖水库，位于魏家滩镇木崖头村，天古绝壁雄奇峻伟。境内还有其他各级文物保护点13处，其中石椤则、蔡家崖2处的仰韶文化遗址、蔡家崖乡胡家沟的明代砖塔、蔡家会古戏楼、县城的南山石窟等，既有较高的观赏和艺术价值，又有一定的史学研究价值。

二 样本县资源利用总体情况

（一）水资源

山西省水资源非常缺乏，2014年山西人均水资源量为305.1立方米，仅为全国平均水平的1/6.55，且长期的煤炭采掘造成山西省水资源总量不断减少，水质不断下降，因此多数城镇发展的水资源承载能力严重不足。

就本次调查的样本县而言，左权县水资源丰富。2005年全县水资源总量达2.31亿立方米。人均水资源占有量1452.83立方米，相当于全省的3.12倍；土地亩均水资源占有量827.9立方米，为全省的4.3倍。

兴县水资源相对匮乏。2008年全县水资源可利用量为5408万立方米，其中河川径流可利用量3924万立方米，地下水可开采量1972万立方米，重复可利用量488万立方米。2004年兴县地表水现状供水能力为1395万立方米，考虑新建水库工程、水库除险加固工程、引黄调水工程和集雨工程实施后，2010水平年可增加供水量4654万立方米；2020水平年可增加供水量7654立方米。则2010水平年可供水量6049万立方米；

2020水平年可供水量9049万立方米。

(二) 土地资源

山西省东西分别被太行山和吕梁山包围，山地、丘陵面积占全省总面积的80.1%，城镇的主要发展空间集中在忻定、太原、长治等几大盆地。"两山夹一川"的特殊地形也造成了城镇发展可利用的土地资源非常少，整体拓展空间十分有限，既不利于基础设施的配置，也不利于人口和产业的集聚。此外，在城镇发展中，山西省的资源利用效率不高，有研究和调查发现，山西省在土地利用方面普遍存在建设用地粗放、城镇用地结构不合理、农村居民点用地效率低下，以及独立工矿用地规模较大等问题。

在调查的样本县中，2005年底左权县国土总面积为201975.15公顷，已经利用土地面积104777.47公顷，土地利用率为51.86%，未利用地面积为97230.68公顷，占土地面积48.14%，土地开发利用率较低；现有耕地多数分布在丘陵地区，耕地中高、中、低产田比例为5∶59∶36，中低产田占到了95%。由于基础设施差，水土流失严重，土地较为贫瘠，不少地方农作物布局不合理，生产条件得不到根本改善，生产力潜力没有充分发挥，耕地的生产力和利用率低。全县未利用地数量较多，但可以利用的后备资源相对较少，未利用的土地中主要是难以利用的裸岩石砾地，占未利用地的54.85%，可开发利用的后备资源相对较少，荒草地、滩涂只占42.61%，后备资源相对贫乏。

兴县国土总面积475.39万亩，其中农用地409.06万亩，建设用地11.6万亩，未利用地54.73万亩。兴县林业用地224.27万亩，占国土总面积的47.2%，其中林地63.66万亩，占林业用地的26.1%；灌木林42.05万亩，占林业用地17.2%；疏林地7.4万亩，占林业用地6.2%；宜林荒山面积116万亩，占林业用地47.6%。森林覆盖率为10.78%。

(三) 文化旅游资源

调查发现，样本县文化旅游资源也存在开发利用严重不足的情况。一方面是由于山西省现存的旅游资源多为历史文化类，同质性很高，受众面相对较窄；另一方面是由于发展旅游业前期投入较高，资金回收周期较长。

(四) 矿产资源

样本县虽然在矿产资源方面存在优势，但是随着外部条件的变化，在矿产资源开发利用方面面临瓶颈。首先是乡镇煤矿大幅度被兼并，对于煤炭资源开发的政策经历了由鼓励民营资本到"国进民退"的转变。2009年山西省出台了《山西省煤炭产业调整和振兴规划》等文件，强制整合全省煤炭资源，民营资本被清退，兼并重组后的煤矿无论从产权关系上还是规范运作上都无法满足乡镇或村的资金需求。其次，随着国家对于生态环境保护的重视，以及"去产能"的宏观要求，资源型产业均面临转型需求，样本县依托资源开发获得发展动力的可能性在减小。

三 样本县重点乡镇资源利用现状及其开发潜力分类

根据人口、产业以及资源环境等条件及其开发潜力，可以将样本县的乡镇分成三大重点类型，即集聚型、节点型和衰退型。

（一）集聚型乡镇

集聚型乡镇是指人口集聚态势良好，用地、环境等容量都限制较小的乡镇。在未来的开发利用上，这些乡镇未来可能会发展成为中小城市，在基础设施、公共服务配置等方面应该以城市为标准，提高乡镇的综合承载力。

（二）节点型乡镇

节点型乡镇是指人口集聚和资源承载力方面潜力不大，但是在带动周边农村发展方面占据重要位置的乡镇。在未来的开发利用上，这部分乡镇应该突出节点镇的主导职能，包括公共服务、农产品集散、信息交流等方面作用，通过建立完善的基础设施和交通联系，发挥其城乡联系纽带的作用。

（三）衰退型乡镇

衰退型乡镇是指资源环境本底条件恶劣、人口和经济已经进入衰退期的乡镇，主要包括部分贫困地区、采煤沉陷区等。在未来的开发利用上，这部分乡镇应该在保留行政建制的情况下，在环境修复的基础上，重点发展其居住功能，维持其基本的服务功能，未来以大型居住社区或者农村居民点的形式存在。

第五节 推动资源型山区县域经济转型发展的建议

基于山西两个样本县产业、资源、基础设施、村域经济、农户生计等综合分析，以及对样本县国土资源利用潜力认识，课题组认为：第一，作为典型的资源型地区，样本县经济发展与煤炭产业的相关性非常强，县域经济比较脆弱，抗风险的能力也不强。近年来，随着市场条件的变化、国家对生态环境保护的重视等因素的影响，左权县、兴县都进入了经济衰退阶段，导致发展滞后。前者系"片区外国家扶贫开发工作重点152县"之一，后者是11个集中连片特困地区（吕梁山区）的贫困县。根据目前两县县域经济水平，到2020年贫困县"摘帽"以后，仍然需要加快发展。课题组建议，到2020年以后，国家应该在贯彻党的十九大报告关于"实施区域协调发展战略"框架下，对资源型地区转型发展予以高度重视，需要进一步研究其具体的支持政策，支持资源型地区县域经济加快发展。第二，结合样本县域发展的实践，在资源型地区县域经济转型发展过程中，农村腹地的经济发展是基础，城镇自身的建设完善是引导，产业转型是动力，合理的城乡发展秩序以及机制设计是保障。因此，对于资源型地区而言，县域经济转型发展应该贯彻分类和因地制宜的思想，以乡村振兴为重心，实现山区县域经济多元发展；从增强农户创收能力、抗御自然和市场风险的能力等多方面入手，下大力气改善农民生计，引导其发展致富。

一 加快农村扶贫开发进程，夯实山区发展的腹地基础

改善样本县山区落后的现状，应该从贫困地区特别是吕梁山和太行山两大集中连片特困地区入手，解决区域性的贫困问题。

第一，优化乡村居民点的布局。针对山区农村人口不断减少的现状，对位于生态敏感区、煤炭采空区、地质灾害易发区以及部分生产生活条件恶劣地区的农村居民点，应该以易地搬迁为主要手段，在政府引导下向发展条件较好的小城镇集中，或者根据农民意愿分散安置。

第二，改善山区乡镇的基础设施条件和公共服务质量。秉持城乡等值的观念，加快推进城乡基本公共服务均等化，强化乡镇和周边农村的交通联系。尤其针对吕梁山区和太行山部分地区，要加快水电气路等设施的建设，满足基本的生产生活需求，而针对现状基础较好的村庄，应该以"美丽乡村"建设为目标，改善村庄环境，保护乡村特色风貌。

第三，以建设京津冀腹地为目标，积极发展特色农业，开展乡村旅游。山西作为京津冀地区向西辐射的首要之地，必须大力挖掘京津冀地区

的市场需求。样本县有丰富的旅游资源尚待挖掘，包括历史文化、红色旅游、绿色生态等方面，在特色农业方面也有优势，应该结合消费时代的需求，积极对接京津冀地区。在这个过程中，山区的乡镇可以发挥商品集散地以及旅游中转地的功能。

二 繁荣农村经济，促进山区乡镇发展

第一，从恢复生态环境入手，提升农村经济发展和乡镇发展的承载能力，改善农村地区的生产生活条件。

第二，以农业产业化和特色化生产为目标，提高农业生产率，促进农民增收。山地地区可以采用分类发展的思路，积极发展特色农业，适度发展乡村旅游，引导农民增收；地势平缓的地区，土地资源较充足，应该适度开展土地整理，提倡农业大户、公司等形式，提高农业生产的规模效益。

第三，构建以乡镇为核心的农村商品市场体系，拓展农村的消费市场，发挥乡镇的市场交易和集散功能。有关部门应该主动引导、鼓励各类投资主体参与到农村商业设施的建设中，依托乡镇建立一批大中型的批发市场，以此为渠道加强与农民、农产品加工企业之间的联系，提高农民的市场参与度。

三 修复生态环境，建立山区生态补偿机制

第一，应积极开展生态修复。对于山西这样的资源型地区来说，长期以矿业为主的发展模式带来了生态破坏、资源枯竭。样本县应加大力度，积极开展生态修复，尤其加强对资源产业破坏的耕地、水源、山体、植被等方面的治理，恢复生态环境，提高自身的承载能力。

第二，建立与完善生态补偿机制。山西省的资源开发与国家的宏观战略息息相关，在相当程度上是牺牲了自身利益的情况下为国家经济建设做贡献。在此类山区的发展过程中，建立基于矿产资源开发的生态补偿机制至关重要。

首先，完善纵向生态补偿机制。煤炭黄金时期，粗犷的开采方式给山西省山区带来了严重的环境破坏，包括采空区、地表塌陷、地下水污染、植被破坏等。有关研究统计，截至 2015 年，山西省因煤炭开采而导致的

生态环境经济损失至少达到 770 亿元；到 2020 年，损失至少达到 850 亿元。而对于此类地区来说，现阶段主要的补偿方式是中央财政给地方的纵向转移支付，且以一般性转移支付为主，专项为辅，直接受益者往往是各级政府，而且经过不同层级的政府分配，最终落到乡镇政府手中的微乎其微。因此，基层政府作为主要行动者难以获益；同时还存在补偿标准不统一、监督机制不到位等现象，生态补偿的资金也很难保证落实。必须针对现有问题，进一步完善纵向补偿机制。

其次，探索建立横向补偿及区域合作机制。除了承担了国家能源基地的作用，山西省内部分区域也承担了重要的生态功能。例如，晋北地区与河北交界的部分县（市）承担了京津冀水源保持和风沙防护作用。因此，除完善现有纵向补偿机制外，还应建立区域和省际间的横向补偿机制，积极争取京津冀地区对山西的对口补偿。同时，吕梁山区也应该加强和陕西省的区域合作，在生态补偿方面开展探索，加快黄土高原的治理进度。

四 构建合理的城镇体系，重视县城对乡镇的辐射带动作用

第一，重视县城对乡镇发展影响，继续推进"大县城"战略，强化乡镇和县城的交通联系。应结合县城、乡镇及周边农村的经济联系度积极推动行政区划调整，形成相对合理的生产力布局；应该加强区域协作和分工，特别是产业方面的分工，打造县域的主导产业，避免乡镇无序竞争，提高县域各单元的竞争力。

第二，推进百镇示范工程。突出重点目标，提升乡镇基础设施水平。选择一批基础较好的乡镇作为重点培育目标，依托交通设施形成城镇协调发展城镇密集区，作为县域内人口主要承载地区。有选择地发展特色秀镇，依据当地的自然环境条件、文化历史、民俗风情等，延续乡镇的地域特色风貌，注重特色环境的打造，强化在生活环境方面的比较优势。将乡镇发展与扶贫开发相结合，重点培育其人口集聚、交通联系和生态旅游功能，发挥山区林牧优势，加快农业专业化生产。

五 提升基础设施及公共服务水平，改善城镇发展环境

第一，加大城镇基础设施和公共设施投入力度。加快户籍、土地、社会保障等方面的制度改革，特别在教育和医疗方面，政府应该加大投入，

提升城镇的"软环境"质量，缩小县域与省市在公共服务方面的差距，同时通过培训、人才引进等方式提高公共服务的水平，引导周边农村人口向镇区集中。

第二，以服务型政府为目标，对部分发展良好的乡镇开展"扩权强镇"探索。探索乡镇政府在财政、融资、管理权限方面的创新，在资金、管理权限等方面给予乡镇一定的自主权，建立符合服务型政府的权责制度。

第三，从县市层面建立与国有工矿企业之间有效的沟通机制。理清乡镇政府和工矿企业之间的关系，合理扩大乡镇经济社会管理权限，建立乡镇政府和大型国有企业之间的协调机制。

六 发展特色产业，提升县域可持续发展能力

第一，依托当地的资源优势，发展特色产业，作为资源型产业衰退之后县域经济新的发展动力。在选择与引入产业时，应该以文化旅游和绿色生态产业为主要方向，对工业产业应通过加强监管、提高环境准入门槛，减少对县域生态环境的破坏。应依托农村生态农业资源建设一批农产品商贸镇、现代农业观光镇、生态旅游休闲镇以及农业服务镇，以此作为基础带动"三农"发展。应从县市层面制定文化旅游发展策略，通过挖掘历史文化资源，开展特色旅游城镇建设。

第二，通过税收、融资、土地等方面优惠加快新兴产业集聚。促进资源型产业转型升级或逐步退出，利用煤炭相关产业释放的大量劳动力，积极发展制造业以及第三产业，提高县域经济工业基础和服务业水平。

（本章作者：陈志新；调研组长：王景新；调研组成员：朱强、沈凌峰）

第八章 秦巴山区通江县"三大战略"衔接锻造县域经济韧性

摘要：脱贫攻坚、乡村振兴和新型城镇化"三大战略"衔接、区域经济韧性是经济学尚未深入讨论的新问题。本章以四次通江县调研为基础对此进行了实证研究，认为：山区贫困县域基础建设、主导产业转型、城乡聚落空间重构、产权和分配制度改革，不仅可以衔接"三大战略"，而且能够提升县域经济韧性；乡村经济活力是县域经济韧性的重要组成部分，由乡村资源空间与产业结构活力、村集体经济组织活力、农户经济活力等构成；适时转型县域主导产业，构建多样性产业结构，培育多元经营主体，打造一乡一品、一村一品特色产业体系，激发并维持村集体经济与农户经济活力，将极大提升县域经济系统应对各种冲击扰动的能力。

关键词：三大战略衔接；县域经济韧性；历史经验；现实发展

Chapter 8 Strengthening of the Economic Resilience of Counties through Linkage between "Three Strategies" in Tongjiang County in Qinba Mountain Area

Abstract: Linkage between "three strategies" -poverty alleviation, rural revitalization, and new-type urbanization, and resilience of county economy are new issues that have not been deeply discussed in economics. This paper is an empirical study based on four field studies conducted in Tongjiang County, and argues that the infrastructure construction, transformation of leading industries, reconstruction of urban and rural residential spaces, and reforms in property rights and distribution systems of poor counties in mountainous areas may not only link the "three strategies", but also improve the economic resilience of the counties. Besides, the vitality of rural economy is an important part of the county economic resilience. It consists of the vitality of rural resource space and industrial structure, vitality of rural collective economic organizations, and economic vitality of rural households. Measures like transforming the leading industries in a timely manner, constructing a diversified industrial structure, cultivating diversified business entities, creating an industrial system characterized by "one town, one product" and "one village, one product", stimulating and maintaining the economic vitality of rural collective economy and rural households, will greatly enhance the ability of the county economic system to cope with various shocks and disturbances.

Key words: Linkage between "Three Strategies"; County Economic Resilience; Historical Experience; Current Development

第一节　调研样本及研究价值

脱贫攻坚、乡村振兴、新型城镇化是中国"三农"现代化不同阶段，中央政府先后推出的"三大战略"，实施过程有明确的阶段性。但位于特殊困难地区的县，需要在未脱贫的基础上追赶发达地区乡村振兴、新型城镇化步伐，常常以县域基础建设、主导产业转型、城乡聚落空间重构、产权和分配制度改革为主轴衔接"三大战略"。课题组选择的全国14个集中连片特困地区40多个样本县，大多数都采用了这种响应策略。令人意外的是：采用这种响应策略的县，不仅在如期脱贫的同时缩小了与发达地区县域乡村振兴和新型城镇化的差距，而且提升了县域经济韧性。

通江县位于四川盆地东北部边缘，米仓山东段南麓大巴山缺口处，是研究秦巴山片区贫困县域发展的代表性样本。截至2018年末，该县辖14

镇35乡、524个村民委员会和1个居民委员会；县域国土面积4116.58平方公里，其中耕地面积89693公顷，森林面积27.07万公顷，活立木蓄积量1311万立方米，森林覆盖率66.0%，水域面积66.7平方公里，水资源总量25.48亿立方米；全县户籍26.03万户、72.86万人（人口密度177/平方公里），其中农业户16.62万户58.16万人，城镇人口14.7万，常住人口69.69万，常住人口城镇化率提高到35.39%[①]。

选择通江县作为"山区发展与国家安全战略研究"样本，是因为：（1）研究中华苏维埃共和国历史、苏区历史和革命老区经济社会状况，绕不开通江县。川陕苏区是毛泽东主席在第二次全国苏维埃会议上讲话中称赞的"中华苏维埃共和国的第二个大区域"，其间（1932.12—1935.2)[②]，中央西北军事革命委员会、红四方面军总指挥部、中共川陕省委、川陕省苏维埃政府，以通江县城为首府，在通江县境内建立赤北、赤江、红江三个省直辖县苏维埃政府，以及苦草坝、洪口两个省直辖特别区苏维埃政府（简称"三县两特区"）作为川陕革命根据地的政治、经济、文化中心地区和可靠后方，这里保留着中共早期领导中国革命、政权建设和山区开发的丰富历史印记。（2）通江县是研究秦巴山区75个特殊困难县域经济社会发展和农户生计改善代表性样本之一。通江县处在秦巴山片区中心区域，地势北高南低，地形"万山环列，诺宕漾回"，诺水、宕水，一西一东由北至南纵横县境，将山脉切割为东部、中部、西部三列，北部深切割中山海拔1500—2000米，中部中切割中山海拔1300—1500米，南部中切割低山海拔800—1000米。这里山大谷深，脱贫攻坚任务艰巨，截至2018年末，全国832个贫困县中已经有436个县脱贫出列，占52.4%，通江县计划到2019年末脱贫出列。（3）通江县在中国反贫困历程中业绩不凡，尤其是精准扶贫阶段，通江县在贯彻落实巴中市委、市政府倡导的"城乡统筹推进全域扶贫、把扶贫攻坚置入乡村振兴和新型城镇化的大战略下谋划"的理念和策略方面的一些做法和经验，是研究山区贫困县脱贫、乡村振兴和新型城镇化"三大战略"相互衔接和协同推进不可多得样本。

---

① 数据来源：通江县统计局《2018年通江县国民经济和社会发展统计公报》。
② 1932年12月18日，红四方面军占领通江两河口，25日攻下通江县城，旋即挥师直下巴中、南江，建立了川陕革命根据地。1935年2月底，红四方面军完全撤离通江。

基于上述，笔者自 2005 年至 2018 年间先后四次到巴中调研，前三次以巴中市为样本，涉足了该市所辖所有县（区），第四次调研（2018.10）是通江县专题调研，样本 4 个乡镇、7 个行政村和 18 个农户。四次通江调查，共完成该县 10 个乡镇（重复未计）、20 个行政村和单位、40 多户农户的调查（表 8-1）。四次调查，笔者都是调研组长，保留有全部调查笔记、资料及调研报告[①]，它们是撰写本章的重要基础。

表 8-1　　　　　　　通江县四次调查样本一览表

调查时间	乡（镇）	行政村和单位	访谈问卷（户）
2018.10	青峪乡	文昌宫村	3
		玉坪寨村	3
	空山镇	青龙村	3
		五福村	3
	诺水河镇	天井坝村	3
		柳林村	3
	沙溪镇	王坪村	—
2015.3—4	大兴乡	贾家梁村、东郡村	1
	民胜镇	鹦鸽嘴村	—
	诺水河镇	梓潼村及该村土地股份合作社银耳产业园（裕德园）、小落马河村	4
	空山乡（镇）	龙池村、中坝村、马铃薯研究所	4
	毛浴乡	朝阳村	4
	县城西部新城	高明新区石牛嘴光产市政建设	—

[①] 2005 年 7 月，笔者走马观花，参观了巴中市所隶全部县（区），以及恩阳县苏维埃老城和晏阳初博士史迹展览馆。2014 年 3 月，发展中国论坛、浙江农林大学中国农民发展研究中心、浙江师范大学农村研究中心联合调查组再进巴中，调研"推进中国特色村域城镇化和居村农民市民化"，调查了通江、平昌、恩阳等 3 县（区）、8 乡镇、13 个行政村、26 户农户。2015 年 3 月下旬至 4 月上旬，联合课题组三到巴中，开展"秦巴山片区扶贫与就近城镇化协同发展研究"，样本包含通江、恩阳、南江三县（区），23 个乡（镇）、34 个村，其中问卷 14 个村、53 户农户。第三次调研由中农办原主任段应碧先生，国务院扶贫开发领导小组原副组长、国务院扶贫办原主任刘坚先生，共同担任指导组长，笔者任调研组组长，成员有国务院办公厅督查室、住建部村镇建设司、农业部办公厅和产业政策与法规司、财政部财政科学研究所等实际部门的专家，合作高校的教授和学者。四次调查，通江县委、县政府、扶贫办等涉农委局，以及所到乡（镇）村和农户，都给予了课题组大力支持，笔者对此表示衷心的感谢！

续表

调查时间	乡（镇）	行政村和单位	访谈问卷（户）
2014.03	沙溪镇	王坪村	3
	文胜乡	王堡山村	3
	烟溪乡	苏家评村	4
2005.07		未进村入户调查	
小计（重复未计）	乡镇10个	行政村和单位20个	农户41户

说明：每次进村入户访谈问卷，每村选择3户，即经济条件上等、中等、贫困各1户。

第二节 反贫困提升县域经济韧性的历史表现

一 通江县域贫困的自然环境因素和历史原因

通江县域贫困有其自然环境因素和深刻的历史原因。通江县境内绝巘千重，险壑纵横，洞寨星列，密林广布。这样的自然环境不仅制约县域发展，而且常常引致外部冲击扰动，如：明正德三年（1508年）鄢本恕、蓝廷瑞的起义，明末李自成、张献忠领导的农民起义，都以通江为重要活动场所；清嘉庆年间白莲教起义，"通江蓝号"以通江为发祥地和大本营；民国初年，受到五四新文化运动熏陶的通江人民在朱兆琼、李子洪、张百山等领导下组织"红灯教"[1]。这种状况，一方面造就了通江儿女反抗强暴和剥削的社会文化性格；另一方面，县域经济发展和农民生产生活却容易遭受冲击扰动。要恢复县域经济活力，必须不断调整自身经济、社会和政治结构。这意味着县域持续发展要为此而付出代价，可能造成乡村贫困积累（假设）。

民国时期，中国农村千疮百孔，"农村经济之衰落，在中国已成普遍之现象。水旱蝗虫之天灾，兵匪苛捐之人祸，物价飞涨，举债之绝路"[2]。民国13年（1924年）大旱，川陕地区74县受灾，通（江）南（江）巴

---

[1] 中共通江县委党史研究室编：《通江苏维埃志》，四川出版集团四川人民出版社2006年版，第3页。

[2] 王景新等：《"全域扶贫"接轨"新型城镇化"——巴中市居村农民就近城镇化调查》，载《就近城镇化研究》，中国社会科学出版社，2015年4月版，2017年11月第二次印刷。

(中)三县灾害严重。"迨至14年,城中升米价值五千。……贫者始则采食豆苗,继者草根树皮,掘剥无余。……五六月,瘟疫流行,沿门传染,死亡相枕籍。"翌年大饥荒,家户告匮,市久断粮谷①。民国17年(1928)夏,久旱不雨,川陕地区被灾害20余县,通江尤甚。通江县土地贫瘠,1932年,全县列入官府征收田赋的田(水田)地(旱田、土)合计面积68261.2亩(实际面积高于此数),其中田占36.8%,地占63.2%,上等田1485.7亩,仅占田地总面积的2.2%。粮食产量低,1932年,全县粮食总产量5002.55万斤,其中水稻3380.5万斤、大小麦367.85斤、苞谷459.3万斤、高粱54.7万斤、荞麦5.7万斤、豆类87.5万斤、红苕和洋芋折合原粮647万斤②。如果按照当年全县人口平均,人均占有粮食169.16斤;但是,全县55480户295730人,地主、富农合计3860户25800人(占县域总人口的0.87%),却占有全县田地总面积的40.79%③,贫苦农民占有的粮食只能是其中极少一部分。这点粮食还要面对层层盘剥:一是四川军阀拥兵自肥、横征暴敛,一年而征数年之粮,至民国21年(1932)通江田赋已预征至民国40年(1951以后);二是土匪搜刮。"兵如梳,匪如篦,团丁犹如刀刀剃……","爹也穷,妈也穷,爹穷盖蓑衣,妈穷盖斗篷,细娃儿没盖的,抱个一个吹火筒,背时的刮(国)民党,整得我们都受贫穷……",这两首民谣真实描述了旧时通江县农民遭受的盘剥及困苦生活状况。

二 红军时期通江县的经济建设和经济韧性

川陕苏区地建立之后,中共川陕省委、川陕省苏维埃政府提出:"尽一切可能,开展必须的经济建设,以增强群众的利益,保证苏维埃和红军的胜利。"在这一方针指引下,党和红军领导通江人民开展山区建设,迅速改变了县域经济社会状况,提升了"三县两特区"抗御国民党"围剿"、封锁和根据地人口激增等剧烈冲击扰动的能力,区域经济韧性初显。

第一,农业上,在劳动力大量流失情况下仍然推动了县域粮食生产和

---

① 中共通江县委党史研究室编:《通江苏维埃志》,第3—4页。
② 中共通江县委党史研究室编:《通江苏维埃志》,第245页。
③ 中共通江县委党史研究室编:《通江苏维埃志》,第223—224页。

农村经济发展，在应对战争与封锁中保障了军民供给并储备了大量粮食。川陕根据地全盛时期，辖23县1市4.2万多平方公里600余万人口。其时，通南巴三县动员了12万人参加红军及各级苏维埃组织，其中通江儿女有4.8万人参加红军；三县投入运输力量约100万人次，其中通江10万多群众参加了地方武装和支前组织，牺牲群众万余人。这一阶段，川陕省苏维埃建立了领导土地改革、开垦荒地、地力培养、改造农业、培养森林、经营（木）耳山、豢养牲畜、新修水利和便利灌溉、研究土质、筹划田地肥料、制造农具、研究种子等方面的组织管理机构序列体系；颁布了《中华苏维埃共和国土地法》和"禁止种植鸦片""加紧耕田耕地多打粮食"系列政策，解放了生产力；同时动员川陕苏区部队、机关人员以及财政、金融、物资供应等各行各业支援农业。多种措施并举，在短短两年多的时间内，快速提升了贫困山区粮食生产能力。1933—1934年，"三县两特区"粮食亩产量由1932年的200多斤提升到300多斤，少数地方达到400—500斤，棉花亩产达到40斤左右，粮、棉产量比红军到通江之前普遍增加一倍以上；此外，大力发展茶叶、银耳、药材等特色产业，鼓励发展畜牧业和家禽养殖，改善生活，如长赤县镇子区苏维埃有807户4600余人，1933年底生猪存栏4000余头，牛1000余头，当年支援红军肥猪700余头。这一时期，川陕苏区红军部队共5个军15个师共8万余人[1]，其中通江（三县两特区）本籍29万余人，隶籍3万多人（省县区乡苏维埃政府工作人员、工人、学生、医护人员、警卫部队等），通江县在保障域内人口粮食供给外，还贡献军粮5000万斤；同时，通过没收地主豪绅的粮食、征发富农粮食、市场收购或物物交换粮食、农民交公粮和捐献粮食、红军公田生产和接受国民政府粮食等多种筹粮手段，在"三县两特区"内库存粮食计700多万斤[2]。

第二，工业上，建立了川陕苏区军需和民用两个组织管理系统，融合发展军工和民用企业，保证军需供给，增加农民就业渠道和收入。川陕苏区工业领导机构和组织管理体系，一是在川陕省苏维埃经济管理委员会之下设立建设局，领导各地开办铁厂、盐厂、锅厂、缝纫厂等等；二是在红

---

[1] 中共通江县委党史研究室编：《通江苏维埃志》，第140页。
[2] 中共通江县委党史研究室编：《通江苏维埃志》，第382页。

四方面军总部设立总经理部（总供给部），各军、师、团都设立经理处和供销部，负责组织开办各种军事工厂、保障枪支弹药生产和粮秣等军需品的供给。时年，川陕苏区的军需、民用工业资源，人力和物力集中到"三县两特区"，在通江境内开办了数百个工厂，包含30多个门类。川陕苏区规模最大的工业是军需工业，部队直接创办军需厂19个，职工2500余人；军队和各地苏维埃政府合办的军需厂5个，职工1000余人；地方苏维埃政府创办的军需厂10个，工人500余人。共计34个军需厂，工人3000余人。同时建有造币厂、铜铁加工厂、纺织厂、被服厂、绑腿厂、斗笠厂、皮件厂、铧厂、锅厂、碗厂、纸厂、盐井、糖厂、酒厂、米面加工厂等。在工业发展政策上，明确提出"开办工厂是为了保障红军供给和改善工农生活"；鼓励手工业生产合作社以及私营工业、手工业发展，以补充国有工厂，调剂市场供需矛盾。同时组织工会，发挥工人主力军作用，时年，川陕苏区成立了24个县市工会、160余个区工会，发展会员10万余众。军民合作的工业生产，有力地支援了前线作战和军需供给；同时，提高了当地农民就业和收入水平，改善了当地居民生活，如：锣坪兵工厂职工1500余人，加上后勤保障人员和运输队大3000余人，其中大多数是在通江及附近县区招收的工人，工资最高50元，一般工人5—6元，学徒工3—4元，仅工资一项，该厂一月支出2万元[①]。更难能可贵的是，这些工厂探索了8小时工作制和级别工资、计件工资、定额工资技术津贴等各种形式的劳动报酬制度和严格的奖惩制度，为中华人民共和国的工业建设和企业管理探了路子。

第三，商业和贸易上，公营、合作、私有和个体商业同存共荣，适应了川陕根据地军事斗争和生产生活需要。川陕苏区地方苏维埃政府商业机构是经济公社总社，下设药物、百货、消费、粮食、纺织业等独立经营机构。经济公社是由苏维埃政府代表人民经营管理的全民所有制企业，属于政府投资兴办的商业，由没收商业资本家和官僚军阀的财产，以及打土豪缴获的金银等作为经济公社的资金来源，负担着苏区物资供应、领导合作社及私人经济、稳定物价等重要任务，占据苏区国有经济的主导地位。合作商业是群众自己兴办的一种集体经济组织，有"贫农合作社""工人合

---

① 中共通江县委党史研究室编：《通江苏维埃志》，第27、328、344页。

作社""妇女合作社"等，群众以入股形式获得合作社社员证，可以低于国营商店价格购买当时的缺货。私营商业当时也很活跃，每逢"一四七"赶集，形成了香烛火炮、土布、土烟等小百货个体商贩市场，其交易繁盛和价格灵活程度，远远超过了军阀统治时期。"三县两特区"基层的商业和贸易组织体系也很健全，如赤北县苦草坝经济公社，下设药物科、百棉合作社、消费合作社、粮食合作社、纺织合作社，另外公社还设立服务局专门收购和输出通江特产——白木耳。这一时期，川陕苏维埃政府大力发展公营商业，鼓励和支持合作商业、私营商业发展，恢复城镇和农村集市，保护工商业（不允许对农村集市和城市小资产阶级商业做任何限制），纠正在惩罚和没收工作中的失误，在反国民党封锁中取得了川陕苏区商业和贸易的发展。

第四，域内基础建设卓有成效。如疏浚河流、修路架桥、组织运输、发展文教卫生事业、戒毒、剿匪……苏区这一时期的党政军治理被苏区广大人民群众传颂为"德政"[①]。经济发展的同时，当地农民政治地位和生产生活面貌也迅速改观，"农民第一次从地狱中出来，取得了主人翁的资格，这就是苏维埃政权下与国民党政权下农村状态的根本区别"[②]。

以"三县两特区"为中心的川陕苏区军民融合发展，在保障革命战争需要、减缓县域贫困和改善农民生活等方面共进退。"红军到巴山，解救我工农，穷人把身翻，不受苦和穷……"这是当年通江人民由衷的表达。

三 战争创伤和超负荷资源输出对区域贫困的影响

县域区位、自然环境、交通、战争创伤和长期超负荷资源输出（注释专栏8-1）共同制造的贫困陷阱，对县域发展影响是长久的。1949—1979 的 30 年间，巴中市和通江县域经济和农民生活虽然都发生了翻天覆地的变化，但相对于平原和城市周边的农村仍然贫困。1986 年，我国首

[①] 中共通江县委党史研究室编：《通江苏维埃志》，第 10—11 页。
[②] 《毛泽东在全国第二次工农兵代表大会上的报告》，转引自《通江苏维埃志》，2006 年版，第 5 页。

次认定贫困县 331 个[①]，川陕苏区核心区域的通江、南江、巴中、平昌 4 县全部在列。到 1994 年根据《国家八七扶贫攻坚计划》认定了国家重点扶持的 592 个贫困县，巴中地区 4 县全部在列，全市有 1079 个贫困村、91 万贫困户，20 万人住在窝棚和岩洞，20 万人患地方病，通、南、巴地区农村贫困状况由此可见一斑。

注释专栏 8-1 中国革命和建设时期通江人民的奉献

土地革命时期的贡献（不赘述）。

抗日战争期间，通江人民捐抗战经费 150 多万元，交售军粮 46 万余石，购买胜利同盟券币 44 万元，向"九一八"节约建国储蓄会储蓄 11 万元；通江儿女入伍参加抗日有 5287 人，占当时全县总人口的 3.2%，通江籍将士阵亡 2000 余人。

抗美援朝期间，近 2000 名通江儿女报名入伍，赴朝参战。全县先后协助捐献"新川北号""鲁迅号""川北教工号"等战机，超额完成 10.5 亿元目标。

1960—1961 年，北京、天津、上海、辽宁等地军民两次口粮告急，中央发出调粮紧急指示后，通江人民在遭受严重旱灾的情况下，两年内共调出粮食 7257 万斤，开创了通江调粮史上的最高纪录。

——据《通江县苏维埃志》和闫丕川（中共通江县委常委）《革命老区通江人民的历史》整理

第三节 乡村脱贫、振兴和新型城镇化衔接的做法与成效

改革开放以来，尤其是《国家八七扶贫攻坚计划》（1994—2000 年）、《中国农村扶贫开发纲要（2001—2010 年）》和《中国农村扶贫开发纲要（2011—2020 年）》实施，通江县扶贫开发一步一个脚印，进入脱贫攻坚阶段，通江县识别贫困村 157 个，贫困户 34361 户、贫困人口

---

① 按照 1985 年年人均收入低于 150 元的标准认定贫困县，对少数民族自治县和革命老区标准有所放宽。

116712 人，分别占全县行政村、农户和农业人口的 29%、17.4%、18.63%，通江比巴中的其他县（区）脱贫任务更艰巨①。脱贫攻坚阶段，通江编制了《通江县全域规划》《通江县产业发展布局规划》《通江县新农村建设总体规划》《通江县巴山新居建设规划》《打赢脱贫攻坚战三年行动计划方案》……这一系列《规划》和《方案》蕴含着通江县如前所述的响应策略，推动全域由脱贫攻坚向乡村振兴和新型城镇化发展阶段渐次跃升。截至 2017 年底，全县已退出贫困村 72 个，脱贫 19160 户 66351 人，贫困发生率下降至 7.4%。

2018 年，全县投入扶贫资金 13.09 亿元，其中整合财政资金 6.52 亿元，金融资金投入 1.16 亿元，社会资金投入 3.67 亿元，农户自筹 1.75 亿元。各项资金投入叠加的扶贫效果明显：（1）基础建设方面，实施扶贫工程类项目 3000 多个，完成村庄道路硬化 5471 公里；新建农村供水工程 2400 处，解决 50.28 万人饮水安全问题；524 个村综合服务平台全面提档升级，改造农村电网全面覆盖。（2）住房方面，对全县 16.2 万户农村住房进行全覆盖普查，改造农村危旧房 25642 户，完成易地扶贫搬迁 12164 户 42631 人，实施地质灾害避险搬迁 1241 户，土地增减挂钩项目 117 个，新建聚居点 86 个，住房 738 套。通过"拆、保、改、建"方式，共计实施农村住房建设 39785 套，保障了 13.5 万人住房安全。（3）产业扶贫方面，推动农业一二三产业和农村一二三产融合互动，一乡一品、一村一品已见成效，全县扶贫培训安置就业 427 人，贫困村摘帽 50 个，当年减贫 7419 户 25606 人，累计减贫 26579 户 91957 人②，全县实现 2019 年摘帽脱贫出列的日子近在咫尺。

一 产业多样性和经营主体多元化县域脱贫、振兴和新型城镇化

（一）大宗农产品和特色产业主导现代农业发展

通江县是农业县，2018 年，全县 123.54 亿元的地区生产总值

---

① 同期，巴中全市识别贫困村 699 个，贫困户 15 万户 54 万人，其中 699 个贫困村的人口总数为 80.56 万人，贫困人口 17.75 万人，贫困发生率为 22.03%；截至 2017 年末，巴州区脱贫出列；2019 年 3 月，南江县已经通过四川省人民政府考核验收，公示出列。

② 数据来源：通江县统计局《2018 年通江县国民经济和社会发展统计公报》。

（GDP）中，第一产业增加值 21.89 亿元，占比为 17.7%。农业不仅是县域经济主导产业，而且也是农户经营主要对象，农业发展好坏对农户生计有重大影响。通江县的做法是：（1）做大做强大宗农产品生产。2017年10月，通江县获得"中国好粮油"四川行动示范县建设项目，粮食和油料生产能力及品质得到提升。2018年，全县粮食作物播种面积 83565 公顷，总产量 46.85 万吨，分别比上年增长 2.1%、2.5%；油料作物播种面积 18973 公顷，总产量 4.12 万吨，分别比上年增长 0.6%、1.6%。（2）立足优势资源发展特色产业。全县培育了茶叶、核桃和青花椒、巴药、生态养殖（青峪猪、南江黄羊、空山黄牛、山地梅花鸡……）四大特色农业产业；形成了北部干果、南部养殖、大通江河食用菌、小通江河茶叶、中部中药材为重点的全域梯级产业发展新格局。2018年，全县新建（改）茶叶基地 1.1 万亩、核桃基地 2.47 万亩、中药材 2.87 万亩、食用菌 6.5 亿袋、青花椒 2.1 万亩；出栏青峪猪 1.1 万头、巴山土鸡 25 万只、南江黄羊 1.2 万只。（3）培育多元经营主体和多种经营形式，支撑县域农业产业多样化。2018年，通过招商引资和回乡创业工程，引进培育新型经营主体 97 家，在 46 个村开展资产收益扶贫试点；认证有机企业 5 家、有机产业面积 4500 亩；落地富硒兔屠宰加工、芊菇食用菌等加工项目 5 个，培育古灵银耳等规上工业企业 5 家。（4）探索建立产业发展基金，创新产业资金投入模式。截至 2017 年，全县建立农业融资担保基金 7500 万元、政融保 1000 万元、园保贷 600 万元、返乡创业基金 500 万，为企业发放贷款 3.6 亿元；建立产业扶贫基金 6280 万元，每个贫困村 40 万元；建立扶贫小额信贷风险基金 7780 万元，发放扶贫小额信贷 4.1 亿元，撬动各类银行贷款 14.5 亿元，吸纳各类社会资金 4.8 亿元。

（二）绿色食品工业园撬动现代工业发展

通江县致力于建设以绿色食品加工为主导产业，集仓储物流、科研创新、公共服务、休闲旅游为一体的现代绿色食品工业园，以此推动县域工业现代化。绿色食品工业园规划建设"四大产业区块"，即以银耳、干果为代表的金堂绿色食品工业区，集公共服务、物流集散、科研创新于一体的春在综合区，以白酒和保健酒为主导产业的龙溪沟酒业园区，以新型建材、农产品生产资料加工于一体的檬子桠工业区。目前，绿色食品工业园新项目仍在不断上马，比如，采用国际先进处理工艺，建成日供水 20000

立方米的工业园区供水工程;建成日产能力6万袋食用菌生产线和食用菌工厂化栽培生产厂房;建成青花椒产业一体化发展项目,包括青花椒种植基地10万亩,青花椒精深加工区及厂房(占地40亩、厂房12000平方米、办公及研发楼3000平方米)。同时,出台《新型工业投资鼓励办法》《促进龙头企业发展若干政策意见》等政策培育龙头企业,截至2017年末,园区入驻巴山生态牧业科技有限公司、巴山娃食品开发有限公司等企业累计34家,其中规上企业15家,年产值36亿余元,实现利税5亿余元。2018年,通江县工业园入选第二批四川省特色产业示范基地,是年,通江县规模以上工业企业50家,实现工业总产值88.75亿元,比上年增长13.6%[①]。

(三)乡村旅游业增添县域经济活力

通江置县历史已有1500多年,人文历史、自然生态和红色旅游资源得天独厚。响应国家旅游发展战略,通江县编制了《通江县旅游发展总体规划》《川陕苏区首府红色文化旅游区的规划》《空山天盆旅游度假区规划》等。如今已完成规划旅游项目27个,总投资82亿元,建成壁山森林公园、新华田园、渔池茶旅新村、老鹰茶产业园、新场金色小镇等一批新的旅游景点。开发红色旅游资源方面:实施"川陕苏区首府"再现工程,建设县城的红军街、春在湖、壁山森林运动公园、高明湖湿地公园和"两坝三堤";在红四军总医院驻地沙溪镇王坪村景区原有基础上,规划建设中医药博览园、省级廉政文化教育基地,建成国家5A级景区(注释专栏8-2);在空山镇打造空山天盆国家级旅游度假区,包括升级空山战役纪念园,完善一批红色文化精品民宿,建成空山康养中心、地质公园研究中心、开心农场、中草药主题园、森林度假区山居酒店等系列度假休闲体验类项目;打造红色毛浴古镇,实施检察史陈列馆、风雨桥、红军公园等项目。上述过程中,实施了2.8亿元的旅游扶贫示范带动项目,2000多建卡贫困人口通过从事旅游业实现脱贫。

注释专栏8-2 通江县红色旅游产业培植案例

王坪村处在大巴山深处,距县城46公里,是川陕苏区红四方面军总

---

① 来源:通江县统计局《2018年通江县国民经济和社会发展统计公报》。

医院驻地。当年，100余户农户整体搬出，腾出所有房屋院落支援红军医院。红军撤离后，村民遭到了到国民党政府和军队疯狂镇压。直到2010年，该村仍未摆脱贫困。

2011年，时任四川省委书记刘奇葆到王坪村调研时提出"建设红色旅游区"，该村自此改变面貌。如今，这里已经建成"川陕革命根据地红军纪念园"，修缮了红军时期的中国唯一红军烈士陵园，并将分散于通江各地的红军烈士散葬墓全部迁入陵园，共2.8万余名红军烈士安息于此；修缮了红军医院，设立红军博物馆。同时，改善农民居住条件，集中建设巴山新居，集聚6个村民小组、368户1384人，美丽新村与红军纪念园等一批建筑共同构成景区景观。

旅游业提振了王坪村域经济活力。如今，全村总面积4.5平方公里，其中耕地1006.5亩，林地3100亩，村辖9个小组，村户籍484户1888人。2018年，农民人均可支配收入可达8000元。

——根据笔者的调查笔记整理

二 "巴山新居"引领村域经济社会、生态环境和社区服务迈向振兴目标

通江县美丽乡村建设是逐步展开的。2010年，当国家扶贫战略重心转向"巩固成果、综合开发、集中连片、整村推进"时，巴中市将全域划分为100个连片扶贫开发片区，全市每年至少启动15个片区，要求各县区每年实施2—3片。自2011年至2014年末，巴中市共完成52片。这一阶段，通江县的新农村建设是以"巴山新居"为引领的村域经济、社会、生态环境、基本公共服务全面建设。归纳样本村的做法（注释专栏8-3），通江县"巴山新居"引领的新村建设内容和方式：（1）改善农民居住条件有"巴山新居"建设、川东北特色传统民宅修复、危旧房土坯房拆除和改建等三种类型。（2）通过"产村同建"和现代农业发展，改善农民生产方式、提升农户收入水平。（3）治理水土流失，修复植被（造林、种花草等），彻底改善乡村环境面貌。（4）村域社区公共服务，一是将城市廉租房建设理念引入乡村，解决因灾、因病致贫而无力建房农户的暂住房问题；二是在新村（社区）成立"日间照料中心"，专职服务

于本村孤寡老人的养老和生活。

注释专栏8-3　民胜镇鹦鸽嘴村的巴山新居、廉租房和日间照料中心

鹦鸽嘴村辖11个合作社（村民小组），耕地2716亩。该村原有760户，伴随农业人口转移，已有34户在市域城镇体系购房入户，现有726户2762人，劳动力1700人，其中外出打工1300人。

鹦鸽嘴村民居建设有三种类型：一是建成鹦鸽嘴村梯子岩"巴山新"居聚居点，方式为"统规统建、农户申购"，已入住87户；二是维修具有川东北特色的传统民宅，已完成36户；三是危旧房、土坯房拆除或改建，分别完成58户和209户。

村域社区廉租房。在"巴山新居"点建成12套村集体产权的廉租房，每套面积56平方米，年租金约为700元。廉租房受益对象为本村无力建房、购房的特殊贫户，或灾害性临时安置，廉租房住一年一评、一审，有序进入和退出。

村域社区日间照料中心，有两种方式：一是为有经济来源的孤寡老人提供住房，一共提供此类房屋9套，每套一室一厅一厨一卫，53平方米，入住者需缴纳2000元年租，日间中心管理人员为住户提供服务。二是为未入住日间照料中心的困难老人提供日间照料和服务，全村共有500多人享受到此类养老照顾。

——根据笔者调查笔记和相关资料整理（王景新，2015）

2014年，四川省委提出把"四个好"[①]作为评价扶贫成效基本标准，通江县积极响应，至2017年，通江县创建省级"四好村"89个，市级"四好村"132个（含省级），县级"四好村"143个（含省级、市级）。

2015年，通江县将幸福美丽新村作为脱贫攻坚的综合载体，实施扶贫解困、产业提升、旧村改造、环境整治、文化传承"五大行动"。乡村振兴战略实施以后，通江县又把"产业兴旺、生态宜居、乡风文明、治理有效、生活富裕"的总要求落实到新村建设内容中，在抓好中心村、

[①] "四个好"即住上好房子、过上好日子、养成好习惯、形成好风气。

聚居点社会服务和基础设施建设的同时，按特色旅游标准进行综合打造，同时规模发展食用菌、茶叶、生态水产等休闲观光特色产业，以求实现"产村同建"预期目标。截至2017年末：（1）改造农村危旧、土坯房7000户，搬迁人口18750人。（2）基础设施配套向城乡一体化转变，建设124公里通村通畅公路、23个场镇供水工程、253个农村安全饮水点，解决20余万人饮水不安全问题；光纤、广播电视网络实现全覆盖。（3）按照"1+6"标准完善村级公共服务中心的配套建设和服务保障，包括卫生室和分级诊疗制度落地、文化室、便民服务点、垃圾处理、适龄儿童义务教育入学率（100%）、新型农村合作医疗参保率（100%）、农村医疗保险和养老保险与城镇并轨。

三 构建"一核两带三廊四副五区"格局引领县域城乡融合发展

按照巴中市全域规划、重心下移，把县域城镇体系作为就近城镇化的重中之重的发展思路，通江县形成了以县城为中心、重点镇和特色小镇为节点、圩镇和农村新社区为辐射区，用经济带和经济走廊串联城乡的融合发展思路。2013年，四川省政府批复《通江县城市总体规划（2011—2030）》规划后，通江即着力建设老县城、高明新区和重点镇（注释专栏8-4）。至2017年末，已形成域内"一心、二翼、五组团"城乡空间结构。

注释专栏8-4 通江县中心城市、重点镇建设案例

通江县高明新区位于县城西部，距老城区2.5公里，由石牛嘴社区、箭口河社区和原诺江镇高明村、城西村、原民胜镇周子坪村、蕉坪村共4个行政村2个社区37个村（居）民小组组成，人口15000余人，辖区面积25平方公里。新区规划用地20平方公里，规划承载15万人，是未来通江城市新中心。至2017年末，已经形成县域内"一心、二翼、五组团"空间结构，其中：老城区组团是综合功能区，由老城、杜家坪和春长坪构成，建设用地规模4.14平方公里；石牛嘴组团是行政服务区，由石牛嘴、西郊构成，建设用地规模3.25平方公里；高明组团是旅游服务和文化体育区，由高明、周子坪、焦坪片区构成，建设用地规模6.35平方公里；

城南组团是生活居住区，建设用地规模2.99平方公里；春在组团是工业集中区，由金堂村、秦家岭村、向家营村、檬子垭村、九根渡、棋子顶村构成，建设用地规模8.60平方公里。

通江县诺水河镇、广纳镇是国家级重点镇。2018年，诺水河镇（地质公园特色小镇）入选四川省第二批省级特色小镇。诺水河镇位于通江县北部，距离县城62公里，北与陕西省南郑县接壤，辖区面积308.38平方公里，辖24个村、1个街道居委会、124个村民小组，总人口21114人，其中农业人口18000人，现有耕地11713亩，其中田5264亩、地6449亩。诺水河镇处于光雾山核心景区入口，旅游资源丰富。自2012年7月始，诺水河镇启动"景镇一体化"建设工程，将诺水河场镇、箕子片区和梓潼村等镇村连成一片，形成风景区、镇区和中心村一体化发展新格局。自景区建成以来，共接待游客191万人次，实现旅游综合收入13.47亿元。

——根据笔者调查笔记和相关资料[①]整理

2016年，通江县政府工作报告又提出"一核两带三廊四副五区"新发展思路，将城镇化引向城乡一体化。一核，即以县城为核心提升城乡建设水平；两带，即注重互动融合布局万巴高速公路、镇广渝高速公路经济发展带；三廊，即依托生态资源构建县城—涪阳—诺水河、县城—至诚—洪口、县城—永安—空山绿色经济走廊；四副，即立足空间拓展建设广纳、杨柏、春在、涪阳县城副中心；五区，即坚持差异化发展打造县城—毛浴—沙溪红色文化区，诺水河—空山森林康养区、民胜—大兴—杨柏乡村旅游区、县城—毛浴—春在—广纳水上休闲区、三溪—铁佛—文峰—麻石山地运动区。2018年，巴中市城乡规划和土地利用管理委员会出台《通江县历史文化名城保护规划（2017—2030年）》。为实施上述发展规划，协调推进城乡建设，近年来通江县年均投资超过200亿元，域内城乡融合发展格局初露端倪。

---

① 王景新等：《"全域扶贫"接轨"新型城镇化"——巴中市居村农民就近城镇化调查》，载《就近城镇化研究》，中国社会科学出版社2015年版，2017年11月第二次印刷，第45—73页。

第四节　县域经济韧性与乡村活力

借助演化韧性思想和相关研究[1]，本章将县域经济韧性定义为县域经济系统应对自然资源、社会政治环境、产业政策、市场需求和人口变动等冲击扰动的能力。县域经济韧性可以从县域资源和产业多样性、产业根植性，以及县域人口承载能力加以评价。乡村活力则是推进乡村地域空间系统内的经济、社会、政治、文化、生态环境持续向好的转化和进步的能力。乡村经济活力是县域经济韧性的重要组成部分，由乡村资源空间与产业结构活力、村级集体经济组织活力、农户经济活力等构成。

中共十八大以来，通江县域经济保持了较快的增长速度，全县地区生产总值（GDP）由 2012 年的 77.4 亿元，增长到 2018 年的 123.54 亿元，增长了 59%，城乡居民可支配收入由 2012 年的 16220 元、5085 元，增长到 2018 年的 30575 元和 11906 元，分别增长了 88.5% 和 134 倍（表 8-1）。2018 年，通江县城乡居民恩格尔系数分别是 40.9% 和 44.8%，按照相关标准[2]已进入到小康生活阶段。横向比较，通江县域经济发展水平仍处后列。在 2016 年四川省 175 个县级经济综合评价排名中，通江县位于第 151 位。如果将通江县国民经济发展的主要指标放入本课题 11 个集中连片特殊贫困山区已经完成调查的 24 个样本县，2016 年，通江县人均 GDP、财政收入、城镇居民可支配收入、农民人均可支配收入等 4 项指标的排名分别为第 21、19、6、7 名，四项指标中，通江县只有城乡居民人均可支配收入相对较高。这些排名，并不妨碍我们对通江县域经济韧性、乡村活力及未来发展空间的评价。

---

[1] 孙久文、孙翔宇：《区域经济韧性研究进展和在中国应用的探索》，《经济地理》2017 年第 37 卷第 10 期；李连刚、张平宇、谭俊涛、关皓明：《韧性概念演变与区域经济韧性研究进展》，《人文地理》2019 年第 2 期。

[2] 联合国根据恩格尔（德国统计学家、经济学家）系数的大小，对世界各国的生活水平有一个划分标准，即一个国家平均家庭恩格尔系数大于 60% 为贫穷；50%—60% 为温饱；40%—50% 为小康；30%—40% 属于相对富裕；20%—30% 为富足；20% 以下为极其富裕。

表 8-1 通江县国民经济和社会发展主要指标（2012—2018）

主要经济指标 \ 年份	2012	2013	2014	2015	2016	2017	2018
GDP（亿元）	77.48	82.18	90.41	97.38	104.45	115.11	123.54
比上年增长（%）	13.8	10.6	9.4	7.7	6.4	7.1	8.1
人均GDP（元）	10026	10666	11935	13003	14665	16298	17608
三次产业结构比	25.6/42.0/32.4	21.6/44.2/34.2	20.4/42.9/36.7	19.2/42.3/38.5	19.2/42.0/38.8	18.0/38.6/43.4	17.7/40.1/42.2
地方财政收入（亿元）	—	2.92	3.46	3.81	4.31	4.61	4.62
居民人均可支配收入（元）	16220	18075	26168	23660	25792	28078	30575
农民人均可支配收入（元）	5085	5780	6505	7742	9863	10833	11906
常住人口城镇化率（%）	26.31	27.83	38	30.66	32.26	33.86	35.39

资料来源：《通江县统计局统计年鉴2016》；2017年、2018年通江县国民经济社会发展统计公报。

一 资源多样性与产业根植性

（一）农业资源、产能与产业根植性

农业综合生产能力提升是县域经济韧性的重要方面。2018年，通江县农林牧渔业总产值达到41.41亿元，其中农业产值21.95亿元，林业产值0.78亿元，畜牧业产值16.09亿元，渔业产值1.57亿元，服务业产值1.03亿元；第一产业增加值21.89亿元，增长3.9%，占当年全县GDP的17.7%[①]。

2018年，通江县主要农业资源、产品产量和品质如下：（1）全县实有耕地89693公顷，有效灌溉面积18380公顷，粮食作物播种面积83565公顷，总产量46.85万吨，是通江县1932年2.5万吨的18.7倍；油料作物播种面积18973公顷，总产量4.12万吨，是1932年0.042万吨的98.1倍；蔬菜播种面积9483公顷，蔬菜及食用菌产量24.53万吨。通江"中国好粮油"四川行动示范县更上层楼。（2）全县森林面积27.07万公顷，

---

① 通江县统计局：《2018年通江县国民经济和社会发展统计公报》。

活立木蓄积量1311万立方米,森林覆盖率66.0%;茶叶产量1569吨,是1932年(60吨)的26.2倍;中草药材播种面积921公顷,中草药材产量1934吨;水果产量1.3万吨。此外,通江县建成省级森林食品基地2个、森林康养基地2个,发展食用菌、核桃、巴药基地22.5万亩,新种植青花椒3万亩、茶园3万亩,罗村茶入选"全国名特优新"农产品目录,新建林下经济基地2.9万亩、彩叶苗木基地0.3万亩,建成空山全国最美森林小镇。(3)畜牧业方面,建成畜禽标准化养殖场10个,创建农业部水产健康养殖示范场1个、省级畜禽养殖标准化示范场2个。(4)全县水域面积66.7平方公里,水资源总量25.48亿立方米,水产养殖面积7266公顷,水产品产量1.85万吨。当年,新建水产养殖园区2个[①]。应该看到,通江县农业资源,尤其是森林资源活力尚未充分涌现,如果深化产权制度改革,加大农业基础设施建设,进一步治理水土流失,现有农业资源利用率还有较大提升空间。

通江县农业产业根植性表现为三个方面:(1)主导产业适合本地的地域特性,产品生产技术在县域内有长期的知识积累;(2)主导产业能随市场、资源环境变动而不断调整,农业功能拓展为一二三产业融合的产业链,产业组织中多元参与和自愿、共享、共担机制基本形成;(3)配套产权制度和分配制度支撑,通江县实施川陕革命老区综合改革试验,持续深化以土地产权为核心的产权制度和以贫困人口利益分享为主线的利益分配机制调整,充分释放发展动力活力,支撑了区域主导产业发展。通江粮食、油料、菜蔬等主导产业,以及银耳、茶叶、中药材等特色产业都具有上述特征(注释专栏8-5、8-6)。

注释专栏8-5 通江县银耳产业简史及龙头企业

通江县西北下通江河支流雾露溪,穹隆构造的九湾十八包特殊地理小气候,加上境内随处可见的粗皮青冈树,使通江成为中国银耳孕育和发祥地,从盛唐至今已一千多年。

域内银耳人工栽培始于清道光十六年(1836)陈河腹地九湾十八包。

[①] 1932年数据源于《通江苏维埃志》,第245—246页;2018年数据源于《2018年通江县国民经济和社会发展统计公报》和(王军)《通江县人民政府县长政府工作报告》——2019年3月7日通江第十八届人民代表大会资料。

清同治四年（1865）通江诺士河流域开始大规模生产木耳。清光绪十五年至十六年（1889—1890）通鉴银耳种植在全县普遍推广并逐渐传入南江、万元等县。1932年，通江银耳产量1.2万斤。2004年10月13日，原国家质检总局批准对"通江银耳"实施原产地域产品保护。2012年，通江耳林基地达500万亩，银耳产值达7000万元。2016年，在"中国品牌价值评价信息发布暨论坛"上，"通江银耳"区域品牌价值评价结果高达32.32亿元。

通江山霸王野生食品有限公司是通江县农产品加工代表性企业，总投资3.2亿元，占地93.8亩，重点研发银耳系列产品，包括日产100吨银耳汤生产线、银耳汤制罐中心和干货车间。2018年，已实现年产值5亿元，提供就业岗位300个，带动原料种植农户20000户，实现利税8000万元。

——来源于笔者在通江银耳博物馆所获图片资料及相关村庄实地调查

（二）工业、商贸和旅游产业根植性

通江县在川陕苏区时期就积累了工业基础。而今，以绿色食品加工为主导产业的工业园区建设成效初显。2018年，创建为省级特色产业示范基地，是年，全县工业增加值25.41亿元，比上年增长8.4%，对经济增长的贡献率为18.5%；年末规模以上工业企业户数50户，工业总产值88.75亿元；全年49户资质内建筑企业实现建筑业总产值123.8亿元，比上年增长47.9%。贸易方面，2018年，全县社会消费品零售总额65.27亿元，比上年增长11.6%；进出口贸易总额939万美元，比上年增长10.5%[1]。

旅游基础好、资源潜力大。通江丰富的森林资源、山水田园风光以及红四方面军镌刻在通江土地上的大量红色印记，是通江绿色发展的宝贵资源；依托于此，通江县创建了国家4A级景区、国家重点风景名胜区、国家自然保护区、国家地质公园等12个国字号旅游品牌。截至2018年，全县创建省级乡村旅游示范乡（镇）3个，省级乡村旅游示范村18个，省级旅游度假区1个；成立21家旅游合作社，建设"农家乐"100多家，

---

[1] 通江县统计局：《2018年通江县国民经济和社会发展统计公报》。

其中星级农家乐22家、三星级乡村酒店2家。2018年,全年共接待县内外游客633.25万人次,比上年增长9.9%;实现旅游总收入54.62亿元,增长17.9%,旅游产业对县域GDP增长率的贡献超过10%,年末旅游相关行业从业人数2.35万人,增长6.2%[①]。

(三) 民营经济实力

藏富于民提升了通江县域民间实力,民营经济在三次产业中都有较好发展。2018年,民营经济增加值74.09亿元,比上年增长8.2%,占GDP的比重为60.0%,对GDP增长的贡献率为59.0%。其中,第一产业增加值7.67亿元,增长3.8%;第二产业增加值36.74亿元,增长8.8%;第三产业增加值29.67亿元,增长8.5%。民营经济三次产业对民营经济增加值的贡献率分别为5.0%、51.9%、43.1%。民营经济三次产业结构为10.4:49.6:40.1[②]。

二 县域人口承载力

川陕苏区时期,中国共产党领导下的通江首府和"三县两特区"建设,初显了非常时期的县域人口承载力。经过近90年发展,通江县域基础设施,主要农产品和工、商、服等产业基础和产能,藏富于民蕴含的民间实力等,已不可同日而语,县域人口承载力已经极大增强。

2018年末,通江县户籍人口72.86万,是1932年(29万)的2.5倍,2018年城乡居民可支配收入分别为30575元、11906元,城乡居民恩格尔系数分别为40.9%和44.8%,已进入小康生活水平,县域生态环境逐年向好,森林覆盖率已达到66%。这组数据显示通江县人口承载力尚有空间。

从非常时期能"吃饱饭"这一基本要求看,2018年,通江县以大约70%耕地面积种粮,总产量46.85万吨,照此推算,若全县耕地都种植粮食,总产量可达58.69万吨;以2010年我国居民人均粮食消费量为389公斤推算,通江县粮食产能可满足151万人吃饭需求。

根据本课题组已完成调查的40余县人口承载力经验推算:如果山区

---

① 通江县统计局:《2018年通江县国民经济和社会发展统计公报》。
② 通江县统计局:《2018年通江县国民经济和社会发展统计公报》。

贫困县合理利用现有耕地、山林和城乡房地产资源，县域适宜人口密度至少可达 350 人/平方千米。这一结论亦可从相关研究成果得到验证：中国人口分布适宜度研究课题组根据 2010 年县人口分布适宜度高低和限制性差别，将我国 2353 个县（市、区）划分为 4 个适宜度等级和 10 种类型，其中第 1 类"人口适宜度为 80% 以上，人口资源环境与发展基本协调地区包括 708 个县（市、区），占地 144.6 万 km^2，相应人口 5.1 亿人……"[①]。计算人口适宜度县域人口密度，平均为 353 人/平方千米，人居环境适宜度、水土资源适应度在 95 以上，社会经济协调度达到 90 左右的水平。通江县现有人口密度 177 人/平方公里，按 350 人/平方公里人口密度推算，通江县人口承载力当在 120 万—140 万人之间。

上述推演至少说明，通江县或类似的山区贫困县域人口承载力有较大伸缩空间。这一认知对于贯彻落实习近平"统筹发展和安全"，构建中国特色可持续发展体系和总体国家安全体系有重要意义。

三　乡村经济活力

（一）一村一品特色产业活力

通江县"一村一业一品、一村一景一韵"建设，推进了村域特色产业发展。笔者调查所及的诺水河镇梓潼村的银耳、天井坝村的红叶冬桃、柳林村的核桃和花椒、烟溪乡苏家坪村茶叶种植和加工、青峪乡玉坪寨村的银杏李子和林下产业、文昌宫村的青花椒和枳壳、空山镇青龙村的葵花和中药材、五福村的板栗核桃和厚朴、沙溪镇王坪村的红色旅游等，都是村域特色产业的典型代表。

梓潼村传统露天段木生产银耳历史悠久。2013 年，引入工商资本，成立梓潼村土地股份制专业合作社，集中 500 亩土地，构建食用菌产业园，提升梓潼段木银耳品牌效应，带动农民发展。该产业园辐射带动小通江河流域从事食用菌生产的农户 4 万多户，占全县农户总户数的 25% 左右，发展椴木银耳 2500 万段，产值 2 亿元以上，其中年收入 5 万元以上的专业大户 3000 多户，年产值 1000 万元以上的专业村达 30 个。此外，

---

① 中国人口分布适宜度研究课题组（封志明、扬艳昭等）：《中国人口分布适宜度报告》，科学出版社 2014 年版，第 20 页。

建设占地 200 亩的林业科技园，种植银杏、特色花卉等近 10 万株，年产值达 300 万元；建设占地 10000 亩核桃产业园，年产值 2 亿元。产业复兴，撬动了村域社区发展，升级改造全村旧土坯房 62 户，建成"巴山新居" 75 户，农村廉租房 36 户，风貌改造 40 户，聚居农户 115 户 546 人，完善可容纳学生 300 余人的学校、占地 300 平方米的社区医疗服务中心，建设可接待游客近 200 人的乡村酒店，农民人均收入由 2012 年的 5500 元提升到 2015 年的 12000 元，向就地城镇化目标迈进了一大步。

苏家坪村地理条件和土壤适合于茶叶种植，人民公社时期村集体就开垦荒山种茶。2014 年笔者进村调查时，全村 357 户全部种茶，全村将 10000 亩山地整理后种茶 6300 亩，其中农户承包经营 3300 亩，龙虎山茶叶专业合作社经营 3000 亩。该村种茶条件和生产规模吸引通江县罗村茶叶有限公司进入，采用"公司+基地+协会+农户"的产业组织形式，种植茶园 2 万亩，建立了罗村名优茶加工厂、火天岗茶叶加工厂和苏家坪名优茶加工厂，带动苏家坪村及周边乡镇 22 个村、5700 多人以多种方式参与茶业生产经营，形成了"茶叶种植→鲜茶采摘销售→名优茶加工和运销"茶产业链。2015 年末，茶叶基地发展到 5 万亩，带动茶农 25000 户。2018 年，罗村茶入选"全国名特优新"农产品目录。村域产业振兴吸引农民工返乡就业创业，推动人口向产业中心集聚，近两年，该村新迁入农户 13 户 70 多人，显示了村域经济活力。

玉坪寨村林地、荒地资源丰富，探索林地立体利用——林地种银杏、银杏树下套种茶叶、茶叶行间种红薯取得成效。2015 年，本地青年农民回乡创业，带领农民开垦荒山种植李子树 5000 亩，2018 年挂果树已有 30%，2019 年挂果树可达 60%，估算亩均产值 7500 元、利润约 4500 元。林地立体利用提升了村集体收入能力，改变了农民生计方式和收入水平（注释专栏 8-6），2017 年，全村农民人均可支配收入 10450 元。

注释专栏 8-6　青峪乡玉坪寨村山地和林地立体利用

玉坪寨村域面积 8.9 平方公里，耕地面积 1323 亩，其中水田 600 亩、林地 9830 亩。全村辖 7 个村民小组，313 户 1264 人，其中劳动力 670 人，建档立卡贫困户 87 户 288 人，2018 年脱贫 23 户，未脱贫 26 户 74 人，预计 2019 年全部脱贫。

山地林地立体利用：（1）林地种银杏树。2003年，村内开始栽种银杏树约805亩，每亩70株。银杏浑身是宝，叶子可治疗心血管疾病，1元/斤，银杏叶收入约1800元/亩；银杏果剥皮后23元/斤。（2）银杏套种茶树，全村茶树面积约480亩，鲜叶一年采摘两次，青芽鲜叶100元/斤；自己炒制烘干价格为800—1000元/斤，每5斤鲜叶可以炒制1斤干茶叶，盈利150元。（3）茶园行道套种红薯。立体种植结构提升了亩均产出，银杏、茶叶和红薯，每亩纯收益可达2500元，是种植水稻的6倍左右。林下养殖业也有发展，由村内3家农户发起、5家农户以1—2万元入股，成立了腾达生态养猪专业合作社饲养青峪黑猪，每年出栏1000头。

村集体因出租荒地而增加了收入：5000荒地、50年租期、50元/亩，村集体每年收入3万元；10年后按照35000亩面积计租，20元/亩，村集体每年收入约7万元。此外养猪场租金2.6万元/年。

——资料来源于笔者在该村座谈笔记

（二）村集体经济组织活力

村集体经济组织主要作用是服务村域经济社会发展，调节农户之间的贫富差距，救济和消减贫困，保障村域社区基本公共服务供给。村集体经济组织活力蕴藏于集体可支配资源量及其配置效益、集体组织经营管理能力之中。

当前，维持村级组织运转和村域社区基本公共服务需要较大支出，尤其需要增加村集体收入，在通江县，村集体可支配收入低于15万元/年即不足以维持当年村级组织运转和社区基本公共服务的最低支出。近几年，通江县通过量化考核激励村集体经济发展，截至2018年末，全县328个村（占总数62.6%）集体经济收入达标。从样本村窗口观察，尚未发现无当年经营收益[①]的村集体经济组织，但收入能力普遍低，维持村级组织运转及社区公共服务运行，主要依靠县财政支撑：一是承担"村两委"在编人员、村民小组长、村保洁员的公益岗位的工资，每村6万—8万元；二是为每村拨付办公费3万元、公共服务运行经费3万元。尽管如

---

① 村集体当年经营收益=经营收入+发包及上交收入+投资收益−经营支出−管理费用。

此，调查的 7 村中仍然有 2 个村入不敷出（表 8-2）。

表 8-2　　通江县调研样本村 2017 年村级组织运转及社区基本公共服务收支一览表　　（单位：万元）

收支项目 \ 村名	文昌宫	玉坪寨	天井坝	柳林	青龙	五福	王平
一、村级组织可支配总收入	10.00	8.60	7.05	7.40	12.02	7.25	13.00
1. 村集体当年经营收益	3.10	2.60	1.05	1.40	6.02	1.25	7.00
其中：经营收入	—	—	—	—	3.20	1.25	—
发包及上交收入	3.10	2.60	1.05	1.10	—	—	—
入股企业分红收益	0.90	—	—	—	2.82	—	—
投资、金融服务和其他收入	—	—	—	0.30	—	—	7.00
2. 补助（办公费+公共服务运行费）	6.00	6.00	6.00	6.00	6.00	6.00	6.00
二、村集体刚性支出（未计村组干部报酬）	6.00	6.00	10.20	8.20	9.60	6.28	8.90
1. 村组织运转费（未计村组干部报酬）	3.00	3.00	7.20	3.20	4.60	2.98	3.80
其中：村组干部报酬（县财政列支）	6.48	6.79	6.61	6.20	6.40	8.10	6.00
办公费用	2.00	2.00	5.00	2.20	2.50	2.70	2.80
会议费用（含误工补贴）	1.00	1.00	2.20	1.00	2.10	0.28	1.00
2. 公共设施维护费用	3.00	3.00	3.00	5.00	5.00	3.30	4.10
3. 其他（救济性、奖励性）支出	—	—	—	—	—	—	1.00
三、村级组织可用经费支出后余缺	+4.00	+2.60	-3.15	-0.80	+2.42	+0.97	+4.10

说明：（1）村两委配备 5—6 名干部，其报酬县财政列支，标准是：村支部书记 1610/月、村委会主任 1410/月；会计各村不同，每年每人 1.2 万—1.6 万元；妇女主任、团支书、民兵连长、综治主任等 4 人每人每年约 1 万元；村民小组长标准每人每年 500 元。（2）村保洁员公益性岗位，工资由县财政支付，不在村集体可支配收入中列支，未计入本表。

数据来源：课题组在样本村调查时与村支部书记、村委会主任、会计等负责人座谈时匡算。

调查发现：通江县村集体可支配资源有较大存量：（1）样本村至少有数千亩林地，有的村 1 万多亩，森林覆盖率都在 70% 以上，森林资源以及林下经济空间基本未加利用。（2）承包耕地确权登记测量面积有较大增长，空山镇一个村上报耕地面积 1185 亩，实际耕作 3800 余亩，确权登记测量有 8895 亩，比原上报耕地面积增长了 6.5 倍，其中撂荒 5000 余亩（25 度以上山坡地占 65% 以上）。综合本次调查 7 村情况，承包耕地确权登记测量面积平均增长 20% 左右；撂荒最少的 60 亩（占本村耕地总数

6.8%），中等的 100—170 亩（占本村耕地总数的 15.9%—17.2%），最多的 500 亩（占本村耕地总数 33.3%）。（3）农民住房闲置率较高，在 50% 左右。这些资源，村集体经济组织都可以直接或间接支配，提高集体资源配置效率，村集体经济空间或活力无疑将进一步增强。

（三）农户经济活力

本次调研每村入户问卷按照经济条件上等、中等、贫困三种类型各选 1 户。统计结果显示的活力如下：

第一，农户家庭成员结构及经营性资源活力。问卷农户总人口 87 人，户均 4.8 人。家庭成员中，劳动力占总人口 63.2%，户均劳动力 3.1 人，劳动力平均赡养人口 1.58 人；未成年人占总人口的比例 23.0%，60 岁以上老年人占总人口 13.8%，老龄人口占比低于全国平均水平[①]。问卷农户家庭经营性资源相对富足：户均承包耕地面积 5.14 亩，人均 1 亩；户均承包林地 19.6 亩，人均 4 亩，户均宅基地 1 宗，面积为 121 平方米，户均住房面积 163.7 平方米，大多为砖混结构，住房估价户均 8.94 万元（农户自我估价）。

第二，农户经营范围和方式多样性活力。农业一二三产业、农村一二三产业融合发展拓展了农户经营和农民就业渠道，形成了当今山区乡村农户家庭经营对象和方式多样性。（1）家庭经营对象多样。问卷农户中以农业为主的兼业户占比 16.7%，以非农业为主的兼业户占比 72.2%，农业专业户占比 11.1%。（2）家庭劳动力从业结构多样。主要劳动力务工、经商或从事旅游业等收入较高的行业，辅助劳动力经营承包土地。统计问卷农户，离乡务工、经商的劳动力占家庭总数 58.2%。村级调查呈同样趋势，2018 年，问卷 7 村 1728 户 7532 人，户均 4.36 人，劳动力 3660 人，户均 2.12 人，外出务工劳动力 2376 人，占 7 村劳动力总数的 64.9%（表 8-3）。（3）家庭收入结构多样性。2017 年，问卷农户户均总收入 7.65 万元，其中外出（乡外）从业所得 6.67 万元，占总收入的 87.2%；本乡内劳动所得 0.12 万元，占总收入的 1.6%；非企业劳动所得 0.46 万元，占 6.0%；家庭经营性收入 0.4 万元（主要是经营第一产业收入），

---

① 2016 年 1 月 22 日，人社部新闻发言人李忠指出，中国已经逐渐进入老龄化社会，截至 2014 年，60 岁以上老年人口达到 2.1 亿，占总人口的比例 15.5%。

占总收入的 5.2%。

表 8-3　通江县样本村农民外出情况及收入水平情况（2017 年）

村名	户数（户）	人口数（人）	劳动力（人）	外出务工（人）	占比（%）	农民人均可支配收入（元）
文昌宫村	234	1258	440	330	75	13400
玉屏寨村	313	1264	670	500	74.6	10300
天井坝村	239	1050	478	280	58.6	14000
柳林村	92	386	180	70	38.9	7860
青龙村	204	1040	406	126	31.0	9300
五福村	162	654	286	109	38.1	8600
王坪村	484	1880	1200	1000	83	7200
合计	1728	7532	3660	2376	64.9	—

数据来源：笔者进村座谈时与村两委干部匡算。

第三，"一户两地、城乡两头家"提升农户经济韧性。本次调查的 7 村共在城镇购房的农户共 289 户，占 7 村农户总数 16.7%，其中，在本市、县、圩镇购房的 260 户，占在城镇购房农户总数的 90%。这意味着农民就近、就地城镇化的意愿更加强烈。进城镇购房农户基本不转移户籍，保留着集体承包土地权、成员收益分配权和宅基地使用权。"城乡两头家"增强农户经济韧性：当经营土地不足以维持家庭生计时，农民进城就业以求小康；当城市经济衰退时，农民返乡精耕承包土地，以求温饱。"城乡两头家"有利于农户家庭新生代在城镇教育及其生产生活方式的熏染中缩小与城镇居民新生代的差距，也有利于经济波动和特殊时期的国家稳定大局。

表 8-4　通江县样本调研村"城乡两头家"基本情况表[①]　（截至 2018 年 10 月末）　（单位：户,%）

村 名	户数	圩镇购房	县城购房	巴中购房	成都购房	省外购房	合计	占比
文昌宫	234	40	20	8	8	5	81	34.6
玉屏寨	313	36	27			2	65	20.8

① 数据来源于本课题组与村干部的座谈以及问卷整理。

续表

村 名	户数	圩镇购房	县城购房	巴中购房	成都购房	省外购房	合计	占比
天井坝	239	18	0			3	21	8.8
柳林	92	5	1	1		1	8	8.7
青龙	204	16	6			3	25	13.8
五福	162	5	7			2	14	8.6
王坪	484	60	10		5	16	91	18.8
合计	1728	180	71	9	13	32	289	16.7

（本章作者：王景新、李林林、张羽）

参考文献：

1. 中共通江县委党史研究室编：《通江苏维埃志》，四川出版集团四川人民出版社 2006 年版。

2. 王景新等：《"全域扶贫"接轨"新型城镇化"——巴中市居村农民就近城镇化调查》，载《就近城镇化研究》，中国社会科学出版社 2015 年版，2017 年 11 月第二次印刷，第 45—73 页。

3. 孙久文、孙翔宇：《区域经济韧性研究进展和在中国应用的探索》，《经济地理》2017 年第 37 卷第 10 期。

4. 李连刚、张平宇、谭俊涛、关皓明：《韧性概念演变与区域经济韧性研究进展》，《人文地理》2019 年第 2 期。

5. 中国人口分布适宜度研究课题组（封志明、扬艳昭等）：《中国人口分布适宜度报告》，科学出版社 2014 年版。

第九章　大别山区红安县、武陵山区利川市脱贫攻坚和美丽乡村建设调查

摘要： 湖北省红安县和利川市分别处于大别山区、武陵山区。两县（市）都是中国革命老区，在大革命时期和土地革命时期，支持中国革命，努力发展山区经济，做出了重要贡献；两县（市）都属于集中连片特殊困难地区贫困县，域内基础设施薄弱，贫困程度深，在新时代的"脱贫攻坚战略"实施过程中都取得了不俗成就，分别于2018年和2019年脱贫出列。两县（市）的基本经验在于：将美丽乡村建设作为县域响应和落实国家重大战略的重要平台，把"脱贫攻坚战略"和"乡村振兴战略"紧紧衔接在一起，整合各方资源和力量，突击县域内乡村基础建设、生态修复、环境改善，转型传统支柱产业、培育新型经营主体和绿色发展主导产业，从而促进了县全域经济社会发展，改善了农民生计方式，在完成脱贫攻坚任务、实现与全国同步全面建成小康社会目标的同时，完成了与非贫困县基本同步、同等的"乡村振兴战略"的阶段性任务。未来，红安县和利川市的资源利用空间较大，乡村蕴藏极大经济活力和人口承载力；两县（市）立足于大别山和武陵山有利气候条件和丰富森林资源优势，顺势而为，将初步创立的绿色主导产业壮大为县域经济支柱产业，不仅能够巩固提升脱贫攻坚和美丽乡村建设成果，发展好县域经济并进一步改善农民生计，还将为中国可持续发展和可持续安全做出重要贡献。

关键词： 脱贫；美丽乡村；绿色发展

Chapter 9 Investigation Report on Eradicating Poverty and Building Beautiful Countryside in Hong'an County, Dabie Mountain and Lichuan City, Wuling Mountain

Abstract: Hong'an County and Lichuan City of Hubei Province are located in the Dabie Mountain and Wuling Mountain, respectively. Both counties (cities) are old areas of Chinese revolution. During the Revolution and the Agrarian Revolution, these two places have made important contributions, especially in supporting the Chinese Revolution and dedicating to develop the mountain economy. Both counties (cities) belong to poverty-stricken counties where the infrastructure is weak and the poverty is high, whereas achieving great achievements like alleviating poverty in 2018 and 2019 in the implementation of the "Strategy to Fight Poverty" in the new era. The basic experience of the two counties (cities) is that taking beautiful rural construction as an important platform for the county to respond to and implement major national strategies, closely relating "Strengthening Strategy for Poverty Alleviation" to the "Village Revitalization Strategy", integrating resources and power of all parties, attaching importance to rural infrastructure construction, ecological restoration, environmental improvement in the county, transforming traditional flagship industries, cultivating new management entities and green development leading industries. All of which have promoted the economic and social development of the county and improved farmers' livelihoods. Moreover, both of the counties have completed the task of eliminating poverty and achieving the goal of building a well-off society. Meanwhile, they have completed the phased tasks of "Implementing the Rural Revitalization Strategy", which is basically the same as non-poor counties. In the future, the resource utilization space of Hong'an County and Lichuan City is relatively large, and the village contains great economic vitality and population carrying capacity. The two counties (cities) could take advantage of the favorable climate conditions of Dabie Mountain and Wuling Mountain and the rich forest resources to transform the initially established green leading industry into an economic flagship industry of the county. In this way, it can not only consolidate the efforts of alleviation and the achievements of beautiful rural construction and develop county economy and further improve farmers' livelihoods, but also make important contributions to China's sustainable development and sustainable security.

Key words: Out of Poverty; Beautiful Countryside; Green Development

第一节　调研样本、内容和方法

一　样本概况

本次调研样本是湖北省红安县、利川市，分别属大别山区和武陵山区。红安，原名黄安，位于湖北省东北部大别山南麓，南临武汉，北接河南，东邻麻城，西接黄陂、大悟，县城距省会武汉80公里，车程1小时左右。县内地势北高南低，海拔高度一般为200米。东北部为山区，坡度15°—40°，最高点为县北的老君山，海拔840.5米，最低处是南部的太平桥镇与新洲区交界的倒水河畔杜家湾，海拔30米。南部多丘陵，坡度5°—20°。河谷平原少，为半山半丘陵地区。全县辖区面积1798平方公里，辖13个乡（镇、场）、406个行政村和社区，总人口66.5万，其中农业人口53.95万，占全县总人口的81.12%。耕地面积60132.47公顷，占幅员总面积的33.4%，园地面积9832.17公顷，占5.5%，林地72254.82公顷，占40.2%，牧草地3427.68公顷，占1.9%，水域15070.11公顷，占8.4%，建设用地总面积12560.57公顷（其中城镇及独立工矿用地8629.26公顷、交通用地1640.19公顷、水利设施2291.12公顷），占7.0%；未利用土地14387.92公顷，占8%，后备土地资源严重不足①。

利川市属于武陵山区，地处湖北西南边陲、西靠蜀渝、东接恩施、南邻潇湘、北依三峡，与重庆四县两区交界，是恩施土家族苗族自治州面积最大、人口最多的县级市。全市总面积 4607 平方公里，海拔 800 米以下的低山面积占 7%；海拔 800 米至 1200 米的二高山占 41%；海拔 1200 米以上的高山面积占 52%。耕地面积占总面积的 22.9%；园地面积占总面积的 1%；林地面积占总面积的 48.6%；城镇、村庄、独立工矿用地占总面积的 2.5%；牧草地占总面积的 0.5%；交通用地占总面积的 1%；水域用地占总面积的 1.6%；未利用土地占总面积的 21.9%。东西宽 92 公里，南北长 105 公里，辖 2 街道、7 镇、5 乡、585 个村（社区），总人口 91.37 万，其中以土家族、苗族为主的少数民族占 59.2%。

二 样本的研究价值

1. 样本县、市都属革命老区县，在大革命时期和土地革命时期，在支持革命和山区建设上都取得了一定成效，山区建设的历史经验值得总结。大革命时期，大别山革命根据地打响了黄麻起义第一枪，诞生了红四方面军、红二十五军、红二十八军三支红军主力。在这块红色的土地上，诞生了董必武、李先念两位国家主席和陈锡联、韩先楚、秦基伟等 223 位将军，红安县因此成为举世闻名的"中国第一将军县"。利川市具有光荣革命斗争历史，中国共产党的创始人之一董必武先后两次到利川开展革命活动，土地革命战争时期，贺龙领导的中国工农红军游击到利川，在境内十进十出，组建了鄂川边红军独立团、鄂川边游击总队和 5 支地方游击队，全县参加红军的青壮年有 1000 余人。作为革命根据地，红安和利川的经济建设、山区发展和保障战时军民给养方面都积累了一定的经验，值得研究总结和弘扬。

2. 样本县、市都处于集中连片深度贫困山区，基础设施薄弱、贫困程度深，脱贫攻坚任务艰巨，创造了许多成功做法和经验，是研究转型发展成效的典型样本。由于战争创伤和自然条件、资源禀赋等原因，红安县

---

① 红安县未利用土地仅占土地总面积 8%，土地利用率高达约 92%，利用率高于全国和湖北全省水平。

贫困人口多、贫困程度深、脱贫难度大，是集革命老区、资源匮乏区、贫困区、优抚集中区"四区一体"的国定贫困县。党的十八大以来，习近平多次前往革命老区调研考察，强调"加快老区发展，使老区人民共享改革发展成果，是我们永远不能忘记的历史责任，是我们党的庄严承诺"①。2016年4月24日，习近平总书记来到同处大别山区的安徽省六安市金寨县调研考察，对深度贫困山区脱贫攻坚工作现场指导。此后，大别山区贫困县加快了脱贫步伐，创造了许多成功做法，县域经济转型发展和农户生计改善明显，可作为贫困县域转型发展研究的样本。

3. 样本县、市都已经进入脱贫攻坚后期阶段，都在探索脱贫攻坚与乡村振兴战略衔接的路径，值得调查研究。2018年8月7日，湖北省人民政府发布《关于批准红安县等3县（林区）退出贫困县的通知》，通知明确：国定贫困县红安县已经通过国家专项评估检查，达到贫困县退出条件，现批准退出。利川市计划2019年脱贫出列，是年末，将实现全市21.6万贫困人口稳定脱贫、141个贫困村全部出列的脱贫摘帽的目标。

三 调研内容和方法

调研内容：（1）样本县情以及经济社会发展情况，包括土地及利用，人口分布和密度，资源环境，基础设施，市场化程度，金融服务体系，农业生产社会化服务现状，区域经济社会发展情况，村域经济及产业结构，村集体收入与支出，村级社区基本公共服务，农村劳动流动、农户进城定居和农民生计情况等。（2）样本县（市）改革发展的主要规划制定、管理和实施的情况、经验和问题，以及样本县域国土空间规划利用方面已有的想法做法、初步经验和需要研究的问题。（3）样本县特别情况与问题，比如集中连片特殊贫困县脱贫攻坚规划计划、投入、效益、脱贫摘帽时间表等，摘帽后县域经济社会发展设想或思路；革命老区根据地时期的山区建设成就、经验以及物资和非物质文化遗产保护传承情况。

---

① 中国共产党新闻网，http://cpc.people.com.cn/xuexi/n1/2016/0503/c385474-28320730.html，2016年5月3日。

课题组在红安县委县政府、县委扶贫办以及利川市委市政府及相关部门的协助下[①]，从2018年7月15日至7月22日，展开了为期7天的调研，调研样本包含红安县的八里湾镇等3个乡镇5个村，利川市的团堡镇等3个乡镇6个村（表9-1）。调研方法：一是综合了解基本情况，与样本地区的县市领导以分管领导和干部进行座谈交流；二是与乡镇领导主要负责人及村庄负责人进行重点详细座谈，了解乡镇和村庄扶贫开发的具体做法以及城镇化与乡村振兴建设推进程度；三是对样本地区的村干部以及农户进行问卷调查，座谈及问卷内容包括村域经济社会基本情况，村域土地制度改革与登记确权、产权改革情况，村域扶贫情况，村域人口流动及市民化情况，村域产业情况，以及农户基本经济收入情况，农户外出流动情况及市民化，等；四是在样本地区调研结束前，课题组都要向当地分管领导和相关部门负责人反馈情况，进一步交流和讨论相关问题，征求山区可持续发展的建议和意见；五是课题组内部交流调查体会，讨论并分工撰写调研报告。

表9-1　　　　　　　　湖北省调研样本一览表

县（市）	乡（镇）	调查村和考核单位	农户问卷编号
红安县	八里湾镇	石门桥村	B1
		陡山村、吴氏宗祠	
		王家湾村	B2—B4
	城关镇	李态村	B5—B7
		梅潮村	B8—B10
	高楼镇	高楼村	B11—B13
	座谈交流会	红安县委、县政府、县宣传部、县农业局、县林业局、县扶贫办、县国土局、县财政局、县农办等相关部门	

[①] 调研期间，红安县委书记余学武、县委宣传部部长郭金城及县委县政府相关部门负责人与调研组进行意见交流并举行座谈，八里湾镇、城关镇、高桥镇主要领导参与汇报、座谈和调研；利川市委市政府主要领导，副市长彭必武及市里相关单位参与座谈会并交流意见，团堡镇、毛坝镇、建南镇主要领导参加汇报并参与调研。在此，课题组向上述地区县市的所有领导、扶贫相关部门及参与者表示衷心感谢！

续表

县（市）	乡（镇）	调查村和考核单位	农户问卷编号
利川市	团堡镇	烽火村、山药种植基地	B10—B12
		鹰嘴山村、中药材种植基地	B7—B9
	毛坝镇	楠木村、茶叶种植基地	B4—B6
		兰田村、民宿产业	B1—B3
	建南镇	鹨坪村、柑橘种植基地	B13—B15
		大道角村、黄连种植基地	B16—18
	座谈交流会	副市长彭必武主持，市财政局、市水利局、市农业局、市发改局、市林业局、市国土局、市统计局等相关单位	
合计2个县（市）	6个乡镇	12个村	

第二节 脱贫攻坚的做法和成效

红安县是山区农业县，在20世纪60年代就被国家认定为贫困县。2014年，全县农村人口53.95万，占全县总人口的81.12%；精准扶贫中，识别和建档立卡贫困户43937户112849人，占全县农村人口的20.92%（贫困发生率），建档立卡贫困村96个。经过几年的扶贫攻坚战，到2017年底，全县贫困户103户，贫困人口减至323人，贫困发生率降至0.06%，建档立卡贫困村全部脱贫出列。2018年8月7日，经国务院扶贫开发领导小组核查，湖北省人民政府宣布红安等县脱贫出列[1]。

利川市是恩施州面积最大、人口和贫困人口最多的县级市。2014年，全市精准识别、建档立卡贫困人口21.6万、贫困村141个。自2014至2018年的四年间，利川市累计实现11.7万人脱贫、74个贫困村脱贫出列，贫困率下降到12.48%，其中，2017年，27个贫困村出列，7167户21901人脱贫。预计2018年将有31个村、40645人脱贫；2019年36个贫困村、55860人脱贫，年末全县脱贫摘帽。

---

[1] 湖北省同一批脱贫出列的还有神农架林区、远安县。贫困县脱贫出列标准：综合贫困发生率低于2%，脱贫人口错退率低于2%，贫困人口漏评率低于2%，群众认可度均高于90%，脱贫攻坚部署、重大政策措施落实到位，后续帮扶计划及巩固提升工作安排有力等。

红安县、利川市脱贫攻坚的主要做法及效果如下。

一 加快县域经济发展是全域脱贫的重要基础

脱贫攻坚战中，由于国家财政等多方面的政策支持，制约山区贫困县域发展的两大瓶颈——基础设施建设、支柱产业转型——基本被突破；再加上贫困县域干部群众与扶贫工作队齐心协力，山区贫困县域经济发展速度普遍较高。党的十八大以来的7年中（2012—2018年），红安、利川的地区生产总值（GDP）、财政收入、城乡居民人均可支配收入等主要经济指标的增长速度较快（表9-2、9-3），为全县农村人口脱贫奠定了重要基础。

表9-2 红安县国民经济和社会发展主要指标（2012—2018）

年份 主要经济指标	2012	2013	2014	2015	2016	2017	2018
县域GDP（亿元）	95.97	107.67	120.76	130.66	140.92	153.81	163.96
比上年增长（%）	12.5	12	10.6	9.5	8.2	7.7	6.6
人均生产总值（元）	14654	16371	19997	19918	21329	25323	25385
财政总收入（亿元）	17.07	22.30	28.19	34.08	34.60	40.76	44.84
人均财政收入（元）	2607	3391	4356	5195	5237	6236	6860
城镇居民人均可支配收入（元）	16397	17984	19516	21202	23104	24906	26799
农村居民人均可支配收入（元）	4953	5641	8057	8826	9537	10448	11367

资料来源：《红安县统计局统计年鉴2017》、县人民政府工作报告。

表9-3 利川市国民经济和社会发展主要指标（2012—2018）

年份 主要经济指标	2012	2013	2014	2015	2016	2017	2018
县域GDP（万元）	73.35	82.01	90.97	98.86	107.27	117.88	129.56
比上年增长（%）	13.2	11.8	10.9	8.7	8.5	9.9	9.9
人均GDP（元）	11176	12467	13729	16107	11657	12901	19318
财政总收入（亿元）	12.08	13.70	15.18	15.97	16.55	19.02	19.79
人均财政收入（元）	1318	1482	1655	1742	1798	2081	2158
城镇居民人均可支配收入（元）	14488	16070	20092.	22109	24409	26711	28828

续表

年份 主要经济指标	2012	2013	2014	2015	2016	2017	2018
农村居民人均可支配收入（元）	4536	5159	7091	7839	8607	9473	10416

资料来源：利川市历年统计公报和政府工作报告。

二 重振乡村产业，保障农民增收脱贫

区域产业发展是带动农民增收脱贫的主要手段。红安县从改变乡村产业规模小、效益低、资金短缺入手，提振产业扶贫成效。其一，提振种植业的规模和效益。2016—2017 年，红安县整合资金 2014.83 万元用于种植产业奖补，引导各类市场主体参与种植业发展，参与的市场主体达 137 家，发展大棚果蔬、中药材、红薯（苕）、红宝萝卜、香菇等特色产品种植面积 1.2 万亩，带动周边农户特色农产品种植，面积达到 11 万亩，带动了 2968 户贫困户脱贫。2018 年，红安县特色种植业更上一层楼，中药材种植面积 3 万亩，红薯种植面积 8 万亩，油菜种植面积 25 万亩，花生种植面积 32 万亩，水稻播种面积 53 万亩，小麦 9 万亩，农业种植业规模和效益明显提升，增收脱贫农户达 2 万多户。其二，通过专业合作社、家庭农场、种养大户和农业产业园区增加乡村产业的规模和效益。红安县发展农民专业合作社 900 多家，登记注册家庭农场 500 家，种养殖业专业大户 3000 户。组织化的农业生产集聚了规模和效益，同时也为农村就业开辟了新渠道。2018 年，红安县农业园区就吸纳打工农民 13 万多人次。其三，利用山区县域森林资源优势，统筹生态建设和林业产业扶贫。截至笔者调研时，全县发放生态建设和林业产业扶贫奖补资金 1797.555 万元，建成精准扶贫林业产业基地 23461 亩，形成四个林业扶贫产业，带动贫困户 2690 户，其中：新建油茶产业基地 14419 亩，带动贫困户 1401 户，奖补资金 865.14 万元；新建青茶产业基地 3625 亩，带动贫困户 1045 户，奖补资金 725 万元；新建用材林基地 5309 亩，带动贫困户 239 户，奖补资金 185.815 万元；新建苗圃产业基地 108 亩，带动贫困户 17 户，奖补资金 21.6 万元。参与到上述林业产业基地建设和管理中的贫困户，户均增收 3000 元以上。

利川市按照"一乡一业、一村一品、一户一策"的要求，制定了《利川市产业扶贫行动方案（2018—2020）》。这个方案被扶贫部门具体化为可量化、可操作、可考核的"一乡一业"产业扶贫项目责任清单；同时制定了《利川市产业扶贫基金管理办法》，规范管理产业扶贫资金与产业项目。近4年内，筹集产业扶贫基金2.76亿元，支持农业龙头企业发展，支撑全市主导产业发挥扶贫效应。到笔者调查时，全市已发展特色农业产业基地146万亩，建成"一村一品"特色专业村146个。截至2018年底，全市14个乡镇、街道办事处和537个有脱贫任务的村（社区）均明确了主导产业和主要产品，如团堡镇的山药、建南镇的中药（黄连）（注释专栏9-1）、毛坝镇的茶叶（利川红），其种植规模和效益给笔者留下了深刻印象。利川全市茶叶、烟叶、莼菜、中药材等传统产业强势支撑，香菇、山桐子、油茶、民宿等扶贫新产业异军突起，全市特色产业基地达到156万亩，人均2亩特色产业基地。"一乡一业""一村一品"支撑县域经济发展、减贫和农民生计改善效益明显。截至2018年底，全市累计减少贫困群众16万人，其中通过发展产业带动脱贫的占90%以上。

注释专栏9-1 利川市团堡镇、建南镇特色农产品发展概况
案例1 团堡镇

团堡镇位于利川市东部，平均海拔1000米，属喀斯特地貌，总面积446.64平方公里，林地面积416336亩，森林覆盖率68%，耕地面积69780亩（其中水田9007亩），318国道、242国道、沪渝高速公路、宜万铁路贯穿全境。辖21个镇直单位、4个办事处、56个村、633个村民小组，截至笔者调查时（2018年7月），有1.9万户7.3万人，农业人口1.64万户6.9万人，劳动力35063人，外出务工14223人，占40.6%。近几年，全镇形成了以山药、药材、山桐子为主的长效特色产业，以蔬菜、马铃薯种植和生猪养殖为主的短期增收致富产业，产业扶贫卓有成效。至笔者调查时，全镇山药种植20000亩、标准化种植基地12个500亩、中药材40000亩、蔬菜40000亩、马铃薯40000亩（良种推广基地2000亩）山桐子15000亩，生猪95000头，农业龙头企业2家，农民专业合作社198家，带动贫困户2600户4800人脱贫。2017年，全镇农村经济总收入 115361 万元，财政收入 4069.06 万元，居民可支配收入 57680 元，农民人均可支配收入 10184 元。2017 年末有建档立卡贫困村 14 个，已脱贫出列 10 个村，4 个村尚未脱贫出列，计划 2018 年脱贫 2 个村，2019 年脱贫 2 个村；有建档立卡贫困户 5345 户 15109 人，2017 年底，尚有 2456 户 5896 人未脱贫。

案例 2　建南镇

建南镇由于独特的地理环境及气候条件，十分适合种植木本药材，因此本镇有很多生物医药专业合作社及种植大户。由建南镇龙头溪村张文注册登记成立的利川市楠松种植合作社，注册资金 100 万元，共有 7 个社员，共计种植山桐子、铁皮石斛等中药材 1682 亩，主要销往广东等地。由建南镇大道角村徐泽刚注册成立的利川市箭竹溪黄连专业合作社，注册资本 540 万元，有 215 个社员，种有 120 亩黄连，主要销往重庆地区。而农业大户也都是种植黄连等木本药材，最少的有 20 亩，最多的有 150 亩。这些农业合作社及种植大户不仅将农村闲置土地流转利用起来，而且带动贫困户脱贫增收，实现了农业增效农民增收。

2018 年，利川全市药材播种面积 1.606 万公顷。

——根据笔者调查座谈记录整理

三　减轻农民医疗负担巩固提升扶贫效益

因病致贫是农村贫困的重要原因之一，某种程度上，减轻农民医疗负担就是扶贫。红安县的措施是：（1）加大农村贫困人口城乡基本医保及大病保险政策倾斜力度。城乡居民基本医疗保险贫困人口在原减免住院起付线的基础上，报销比例再提高 5%—10%，一级医疗机构报销比例不低于 90%，二级医疗机构报销比例不低于 80%，三级医疗机构不低于 70%。农村贫困人口大病保险起付标准降低至 5000 元，报销比例相对普通对象提高 5%。农村贫困人口大病保险年度最高支付额度不低于 35 万元。（2）建立健康扶贫医疗救助准入机制。凡是达到建档立卡贫困标准而不再建档立卡的贫困对象，经扶贫办审核，可以"先纳入、后入网"，及时将返贫对象纳入健康扶贫医疗救助保障范围。将非建档立卡农村五保户、低保户纳入健康扶贫医疗救助保障范围。凡经民政局核定后的农村贫困人口，立即纳入健康扶贫医疗救助保障范围。（3）加强乡村医疗卫生设施建设，提升乡镇卫生院综合服务能力。合理利用村卫生室建设项目资金，推进村卫生室建设"五化"达标建设①，从而形成了"小病不出乡、大病不出县、慢病在基层"的医疗保障格局。

上述措施成效明显，据统计，红安县自2015年12月实施健康扶贫措施以来，共救助住院贫困患者66380人次，住院医疗总费用3.79亿元，基本医疗保险报销22857.23万元、大病医疗保险报销2947.96万元、健康扶贫医疗救助报销8115.34万元、民政救助409.56万元，个人自付2603.31万元，综合实际补偿率93.14%；治愈贫困对象中1270名恢复全部劳动力、5247名恢复部分劳动力，治愈劳动恢复率49.2%；同时减少了全县贫困人口的医疗费用负担，人均住院医疗自付费用从政策前的2704.58元下降到目前的392.18元，降幅81.49%，住院实际补偿率由49.86%提高到93.14%。乡村医疗保险为实现农村贫困人口摆脱贫困，防止贫困对象因病再致贫、因病再返贫做出了贡献。

利川市从2018年始，构建"基本医保+大病保险+医疗救助+兜底保障资金"四位一体的健康扶贫保障制度，为贫困农民织起一道健康防护网。根据政策，利川市农村贫困人口在县域内一级、二级、三级定点医疗机构住院政策范围内医疗费用，基本医疗保险报销比例分别为90%、80%、70%；农村贫困人口大病保险起付取消封顶线，符合大病险保障范围的费用报销比例根据费用多少按65%、70%、80%报销；农村贫困人口经基本医保、大病保险报销后，政策范围内的自付费用部分，还可根据实际接受70%或75%医疗救助，年度最高救助限额为8万元，农村贫困人口的孤儿、特困供养人员可享受全额救助；经基本医保、大病保险、医疗救助后，政策范围内实际住院治疗费用报销比例依然达不到90%的，继续由补充医疗保险补足90%以上，政策范围内个人负担费用不超过5000元；经分级转诊到县域外医疗机构住院的，政策范围内医疗费用由补充医疗保险补足85%，政策范围内个人负担费用不超过8000元。

利川市兜底保障资金和健康管理有特色。该市财政按建档立卡贫困人

---

① 按照湖北省政府办公厅印发的《湖北省进一步加强村卫生室和乡村医生队伍建设实施方案》（以下简称《方案》），要求2017年底，全省所有村卫生室全部"五化"达标，"五化"，即产权公有化、建设标准化、服务规范化、运行信息化、管理一体化。

口 100 元/人的标准（民政资助对象全额兜底）设立农村贫困人口"兜底保障资金"，防止慢病拖成大病增加贫困人口的医疗负担。此外，印发《利川市健康扶贫"慢病签约服务管理一批"行动方案》，按照 50 元每人的标准，开展农村贫困人口健康管理，推行家庭医生签约服务，建立 224 个家庭医生团队，签约建档立卡贫困户 69143 户，签约率 99.92%[①]。

第三节　美丽乡村建设衔接"两大战略"

美丽乡村建设中的基础建设，生产、生活和生态空间改造，新型经营主体培育和支柱产业转向绿色发展等，既是打赢脱贫攻坚战和巩固提升脱贫攻坚成果的重要手段，也是山区贫困县实施乡村振兴战略的重大阶段性任务。红安县、利川市以美丽乡村建设为重要平台，在衔接"脱贫攻坚战略"和"乡村振兴战略"中，蹚出了路子。

一　聚焦生态宜居展开农村基础建设

红安县每年筹措 1 亿元以上奖补资金，按村平均不低于 20 万元的标准，统筹用于农村基础设施建设。重点开展农村公路、文体设施、水利和饮食安全、电力电信和光纤、人居环境治理等工程建设，使农村成为安居乐业的美丽家园。（1）农村公路建设。县政府每年整合 8000 万元，用于农村公路建设、保障、管养、路域环境建设等，创建建好、管好、护好、运营好的"四好农村公路"示范县。扩大农村客运覆盖范围，计划到 2020 年实现具备条件的建制村通客车目标。（2）全县在各村推行基础设施"2+N"模式（便民小道、厕所+其他），政府奖补每村每年 20 万元，撬动群众投工投劳和社会捐资 40 万元左右，实现全县户户通便民小道、湾湾有路灯，每个村庄至少有一座水冲式厕所（注释专栏9-2）。（3）水利和饮水安全工程。一是全面整治县域内的渠道、堰塘、泵站、抗旱水池等小型水利设施按，保障农产品生产用水；二是水源地保护，至 2017 年末，保护湖库型水源地 12 处，河流型水源地 3 处，其中Ⅱ类地表水标准

---

① 荆楚网-恩施新闻网：《利川五大措施深化健康扶贫》，http：//news.cnhubei.com/esssjd/p/10393436.html，2019 年 3 月 11 日。

3处，Ⅲ类地表水标准12处，全市饮用水源达标率100%；三是实施农村饮水安全巩固提升工程，全面巩固提升乡镇、农村安全饮水质量和水量。（4）电力电信和光纤宽带和改造入户。全县电网改造入村入户，全面提升农网供电能力和供电质量；实施"气化乡镇"工程，推动农村能源清洁化、绿色化综合利用；实施数字乡村战略，推进光纤宽带向自然村延伸，加快农村宽带网络和4G网络覆盖步伐。（5）人居环境治理优化。完善垃圾收集处理设施配套实施，全县新建垃圾填埋场12处，垃圾池3000多个，配置铁皮垃圾箱800多个，农户自备垃圾桶12万个①，一湾（自然村）配备一名保洁员（公益岗位），乡村保洁进入常态化。从2018年开始，将用3年时间推进厕所革命、精准灭荒、乡镇生活污水治理和城乡生活垃圾无害化处理"四个三"重大生态工程②建设，补齐农村基础设施、基本公共服务、人居环境短板。

注释专栏9-2　调研样本村基础设施建设案例
案例1　高楼村基础设施进展情况

红安县高桥镇高楼村有16个自然湾、14个村民小组，2017年，全村农业户口327户，总人口1248人。辖区面积4000亩，农民人均纯收入7558元。近年来，高楼村紧紧抓住乡村振兴的战略契机，利用好整村推进项目资金，全村通组公路全覆盖，改扩建高标准便民服务大厅，建设了文化广场、文化长廊、百姓大舞台，安装了体育健身器材、路灯、便民小道、绿化及美化亮化、当家塘、厕所、垃圾池等基础设施，改善了群众生产生活条件。2018年，全村计划"断头路"联通硬化公路2公里，加装路灯20盏，修当家塘4口，卫生厕所全覆盖，村小组便民小道全覆盖。

——资料来源于本课题组实地调查

利川市实施了农村基础设施提升工程，弥补农村道路交通建设、安全饮水和基本公共服务等不足。2015—2017年，投入农村基础设施扶贫项目资金累计14.2亿元。2018年，利川市制定了饮水安全、危房改造、环

---

① 红安县统计局：《红安县2017年国民经济和社会发展统计公报》。
② 湖北省用3年时间推进"厕所革命、精准灭荒、乡镇生活污水治理和城乡生活垃圾无害化处理"四项重大生态工程，当地简称"四个三"。

境整治、道路交通、通信网络、电网改造等6个脱贫攻坚补短板作战方案,以及市域内南片区深度贫困基础设施项目建设,整合投入资金供给5.49亿元。全市农村基础建设短板问题得到缓解。

二 聚焦产业兴旺,推动农业农村发展方式转变

红安县、利川市从巩固产业扶贫成果入手,一方面打造域内多样化的产业结构,另一方向将注意力集中于域内支柱产业转型和培育绿色发展的主导产业,使之成为乡村振兴和新型城镇化的兴旺产业。

(一)改善县域经济结构,增强其经济韧性

山区贫困县基本都是农业大县、工商业弱县、财政小县,红安县、利川市也不例外。在脱贫攻坚和美丽乡村建设过程中,红安、利川两县(市)都把夯实第一产业、发展新型工业、拓展商旅服等第三产业作为重点。经过多年努力,县域产业结构中,第一产业比重分别从2011年的26.1%和39.3%,降低到2017年的17.8%和28.8%,第二、三产业比重则分别由2011年的73.9%和60.7%上升到2017年的82.2%和71.2%(表9-4)。

表9-4　　　　红安县、利川市三次产业结构变化趋势

年份 样本县(市)	2011	2013	2015	2017	2018
红安县	26.1:43.4:30.5	23.0:48.5:28.5	19:48.8:32.2	17.8:47.9:34.3	—
利川市	39.3:23.0:37.7	34.8:26.8:38.4	31.2:28.2:40.6	28.8:28.0:43.2	27.4:27.4:45.2

第一产业中,山区贫困县的农业和畜牧业总产值占主体,林业产值占比较小,渔业更弱,这种状况与山区县资源、劳动力流动、林业转型和急于脱贫致富特点有关。山区贫困县粮食播种面积逐年减少,但粮食总产量稳定中略有增减。2017年,红安县农林牧渔业总产值426558万元,增长4.44%,其中:畜牧业总产值170010万元,增长8.63%,占农林牧渔总产值的39.9%;渔业总产值16584万元,增长6.28%,占近3.9%。全县粮食播种面积53.8千公顷,比上年减少2.64%;粮食总产量粮食总产量21.41万吨,比上年增长4.49%[①]。

---

① 红安县2017年统计公报。

利川市共有耕地面积 59.33 千公顷（统计面积，实际面积大于此数），粮食种植结构主要是水稻、玉米和马铃薯三大作物，2018 年实际播种面积分别为 21.33 千公顷、29.33 千公顷和 28.31 千公顷，合计约 78.97 千公顷，比上年减少 0.91 千公顷，全年粮食产量 32.12 万吨，比上年减少 1.64 万吨，同比下降 4.9%[①]。2018 年，利川全市农林牧渔业总产值 639559 万元，其中，农业总产值 351111 万元（占 54.9%），林业总产值 49006 万元（占 7.7%），牧业总产值 192065 万元（占 30%），渔业总产值 2967 万元（占 0.5%），农林牧渔专业及辅助活动总产值 44410 万元（6.9%）；农林牧渔业增加值 374004 万元，其中农业增加值 224331 万元（占 60%），林业增加值 26688 万元（占 7.1%），牧业增加值 102064 万元（占 27.3%），渔业增加值 1806 万元（0.5%），农林牧渔专业及辅助活动增加值 19115 万元（5.1%）。特别要指出，山区贫困县域农林牧渔专业及辅助活动占有一定比例，2018 年，利川市这一指标的总产值、增加值分别占比 6.9% 和 5.1%，这说明农业产业向二三产业拓展有一定进展和效益。

第二产业中，有条件的山区贫困县新型工业快速发展的趋势比较明显，不过，新型工业化发展快慢与区位条件关系密切。距离区域经济中心和大城市辐射范围内的县工业化较快；那些地处偏远的深山区的贫困县，特是受限发展的县（如水源保护地），工业发展缓慢。

红安县南临武汉，距省会 80 公里，处于武汉经济圈辐射范围内，加上红安县是著名革命老区，各方面的政策支持力度大，近十余年来，县域工业发展较快，工业已成为县域经济主体。2010 年，红安县被批准建设南部工业新城，创建中国光谷·高新技术产业园和湖北省高新园区、产城融合发展示范区，至 2017 年，南部工业新城建成区面积达 40 平方公里，落户各类企业 454 家，其中规模以上工业企业 105 家，规上工业企业产值突破 70 亿元，占全县规上工业总产值的 60% 以上（注释专栏 9-3）。2017 年，红安县第二产业增加值 73.74 亿元，比上年增长 8.2%，占全县地区生产总值（153.81 亿元）的 48%。2018 年，南部工业新城落户企业 469 家，投产 286 家，园区规上企业实现产值 63.2 亿元。

---

① 利川市 2018 年统计公报。

注释专栏 9-3　红安县建设南部工业新城

2010年始，红安县按照"产城融合、园城同建、工业主导、三产协调、多业支撑、集群发展"规划思路，建设南部工业新城，创建湖北"省级高新园区"和"省级产城融合发展示范区"。至2016年末，累计完成政府性投资85亿元，南部新城的建成区已近40平方公里，建成"六纵十一横"路网，路网130公里，架设桥梁20座，铺设供水、雨污管网350公里，架设供电线路136公里，安装路灯2587盏，绿化53.4万平方米，铺设人行道115公里，建成公交站台80座，建成还建房7346套。其他配套设施同步跟进，如园区污水处理厂日处理量达1200吨，一大批民生项目全部建成并投入使用。

2017年，南部工业新城区厂房面积增加到520万平方米，落户企业454家、投产261家，其中工业企业231家，初步形成智能制造、新技术新材料、电子商务等八大产业集群。当年，新增规上工业企业5家，规上工业企业达到105家，规上工业企业产值突破70亿元，占全县规上工业总产值的60%以上。在发展高新技术方面，建立院士专家、博士后工作站4个，产学研基地36个，省级以上众创空间1家；南部工业新城园区的高新技术企业总数达到35家，高新技术产品达到79个，申请专利820个，高新技术企业产值达到37亿元。目前，南部新城产业工人3万多人，带动片区城镇居民和其他从业人员接近6万人，预计2018可实现工业总产值100亿元。南部工业新城已经成为红安县县域经济发展的重要增长极。

——资料来源于笔者调查笔记整理

利川市地处湖北西南边陲，南邻潇湘，北依三峡，与重庆四县两区交界，工业发展的区位条件远不及红安县，工业化缓慢，到2018年，全市规模以上工业企业累计实现利润总额28293万元，比上年下降45.1%。全年全部工业增加值280160万元，比上年增长5.3%，其中规模以上工业增加值增长2.4%。年末全市共有规上工业企业55家。全市第二产业占地区生产总值的比重，2011年为23%，到2018年第二产业增加值355239万元，占县域生产总值（1295642万元）的27.4%。7年间第二产业在县域GDP比重中仅提升4.4个百分点。因此，利川市财政收入大大低于红安县，2018年，利川市人均财政收入只有2158元，只相当于红安县人均财政收入（6860元）的31%（见表9-2、9-3）。

第三产业中，山区贫困县旅游业发展呈现增长趋势，在县域经济结构中比重越来越大。近几年，红安县集中力量打造了十大红色旅游精品景区、十大生态农业观光园和十大乡村旅游示范点。红安县依托61位开国将军故居开发红色旅游，遵循"修复一处故居、建成一个景区、带活一方经济、致富一方百姓"的发展思路，每年修缮几位将军故里，打造成旅游景区。随着红色旅游升温，景区周边村子50%以上的农户直接间接服务于旅游，乡镇顺势引导农民进行农业产业结构调整，通过开展特色种植观光农业，让游客在观光时采摘，提升了农副产品的附加值。

利川市把旅游业作为扶贫的一项工程来抓，实施了"十村百企万户"旅游扶贫工程，2018年，新建成民宿村18个，接待民宿游客250万人次，实现增收2亿元，白鹊山、丽森获评全省金宿级民宿。2018年，全年全市国内旅游人数超1487万人次，比上年增长19.4%。实现旅游综合收入86.61亿元，同比增长20.4%。

（二）培育绿色主导产业，构建农村一二三产业融合发展体系

山坡地适宜旱作农业发展。在脱贫攻坚和美丽乡村建设过程中，红安县根据这一特点发展农业特色产品，通过区域化、基地化的种植，达成规模化生产；同时，配套发展特色农产品加工业、服务业，形成一二三产业融合发展格局。

红安县红薯种植历史悠久，因当地特殊的气候条件和土壤条件，培育出的红薯无论生食还是熟食，口感都颇具特色。2010年，该县红薯以"红安苕"之名，获得国家地理标志保护产品称号。红安县着眼于产业化规模化，推进红薯特优生产区创建工作。按照县建示范基地、镇建示范园、村建示范点的总体布局，红安县巩固扩建了3个万亩连线基地和3个千亩连片基地。目前，全县红薯总体种植面积已经达到7万亩，年产量达15万吨，红薯产业适度规模经营比重达到75%，带动全县农民增收3000万元，带动1.2万贫困户脱贫致富。在发展红薯种植的同时，该县邀请武汉轻工大学食品科学与工程学院的专业研究人员，对红薯进行多方位食品开发，如研制开发红薯面条、婴幼儿食用薯泥、红薯薯片等食品，不断挖掘红薯加工销售潜力，延长产业链条，开发出淀粉含量高的各类红薯加工

食品，如淀粉、粉条、粉丝等，以及淀粉含量较低的各种红薯食品，如加工成果脯、薯丁等。目前，已形成以湖北阿帆食品有限公司、上好佳食品有限公司、二程农副产品加工合作社等加工企业为龙头的红薯产业化建设深加工平台。年加工能力10万余吨，年销售15万吨左右，总产值10亿余元。不少红薯加工产品，如"红安红""将军红""阿帆"等销售前景广阔。

红安花生也是国家农产品地理标志保护产品，种植历史悠久，享誉全国，红安县也因此被称为"花生之乡"，也是省油料大县。近几年，按照"区域种植、规模发展、板块推进"的原则，高标准建设花生生产基地。2017年全县花生种植面积为30万亩，占全县总耕地面积约50%，形成了"十里不断线，万亩连成片"的花生生产格局。大力发展花生生产，可以有效缓解水的供需矛盾，从而保证种植业整体效益提高。

利川产茶历史悠久，至今已有170多年生产加工历史。早在19世纪中叶，利川茶农开始为英资买办商人加工出口红茶，1876年，随着宜昌被列为对外通商口岸，利川毛坝成为出口宜红工夫红茶的核心产区之一。1951年，利川被国家列为宜红工夫红茶的主要产区。利川红（工夫红茶）是红茶中的上品，产于湖北省恩施自治州利川市的毛坝镇、忠路镇、柏杨坝镇、文斗乡、沙溪乡一带。2018年，全市茶叶种植面积24万亩，茶叶产量17369吨，比上年增加539吨，增长3.2%。全市培养了一批茶叶加工龙头企业。比如：利川市飞强茶叶有限责任公司，其产品"星斗山·利川红"是湖北省著名商标和名牌产品，"宜茶情红茶"获"中国名优硒产品"称号，"圆梦""龙洞岩"（红茶）获"中国特色硒产品"称号。2017年，利川红被国家质量监督检验检疫总局批准为国家地理标志保护产品。2018年4月28日，国家主席习近平与印度总理莫迪在武汉非正式会晤期间品尝了"利川红"，一时间，"利川红"名声远播，销售收入从每亩1500元提升至5000元。近两年，飞强公司和金利公司两家企业每年出口1500吨，出口创汇3000万美元，带动1万余名茶农脱贫致富奔小康。

（三）培育新型农业经营主体，促进农业产业体系化

家庭农场、农民合作社、农业龙头企业等各类新型农业经营主体，是现代农业体系的领头羊，是乡村振兴的重要力量。红安县在脱贫攻坚和美

丽乡村建设中,培育家庭农场、农民合作社和龙头企业,并引导其与个体经营农户紧密合作,通过农户土地经营权入股、产业项目支持资金量化到农户形成股权、个体经营农户农产品保底价收购等新型联结方式,将新型农业经营主体与个体经营户组合联结成经济共同体,从而促进农业产业体系化。到2018年,红安县各类新型农业经营主体发展到1800多家,其中:家庭农场344家;农民专业合作社967家;农业龙头企业17家,其中省级4家、市级13家;现代农业产业园120家,其中千亩以上51家。红安县高桥葡萄谷现代农业产业园是湖北省第一批现代农业产业园创建单位,已形成以葡萄为主,名贵花卉苗木、时令鲜果、特种药材并存的现代农业示范园区;高桥镇紫卉牡丹田园综合体从中药材的花用、药用、食用价值开发入手,发展大健康产业,累计流转高桥镇严家畈村及周边村组土地2280亩,先后投资1260万元,种植中药材牡丹350亩、元胡520亩、子莲1000亩、吴茱萸400亩。2017年,该园区种植的元胡、贝母质量符合康恩贝药业集团的药材收购标准,种植面积已达3000亩。

利川市新型农业经营主体也得到了较快发展。截至2018年笔者调查时,全市培植家庭农场1083家,经营土地面积43868亩,年销售农产品总值10万—50万元的503家,50万—100万元的140家,100万元以上的20家;农民专业合作社2808个,其中被各级农业主管部门认定的示范社204个,入社农户64584户[1];培育农业龙头企业58家。

培养新型经营主体离不开吸引人才回流。红安县以"市民下乡、能人回乡、企业兴乡"为抓手,引导和激励各类人才到农村的广阔天地显身手,带动农业企业家队伍,凝聚起千千万万市场主体,合力促进乡村全面振兴(注释专栏9-4)。

注释专栏9-4 调研样本村回乡创业案例

杨林强是红安县永佳河镇西张元村人,在武汉打拼20余年,主要从事钢构生意。数年前,他看到村里土地荒芜较多,感到十分可惜,在镇村干部及农业部门引导下,他回乡创业,先后流转承包了村里1400亩山林岗地,引进种植各类优质花果苗种,潜心发展林特产业。2016年底,在

---

[1] 利川市2017年农业经营管理情况统计,企业数据来源于座谈笔记。

县政府部门引导下，红安祥林生态苗圃科技股份有限公司与红县其他4家企业一道，在武汉股权托管交易中心集体挂牌，组成"红安县生态农业旅游板块"登陆湖北四板市场，助推企业快速融资发展。随着企业不断发展壮大，杨林强不忘带动乡亲致富，先后带动周边3个村40户贫困户脱贫，同时为数十名村民提供了就业机会。

——资料来源于本课题组各地调查情况综合

三 践行"绿水青山就是金山银山"的发展理念

绝大多数山区贫困县的森林资源比较丰富。如何让森林资源既发挥生态涵养功能，又兼顾区域经济发展和农民生计改善，各地探索出一些比较好的办法。红安县和利川市响应湖北省"绿满荆楚"行动计划，在实施退耕还林还草还田、植树造林，绿化山川、道路、沟渠、湿地、村庄的过程中，注重自然资源产权确权登记等的相关改革，完善生态补偿政策，并实施了与此相配套的人工商品林赎买政策、生态效益层面的碳交易等多项改革，探索林业生态效益全流程、多途径转化为经济效益的路子，取得了一些成效。

2008—2011年，红安县借助低产林改造项目的实施，在高桥镇、杏花乡、七里坪镇和永佳河镇等地，新建了以湿地松、杉木为主的速丰产林基地近10万亩。2015年，红安县按省政府"绿满荆楚"行动意见，制定了《绿满红安三年行动方案（2015—2017）》，该《方案》坚持生态效益、经济效益和社会效益相统一的基本原则，计划用三年时间，使全市森林覆盖率达到50%，村庄庭院绿化率达到80%，县级以上公路绿化率达到100%，城镇绿化绿达到43%，河堤沟渠绿化率达到90%，80%以上的湿地面积得到有效保护，野生动物资源得到有效保护，生态状况步入良性循环，初步形成五大森林生态安全体系（山区森林生态屏障体系、湿地森林生态防护体系、通道景观生态网络体系、城镇人居生态保障体系、林业绿色生态产业体系）。截至2017年末，红安县林地已达72254.82公顷，占比40.2%，年末森林蓄积量达410.8万立方米。2018年，全县森林受灾面积连续三年下降，森林覆盖率提高至48.7%，接近计划目标。林业绿色产业体系建设有所进展。笔者座谈了解到，红安县山林面积112万亩（农民人均山林面积2

亩），其中经济林 61 万亩，包含油茶 25 万亩、板栗 30 万亩、青茶 6 万亩（其中高山有机茶 3 万亩），占山林总面积的 54.5%，另外，林下种植药材 2 万亩①。油茶是一个绿色长效产业，每亩产果 1000 斤以上，按市场价 2.4 元/斤，亩产值 2000 元以上，10 年以后进入丰产期，亩产量 2000 斤以上，亩产值 4000 元以上。油茶的寿命期为 80 年，丰产期在第 30 到第 60 年间，产茶期约 40 年。经济林以及林下经济发展，兼顾了生态、经济和社会效益，受到山区地方政府推崇和农民欢迎。

利川市处在北纬 30°，夏无酷暑、冬无严寒，绝佳的地理位置造就了丰茂的植被、富集的资源。至笔者调查时，全市林地面积占总面积的比例达 48.6%，有林面积 360 万亩，其中公益林面积 239.7 万亩，生态护林员 1215 人，人均年工资 4000 元②。2017 年，利川市在"绿满荆楚"行动中造林 7.7 万亩、退耕还林还草 8 万亩③，森林覆盖率达到 62.24%，空气质量优良率达到 96.2%；2018 年，全市森林覆盖率提升到 62.97%。在经济林中，山桐子树干高，林上（花期）养蜂，林中收果，还可发展林下作物，实现以短养长，兼顾了生态、经济和社会效益（注释专栏 9-5）。2014 年，国家林业局发布《山桐子原料林可持续培育指南》，国务院办公厅出台《关于加快木本油料产业发展的意见》，加之山桐子油早为川陕鄂民众食用，在利川市发展较快。2017 年，利川市启动了 500 万亩山桐子基地建设，同时建设年产量 100 万吨山桐子木本植物油加工厂，其中包括山桐子化妆品保健品生产线，山桐子果饼肥料饲料生产线，建设占地 300 亩山桐子文化产业园，组建木本植物油研究院。至 2017 年末，利川山桐子种植面积约 200 万亩。

注释转专栏 9-5　山桐子的经济效益

山桐子又名油葡萄，高大落叶乔木，对气候土壤要求不严。山桐子生长于海拔 400—3000 米的山坡、山洼，分布于华北、华东、华中、华南和西部地区，而中西部是主产区，适合大面积种植。山桐子 3—5 年挂果，树龄 40—70 岁，一次栽种，长期受益。一亩地可植 50 株，挂果后可亩产

---

① 2016 年，红安县被评为全国林下经济示范县。
② 中央专项资金，一年一聘，年薪 4000 元。
③ 利川市是湖北省退耕还林先进县之一，多年来累计退耕还林 24 万亩。

山桐子果 500 斤左右，出油率 33%—38%，所出产油品中的不饱和脂肪酸含量达 70%—81%，是一种健康食用油。目前，利川沙溪已建立了 1 万亩山桐子示范基地，3 年多时间，全乡 22 个村中有 17 个村种植山桐子，种植面积 3 万多亩，沙溪乡成了利川市产业扶贫示范乡镇；南坪乡建立了 200 亩山桐子树形试验示范园。

——依据笔者调查笔记和网络资料整理

第四节 样本县域农户生计状况

一 农户生计总体状况

县域经济状况决定农户生计总体状况。调查两县（市）县域经济尽管发展较快，但与全国平均水平相比较仍然处于后列，这从总体上制约了生计改善和生活品质提升。2018 年，全国人均 GDP、人均财政收入、城乡居民人均可支配收入等四项主要经济指标分别为 64644 元、13144 元、39251 元、14617 元[①]。同期红安县四项指标分别为 25385 元、6860 元、26799 元和 11367 元，分别相当于全国平均水平的 39.27%、52.19%、68.28% 和 77.77%；利川市四项指标分别为 14128 元、2158 元、28828 元和 10416 元，分别相当于全国平均水平的 21.86%、16.42%、74.44% 和 71.26%（表 9-2、9-3）。这组数据表明，红安县和利川市农民不论家庭收入水平，还是可能享受的公共财政资源都是有限的。

但是，这并不表明山区贫困县农民生活整体贫困。脱贫攻坚和美丽乡村建设对于山区贫困县农民生计改善效果是明显的。2011—2018 年，红安县、利川市农民人均可支配收入（未扣除物价上涨因素）分别增长了 161.3% 和 165.0%，恩格尔系数（逆指标）下降了 13.3% 和 21.5%（表 9-5）。如果按照联合国关于恩格尔系数标准[②]，2018 年，红安县、利川

---

① 数据来源：国家统计局《2018 年国民经济和社会发展统计公报》，人均财政收入 = 2018 年全国一般公共预算收入 183352 亿元÷年末全国大陆总人口 13.95 亿人（不含港澳台）。

② 联合国根据恩格尔（德国统计学家、经济学家）系数的大小，对世界各国的生活水平有一个划分标准，即一个国家平均家庭恩格尔系数大于 60% 为贫穷；50%—60% 为温饱；40%—50% 为小康；30%—40% 属于相对富裕；20%—30% 为富足；20% 以下为极其富裕。

市农村居民恩格尔系数均在30%—40%之间，已进入相对富裕的阶段。

表9-5 2011—2018年 红安县、利川市农民收入水平及生活质量变化

主要指标	年份	2011	2012	2013	2014	2015	2016	2017	2018
农村居民人均可支配收入（元）	红安	4350	4953	5641	8057	8826	9537	10448	11367
	利川	3930	4536	5159	7091	7839	8607	9473	10416
农村居民家庭恩格尔系数（%）	红安	44.50	43.52	39.90	18.10	39.70	39.40	38.70	38.60
	利川	50.30	46.70	—	—	—	—	40.10	39.50

数据来源：红安县、利川市统计局统计年鉴、统计公报和政府工作报告及座谈数据整理。

二 脱贫攻坚和美丽乡村建设对改善贫困农户生计的影响

脱贫攻坚和美丽乡村建设对改善贫困农户生计的影响主要表现在增加农民收入和转变农民生产生活方式两大方面。

1. 工商资本进入农村不仅为地方经济发展注入活力，而且将工商企业的生产管理方式嵌入农村，在增加农民收入的同时转变农民生产和生活方式。产业扶贫引入工商资本，普遍采用"公司+合作社+贫困户"模式，公司与合作社签订种植产销协议，合作社与贫困户签订帮扶协议；村委会与贫困户签订基地承包或者用工协议，将工商资本、农民专业合作社与分散的农户组合成一个产业利益群体，一体化发展，带动贫困户增收（注释专栏9-6）。

注释专栏9-6 调研样本村扶贫做法的案例
案例1 红安县八里湾镇产业扶贫做法

（1）畜牧养殖业方面，引入14个市场主体与贫困户对接，畜牧产业扶贫共488户，资金共535.92万元，已全部发放。（2）林特产业方面，有6个市场主体，新建油茶基地1120亩，与212户贫困户签订合作共建协议，资金发放46.26万元，已通过产业局验收。（3）水产养殖业方面，八里湾镇有17个村、143户贫困户申请承包鱼池共计1241亩，平均每户贫困户承包8.6亩，其中有127户承包原有水面1022亩，16户新建水面219亩。143户共计资金81.6万元已经全部发放。

案例2　红安县高桥镇深化产业结构调整

发展产业才是稳定可持续增收的主要途径。高桥镇以3000亩紫卉牡丹产业园为基础，与著名的中国药材之乡浙江省磐安县开展深入合作，2018年计划发展中药材种植面积5000亩，以后每年以10000亩的面积递增，把高桥镇打造成为中药材种植之乡，让中药材成为农民的主导产业。同时加大土地流转力度，大力开展"三乡"① 工程，因地制宜发展一、三产业相结合的现代服务业。

——资料来源于本课题组各地调查情况综合

2. 工商业和现代农业企业发展，为农民就近转入工商企业和现代农业园区就业、增加收入提供了条件。如红安县有363贫困户在45家工业企业务工，户均年增收2万元以上；48户在2家商业企业经商，户均年增收1.2万元以上；892户在农业企业务农，户均年增收1万元以上。

3. 工商资本拓展贫困户财产性收入渠道。一是出租资产（土地等）获得租金收入，如红安县（不完全统计）有2845户贫困户通过出租土地或其他资产给农业市场获得租金。合作社按照每亩300元的租赁费，先后流转土地1500亩，其中本村及周边村组110户贫困户租赁耕地及水面320亩，户均增收900元。二是贫困农户以扶贫资金或自有其他经济资源入股各类市场主体，参与其分红，利川市引导贫困户将政府扶持资金、扶贫贷款资金投入到合作社等市场主体，由合作社经营，并按照入股金额对贫困户进行保底分红。2017年21户贫困户利用大棚果蔬种植政府扶贫资金入股21万元，每户年底分红3000元；37户贫困户利用中药材种植政府扶贫资金入股17.5万元，每户每年分红4000元；2600户贫困户小额贷款11736万元入股工业市场主体获得股金，户均年脱贫增收3000元以上；300人通过小额贷款入股旅游市场主体分红，户均年脱贫增收3000元以上。

三　问卷农户数据显现山区贫困县农户家庭生计转变趋势

课题组在红安县、利川市调查样本村每村选择（经济条件上、中、

---

① "市民下乡""能人回乡""企业兴乡"。

下）3户入户问卷，共获得31份问卷，问卷数量偏少，为保证样本数据分析尽可能接近事实，我们结合问卷村座谈资料及相关统计数据加以分析，结论如下：

1. 外出务工或经商已经演化为农民家庭主要生计方式。经过对问卷的计算统计分析得出，在31个样本农户当中①，户均承包耕地3.19亩。从农户收入结构看（图9-1），户均年收入8.01万元，其中农户种田等家庭经营性年收入2.46万元，占总收入比重5%；而通过外出务工经商等工资性年收入5.63万元，占年收入来源的95%。这说明，样本农户小规模家庭经不足以维持家庭生产和生活，需要外出打工收入作为重要补充，因

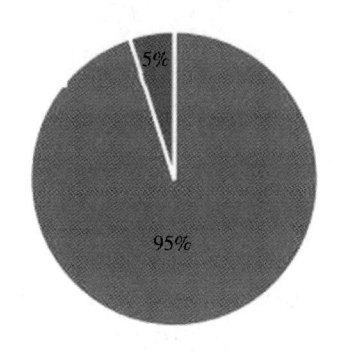

图9-1 样本农户收入结构

此，农民家庭主要劳动力离乡外出务工或经商就成为必然选择，而且代际传承，演化至今，外出务工经商不仅是农民家庭收入的主要来源，而且成为多数农民家庭主要生计方式。我们把这种观察方式放大到乡、村层面整体考察，也能显示离乡外出从业的农户家庭的普遍性（注释专栏9-7）。

注释专栏9-7 红安县八里湾镇农民生计状况

红安县八里湾镇有21个村民委员会、276个村民小组、12432户38989人，农村人口36012人，乡村劳动力资源总数23312人，其中男性

---

① 样本来源于每个调研村选取的三户农户，经济条件依次为高中低三个档次，具有代表性和可比较性。

12093人、女性11219人。全镇耕地面积34521亩，其中水田26398亩、旱地8123亩；林地面积47664亩；2017年，共流转土地面积6684亩。有效灌溉面积21403亩，旱涝保收面积13670亩。(1) 离乡外出从业人员占比较高。镇内乡村从业人员20378人，乡村从事农业人数8013人，本乡镇内从业人员12206人，离乡外出从业人员8172人，外出从业者占镇劳动力资源总数的35.1%。(2) 离乡从业人员以县外为主。离乡从业人员中，在县内乡外的2501人，省内县外的3105人，省外的2566人，离乡（县外）从业者合计5671人，占外出从业人员总数的69.4%。(3) 离乡外出从业者以二三产业就业为主，外出从事第一产业286人，从事第二产业6374人，从事第三产业1512人，从事二三产业的合计占96.5%。(4) 离乡外出从业者月收入2000元左右的居多。离乡外出劳务收入在501—1000元的有441人，1001—2000元的3881人，2001—3000元3196人，3000元以上654人。(5) 返乡人数不多。2017年，全镇返乡人数84人。

八里湾镇王家湾村有11个村民小组，280户、1020人，乡村劳动力资源总数580人，其中男性320人、女性260人。从业人数538人，从事农业人员数206人。在本乡镇内从业人员322人，外出从业人员216人，外出1—3个月的47人，3—6个月的58人，6个月以上有111人，在县内乡外的有66人，省内县外的有82人，省外有68人。外出从事第一产业的有8人，从事第二产业的有168人，从事第三产业的有40人。劳务收入在500—1000元的有12人，1000—2000元的有103人，2000—3000元的有84人，3000元以上的有17人。全年外出返乡只有1人。

——据红安县八里湾镇2017年农村经济统计年报整理

2. 财产性支出和消费性支出比重较大。根据问卷农户家庭支出构成分析，样本农户家庭年总支出8.6万元，其中：(1) 包括食品支出、租房支出等项目的消费性支出占家庭总支出的20%，这与家庭主要劳动力常年外出务工不居家生活，以及农户家庭的日常消费品如粮食、蔬菜、住房等基本是自产自给有关。(2) 财产性支出占比78%，财产性支出中建房买房是家庭的最大支出项目。(3) 农户的社会保障性和其他支出各占1%。社会保障性支出少，是因为国家对于农民的医疗的社会保障有较大幅度的补贴，在一定程度上节省了农户的开支。调查显示，样本农户中新型农村合作医疗参保率100%，农户养老保险参保率达90%。

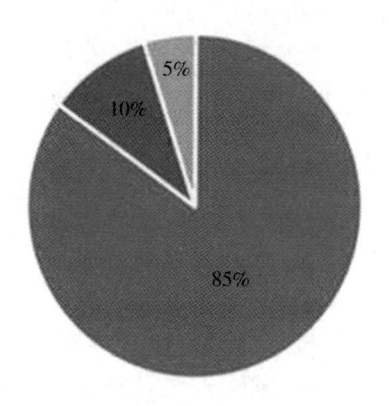

■ 增加家庭收入　■ 寻找发展机会　■ 希望在城里生活

图9-2　样本农户外出务工目的调查

3. 农户家庭生产生活对农村金融和民间借贷的依赖性较强。调查还显示，样本中35.5%的农户存在贷款行为，32%的农户有借款行为，贷款农户大部分是借助于政府实施的金融扶贫项目，以入股分红等形式增加收入。这说明农村金融和民间借贷对农户家庭生计有重要的支撑作用。

4. 农民外出多为增加家庭收入，追求市民化生活方式，而进城生活的只是极少数。问卷数据显示（图9-2），有85%的农户外出务工经商是为了增加家庭收入，10%的农户是为了寻找发展机会而选择外出务工，仅有5%的农户外出务工是为了希望在城里生活。可见，农民在外务工经商仅仅是为了增加家庭收入，对于故土还是难以割舍，进城生活定居的意愿不强。

第五节　样本县未来发展空间与人口承载力

一　土地资源利用空间

红安县幅员总面积为1798平方公里，人口密度为369.86人/平方公里，可作农业用途的土地面积合计 88462.43 公顷，占县域幅员总面积的 49.2%，其中耕地面积 60132.47 公顷，占农用地面积总量的 68%，园地面积 9832.17 公顷，占农用地总面积的 11.1%，牧草地 3427.68 公顷，占 3.9%，水域 15070.11 公顷，占农用地总面积的 17%。按现有总人口（66.5 万人）计算，人均拥有农业用地面积 1.33 公顷，其中人均能够生产粮食的土地（耕地、园地）1.05 公顷（15.75 亩）。尚有占幅员总面积 8%的未利用土地。

利川市全市总面积 4607 平方公里，人口密度 198.33 人/平方公里。县域国土面积中，耕地面积占总面积的 22.9%，园地面积占总面积的 1%，林地面积占总面积的 48.6%，牧草地占总面积的 0.5%，水域用地占总面积的 1.6%，即按现有土地利用格局，可用于农业的土地面积占比达 74.6%，约 343682.2 公顷，按现有人口（91.37 万人）计算，人均约 3.76 公顷，其中人均能够生产粮食的土地（耕地、园地①）1.21 公顷（18.15 亩），尚有 21.9%未利用土地。

二 林业资源利用空间

红安县林业局统计，林业用地面积 774582 公顷，占县域总面积 40.2%；非林业用地中四旁树林折算面积 2340.7 公顷。在林业用地中，有林地面积 58921 公顷，宜林地面积 2867.7 公顷。全县活力木储积量 3203050 立方米，其中乔木林（包含人工矮化乔木）储积量 3090503 立方米，疏林储积量 16814 立方米，四旁树储积量 77878 立方米，散林木储积量 17855 立方米。全县森林覆盖率 48.7%。

利川市林地面积占总面积的比例达 48.6%，有林面积 360 万亩，森林覆盖率达到 62.97%，全市自然保护区 3 个，总面积 46701 公顷。

两县（市）森林资源利用有一些成效，山林绿色产业尚未形成规模，大多数森林只有生态功能，经济和社会功能尚待开发，比如森林旅游、森林小镇、经济和生态效益兼顾的林木培育等，可以预计，随着践行习近平"两山"理念的深入，森林资源的生态、经济和社会效益将逐渐展现出

---

① 南方山区，园地和耕地的粮食生产能力基本相当，况且，山区县园地面积占比较小，比如利川市园地占比仅为 1%，特殊时期，园地也可首先作为满足粮食供给而使用。

来，县域人口承载力将进一步提升。

三　旅游资源利用空间

红安县旅游资源极其丰富，尤其大别山区是红色资源最集中、资源禀赋最高的地区，被国家列为全国12大红色旅游区、30条红色精品线路之一。此外，县域内有举水、倒水、滠水三大水系自北向南穿境而过；有天台山、老君山、九焰山三座国家级森林公园高峰；有金沙湖、尾斗湖、香山湖三大湿地公园；有4A景区3家、3A景区3家；有省级旅游名镇2处、省级旅游名街1处、省级旅游名村2处，4星级农家乐5家、3星级旅游饭店6家、旅行社12家，建成旅游公路网络500公里、旅游专线3条；还有30个开放的景区景点，11个在建的景区，覆盖了12个乡镇68个行政村，几乎每个乡镇均有旅游景点景区。全县旅游业已有较强的收入能力，2017年，全市全年旅游人次达到670万，实现旅游年收入46.75亿元，旅游业增加值占本地GDP比重达12%，先后被评为"国家全域旅游示范区创建县""湖北省旅游强县""全省旅游扶贫突出贡献县"。

利川市境内山川叠嶂，景色秀丽，气候资源得天独厚，境内旅游资源极其丰富，空气质量优良率98%。至2017年底，全市有A级旅游景区9家（其中4A级5家、3A级2家）。位于谋道集镇东南的水杉古树，是地球上已知的最大、最古老的一棵水杉母树，树龄达500余年，人称"水杉王""活化石""天下第一杉"。位于毛坝乡东南部的星斗山，以其植被区系庞杂、起源古老、植物种类丰富著称于世，人称"华中天然植物园"，成为恩施州第一个、湖北省第三个国家级自然保护区。2008年5月，腾龙洞风景区被评为国家4A级旅游景区；2012年，国家旅游局批准佛宝山大峡谷漂流景区为国家4A级景区；2013年龙船水乡创建4A级景区；2014年大水井创"4A"；2018年初玉龙洞成功创建"4A"。近几年，利川市经过全域旅游规划和建设，已经成为集生态涵养区、旅游风景区、民族风情区、休闲度假区、凉爽避暑区于一体的旅游新热点地区。未来发展中，如果进一步推进全域旅游统筹规划布局、服务提升，生态文化旅游产业或可成为全市经济社会发展的引擎。

四 人口承载力空间

2017年，红安县"粮食种植面积80.7万亩，粮食总产量21.41万吨"①，计算之，红安县亩均粮食产量265.30公斤；2018年，利川市"粮食种植面积78.97千公顷，全年粮食产量321205吨"②，照此计算，每公顷粮食产量为4.06743吨，每亩粮食产量271.16公斤。根据中国农村统计年鉴的数据，我国农村居民人均消费粮食呈逐年下降的趋势，1980年人均粮食消费为257.2公斤，2000年为250.2公斤，2009年为189.3公斤。按照1980年中国农村居民人均消费粮食257.2公斤的水平，在大别山、武陵山区等南方山区，基本上1亩耕地的粮食生产能力满足1个人口的粮食消费需求。照此计算（仅考虑粮食供给保障不及其余），红安县、利川市人均现有能生产粮食的土地（15.75亩、18.15亩），可分别保障15或18人的粮食供给需求，这或许可以看成是特殊时期这两个山区县域土地承载人口的极大值。

山区贫困县耕地并未全部利用，撂荒耕地或多或少，个别县耕地撂荒比例较大，比如红安县。笔者几年前乘高铁至杭州、六安、金寨经过红安至汉口，沿途所见大片耕地撂荒，几次目测估计撂荒比例在35%—40%之间。这次专程到红安县实地调研，专门就土地撂荒数量反复求证，尽管未能获得县域层面的准确统计数据，但根据课题组在乡村两级典型调查数据推算，并在县政府涉农部门负责人座谈会上进一步求证，红安全县耕地撂荒在40%左右。2017年，全县户籍总人口65.36万（人口密度364人/平方千米），全县县地区生产总值（GDP）153.81亿元，人均GDP25285元，三次产业结构比为17.79：47.94：34.27，财政总收入40.76亿元（人均6236元），一般公共财政收入16.7亿元；城乡居民人均可支配收入分别为24908元、10448元，城乡居民恩格尔系数分别为38.5%和38.7%，按照联合国相关标准，红安县农民生活水平当年已经进入相对富裕阶段。这意味着该县40%撂荒耕地可以当作土地资源战略储备或农户

---

① 红安县统计局：《红安县2017年国民经济和社会发展统计公报》。
② 利川市统计局：《利川市2018年国民经济和社会发展统计公报》。

承包耕地"自愿轮休",是该县未来发展空间和活力所在①。

综上,如果充分利用现有耕地园地和撂荒土地,而且重要用于粮食生产,同时,充分利用山区县域城乡现有房地产闲置资源②,充分发挥县域内森林资源、旅游资源的发展空间,在红安县、利川市维持人民群众全面小康生活稳定、生态环境向好的大趋势下,县域人口密度可再增加至少40%。

革命和战争时期,山区作为革命发源地和根据地,其人口承载力在各个根据地都有极佳表现,历史经验或许对我们思考未来山区人口承载力有所帮助(注释专栏9-8)。

注释专栏9-8 大革命时期的红安县经济建设的基本做法、主要成效和经验

大革命和根据地初创时期,党和苏维埃政府对山区经济建设就很重视,把努力发展生产、保障军民给养作为一项紧迫任务。

(一)基本做法

1.农业生产。当时,全县除成千上万农民参军外,还有数以千计的农民参加地方工作,农村劳动力的数量大减,农业生产首先必须解决劳动力、资金等严重不足的问题。(1)组织变工互助和代耕队,发展生产。当时,红安许多青壮年都参加了红军,农村劳动力缺乏,每到栽种收获季节劳动力更见紧张。为解决这一矛盾,七里、紫云等区群众在自愿互利的基础上,创造出变工、换工、换耕等互助协作的生产形式。同时成立代耕队,为红军家属和烈属及鳏寡孤独残废者无偿耕种。(2)规定苏维埃干部一般不脱离生产,组织他们参加生产劳动。县委规定乡一级苏维埃政府除主席、秘书外,一般不得脱离生产;区级以上机关工作人员也应尽量参加生产;地方武装绝大多数采取战时作战,平时务农;各类群众组织应将

---

① 2018年,红安县响应湖北省政府"精准灭荒"的号召,灭荒12300亩,灭荒率居黄冈市第一名。

② 红安县南部工业新城——中国光谷·红安高新技术产业园,建成区面积40平方公里,尽管落户企业已达到相当的规模,但建成区的商品房、厂房、商旅服务业用房和其他公共总设施仍有较大存量,未来吸纳劳动力和居民的能力强。红安县和利川市农村都有一定规模的闲置民居。

农业生产作为自己的主要任务之一；同时组织一切力量，进行武装抢收抢种。（3）发放农业贷款，帮助贫困农民解决耕牛、农具和生产基金的困难；成立种子站，调剂种子余缺；开展"粮食运动周"以补助粮食生产不足。（4）减、免农业税。县苏维埃政府规定，各区苏维埃政府对生产落后、生活困难的穷苦农民不得征收土地税。1931年10月特区苏维埃政府有关于征收粮食累进税的相关政策，通知税收部门，对贫、雇农和烈属完全免征收农业税。

2. 工业生产。根据地工业类型有两种：一是军需工业，二是民用工业。（1）军需工业。红安县兵工厂，建于1928年秋，是鄂豫皖苏区最早的一所兵工厂，主要生产"黄安造单打一手枪（撇把子）"，供应红军和红安、麻城、光山等县赤卫队。鄂皖豫边军委兵工厂（亦称红军兵工厂），1930年春建于光山县护尔寺，有工人60多名，可修理枪支和制造来复枪、撇把子枪。鄂皖豫边军委兵工厂从建厂到第四次反"围剿"失败以后解散，总计生产了来复枪、撇把子枪3500余支，"汉阳造"800余支，并修理了许多枪械。陂安南县兵工厂，1931年秋建于庙咀湾村，该厂因机械缺乏，只能搞些简单的修理。此外还有潭畈河红军枪炮局，油榨河、程氏祠红军兵工厂，来家河机械修理所等。（2）民用工业。红安县被服厂，始建于1929年，1930年鄂皖豫苏区形成后，该厂发展很快，在紫云区胡家湾、大屋、黄家畈等村分别建立了第一、二、三分厂，主要生产被装、服装、军帽、子弹袋等。同时，恢复和发展个体民用手工业（包括作坊），以区或乡为单位，将原来分散的个体手工业工匠组织起来，成立缝纫、竹器、木器、榨油等生产合作社，苏维埃政府还鼓励他们走街串巷，为群众修旧补破。

3. 商业贸易。有三种类型：一是苏维埃政府投资经营的经济公社，即国营商业；二是由群众入股、集体经营的合作社，即集体商业；三是私营商业。（1）经济公社成立于1930年。县、区两级均有，区以下各乡设立代办所。1931年7月，鄂豫皖特区苏维埃政府经济公社总社成立后，红安县经济公社称第四分社。经营项目有煤油、食油、布匹、文具纸张、电筒电池、烟丝，并有少量的纸烟，还负责收购各合作社交来的农副土特产品，将其输出苏区，又把输入的商品批发给合作社出售。此外，还办理货币兑换、借贷、发放救济物资、粮食等业务。（2）合作社分为消费合作社和贩卖合作社两种，与经济公社同时成立，每乡均有。苏区群众除地主、富农外，都允许入股投资，金额不限。凡入股者，年终可得红利。合作社经营项目很多，既销售各类民用小百货、杂货，又负责收购土特产，还设有屠宰坊、染坊、农具制造厂等。苏维埃政府为了扶持合作社，给予部分减免税收或完全免税优惠。经济合作社和合作社所销售的商品利率2%左右，价格较低，群众可以用钱买也可以用桐籽或其他土产品兑换，因此备受欢迎。(3) 根据地在发展国营和集体商业的同时，对私营商业采取保护、鼓励政策。早在1929年5月，红安县委即提出"保护小商人，发展生意"。1931年10月，鄂豫皖特区苏维埃政府规定：各种商业，每日营业额不到150元者完全免征税；凡粮、棉、布、药材等物资由非苏区输入苏区的一律免税。各级苏维埃政府不仅"准许商人自由贸易"，还对苏区急需物资，如盐、西药、纱布、布匹等的购进者给予奖励；对输出苏区土特产者，组织地方武装护送。

4. 财政金融。根据地初创时期靠打土豪筹款，后来财政来源扩大为3个方面：(1) 农业累进税。1930年红安就开始征收农业累进税。其政策规定是"每个农民平均每人除五担谷外，超出五担的即开始征税"。中央分局成立后，为了解除穷苦农民负担，决定继续征收富农和其他分有土地的剥削阶级家庭的农业累进税，对雇农、贫农免收此税。(2) 商业累进税。主要征收佣金税、营业税、进境税、特种税。佣金税指的是猪行、粮行、山货行等商业之间中间人做买卖时所得的利润。营业税是向有一定资本的商店征收营业税。进境税是货物进入苏区边界时，由边界所在地之苏维埃纳税机关负责征收，税率与商店营业税相同。特种税是对于烟、酒及其各类麻醉药品，苏维埃政府不能简单地加以禁绝，特抽重税以减少其买卖，如烟抽取30%，烟丝等抽取10%。(3) 武装筹款。以1929年为例，全县月收入8000元，其中支援红军1200元，购买枪支弹费3000元，占总收入的一半以上。

金融工作方面，建立了苏维埃银行。根据地最早的银行设在红安列宁市（七里坪长胜街）。银行共发行过纸币、铜币、银币、布币四种货币，流通最广的是纸币和布币。银币和铜币主要用于兑换，起到维护纸币、布币信用之作用。各级银行积极开展借贷、储蓄、兑换等业务工作，筹集资金，帮助发展工、农、商业生产。对于农民用于购置耕牛、农具、种子的贷款，一律免息，其余贷款酌量收息。

（二）主要成效及经验

由于党和苏维埃政府采取了上述农业措施，从而克服了战争条件下劳动力的缺乏，耕牛、农具不足，粮食饥荒等各种困难，农业生产得以恢复和发展，对于保障军民给养起了重要作用。军工、民用工业的发展，扩大了工人的队伍，引进了不少技术人才和设备，推动了苏区工业生产技术进步。正确的商业贸易发展政策，使红安县商业贸易发展较快，七里坪、箭厂河、檀树岗上新集、詹店街等地，市场繁荣，上街赶集人流如潮，打破了国民党反动派的封锁，保障了军民必需品供给。总之，第二次反"围剿"胜利后，根据地经济建设蓬勃发展，经济效益十分显著，为保障红军的供养和供给，支持革命战争，做出了重要的贡献。

——笔者根据座谈及相关资料整理

（本章作者：张羽 王景新）

参考文献：

1. 中国共产党新闻网，http://cpc.people.com.cn/xuexi/n1/2016/0503/c385474-28320730.html，2016年5月3日。

2. 荆楚网-恩施新闻网，《利川五大措施深化健康扶贫》，http://news.cnhubei.com/esssjd/p/10393436.html，2019年3月11日。

第十章　乌蒙山区彝良县、滇西边境山区漾濞县调查报告

摘要：中华人民共和国成立70年以来，党和国家始终将国计民生放在首位，贫困问题也一直受到党和政府的高度关注。经过多年的不懈努力，中国在消灭贫困上交出了举世瞩目的优异成绩。中国农村贫困具有多样性。国家扶贫开发政策从区域开发战略转变到精准扶贫战略是适应贫困多样性的主要体现。近年来，国家对精准扶贫工作愈发重视，我国精准扶贫取得的效果有目共睹。但是在贫困的西部集中连片特困地区，底子薄、基础差、城乡发展不平衡的问题依然十分突出。西部集中连片特困地区的贫困问题无法得到有效解决，不仅影响我国实现全面建成小康社会这一宏伟目标，更会影响我国进一步迈向现代化、实现中华民族伟大复兴，因此西部集中连片特困地区的脱贫攻坚是全面建成小康社会最艰巨最繁重的任务。基于对乌蒙山区的彝良县和漾濞县两个贫困县的调研，本章认为彝良县和漾濞县的扶贫攻坚工作开展有序，取得了一系列的成绩。两县在脱贫攻坚阶段的主要经验有：强化产业扶贫，推动产业特色化发展；积极创新易地扶贫搬迁安置模式；整乡整村推进战略普惠民生；生态扶贫促进环保与增收双赢。在农户生计方面，样本县的扶贫措施在一定程度上促进了农户生计的改善。从样本县农户营养摄入情况来看，直接的生产生活物资补助，促进了山区贫困户营养摄入量的改善。样本县蛋白质的摄入量相对合理，但是热量和脂肪的摄入量存在不足的问题，且存在部分微量营养素摄入量过多与部分微量营养素摄入量过低的现象。未来，基于样本县产业、资源、基础设施、村域经济、农户生计、营养摄入以及对样本县国土资源利用潜力的认识，认为应该整合各类扶贫资源，提高扶贫开发效率；强化教育投入，推进教育服务与资源均衡；适时

调整扶贫的产业政策，因地制宜发展特色产业；增加食物多样性供给，开展营养安全教育；建立返贫预警制度，加强动态管理；强化责任落实，加大督查力度。

主题词：扶贫；连片特困地区；全面建成小康社会

Chapter 10 Survey Report on the YiLiang County in WuMengShan Mountain Area and the YangBi County in Western Yunnan Border Mountain Area

Abstract：Since the founding of the People's Republic of China 70 years ago, the Communist Party of China and the Chinesegovernment has always put the national economy and people's livelihood in the first place. Poverty has been the object of great concern of the party and the government. After more than 30 years of unremitting efforts, China has made outstanding achievements in the eradication of poverty. Poverty in rural China is diverse. The transformation of national poverty alleviation and development policy from regional development strategy to targeted poverty alleviation strategy is the main manifestation of adaptation to this diversity. In recent years, Chinese government has paid more attention to targeted poverty alleviation, and the results of this effort are obvious to all. However, in the impoverished and contiguous poverty-stricken areas in western China, the unbalanced development between urban and rural areas is still serious. Poverty alleviation in this area will not only affecttheconstruction of a well-off society in an all-round way in China, but also affect China's progress towards modernization and the great rejuvenation of the whole nation. Therefore, poverty reductionin the impoverished and contiguous poverty–stricken areas in western China is the most difficult and onerous task for realizing the goal of building a well-off society in an all-round way.

Based on the survey of two poor counties——Yiliang County and Yangbi County——in Wumeng Mountain area, this chapter believes that the poverty alleviation work in these two counties has been carried out in an orderly manner and has achieved a series of achievements. The main experience from these two counties concerning poverty alleviation is reflected in four aspects: development of featured industries, innovations in relocation and resettlement, improvement in locallivelihood, and a win-win situation of environmental protection and growth throughecologicalmeasures. In terms of farmers' livelihoods, the poverty alleviation measures of the sample counties have promoted the improvement of farmers' livelihoods to a certain extent. Judging from the nutritional intake of farmers in the sample counties, direct subsidies for production and farmers'living have promoted the improvement of nutritional intake of poor households in mountainous areas. The intake of protein in the sample counties is relatively reasonable, but the intake of calories and fat is insufficient, and the intakes of some micronutrients are too much and some of them are too low. It argues that, in thefuture, all kinds of poverty alleviation measures should be integrated to improve the efficiency of poverty alleviation; and strengthen investmentsin education and promote the balance of education services and resources. It should timely adjust the industrial policy for poverty alleviation, and develop featured industries according to local conditions. It should increase food diversity, and provide education about nutrition and safety. It should strengthen dynamic management, and establish early warning system for returning to poverty. It shouldalso strengthen the implementation ofrelevant responsibilities, and reinforce supervision.

Key words: Poverty Alleviation; Contiguous Poverty – stricken Areas; To Build a Moderately Prosperous Society in All Respects

第一节 调研背景、意义、内容和方法

一 调研背景

2019 年"中央一号文件"发布，文件强调："聚力精准施策，决战决胜脱贫攻坚。到 2020 年确保现行标准下农村贫困人口实现脱贫、贫困县全部摘帽、解决区域性整体贫困。坚持现行扶贫标准,全面排查解决影响'两不愁三保障'实现的突出问题,防止盲目拔高标准、吊高胃口,杜绝数字脱贫、虚假脱贫。"贫困问题一直是困扰我国经济社会发展的重大问题,习总书记在河北阜平调研时强调,"全面建成小康社会,最艰巨最繁重的任务在农村,特别是在贫困地区。没有这部分贫困人口的脱贫,没有贫困地区的小康,就没有全面建成小康社会"。精准扶贫政策实施 6 年以来,我国扶贫成绩优异,6 年累计脱贫人口达 8239 万,贫困发生率从 10.2% 下降到 1.7%,下降了 8.5 个百分点,到 2018 年末,全国有农村贫困人口下降到 1660 万。但我国贫困农村数量多,贫困人口基数庞大且主要集中在深度贫困的山区和少数民族地区,这些地区多处于连片特困地区,贫困程度之深并且范围之广,是制约我国全面建成小康社会的巨大障碍。[①]

二 调研意义

在精准扶贫、脱贫攻坚的最重要阶段,通过对乌蒙山区彝良县、滇西边境山区漾濞县扶贫效果的研究具有重要的现实意义。一是可以提供及时有效的扶贫工作信息反馈给相关政府部门,政府可以通过这些信息来改进扶贫工作任务;二是可以完善后续的扶贫模式,助力于脱贫攻坚;三是能够对扶贫工作提出有针对性的建议,这对于提升精准扶贫效果质量、加快贫困人口脱贫有着很大的帮助作用。除此之外,还能够让扶贫部门不光注重发展当地经济,还要切实加强贫困地区人口的精神文化水平,不光要让贫困户物质脱贫也要让他们能够精神脱贫。农户生计作为农户在区域自然资本基础上展现的谋生方式,以区域自然环境为制定基础,同时对当地生态环境发展起着重要影响。针对农户营养摄入量的调查也在一定程度上反映了山区食物的可获性与丰富性,体现了扶贫效果的长期性。基于国土资源视角的调研,对山区产业发展不合理、产业结构不明晰、带动农户脱贫

---

① 肖敏:《集中连片特困地区贫困空间特征及精准扶贫研究》,硕士学位论文,四川师范大学,2019 年。

具有重要的意义。①

三　调研区域概况

彝良地处云南省东北部的云、贵、川三省结合部的乌蒙山区，位于东经 103°51′—104°45′、北纬 27°16′—27°57′之间。东邻镇雄、威信县，南接贵州威宁、赫章县，西靠昭阳区、大关县，北与盐津县、四川筠连县毗邻。县人民政府驻地角奎镇，海拔 800 米，距昭通市 71 公里，距昆明 443 公里，距贵阳 537 公里，距重庆 586 公里，距成都 603 公里。彝良县地形东西窄，南北宽，自南向北倾斜，大部分地区被河流切割成侵蚀山地，最高海拔 2780 米，最低 520 米，分为河谷、二半山、高山区三种地貌类型。彝良县气候差异大，垂直差异明显，总的属亚热带季风气候，但从河谷到高山区可细分为中亚热带、北亚热带、南温带、中温带 4 个气候类型；西南部高温少雨，日照较多；东北部多雨潮湿，日照较少。年平均气温 13.4℃（县城 17℃），降水量 774.6 毫米；相对湿度 72%；日照 1320.3 小时。境内有洛泽河、白水江和田黄河三大流域，其中洛泽河、白水江两大河流均属长江上游水系，过境长度分别为 75.6 公里和 27 公里。②

漾濞县位于大理州中部，东与大理市、巍山彝族回族自治县毗邻，西与永平、云龙二县接壤，南交保山市昌宁县，北连洱源县。境跨北纬 25°12′—25°54′、东经 99°36′—100°07′。地域北宽南窄，略呈蘑菇形，东西最大水平距离 53 千米，南北最大水平距离 79 千米，总面积 1957 平方千米。漾濞县属横断山滇西高山峡谷区，地形起伏较大。境内最高点为东北部点苍山马龙峰，海拔 4122 米；最低点在南境羊街河入漾濞江的汇流处，海拔 1174 米。地势由北向南渐次降低，北部山势陡峻，岭谷高差在 2000 米以上，南部山势平缓，岭谷高差小于 2000 米。漾濞县属亚热带和温带高原季风气候区，立体气候明显。气候干湿分明，冬无严寒、夏无酷暑，昼夜温差大，垂直差异大。5—10 月为湿（雨）季，受热带海洋气团控制，气候温暖湿润多阴雨；11 月至次年 4 月为干（旱）季，受热带大陆

---

① 方晨宇：《甘肃省秦巴山区精准扶贫效果研究》，硕士学位论文，甘肃农业大学，2019 年。

② https://baike.baidu.com/item/%E5%BD%9D%E8%89%AF%E5%8E%BF.

气团控制,光照充足,气候凉爽干燥少雨。县境所处纬度较低,昼夜温差变化大。气温、降雨等气象要素具有随海拔高度变化的垂直分布特性,主要表现为高山冷凉湿润,低谷温热干旱。漾濞县境内有大小溪流117条,属澜沧江-湄公河水系,其中主要河流有漾濞江、顺濞河、吐路河、金盏河、雪山河、劝桥河、鸡街河等。①

四 调研内容和方法

课题组的调研形式主要为座谈交流、入户访谈及实地测量三种。其中座谈交流和入户访谈分别制定了调查提纲和访谈问卷,内容包括:(1)样本县情以及经济社会发展情况,包括土地及利用,人口分布和密度,资源环境,基础设施,市场化程度,金融服务体系,农业生产社会化服务现状,区域经济社会发展情况,村域经济及产业结构,村集体收入与支出,村级社区基本公共服务,农村劳动流动、农户进城定居和农民生计情况等。(2)样本市、县域改革发展的主要规划制定、管理和实施的情况、经验和问题,包含全面深化改革规划、经济社会发展"十三五"规划、扶贫攻坚和"全面小康"建设规划,土地利用总体规划和土地整治规划,全域城镇体系规划,全域城乡一体化规划、旅游规划、生态环境保护规划,等。(3)样本县全域国土空间规划利用方面已有的想法做法、初步经验和需要研究的问题,包括全域国土空间边界划定和管控,全域发展及"四化同步推进"过程中的农村土地复合利用与管控,传统村落保护利用及其宅基地制度改革等方面。(4)样本县的特别情况与问题,比如集中连片特殊贫困县脱贫攻坚规划计划、投入、效益、脱贫摘帽时间表等,摘帽后县域经济社会发展设想或思路;革命老区县根据地时期的山区建设成就、经验以及物资和非物质文化遗产保护传承情况。

实地测量部分主要是对农户食物摄入量的称重测量,内容包括:(1)样本村的食品和特定生活用品价格;(2)样本户家庭总体情况,包括样本户的家庭成员情况,样本户家庭果菜园及收入、家庭渔业及收入、家庭小手工业及收入,样本户家庭饮用水、环境卫生及家庭资产情况,样

---

① https://baike.baidu.com/item/%E6%BC%BE%E6%BF%9E%E5%BD%9D%E6%97%8F%E8%87%AA%E6%B2%BB%E5%8E%BF?fromtitle=%E6%BC%BE%E6%BF%9E%E5%8E%BF&fromid=2080068。

本户家庭家用电器、家庭用具及设备情况，等；（3）样本户家庭食物消费频率调查，包括家庭食用油和调味品消费量，过去12个月食物的平均食用量和次数，在外就餐、外卖送餐及购买食物的花费情况，等；（4）样本户家庭膳食情况，包括样本户家庭3日食用油和调味品消费量、家庭3日用餐人次数、正餐以外的小吃和饮料的消费、每日膳食消费情况等。

本次调研得到了云南省国土资源厅、彝良县国土资源局、漾濞县国土资源局的大力支持。课题组完成了云南省2县、5个乡镇、5个行政村的实地调查和23份村干部和农户问卷（表10-1）。实地调查过程中，调研组分别与彝良县和漾濞县国土、发改、住建、林业、农委、扶贫办等有关部门座谈交流，主持召开乡镇村干部座谈会4次，本报告是在上述基础上形成的。

表10-1　　　　　　　云南省调查样本一览表（2017.7）

县（区）	乡（镇）	行政村	访谈村干部数（编号）	访谈农户数（编号）	实地测量农户数（编号）
彝良县	角奎镇	马腹村	A1	B1—B4	C1—C3
	洛泽河镇	毛坪村	A2	B5—B8	C4—C6
漾濞县	龙潭乡	富厂村	A3	B9—B11	C7—C9
	太平乡	菁口村	A4	B12—B14	C10—C12
	苍山西镇	光明村	A5	B15—B17	C13—C15

第二节　样本县国土资源与经济社会发展总体状况

一　样本县国土资源概况

（一）矿产资源

彝良县已探明矿产有煤炭、金属、非金属近30种，已开发利用的矿产主要有煤、铅、锌、铁、铜、石英砂、建筑用矿、萤石、白云岩、石灰岩等。主要矿产分布在古生界上泥盆统中层二叠系和中生界三叠系，境内分布较广，但呈现大分散、小集中的分布，能列入储量平衡表的有煤、铅锌、硅、硫铁矿 4 种。矿产地 129 处，其中，中型矿床 3 处，小型矿床 15 处。其中，全县已探明的铅锌资源储量为 157 万吨（33.2 万金属吨），金属含量高，且含银、镉等贵重金属元素。铅锌矿的分布比较集中，集中在 193 平方公里内，预测远景资源储量可达 1000 万吨，主要分布在洛泽河、龙街等乡（镇）。全县煤炭资源丰富，煤种主要是无烟煤。在 15 个乡（镇）均有分布，主要户煤地集中与洛泽河、牛街、龙安、小草坝、荞山等乡（镇）。全县预测煤炭资源总量 59753 万吨，其中石炭纪优质无烟煤资源量达 39226 万吨。县内硅矿（石英矿）质地纯、品位高，储量 80 亿吨，属云南之首；其中两河、奎香、钟鸣等地储量较大。县内奎香境内有丰富的赤铁矿，铁矿储量 5500 万吨，另外，龙街、荞山、小草坝、龙海等其他乡（镇）也有分布。大部分铁矿品位高，有害元素低，易于开采和利用。

漾濞县全境处于滇西横断山区高原性亚热带常绿阔叶林、季雨林至青藏高原高寒山地植被区的过渡、接触地带，境内矿产资源丰富，全县矿产资源种类和总资源储量居大理州第八位，拥有金、锑、铜、铁、铅、锌、汞、砷、石墨，以及地热和大理石等 30 种矿种。但由于地质勘查程度较低，大多数矿产资源的储量还没有探明，因此漾濞县的矿产资源有很大的开发利用潜力。

(二) 土地资源

彝良县县内土壤普查结果，有土纲 4 个、土类 6 个、亚类 10 个、土属 23 个、耕地土种 45 个、自然土种 17 个、变种 9 个。在 6 个土壤类型中，以黄壤面积 105524.67 公顷最大，占土地总面积 280400 公顷的 37.63%，水稻土壤面积 3900.67 公顷最小，占土地总面积 1.39%。在土地利用上，根据云南省第二次全国土地调查的数据，彝良县土地总面积为 279881 公顷，农用地面积 267751 公顷，占土地总面积的 95.67%（其中耕地面积为 77198 公顷，占农用地面积的 28.83%，园地面积为 2349 公顷，占 0.88%，林地面积为 165215 公顷，占 61.70%）；建设用地面积 5302 公顷，占 1.89%（其中城乡建设用地面积为 4889 公顷，占建设用地面积的 92.21%，交通水利用地面积为 399 公顷，占 7.53%，其他建设用地面积为 15 公顷，占 0.28%）；其他土地面积 6827 公顷，占 2.44%。

漾濞县据土壤普查，县境内土壤分 10 个土类、14 个亚类、33 个土属、49个土种。10个土类种，分布最广的是紫色土，占土地面积的54.36%，其次是红壤，占16.02%，黄棕壤占13.39%、棕壤占11.4%、暗棕壤占3.10%、水稻土占1.4%、棕色针叶林土占0.68%、亚高山草甸土占0.58%、冲积土占0.15%、沼泽土最少，占土地总面积的0.06%。由于受"立体气候"和海拔高差的影响，县境内土壤垂直带状分布明显，由低到高大致为：冲击土-水稻土-黄红壤-黄棕壤-棕壤-暗棕壤-高山针叶林土-亚高山草甸土。受成土母质中岩石种类和性状制约，同类土壤连片分布明显，漾濞江左岸为古生界苍山群变质岩带，土壤以黄红壤居多；漾濞江右岸为中生界地层覆盖区，土壤以紫色土为主。肥力和熟化程度高的土壤主要分布在河谷区和交通较为方便的地区。

（三）水能资源

彝良县境内水资源丰富，年平均径流总量17.4亿立方米。地表水资源总入境量28.84亿立方米，径流11.8亿立方米，水资源分布不均。地下水总量6.22亿立方米。在地下水总量中，泉水出露量2.3亿立方米，其中洛泽河水系出露量0.67亿立方米，白水江水系出露量1.63亿立方米。水能过境两大河流洛泽河、白水江属金沙江水系，横江一级支流。水能理论蕴藏量79.6万千瓦，可开发量15.93万千瓦。开发、利用境内江河溪流水源丰富，供沿岸城镇工业、农业和居民生活用水有余。库、塘、堰等水源可为农业服务和部分农民作补充水供给。农村已部分发掘地下水源，解决散居农户人畜饮用水。境内已建成9939处水利设施，年有效蓄水能力651.89万立方米。地下水总量6.22亿立方米，年平均开发利用419.85万立方米，占总量的0.67%。

漾濞县河流均属澜沧江水系。主要河流有漾濞江、顺濞河、吐路河、鸡街河、西洱河。除以上较大河流外，全县还有大小河流溪涧113条。根据水文部门数据显示：地下水量2.3293亿立方米；年降水量23.547亿立方米；年径流深552毫米；年径流量10.721亿立方米；径流面积1861.8平方公里；入县水量22.239亿立方米；出县水量31.3999亿立方米；全县实际产水量23.439亿立方米。

（四）文化旅游资源

彝良县境内旅游资源十分丰富，拥有"全国爱国主义教育基地"罗炳辉将军纪念馆、省级风景名胜区小草坝、驰名中外的小草坝天麻、险峻多姿的洛泽河大峡谷、全国唯一的野生毛竹自然保护区海子坪、景色秀丽的海子坪田野等村舍配以苗、彝、回等17种少数民族风情，构成了一幅惬意的画卷，红土高原、民族风情的风格较为突出，开发潜力十分巨大。近年来，云南彝良县为提升县域经济实力，加快县域旅游资源的开发和利用，积极推进"康体+度假""休闲+养生"等新兴服务业、旅游业发展，为全县旅游大发展、大繁荣打下坚实的基础。截至目前，全县共投入3.7亿元打造旅游景点7处，休闲度假山庄12个，可同时接纳8000人的游览、住宿、餐饮需求，预计每年可带来经济收入6.5亿元。

漾濞县旅游资源主要依赖秀丽的自然风光以及独特的民族风情。点苍山西坡是苍山洱海国家级自然保护区的组成部分，同时是省级风景名胜区——漾濞石门关风景名胜区的主体，也是县内旅游资源的主体。景观资源为多种类型的有机组合，极富发展生态旅游的潜力。彝族"火把节"、彝族打歌、彝族服饰等浓郁古朴的民族风情，具有观光、旅游、科研等多重价值。漾濞县城一江穿城、二河对流、三山环抱，有飞凤江亭、云龙索桥、古道石板、彝族墓群、清真古刹、苍山崖画，历史文化积淀厚重。

二 样本县经济社会发展总体情况

（一）样本县的经济发展情况

截至2016年，彝良县全县完成生产总值51.88亿元，同比增长8.8%；城镇和农村常住居民人均可支配收入分别达21446元、7441元，分别增长8.6%和9.8%。漾濞县2016年完成地区生产总值217548万元，同比增长12.6%，增幅排名全州第二，其中一产58726万元、二产81068万元、三产77754万元，同比增长分别为6.1%、14.6%和14.8%；城镇居民人均可支配收入27420元，同比增长12%；农村居民人均可支配收入9373元，同比增长13%。第三产业比重不断上升，第一产业比重逐渐下降。两县新农合参合率、医保参保率达95%以上。完成了广播电视村村通规划。基本实现了重点贫困村有同村水泥路，有通信、广电设施，有综合服务社，有村级服务室，有办公活动场所，有集体经济收入。

注释专栏10-1　彝良县、漾濞县县域经济和农村贫困状况及比较

产业结构比较：2016年彝良县三次产业结构比为40.5∶27.9∶31.6，

其中，第一产业增长 5.8%，第二产业增长 12.1%，第三产业增长 9.7%。漾濞县三次产业结构比为 28.3∶36.9∶34.8，其中第一产业增长 5.6%，第二产业增长 11.4%，第三产业增长 15.3%。第二产业和第三产业呈现出稳步上升的趋势。同期云南省的是 14.8∶39.0∶4.2。

人均 GDP 比较：2016 年，彝良县实现生产总值（GDP）51.88 亿元，按可比价格计算，比上年增长 8.8%，人均 GDP 为 9498 元；漾濞县实现生产总值（GDP）20.69 亿元，比上年增长 11%，人均 GDP 为 19628 元。同期云南省人均 GDP 为 30949 元。

城乡居民收入比较：彝良县 2015 年全年城镇常住居民人均可支配收入为 19748 元，全年农村常住居民人均纯收入 6777 元。城乡居民收入比为 2.9∶1，高于全国 2.7∶1，低于云南省 3.2∶1 的水平。漾濞县全年农村常住居民人均纯收入为 9075 元，比上年增长 9.4%。城镇居民人均可支配收入 26550 元，同比增长 8.4%。城乡居民收入比为 2.9∶1，高于全国平均水平。

贫困人口和贫困发生率：截至 2016 年末，通过对彝良县、漾濞县建档立卡数据分析，根据国家 2736 元的扶贫标准和省扶贫办贫困人口分解规模，彝良县共锁定贫困对象 36301 户 151057 人；漾濞县共识别认定贫困人口 1876 户 6496 人，贫困发生率为 8.9%。

进村入户问卷调查显示：问卷村常年外出务工劳动力占当地总劳动力的比例达 35.1%，其中省外务工占务工人员 30.8%；问卷农户户均人口 3.94 人，劳动力 2.18 人，其中外出 0.75 人，户均外出务工收入 3.37 万元，占到家庭纯收入的 52.0%。

1. 产业培植成效初显，但都存在产业链不连贯问题。

样本县都是典型的农业大县，近年来特色产业培植工程稳步推进，渐渐形成具有各自县域特点的产业集群。截至"十二五"末期，彝良县累计投入各项支农惠农资金达 5.15 亿元，大力发展适合当地自然条件特点的高原特色农业，累计实现农业生产总值 123.16 亿元。其中，粮食总产量达到了 100.06 万吨，实现了 12 年的连续增长；畜牧业产值从"十一五"末的 5.04 亿元增加到 9.01 亿元，增长 78.77%；累计种植烤烟 20.4 万亩，收购烟叶 5184 万斤，实现产值 6.35 亿元；规范化种植天麻 5.61

万亩，累计实现天麻产值43亿元；累计投入资金7.7亿元，营造了核桃、竹子、花椒、天麻菌材等经济林184.9万亩，实现林业产值14.5亿元；建成了天麻科技示范园。漾濞县完成有机农产品认证12.46万亩，有机生产企业达13家，获认证证书16张。获批准成立国家林业局西南核桃工程技术研究中心、云南省核桃产品质量检测中心和云南省专家基层科研工作站。成立大理源古核桃专业合作社，创建传润树妖等古树核桃品牌，开发5类10个包装的古树核桃产品，带动核桃销售近1000万元。成立了中药材产业协会，组建了中药材种植科技服务队伍，按照市场驱动、能人带动、政府推动、群众联动的原则，积极推广"公司+合作社+基地+农户"的发展模式，全县中药材保有量达万余亩。引进龙头企业5家，成立中药材专业合作社48个，培养种植大户30多户，农民组织化程度不断提高，抗风险能力进一步加强。全年实现农业总产值110826万元，同比增长12%，粮食总产达69924吨，同比增长在2.5%。收购烟叶5万担，烟农收入7414.87万元，实现税利1631.27万元，比上年增长15.8%。

但是，样本县都存在产业链不连贯的问题。样本县由于先天环境的影响和农业生产资金投入不足，导致农业生产投资分散，产业发展链条短缺。样本县虽然发展了种植业、畜禽、天麻、竹笋、核桃、花椒、烤烟、中药材等特色农业产业，但大部分农副产品都有加工不深、品牌优势不强、附加值不高、缺乏农业宣传和销售平台等问题。

2. 第二产业发展不足，工业化是实现样本县经济发展的关键。

2016年彝良县三次产业结构比为40.5∶27.9∶31.6，其中，第一产业增长5.8%，第二产业增长12.1%，第三产业增长9.7%。漾濞县三次产业结构比为28.3∶36.9∶34.8，其中第一产业增长5.6%，第二产业增长11.4%，第三产业增长15.3%。第二产业和第三产业呈现出稳步上升的趋势。同期云南省的是14.8∶39.0∶46.2。从统计数据可以看出，彝良县和漾濞县都存在第二产业发展不足的问题。

加快工业化进程是解决"三农"问题的关键。农业在产业化进程中面临着比较效益低、农村劳动力过剩、农民增收困难等问题，就农业抓农业的传统观念，已不能推动农业的快速发展。要实现脱贫的目标必须加快工业化进程，快速促进农业产业链的延伸，开拓农村市场，吸纳农村剩余劳动力，实现农业与工业的有机结合，用工业的理念谋划农业，走有工业特色的效益农业之路，才能实现农业跨越式发展。

（二）样本县城镇基础设施与公共服务发展状况

2016年，彝良县住建局紧紧围绕"抓规划、重建设、重民生"，着力从群众最关心、最直接、最现实的民生工程入手，打造彝良城市建设新形象。抓规划，规划先行，好的城市建设，离不开合理的城乡规划。为建设有文化、有品位、有特色的幸福美好彝良，全面改善提升彝良城镇风貌整体形象。以"彝良特色"为切入点，以"山水为形、建筑为貌、文化为魂"为表现形式，又通过对乡镇及旅游景点的规划，打造彝良城市建设特色，目前彝良县新型城镇化规划方案已编制完成。重建设，市民的衣食住行、安居乐业，无一不依赖于城市的建设与管理，而城市基础设施的改善、综合服务功能的完善也是一座城市提升核心竞争力的重要因素。彝良县"9·7"地震灾后恢复重建市政项目18个，计划总投资33878万元，其中上级补助资金12000万元，地方自筹21878万元，地方自筹到位资金2718万元。重民生，解决群众实际困难。解决保障性住房建设和分配入住及住房租赁补贴，逐步解决城镇住房困难群众的居住条件，实现住有所居，圆安居梦。截至目前，已完成对118户公租房申请对象进行了审核、公示工作；累计为2989户9067人发放住房租赁补贴930万元。

漾濞县坚持以人为本，公共财政资金投向民生领域力度不断加大，群众获得感、幸福感显著增强。民生实事成效显著。累计投资1.6亿元，排除中小学校舍危房、加固改造并建成教师周转房、学校食堂等基础设施建设。累计投资近4000万元，完成县医院住院综合楼和传染科楼建设，完成县疾控中心业务综合楼新建和改扩建；漾濞县计划投资4.35亿元实施2000户棚户区改造，其中80%左右的棚户改造补助资金用于改造居民住房，20%的补助资金用于配套基础设施建设。居民房屋建设按照"部分拆除新建、集中改建扩建修缮"的原则，统一规划实施城镇棚户区改造，最大限度改善居民住房条件。基础设施建设按照"大连片、组团式单元化模式"，突出地域民族特色，重点做好道路、绿化、亮化、供电、供水、排水、排污、垃圾处理等基础设施改造提升建设，进一步提升漾濞县城人居环境。除基础设施之外，在教育、医疗、社会保障等方面漾濞县也提供了较高水平的公共服务。

第三节　样本县贫困状况、脱贫成效及经验

一　样本县贫困现状

彝良县：全县有贫困乡镇10个、贫困村101个，据2017年精准识别摸底调查和贫困对象动态管理，县级确定后全县拟纳入贫困户28991户120053人（不含正常退出）。漾濞县：有建档立卡贫困乡2个、行政贫困村18个，深度贫困自然村77个，建档立卡贫困户4285户15057人，截至2016年底，全县已脱贫出列8个村，脱贫贫困户2409户8561人，贫困发生率从20.65%降至8.9%，未脱贫1876户6496人。

注释专栏10-2　太平乡农村脱贫攻坚实现情况（2011—2016）

脱贫攻坚成效明显，贫困人口大幅减少：2014年初太平乡农村常住居民人均可支配收入低于国家贫困控制线2736元的有652户2378人，2014年末实现脱贫67户228人，2015年末脱贫60户224人，2016年底脱贫140户540人。现有建档立卡贫困户385户，贫困人口1386人。其中A类深度贫困户97户235人，B类贫困户288户1151人。贫困发生率达19.6%。

农村基础设施明显改善：新建及改扩建公路里程累计64.39公里，投资金额达3.52亿元；户通电率达100%，手机网络实现乡村全覆盖；建成文化信息资源共享工程乡镇站点1个；建成农民网络培训学校6个，改造和新建校舍3877平方米；投资1200万元，完成"五小水利"，新建小水窖（池）289个、新增防渗干支渠5千米，解决1600人安全饮水、500亩农田灌溉；2016年太平乡参加合作医疗6488人，新型农村合作医疗参合率达94.67%以上；广播电视"村村通"工程成效明显，数字电视进入千家万户，全面完成广播电视"村村通"免费发放工作，免费发放卫星接收设备1240套。

二　样本县脱贫成效分析

课题组认为彝良县与漾濞县的扶贫攻坚工作开展有序，取得了一系列

的成果，彝良县对13万农户55.7万群众全面开展摸底调查，严格按照程序和标准开展精准识别动态管理，精准锁定贫困对象36301户151057人；投入扶贫资金7.09亿元，实施扶贫项目228个，基础设施建设、易地扶贫搬迁、产业扶贫等各项工作全面推进。启动实施村组公路硬化工程；2017年易地扶贫搬迁12个安置点；农危改任务全部启动，拆除重建完成3316户，修缮加固完成862户；控辍保学力度持续加大；健康扶贫30条措施逐步落地，建档立卡贫困人口家庭医生签约实现全覆盖；劳务输出稳步推进，转移输出农村劳动力22.85万人次，实现务工收入33.8亿元；东西部扶贫协作深入推进，产业协作、劳务输出、干部人才交流等领域合作取得阶段性成效。

漾濞县精准脱贫成效主要体现在脱贫对象精准。在全州率先对贫困对象进行复核、精细化分类；精准分类"深度贫困户"1019户3479人，一般贫困户2412户8602人。项目推进精准。完成2个乡整乡推进、18个村整村推进项目；完成村组公路路基拓宽500公里。"五个一"精准。易地扶贫搬迁21个新村（集中安置点）开工建设；投入产业扶贫到户补助资金1200万元、产业信贷扶贫贷款1.5亿元。启动资产受益扶贫工作，1824户农户直接受益；投入900万元对贫困乡镇、贫困村实施公益林生态效益补偿和新一轮退耕还林，投入森林生态效益补偿公益林管护费300万元。对建档立卡贫困户在漾就读的1862名在校学生实施"两免一补"。开展各项技能培训15期4500人次。为贫困人口购买农村小额人身保险和财产人身组合保险。

三 样本县脱贫经验总结

（一）强化产业扶贫，推动产业特色化发展

样本县在扶贫攻坚的过程中，强化产业扶贫，积极引进和培育了一批龙头企业，推动产业特色化、农业现代化、收入多元化格局。"十三五"期间，彝良县通过发展经济林、天麻、花椒、竹笋、养殖、旅游等特色农业产业，帮助贫困户增收脱贫。漾濞县通过发展经济林、中药材、食用菌、养殖、蔬菜、农产品加工、生态旅游、电商等帮助贫困人口稳定脱贫。[1]

---

[1] 张佳敏：《吕梁山区贫困县扶贫模式研究》，硕士学位论文，首都经济贸易大学，2018年。

彝良县：天麻产业发展不断提速，实现天麻产值17亿元。围绕特色资源优势，充分用好国家有机产品认证示范区这块招牌，坚持走有机、生态、绿色、无公害的路子，花椒、竹笋、"百草羊""黄毛猪"、生态土鸡等特色优势产业培育成效初显。引进和培育了好医生、山益宝、城垣地、千和农业、麻得跳、伯格勒、万物生等农业龙头企业，农发会组织带动作用有效发挥，农业产业精深加工有力推进，农产品销售渠道不断拓宽，农业产业组织化、规模化程度不断提升。山益宝超高压保险项目投产运行，"彝山宝"系列产品入选中央电视台匠心栏目。工业园区聚集力进一步增强，入园企业达30户，实现工业总产值30.22亿元，全省考核排名第九位。

漾濞县：特色产业培植工程稳步推进，具有漾濞特点的产业集群逐步形成。品牌引领，核桃产业稳步提升。完成《漾濞核桃区域公用品牌发展战略规划》《漾濞县有机产品发展规划》编制，有机产品认证示范区创建国家级初评，完成有机农产品认证12.46万亩，有机生产企业达13家，获认证证书16张。获批准成立国家林业局西南核桃工程技术研究中心、云南省核桃产品质量检测中心和云南省专家基层科研工作站。核桃加工机械研发制造取得实效，核桃青皮机完成生产线建设，核桃烘干机制造项目建成投产。成立大理源古核桃专业合作社，创建传润树妖等古树核桃品牌，开发5类10个包装的古树核桃产品，带动核桃销售近1000万元。成立了中药材产业协会，组建了中药材种植科技服务队伍，按照市场驱动、能人带动、政府推动、群众联动的原则，积极推广"公司+合作社+基地+农户"的发展模式，全县中药材保有量达万多亩。投资8500万元的漾江境源公司天麻种植加工项目和投资4800万元的云南天联生物药业有限公司魔芋加工项目进展顺利。中药材科技信息网站试运行。引进龙头企业5家，成立中药材专业合作社48个，培养种植大户30多户，农民组织化程度不断提高，抗风险能力进一步加强。组建了供销电子商务有限公司、漾濞县电子商务公共服务中心。统一电商产品包装标准，完善乡镇物流仓储配送体系建设。积极打造菁口核桃、李家庄苹果等地方特色电商产品，太平乡、光明村等电商项目稳步推进。

注释专栏 10-3　彝良县四大林业产业发展情况

彝良县委政府立足全县不同区域的自然地理气候特点，确定了把发展核桃、竹子、花椒、天麻四大林特产业作为改善县域生态环境、调整农村产业结构、促进农民脱贫致富及农村经济长足稳定发展的重要工作来抓。2008年，提出了"五、五、五、三、一"的林业产业发展目标，即"十二五"末，新造核桃50万亩、竹子50万亩、天麻菌材林50万亩、花椒30万亩，天麻种植10万亩，实现人均拥有经济林2亩以上。

发展成效：截至2016年，全县实施核桃、竹子、花椒三大林产业基地造林151.73万亩，其中核桃57.53万亩、竹子60.6万亩（方竹50.9万亩，筇竹4.8万亩，毛竹1.8万亩，其他3.1万亩）、花椒33.6万亩；天麻累计种植面积达12.6万亩，留存面积3.8万亩。实现核桃、竹子、花椒三大林产业产值77754万元，其中核桃产量12900吨产值25800万元、花椒产量3990吨产值31920万元、竹笋产量35000吨产值19600万元、竹材产量10850吨产值434万元、天麻年产量（鲜天麻）2097万斤产值达16.01亿元。四大林特产业覆盖15个乡镇115个村，受益农村人口中30余万人。彝良林业产业的快速大发展，使全县林地面积持续增加，森林资源总量不断增长，生态环境明显改善，林农收入持续稳步提高，有力助推了贫困农户精准脱贫，为彝良农村经济社会发展奠定了坚实基础。

林业生态项目及林产业基地建设情况：共实施陡坡生态治理0.25万亩，完成率62.5%；实施天保工程公益林建设人工造林0.5万亩，完成率100%；实施退耕还林项目建设10.43万亩，完成率80.23%。剩余部分在秋季可全面完成。完成林业产业基地造林新造13.5万亩（其中核桃0.5万亩、竹子6.5万亩、花椒2万亩、天麻菌材林4.5万亩），完成率65.85%；完成补植补造核桃3万亩、竹子3.5万亩、花椒2万亩。同时按照市局的总体部署和要求，全面开展林产业提质增效工作。共开展以核桃、花椒为主的林产业栽培管理培训30余场次，培训达3500余人次；完成核桃示范样板高接换优1807亩（26108株），已发放氯氰菊酯7000瓶，溴氰菊酯12000支，喷雾器85个；聘请专业合作社技术人员两名指导该县花椒的整形修剪、病虫害防治、施肥、农药喷施等抚育管护工作，开展花椒提质增效示范点建设600亩，发放肥料50余吨、生长调节剂13498包、国光甲2025包、多效唑4049包、优丰2025包。

（二）积极创新易地扶贫搬迁安置模式

易地扶贫搬迁是指将生活在缺乏生存条件地区的贫困人口搬迁安置到其他地区，并通过改善安置区的生产生活条件、调整经济结构和拓展增收渠道，帮助搬迁人口逐步脱贫致富。样本县积极创新搬迁安置模式，将易地扶贫搬迁与渐进式移民、棚户区改造和县城提质扩容相结合。[①]

彝良县专门成立了易地扶贫搬迁指挥部及办公室，制定出台了《关于认真做好易地扶贫搬迁工作的实施意见》《彝良县易地扶贫搬迁项目实施细则》《彝良县易地扶贫搬迁项目资金管理办法》《彝良县易地搬迁基础设施建设一事一议管理办法》等措施办法。为确保易地搬迁工作顺利推进，结合"挂包帮""转走访"工作要求，在易地搬迁中落实"三包三保"责任，即第一书记包乡镇，保计划精准；科级干部包村，保项目精准；市、县、乡、村、组五级干部包户，保帮扶精准。在兼顾既方便群众生产生活，又充分尊重群众意愿的前提下，坚持搬迁与区域发展相结合、与产业结构调整相结合、与美丽宜居新村建设相结合的原则，确保选址安全、合理。在项目实施过程中，充分调动群众的积极性，采取"一事一议"的办法，使贫困群众真正成为项目规划、项目实施和管理的主体。截至2016年，彝良县76个易地扶贫搬迁安置点全部启动建设，项目开工率100%，累计完成投资2.99亿元。

除了传统的易地扶贫搬迁模式，漾濞县也采取了相对灵活的政策：50户以上集中居住，道路硬化；如果不进行道路硬化，农村生活环境脏、乱、差，十分成问题。户与户之间道路硬化，以点代面，先解决集中居住的，然后再解决分散点。据了解，漾濞县在2016—2018年间，全面实施易地扶贫搬迁农村危房改造和抗震安居工程三年行动计划，拟投入不低于5亿元资金，完成1185户4228人（其中建档立卡404户1429人）的易地扶贫搬迁任务和30个新村建设；完成10170户农村危房改造和抗震安居工程建设任务，并同步推进产业培植和转移就业。目前，该县已启动3个新村示范点建设，已争取到政策性贷款1.25亿元。

[①] 瞿秋美：《云南省漾濞彝族自治县苍山西镇精准扶贫的实践研究》，硕士学位论文，大理大学，2019年。

注释专栏 10-4　漾濞县苍山西镇易地扶贫搬迁新模式

漾濞县苍山西镇下街渐进式移民、易地扶贫搬迁、棚户区改造项目规划总投资 1.6 亿元，占地面积 116.18 亩，建筑面积 5.61 平方米。项目建设的主要内容：房屋、休息亭、景观走廊、景观塔、公厕、垃圾房、道路、地下管网、桥梁、拦水坝、栈道、饮水、停车场、绿化、公园等市政基础设施。由上级政策性补助资金 361.4 万元，基础设施配套资金 170 万元；县级统筹及部门整合项目资金 250 万元；群众自筹资金 35 万元共计项目总投资 816.4 万元。2017 年 10 月 18 日开工，2018 年 2 月 28 日前项目主体工程完工，笔者调查时已开始内外墙粉刷阶段。该安置点将对全县各乡镇居住环境最为恶劣的 71 户贫困户进行安置，其中苍山西镇有 11 户。对于这些搬迁居民，漾濞县依托县城发展需求及县城周边企业发展，创造 80—100 个就业岗位，工资水平不低于最低工资指导线，确保县城安置点搬迁农户户均 1—2 人有就业岗位。①

（三）整乡整村推进战略普惠民生

"十二五"期间，彝良县立足县情实际，抢抓乌蒙山区区域发展与扶贫攻坚、国家实施精准扶贫等历史机遇，坚持区域发展和精准扶贫相结合，开展整村推进项目，共计投资 8975 万元，项目覆盖 15 个乡镇 110 个行政村 1165 个村民小组 47304 户 198676 人。进一步解决了贫困群众"上学难、看病难、行路难、饮水难、增收难"等问题。整村推进项目实现了部门联动与群众参与相结合，整体推进与整村推进扶持相结合，财政支持与资源开发相结合，达到了解决温饱、开发产业、增加收入、经济社会全面发展的目的，产生明显的扶贫效益、生态效益和社会效益。彝良整村推进项目组织实施了新建文化活动室 302 平方米、文化广场 1350 平方米、建桥 9 座、新修村组公路 243 公里、安装人畜饮水管道 118 公里等基础设施项目，同时还组织实施了种植竹子 2.9 万亩、核桃 4.3 万亩、天麻 1637 亩，养牛 3217 头、养羊 2054 只、养猪 10095 头等种养殖业。

漾濞县抓实整乡整村推进共计整合资金 2 亿元以上，完成 2 个贫困乡、9 个贫困村、1868 户 6496 人脱贫和深度贫困自然村的整乡整村推进。

---

① 瞿秋美：《云南省漾濞彝族自治县苍山西镇精准扶贫的实践研究》，第 28 页。

投资 3.6 亿元，完成农村危房改造 2700 户、抗震安居 2780 户。加快推进脱贫攻坚信息化建设，光线网络覆盖 80% 以上自然村，4G 网络和宽带网络实现贫困行政村 100% 全覆盖。

注释专栏 10-5　漾濞县苍山西镇各项扶贫项目对比

当前，贫困户享受的扶贫项目主要有易地扶贫搬迁、整村推进、产业发展、危房改造、能力素质提升、小额信贷等。2017 年苍山西镇被评估的 837 户贫困户享受项目的具体情况如表 10-2：

表 10-2　　　　　　　　　帮扶项目统计表

帮扶项目	户数	覆盖比例
易地扶贫搬迁	41	4.96%
整村推进	662	79.09%
产业发展	837	100.00%
危房改造	373	45.00%
劳动技能培训	837	100.00%
小额信用贷款	192	23.00%

资金享受情况。贫困户享受的资金主要是整村推进项目中的 40% 的产业发展资金、漾濞县产业发展到户扶持资金、易地扶贫搬迁项目资金（国家补助被部分）、危房改造资金、扶贫信息贷款（包括易地扶贫搬迁贷款）。被评估的 837 户贫困户，享受资金的具体情况如表 10-3 所示：

表 10-3　　　　　　　　　资金享受情况统计表

资金项目	户数	覆盖比例
享受整村推进项目种 40% 产业补助资金	662	79%
享受漾濞县产业发展到户补助资金（一般贫困户补助 2000 元、深度贫困户补助 4000 元）	837	100%
享受易地扶贫搬迁项目资金（国家补助部分）	41	5%
享受危房改造补助资金	373	45%
享受扶贫贴息贷款	192	23%

（四）生态扶贫促进环保与增收双赢

积极争取林业生态项目资金，大力实施林业生态项目建设，在项目规划与实施中，向山区贫困人口集中区域倾斜。2015年实施陡坡地治理0.3万亩、退耕还林7万亩，计划资金8977.83万元，项目覆盖建档立卡贫困户3198户13293人，年人均增收472元；2016年度实施陡坡地治理0.4万亩、退耕还林13万亩，项目计划资金1.23亿元，项目覆盖建档立卡贫困户6459户22575人，年人均增收446元；天保工程人工造林（2015—2016年）1.2万亩，项目覆盖建档立卡贫困户456户1605人，覆盖面积0.24万亩；低效林改造（2015—2016年）4.5万亩，项目覆盖建档立卡贫困户939户3655人，覆盖面积0.898万亩；农村能源建设太阳能（2016年）500个，项目覆盖建档立卡贫困户130户455人；节柴灶（2016年）500个，项目覆盖建档立卡贫困户214户749人；全县有国家、省级重点集体公益林58.42万亩，每年补助给山区农户的资金有584.2万元，涉及14个乡镇，其中覆盖建档立卡贫困农户10302户38762人，年人均增收50.8元；落实生态护林员1571个，项目覆盖建档立卡贫困户1571户6079人，年户均增收9600元。

漾濞县2016年共涉及公益林补偿面积74.63万亩，其中，国家级公益林62.42万亩、省级公益林12.21万亩，兑现范围涉及全县8个乡镇44个村民委员会343个村民小组14740户农户，公益林管护补偿资金通过"惠农一折通"全部兑现到管护人员及林权所有者手中，管护员工资按季度汇入个人账户。目前累计完成公益林生态效益补偿资金兑现1058万元，其中兑现补偿资金741万元、兑现管护资金317万元。通过对公益林的管护，该县管护区内没有发生较大的森林火灾和林业有害生物的危害，重点生态区位和脆弱地区得到有效保护，森林资源明显增长，生态环境明显改善，公益林补偿在其中发挥了重要作用。通过公益林森林生态效益补偿资金兑现，依法保障林民的切身利益，让生态扶贫、生态惠农政策落到实处，切实让广大林农群众在生态保护中得到了更多实惠，达到生态受保护、农民得实惠的双赢目标。

注释专栏10-6　漾濞县对建档立卡贫困户的精细化分类

漾濞县对建档立卡户突出精准识别、精准扶贫、精准脱贫，在建档立卡复核工作中严格做到"一标准、一评议、一公示、一审核、一分类"。按照贫困程度的不同，将建档立卡户分为深度贫困户A类（家庭人均纯收入为1500元至2000元之间的贫困户)和一般贫困户B类(家庭人均纯收入为2000元至2736元以下的贫困户),确保扶贫对象精准。

通过分类,漾濞县现有"深度贫困"(A类)1019户3479人,"一般贫困"(B类)2412户8602人。

第四节 样本县农户生计问题

围绕农户家庭生计状况、流动特点和迁移意愿,课题组组织了农户的入户问卷调查和访谈,调查范围涉及彝良县角奎镇、洛泽河镇,漾濞县龙潭乡、太平乡、苍山西镇共计5个乡(镇)、5个村的17个农户。问卷调查内容主要涉及三个部分:一是农户基本特征,包括家庭人口、劳动力比例、家庭类型等;二是农户生计情况,包括土地数量、生产条件、居住状况、家庭劳动力数量、家庭收支情况、参加专业合作社情况等;三是农户流动情况和市民化意愿,包括家庭劳动力外出务工比例、外出务工年限、务工地点、从事职业、收入状况、回乡创业、进城购房情况、进城购房意愿等。

一 农户家庭生计状况分析

(一) 农户家庭生产生活条件分析

问卷调查显示,被调查农户的户均人口规模为3.94人,户均劳动力2.18人,户均外出务工劳动力0.76人,劳动力负担系数为55.22%。农户平均承包耕地面积3.09亩,承包林地面积18.56亩;人均承包耕地面积0.78亩,人均承包林地面积4.71亩;调查农户中只有1户农户转出土地,计1.5亩,有1户农户转入土地,计49亩,土地流转价格每年600—800元/亩。农户平均拥有住房面积为172.76平方米,人均住房面积43.84平方米。被调查农户加入本村专业合作社(协会)的有5户,占问卷农户总数的29.4%;自办企业的农户1户,占问卷农户总数的5.9%。

表10-4　　　　　　　被调查农户生产生活条件　　　（单位：人，亩，平方米）

	家庭人口数	劳动力数	外出务工劳动力	承包耕地	承包林地	流转出土地	流转入土地	住房面积
户均	3.94	2.18	0.76	3.09	18.56	0.09	2.88	172.76
人均	—	—	—	0.78	4.71	0.02	0.73	43.84

从调查结果可以发现被调查农户有以下几个特征：（1）家庭劳动力比例低，劳动力负担系数高。外出务工劳动力占家庭劳动力的半数以上，外出务工也成为农户家庭的主要收入来源。（2）耕地资源匮乏，人均承包耕地面积0.78亩，远低于全省1.5亩的水平。被调查农户对土地的依赖性较强，土地流转比例较低。（3）农户的住房面积和质量都得到了很大改善，基本达到了大理市农村居民人均住房面积的平均水平。（4）农户参加专业合作社（协会）的比例较低，生产的组织化程度低。

（二）农户家庭经济状况分析

被调查农户的家庭经济情况的调查数据统计结果如下：

表10-5　　　　　　　被调查农户2014年家庭经济情况　　　　　　（单位：万元）

户编号	家庭纯收入	#外出务工收入	人均纯收入	家庭总支出	#消费性支出	户编号	家庭纯收入	#外出务工收入	人均纯收入	家庭总支出	#消费性支出
B1	6.00	2.00	1.00	3	2.94	B10	7.80	/	2.60	5.06	4.4
B2	10.00	4.80	2.50	3.91	3.83	B11	10.40	/	2.60	6.32	5.28
B3	17.70	8.40	3.54	1.99	1.88	B12	45.00	/	7.50	12.81	2.61
B4	2.10	2.00	0.35	0.15	0.09	B13	3.00	/	0.75	2	2
B5	5.00	2.00	1.00	2	1.96	B14	4.14	/	4.14	4.97	3.95
B6	9.00	0.00	3.00	0.23	0.18	B15	3.00	1.25	1.00	3	2.3
B7	3.80	/	0.63	4.46	4.4	B16	11.00	9.00	2.75	11.8	4.92
B8	0.34	/	0.34	1.17	1.16	B17	1.80	0.90	0.45	2.02	1.34
B9	1.50	/	0.75	2.5	2.34						

总体上看，被调查农户户均家庭纯收入8.33万元，人均纯收入2.11万元。户均外出务工收入1.79万元，占到家庭纯收入的21.49%。农户户

均家庭总支出 3.96 万元，其中户均消费性支出 2.96 万元，占家庭总支出比重的 74.75%。与其他贫困地区相比，彝良、漾濞两县的外出务工人数较少，户均外出务工收入仅占到家庭收入的 21.49%，且被调查农户外出务工更倾向留在县城附近，少数外出务工人员主要在浙江、江苏、广东等地务工，大多为季工和短工，多从事建筑小工、采矿、家政、餐饮等技术要求较低的行业，年人均纯收入 1.79 万元。此外，被调查农户其他非借贷性收入增长较快，包括从政府得到的各种扶贫、低保、建房以及各项惠农补贴等。从家庭支出构成来看，消费性支出是农户家庭所占比重最大的支出，占到家庭总支出的 67.68%，经营费用支出占 5.05%，财产性支出占 8.84%，社会保障支出占 1.52%。

调查发现，有基础设施良好、有产业基础的村，农户生计得到快速、稳定的改善。如漾濞县太平乡菁口村（注释专栏 10-7）农户不仅获得了较高的经济收入，还在当地解决了就业问题，一部分农民已经转变为产业工人。上述，村域产业发展改善农户生计的做法，为其他村提供了成功经验。

注释专栏 10-7　村域产业支撑农户生计改善

漾濞县彝族自治县太平乡菁口村委会位于太平乡东南部，距乡政府所在地 10 公里，距县城 34 公里。辖 7 个村民小组，是一个彝族、汉族、傈僳族杂居且居住分散的高寒山区村。全村总户数 368 户 1366 人，少数民族占总人口的 93.8%。全村总面积 59.31 平方公里，全村耕地面积 1294.99 亩。境内居民居住在海拔 1800—2500 米之间，年平均气温 15℃，年降水量 1250 毫米，适合种植核桃等经济林果，以及玉米、大豆等作物。

2011 年村内引进漾濞太平鑫林实业发展有限责任公司和景林生物科技公司两个绿色企业，拟建设两个万亩核桃基地。目前两企业已投资 1000 万元以上。核桃产业发展成为最大的亮点，成为农村发展的核心支柱产业。目前全村核桃面积达 3.8 万亩，农户核桃收入 10 万元以上 16 户；5 万至 10 万元 80 多户；85% 以上农户收入在 1 万元以上。除了核桃外，畜牧业和中草药种植产业发展良好。该村曾被评为"大理州核桃种植明星村"、县乡党建工作示范点。

二 农户家庭劳动力转移情况

（一）农户家庭人口流动状况

参加本次调查的农民中，2016年，被调查的17户农户中家庭劳动力共计37人，现在仍在外务工的有13人，占劳动力总数的35.14%，主要在省外和大理州打工，其中省外打工人数占在外务工人数的30.77%。受近年经济下行影响，农户普遍反映今年"钱不好挣"，农户人均外出从业时间缩短。有少数外出劳动力最早从4月份开始就感到"没活干""时断时续"，这部分劳力打工地域主要集中在东部和东南沿海一带，不少工厂停产甚至倒闭，活儿不好找。

表10-6　　　　　调查农户流动基本情况（2017.7）　　　　（单位：人）

农户编号	人口	劳动力	外出劳动力	省外务工	省内务工	农户编号	人口	劳动力	外出劳动力	省外务工	省内务工
B1	6	3	1	0	1	B10	3	2	0	0	0
B2	4	3	1	0	1	B11	4	2	0	0	0
B3	5	4	3	0	3	B12	6	5	0	0	0
B4	6	2	2	2	0	B13	4	2	0	0	0
B5	5	3	1	1	0	B14	1	1	0	0	0
B6	3	1	1	1	0	B15	3	3	1	0	1
B7	6	2	2	0	2	B16	4	2	0	0	0
B8	1	1	0	0	0	B17	4	3	1	0	1
B9	2	1	0	0	0						
合计	共17户67人，户均3.94人、户均劳动力2.18人、户均外出劳动力0.75人，外出劳动力占劳动力比例为34.4%，省外务工人员占外出务工比例30.8%，省内务工人员占外出务工比例为69.2%										

（二）农民的城镇化现状和意愿

农民的城镇化现状和意愿也是本次问卷调查的重要内容，问卷统计结果如下：

表 10-7　　　　　　被调查农户城镇化现状和意愿（2017.7）　　　　（单位：人）

户编号	务工地及工种	在外购房	居住意愿	户编号	务工地及工种	在外购房	居住意愿
B1	彝良县/建筑工	/	1	B10	/	/	1
B2	彝良县/建筑工	/	0	B11	/	/	0
B3	昭通市/建筑工	/	0	B12	/	漾濞县	1
B4	浙江省/服装	/	0	B13	/	/	0
B5	浙江省/服装	/	1	B14	/	/	1
B6	江苏省/鞋帽厂	县城	0	B15	/	/	1
B7	/	/	0	B16	云南省/核桃嫁接	/	0
B8	彝良县/建筑工	/	0	B17	漾濞县/建筑工	/	0
B9	/	/	1				
备注	居住意愿：0 农村、1 城市							

被调查农户中已经在外购房的共有 1 户，占被调查农户的 5.88%，可以看出，农业转移人口在城镇购房农户比例小，定居农户比例更小。劳动力转移去向是未来城镇化道路关注的焦点，当问及"如果条件允许，您或您的家人倾向于在哪里购房落户"时，有 41.2% 的人表示愿意去城市购房落户，有 58.8% 的受访者则表示更愿意居住在农村，因为现在村里环境很好，而且生活成本比较低。调查表明，被调查农户更倾向于就地、就近城镇化。

三　农户家庭生计改善意愿和政策需求

参与本次问卷调查农户中，精准扶贫对象有 3 户，比例为 17.6%，与非贫困户相比，贫困户具有以下特点：（1）人力资本积累较弱，在年龄、健康、教育、劳动力等方面存在显著劣势；（2）家庭劳动力比例低，劳动力负担系数高；（3）对土地的依赖性强，非农经营或就业比例低。贫困户主要从事农业生产，外出打工人数和时间少于非贫困户。就社会资本看，贫困户都是村里的弱势群体，在人际网络、地缘关系、技术、市场和经验方面都处于劣势。因此，尽管精准扶贫农户获得了许多好处，生活有所改善，但难以促进贫困户由"生存性贫困"向"发展性贫困"转变。

在问卷调查中，当被问及关于扶贫开发和城镇化发展建议时，农户回答的意见和建议归纳为：（1）精准扶贫单个农户，钱很快就被花掉了，效果有限；（2）应加强村里基础设施的建设和投入，修通道路，建好绿化，贯通水、电、气和网络等设施；（3）扶持企业和产业，增加就业机会，促进农民增收；（4）加大教育投入，解决农村小孩上学远的问题，同时支持本地的职业教育，消除发展中的人力资本障碍。

第五节　样本县农户食物营养摄入状况

改革开放以来，我国人民的生活质量得到了极大的改善，人民的营养问题也得到了显著的改善。但是对于样本县贫困山区农户而言，由于本身资源的匮乏，依然存在一定程度上的营养不良的问题。为了缓解我国贫困地区农户营养问题所带来的冲击，如何提高贫困地区农户的生活质量与满意度并让他们活得更健康，已经成为重要的课题。而饮食的摄入更是其中不可或缺的重要环节，充足且营养的食物与农户的生活质量相关，健康的食物摄入可以预防疾病、延缓病程。就漾彝良县和漾濞县贫困山区的农户而言，无论是在食物的可获性上，还是食物种类的丰富性上，都与其他地区存在较大差异，因此提高贫困山区农户的食物质量，已经成为当前重要的研究课题。[1]

从国家接连提出的食物与营养发展目标来看，营养安全已经成为我国新时期下"食物安全"的重要议题。自改革开放以来，我国为消除贫困提出了一系列重大举措，在全面建成小康社会的宏伟目标下，近年来我国农村居民的生活水平大幅提高。但是对于许多贫困地区的贫困农户来说，依然面临严重的营养安全问题，特别是微量营养素的缺乏问题。由于食物消费是人们获取营养素的重要来源，而营养与健康状况在很大程度上取决于人们的饮食习惯和饮食结构，食物消费结构合理与否直接决定了营养水平的高低和健康状况的好坏。因此，对样本县贫困地区农户的食物消费与营养摄入水平进行调研，对提高农民生活水平，进而推动全面建成小康社会具有重要意义。

---

[1]　韦佳佳：《2010—2012 年广西居民膳食营养状况与营养相关慢性病影响因素的研究》，广西医科大学，2019 年。

注释专栏 10-8 营养素的主要功能

俗话说民以食为天,人们必须进食以维持生命,因为食物中含有维持人体功能所需要的营养素。但是维持生命与保持健康是两件事,摄取某些食物或可维持生命,但并不一定能维持健康,长期食用甚至可能致病,因为每种食物中所含的营养素不尽相同,单一食物的摄取可能只获得某些营养素,而无法获得其他人体所需的营养素,这也是为何我们需要摄取均衡饮食的原因,因为每种食物所能提供的营养素都不同,必须要搭配很多种不同的食物才能达到人体对各种营养素的需求,必须要能满足身体对各种营养素的需求才能够维持身体的健康。[1]

表 10-8　　　　　　　　　　营养素的主要功能

功能	营养素提供方
1. 提供能量	碳水化合物、油脂、蛋白质
2. 促进生长与发育	蛋白质、脂质、维生素、矿物质、水
3. 调节代谢与生理机能	蛋白质、脂质、维生素、矿物质、水

国人膳食营养素参考摄取量（DRIs）的缘由与意义系在1941年时美国联邦政府的食品营养委员会（The Food and Nutrition Board）筹备的第一版的饮食建议摄取量（RDAs）时提出,其中提出了其国人计划饮食所需之指标,而直至1943年RDAs的首版才公之于世。自此,食品营养委员会会随着营养知识的进步及流病调查的结果约每五年将RDAs重新修订并公布。就饮食结构来看,亚洲人的最佳饮食金字塔与欧美也有所区别,亚洲人的饮食金字塔见图10-1。

一　能量及营养素的测算

本章中各种营养素的摄入量数据是由食物消费量转化而来的。在数据化的转化方面,有以下两点需要说明:

第一,将食物消费量转化为营养素摄入量所用到的工具是食物成分表,然而由于地理差异,各国的食物成分表有所不同,本章采用由中国疾

---

[1] 韦佳佳:《2010—2012年广西居民膳食营养状况与营养相关慢性病影响因素的研究》,广西医科大学,2019年。

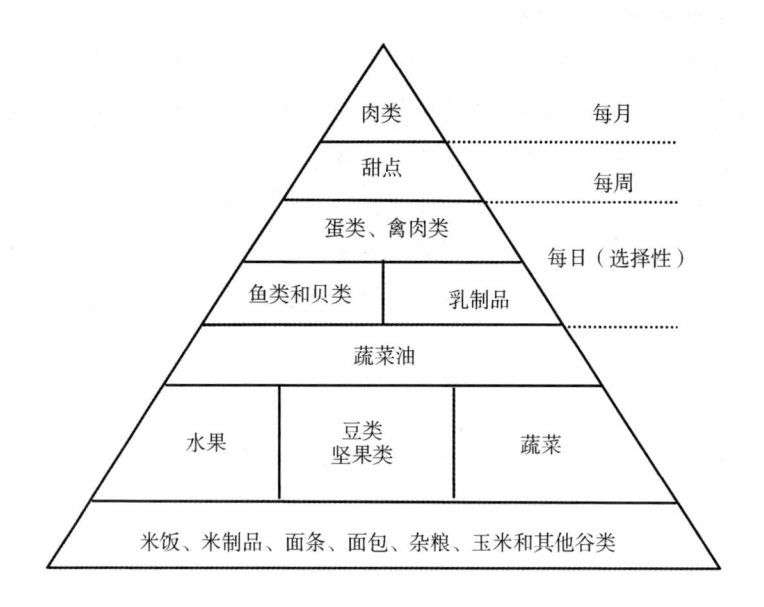

```
                    肉类              每月
                 ┌────────┐     ........................
                 │  甜点  │         每周
              ┌──┴────────┴──┐  ........................
              │  蛋类、禽肉类 │
           ┌──┴──────────────┴──┐    每日（选择性）
           │ 鱼类和贝类 │ 乳制品 │
        ┌──┴───────────┴────────┴──┐  ........................
        │         蔬菜油           │
     ┌──┴──────┬──────┬────────────┴──┐
     │         │ 豆类 │                │
     │  水果   │ 坚果类│    蔬菜       │
  ┌──┴─────────┴──────┴────────────────┴──┐
  │ 米饭、米制品、面条、面包、杂粮、玉米和其他谷类 │
  └────────────────────────────────────────┘
```

图 10-1　亚洲饮食金字塔

病预防控制中心营养与食品安全所研究制定的《中国食物成分表》进行换算①。

　　第二，消费的食物在问卷中主要分为两部分，一部分为日常在家饮食（例如：大米、小麦、蔬菜等）的消费总量，另一部分为在外饮食，但这部分并未记录消费量，仅记录了消费金额。所以，必须将在外消费金额换算成摄入的营养素。在这个问题的处理上，以热量摄入为例，FAO 和 WFP 均采用单位卡路里金额来计算，即首先将在家消费的全部食物换算为能量，再将在家消费食物的总花费除以在家消费食物的总能量，计算出单位卡路里金额，最后再将在外饮食花费除以单位卡路里金额得到在外饮食摄入的能量。但若采用这种方式来计算，显然会高估在外饮食的卡路里摄入量。由于餐饮业有经营成本，在外饮食的花费肯定大于实际消费食物的成本，因此先按 50% 的比例将在外饮食金额折减，然后再按上述程序计算在外饮食的能量摄入。

　　在测算出能量、蛋白质、脂肪以及微量营养素的摄入后，需要设定一

---

① 张尹君杰：《农村居民家庭营养素摄取量的影响因素研究》，硕士学位论文，上海交通大学，2010 年。

个标准，用以判断农户是否摄入足量的营养素，或者说用以分析有多少农户、有哪些类型的农户面临营养素缺乏的问题，他们是如何分布的。具体的标准如下：

（一）能量标准

能量摄取水平被视为一个重要的衡量食物安全状况的指标，在国际上也被广泛使用。但不同的机构制定的能量标准也不尽相同。联合国粮农组织（FAO）用每人每天最小能量需求量 MDER 来估计营养不良人口的比例。FAO 认为人均 MDER 大约为 1800 千卡，但每个人每天所需的能量还与个人的年龄、性别、体重、活动量以及所处地区等因素有关。FAO 每年都会测算各国的 MDER，中国 2010—2012 年的 MDER 为人均 1907 千卡/日。WFP 用人均能量摄入量 2100 千卡/日作为食物安全分组的临界值，而不足临界值 30%，即 1470 千卡/日的被认为是极度食物不安全的。[1]

中国营养学会编著的《中国居民膳食指南》中附有《中国居民膳食营养素参考摄入量表（DRIs）》，该表针对中国不同年龄、性别的人群，给出了能量及主要营养素的推荐摄入量（RNI）。研究时运用此表的通常做法是，先将不同人群转化为标准人（成年男子轻体力劳动者为标准人），再将每标准人能量摄入量的实际计算值与推荐值进行比较。每标准人每日的能量推荐摄入量（RNI）为 2400 千卡。本章先依据该表将农户中每个成员折算为标准人，计算出样本农户每标准人的能量摄入，然后将结果与参考摄入量进行对比。

为了比较在不同标准下，所得出的能量摄入水平结论的差异，本章分别用上文提到的 FAO、WFP、RNI 三种标准将样本农户进行分类。值得强调的是，FAO、WFP 的能量标准多用于国家层面食物安全的衡量，无论是 1907 千卡/日还是 2100 千卡/日，都是人均的标准。而 RNI 的标准则是区分了不同性别、年龄的人群。为了将各种标准的衡量状况进行比较，首先需要保证调研样本在数据上的适用性，在运用 FAO、WFP 标准时均采用人均标准，而运用 RNI 标准时则严格按照标准人的方式来计算。

---

[1] 李辉尚：《基于营养目标的中国城镇居民食物消费研究》，博士学位论文，中国农业科学院，2015 年。

（二）宏量营养素标准

《中国居民膳食营养素参考摄入量表（DRIs2013）》为不同年龄段、不同性别的人群制定了推荐蛋白质、脂肪摄入量。本章考察农户蛋白质摄入是否足够的标准为每标准人日摄入量是否达到75g，考察农户脂肪摄入是否足够的标准为每标准人日脂肪摄入量的供能比是否达到20%（推荐值下限）。

（三）微量营养素标准

《中国居民膳食营养素参考摄入量表（DRIs2013）》为不同年龄段、不同性别的人群制定了推荐微量营养素的摄入量。本章考察农户铁、锌、维生素A、核黄素、烟酸、维生素C、维生素E等微量营养素的摄入量是否满足每标准人的推荐摄入量20%的范围内（推荐值下限）。

表10-9　　　　　　　　微量营养素推荐摄入量（RNI）

名称	RNI	名称	RNI
铁	12（mg/d）	烟酸	15mg
锌	12.5（mg/d）	维生素C	100mg
维生素A	800（ug）	维生素E	14mg

二　标准人计算

农户的食物消费数据无论是直接采用家庭总消费量还是按人头平均计算的人均消费量都具有一定的不合理性。如果采用家庭消费总量，则未考虑到不同家庭之间的家庭规模差异、个体成员的变化（例如：年龄的增长、体重的增加、怀孕等），也未考虑到家庭成员结构（年龄结构、性别结构等）的影响，估计结果会造成较大的误差。如果采用按人头计算的人均消费量，虽然考虑了家庭规模的影响，同样也忽略了家庭成员个体差异。将家庭成员转化成"标准人"，将家庭成员数转化为"标准人"数，则能有效地解决该问题。从热量需求的角度来看，一个人每天所需要的最低热量标准取决于其年龄、性别、身高、体重、活动强度等因素。因此，考虑到儿童和老人营养摄入与成人相比存在差异，利用成人等价尺度折算获得等价人均水平上的营养成分摄入量。设定0—2岁的人口的尺度值为0.35；3—14岁人口的尺度值为0.5；16—64岁的人口尺度值为1；65岁以上为 0.5。经过计算可得，调研样本的标准人个数为 20.5 人。

三 样本县农户营养素摄入情况

（一）能量

经计算，调研样本的人均日能量摄入量为 2187.17 千卡，与 FAO、WFP、RNI 三种能量摄入标准进行比较，发现达到了 FAO、WFP 的热量摄入标准，但与 RNI 的摄入标准相差 212.83 千卡。可见样本县农户存在热量摄入不足的问题。

（二）蛋白质

蛋白质是人体所必需的重要营养素。食物蛋白质的质和量关系到人体蛋白质合成的量。因此青少年的生长发育、孕产妇的优生优育、老年人的健康长寿，都与膳食中蛋白质的量有着密切的关系。样本县人均蛋白质摄入量为 90.34g，超过 RNI 标准的 75g。这与当地禽类饲料较为普遍有关。

（三）脂肪

脂肪是提供热量的主要物质之一，是生命运转的必需品。样本县脂肪人均日摄入量仅为 73.3g，这与 2010 年国家扶贫重点县的 92.97g，仍有一定的距离。导致本次调研多数宏量营养素均存在不同程度偏低的情况的原因，笔者分析是由于本次调研对象考察的是贫困地区的精准帮扶对象，由于贫困人口自身存在的特殊性，使得其平均摄入量与其他统计标准相比存在一定的差距。

（四）微量营养素

微量营养素对居民营养健康同样具有重要的作用，而微量营养素的缺乏也已经成为一个主要的公共卫生问题，特别是在发展中国家。根据世界卫生组织的数据，世界上约有 20 亿人患有隐性饥饿，这便是微量营养素缺乏症。与 RNI 相比，铁的摄入量高于 RNI15.48mg，锌的摄入量高于 RNI2.2mg，烟酸的摄入量比 RNI 高出 3.49mg，维生素 E 的摄入量比 RNI 高出 33.58mg，而维生素 A 的摄入量比 RNI 少 495.82ug，维生素 C 的摄入量比 RNI 少 32.37mg。可见样本县存在部分微量营养素摄入量过多与部分微量营养素摄入量过低的现象。

表 10-10　样本县农户人均食物营养素含量

名称	质量（克）	卡路里（kcal）	蛋白质（克）	脂肪（克）	碳水化合物（克）	铁（毫克）	锌（毫克）	维生素 A（微克）	核黄素（毫克）	烟酸（毫克）	维生素 C（毫克）	维生素 E（毫克）
谷物	386.05	596.48	15.27	2.12	128.68	4.63	3.87	0	0	7.88	0	3.5
薯类	69.76	47.4	1.14	0	10.32	0.69	0	2.25	0	0.45	15.27	0.24
豆类	78.29	70.26	7.2	3.12	3.96	1.92	0.9	0	0	0	0	1.98
蔬菜	635.38	778.21	45.47	2.16	139.93	15.79	6.48	235.72	0	5.08	52.34	20.65
肉类	112.20	442.4	14.56	41.44	2.24	2.24	2.24	20.16	0	4.48	0	0
蛋类	16.59	26.28	2.21	1.73	0.51	0.39	0.22	41.13	0	0	0	0.49
油脂	21.85	197.78	0	22	0	0.44	0.22	0	0	0	0	20.46
水产品	25.02	26.79	4.35	0.73	0.7	1.03	0.74	4.92	0.01	0.55	0.02	0.26
调味品	13.12	1.57	0.14	0	0.25	0.35	0.03	0	0	0.05	0	0
总计	1358.26	2187.17	90.34	73.3	286.59	27.48	14.7	304.18	0.01	18.49	67.63	47.58

四 样本县农户营养摄入结果分析

通过上文对农户营养素摄入量的调查可以得出以下结论：(1) 样本山区农户平均营养素的摄取，蛋白质平均每日为 90.34g；脂肪平均每日为 73.3g；热量平均每日为 2187.17 千卡。因此从样本县贫困山区的蛋白质的摄入量来看是相对合理的，在国人饮食建议量的范围内；而热量和脂肪的摄入量则存在不足的问题。(2) 样本县农户在微量营养素的摄取方面，存在铁、锌、烟酸、维生素 E 等营养素摄入量过高，而维生素 A、维生素 C 等营养素摄入量过低并存的现象。(3) 贫困山区农户的营养摄入质量与推荐摄入量仍有一定距离，且样本之间个别差异极大，许多贫困老人的饮食品质极差。奶类和水果类的饮食摄取严重不足，而肉类的摄取则缺少变化性。在饮食习惯方面，贫困户中有较严重的摄取高油高盐的饮食习惯，在食用各式肉类时大多会连肥油或皮一起吃，且以豆腐乳、腌咸菜等高盐分佐菜的行为不在少数。

第六节 加快山区县域经济发展的建议

综上所述，通过对云南省乌蒙山区彝良县、滇西边境山区漾濞县的产业、资源、基础设施、村域经济、农户生计、营养摄入等综合调研发现，样本县在精准扶贫方面取得了明显成效，贫困户数显著减少。总结其经验可概括为扶贫对象精准、项目安排精准、资金使用精准、脱贫成效精准等。但也面临一些困难，如自然条件限制，致富基础不实；产业模式单一，产品附加值低；基础设施薄弱，发展缺乏支撑；等等。通过对样本县脱贫成效及其在脱贫工作中面临的困难综合分析后，提出如下建议：

一 整合各类扶贫资源，提高扶贫开发效率

第一，整合扶贫资金。有效整合财政扶贫资金、社会扶贫资金、地方配套资金、信贷扶贫资金等各类扶贫资金，发挥政府作用，将有限的财政资金作为引导社会资金的"启动器"，努力形成多渠道、多元化的扶贫资金投入体系。

第二，整合扶贫政策。由于不同政策的思路、目标、方案存在差异，如果政策之间衔接不一致，则容易发生偏离与异化的现象，都会影响扶贫政策的效果和贫困地区的脱贫进度。因此，需要有效整合扶贫相关的财政、税收、进入、区域、产业和投资等政策，基础设施建设、产业开发、易地搬迁和整村推进等扶贫项目也应符合样本县经济社会发展规划。

二　强化教育投入，推进教育服务与资源均衡

第一，深化教育发展经费保障机制改革。加大教育基础设施建设，突出着力于改善贫困地区办学条件，加快贫困地区学校改造工程，改变教育贫穷落后的面貌。从建设、师资、教研等方面全方位进行帮扶，尽快实现区域内教育的均衡发展。从财政和制度上保障教育经费的投入，改善样本县的办学条件，完善经费使用制度，不断提升投入资金的使用效率，发挥财政资金的最大作用。

第二，实现教育扶贫开发均衡发展。重视教育的均衡发展，向薄弱学校倾斜，缩小校际差距，向农村倾斜缩小城乡差距，向薄弱地区倾斜缩小区域差距。教育规划中优先谋划农村贫困地区教育的发展，将改善贫困地区教育发展环境和条件作为教育发展规划的重要内容。加快样本县教育信息化进程，推进现代远程教育示范点建设，使样本县各地都能共享优质教育资源，提高教育质量，实现样本县教育跨越式发展。

三　适时调整扶贫的产业政策，因地制宜发展特色产业

第一，将县域经济与产业扶贫有机结合起来，赋予县域经济脱贫致富的发展使命，有效克服小农经济的"不经济"，积极推动产业转型升级，发展新产业新业态。发挥农业优势，鼓励传统农业向有机农业、生态农业转型，依托农村生态农业资源建设一批农产品商贸镇、现代农业观光镇、生态旅游休闲镇以及农业服务镇，以此作为基础带动"三农"发展，并结合"互联网+"模式发展涉农电商、涉农旅游等。

第二，通过税收、融资、土地等方面优惠加快新兴产业集聚。应促进资源型产业转型升级或逐步退出，积极发展制造业以及第三产业，提高县域经济工业基础和服务业水平。

四 增加食物多样性供给，开展营养安全教育

第一，"身体是革命的本钱"，脱贫的重要目标之一便是确保贫困地区农户的粮食安全问题，而营养安全则是衡量粮食安全的重要指标之一。彝良县与漾濞县均存在土地资源不足、食物可获性不足等问题。对此，应以营养安全为目标，增加食物多样性的供给，针对山区贫困农户这一特殊群体，制定有针对性的营养政策，确保贫困山区农户在实现精准脱贫的道路上，迈下更坚实的一步。

第二，应重视营养知识的宣传教育，引导贫困山区农户科学合理的膳食。在确保食物有效供给的基础上，适当的营养知识的宣传教育，有益于指导贫困山区农户培养正确的饮食习惯，改善营养结构。

第三，因地制宜制定食物与营养改善政策，制定与提高相关营养素的摄入量。我国国土广阔，不同地区适宜不同的农作物生长，也会产生不同品种的食物供给。为确保食物的新鲜，应鼓励农户食用所在地食材。对此需因地制宜制定相关营养改善政策以促进居民的营养结构的改善。

五 建立返贫预警制度，加强动态管理

第一，建立健全返贫预警机制。通过基层干部定期跟踪回访、返贫户个人申报、系统信息自动比对等途径，及时掌握返贫情况。彝良县和漾濞县的扶贫部门要依托扶贫开发信息系统，加强返贫信息管理，要通过现场调查、群众评议、乡镇审核、县级认定，对返贫户及时予以确认，对信息有误的及时进行更正。

第二，加强扶贫对象动态管理。建立健全扶贫对象动态管理机制，强化扶贫对象信息动态变更的日常规范。对返贫户和新增贫困户，要及时落实帮扶措施，确保稳定脱贫。

六 强化责任落实，加大督查力度

第一，强化组织保障。充分发挥党委领导和政府主导作用，样本县各乡镇要把防止返贫致贫作为实现精准脱贫、打赢脱贫攻坚战的一项重要工作来抓，充分认识到扶贫工作的艰巨性、复杂性和持续性，把防止返贫致

贫问题摆到脱贫攻坚工作的突出位置，确保实现稳定脱贫。

第二，强化督查考核。加大督查巡查力度，把防止返贫致贫作为脱贫攻坚成效考核的重要内容，杜绝政绩脱贫、急功近利现象，对形式主义、虚报脱贫数据等问题进行追责问责，造成严重后果的，依法追究其法律责任。

（本章作者：朱强、王景新；沈凌峰参与调查）

第十一章　罗霄山区井冈山市脱贫攻坚向城乡融合与乡村振兴协同推进跃升[①]

摘要：井冈山市地处罗霄山脉之腹，是著名的革命老区，被誉为"中国革命的摇篮""中华人民共和国的奠基石"。井冈山斗争时期，这里经济建设成效显著，对支援革命战争、保障军民给养、活跃边区市场等方面都发挥过重大作用，镌刻着极端艰难条件下山区承载力的历史印记和宝贵经验。自20世纪50年代中后期井冈山成为县级行政建制以来，县域经济社会发展迅速，但由于自然环境、区位条件和其他原因，县域发展相对滞后，成为深度贫困县。新时代，井冈山市面临着脱贫奔小康和追赶其他县域城乡融合发展和乡村振兴的"双重"压力，牵动着中国方方面面和最高领导人的情怀。井冈山市在各方支持下，上下齐心，努力奋斗，于2017年2月26日经批准正式宣布脱贫，成为中国832个贫困县中第一个宣布退出贫困县序列的县。近几年，井冈山市把巩固提升脱贫攻坚成果与实施新型城镇化战略和乡村振兴战略相衔接，推进了域内基础建设、生产生活生态空间和现代产业体系构建，以及现代科学技术和经验积累，为井冈市的未来发展积蓄了深厚的基础与活力源泉。

关键词：县域脱贫；乡村振兴；城乡融合

[①] 本章曾以《县域脱贫向城乡融合与乡村振兴协同推进跃升——罗霄山区井冈山市的做法与经验》为题，发表在浙江大学土地与国家发展研究院的《土地观察》，2019。收入本著时，改成现标题。

Chapter11 Alleviating Poverty of Jinggangshan City, Luoxiao District Promotes the Leap toward Urban-rural Integration and Rural Revitalization

Abstract: Jinggangshan City is located in the belly of Luoxiao Mountain and is a famous old revolutionary area. It is known as "the cradle of the Chinese revolution" and "the cornerstone of the People's Republic of China". During the Jinggangshan struggle, the economic construction here has been remarkably successful. It has played significant role in supporting the revolutionary war, ensuring military and civilian supply, and activating the border market. Every inch of land are fragments of the carrier of the history and valuable experience under extremely difficult conditions. Since Jinggangshan became a county-level administrative system in the mid and late 1950s, the country is experiencing rapid economic and social development. However, due to the natural environment, location conditions and other reasons, the county's development has lagged behind and the country has become a deeply impoverished. In the new era, Jinggangshan City is facing dual pressure, such as poverty alleviation and catching up with the integration of Urban-rural development and rural revitalization in other counties. The development of Jinggangshan affects all aspects of China and the feelings of the supreme leader. Thanks to the support of all parties, Jinggangshan City officially announced poverty alleviation on February 26, 2017 and became the first of 832 impoverished counties in China to announce withdrawal from the impoverished counties. In recent years, the achievements of poverty alleviation Jinggangshan City link up with implementing new urbanization strategies and rural revitalization strategies, which have promoted infrastructure construction in the region, ecological space for production and living and the construction of a modern industrial system and accumulation of modern science and technology experience. These measures have promoted infrastructure construction in the region, ecological space for production and living and the construction of a modern industrial system, accumulated modern science and technology experience. As a result, it serves as a solid foundation and the source of vitality for the future development of Jinggang City.

Key words: Poverty Alleviation in Counties; Rural Revitalization; Urban-rural Integration

第一节 样本价值、调研内容和方法

"经略山区"课题研究旨在了解山区县域国土资源与环境、基础设施建设、区域经济发展、脱贫攻坚与农民生计现状，探索2020年农村贫困人口脱贫和贫困县"摘帽"后（简称"后扶贫时代"）融乡村振兴、山区发展与国家安全体系建设于一体的战略及政策；研究山区的承载力、储备性开发的必要性、可能性和边界，在国民经济可持续发展、中华民族长久繁衍生息中的特殊地位和作用，以及非常时期（重大自然灾害、经济危机、国土和人民安全危机等特殊时期）山区的应急能力。

一 样本价值

井冈山市是一个典型的山区县，境内平均海拔381.5米，主要山峰海拔多在千米以上，最高峰——江西坳，海拔1841米。全境以山地、丘陵为主，素有"七山半水两分田，半分道路和庄园"之称。截至2017年末，井冈山市辖21个乡镇场、街道办事处、106个村民委员会845个村民小组，全域总面积1288.11平方公里，总人口170348人，人口密度132人/平方公里；全市实有耕地面积9606公顷（14.41万亩），其中水田面积8546公顷（12.82万亩），林地105333公顷（158万亩），森林覆盖率86%。要实现研究目标，井冈山市是不可或缺、不可替代的县域样本。

第一，井冈山斗争时期①经济建设成效显著，对支援革命战争、保障军民给养、活跃边区市场等方面都发挥过重大作用，镌刻着极端艰难条件下山区承载力的历史印记和宝贵经验。井冈山是毛泽东、朱德、陈毅等老一辈无产阶级革命家率领中国工农红军，创建以宁冈县为中心的中国第一个农村革命根据地，开辟了"以农村包围城市、武装夺取政权"的革命道路，被誉为"中国革命的摇篮""中华人民共和国的奠基石"。井冈山市建制沿革与此紧密相关（注释专栏11-1）。井冈山大小五井一带，物质匮乏，"人口不满两千，产谷不满万担"，而且"山上大井、小井、上井、中井、下井、茨坪、下庄、行洲、草坪、白银胡、罗浮各地，均有水田和村庄，为自来土匪、散军窟宅之所……"②，加上国民党当局频繁的军事"会剿"和严厉的经济封锁，在这样的条件下，这个狭小的地域空间保障了朱、毛红军会师后的3个师、9个团等共1万多人的每月消费40多万斤粮食的给养③。

注释专栏11-1　井冈山市建制沿革

中华人民共和国成立以前，井冈山没有县级行政建制。井冈山斗争时期，在中共湘赣边界党和工农兵政府领导下，于1928年2月在茨坪建立新遂边陲特别区工农兵政府，属遂川县工农兵政府管辖。10月底，中共湘赣边界特委指示，新遂边陲特别区改称大小五井特别区，归中共宁冈县委管辖。

中华人民共和国成立后，1950年10月，中共江西省委、吉安地委为加强井冈山革命老根据地的开发建设，在茨坪设立井冈山特别区，为遂川县辖。1957年，中共江西省委、省人民委员会下放500名省、市直属机关干部到井冈山，于1957年成立国营井冈山综合垦殖场，与井冈山乡（由井冈山特别区改称）合并。1959年5月，经国务院批准成立江西省井冈山管理局，驻茨坪，属江西省人民委员会的派出机构，7月，正式挂牌成立。其管

---

① 井冈山斗争时期从1927年10月"三湾改编"后工农革命军上山开始，到1930年2月袁文才、王佐被错杀或者"二七陂头会议"结束，共计2年4个月——张泰城、刘佳桂：《井冈山革命根据地经济建设史》，江西人民出版社2007年版，2015年4月第3次印刷，第1页。

② 毛泽东：《井冈山的斗争》，《毛泽东选集》第一卷，人民出版社1991年版，第68页。

③ 张泰城、刘佳桂：《井冈山革命根据地经济建设史》，江西人民出版社2007年版，2015年4月第3次印刷，第41、48页。

辖范围包括原宁冈县除韩江人民公社外的全境、永新县拿山人民公社、遂川县井冈山人民公社。1959年11月，宁冈恢复县建制，以井冈山管理局的行政区域为宁冈县的行政区域，县治设茨坪，宁冈县人民委员会与井冈山管理局合署办公。1961年12月，宁冈县与井冈山管理局分治，宁冈县由吉安专区领导，井冈山管理局由省直辖。1968年3月2日，改井冈山管理局为井冈山革命委员会，由省直辖。1969年，井冈山革命委员会改属井冈山专区。1968年2月，改吉安专区为井冈山专区（1979年7月，改井冈山地区为吉安地区）。1977年1月24日，恢复井冈山管理局，为县级行政单位，由省直辖，仍治茨坪。1981年10月，撤销井冈山管理局行政建制，设立井冈山县，隶吉安地区。1984年12月，撤井冈山县立县级井冈山市，隶吉安地区。2000年5月，经国务院批准，将宁冈县和县级井冈山市合并，组建新的县级井冈山市，由江西省直辖，吉安市代管。

——笔者据百度百科资料整理，https：//baike.baidu.com/item/井冈山/12638961？fromtitle

第二，井冈山市地处罗霄山脉之腹，面临着脱贫奔小康和追赶其他县域城乡融合发展和乡村振兴的"双重"压力，牵动着中国方方面面和最高领导人的情怀。井冈山市地处江西省西南部，罗霄山脉中段，古有"郴衡湘赣之交，千里罗霄之腹"称谓。宁冈、遂川、永新、酃县（今炎陵县）4县交界的井冈山，海拔在1000米至1500米之间。由于战争创伤的影响，以及自然地理等多种原因，迄今为止，经济发展仍然滞后。2012年6月14日，国务院扶贫办根据《中国农村扶贫开发纲要（2011—2020年）》划分的11个集中连片特殊困难山区505个贫困县名单中，罗霄山脉共有23个县（其中江西17县、湖南6县），井冈山市在列；同年7月2日发布的《国务院关于支持赣南等原中央苏区振兴发展的若干意见》（国发〔2012〕21号）中，井冈山市在列。"双重"压力、"双重"扶持既说明井冈山贫困程度之深，又反映了党和国家对革命老区的高度重视。2016年春节前夕，习近平总书记冒雪视察井冈山茅坪乡神山村，作出了关于"在全面小康的进程中，决不让一个贫困群众掉队""井冈山要在脱贫攻坚中作示范、带好头"的重要指示。井冈山市率先脱贫和加快发展做示范的责任之大，由此可见一斑。

第三，井冈山市是当前中国扶贫开发工作重点县（832 个）[①] 中第一个宣布退出贫困县序列的县，率先应对脱贫攻坚成果巩固提升与城乡融合发展和乡村振兴协同推进的挑战，其做法和经验对"后扶贫时代"的贫困县发展具示范效应。井冈山市不负众望，于 2017 年 2 月 26 日经国务院扶贫开发领导小组评估、江西省人民政府批准，正式宣布在全国率先脱贫，摘掉了贫困县的"帽子"。"这是我们应该向长眠在井冈山红土地上 4.8 万余名革命烈士奉上的最好告慰，这是我们应该向老区群众兑现的庄严承诺……"[②] 井冈山市委书记刘洪在江西省井冈山市退出贫困县新闻发布会上如是说："率先脱贫不是井冈山的目标，让老区群众过上更加美好的生活，这才是我们的目标。"[③] 井冈山管理局、中共井冈山市委和市人民政府铿锵有力地回答了社会的关切。

至今，井冈山市脱贫"摘帽"一年有余，县域经济发展状况与农民生计如何？巩固提升工作有哪些值得总结的经验？带着这些问题，"山区发展与国家安全战略研究"课题组于 2018 年 7 月 22 日至 26 日在井冈山市展开了实地调查。

二 调研内容和方法

调研内容：（1）样本县情以及经济社会发展情况，包括土地及利用，人口分布和密度，资源环境，基础设施，市场化程度，金融服务体系，农业生产社会化服务现状，区域经济社会发展情况，村域经济及产业结构，村集体收入与支出，村级社区基本公共服务，农村劳动流动，农户进城定居和农民生计情况等。（2）样本县（市）改革发展的主要规划制定、管理和实施的情况、经验和问题，以及样本县域国土空间规划利用方面已有的想法做法、初步经验和需要研究的问题。（3）样本县特别情况与问题，

[①] 11 个集中连片特困山区 505 个县；西藏、南疆和四川藏区 175 个特困县；片区外国家扶贫开发工作重点县 152 个。三项合计 832 县。

[②] 井冈山市委书记刘红：《2017 年 2 月 26 日在江西省井冈山市退出贫困县新闻发布会上的汇报发言》，载《脱贫攻坚奔小康——井冈山的答卷》（内部资料），井冈山管理局、中国井冈山市委、井冈山市人民政府编《纪念井冈山革命根据地创建 90 周年丛书》，2017 年 3 月 9 日，第 21 页。

[③] 井冈山管理局、中共井冈山市委、井冈山市人民政府：《关于井冈山脱贫攻坚巩固提升工作实施意见》。

比如集中连片特殊贫困县脱贫攻坚规划计划、投入、效益、脱贫摘帽时间表等，摘帽后县域经济社会发展设想或思路；革命老区县根据地时期的山区建设成就、经验以及物资和非物质文化遗产保护传承情况。

本次调查在井冈山市委、市政府及相关委、局、办的大力支持下展开[①]，其方法：一是召开相关委、局、办负责人座谈会，分别介绍相关情况，提供相关工作总结、资料和文献；二是进村入户调查，期间，所在乡镇分管领导参与，到某村后，课题组成员换分成两组，一组与村干部和隶属乡镇分管领导座谈，一组入户问卷。问卷对象选择为村域农户中经济收入较好、一般和较差（贫困户）三类，问卷内容用 B 卷（略）。井冈山市调查样本共 3 个乡镇、7 个行政村、15 个农户（表 11-1）。

表 11-1　　　　　　　　江西省井冈山市调查样本一览表

县（区）	乡（镇）	行政村	农户问卷编号
井冈山市	大陇镇	大陇村	大陇村农户 B1—B3
	茅坪乡	神山村、坝上村	神山村农户 B4—B6；坝上村农户 B7—B9
	新城镇	排头村、新城村 曲石村、黄夏村	排头村农户 B10—B12； 新城村农户 B13—B15

第二节　脱贫攻坚成果巩固提升

中国农村精准扶贫攻坚战自 2014 年正式展开[②]。这一年，井冈山市识别出贫困户 4638 户 16934 人，其中红卡户 1482 户 5012 人，蓝卡户

[①] 井冈山市委、市政府对本次调查给予了大力支持，宜丰县委、县政府配合了本次调查。井冈山市扶贫办、农业开发办、农业局、国土局、财政局、城建局、农工部、发改委、水利局、就业局、民政局、教育局、文广新局、卫计委等部门参加座谈，提供了相关工作总结、资料和文献，农业开发办、扶贫办、农业局先后陪同课题组进村入户调查，井冈山市大陇镇及大陇村，茅坪乡及神山村、坝上村，新城镇及新城村、排头村、曲石村、黄夏村以及问卷农户也对课题组给予了无私的帮助。本课题组对参与本次调查党委、政府、部门、单位和个人表示衷心感谢！

[②] 2013 年 11 月，习近平到湖南湘西考察时首次指示"实事求是、因地制宜、分类指导、精准扶贫"。2013 年 12 月 18 日，中共中央办公厅、国务院办公厅印发《〈关于创新机制扎实推进农村扶贫开发工作的意见〉的通知》。2014 年 5 月 12 日，国务院扶贫开发领导小组办公室、中央农办、民政部、人力资源和社会保障部、国家统计局、共青团中央、中国残联 7 部门联合发布《关于印发〈建立精准扶贫工作机制实施方案〉的通知》。中国精准扶贫工作就此全面展开。

2219 户 7789 人，黄卡户①937 户 4133 人，贫困村 44 个（井冈山称之为"十二五"贫困村）。到 2016 年底，井冈山经自评、吉安市和江西省第三方评估，全市贫困人口减少到 539 户 1417 人，贫困发生率相应由 2013 年的 13.8%降至 2016 年底的 1.08%。此后，又经国家组织的第三方评估和国务院扶贫办核定，井冈山抽样错退率 0.41%，抽样漏评率 0.45%，抽样群众认可度 99.08%，综合测算井冈山市贫困发生率为 1.6%，贫困户农民人均可支配收入由 2013 年的 2600 元增长到 2016 年的 4500 元；35 个"十三五"贫困村②退出 29 个，各项指标符合国家关于贫困县退出标准（注释专栏 11-2）。2017 年 2 月 26 日，经江西省人民政府批准，井冈山市正式宣布在全国率先脱贫，摘掉了贫困县的"帽子"。

注释专栏 11-2　贫困户、贫困村和贫困县出列标准（摘要）

1. 贫困户脱贫标准。实现"一过线、两不愁、三保障"："一过线"，即贫困户家庭人均纯收入超过当年国家脱贫标准线（贫困户家庭人均纯收入国家脱贫标准线 2300 元，2010 年不变价，到 2014 年其掌握标准是人均纯收入 2736 元，2015 年为 2855 元，2016 年为 3100 元，2017 年 3300 元）；"两不愁"是指稳定实现农村贫困人口不愁吃、不愁穿；"三保障"是指义务教育、基本医疗和住房安全有保障。

2. 贫困村出列标准：贫困发生率降至 2%以下；有 1 项以上特色产业；村集体有稳定经济收入来源，年收入在 5 万元以上；村内基础设施和基本公共服务明显改善。

3. 根据国家评估检查方案，贫困县退出评估检查的指标是"三率一度"，即建档立卡贫困发生率降至 2%以下（西部地区降至 3%以下）、错退率在 2%以下、漏评率在 2%以下、群众认可度 90%以上。

——资料来源于本课题组各地调查情况综合

2017 年，是井冈山市巩固提升脱贫攻坚成果的第一年，也是以此为

---

① 井冈山按照国家扶贫标准，将无力无业、贫困程度深的贫困户评定为"红卡"户，将劳动力少、缺资金、缺技术的评定为"蓝卡"户，将 2014 年已脱贫户需要巩固提升的定为"黄卡"户，政府对每种颜色的贫困户因户施策，分类帮扶。

② 到 2016 年，井冈山市贫困村减少为 35 个，该市称之为"十三五"贫困村。

总抓手引领全域经济社会发展跃升到城乡融合发展和乡村振兴新阶段的探索之年。是年初，该市在宣布退出贫困县后即着手制定《井冈山市管理局[①]、中共井冈山市委、井冈山市人民政府关于井冈山脱贫攻坚巩固提升工作的实施意见》，4月29日该文件发布实施。文件确立的"脱贫攻坚巩固提升工作的总体目标"是：（1）实现三个巩固，即巩固全山脱贫人口不返贫、不掉队，剩余的兜底户2017年末基本实现脱贫；已退出的贫困村不滑坡，非贫困村不倒退，剩余的未退出贫困村2017年全部退出；巩固已取得的扶贫成果，贫困户发生率降至0.5%以内。（2）实现四个不减，即争取上级支持力度、外援支持力度、本级财政资金扶持力度和挂乡包村力度不减。（3）实现五个确保，即确保贫困户收入不减、居住条件不断改善、整体素质不断提高；确保村庄环境不断改善、农村公共服务水平不断提高。

按照上述总目标，该文件制定了井冈山脱贫攻坚成果的十大巩固提升工程，分别落实到相关责任单位，再由责任单位制定实施方案，形成了《井冈山产业扶贫巩固提升工程实施方案》《井冈山社会保障扶贫巩固提升工程实施方案》《井冈山就业扶贫巩固提升工程实施方案》《井冈山志智双扶[②]巩固提升工程实施方案》《井冈山农村基础设施扶贫巩固提升工程实施方案》《井冈山安居和移民搬迁扶贫巩固提升工程实施方案》《井冈山村庄整治和美丽乡村建设扶贫巩固提升工程实施方案》《井冈山教育扶贫巩固提升工程实施方案》《井冈山健康扶贫巩固提升工程实施方案》《井冈山生态扶贫巩固提升工程实施方案》等十个《实施方案》，加上《井冈山2017年统筹整合使用财政涉农资金实施方案》《井冈山脱贫攻坚巩固提升工作考核办法》《井冈山巩固提升工作督查问责办法》共13个文件，一并下发执行。

阅读这些文件，不难发现井冈山市委、市政府综合规划和科学施策的

---

① 中共井冈山管理局工作委员会、井冈山管理局，成立于2005年7月，分别为吉安市委、市政府派出机构，规格为副厅级，机关设在井冈山茨坪。自2005年以来，历任井冈山管理局局长，都由井冈山市委书记或市长担任。2016年9月至今，井冈山市委书记刘洪同时任井冈山管理局党工委书记。

② 志智双扶主要是以扶志、扶技、扶智、扶德、扶能为重点来激励贫困农民的自我发展能力。

匠心与特色：（1）十个《实施方案》瞄准的是"产业兴旺、生态宜居、乡风文明、治理有效、生活富裕"的乡村振兴目标；蕴含着走中国特色乡村产业振兴之路、城乡融合发展之路、共同富裕之路、质量兴农之路、绿色发展之路、文化兴盛之路、乡村善治之路、中国特色减贫之路等"七条道路"。（2）十大巩固提升工程，产业扶贫、安居扶贫、保障扶贫是重心。产业扶贫夯实贫困人口收入稳定持续增长和乡村振兴的根基，安居扶贫和保障扶贫契合"两不愁、三保障"的国家标准，用"兜底"的办法托住贫困山区农民生活质量底线。这一谋略与实践，井冈山概括为"有能力的扶起来，扶不了的带起来，带不了的保起来，住不了的建起来，建好的靓起来"。（3）顺势而为，将脱贫攻坚成果巩固提升推进到实施城乡融合发展和乡村振兴战略的新阶段，关键在于责任、资金和作风。井冈山集井冈山管理局、中共井冈山市委和市人民政府资源[①]及全山之力，施于脱贫攻坚成果巩固提升与乡村振兴和新型城镇化协同推进；同时，统筹整合使用全市财政涉农资金，完善投入机制，保证十个《实施方案》按期完成。按照这个《井冈山2017年统筹整合使用财政涉农资金实施方案》，全山统筹整合资金的范围包括中央、省、吉安市、井冈山市本级四级财政安排用于农业生产发展和农村基础设施建设等方面的资金；同时将教育、医疗、卫生等社会事业方面的部分资金也纳入整合范围。2017年预计整合资金4.6亿元，实际投入资金3.668亿元，其中，井冈山市本级资金1.61亿元，包含景区门票收入提取1000万元、土地净收入提取1000万元、农业产业化资金1000万元、新农村建设资金800万元、农村清洁工程资金720万元、扶贫配套资金300万元、地方政府债券及金融贷款资金10588万元和往年扶贫专项结余资金644万元。这些投入实施项目542个，实施率72.46%，完工96个项目，完工率12.83%。《统筹整合使用财政涉农资金实施方案》体现了集全山之力的决心和魄力。各项

[①] 产业扶贫巩固提升工程责任单位是市农业局、产业办、扶贫和移民局、商务局、发改委、财政局、文广新局、供销合作社、邮政公司、电力公司、国土局、科技园、农商银行、九银村镇银行、各乡（镇、场）；与此类似，其他工程分别由市委宣传部、组织部、政法委、监察局、审计局、市委办、农工部、团市委、市府办、政协办、人大办、井冈山管理局办、水利局、规划局、城乡建设局、公安局、司法局、统计局、民政局、人社局、残联、妇联、卫计委、教育局、林业局、交通运输局、移动公司、电信公司、保险公司等部门和企事业单位分别负责。

措施效果叠加，至2017年末，全市贫困发生率降至0.42%，剩余6个贫困村全部出列，贫困户人均纯收入增长到5500元，实现了年初预定的"三个巩固、四个不减、五个确保"目标。

课题组认为，井冈山十大巩固提升工程成效明显：（1）农村基础设施建设覆盖全域已出列贫困村和非贫困村。至2017年末，投入2000余万元，完成了35个贫困村、组道路和25户以上自然村道路全部硬化和危桥重建，全山所有乡镇通公交；投入9000余万元，用于全域安全饮用水、小型农田水利、水毁工程修复、水土保持等建设项目，实现了电力、电信、宽带网路覆盖所有农户，剩余未通水的301户贫困户、1139名贫困人口通水入户。（2）全市累计投入8325万元，用于安居扶贫和村庄整治。至2017年末，贫困村所有农户危旧土坯房改造均已完成，全市农民住房整旧如新、安全舒适；改厕工作覆盖了所有农户，农村生活垃圾专项治理工作已完成，垃圾以乡镇为单元集中处理，课题组所到村落都配备了清洁员（公益岗位）。（3）产业扶贫和就业扶贫在提升贫困人口收入能力方面发挥了重要作用。课题组所到的样本村都有特色产业，比如神山村的黄桃、茶叶和旅游业（注释专栏11-3），坝上村的竹产业和"红军的一天"体验式培训产业，新城镇贫困户以入股分红方式参与的3000亩现代农业生态示范园、万亩黄金茶基地、千亩猕猴桃基地等。

注释专栏11-3　茅坪乡神山村三大产业推动村域由脱贫迈向振兴

茅坪乡神山村地处罗霄山脉中段最深处黄洋界山脚下，井冈山革命根据地核心区域，地理位置偏僻，是井冈山最后通公路村，距离井冈山市区、茨坪、茅坪乡政府驻地分别为45、30和18公里。村域总面积4平方公里，辖神山、周山2个小村民小组、54户231人，全村耕地（水田）198亩，林地4950亩（其中竹林300公顷）。该村系井冈山市"十二五"贫困村，至2015年，村民人均纯收入3280元，精准扶贫识别建档立卡户贫困户21户50人（红卡户4户8人、蓝卡户15户35人、黄卡户2户7人），村民外流比例畸高，习近平总书记来村前夕摸底统计，留村常住人口只有35人，占全村总人口的15%，且全部是老弱妇孺。

2016年2月2日农历小年，习近平总书记来到该村看望慰问贫困户、烈士后代，与当地村民一起打糍粑、祝新春。此后，在各级领导的关怀下，神山村群众牢记总书记的殷切嘱托，通过一系列的帮扶措施，至2016年底，全村贫困人口从50人下降至2人，贫困发生率从21.6%下降至0.87%，贫困户人均可支配收入7760元，村集体收入近6万元，神山村退出贫困村序列。

2017年始，该村进入到脱贫攻坚成果巩固提升阶段。至今，神山村的村容村貌发生巨变：道路四通八达，村道外与茅坪、茨坪、井冈山市区等级公路连通，村内水泥路到组入户，建成20余公里的林区道路；全村39栋土坯房维修加固，村内排水设施、改厕、安全饮用水等项目覆盖每一个农户，50盏路灯照亮山村夜晚，山村装扮得如同山区小集镇一般，在群山环抱中十分亮眼；村内还有大小两个停车场，旅游公厕、红色书屋、水车等旅游设施一应俱全，糍粑一条街正在打造之中……

村域产业蓬勃兴起。其一，全村发展茶叶200亩，黄桃400亩，成立了井冈山市峰源果业（黄桃）种植合作社、井冈山市绿韵茶叶种植专业合作社，全村每户都加入两个合作社。21户贫困户每户筹集产业发展资金2万元，分别入股黄桃合作社1.2万元、茶叶合作社1万元；非贫困户按照能力自愿入股，但入股总资金不得超过2.2万元；年终分红比例不低于股金的15%，合同期限15年（黄桃挂果期15年）。神山村人人可在合作社务工、户户有股份分红。其二，竹产业。全村4500亩（300公顷）竹林（户均83.3亩）已经全部完成低产改造，提高了产出；手工竹制生活用品变成了旅游商品。其三，乡村旅游业。2017年，神山村被定为江西省4A级乡村旅游点，已开办14户农家乐、4户民宿，土特产品销售的农户1家，其余农户则加入到全村农家乐、民宿和乡村旅游业配套服务之中。为此，村成立了旅游理事会，统一管理乡村旅游业。2017年，来神山村参观的学员、游客22万人次。

神山村离乡从业和流动人口（除10余人外）几乎全部回村创业或就业，农民生计方式已由"四个一"（一户一亩竹茶或果、一户一栋安居房、一户一个农家乐或民宿、一户一张保障网兜底）保障方式转变为"山村变景区、农工产品变旅游商品、农民变老板"的生计方式，当地农民戏称自己是"脱产干部"（脱离了直接的耕地经营管理）。目前农户生产、经营和收入方式：一是承包林地和手工竹制品的经营收入；二是旅游业包括农家乐、民宿及配套副业收入；三是合作社务工收入，一般为年龄较长的村民参与，每天 100 元，每户全年约可获得 1 万元收入；四是土地租金，农户承包耕地流转到合作社，每亩 200 元/年；五是股金分红，每户每年约 3300 元。2017 年，村民人均可支配收入 1.8 万元，贫困户人均可支配收入 8737 元。

——资料来源于笔者在该村实地调查座谈所得

第三节 县域经济发展与农户生计转变

一 县域经济发展及比较

井冈山市尽管区位条件有限，但全体人民在中共井冈山市委、市人民政府带领下艰苦奋斗，县域经济仍然较快发展。2011—2016 年，井冈山市地区生产总值以年均 12.2% 的速度增长。2016 年，井冈山市人均 GDP、人均财政收入、城镇居民可支配收入、农民人均可支配收入等 4 项指标，在江西省 100 个县（市、区）中的排名分别为第 36、47、28、76 位。除农民人均可支配收入以外的主要经济指标都处于江西省中等以上。县域经济快速发展为全市脱贫、退出贫困县奠定了基础（表 11-2）。

表 11-2 近 5 年来井冈山市国民经济和社会发展主要指标（2012—2016）

年份 主要经济指标	2011	2012	2013	2014	2015	2016
地区生产总值（GDP）（万元）	380880	440396	492838	546494	575711	628832
比上年增长（%）	13.8	12.1	10.1	9.8	9.0	9.8
人均生产总值（元）	24852	28735	32023	35395	37291	40439
三次产业结构	10:40.3:49.7	9.6:37.3:53.1	9.6:36.2:54.2	9.2:36.0:54.9	8.5:33.2:58.3	8.2:31.5:60.3
财政总收入（万元）	51213	64487	65166	69482	70535	73925
人均财政收入（元）		3927	3974	4133	4184	4356
城镇居民人均可支配收入（元）	17110	19462	22029	24794	26951	29215

续表

主要经济指标 \ 年份	2011	2012	2013	2014	2015	2016
农村居民人均可支配收入（元）	3670	4222	5857	6799	7687	8577
城镇化率（%）	57.27	58.62	59.64	60.65	61.89	63.34

资料来源：《井冈山市统计局统计年鉴2016》。

如果将井冈山市国民经济发展的主要指标放入本课题11个集中连片特殊贫困山区24个样本县（表11-3），2016年，井冈山市人均GDP、财政收入、城镇居民可支配收入、农民人均可支配收入等4项指标的排名分别为第3、4、1、13名，表明井冈山县域（市）经济发展水平处在集中连片贫困山区县的前列。这也是井冈山市能够在832个扶贫开发工作重点县中率先脱贫的重要基础。

表11-3　11个集中连片特困山区24个样本县域经济主要指标（2016年）

山区	县（市、区）	地区生产总值（亿元）	人均GDP（元）	财政总收入（亿元）	人均财政收入（元）	城镇居民可支配收入（元）	农村居民可支配收入（元）
六盘山区	宁夏西吉县	49.49	8921	2.05	370	21410	7566
	宁夏海原县	48.93	10716	2.71	594	20592	6872
秦巴山区	湖北竹溪县	72.60	20167	6.47	1796	22000	8400
	四川通江县	104.45	13998	6.16	826	25792	9863
	河南嵩县	156.80	25290	9.82	1583	25501	10118
武陵山区	湖北利川市	107.27	16156	16.55	1799	24409	8607
	贵州湄潭县	90.40	23721	9.23	2422	28501	11579
乌蒙山区	贵州桐梓县	138.86	18536	11.61	1550	24393	9805
	云南彝良县	51.88	9433	4.44	807	21565	7522
滇桂黔石漠化区	贵州从江县	57.28	15806	6.80	1876	24981	7622
	广西德保县	80.90	23062	10.05	2865	28770	8850
滇西边境山区	云南漾濞县	20.89	19767	1.83	1729	26550	9109
	云南昌宁县	94.10	28090	7.43	2218	25684	9220
大兴安岭南麓山区	吉林镇赉县	139.50	45000	9.27	2992	20998	8232
	黑龙江龙江县	98.60	16433	10.40	1733	17439	12439

续表

山区	县（市、区）	地区生产总值（亿元）	人均GDP（元）	财政总收入（亿元）	人均财政收入（元）	城镇居民可支配收入（元）	农村居民可支配收入（元）
燕山-太行山区	河北阜平县	36.59	17424	3.62	1724	14609	6542
	河北平泉县	166.80	37321	10.80	2416	23752	9990
	山西左权县	44.05	26570	6.87	4142	23687	4745
吕梁山区	山西兴县	60.45	20879	18.73	6469	19061	4006
	陕西横山县	132.00	44044	10.00	3337	28000	10500
大别山区	河南新县	117.50	32078	11.05	3017	23676	10868
	湖北红安县	140.92	21329	34.60	5237	23104	9537
罗霄山区	湖南炎陵县	67.30	34691	9.90	5103	24607	7362
	江西井冈山市	62.88	37046	7.39	4354	29215	8577
样本县总计		2085.15	—	215.77	—	—	—
平均每个样本县		86.88	21933	8.99	2270	—	—
2016年全国平均（元）		744127	53980	159552	11539	33616	12363

数据来源：样本各县2016年国民经济和社会发展统计公报或政府工作报告，中华人民共和国2016年国民经济和社会发展统计公报。

井冈山脱贫"摘帽"后，国民经济仍然保持了较快发展速度。2017年，全市生产总值705534万元，可比增长9.6%，人均地区生产总值（GDP）44617元，增长9.8%，人均GDP相当于向全国同期平均水平（59660元）的75%；财政总收入8.3亿元，与上年同比增长12.3%，公共预算收入5.32亿元，同比增长5.49%。全年农村居民人均可支配收入9556元，相当于全国同期（人均13432元）水平的71%；城镇居民人均可支配收入31798元，相当于全国同期水平（人均36396元）的87%；农村居民家庭基尼系数为0.3834[①]，收入比较平均。

二 县域农户生计状况

井冈山县域经济快速发展，改善了农户生计。井冈山越来越多的村和农户，像茅坪乡神山村的农户一样（见注释专栏11-3），已经正在摆脱

---

① 井冈山市数据来源于《井冈山市2017年经济和社会发展统计公报》；全国数据来源于《中华人民共和国2017年国民经济和社会发展统计公报》。

"四个一"(一户一亩竹茶或果、一户一栋安居房、一户一个农家乐或民宿、一户一张保障网兜底)保障式生计策略的桎梏,走上"山乡变景区、农工产品变旅游商品、农民变老板"的创业致富之路(表11-4)。

表11-4　2011—2017年井冈山市农村居民收入水平及生活质量变化

年份 主要指标	2011	2012	2013	2014	2015	2016	2017
乡村总户数(万户)	2.60	2.63	2.68	2.70	2.80	3.26	2.89
乡村总人口(万人)	11.24	11.25	11.41	11.57	11.70	13.15	11.91
乡村劳动力资源总数(万人)	6.80	6.86	6.84	6.76	6.70	7.38	6.57
乡村从业人员(万人)	5.85	6.33	5.86	5.70	5.72	6.48	5.37
常年外出(离乡)从业人员(万人)	3.81	2.86	2.90	2.90	2.62	2.93	2.62
占乡村劳动力总数的比例(%)	56.03	41.7	42.4	42.90	39.10	39.71	39.88
其中出省从业的劳动力(万人)	1.53	1.68	1.63	1.52	1.45	1.62	1.53
占常年外出(离乡)从业人员的比例(%)	40.16	58.74	56.21	52.41	55.34	55.29	58.40
农村居民人均可支配收入(元)	3670	4222	58527	6799	7687	8857	9556
农村居民家庭恩格尔系数(%)	44.6	48.35	38.37	30.7	30.7	39.68	30.4
农村居民家庭基尼系数	0.3339	0.2750	0.2814	0.4540	0.3690	0.3400	0.3834

数据来源:根据井冈山市统计局统计年鉴2016、2011—2017年的统计公报整理。

1. 乡村劳动力外出(离乡)从业比例呈下降趋势,但仍然是该市农民家庭生计策略之一。2011年,井冈山市县乡村劳动力资源总数为6.80万人,其中常年外出(离乡)从业人员3.81万人,占乡村劳动力资源总量56.03%,其中出省从业的劳动力占常年离乡外出劳动力的40.16%。到2017年,这两个比例分别为39.88%和58.40%。这组数据还告诉我们,井冈山市乡村劳动力外出(离乡)从业比例呈下降趋势,由2011年56.03%下降到2017年39.88%,但出省从业人员的比例却呈现上升趋势,由2011年的40.16%上升到2017年的58.40%,说明返乡人员主要是县外省内的从业人员。

2. 农民可支配收入快速增长。2011—2017年,井冈山市农村居民人均可支配收入以年均 18.5% 的速度增长，2017 年农民人均可支配收入 9556 元，是 2011 年（3670 元）的 2.6 倍。从农户收入结构看，2016 年，农村居民人均总收入 9376 元，其中工资性收入 4846 元，占 51.69%；家庭经营性收入 2961 元，占 31.58%（其中第一产业经营收入 1605 元，仅占 17.12%）；财产性收入 8 元，占 0.08%；转移性收入 1561 元，占 16.65%[①]。这组数据说明：农户仅仅靠农业已经不足以维持家庭生计，外出（离乡）从业或就近从事第二、三产业是维持家庭生计策略转变的必然选择。

3. 农民家庭生活品质已处于相对富裕生活阶段。恩格尔系数是衡量居民生活质量的重要指标。按联合国标准[②]，2011—2013 年，井冈山市农村居民家庭恩格尔系在 40%—50% 之间，已进入小康水平；2014—2017 年，井冈山市农村居民家庭恩格尔系在 30%—40% 之间，属于相对富裕生活阶段。

三 样本村农户家庭生计转变趋势

1. "城乡两头家"[③] 已成为相对贫困地区农户家庭重要的生计策略。家庭主要劳动力常年外出（离乡）从业的一个结果就是"一家两地、城乡两头家"，即主要劳动力在城镇从业、居住和生活，老弱妇孺留守农村。本次井冈山实地调查 5 村中，共有 1418 户，其中在城镇拥有住房的农户 1136 户，占调查总农户的 80.11%（表 11-5）；剔除 2 个"镇中村"，以剩余非镇区 3 村统计，共有农户 452 户，在各级城镇购房的 170 户，占 37.61%，其中在隶属县城关镇购房的占购房户总数的 75.88%。应该指出，"城乡两头家"现象并非井冈山农村个案，而是本课题组近 5

[①] 井冈山市统计局提供的数据。

[②] 联合国根据恩格尔（德国统计学家、经济学家）系数的大小，对世界各国的生活水平有一个划分标准，即一个国家平均家庭恩格尔系数大于 60% 为贫穷；50%—60% 为温饱；40%—50% 为小康；30%—40% 属于相对富裕；20%—30% 为富足；20% 以下为极其富裕。

[③] "两头家"概念最早见诸著名社会学家陈达《南洋华侨与闽粤社会》（1934）。该著（P157）描述："'两头家'盛行于侨外较久的华侨，因久在南洋的人，容易与家乡疏远，且因经济比较充裕，可以再娶，娶时以南洋妇女最为便利。"陈达先生认为"'两头家'是环境的产物"；中山大学陈杰博士认为"'两头家'是早期华南侨乡移民在文化传统与社会结构的框架下一种集体选择的家庭策略"。

年来调查的 30 多个山区贫困县的共有现象。

表 11-5 井冈山市样本村"城乡两头家"状况调查（截至 2018 年 7 月末）

行政村名	总户数（户）	总人口（人）	城镇购房的（户）	集镇	县城	省城	外省	是否将户籍转入城镇
大陇村（镇区）	480	1480	480	372	100	3	5	子女户籍随迁父母户籍留村
新城村（镇区）	486	2008	486	400	75	5	6	户籍保留在村
小计	966	3488	966	772	175	8	11	
神山村	54	231	30	3	24	3		户籍保留在村
坝上村	163	636	50	10	40			户籍保留在村
排头村	235	1002	90	11	65	6	8	户籍保留在村
小计	452	1869	170	24	129	9	8	
总合计	1418	5357	1136	796	304	17	19	

数据来源：本课题组与调查村干部的座谈记录。

2. 农民仅仅依靠农业就能生存的时代一去不复返了，取而代之的是兼业化、非农化和离乡从业普遍化、常态化。（1）农户类型以兼业型农户为主体。本课题组入户问卷，严格按照样本村中经济条件好的农户、中等农户、贫困户等 3 种类型选择问卷农户，但结果显示，在所有问卷农户中已没有纯农业户，都是兼业型农户，其中以农业为主的兼业户占 60%，以非农业为主的兼业户占 40%。（2）家庭主要劳动力外出（离乡）从业普遍化、常态化。15 户问卷农户中，总人口 88 人（户均 5.86 人），其中未成年人 23 人，老年人（60 岁以上）18 人（占总人口 20.45%）；劳动力 54 人（户均 3.6 人），每个劳动力赡养人口 1.63 人；离乡从业的劳动力 17 人，占劳动力总数的 31.48%。15 户问卷户中，除兜底保障的 5 户贫困户外，其余 10 户每户都至少有 1 个劳动力离乡从业，其中夫妻两人外出的占 20%，单身外出的占 80%，是第二代农民工家庭的占离乡从业人员家庭总数的 100%。当被问及"您外出务工经商的原因"时，在给出的 4 个选项中，90% 的农户选择"①增加家庭收入"，10% 的农户选择"②寻找发展机会"，另外两项"③希望在城里生活""④希望子女接受城市教育"则无人选择。这说明农户主要劳动力离乡从业主要是家庭生计所迫。问及"离乡从业者身份"，在"①固定工、②合同工、③临时工、

④企业主或自营劳动者"4个选项中,选择①②两项的合计占80%;选择④的占20%,说明了第二代农民工就业保障有所改善。(3)"一户两地、城乡两头家"的农户比例与村干部座谈提供的情况相互印证。问卷15农户中,在各级城镇购房的5户,占问卷农户总数的33.3%;离乡从业农户中,只有1户(约占10%)在务工地购房落户、全家都随迁在务工地居住,其余农户户籍未迁移,仍采用"城乡两头家"生计策略。(4)农户收入结构同样显示了农户非农化的趋势。2017年,问卷农户户均总收入8.84万元,其中工资性收入5.89万元、家庭经营收入2.68万元(其中经营第一产业收入0.81万元)、其他收入0.27万元,分别占总收入的66.63%、30.32%和3.05%。经营第一产业在农户家庭生计中已处于极其次要的地位,工资性收入则上升为农户家庭收入主要来源。

3. 山区农户的土地权益以林地承包经营权为主体;房地产等固定财产有限。问卷农户户均承包耕地面积4.08亩,人均不足7分。由于大量劳动力外出和土地流转,留守农户实际经营面积超过了户均承包土地面积,问卷农户户均转出承包耕地1.48亩、转入耕地面积8亩、实际经营耕地面积为10.6亩。林地承包经营权对山区农户家庭生计提升显得十分重要,问卷农户户均承包林地31.26亩,人均5.33亩,如果经营管理得法,将对提升农户生活水平和质量产生重要影响。问卷农户户均宅基地1宗、宅基地面积126.43平方米,户均住房面积126.43平方米,问卷户住房均为砖混结构,户均住房价值13.02万元(问卷户自我估价)。

第四节 城乡融合与乡村振兴协同推进

一 "三区两轴"搭建井冈山城乡融合发展的框架

贫困山区县面临相同的困境,即在尚未脱贫的基础上追赶发达地区的"新型工业化、信息化、城镇化和农业现代化"同步推进及"全面小康""城乡一体化"发展的步伐,其面临的压力显然是双重的。井冈山在脱贫攻坚阶段就主动接轨新型城镇化战略,夯实城乡融合发展基础。

2012年,井冈山完成了《城市总体规划》《土地利用总体规划》和《龙市镇总体规划》的修编和评审,启动了"一城带两镇"城乡一体化发展规划、罗浮片区控制性详规的编制工作；2013年又构建了城乡一体化试点市镇村三级规划体系。截至"十二五"末，全市初步形成了"三区两轴"城乡空间发展布局，即以市中心城区、茨坪和龙市两个次中心为重点，带动各区域内其他城镇共同发展的"三大城乡统筹发展区"，以及沿市域内省、县干道构成的两条横向交通轴线，建设城乡发展北轴（S320-X864-X861）和城乡发展南轴（S321—S230）。在各统筹发展区内又形成组团式梯次发展框架，其中：市中心城乡统筹发展区含"一城两片、七组团[①]"；茨坪城乡统筹发展区含茨坪街道、井冈山自然保护区、下七镇、茅坪乡、黄坳乡、长坪乡；龙市城乡统筹发展区含龙市镇、古城镇、新城镇、睦村镇、鹅岭镇、大陇镇、葛田乡、坳里乡、东上乡、荷花乡、柏露乡、白石垦殖场。"三区两轴"布局搭建了井冈山全域城镇乡一体、新型城镇化和美丽乡村融合发展的大框架。

2015年5月，《井冈山市城市总体规划（2012—2030年）》编制完成并获江西省人民政府批复同意。该规划沿袭上述城乡融合发展的思路，规划范围分为两个层次：第一层次规划范围包含井冈山市全域，含5个镇、12个乡、1个街道、1个自然保护区、1个企业集团、1个垦殖场，规划总面积1288.11平方公里；第二层次规划范围即中心城区范围，包括厦坪镇、拿山乡、井企集团的全部管辖范围及自然保护区管辖下罗浮林场、长古岭林场部分用地，中心城区空间增长边界内用地面积约30平方公里。市中心城市性质定位为"中国红色旅游首选地，湘赣闽区域红色旅游中心，富有地方特色的生态山城"。城市功能结构规划为"一城两片、七组团"：中心城区分成新城片区、罗浮片区，前者为井冈山市政治、文化、经济中心，市域旅游接待中心及客运转换枢纽，旅游产品加工基地；后者是井冈山风景名胜区的重要门户和游客集散地，以观光农业及养生度假为特色的区域休闲度假中心。

2016年12月，国家发改委《关于公布第三批国家新型城镇化综合试点地区名单的通知》将井冈山市列入其中。该市自2016年底启动试点，沿着《井冈山市城乡统筹新型城镇化试点工作方案要点》预设的

---

① "七组团"指新城片区5个组团（城北组团、城南组团、城东组团、城西组团、厦坪组团），罗浮片区2个组团（罗浮组团、石市口组团）。

目标任务前行,先后完成市中心城市设计、红星城区外围控制性详细规划、罗浮核心区修建性详细规划等规划编制;清理整治了房地产领域历史遗留问题;"一市三城"建设成效显著(表11-6);基本建立了农业转移人口城镇落户、就业能力提升、基本公共服务均等化及住房供应保障体系等体制机制,至2017年末,全市城镇化率达63.34%[①];投融资机制改革进一步深化,融资渠道进一步拓宽;全省城乡一体化试点市工作加快推进;"产城一体"全面推进,产业支撑能力进一步增强。可见,井冈山市新型城镇化综合试点,为城乡融合与乡村振兴协同推进扎好了龙头。

表11-6 井冈山市三大城乡统筹发展区的中心城区、次中心城镇和建制镇发展状况(2016)

		建成区面积(平方公里)	镇区人口(万人)	各类企业数(个)	从业人数(人)	非农产值(万元)
市中心发展区	新城片区	7.75	5.00			
	罗浮片区	1.44	1.00			
茨坪发展区	茨坪次中心	0.90	1.36	482	5791	27899
龙市发展区	龙市次中心	4.80	2.30	135	6803	173667
	古城镇	1.33	0.29	41	2332	15757
	新城镇	1.50	0.18	21	240	2730
	大陇镇	0.80	0.06	19	184	11234

资料来源:井冈山市统计局2016年统计年鉴相关数据整理。

二 新农村建设和美丽乡村建设为乡村振兴奠基

2006—2012年,井冈山以发展现代农业为重点,以改善人居环境为核心,以增加农民收入为目的,抓住产业发展、环境整治、垃圾处理、社区建设、村庄绿化五个工作重点,展开社会主义新农村建设。全市累计投入各类新农村建设资金1.23亿元,完成了301个自然村(25—30户为一个建设点)的新农村建设任务,占全市自然村总数的38.8%。2010年,该市被江西省委省政府授予"全省新农村建设五年工作标兵县(市、

---

① 井冈山市统计局:《井冈山市2017年经济和社会发展统计公报》。

区)"荣誉称号。

中共十八大以来，井冈山新农村建设进入美丽乡村建设新阶段。2013年，井冈山编制了《全市新农村建设村庄规划》，进而编制25户以上自然村点建设规划，其覆盖率达84%。2016年，该市又制定了《贫困村庄整治工程实施方案》，把"十三五"期间全市35个贫困村整体纳入美丽乡村规划，无论贫困村、非贫困村，全市统一村庄整治标准，25户以上的自然村点投入30万元左右，进行危旧房改造、饮水改造、改厕、改路、改塘、改沟、修复水毁河堤、环境改造，以及电网、电讯、移动通信网络建设，培育特色产业。全市脱贫后，村庄整治跃升为美丽乡村建设。《井冈山村庄整治及美丽乡村建设扶贫工程巩固提升方案》中，美丽乡村建设包含了整治和建设村庄、美化村庄环境、发展致富产业、壮大集体经济、培育乡风文明、打造精品示范点等内容。

井冈山市美丽乡村建设已见成效。至2017年末：(1)村组和农户道路通达，全市106行政村、845个村民小组通水泥路率达100%，农户道路通达率90%，农户宽带网络覆盖率97%；(2)投入4916万元解决全市贫困群众饮水困难问题，铺设管道726公里，实现了全市农村安全饮用水全覆盖，修复、改造和新修河堤105公里，保护耕地面积3万余亩；(3)整治建设自然村点620个，占全市自然村总数的占80%，预计2019年完成全市775个自然村点的建设；(4)完成了龙市至睦村美丽乡村示范带建设，实现了6条干道沿线美丽乡村示范带建设全覆盖，完善了中心村公共服务设施，10个精品提升村点的建设任务；(5)乡村整体环境逐步美化，全市2万户危旧房改造任务全部完成，课题组所到的及沿途所见的自然村，已不见破败旧房、残垣断壁，村、组垃圾处理一体化达到98%[①]，生产工具和生活用具摆放整洁有序，划定了"生态保护红线"，造林2万余亩，绿化、美化的乡村聚落景观犹如江浙一带乡村；(6)村集体经济发展已见成效，加上财政转移支付和购买公益岗位，能够保障农村基层组织运转和村域社区基本公共服务(表11-7)。

[①] 本自然段落的数据，除另有注明的以外，来源于本课题组与井冈山市委、市政府各部门座谈记录，以及2012—2018年的《井冈山市人民政府政府工作报告》。

表11-7 井冈山市调研样本村2017年村级组织运转及社区基本公共服务支出一览表 （单位：万元）

科目	大陇村	新城村	神山村	坝上村	排头村
一、村级组织可支配总收入	17.10	19.80	18.00	18.00	17.60
1. 村集体当年经营收益	5.10	7.80	6.00	6.00	5.60
其中：经营收入（光伏发电等）	—	3.80	3.00	5.00	—
发包及上交收入	2.40	—	3.00	1.00	0.60
入股企业分红收益	2.70	4.00	—	—	5.00
其他收入					
2. 上级财政转移支付	12.00	12.00	12.00	12.00	12.00
二、村级集体刚性支出总计	17.58	21.48	18.60	17.60	13.63
1. 村级组织运转费用	13.58	15.98	13.60	13.60	12.13
其中：村组干部报酬	8.20	9.92	8.60	9.20	8.73
办公费用	2.50	4.50	3.50	3.00	2.40
会议费用（含误工补贴）	2.88	1.56	1.50	1.40	1.00
2. 公共设施维护费用	3.00	5.00	3.50	3.00	1.00
3. 其他（救济性、奖励性）支出	1.00	0.50	1.50	1.00	0.50
三、村级组织可用经费支出后余缺	-0.48	-1.60	-0.60	-0.40	+3.97

说明：（1）村集体当年经营收益=经营收入+发包及上交收入+投资收益-经营支出-管理费用。（2）井冈山村"两委"一般配备5—7名干部，其报酬在村集体可支配收入（包含财政转移支付收入）中列支，标准是：村支部书记、村委会主任（村民数低于1000人的书记主任"一肩挑"）等2人每人每年2.4万元（即2000元/月）；会计各村不同，每人每年0.8万—1.8万元；妇女主任、团支书、民兵连长、综治主任等4人每人每年约1万元；村民小组长各村标准也不同，每人每年720—1200元。（3）村保洁员公益性岗位，工资由县财政支付，不在村集体可支配收入中列支。（4）基础设施维护费用普遍较低的原因在于，各村基础设施基本属于近几年新建，基本无须维修，此项主要开支如村组道路路灯电费、文体活动等费用。

数据来源：笔者在样本村调查时与村支部书记、村委会主任、会计等负责人座谈时匡算。

三 产业扶贫向产业兴旺跃升

井冈山脱贫攻坚成果巩固提升向城乡融合与乡村振兴协同推进的所有谋略和措施中，产业扶贫向产业兴旺跃升是重中之重。

1. 城乡共建共享的绿色工业

工业化对县域经济的作用不言而喻。井冈山市绿色工业发展采用建设"一园四区"平台和实施"百家企业、百亿园区"战略，并用"飞地经济"模式沟通城乡，让域内城乡共办园区、共享绿色工业成果。近几年，井冈山市"双百"战略推进顺利。（1）引进了蓝海芯科技、立茂科技、禾田精密等拟上市总部企业 15 家，初步形成电子信息、食品加工、竹木加工、陶瓷创意（如新城镇陶瓷厂①）等四大产业集聚发展格局。至 2017 年末，"一园四区"共吸纳县域内 1.2 万人就业，其中蓝海芯科技实现当年签约、当年投产、当年纳税超过 1000 万元②。（2）光伏发电产业布局向脱贫村倾斜，44 个"十二五"贫困村，每村安排 70 万元资金，用于光伏发电产业，村集体及建档立卡贫困户有了较为稳定的收入来源；同时，乡村特色工业品（如新城镇日用陶瓷产业）、农产品和手工业产品创意旅游商品的生产布局于乡镇和自然村旅游景点。这样一来，井冈山的绿色工业布局及工业成果城乡融合发展的趋势逐步形成。

绿色工业为县域经济增长作出了重要贡献。2017 年，井冈山市实现工业增加值 17.05 亿元，比上年可比增长 9.6%。全市工业总产值 75.76 亿元，增长 15.8%。其中，30 家规模以上工业企业总产值 28.42 亿元（同比增长 2.23%），主营业务收入 22.2 亿元（同比增长 12.63%），利税总额 1.71 亿元（同比增长 19.58%），规模工业增加值占全部工业增加值的比重为 41.05%。全年全社会建筑业实现增加值 3.15 亿元，比上年可比增长 5.6%③。

2. 生态农业与"231"富民工程

井冈山在农产品供给侧改革和提高主要农产品产量（表 11-8）的基础上，推进生态农业发展。2017 年，井冈山成功创建江西省绿色有机农产品示范县，高科技农业博览园建成试运行，新增有机产品认证标志企业 7 家，绿色食品标志企业 2 家，无公害农产品标志企业 2 家，地理标志企

---

① 笔者与新城镇党委贺书记、镇政府杨镇长座谈时了解到：新城镇日用陶瓷（碗为主）产业具有较长发展历史，在 20 世纪 70 年代就是该地区的特色工业产业。目前，该镇陶瓷厂有 4 条生产线，2000 多工人，是当地农民务工就业安置大户。
② 井冈山市人民政府：《井冈山市 2018 年政府工作报告》。
③ 井冈山市统计局：《井冈山市 2017 年经济和社会发展统计公报》。

业1家，井冈皇菊在全国第十八届绿色食品博览会上荣获金奖。

表11-8　　　　2017年井冈山市主要农产品产量及增幅

产品名称	产量（吨）	同比增长幅度
1. 粮食	81413	0.2%
#稻谷	54886	0.11%
2. 油料	2631	12.8%
#油菜籽	1222	31.96%
3. 茶叶	161	2.54%
4. 水果	8445	72.31%
5. 蔬菜	69475	44.29%
6. 肉类	10740	-10.82%
7. 水产品	3989	3.77%

资料来源：井冈山市统计局《井冈山市2017年经济和社会发展统计公报》。

井冈山"231"富民工程，即按照"一户一丘茶园、一户一片竹林、一户一块果园、一户一人务工"的要求，规划"十三五"时期全山20万亩茶叶、30万亩毛竹、10万亩果业（井冈蜜柚、猕猴桃、黄桃、奈李）。为此，井冈山市每年安排6000万元用于贫困农户产业发展奖补，同时为所有贫困户购买产业保险，撬动银行发放产业扶贫贷款2379万元。2017年，全市新增茶叶4万亩、毛竹低产林改造[①]2.35万亩、果业2万亩。至2017年末，全市茶、竹、果面积达48万亩，占全山林地总面积约30.4%，实现农林牧渔业总产值11.62亿元，增长4.75%。

3. "全域旅"推动乡村一二三产业融合发展

2016年，井冈山市被列为国家全域旅游示范区，34个村获批国家旅游扶贫试点村。为了把"景点游"（井冈山上游）拓展到"全域游"（山

[①] 毛竹低产林改造技术：（1）劈山砍杂。砍除竹林内的杂木灌丛、雪压竹、病害竹、枯死竹及小径竹，适当保留林内混生窄冠型阔叶树。（2）垦复。在林地清理后的第二年进行垦复，清理杂灌，改善林地土壤的保水、保肥、保温及透气等性能。（3）施肥。每度竹（一个大、小年）施三次肥，即长鞭肥、孕笋肥和发笋肥。（4）留笋养竹和疏笋。毛竹低改3年后，当每亩毛竹达180株以上时则可有计划地合理挖笋。（5）号竹。第一年实施时对竹林进行全竹号字，以后每年对新竹号字，同时按小班建立档案。（6）伐竹。低产毛竹林的改造在前三年应做到"砍老留小、砍密留稀、砍弱留强"，使竹林立竹年龄结构达到一至三度竹各占30%、四度竹占10%的合理比例；三年后可按照"留三砍四莫留七"的原则合理采伐。

上山下综合游），把季节性旅游拓展为常年旅游，井冈山市挖掘各地旅游资源，实施了"茨坪+"行动计划，推进以茨坪为中心，梨坪、罗浮、拿山厦坪、黄坳、龙市、茅坪6个镇域为辐射的"1+6"特色旅游小镇建设；在此基础上再把旅游业向村庄延伸，在每个乡镇打造2到3个精品乡村旅游点。至2017年末，黄坳乡黄坳村成功创建4A级乡村旅游点，建成案山村、神山村、坝上村、坳下村等精品乡村旅游点。本次调查发现，凡是乡村旅游点，村中一二三产业融合发展之势都开始形成（注释专栏11-4）。

注释专栏11-4　调研样本村一二三产业融合发展的案例
案例1　大陇镇陇上行山水田园度假村（大陇村案山组基地）

大陇镇大陇村辖13个村民小组、480户1480人，土地面积7.6平方公里，其中山林面积8960亩，耕地面积1390亩，其中水田890亩、旱地500亩（33.4公顷）。该村案山小组（自然村）处于井冈山黄洋界脚下，51户196人，其中原有7户贫困户25人，耕地150亩，山林800亩。2017年，大陇镇招商引资并联合村集体和村民，共同组建大陇镇陇上行红墟坊旅游公司[①]，建设集吃、住、行、旅、娱、购为一体的陇上行山水田园度假村。度假村以案山小组为核心基地，规划面积520亩、总投资5000万元，由优良果品和水产品种养示范区、精品民宿度假区、乡村民俗旅游体验区三大功能区组成。目前，案山自然村度假休闲基地已经建成，包括：整村环境综合整治、道路硬化美化、路灯亮化；房屋改造，形成了清一色的客家民居风格——坡顶黛瓦、白墙红柱、吊楼翘角、墙裙花窗；在房屋改造的基础上加强度假接待能力，农家乐、休闲民宿、苏莲托咖啡厅、乡村俱乐部、豆腐坊、小吃等一应俱全；山水田园风景打造，

---

① 公司注册资本100万元，采取股份制模式组建，股东构成"1+8+48"，其中"1"是指陇上行红墟坊旅游公司，出资42万元，占股42%；"8"是指大陇镇的7个行政村加1个社区的村级集体经济组织，出资40万元，占股40%；"48"是指自然村和社区的48名贫困户出资18万元（每户以扶贫资金或出租空闲房屋租金入股），占股18%。前三年保底分红按照入股资金的10%分红，三年后按股份公司规则按股分红（承担盈亏）。

110亩荷花（莲子①、鱼塘）盛开，山上树林、竹林苍翠欲滴；修复了案山客家古窑和红军井②。大陇村由此被评为江西省4A级乡村旅游点。案山度假休闲基地自2017年6月开业至2018年6月，接待游客5万人次，大陇村集体从红墟坊旅游公司分红2.7万元、两个门店出租收入2.4万元；已有12户农户的农家乐、休闲民居接待客人，村民年人均纯收入从不足3000元跃增至6500元。乡村旅游业吸引了案山村务工人员回乡创业就业，已有3户农民自办农家乐和民宿，1户开了一家名为"一口香"的小吃铺，月收入已达3000元以上。

案例2 茅坪乡坝上村"坝上红军的一天"体验培训

坝上村是井冈山市"十三五"贫困村，全村土地面积6.4平方公里，辖6个村民小组，共有163户636人，建档立卡贫困户36户92人（红卡户7户21人，蓝卡户24户53人，黄卡户5户18人）。坝上村是客家人聚集地，人文历史底蕴深厚，涌现出袁文才、李筱甫等著名革命志士。井冈山革命斗争时期，毛泽东主席在坝上撰写《宁冈调查》，村内红四军军部、象山庵、毛主席旧居、八角门等旧址群，还有白云寺、西楚项王祠、李氏宗祠等古建筑，是团中央全国青少年井冈山革命传统教育基地"坝上红军的一天"社会教学实践点。按要求，全国青少年井冈山革命传统教育基地的每一期学员，都要到坝上村体验教学。坝上村开发了井冈练兵、急行军、反"会剿"阻击战、制作红军餐、入户调查、听红军故事等六大主题活动，来坝上培训的学员从2012年的3000人增至到2016年的4.2万人，带动了贫困农户脱贫和村民致富。至2016年底，全村贫困发生率下降至1.1%，退出贫困村序列。2017年，全村村民人均可支配收入5800元，全村无返贫户，村集体当年经营收益6万元。2018年7月24日（笔者调查日），全村从事"坝上红军的一天"活动的农户增长到53户（农家乐50户、民宿3户），其中贫困户12户，接待户每年增收1.5

---

① 莲子亩产量约为1000斤，鲜（湿）莲子15元/斤，干莲子8元/斤（3斤湿莲子晒1斤干莲子）。

② 大陇镇案山有古窑，1959年，案山生产队修复此窑，烧制土砖和土瓦，供给井冈山风景区修复古建筑、修建博物馆和宾馆等。1989年古窑倒塌后一直未修复，2017年按原貌修复；红军井是1928年2月袁文才、王佐部队在大陇朱家祠堂改编为中国工农红军后驻扎在案山村的部队为村民所打。

万—2.3万元。革命烈士李筱甫的后代李祖芳,义务为来自全国各地的培训学员免费讲解《井冈山革命斗争史》和《爷爷廉政的故事》达300余场,备受学员的青睐,被评为"最美坝上人"。

——资料来源于2018年7月23日—26日,本课题组在样本村实地调查座谈记录

乡村旅游业兴起,盘活了农村闲置资源,改变了农民生产方式,农家乐、民宿、农事体验、农庄经营、培训和演出、竹木艺术制品和陶瓷创意产品生产等生产经营方式进入农村,农村成景点、农民当老板、农产品和手工业品变旅游商品,成为牵引山区一二三次产业融合发展的火车头。乡村旅游业兴起,也是贫困山区农民就业、增加收入的重要渠道:《井冈山》大型实景演出,800多农民当演员,人均增收7000余元/年;坝上村开发出"红军的一天"培训体验项目,2017年,贫困户户均增收2.3万元;大井林场创办的农家乐协会,将12户贫困户纳入农家乐产业,2017年户均增收2万元。乡村旅游业兴起,助力全域旅游收入快速增长(图11-1),2017年,井冈山游客同比增长13.23%;实现旅游收入138.89亿元,同比增长14.74%。其中,接待入境游客35.23万人次,同

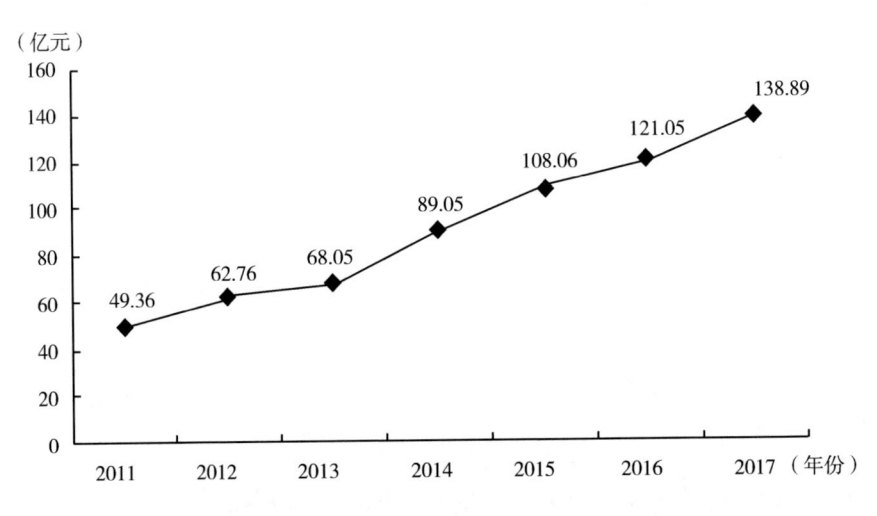

图11-1 2011—2017年旅游总收入增长情况

比增长17.36%；创汇1.18亿美元，同比增长32.92%[①]。旅游总收入增长改善了县域经济结构，三次产业结构由2011年的10.1∶40.3∶49.7调整到2017年的9.9∶28.2∶61.9，旅游业功不可没。

第五节 乡村空间与活力

乡村活力是乡村生命有机体的生命力、生存力、自我发展力和再生力；亦是乡村地域系统内经济、社会、文化、政治、生态环境各子系统持续供给物质、能量和信息的能力。显然，乡村地域空间各类物质储备是乡村活力的重要源泉。站在这个角度观察当今所谓的"乡村问题"，比如农村住房和建设用地闲置问题、耕地撂荒问题、空心村问题、传统工具、技艺和经营管理方式，等等，可能都是乡村振兴不可或缺的物质基础和非物质文化储备，都是乡村活力之源。

一 山区经济建设历史经验——红色文化活力

井冈山斗争时期山区建设的做法、成就与贡献的历史经验，是极其宝贵的红色文化遗产，是井冈山脱贫接轨城乡融合发展和乡村振兴的不可忽视的文化资源。

井冈山革命根据地范围，"包括江西西部的宁冈、永新、莲花、遂川和湖南东部的茶陵、酃县6个县，鼎盛时期面积达到7200多平方公里，人口50万"[②]，其核心部分有井冈山军事根据地和九陇山军事根据地。"以茨坪为中心的井冈山军事根据地，东起永新的拿山，西至湖南酃县的水口，两地相距180华里；南起江西遂川的黄坳，北至宁冈茅坪，两地相距90华里；四周从拿山起经龙源（以上永新）、新城、茅坪、大陇（以上宁冈）、十都、水口、下村（以上酃县）、营盘圩、戴家埔、大汾、堆子前、黄坳、五斗江、车坳（以上遂川）到拿山，共计550里，号称

---

① 井冈山市统计局：《井冈山市2017年经济和社会发展统计公报》。
② 周金堂等：《井冈山斗争与中央苏区时期党的经济工作研究》，社会科学文献出版社2018年版，第13页。

'五百里井冈'。"①

井冈山斗争时期，根据地面临的困难集中表现为：山多田少，生产力低下，有些地方还是"杵臼时代"；物资匮乏，交易还是"日中而市的逢圩颁发"②；农民"其性颇懒"（杨克敏，1929）③，大多数生活贫穷落后，除了勉强维持家计以外，粮食极少有富余；国民党当局严厉的经济封锁所导致的吃饭、穿衣、食盐、医药等生活必需品严重短缺；还有根据地初创时期"左"倾政策导致的经济社会矛盾。面对困境，中国共产党领导的井冈山革命根据地的经济建设，"为井冈山广大军民渡过艰难岁月，奠定了物质基础，也为根据地的政治、军事和文化建设提供了必要的经济条件支撑"④。井冈山斗争时期经济建设的主要策略、做法和主要成就，大体上可以概括为四个方面：

——铲除封建土地所有制，发动群众打土豪、分田地，在一定程度上满足了农民对土地的渴望，改变了"边界的土地平均65%在地主阶级手里"⑤ 的不平等利益格局，解放了农村生产力，激活了广大农民发展生产和投身革命的热情。

——把特殊时期的山区发展重心置于农业生产，制定了符合根据地生产水平的农业政策，有效解决了根据地军民吃饭问题，牵住了"保障充裕的粮食供给是争取革命战争胜利的重要条件之一"⑥ 这个"牛鼻子"。比如：颁发布告，动员农民群众发展农业生产；发动妇女参加生产，动员战士参加农业生产，用挖掘换工互助传统方式和组织耕田队等方式调剂劳动力、畜役力和农具余缺；给农民赊种谷；进行农田水利（修复陂、圳、

---

① 张泰城、刘佳桂：《井冈山革命根据地经济建设史》，江西人民出版社2007年版，2015年4月第3次印刷，第14页。

② 张泰城、刘佳桂：《井冈山革命根据地经济建设史》，江西人民出版社2007年版，2015年4月第3次印刷，第14页。

③ 杨克敏：《关于湘赣边苏区情况的综合报告》（1929.2.25），《井冈山革命根据地》（上），中共中央党校出版社1987年版，第248—248页。

④ 周金堂等：《井冈山斗争与中央苏区时期党的经济工作研究》，第13页。

⑤ 杨克敏：《关于湘赣边苏区情况的综合报告》（1929.2.25），《井冈山革命根据地》（上），中共中央党校出版社1987年版。

⑥ 陈云：《为收集粮食而斗争》，载《斗争》1934年第45期。

坝）基本建设，开垦荒地和植树造林①；等。1928年，边界各县粮食产量普遍增产三成左右②，其中宁冈县的粮食总产量比1927年增长20%③。各项措施叠加（包括朱德和红军战士挑粮上山），使"人口不满两千，产谷不过万担"的穷乡僻壤，满足了"3个师9个团，加上妇女和娃娃，总人数超过万人，每月要消耗粮食40多万斤……解决了这么多人的吃饭问题"④。

——军民融合发展工业。一是集中民间匠人创办以军事工业为主的工业，如1927年冬，在集中民间裁缝加工军服的基础上创建（宁冈桃寮村）桃寮红军被服厂，在民间三匠（铁匠、铜匠、银匠）和农民武装修戒所基础上创建红军军械处（红四军军械处除了修造枪支外，还帮助农民打菜刀、柴刀等生产工具），依靠缴获的设备自办红军印刷厂，创办造币厂和制造"工"字银元（张泰城、刘佳桂，2007）；二是发展手工业生产，开展群众性的熬硝盐运动（盐应急食用之需，硝制造火药），边界政府引导小工业生产者开办生产合作社，减免工（商）业税，提供财政和金融支持⑤，手工业者和农民群众生产的草鞋、斗笠、草席、草纸和铁、木、竹器等产品，既可以在圩场上自由买卖，又可以通过秘密渠道运往白区换回根据地不能生产的必需品⑥。显然，根据地工业发展，既为武装斗争提供了重要的物资保证，又为农业生产发展奠定了物质基础。

——探索商业发展路径，开展贸易，打破国民党当局的封锁。一是恢复老圩场和开辟红色圩场，如恢复新城、睦村等传统圩场，将草林圩场改

---

① 1928年，毛主席在塘边村时，曾带领部分干部群众在众多荒山上进行实地调查研究，根据不同地方的光照情况以及土质区别，制定植树规划。塘边村按照规划，从麻十岭到山岭背、从枫面里到新岭坳，在纵横二十多里的山岭上都栽上了松树、茶子树（张泰城、刘佳桂：《井冈山革命根据地经济建设史》，江西人民出版社2007年版，2015年4月第3次印刷，第133—134页）。

② 张泰城、刘佳桂：《井冈山革命根据地经济建设史》，第50页。

③ 周榜师：《井冈山斗争时期的经济建设及其历史经验》，《求是》2005年第2期。

④ 张泰城、刘佳桂：《井冈山革命根据地经济建设史》，第48页。

⑤ 周金堂等：《井冈山斗争与中央苏区时期党的经济工作研究》，社会科学文献出版社2018年2月第1版，第16页。

⑥ 张泰城、刘佳桂：《井冈山革命根据地经济建设史》，江西人民出版社2007年版，2015年4月第3次印刷，第155页。

造成红色圩场，在宁冈大陇开辟红色圩场[①]；二是发展公营商业，如井冈山茨坪公卖处，在大陇圩场开设公卖店；三是探索股份制公营商业，如大井、下庄、罗浮等地的公卖处[②]；四是建立合作社商业，如井冈山根据地各地的消费合作社、贩卖合作社，成立竹木委员会，有组织地向国统区销售井冈山盛产的竹木及其产品；五是繁荣私营商业，如根据地纠正"左"倾政策、保护工商业利益的一系列做法。

综上，井冈山革命根据地虽然只有短短两年零四个月，但它在山区经济建设、优先发展农业、乡村工业和商业方面进行了有益探索，在非常时期保障军民给养、沟通域内外货币和物资流通等方面积累了丰富的经验，不仅是贫困山区县域发展和乡村振兴的重要文化资源，而且也是我国发挥山区优势应对重大危机（自然灾害、经济危机、战争危机等）难得的历史教科书。

二　村域空间与活力

探讨村域空间与活力，新城镇排头村可做案例（注释专栏11-5）。

注释专栏11-5　排头村的活力与发展空间

新城镇排头村位于井冈山市西北部，距井冈山市区30公里，是井冈山市"十三五"贫困村之一，辖5个村小组（3个自然村），共有235户1002人，建档立卡的35户贫困户152人全部脱贫，贫困村业已出列。2017年，农民人均纯收入5000元，村集体当年经营收益5.6万元。

1. 土地利用状况。全村土地面积6.5平方公里。截至2018年7月：(1) 全村耕地1300亩（水田），全部承包到农户。2018年水稻播种面积600亩，流转30亩到村集体建设果蔬大棚，种植火龙果和辣椒、豇豆和黄瓜等果蔬；再加上养黄鳝等利用方式，耕地利用率50%，50%的耕地撂荒（"休耕"）。(2) 全村山林面积4000余亩（占村域总面积的41%），树林以松、杉树为主，其中3600亩林权承包到农户，400余亩由村集体

[①] 张泰城、刘佳桂：《井冈山革命根据地经济建设史》，江西人民出版社2007年版，2015年4月第3次印刷，第50页。

[②] 周金堂等：《井冈山斗争与中央苏区时期党的经济工作研究》，社会科学文献出版社2018年版，第17页。

与井冈山国有林场联营。村域内林下经济尚未展开。

2. 美丽乡村建设。该村已完成罗陂等3个自然村点整治、改造和建设（比如文化广场、活动中心），民居和村容村貌焕然一新，道路（硬化）通村、通组、通农户组，沟渠整洁、塘堰水清澈，田园生态环境美丽，文化广场、农民活动中心以及旅游接待基础具备，但乡村旅游业尚未发展。据村支部书记介绍：民居大多数为三层，农户自主1层，另外两层闲置，有的农户因分户等原因，在本村尚有两套房屋；况且全村外出（离乡）从业600余人，在各级城镇购房农户90户（参见表11-5），因而全村民居闲置率约60%。

3. 村集体经济潜力。2017年，该村集体当年经营收益5.6万元（参见表11-7）。预计2018年村集体纯收入超过10万元。一是集体统一经营大棚火龙果项目（如下述"案例"），二是村级产业发展资金100万元投入到井冈山夏一农业有限公司，按照年利率10%的比例固定分红。该村与井冈山国有林场联营的400亩山林尚未产生任何效益，是未来村集体经济发展的重要资源。

4. 支撑农业供给侧改革及农村三次产业融合发展的技术和经验积累。

案例1 2016年，该村在第一书记所在单位（江西省农业厅）的支持下，村集体从农民承包土地中流转（反租倒包）30亩，建成28个果蔬大棚，其中种植火龙果15亩（井冈山市唯一产品），由村集体统一经营，预计2018年亩产约4000斤，批发价6元/斤，亩均成本约占总收入的60%，亩均纯收入1万元左右。另外14亩种植蔬菜，再承包给农户经营，亩纯收入4400元。排头村的水稻田大多属于"冷浆田"，水稻产量低，大棚果蔬农业的亩均纯收入是种植水稻亩均纯收入的8倍。

案例2 绿色资源利用和新型经营主体培育。该村1农户3兄弟联合，于2014年注册30万元资金，兴办起"和盛家庭农场"，养牛、养鱼和办农家乐庄园，近几年，年利润5万余元。全村类似的家庭农场共有3家。

——资料源于笔者实地调查

综上：（1）排头村以大约50%的资源利用率［耕地撂荒50%、外出（离乡）从业劳动力占劳动力总数的50%、占村域总面积41%的森林"闲置"］，即完成了全村 235 户 1002 人的脱贫、自然村点整治和农民生活总体小康等任务，转向美丽乡村建设。（2）排头村已经具备良好的乡村旅游环境和接待能力，但旅游产业刚刚起步，发展空间呼之即出。该村已完成罗陂等 3 个自然村点整治、改造和建设，民居和村容村貌焕然一新，道路（硬化）通村、通组、通农户组，沟渠整洁、塘堰水清澈，田园生态环境美丽，旅游文化广场、村民活动（旅游接待）中心一应俱全，全村农户住房闲置率近 60%，可以作为乡村旅游业（农家乐、民宿）发展和新增人口长期居住用房。（3）农业、农村经济活力较强。其一，排头村耕地以水田为主，但大多属于"冷浆田"，水稻产量低。该村小面积（30 亩）大棚果蔬生产实践已经证明，该村发展大棚农业，亩均纯收益将比传统种植方式增长 6 倍左右。该村如果将现有撂荒耕地中的一半（约300 亩）建成大棚，估算其纯收入即可达到 1300 亩耕地种植水稻纯收入总和的 2 倍[①]；若将除果蔬大棚以外的耕地（1000 亩）种植水稻，按照亩产量 1000 斤计算，粮食总产量可达 100 万斤，能够满足近 3000 人的基本口粮供给。农业的潜力显而易见。其二，山林资源基本未作经济利用，课题组在与该村干部群众座谈时了解到，松、杉树林下可以种植种草药，竹林低产改造后亩均收益可达 300 元，适度发展养殖业也不会破坏生态，说明井冈山的绿水青山同样可以转化金山银山。其三，该村现有 3 户家庭农场，示范了乡村新型经营主体培育和乡村旅游业发展的活力。（4）村级集体经济和村域社区基本公共服务的活力。该村集体经济资源储备（山林与井冈山国有林场联营尚无效益、村级资产入股分红等）和可以预见的收入增长，可以满足村域经济公共服务支出。

根据该村现有农业生产技术、新型经营主体的知识积累，参考井冈山斗争时期"人口不满两千，产谷不过万担"的区域内可保障 1 万多人给养的历史经验，我们推断：唤醒排头村"沉没资本"，可以满足 2 倍于己（2000）的人口长期居住、生活和持续发展，非常时期，大致可以容纳 3 倍于己（3000）的人口短期居住和生活。

按照排头村的逻辑推理：本次实地调查 5 村，农民住房空置率分别在

[①] 果蔬大棚亩均纯收入 4400 元×300 亩＝1.32 万元；水稻种植亩均纯收入 500 元×1300亩＝6.5 万元。

25%—60%之间。比如：大陇村是大陇镇政府驻地，长年闲置农户住房尚有20栋，另有100户有超过半数的时间闲置，约占全村农户住房的25%；排头村农民住房的闲置率为60%，估算全市农村闲置住房平均约占现有住房总量的30%。也就是说，井冈山全市利用70%农村住房，满足了约12万人的居住（2017年全市乡村119134人），照此推算，农村闲置住房即可保障新增约5万人口的居住需求。

三 县域空间与活力

第一，人口承载力。井冈山现有人口密度为132人/平方公里。按照30万人口计算，人口密度将达到232人/平方公里。本课题组完成实地调查的大别山区（湖北）红安县，2017年末总人口66.61万人，总面积1797平方公里，人口密度为371人/平方公里，森林覆盖率47.9%，2018年8月9日，湖北省政府宣布该县已经通过国家专项评估检查达到贫困县退出条件；武陵山区（湖北）利川市，2017年末户籍总人口96万人，总面积4607平方公里，是湖北国土面积最大的3个县域之一，人口密度为208人/平方公里，该市将于2019年退出贫困县序列；乌蒙山区的（云南）彝良县2017年末总人口60万人，总面积2804平方公里，人口密度为214人/平方公里，森林覆盖率30.4%。东部沿海地区经济较为发展的山区县，如（浙江）永嘉县总面积2698平方公里，其中山地面积为2308.5平方公里，占区域总面积的85.6%，素有"八山一水一分田"之称，人均耕地不足0.5亩，是典型的山区县。2017年末，永嘉县户籍数29.82万户97.85万人，人口密度为362人/平方公里（如果加上外来常住人口其县域人口密度更高），森林覆盖率保持在69.2%以上，人均地区生产总值39333元，全县财政总收入50.46亿元，一般公共预算收入31.60亿元；城镇常住居民人均可支配收入41760元，农村常住居民人均可支配收入20271元，城乡居民恩格尔系数分别33.2%和35.5%[1]，永嘉县城乡居民生活已经进入相对富裕阶段。永嘉县域人口密度高、经济总量大、城乡居民收入及生活相对富裕，未见生态危机。东、中较高人口密度的山区县域发展经验可以证明，井冈山市域人口承载力将不低于30万人。

---

[1] 永嘉县2017年国民经济和社会发展统计公报。

第二，住房保障力。如果井冈山市村域闲置的农户住房可容纳新增5万人居住、生产和生活；加上域内中心城市、次中心城镇、建制镇和圩镇的闲置房屋，以及各类经济开发区、各式园区和田园综合体、脱贫搬迁移民小区（农户新居、旧居"两头家"）等各处的闲置住房充分利用，再新建一部分住房，可以保障30多万人口的住房。新增城乡住房建设用地需求，可以通过对散乱、废弃、闲置和低效利用的城乡建设用地进行整理（有关部门估算井冈山市农村建设用地整理潜力为360公顷左右）予以满足。

第三，粮食生产活力。按照井冈山市统计数据，2017年末，全市实有耕地面积9606公顷，其中水田面积8546公顷，全年粮食总产量81413吨[①]。另据介绍，全市粮食和经济作用种植比例约为6.5∶3.5。就是说，全市粮食（包括早稻、中稻、晚稻、小麦和其他谷物）年产出能力已达到13吨/公顷。根据井冈山市2015年土地变更调查数据，县域土地总面积128810.8公顷，其中农用地121289.6公顷，占土地总面积的94.16%；农用地中耕地10712.35公顷；另外，全市三类未利用地总面积1022.08公顷，其中宜耕后备土地资源开发潜力为800公顷。此外，井冈山市流域面积10平方公里以上的河流6条，干支流总长222.3公里，市内主要河流有龙江、郑溪、拿山河、行洲河、大旺水，有井冈冲、罗浮、灵坑、仙口、乔林5座水库。水资源总量为11.58亿立方米。地表水资源丰富，多年平均径流量达9.33亿立方米；地下水资源储量均为3.6亿立方米，多年平均径流量2.25亿立方米。水资源可以保障粮食生产用水，同时，水能理论蕴藏量为13.2万千瓦，可供开发量11.2万千瓦。综上，井冈山市耕地潜在拥有量为（10712.35公顷+800公顷）11512.35公顷，农业用水资源充足，若全部耕地都种粮食，或者按7∶3的比例播种粮食和经济作物，全市潜在粮食生产能力分别约为15万吨、10.5万吨。2010年，我国居民人均粮食消费量为389公斤，按此推算，30万人口每年粮食消费量为11.67万吨，井冈山市具有30万人的粮食自给潜力。

第四，绿色资源活力。井冈山土地结构类型多样，土地利用以林地为主，全市林地107394公顷，占国土总面积的83.4%，其中有林地102830

[①] 井冈山市2017年经济和社会发展统计公报。

公顷（有全球同纬度迄今保存最完整的次原始森林 7000 公顷），灌木林地 896 公顷，森林覆盖率 86%；尚有园地（茶、果等）741 公顷、草地 684 公顷。从目前的利用状况看，至 2017 年末，井冈山市的茶、竹、果总面积只有 48 万亩（32000 公顷），占全市林地、园地、草地总面积（108819 公顷）约 29.4%；约 16 万亩毛竹林中，完成"低改"2.35 万亩，其比例仅为 14.7%，竹产业的效益尚未显现；森林旅游业、林下种养业、森林特色小镇建设、草地产业等绿色产业均处在起步阶段，"绿水青山就是金山银山"的活力亟待涌流。

第五，红色资源潜力。井冈山 21 个乡镇（场、街办）和 106 个村民委员会中，每个乡镇和绝大多数村民委员会处处有红色资源。这些资源部分得到了开发利用，是井冈山旅游支柱产业地位凸显的重要基础。未来拓展空间体现在两个方面：一是红色资源挖掘整理和利用方面的空间，如果加大力度把战争时期山区土地改革、经济建设的历史经验进行挖掘整理，进一步整理和利用朱毛红军战斗、居住、生活遗迹及其军民艰苦卓绝、无私无畏、奉献和牺牲精神，红色资源利用空间将向域内尤其是 11 个集中连片特殊困难山区极大拓展。二是井冈山从"景点游"到"全域游"空间。与东部沿海省份比较，井冈山市乡村旅游业覆盖面明显偏小，已经打造的"1+6"特色旅游小镇、10 个精品乡村旅游点，分别只占乡镇、村总数的 28.6% 和 9.4%，拓展空间明显；另外，全山从"景点游"到"全域游"的框架虽已拉开，但特色小镇和精品乡村旅游点"短板"制约明显。

四 迸发井冈山乡村活力

县域国土空间规划引领。借鉴河南、海南等地省级国土空间规划试点的经验，以县域为单元，探索山区县级国土空间规划。以县域国土空间综合价值追求和永续发展最终目标，用多规合一的思路，将县域新型工业化、信息化、城镇化、农业现代化同步推进，城乡融合发展、农业农村优先发展、特色小镇和美丽乡村建设，以及县域持续发展和农民共同富裕等新时代的要求熔于一炉，划定和管控城镇建设用地、生态区、农业区等"三区三线"空间边界并理顺其互动关系，长远、系统地规划，使之成为城乡融合发展和乡村振兴协同推进的遵循。

深化农村集体产权制度改革，加速城乡融合发展和乡村振兴，引导离乡从业人员返乡就业、创业和就近城镇化。如果井冈山全市106个行政村中，有50%的村能够像神山村那样将占全村总人口85%外流人口吸引回村，回流人口及其附带的资本、信息、知识和技术，必将增强山区县乡村振兴的活力。

要特别重视域内红色资源、绿色资源的综合利用。如果各乡镇（场、街办）和村民委员会的红色资源、绿色资源与田园风景、农耕文化结合在一起，如果各乡镇（场、街办）和约40%的村点旅游业得一定发展，井冈山"全域游"的活力将充分显现。

（本章作者：王景新；张羽参与调查）

参考文献（按引用顺序）：

1. 张泰城、刘佳桂：《井冈山革命根据地经济建设史》，江西人民出版社2007年10月第1版，2015年4月第3次印刷。

2. 毛泽东：《井冈山的斗争》，《毛泽东选集》第1卷，人民出版社1991年版。

3. 井冈山市委书记刘红：《2017年2月26日在江西省井冈山市退出贫困县新闻发布会上的汇报发言》，载《脱贫攻坚奔小康——井冈山的答卷》（内部资料），井冈山管理局、中国井冈山市委、井冈山市人民政府编《纪念井冈山革命根据地创建90周年丛书》，2017年3月9日。

4. 中共中央办公厅、国务院办公厅：《〈关于创新机制扎实推进农村扶贫开发工作的意见〉的通知》，2013年12月18日。国务院扶贫开发领导小组办公室、中央农办、民政部、人力资源和社会保障部、国家统计局、共青团中央、中国残联7部门：《关于印发〈建立精准扶贫工作机制实施方案〉的通知》，2014年5月12日。

5. 陈达：《南洋华侨与闽粤社会》，商务印书馆2011年版。

6. 周金堂等：《井冈山斗争与中央苏区时期党的经济工作研究》，社会科学文献出版社2018年2月第1版。

7. 杨克敏：《关于湘赣边苏区情况的综合报告》（1929.2.25），载

《井冈山革命根据地》（上），中共中央党校出版社1987年版。

8. 陈云：《为收集粮食而斗争》，《斗争》1934年第45期。

9. 周榜师：《井冈山斗争时期的经济建设及其历史经验》，《求是》2005年第2期。

10. 陈杰：《两头家华南侨乡的一种家庭策略——以海南南来村为例》，《广西民族大学学报（哲学社会科学版）》2008年第3期。

第十二章　罗霄山区炎陵县域脱贫、发展和农民生计调查[①]

摘要：炎陵县地处湖南省东南边陲，坐落于罗霄山脉中段，井冈山两麓，是井冈山革命根据地6个核心县之一。由于经济地理、区位条件、资源构成、历史和现实等诸多因素影响，炎陵县被列为罗霄山区特困县之一。经过几十年，尤其是2012年实施精准扶贫、脱贫攻坚战略，县域经济加速发展，农民收入和生活水平大幅度提升，至2018年8月，经过国家专项评估检查和省政府批准，炎陵县与茶陵、石门、桂东、中方等5县一道，脱贫摘帽退出贫困县序列。炎陵县响应"脱贫攻坚"和"美丽乡村建设"的策略是：以发展生产脱贫一批、转移就业脱贫一批、易地搬迁脱贫一批、生态补偿脱贫一批、教育脱贫一批、医疗救助脱贫一批、社会保障兜底脱贫一批（简称"七个一批"）方略为抓手，用交通水利、电力光伏、危旧房改造、环境整治和文化旅游等六大工程，衔接脱贫攻坚和美丽乡村建设，激活县域发展活力，提升县域发展和农民收入及生活水平。炎陵县"七个一批"成效明显，尤其是该县把乡村产业振兴放在首位，在培育村域特色产业、转型传统农业生产经营方式、绿色发展兼顾森林的生态和社会效益等方面，值得总结借鉴。

关键词：脱贫攻坚；乡村建设；产业振兴

[①] 炎陵调查是2017年7月中旬，调查报告完稿于当年12月，数据报告中资料和数据截至2016年末，收入本著时，笔者对炎陵县主要经济指标及相关情况补充至2018年末，因此，文中部分数据截止时间不一致，敬请读者谅解。

Chapter 12　Investigation on Poverty Alleviation, Development and Livelihood of Farmers in Yanling County, Luoxiao Mountain Area

Abstract: Yanling County is located in the southeast border of Hunan Province. It is in the middle of LuoxiaoMountain range, and two foothills of JinggangshanMountain. It is one of the six core counties in Jinggangshan revolutionary base. Yanling County is one of the poorest counties in LuoxiaoMountain area due to theimpact from its economic geography, location conditions, resource composition, and historical factors. After decades of implementation of the strategy of targeted poverty alleviation, especially in 2012, economic development of this county has accelerated, and the income and living standards of farmers have greatly improved. By August 2018, Yanling County, together with the other five counties, including Chaling, Shimen, Guidong, and Zhongfang, has been lifted out of the poverty-stricken county sequence with special assessment and inspection by the state and approval by the provincial government. The strategies of Yanling County in response to the poverty alleviation and construction of beautiful countryside are reflected in seven measures——productiondevelopment, non-agricultural employment outside the counties, relocation and resettlement, ecological compensation, education, medical assistance, and social securities, and six major projects including transportation and water conservancy, photovoltaic power, renovation of dilapidated houses, environmental improvement and cultural tourism, through which poverty alleviation and construction of beautiful countryside can be connectedto activatethe vitalityof county development, and improve farmers' income and living standards. Yanling County has achieved remarkable results through theseven measures above. In particular, it puts the revitalization of rural industries in the first place. It is worth summarizing and drawing lessons from the aspects of cultivating featured industries in the village area, transforming traditional agricultural production and management mode, and giving consideration to the ecological and social benefits of forests for green development.

Key words: Poverty Alleviation; Rural Construction; Industrial Revitalization

第一节 调研样本、内容和方法

一 调研样本概况

炎陵县隶属于湖南省株洲市，原名酃县，因境内坐落着中华民族始祖炎帝神农氏的陵寝，1994年更名为炎陵县。炎陵县历史文化悠久，中华民族始祖炎帝神农氏"以姜水成"，葬于"长沙茶乡之尾"，即现在的县城西17公里处的鹿原陂，炎帝陵享有"神州第一陵"之誉，炎帝神农氏的远古传说以及客家人群在炎陵的长期生产生活，使炎陵形成了独具特色的风土人情。

炎陵县地处湖南省东南边陲，坐落于罗霄山脉中段，井冈山两麓，北连湖南茶陵县、安仁县，东与江西省宁冈市、井冈山市、遂川县交界，南与广东省桂东县、资兴市相邻，为湘赣粤三省交界之处，是井冈山革命根据地6个核心县之一。土地革命时期，毛泽东、朱德及所领导的红军在该县进行革命斗争，留下了诸多历史印迹，如创造"支部建在连队上"原则的所在地水口叶家祠、工农革命军第一军第一师旧址周家祠、插牌分田和军队政治教育旧址八担丘、军民诉苦大会旧址、朱毛红军会师纪念碑、全国第一家红军标语专题博物馆等。

炎陵县的县域地貌特征和资源禀赋被当地人概括为"八分半山一分田、半分水域和庄园"。地势以中山地貌为主，境内被两条主要山脉所覆盖，在西为八面山，东南为万洋山，呈"Y"字形分布，整个地势东南高西北低。最高处为酃峰，海拔2115米；最低处洣水出境口，海拔116米，高差达1949米。县域总面积2030平方公里，山地面积1764.68平方公里，占全县总面积86.92%；丘陵面积145.57平方公里，占全县总面积

7.17%；冈地面积31.47平方公里，占全县总面积1.55%；溪谷平原面积88.52平方公里，占全县总面积4.36%。全县农用地面积190907.30公顷，占土地总面积的94.01%，其中耕地24.19万亩，水田17.02万亩；建设用地面积3903.90公顷，占土地总面积的1.92%；未利用地面积8270.60公顷，占土地总面积的4.07%。境内主要河流是洣水，发源于湘赣边境罗霄山脉西麓的炎陵县下村乡田心村大岭背组与江西省遂川县营盘圩交界山岭鞍部以下的山谷，是湘江的一级支流，也是湖南省最大河流。由于地处众多山脉湖泊的中间地带，湿地资源丰富，全县现有湿地面积23.4万亩，河流湿地5万亩，沼泽湿地1.24万亩，5公顷以上人工湿地0.14万亩（库塘与水渠）。截至2018年末，全县辖10个乡镇、9个居委会、120个行政村，年末全县常住人口20.39万人。年末户籍总人口19.3万，其中城镇人口5.7万，乡村人口13.6万，户籍人口城镇化率29.53%[1]。

由于经济地理、区位条件、资源构成、历史和现实等诸多因素影响，炎陵县被列为罗霄山区特困县之一。经过几十年，尤其是2012年实施精准扶贫、脱贫攻坚战略，县域经济加速发展，农民收入和生活水平大幅度提升。2014年，全县建档立卡贫困人口7152户23858人，贫困村54个。至2018年8月，累计脱贫6633户22881人，贫困发生率由2014年的16.57%降至2017年的0.6%，54个贫困村全部退出[2]，经过国家专项评估检查和省政府批准，炎陵县与茶陵、石门、桂东、中方等5县一道，脱贫摘帽退出贫困县序列。

二 调研内容和方法

炎陵县的调研于2017年7月中旬完成，调研内容如下：（1）样本县情以及经济社会发展情况，包括土地及利用，人口分布和密度，资源环境，基础设施，市场化程度，金融服务体系，农业生产社会化服务现状，区域经济社会发展情况，村域经济及产业结构，村集体收入与支出，村级社区基本公共服务，农村劳动流动、农户进城定居和农民生计情况等。

---

[1] 炎陵县统计局：《2018年炎陵县国民经济和社会发展统计公报》。
[2] 株洲新闻网：《炎陵县召开脱贫摘帽总结表彰暨巩固提升动员大会》，网址：http://www.cn360cn.com/n2335211.htm

（2）样本县域改革发展的主要规划制定、管理和实施的情况、经验和问题，包含全面深化改革规划、经济社会发展"十三五"规划、扶贫攻坚和"全面小康"建设规划，土地利用总体规划和土地整治规划，全域城镇体系规划，全域城乡一体化规划、旅游规划、生态环境保护规划，等。（3）样本县全域国土空间规划利用方面已有的想法做法、初步经验和需要研究的问题，包括全域国土空间边界划定和管控，全域发展及"四化同步推进"过程中的农村土地复合利用与管控，传统村落保护利用及其宅基地制度改革等方面。（4）样本县的特别情况与问题，比如集中连片特殊贫困县脱贫攻坚规划计划、投入、效益、脱贫摘帽时间表等，摘帽后县域经济社会发展设想或思路；革命老区县根据地时期的山区建设成就、经验以及物资和非物质文化遗产保护传承情况。

调研采用座谈和农户问卷相结合的方式。课题组与炎陵县农业局、统计局、扶贫办、国土局、住建局等分管领导座谈，主持召开乡镇干部座谈2次，村（组）干部及农民代表座谈3次。重点村座谈内容，以及村、农户的问卷内容包含：村域经济社会基本情况，新社区及居民点建设，村组集体产权制度改革及土地确权登记情况，土地承包经营权和集体建设用地使用权流转，村域主导产业发展及新产业培育，农业人口流动与城镇化趋势，村组集体收入与农户生计，等。此外，对村集体经济组织和农户采用问卷调查的形式深入了解当地农民农村情况。实地调查2乡镇、3个行政村，完成3份村级问卷9份农户问卷，具体样本分布见表12-1。

表 12-1　　　　　　　　炎陵县调查样本分布情况

县（区）	乡（镇）	行政村	访谈村干部、农户数（编号）	问卷数
炎陵县	中村瑶族乡	梅岗村	A1，B1—B3	4
		龙潭村	A2，B4—B6	4
	鹿原镇	金花村	A3，B7—B8	4

说明：问卷数量过小，本章未单独统计分析，汇总到课题组其他样本县的问卷中一并统计分析。

第二节　炎陵县脱贫攻坚的主要做法和基本经验

纵观炎陵县脱贫攻坚历程，其主要做法和基本经验大致如下：

一 落实责任,用"六大工程"衔接脱贫攻坚和美丽乡村建设

2011年,《中国农村扶贫开发纲要(2011—2020年)》发布,炎陵县列入罗霄山脉连片特困地区重点扶贫县。2012年,《国务院关于支持赣南等原中央苏区振兴发展的若干意见》《国务院关于支持赣南等原中央苏区振兴发展的若干意见》文件公布,炎陵县同样名列被支持发展的县。2013年,国家层面又出台《关于罗霄山片区区域发展与扶贫攻坚规划(2011—2020年)》。同年,湖南省政府根据上述文件精神,结合片区实际,编制《湖南省罗霄山片区区域发展与扶贫攻坚实施规划(2011—2020年)》。在市级层面,株洲市委、市政府联合下发《株洲市扶贫攻坚三年行动计划(2015—2017年)》,提出到2017年,剩余7.41万贫困人口全部脱贫,194个贫困村以及炎陵县、茶陵县2个贫困县摘帽。

炎陵县的响应策略是:根据上述《纲要》《意见》《规划》等国家和地区发展战略,制定《炎陵县2015—2017年精准扶贫工作实施方案》,再根据既定目标任务,以落实国家战略规划的"七个一批"方略为抓手,用交通水利、电力光伏、危旧房改造、环境整治和文化旅游等六大工程,衔接脱贫攻坚和美丽乡村建设,激活县域发展活力,提升县域发展和农民收入及生活水平。

在推进措施上,炎陵县成立了由县委书记任第一组长、县长任组长,下设"五部一室"的脱贫攻坚领导小组。一是全面实行"县级领导联乡联村联户、乡镇包村包户、工作队驻村驻户"的工作机制,安排48名县领导联乡包村,187个县直单位联村包户,202个工作队、3300名机关干部驻村驻户,实现了所有贫困村、贫困户帮扶全覆盖。二是强化责任落实。县政府与各乡镇、"七个一批"牵头单位签订了脱贫攻坚责任状;乡镇与各村签订了脱贫攻坚责任状;将脱贫攻坚工作情况记入干部年度考核档案,将村干部报酬与脱贫攻坚任务完成情况挂钩。三是强化督查考核。将脱贫攻坚工作纳入全县目标管理责任考核,完善脱贫工作考核激励机制,将干部调任与脱贫考核挂钩。四是精准识别更新到位。根据识别到户原则,炎陵县政府制定了《炎陵县农村扶贫对象识别和建档立卡工作考

核办法》。通过"一评、二审、三公示"的识别认定程序,开展系统数据清洗、"一进二访"、建档立卡"回头看"、四类对象清理、工商信息数据比对、贫困村变更、贫困户动态调整等一系列精准识贫工作。

二 振兴乡村产业,拓展贫困户劳动力就业渠道和增加农民收入

炎陵县把乡村产业振兴放在首位,在培育村域特色产业、转型传统农业生产经营方式、绿色发展兼顾森林的生态和社会效益等方面蹚出了路子。

(一)扶持村域产业支撑整村脱贫

调研样本中村瑶族乡龙潭村(注释专栏12-1)从一个侧面反映了炎陵县产业扶贫的运作方式。脱贫攻坚中,龙潭村在各方的资金、技术帮扶下,逐渐形成了黄桃、光伏发电、养殖(白鹅)三大产业。第一,"炎陵黄桃"产业。"炎陵黄桃"是炎陵山区培育的特色产品。2015年10月,龙潭村整合各方扶贫资金作为本金,村集体再以经营性资产入股,动员35户贫困户每户出资7500元入股,共筹集50万元,注册登记成立深耕果业发展有限公司农业公司,其中村集体占50万元总股份的40%、35户贫困户占60%,公司经营收益村集体与贫困户按4∶6分配。2015年,公司以每年300元/亩的租金,转入土地180亩种植黄桃,2016年再流转120亩土地种植黄桃,目前黄桃种植基地已有300亩。农业公司聘请贫困户参与黄桃种植管理和采摘,进入公司就业的农户20余户,年均300人次,农户务工增收3万余元;聘请黄桃种植技术人员开展技术培训,2015年以来公司组织农户培训200人次。2016年,黄桃尚未挂果,公司收购周边农户的黄桃、零售,赢利3.5万元,2017年有180亩挂果,收益将会成倍增加。第二,光伏发电。光伏发电的场地在县九龙工业园内,龙潭村将财政专项扶持资金50万元入股县工业园的光伏发电厂,每年保底分红4万元,收入归村集体。第三,炎陵的鹅业是本乡地理标识产品。龙潭村在四家帮扶单位协助下,成立了龙昇鹅业股份有限责任公司(村集体企业),注册资金100万元(帮扶单位筹资),建设了占地1200平方米的白鹅养殖基地(600平方米一个,共两个)。龙昇鹅业股份有限责任公司负责养殖和管理,小鹅孵化、技术等由县龙头企业福来喜鹅业有限公司负

责。2016年8月份开始养殖白鹅，一次养殖5000羽白鹅，3个多月出栏，每年可养殖4批，村集体公司年利润可到达4万元［10元×（5000羽-损耗1000羽）］。

注释专栏12-1　龙潭村基本情况

中村瑶族乡龙潭村是由原龙潭、深渡两村合并，辖14个村小组、410户，共1596人。村域面积20.1平方公里，耕地面积1500亩（水田），林地3.2万多亩，尚有山地（水源地）400多亩地没有分到户。深渡村原为贫困村，两村合并后仍然作为贫困村对待。笔者调查时，全村有建档立卡贫困户92户，占全村比例22.4%，贫困人口273人，占全村比例17.1%。2018年贫困村摘帽，农户全部脱贫。

——根据访谈笔记整理

村域产业发展增长了农民收入，2016年，农民可支配收入4200元，村集体当年经营收益3.5万元，2017年，农民可支配收入增加到4800元，村集体当年经营收益增加到12万元，摘除了贫困村帽子。

（二）农林业转型和绿色发展惠及千家万户增收减贫

第一，转型传统农业生产经营方式，发展特色生态农业，形成"一乡一业、一村一品"生态农业发展格局。比如：中村瑶族乡（注释专栏12-2）是"炎陵黄桃"的发源地，被规划为"炎陵黄桃"主产区。截至调查时，该乡黄桃种植面积1.2万亩，其中：1000亩以上连片规模化黄桃种植基地3个，布局于该乡平乐村、新田村、新山村；黄桃种植标准示范园1个。黄桃亩产600多斤，亩产值5000余元，纯收入可达每亩地2000—3000元，估算全乡黄桃年产量可达800万斤以上。此外，中村瑶族乡茶叶种植面积1000余亩，标准化加工厂3个；香芋、板栗、竹笋、经济林等特色农产品也小有名气，既改善了生态环境，也为农户带来了明显的经济效益。全乡8个贫困村已经于2018年全部脱贫出列。

注释专栏12-2　中村瑶族乡生态农业支撑农民脱贫奔小康

中村瑶族乡位于炎陵县最南端，2015年由原中村乡、龙渣瑶族乡、平乐乡三个乡合并而成，乡政府驻所中村圩。境内交通便利，106国道、322省道、炎汝高速和旅游环线穿乡而过。全乡国土面积291.1平方公里，辖12个村、134个村民小组、3200户，共1.4万人。该乡是长株潭地区唯一少数民族乡，有瑶族和畲族两个少数民族，瑶族文化保存完好，龙渣村入选国家级少数民族特色村寨，瑶歌瑶拳被列入省级非物质文化遗产；该乡也是红色文化之乡，是中国共产党创始人之一何孟雄的故乡，境内有中国工农革命军第一军第一师师部旧址周家祠、毛泽东给工农红军上政治课旧址八担丘、军民诉苦台旧址。得益于旅游业和生态农业发展，2016年，全乡实现财税收入600万元，2017年税收任务为805万元，到6月底已完成400万元。

——根据调查笔记整理

第二，林业经济转型，兼顾森林的生态、经济和社会效益。炎陵县与其他山区县一样，在生态环境压力下，林业经济效益全面萎缩，但是，林业以及林下经济对于山区农民减贫仍然至关重要。炎陵县20万人，16万多农业人口中90%与林业有关，自林权改革以来，炎陵不断探索林业扶贫的路子。(1) 全面落实生态公益林各项补贴到基层，比如：天然商品林补贴15元/亩到县、11元/亩到户；生态林补贴17.5元/亩到县、14.5元/亩到户，从而增加了有林户的收入。(2) 经济林，发挥林木生态效益的同时兼顾经济和社会效益。目前，炎陵县已形成乡村旅游风光带和特色水果、高山茶叶、笋竹林、油茶、炎陵白鹅、高山蔬菜、花卉苗木、中药材等8大产业类别。据统计，全县茶园总面积为1.3万亩，超过株洲市总面积的40%，良种率达到80%以上；特色水果总面积6.4万亩，其中黄桃种植总面积3.18万亩，挂果面积1.5万亩，预计产量7500吨，比2016年增加3200吨；蔬菜产业完成24.6万亩播面任务（含20.1万亩食用笋面积），笋竹两用林基地36万亩，油茶基地7.2万亩，花卉苗木基地3500亩，中药材基地3000亩。(3) 发展林下种养殖经济，全县林下经济面积1.98万公顷，年产值89780万元左右，从业人员1.2万人。如林下养菌、养禽、养牧及种植，登记注册林下种植、养殖合作社20个，发展龙头企业2家，通过绿色有机食品认证的产品1个，发展白鹅132万羽（其中养殖基地年出笼30万羽）。

第三，政策、技术和金融合力支持小农户对接大市场。其做法是：（1）以最优条件奖励扶持种养大户、专业合作组织、企业，对贫困户发展特色产业，提高其奖补标准，降低起补面积；同时摸清贫困户的底子，将生态农业行动方案和规划细化到村到户到人，对贫困村和2万多名贫困人口进行产业发展因地因户制宜具体引导。（2）"引进来"和"走出去"。一是做好电商招商工作。2015年，炎陵县成为全国农村电子商务综合示范县，政府资助打造了"阿里巴巴株洲产业带炎陵馆""淘宝特色中国炎陵馆""中国惠农网炎陵产业带""炎陵搜农坊""醉美炎陵"五个平台。2016年，全县新开微店店铺320家，从业人员1.39万人。2016年实现农产品网络销售额2.8亿元。二是加大招商项目力度。参加2017年4月在深圳举行的湖南（香港）投资贸易洽谈周·株洲（深圳）动力产业专题对接推介会，签约2个项目，带来3亿元的项目资金。（3）新型农业经营主体带动。一是龙头企业带动。炎陵县农产品加工企业发展形势较好，目前已有226家，其中规模以上农产品加工销售企业发展到23家，龙头企业13家，已认定扶贫经济组织117家。二是农民专业合作社带动。全县农民专业合作社由2008年的3家发展到目前的445家，注册资本4.3亿元，合作社成员9600余人，带动农户28000余户。

（三）旅游休闲产业和转移就业扶贫

依靠炎帝陵、神农谷、湘山公园、洣泉书院、红军标语博物馆等旅游景区，炎陵县制定《炎陵县乡村旅游扶贫实施方案》，支持扶贫经济组织发展乡村旅游，到2017年，创建中国乡村旅游创客示范基地1个，建设旅游扶贫电商村20个，培育创建旅游扶贫示范村10个，打造自己的"农家乐""采摘乐""乡村旅馆"品牌。目前全县共有休闲农庄103家，发展农家乐为主的家庭宾馆108家、休闲农庄16个，带动2000余贫困户脱贫致富。2016年，全县休闲农业营业收入6375万元，同比增长3%。

鹿原镇是农业和旅游兴镇的一个较好的案例。该镇位于湖南省炎陵县西北部，与茶陵县及郴州市安仁县毗邻，是中华民族始祖——炎帝神农氏的陵寝所在地，炎帝陵与镇政府所在地相距仅1.5公里。该镇耕地面积2.7万亩，占全镇总面积的12.5%，辖21个村委会和1个居委会，户籍人口3.96万人，是炎陵县内农业人口最多的镇。由于炎帝陵保护需要，鹿原镇不能走工业兴镇路子，主导产业未来发展方向为现代农业和炎帝陵旅游特色旅游业①。2016年,全镇财税收入1000万元,农民平均可支配收入10300元。

山区的产业发展以劳动力密集型产业为主,对文化素质要求不高。炎陵县政府通过创造岗位,向贫困户提供就业机会,以保障他们的日常生活。通过制定《炎陵县促进贫困劳动力转移就业脱贫一批行动方案(试行)》,建立了农村贫困劳动力就业信息台账。开展"春风行动"招聘工作,组织就业扶贫专场招聘会等,转移就业农村贫困劳动力5462人。出台《炎陵县建档立卡贫困人口生态护林员管理办法》《关于选聘建档立卡贫困人口生态护林员的通知》,选定上报199人建档贫困人口为生态护林员,人均年收益可实现1万元。

三 发挥乡村基础建设和公共服务减贫作用

(一) 突击乡村基础建设和完善生产生活条件

在基础建设方面,形成以高速公路和铁路为主、县级公路为辅的交通网络,破解了东、南、西三片互不连通的屏障,形成了县内"1小时交通圈",为县域经济发展打通了动脉。在水利工程方面,投入1064万元,新修河坝8处、山塘5处,完成26.27公里水渠建设,解决1049人安全饮水问题。在光伏发电方面,建成霞阳镇龙上村60千瓦光伏发电站,31户贫困户分散建成3千瓦光伏发电设施。

(二) 易地扶贫和危旧房改造扶贫

炎陵县根据创新"定户、定点、定标、定期、定责、定业"的"六定"扶持办法,共确定易地扶贫搬迁户1542户4891人。易地扶贫主要是规避地质灾害易发和退耕还林还草区域。迁移到新居,按照人均20平方米的标准统一规划建设,然后再分给农户;或者通过换补方式——拆迁户按照900元/平方米的标准补贴(农户每人25平方米)。对于村内的贫困户、低保户、五保、贫困残疾人等四类对象农户,其危旧房改造可享受安置工程同等待遇。对敬老院生活的老人每月发放800元生活补助。截至调研结束,全县易地扶贫搬迁11个集中安置区全面开始动工建设,累计开

---

① 2019年,鹿原镇是湖南省入选"全国农业产业强镇"的13个乡镇之一,同年,该镇申报积极申报建设炎帝文化旅游特色小镇。

工建设覆盖1016户贫困户，占已搬迁对象贫困户总户数的66%。中村瑶族乡易地扶贫新村建设案例可见一斑（注释专栏12-3）。

注释专栏12-3　中村瑶族乡易地扶贫新村建设案例

中村瑶族乡易地扶贫集中搬迁安置点设在梅岗村，其余是分散安置。集中安置占10户，涉及3个行政村，其中梅岗村5户、道任村2户、九潭村3户。安置点的10户居民户籍均在原村，土地承包关系、产权归属、村集体收益分配等利益关系维持原状。社区管理纳入梅岗村统一管理和服务。梅岗村仍然维持12个小组的建制。道任村、九潭村是中村瑶族乡最偏远的两个村，离安置点约10公里。这几户农民迁居到居民安置点后，有的将承包土地流转出去了，有的承包土地退耕还林了，剩余承包土地承包户自己经营管理。因为三村之间公路畅通，摩托车行程大概30分钟，远距离耕作和经营不是大问题。

——根据访谈笔记整理

农村危旧房改造，土坯房整治。在做法上要求农民自愿申请，政府奖补，一户奖励5000元，修缮8000元，包括屋内、墙壁粉刷。目前已完成危房改造1103户。配合危旧房改造，炎陵县政府也注重村容村貌的景观提升。大力开展"美丽炎陵、清洁家园"行动，对农村生活垃圾、生活污水和饮用水源保护进行了重点整治。

（三）提升教育、医保和金融服务水平

炎陵县开展学生生活补助、助学金、助学贷款等资助政策，阻止贫困的代际传递。该政策共覆盖4068户5289人，目前共资助1949户2469人，累计金额434万元。落实高中阶段贫困学生学杂费减免新政策，增补安排了教育扶贫专项资金63.7万元，实现了贫困生资助全覆盖，完成112名中高职贫困学子"雨露计划"职业学历教育补助审核工作。完成3536名"因病致贫、因病返贫"贫困人口的摸底工作。落实建档立卡贫困人口门诊和县级以上住院基本医疗费用报销比例提高10个百分点、低保困难群众大病保险报销起付线降低50%、将建档立卡贫困人口纳入重大疾病医疗救助范围。在金融政策方面，出台《炎陵县金融产业扶贫工作实施方案》，通过设立风险补偿金、小额信贷、贷款贴息等方式，向

682户贫困农户发放小额贷款2639万元,占省级下达2494万元任务的105.8%,超额完成145万元。

第三节 炎陵县经济社会发展状况

一 县域经济发展总体状况

炎陵县在响应国家脱贫攻坚战略过程中,在强有力的外部干预下,全县上下共同努力,县域经济发展较快(表12-2)。

表12-2 　　　2012—2018年炎陵县经济社会发展主要指标

年份	GDP（亿元）	可比价比上年增长（%）	财政收入（亿元）	比上年增长（%）	居民人均收入（元）	农民人均收入（元）	城乡居民收入比
2012	42.5	14.80	6.1	33.00	18652	3608	5.2∶1
2013	48.9	15.06	7.3	19.67	19271	5525	3.5∶1
2014	55.2	12.88	8.2	12.33	21007	6155	3.4∶1
2015	61.4	11.23	9.1	10.98	22753	6720	3.4∶1
2016	66.3	7.98	9.9	8.79	24607	7362	3.3∶1
2017	70.9	6.94	10.7	8.08	26535	8116	3.3∶1
2018	75.2	6.06	5.8	-45.79	28537	8882	3.2∶1

数据来源:炎陵县统计局2012—2018年炎陵县国民经济社会发展统计公报。录入表中时,极少数据按照其逻辑关系有所微调。

课题组调查的前一年(2016),全县地区生产总值(GDP)66.3亿元,比上年增长7.98%,高于全国6.7%的水平。按常住人口计算,人均GDP32934元,增长8.9%,相当于当年全国水平(53974元)的61.0%,为同处于罗霄山脉片区的井冈山市平均水平的88.5%。2018年,炎陵县GDP75.2亿元,人均36838元,三次产业结构14.1∶38.6∶47.3,全县公共财政预算收入5.8亿元(比上年下降约46%),人均财政收入(按19.3万户籍人口计算)3005元,城乡居民人均可支配收入分别为28537元、8882元;同期,全国人均国内生产总值64644元,全年全国一般公共预算收入183352亿元,人均财政收入(按全国总人口139538万人(除港澳台）计算）13140元，城乡居民人均可支配收入39251元、14617元[1]。炎陵县人均GDP、人均财政收入、城乡居民可支配收入等四项经济指标，分别只有全国同期平均水平的57.0%、22.9%、72.7%和60.8%。这组数据表明：尽管炎陵县已经脱贫出列，但县域经济发展和城乡居民收入仍然处于全国后列。

二　县域经济支柱产业转型

2018年，炎陵县三次产业结构为14.1∶38.6∶47.3。第一、二、三产业对经济增长的贡献率分别为5.6%、44.1%和50.3%[2]。县域经济增长主要得力于第二、三产业的增长。特色农业、新型工业和以旅游业为主导的服务业三大绿色主导产业，正在逐步取代传统农林业、工业，成长为县域经济新支柱产业。

炎陵特色农业主要是近几年推进八种农业产品基地建设中形成的，分别为：炎陵白鹅（地理标志产品）、有机茶叶、油茶林、花卉苗木、竹笋（大竹和小竹）、特色水果（黄桃）、无公害蔬菜、药材林。2016年，全县农林牧渔业及服务业增加值9.2亿元，比上年增长3.7%。其中，农业增加值4.3亿元，增长2.4%；林业增加值2.4亿元，增长6.2%；牧业增加值2.0亿元，增长2.4%；渔业增加值0.098亿元，增长2.8%；农林牧渔服务业增加值0.4亿元，增长7.5%。当年，第一产业全部增加值占地区生产总值的比重为13.1%。在农业产业内部结构调整过程中，高附加值农产品种植得到重点推广，油料产量3086吨，增长9.6%，茶叶产量263.6吨，增长14.2%，水果产量22500吨，增长19.7%，蔬菜产量89811吨，增长5.8%。

林业和粮食生产都有所萎缩：炎陵县是湖南省八大林业区县之一，林业经济比重大。20世纪八九十年代，林业收入是县财政的第二收入来源，经30年的结构调整，到2016年末，全县林业税收占全县GDP由50%降为0.5%，其中，来自于林业方面的税收600万元左右，占全县10亿元财政收入的比例约0.6%。水稻等粮食作物种植逐渐减少，2016年，全县粮

---

[1] 数据分别来源于炎陵县统计局《2018年炎陵县国民经济和社会发展统计公报》，国家统计局《2018年国民经济和社会发展统计公报》。

[2] 炎陵县统计局：《2018年炎陵县国民经济和社会发展统计公报》。

食总产量8.5万吨，比上年下降9.6%。到2018年，全县农林牧渔业增加值11.03亿元，比上年增长3.6%。其中，农业、林业、牧业、渔业和农林牧渔服务业增加值分别为4.3亿元、4.7亿元、1.4亿元、0.11亿元、0.52亿元。粮食播种面积呈下降趋势，而粮食总产量稳中略增，2018年，全县粮食播种面积1.37万公顷，比上年下降2.3%，粮食总产量8.8万吨，比上年增长2.2%①。这一趋势与全国其他山区县基本相同。

炎陵县走"园区式、污染低、效益好"的新型工业化道路，新型工业发展较快。2002年元月，九龙工业园正式挂牌成立，位于炎陵县城西城区，衡炎高速、衡茶吉铁路、106国道贯穿全区。笔者调查时，炎陵全县已有138家企业搬迁至九龙工业园内，工业企业主要为纺织（不带印染）、材料、合金、电子等，2016年，九龙工业园区的工业税收大约是1.2亿元。2018年，全县实现工业增加值24.5亿元，增长7.0%，工业拉动GDP增长3.1个百分点，对全县经济增长的贡献率为41.4%。新型工业已经成为炎陵经济发展的引擎，其中规模工业企业是主要贡献者。2018年，全县规模工业企业104家，规模工业增加值21.8亿元，增长7.5%，规模工业增加值占全部工业增加值的比重达88.8%，规模工业企业实现主营业务收入76.8亿元，比上年增长18.8%；实现利润总额3.2亿元，增长27.4%；实现利税达5.7亿元，增长16.5%②。但是，目前炎陵成熟的工业产业体系尚未形成，寻找新的经济增长点仍是面临的主要问题。

旅游业方面。炎陵县依托域内炎帝文化、神农谷文化及红色文化等特色资源，提炼出了别具特色的"炎帝特色历史文化旅游、神农谷生态休闲旅游、革命首创性红色旅游"旅游主题。据数据显示，炎陵县近几年的游客接待量持续稳定上升，2011—2018年，全县接待的旅游人次从185万人次增长到687.1万人次，旅游总收入从9.34亿元增长到53.2亿元，分别增长了2.71倍和4.7倍（表12-3）。旅游业拉动了县域第三产业发展壮大，2018年，以旅游业为主导的第三产业增加值35.6亿元，增长9.9%，占地区生产总值（GDP）47.3%，第三产业对县域经济增长的贡献率50.3%③，成为县域经济重要支柱。

---

① 炎陵县统计局：《2018年炎陵县国民经济和社会发展统计公报》。
② 炎陵县统计局：《2018年炎陵县国民经济和社会发展统计公报》。
③ 炎陵县统计局：《2018年炎陵县国民经济和社会发展统计公报》。

表 12-3　　　　　　　炎陵县 2011—2018 年旅游业发展情况

年份	游客接待量（万人次）	比上年增长（%）	旅游总收入（亿元）	比上年增长（%）
2011	185.0	31.2	9.34	31.9
2012	243.5	31.6	11.39	21.9
2013	301.9	24.0	15.02	31.9
2014	338.8	12.3	16.94	12.8
2015	416.7	23.0	21.72	28.2
2016	531.9	27.6	34.90	60.7
2017	617.4	16.1	47.10	34.7
2018	687.1	11.3	53.30	13.2

数据来源：根据 2011—2018 年湖南省炎陵县国民经济和社会发展统计公报整理。

三　乡村集体经济和农户经济

按贫困村脱贫标准，村集体经济年收入必须达到 4 万元。为实现这一目标，炎陵县采取各种措施增加村集体收入，所有行政村集体经济收入基本都达到和超过了这一标准。但是，这并不意味着农村集体经济经营状况已经发生了根本转变。表 12-4 显示：炎陵县农村集体经济收入主要来源于政府补助，集体经营性收入能力不足。2016 年，全县 10 个乡（镇）、120 个行政村，农村集体经济总收入 11713.51 万元，其中，政府补助 8291.24 万元，占村集体总收入的比例高达 70.78%，村集体经营性收入 763.78 万元，仅占总收入的 6.51%，村均集体及经营性收入只有 6.36 万元。村集体收入主要源于政府补助，村级组织运转高度依靠政府补助，这种状况到 2018 年末并无实质性改变。摘帽后，一旦政府补助减少，村级组织运转经费或将面临困境。

表 12-4　　　　　　　炎陵县 2016 年村集体经济收入情况

乡镇	村集体总收入（万元）	其中 经营性收入（万元）	其中 政府补助收入（万元）	经营性收入占比（%）	政府补助占比（%）
霞阳镇	2949.21	119.48	521.03	4.05	17.67
沔渡镇	1331.83	3.85	1317.11	0.29	98.90
十都镇	1045.55	13.89	993.82	1.33	95.05

续表

乡镇	村集体总收入（万元）	其中 经营性收入（万元）	其中 政府补助收入（万元）	经营性收入占比（%）	政府补助占比（%）
水口镇	1060.24	6.35	1001.89	0.60	94.50
鹿原镇	2229.91	72.02	2026.84	3.23	90.89
垄溪乡	739.41	0.00	711.65	0.00	96.25
策源乡	961.69	194.19	766.10	20.19%	79.66
下村乡	493.34	0.00	425.00	0.00%	86.15
中村乡	450.00	312.00	120.00	69.33%	26.67
船形乡	452.33	42.00	407.80	9.29%	90.16
合计	11713.51	763.78	8291.24	6.51	70.78

数据来源：2016年湖南省炎陵县农业经济统计年报。

与其他山区贫困县一样，炎陵县农村青壮年劳动力外出务工比例一直较高，青壮年外出务工、老少弱留守家园，已经成为山区贫困县域农户家庭的主要生计方式。炎陵全县6万劳动力中，有60%的青壮年劳动力外出务工。综合课题组调查的村庄和农户，劳动力外出务工收入占农户家庭收入的70%—80%。调研样本村案例显示了相同的现状和趋势（表12-5）。2016年，3个调查村中，村集体当年经营最低的金花村只有0.18万元，占村集可用收入的1.8%，最高的龙潭村（与深度村合并后）12万元，占村集体可用资金的33.3%，主要依靠财政补贴经费维持村级组织运转。农村劳动力外出（离乡）从业劳动力占全村劳动力的比例，最低为66.7%，最高为70.3%，农民可支配收入中来源于外出（离乡）从业收入的比例最低为70%，最高为80%。

表12-5　2016—2017年炎陵县调研样本村集体和农户经济状况

行政村	梅岗村 2016	梅岗村 2017	龙潭（+深度）村 2016	龙潭（+深度）村 2017	金花村 2016	金花村 2017
村域面积（平方公里）	5.7	5.7	20.1	20.1	5.5	5.5
村民小组数（个）	12	12	14	14	18	18
农户数（户）	341	341	410	410	574	574
总人口（人）	1406	1406	1596	1596	2147	2174
劳动力（人）	510	510	650	650	960	960

续表

行政村	梅岗村 2016	梅岗村 2017	龙潭（+深度）村 2016	龙潭（+深度）村 2017	金花村 2016	金花村 2017
外出（离乡）从业劳动力（人）	340	348	455	450	675	670
外出（离乡）从业者占总劳动力比例（%）	66.7	68.2	70.0	69.2	70.3	69.8
村集体当年可用收入（万元）	11.60	16.00	23.50	36.00	10.18	16.0
其中：村集体当年经营收入（万元）	1.60	4.00	3.50	12.00	0.18	4.0
政府补助性收入（万元）	10.00	12.00	20.00	24.00	10.00	12.0
村集体当年经营收入占可用收入比例（%）	13.8	25%	14.9	33.3	1.8	25.0
农民人均可支配收入（元）	3600	3900	4200	4800	1030	1133
其中外出（离乡）从业收入所占比例（%）	75.0	80.0	80.0	78.0	72.0	70.0

数据来源：根据笔者村访谈笔记整理，其中，2016年是实际数据，2017年集体和农户收入是座谈干部估算。

第四节 县域资源利用空间及未来发展政策建议

一 县域资源利用空间

（一）土地和矿产资源

炎陵县地广人稀，截至2018年末，全县常住人口20.39万人，县域人口密度100.44人/平方公里。但是，受多山地貌的影响，该县耕地面积占比较小，全县耕地仅占土地总面积的8.02%，不到株洲市平均水平（18.35%）的二分之一，耕地分布零散且地块破碎，影响土地产出和农业劳动生产效率提升。而且，县境内土地利用率较高，达95.9%，高于株洲市93.05%的平均水平，与省内山区县相比处于较高的水平。全县未利用地面积仅为8270.60公顷，其中：水域面积1707.30公顷，占未利用地面积的20.64%，占土地总面积的0.84%；滩涂沼泽面积451.60公顷，占未利用地面积的5.46%，占土地总面积的0.22%；自然保留地面积6111.70公顷，占未利用地面积的73.90%，占土地总面积3.01%。后备可农用地资源不足。

矿产资源方面。炎陵县主要金属矿产有钨、金、锑、稀土，非金属矿产有萤石、钾长石、高岭土、石灰石、花岗石、石英、辉绿岩等。其中离子吸附型稀土储量（金属）400万吨；辉绿岩储量20万立方米以上。现已开采的有钨、金、稀土、萤石、花岗石、辉绿岩，尚有较大开采空间。

（二）水资源

炎陵县水资源丰富，属洣水上游，溪谷纵横，长度5公里以上或集雨面积10平方公里以上的河流49条，长782.3公里。除鹿原镇东风乡流水经东风河注入永乐江外，其余千沟万壑均由斜獭水、河漠水、沔水统摄，自南向北汇入洣水，形成一个较为完整的脉状水系。另外，炎陵县是湖南省多雨地区之一，全县各地年均降水量1761.5毫米，较株洲市区多300—400毫米，较相邻的茶陵县多413.5毫米。西北丘陵、盆谷地年均降水量为1500毫米左右，地处东南的大院年平均降水量为2133毫米，两者相差600毫米，县域范围内降水量随海拔高度差异而不同。

（三）林业资源

炎陵县是湖南省的重点林区县之一。在全县25万公顷山地面积中，有林地占17.32万公顷（合259.75万亩），占山地面积的69.28%，其中天然商品林36.5万亩，人工林（可采伐）60万亩，另有国家及省级公益林158万亩，森林覆盖率83.55%，活立木蓄积量824万立方米，其中以松杉为主的活立木蓄积量640万立方米；楠竹1.2万公顷，蓄积量3100万根。但是，由于生态环境制约和限额采伐因素，该县林业资源的生态、经济和社会效益并未展现，未来合理利用的空间很大。

（四）旅游资源

炎陵县目前共有226处旅游景点。该县旅游资源可归纳概括为"古、红、绿"。炎陵县是多种民族始祖归根之地，"邑有圣陵"——炎帝陵，以及炎帝陵相关联的历史文化积淀，此谓之"古"。炎陵县是毛泽东、朱德等领袖人物曾经做过许多首创性实践行为的红色革命根据地，因此保留了大量相关的历史遗迹，如"红军标语博物馆""周南学校""朱毛会师纪念碑""叶家祠"等，此谓之"红"。此外，炎陵县还有大量以青山绿水为底色的旅游资源，比如，享有第二个张家界、湖南九寨沟美誉的神农谷国家森林公园，有神话第一山，集神话传说、名胜古迹、旅游健身于一体的湘山公园,有湖南四个第一的梨树洲旅游景区,等。近几年,炎陵县建设炎帝文化生态旅游强县、罗霄山脉湘赣边界旅游中心的区域成效明显,奠定了全域旅游的基础。

二 乡镇资源利用潜力分类

调研发现,炎陵县资源总量大,但资源分布存在不均衡性;同时,在不同的乡镇中也存在着人力资源质量有较大层级的差距。由此,笔者以"资源""能力"为依据,将炎陵县乡镇资源利用与发展类型划分为三种类型,即集聚型(Ⅰ类"资源优—能力优")、节点型(Ⅱ类"资源优—能力差""资源差—能力优")、衰退型(Ⅲ类"资源差—能力差")。

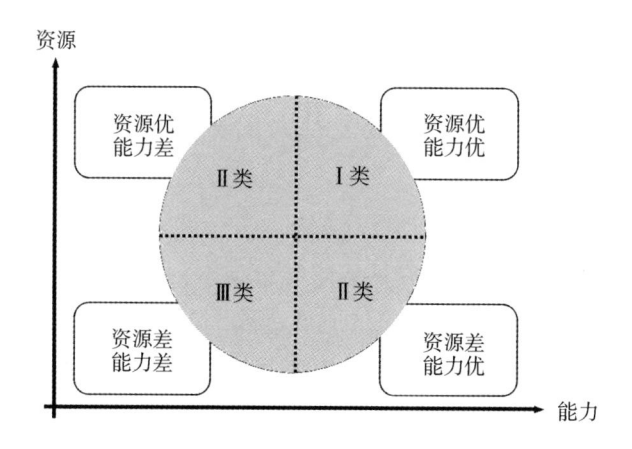

图 12-1　乡镇资源利用与发展类型划分象限图

(一) 集聚型(Ⅰ类"资源优—能力优")

集聚型是在县域环境中资源相对丰富、贫困人口能力相对较强的乡镇,是扶贫脱贫难度相对较小,并且为扶贫重点培育对象。在未来的开发利用中,这些区域可能会发展成为中小城市,在基础设施、公共服务配置等方面应该以城市为标准,提高乡镇的综合承载力,发挥其引领示范带动作用。

(二) 节点型(Ⅱ类"资源优—能力差""资源差—能力优")

节点型是指人口集聚或资源承载力方面潜力不大,但是在带动周边农村发展方面占据重要位置的乡镇。这类贫困在县域范围较为普遍,即在资源或能力上在县域环境中仅有一项处于相对弱势。针对此类情况，要针对"致贫"的根源采取相应的帮扶措施，要赋予这些环境中的贫困群体一定的权利与机会，激发这部分乡镇在未来的开发利用上的主导职能，确保"把准脉、开对药"把病治好，以发挥其未来城乡联系纽带的作用。

（三）衰退型（Ⅲ类"资源差—能力差"）

衰退型是指县域环境中资源紧缺、贫困人口能力相对较弱的乡镇。在未来的开发利用上，应该依据现有的发展基础，重点发展村一级集体经济维持其基本的服务功能，改善村庄、乡镇基本面貌，并在积极推动特色产业的发展、促进县域经济的发展的同时，通过产业扶贫的二次分配共享产业发展收益。此外，在这类乡镇中人才更是第一资源，因此要紧紧抓住教育资源的优化，实现贫困人口专业技能的提升。

三　未来山区县域经济发展的支撑建议

（一）国家政策上应继续支持山区贫困县、革命老区县县域经济社会加快发展

第一，2020年全国贫困县"摘帽"以后，国家应该在贯彻党的十九大报告关于"实施区域协调发展战略"框架下，进一步研究其具体的发展机制，以继续支持山区县域经济加快发展。第二，样本县域发展中，农村腹地的经济发展和城镇自身的扩容增量是巩固脱贫成果的重要基础，因此，炎陵县一方面应以乡村振兴为重心，以发展和壮大农村集体经济为抓手，以金融扶贫为基石，以多元化产业扶贫为落脚点，以提高贫困群体社会人力资本和社会保障帮扶机制为方向，促进转移就业，增强贫困群体的自身专业技术能力和风险抵御能力，稳步推进乡村现代化；另一方面注重城乡扩容增量，着力完善城乡规划体系，推动扶贫、脱贫与城镇化协同发展，加速成乡融合。第三，加快城镇扩容增量的方向是：依托炎陵县交通便利的优势，按照现行的"南拓北提、东延西展"[①]县城发展战略，拓展城镇发展空间，进一步完善城镇基础功能，改善城镇人居环境，努力提高城镇发展质量和水平。加快省际边界城镇建设，提升集镇承载能力，促进

---

① "南拓北提、东延西展"是指根据城市规划中心城区总体布局中所确定的城市建设用地发展方向，炎陵县中心城区规划期内主要发展方向为东延西展，同时南拓北提。

产城融合、吸纳群众就业、承载人口转移，推动有条件的周边区域就近就地城镇化。

（二）要特别重视脱贫摘帽后的农村集体经济发展

农村集体经济是农村的主体经济成分，更是农村农业生产与公共服务设施建设的经济支撑。精准扶贫的重要任务之一就是实现村集体收入长效持续增长，如果集体经济因为政府支持力度下降而降低了收入能力，将导致村域集体和农户返贫。建议：第一，优化贫困村发展村级集体经济的外部环境。整合乡镇范围资源，把产业布局和村级集体经济发展结合起来，将产业发展、公共基础设施建设等方面的人力物力以及财力与集体经济项目联合实施，以解决贫困村发展集体产业普遍面临没钱、没地、没专技人员的问题。同时，村级基层组织要挖掘、培养本村的优秀人才，加强村级班子队伍建设，发挥好本村优秀人才对村集体发展的作用。第二，金融机构要进一步发挥好"助力者"作用，进一步加大其对农村集体经济发展的信贷支持力度，积极探索和支持集体土地经营权、农民宅基地的抵押融资，拓宽村级集体和农户创业发展的融资渠道。第三，建立健全农村集体资产的监督机制。鼓励建立以农民为主体的、有村合作经济组织参加的社员代表大会，并对集体所有权行使情况加强审计监督。同时，在优化产权交易机制的基础上完善村集体资产治理体系，形成民主决策、民主监督的体制机制，让农村集体资产所有权的行使能够在"阳光"下进行。

（三）进一步做好特色文化旅游"功课"，巩固脱贫攻坚成果

第一，整合县域资源，开发主题旅游。依靠炎帝陵、神农谷、红军标语博物馆、湘山公园、洣泉书院等丰富的旅游资源，不断挖掘县域可发展资源，不断拓宽旅游新线路，并根据不同的主题内容对县域旅游进行类别的划分，如历史人文（如炎帝陵）、红色革命（如红军标语博物馆、叶家祠）、生态休闲（如神农谷）等。此外，通过网络平台的搭建和自媒体推广等方式让"炎陵文化""走出去"，并借此把社会外部资源"引进来"。第二，加快扶贫与旅游资源开发利用的有机结合，健全贫困人口参与受益机制。炎陵县对PPT项目的不断探索和实践表明，健全旅游扶贫的主体协调机制已成为当前亟待解决的核心问题。因此，

首先要建立有效的协调机制以协调贫困群体之间、社会资本之间,以及社会资本与贫困群体之间的利益。依据PPT的需要将贫困群体、社会资本等纳入,形成一个在政府引导下多元开发的系统,并借此相互合作、相互制约、相互协调;同时突破贫困人口在旅游扶贫中的参与障碍(如因帮扶对象素质过低而无法参与以获得其利益),优化乡村旅游中扶贫路径选择,构建扶贫旅游的保障机制,确保真正的贫困人口在旅游产业发展中受益。

(四)巩固和加强发展特色农业,完善农业产业扶贫中贫困群体的获利机制

第一,产业扶贫要新型经营组织带动。在瞄准特色产业的基础上,要不断提高扶贫产业组织化程度,并采取"新型经营组织(或龙头企业)+合作信用社(金融机构)+村集体+农户"四位一体模式,推进新型经营组织的综合开发经营,发展高效农业。此外,该县对新型经营主体培育仍显不足,带动农民脱贫增收能力依然较弱,故对参与发展特色产业扶贫的新型经营组织,提高其奖补标准,对参与贫困户降低其土地起补面积,以鼓励新型经营组织都能够和贫困户积极参与到特色产业发展。第二,把共享理念贯穿到特色产业发展中,健全贫困户与企业之间按照公平原则开展的合作保障机制,依法签订利益共享、风险共担的合作协议;同时建立合理收益分配机制,坚持长短结合,确保贫困人口精准受益,避免多数企业与贫困户间松散的、短期的利益关系(如农户土地出租)。

(五)在社保和教育上花气力

第一,拓宽教育扶贫受众群体,实现造血式脱贫。充分发挥部门和人才优势,大力扶持教育扶贫的受众群体,帮助贫困地区符合条件的因病致穷、因残致穷的贫困群体免费接受技工教育,鼓励、扶持各类技工学校、中职学校及社会力量办学等培训机构开展贫困农民职业技能和种养技术培训,落实技工学校教育扶贫的资助政策,加快推进专项扶贫开发和定点结对帮扶等,拓宽培训渠道,打通就业渠道,通过掌握一技之长实现稳定、优质就业,促进其家庭实现由输血式脱贫转变为造血式脱贫奔小康。第二,促进教育扶贫和社会保障双管齐下,构建长效机制。炎陵县有多数贫困群体第Ⅲ类贫困,就此类贫困群体通过社保兜底脱贫和教育扶贫相结合的方式进行帮扶。在精准识别贫困户致穷的根源基础上,对于有能力的贫

困户暂行社会保障兜底脱贫，同时开展教育帮扶，以帮助贫困户能够从社保脱贫向劳务脱贫、就业脱贫转化，并由此把更多的社保资源集中到无法通过其他途径实现脱贫的贫困户。

（本章作者：沈凌峰、周家颖、王景新）

第十三章　乡村脱贫、振兴与新型城镇化衔接的策略、经验与问题

——武夷山区顺昌县洋墩乡响应国家"三大战略"案例研究[①]

摘要：脱贫攻坚、乡村振兴和新型城镇化"三大战略"实施，对中国"三农"现代化、全面小康建设和中华民族伟大复兴影响深远。本章以武夷山区顺昌县洋墩乡为例，对山区乡村响应国家战略的策略、经验和问题进行了总结。认为：用"区域支柱产业转型和再造、乡村生产生活生态空间重构"两大主轴，可以将国家"三大战略"实施串联成一个有机整体；有效实施这一策略，需要激活并长久维持农村集体经济组织、农户和农业科技的活力，同时深化以土地为核心的产权制度和支柱产业利益分配制度改革，提升区域支柱产业的根植性和随区域生态环境、气候、市场和产业政策调整转型升级的能力。

关键词：脱贫；乡村振兴；新型城镇化；协同推进

Chapter 13　Strategies, Experiences and Problems of Linking Poverty Alleviation, Rural Revitalization and New Urbanization

— A Case Study of Yangdun Township in Shunchang County in Response to the National "Three Strategies"

Abstract: The implementation of the three strategies of Poverty Al-

---

[①] 2019年4月中下旬，王景新、章艳涛、张羽3人到顺昌县洋墩乡调查，与乡党委、政府领导及相关部门（站、所）负责人座谈交流，到洋坑村、连墩村和洋墩村实地访谈和考察，走访农户15户（问卷），张羽（时任浙江大学土地与国家发展研究院科研助理）对入户访谈问卷进行了统计。在此对洋墩乡党委、政府及相关部门的大力支持表示衷心感谢！

leviation, Rural Revitalization and New Urbanization has a profound impact on the modernization of China's agriculture, rural areas and farmers, as well as the construction of a well-off society in all-round way and the great rejuvenation of the Chinese nation. Taking Yangdun Township, Shunchang County in Wuyishanmountain areaasan example, this chapter summarizes the strategies, experiences and problems of rural response to the national strategy. Itargues that these two main axes of"transformation, reconstruction of regional leading industries and reconstruction of rural production and living ecological space" can link the national "three strategies" into an organic whole. An effective implementation of this strategy requires activating and maintaining the vitality of rural collective economic organizations, farmers and agricultural science technology for a long time. It also requires deepening the reform of property rightssystem that centers on land and the reform of distribution system of interests involved in leading industries, and enhance the embeddedness of regional leading industries and the ability to adjust, transform and upgrade with regional ecological environment, climate, market and industrial policies.

Key words: Poverty Alleviation; Rural Revitalization; New Urbanization; Collaborative Promotion

在中国改革开放40多年历程中，中央政府先后推出反贫困战略、新型城镇化战略、乡村振兴战略。"三大战略"实施对中国"三农"现代化、全面小康建设和中华民族伟大复兴影响深远。

反贫困战略经历了经济增长减贫（1978—1984），开发性扶贫（1986—2000），综合扶贫、整村推进（2001—2010），脱贫攻坚、精准扶贫（2012—2020）等不同阶段。自1978年改革开放至今的40多年反贫困战略实施过程中，中国在减少农村贫困、提高农民生活质量等方面取得了重大成就，按照农民纯收入2300元人民币（2010年不变价格）的脱贫标准，中国农村贫困人口由1978年的7.7亿人，减少到2018年末1660万人，贫困发生率从1978年的97.5%降低到2018年末的1.7%[①]。

新型城镇化始于中共十六大报告提出的"走中国特色城镇化道路"。中共十八大报告强调"坚持走中国特色新型工业化、信息化、城镇化、农业现代化道路，推动信息化和工业化深度融合、工业化和城镇化良性互动、城镇化和农业现代化相互协调，促进工业化、信息化、城镇化、农业现代化同步发展"[②]。十八届三中全会通过的《中共中央关于全面深化改革若干重大问题的决定》进一步明确"坚持走中国特色新型城镇化道路，推进以人为核心的城镇化，推动大中小城市和小城镇协调发展、产业和城镇融合发展，促进城镇化和新农村建设协调推进"。2013年12月12日至13日，中央城镇化工作会议在北京召开，会议明确了推进城镇化的指导思想、主要目标、基本原则、主要任务，指导着新型城镇化卓有成效的推进。

实施乡村振兴战略是中共十九大提出来的，晚于新型城镇化战略推出。但从历史起点看，中共十六届五中全会通过的《中共中央关于制定国民经济和社会发展第十一个五年规划的建议》（2005.10.11）把"建设社会主义新农村"作为国家重大战略任务提出来，中共十八大以后，在美丽中国建设框架下，"美丽乡村建设"顺理成章地全面展开。应该说，乡村振兴战略是在社会主义新农村建设、美丽乡村建设的基础上展开的。如果说"社会主义新农村建设"是改革开放的中国为扭转"三农"发展相对滞后局面而提出的振兴任务，"美丽乡村建设"是一个逐渐富裕的中国对农村地域空间综合价值追求的高标准规划和建设，那么"乡村振兴战略"则是当前和今后相当长的一个时期内系统解决乡村"过疏"和城市"过密"问题，引领"城乡融合发展"的长远战略[③]。

从国家层面而言，"脱贫攻坚""乡村振兴"和"新型城镇化"三大战略先后推出，每一个战略都针对中国农村现代化进程中的某一特定历史

---

① 2018年末数据源于国家统计局网站："截至2018年末全国农村贫困人口共计1660万人。"

② 胡锦涛：《坚定不移沿着中国特色社会主义道路前进为全面建成小康社会而奋斗》，人民出版社单行本，2012年11月。

③ 王景新、支晓娟：《中国乡村振兴及其地域空间重构——特色小镇与美丽乡村同建振兴乡村的案例、经验及未来》，《南京农业大学学报》（社会科学版）2018年第2期。

阶段的重点任务，既有阶段性，又有前后相继、相互叠加的逻辑关联。从山区贫困县乡村而言，实施"三大战略"的阶段性被模糊了，他们要在尚未摆脱贫困的基础上，追赶其他地区乡村振兴和新型城镇化步伐，不可能等待脱贫攻坚目标任务完成以后，再实施新型城镇化和乡村振兴战略，只能"三步并着一步走"。顺昌县洋墩乡是众多贫困县域探索"三大战略"衔接与协同发展的代表地区之一，他们用"区域支柱产业转型和再造、乡村生产生活空间重构"两大主轴，将"三大战略"串联成一个有机整体，探索"既要绿水青山，也要金山银山"新路子。

第一节 样本县乡区位环境和经济社会概况

顺昌县地处武夷山区，位于福建省中部偏北，除东南部外，边境均有千米以上群山环抱，最高峰郭岩山海拔 1384 米。2018 年末，全县户籍总人口 23.56 万，县域面积 1985 平方公里，中山约占总面积的 10.4%，低山约占总面积的 43.9%，丘陵约占总面积的 38.7%，河谷和山间盆地约占总面积的 7%，"八山一水一分田"。2017 年末，全县耕地面积 26.30 万亩，户籍人均耕地 1.07 亩；有林地面积 244.82 万亩，宜林荒山 20.8 万亩，合计 265.62 万亩，占县域国土总面积的 89.2%，森林覆盖率高达 79.9%。顺昌县是福建省重点林区，计划经济时代，以伐木为主的农林业一直是县域经济的重要组成部分。1978 年，全县地区生产总值（GDP）6473 万元，人均 GDP 仅为 325 元人民币。到 1980 年，全县 8628 万元的地区生产总值中，第一产业比重高达 42.6%。到 2010 年，全县 GDP 总量达到 516478 万元，（户籍）人均 GDP21484 元[1]，分别比农村改革起步期的 1978 年增长了 78.8 和 65.1 倍。但县际之间横向比较，顺昌县域经济仍然处于福建省后列，被福建省确定为全省 23 个省定贫困县之一。绿色发展新时代，如果找不到既保护森林资源，又促进县域经济发展和农户生计改善一举多得的办法，必然迟滞县域追赶式发展速度。

脱贫攻坚战略实施，顺昌县域经济快速发展找到了突破口，地区生产

---

[1] 数据来源：顺昌县统计局编《顺昌县统计年鉴（2018）》，内部印刷资料，第 3、6、11 页。

总值、财政总收入等指标一直保持高速增长态势，城乡居民人均可支配收入稳定增长，城乡居民收入差距基本保持在 2∶1 区间，县域户籍人口呈小幅（先）增（后）减波动趋势，城镇化率稳步提升（表 13-1）。2019 年 6 月 20 日，《中共福建省委办公厅、福建省人民政府办公厅关于云霄等 12 个县退出省级扶贫开发工作重点县的公告》，顺昌县位列其中，至此退出福建省定贫困县序列。

表 13-1　　　　2013—2018 年顺昌县域经济社会发展主要指标

年份 主要指标	2013	2014	2015	2016	2017	2018
地区生产总值（亿元）	75.64	84.05	90.97	98.67	111.50	127.88
比上年增长（%）	8.8	9.6	9.7	6.7	9.1	10.7
三次产业结构	24.6/37.0/38.4	23.5/37.8/38.7	21.8/37.5/40.7	21.8/36.8/41.4	20.0/37.7/42.3	15.0/37.5/47.5
粮食总产量（万吨）	7.27	7.17	6.97	6.83	7.0	
比上年增长（%）	-2.0	-1.4	-2.8	-2.0	2.6	
财政总收入（亿元）	4.22	5.24	5.71	5.76	6.68	7.81
比上年增长（%）	-13.4	24.2	8.9	1.0	16.0	16.8
居民可支配收入（元）	20187	21711	23426	25324	27375	29705
村民可支配收入（元）	9983	10709	11619	16804	13883	15192
城乡居民收入比	2.02∶1	2.03∶1	2.02∶1	1.51∶1	1.97∶1	1.96∶1
户籍总人口（万人）	23.78	23.94	23.86	23.85	23.56	23.50
城镇化率（%）	47.2	48.0	48.5	48.2	49.5	50.5

数据来源：顺昌县统计局 2013—2018 各年国民经济和社会发展统计公报

洋墩乡地处顺昌县北部，县境最高峰（郭岩山）位于该乡境内，乡政府距县城关镇 50 公里，辖 10 个行政村和 38 个自然村。截至 2018 年 8 月，全乡总人口 10099 人，总户数 2632 户[1]，总面积 128.62 平方公里，其中山地面积 17.1 万亩（折合 114 平方公里），占全乡土地总面积的 88.64%，全乡耕地面积只有 1.35 万亩，占乡域总面积不足 7%。洋墩乡属于以林为主的农业乡，乡域内有路马头国有林场和乡办田溪林场，全乡

---

[1] 资料来源：洋墩乡卫计办，2018 年 8 月。

林地保有16.88万亩（折合112.56平方公里），占乡总面积的87.5%，其中生态公益林3.6万亩。2017年森林覆盖率82.23%。农业乡的政府财政收入能力差，农民人均可支配收入低。截至2007年底，全乡工农业总产值8131万元，其中农林牧渔业产值6931万元，工业产值1200万元，农村居民人均纯收入只有3686元。经过10年发展，到2017年，全乡农林牧渔业总产值2.8亿元，农村居民人均纯收入9681元[①]，农林牧渔产值和农民人均可支配收入分别是十年前的3.44和2.63倍。2018年，全乡农林牧渔业总产值2.4亿元，规上企业完成工业总产值7860万元[②]。2018年末，洋墩乡最后的59户贫困户、198人和2个贫困村退出贫困序列，2019年3月，经福建省人民政府验收，洋墩乡顺利完成了脱贫攻坚目标任务。

第二节　山区乡村支柱产业转型和再造

洋墩乡响应"三大战略"的策略，是用"产业兴旺"这个主轴串联脱贫攻坚、乡村振兴和新型城镇化，培育融绿水青山和金山银山于一体的营林新产业替代传统农林（伐林）产业，产业扶贫、产业兴村、产业兴镇。20世纪80年代末，过度采伐的森林资源告罄，支柱产业必须相应转变，洋墩乡开始布局营林新产业。该乡连墩村是营林新产业再造的领头羊（注释专栏13-1），为全乡乃至全县产业转型升级串联"三大战略"起了示范作用。

注释专栏13-1：连墩村洪地自然村支柱产业转型历程和现状

连墩村位于顺昌县北部、洋墩乡西部，村域面积20.72平方公里，辖洪地、连墩、吕坑、吴敦4个自然村（5个村民组），全村265户1130人。洪地自然村是福建省革命老区基点村，方志敏及其夫人缪敏、中共福建省首任省委书记曾镜冰等领导人，曾以此村为基地建立闽北红军洪地游

---

① 资料来源：洋墩乡十三届人大二次会议文件材料（三）——洋墩乡人民政府乡长施萍2018年3月21日在洋墩乡第十三届人民代表大会第二次会议上的工作报告。

② 资料来源：洋墩乡十三届人大三次会议文件材料（二）——洋墩乡人民政府乡长林昌闻2019年4月16日在洋墩乡第十三届人民代表大会第三次会议上的工作报告。

击队。

连墩村支柱产业转型始于洪地自然村。(1) 种芦柑，提升耕地经营效益。20 世纪 80 年代末，洪地村民开始在承包山地上种植柑橘①，从而带动连墩村乃至洋墩全乡柑橘种植。连墩村共有耕地 1279 亩，其中水稻播种面积约 600 亩，柑橘为主的水果种植约 600 亩。截至 2018 年末，连墩村柑橘生产面积达到 2088 亩，人均 1.85 亩，其中洪地自然村人均柑橘 11 亩，仅此一项，村民人均纯收入就可增加 2000 余元。(2) 抚育竹产业。连墩村杉木、竹子资源丰富，全村毛竹 11000 亩，人均 9.7 亩，通过改造竹山，发展竹子用品，提升竹林效益，每亩竹林收入（竹材+竹笋）年纯收入约为 300 元。(3) 杉木林合理采伐。全村林地面积 20123 亩，其中公益生态林 3500 亩，杉木林（经济林）5000 余亩，杉木林主伐周期 26 年（间伐周期 12 年），主伐亩均产量 8—10 立方米（间伐亩均产量约 2 立方米），除去成本，杉木林亩均纯收入 4000—5000 元，平均到每年，杉木林亩均纯收入 200 元左右。(4) 建设绿色家园，培育乡村旅游产业。1999 年，洋墩乡在连墩村洪地自然村启动道路、给排水、绿化、电力、电讯等设施同步规划建设试点示范。2005 年连墩村被评为"省级小康村"。在社会主义新农村和美丽乡村建设提升行动中，连墩村又投资 900 万元，打造洪地 3A 级旅游景区项目，至 2017 年 11 月，洪地被中国古村落保护与发展专业委员会授予"中国景观村落"称号，2018 年 11 月"七彩洪地"获评国家 2A 级旅游景区，当年 12 月《南平洪地 40 年：大山深处的七彩乡村》特别节目在央视网和海峡卫视播出，中央电视台改革开放 40 年特别节目进行了报道。

——根据笔者与洋墩乡和洪地村干部群众座谈笔记整理

一 振兴传统柑橘产业

顺昌县柑橘产业始于民国，有近 80 年发展历史。1941 年，顺昌县洋口镇林璟在沙墩村科甲创办第一家私人果园，面积 45.85 亩，栽培梨、柑橘、

---

① 当时，顺昌县老区办推行一项优惠政策，凡革命老区基点村的村民，每种一棵柑橘财政补助 0.2 元，苗木则由县林业部门免费提供。

水蜜桃。1955年，顺昌县洋坑尾综合农场从福州首批调来福橘、雪柑种子进行实生播种育苗。1973年，顺昌柑橘进入集体组织发展时期，各公社、大队制定农业综合发展规划时，把发展柑橘列为重要项目。改革开放后，随着家庭联产承包责任制的落实，县域的柑橘生产进入快速发展时期，并在品种上进行了调整，奠定了以芦柑为主导的基础。2005年，"一主二辅"的品种定位被确立后，发展速度明显加快，连续三年每年以芦柑为主的新植面积近万亩，自此，柑橘成为顺昌县主导产业①。2017年，全县柑橘面积达10.09万亩，产量达11.43万吨，总产值3.696亿元②。洋墩乡的柑橘产业自连墩、洋坑等村发源，随后在全乡迅速推广。2002年4月，时任福建省省长的习近平到洋墩乡柑橘协会、洋坑村柑橘种植基地考察，进一步推动了该乡柑橘产业发展。至2017年，洋墩乡发展柑橘1.87万亩，其中芦柑种植面积达1.6万亩，年产量3万吨，产值约4800万元③。如果按照全乡户籍人口平均，人均柑橘面积1.85亩，正常年景芦柑亩产量5000斤，近2年的市场价格在0.45—0.95元/斤之间波动，成本为总产值的40%，照此计算，仅柑橘产业一项，全乡户籍人口人均可增收2000元左右。

二 抚育毛竹山和杉木林，拓展竹林产业链

顺昌县是中国竹子之乡、杉木之乡，洋墩乡是县域内毛竹和杉木生产的重点产区之一。（1）毛竹生产。2017年，洋墩乡被福建省列为竹产业发展重点乡镇之后，在郭源村建成500亩毛竹生产示范基地。在全乡展开毛竹生产基础设施和竹山抚育。至2018年末，完成洋墩、连墩、田溪、郭源、洋坑等村的竹山机耕道、蓄水池等基础建设④；完成全乡竹山抚育1.2万亩，占全乡2.4万亩竹山的50%，留养新竹65万株，新竹标号0.8万亩；全乡竹业产值增加到6167万元。（2）杉木生产。与毛竹产业发展同步，洋墩乡完成森林抚育3000亩，人工造林更新300亩，封山育林

---

① 资料来源：洋墩乡提供的材料——顺昌县柑橘产业发展简史。
② 章艳涛：《科技之力激活传统柑橘产业》，《中国科学报》2019年6月11日第7版。
③ 资料来源：洋墩乡十三届人大二次会议文件材料（三）——洋墩乡人民政府乡长施萍2018年3月21日在洋墩乡第十三届人民代表大会第二次会议上的工作报告。
④ 资料来源：洋墩乡十三届人大二次会议文件材料（三）——洋墩乡人民政府乡长施萍2018年3月21日在洋墩乡第十三届人民代表大会第二次会议上的工作报告。

3000亩。至2018年末，全乡杉木用材林增加到8万亩。2018年批准采伐9000立方米（2019年采伐指标7000立方米），如果按照每立方米1000—1200元的下限价格计算，2018年，洋墩乡杉木用材林产值900万元。（3）竹木加工业。截至2018年末，洋墩乡竹木制品企业6家，完成工业总产值3200万元。此外，以"营林"为主导发展食用菌工厂化栽培企业、柑橘水果罐头天然食品剂生产企业等，从而促进乡域工业发展，2018年，洋墩乡企业增加值785万元[①]。

三　提升耕地生产能力和劳动力生产率

在没有政府干预的情况下，农民利用耕地的通行做法是在保障粮食自给的基础上根据市场动态种植水果、茶叶、烟叶、菜蔬、花卉苗木等经济作物；在生产工具和劳动力使用上，充分利用机械、科技、社会化服务和辅助劳动力完成耕地经营任务，而家庭中的优质劳动力则从事务工、经商等能够获取更高收益的劳动。洋墩乡亦不例外。2017年，全乡粮食播种面积10797亩，占全乡耕地总面积的约80%[②]，粮食总产量4858吨，全乡人均占有粮食481公斤，可保粮食自给有余。耕地除种植水稻外，主要是烟叶、柑橘等经济作物，2017年，全乡种植烟叶1281亩，占耕地总面积9.5%，烟叶产量3559担，产值超过470万元。2018年，全乡粮食和烟叶生产基本保持2017年的水平。为提升耕地和劳动生产率，洋墩乡注重农业机械化推进工作，截至2018年末，全乡有联合收割机17台，变型拖拉机80台，三轮柴三机90多台，手扶拖拉机190多台，动力喷雾器510多台。农业机械化提高生产效率，节省了耕地经营的劳动力使用，全乡5793名劳动力中，从事家庭承包土地经营的劳动力仅有1493人，占全乡劳动力总数25.8%，常年外出务工劳动力1937人，占全乡劳动力总数33.4%，其余40.8%的劳动力（2363人）[③]从事收入更高的营林新产业，以及工、商、服务、旅游等产业。

[①] 数据来源：洋墩乡十三届人大三次会议文件材料（二）——洋墩乡人民政府乡长林昌闻2019年4月16日在洋墩乡第十三届人民代表大会第三次会议上的工作报告。
[②] 洋墩乡粮食种植以水稻为主，一年一季，故粮食播种面积中未计复种面积。
[③] 资料来源：《乡墩乡农村经济统计报表2018》（内部资料）。

四　建设绿色家园，发展乡村旅游业

洋墩乡推广洪地自然村的经验，在全乡开展"创3A景区活动"，推进村镇景观园林、饮水工程、橘园慢道和高标准农田节水工程等项目建设，带动连墩、江村、洋坑、蔡坑、田溪等行政村和全乡美丽乡村田园风光打造。同时，抓好传统古村落的保护和利用（注释专栏13-2），发扬传统民俗文化，突出田溪炸龙、郭源龙灯会等民俗活动特色，以地方特色吸引游客，带动旅游产业加速发展。洋墩乡旅游业兴起主要在连墩村及周边片区。2016年，在连墩村洪地自然村先后建成了文化创意园、七彩房屋、亲水栈道、乡村民宿、橘园慢道等设施。2018年，有利用修复的旧民居，融合柑橘产业元素设计，注册登记"橘子红了"特色民宿，提升了民宿和农家乐档次。同年11月，洪地自然村（"七彩洪地"）获评国家2A级旅游景区。

我们看到：洋墩乡振兴传统柑橘产业，抚育毛竹山和杉木林，拓展竹林产业链，提升耕地生产能力和劳动力生产率，建设绿色家园，发展乡村旅游业，使全乡逐渐形成了以粮食生产为基础，柑橘、杉木、毛竹和乡村旅游业为主导的绿色支柱产业群，融绿水青山和金山银山于一体，托举着该乡全域脱贫、乡村振兴和柑橘小镇建设。

第三节　山区乡村生产生活空间重构

2005年社会主义新农村建设的国家战略推出以后，连墩洪地改变生产生活环境和条件的示范效应空前激发出来，乡党委、政府因势利导，将农民建设家乡的自发行动纳入社会主义新农村建设国家战略统一行动，此后又加入了农民就近就地城镇化的目标任务。

一　基础建设

要致富先修路，道路畅通便突破山区乡村脱贫、振兴和城镇化的瓶颈制约。基础建设不仅是修路，还包括以农田水利为核心的其他生产生活社会建设。基础建设既是脱贫奔小康的紧迫任务，也是乡村振兴和新型城镇化的重要基础。缘起于1998广播电视村村通工程，国家层面的系统工程，包括了村村通公路、电力、生活和饮用水、电话网、有线电视网、互联网等等。"村村通"对于乡村基础建设和农民生产生活空间再造发挥了重大作用。洋墩乡在各项政策资金支持下至2018年末，乡村公路拓宽、硬化村村通，乡村电力、安全饮用水、广播电视、互联网村村通，覆盖到全乡10个行政村、28个自然村和57个村民小组及2688户镇乡居民。农田水利建设大步跨越，仅2015年以来，全乡就投入资金1100万元，完成了8个村高标准基本农田建设项目，涉及耕地面积4367亩；修复了洋墩、秀溪、连墩、田溪等行政村农田引水渠和挡墙；补齐了杉木林和竹山机耕道路建设短板；完成了洋墩、连墩、江村、蔡坑、洋坑、路马头、秀溪、田溪等8村旧村土地复垦任务。

二 生态空间重构和人居环境改造

洪地自然村"优秀农村住宅小区"的示范作用显著，推动全乡脱贫攻坚中的危旧房改造、生态修复和环境再造与美丽乡村建设同步推进。2016年，洋坑村列入"中国传统村落"（第四批）名单（注释专栏13-2）。至2108年末，全乡10个行政村危旧房和人居环境改造、三格化粪池建造、雨污分离等建设任务基本完成，建立了全乡"河长制"与通村道路保洁和养护一体化、垃圾处理常态化处理机制。洋墩镇区、路马头、均仓、连墩、蔡坑、江村等行政村"厕所革命"列入2019年乡政府重点工作之一，村容村貌提升行动也在全乡展开。

注释专栏13-2 中国传统村落——洋坑村的美丽乡村建设

洋坑村坐落在郭岩山西面山沟坑谷之中，风景优美，拥有多处古建筑，其中三圣庙重修于新中国初期，占地350平方米。村内还存有千年古枫、千年古栎、天然石狗等；全村20世纪60年代集中连片规划布局的土木建筑民居群保存完整。2016年洋坑村获评第四批中国传统古村落。同年，洋墩乡启动美丽乡村建设，洋坑乡以此为契机，将传统古村落与美丽乡村建设相依相融，利用传统古村落的优势发展旅游业，促进了村域发展和农户生计改善。

——根据笔者在村调查笔记和洋墩乡申报中国传统村落材料整理

三 柑橘小镇建设

乡村城镇化路径无非两条：一是农民生产生活方式、收入水平和基本公共服务供给方式和水平趋同于城镇；二是乡村圩镇、集镇及有一定规模的新型社区的人口集聚规模、聚落建筑景观和基础设施条件逐渐趋同于城镇[1]。2016 年 7 月，国家住建部、发改委、财政部联合发出《关于开展特色小镇培育的通知》之后，顺昌县即着手制定《洋墩柑橘小镇规划》。洋墩柑橘小镇的核心规划范围是洋墩乡的路马头村、洋墩村和洪地村，规划面积 3.71 平方公里，规划建设期限 12 年（2018—2030）。在《顺昌县城乡总体规划修编（2015—2030）》的村镇空间结构中，洋墩乡属于东部都市农业带上以仁寿和岚下 2 镇为核心串联起来的大历镇、高阳乡、洋墩乡三个东部乡镇之一；在村镇职能定位上，洋墩是农贸型小镇，强调产业带动旅游发展，首先是产业小镇，然后才是文旅小镇；在景观风貌空间布局上，洋墩柑橘特色小镇指向山林田园景观风貌区。目前，柑橘小镇建设已经起步，除了夯实柑橘生产基础、延伸柑橘产业链以外，综合治理环境，提升小镇容貌的工作全面展开，柑橘小镇辐射周边农村的交通路网改造提升、镇区及各村污水管网提升改造和污水治理设施建设初见成效；村镇景观园林、饮水工程、橘园慢道、高标准农田节水工程等建设项目已经展开；路马头村柑橘品牌监管仓已建成并正式运行，截至 2018 年末已成功监管 100 万斤芦柑，初步形成优质柑橘在这里集中、农业龙头企业在这里落地、洋墩柑橘从这里走向全国各地的集散功能。

基础设施建设、生态环境和人居环境改造，以及以地理标志性农产品生产、贸易、体验观光为特色，农贸和文旅结合的特色小镇建设，推动农村生产空间整备、生活空间改造和生态空间修复拓展生产空间重构，推动了乡村人口、产业及其相对应的村庄、集镇、道路重新规划布局，这些建设，既是乡村脱贫、振兴的重要基础，也是乡村城镇化和现代化的新起点，事实上成为基层响应并串联"三大战略"的第二个轴心。

---

[1] 王景新：《中国农村发展新阶段：村域城镇化》，《中国农村经济》2015 年第 10 期。

第四节 "三大战略"衔接的经验与问题

一 "三大战略"具有逻辑一致性,具备相互衔接和协同推进的理论基础

首先,"三大战略"目标追求有内在契合性(表 13-2)。脱贫攻坚现有"两不愁、三保障"标准解决贫困人口基本生存和发展的基本问题;乡村振兴是破解乡村发展困境、实现城乡融合发展的内在要求和必由之路(王颂吉、魏后凯,2019)[1],追求乡村"产业兴旺、生态宜居、乡风文明、治理有效、生活富裕"的长远目标;新型城镇化追求的是城乡融化发展,是城乡一体、大中小城市与小城镇和新型农村社区协调发展。其次,"三大战略"任务互补且前后相继。检索国务院印发的《中国农村扶贫开发纲要(2011—2020 年)》《国家新型城镇化规划(2014—2020年)》《乡村振兴战略规划(2018—2022 年)》中的主要任务,不难得出表 13-2 中的结论。"三大战略"主要任务和重点工程相互衔接、相互作用和影响。在理论逻辑上表现为乡村振兴强化了脱贫攻坚的内生动力,脱贫攻坚弥补了乡村振兴的最低短板[2];乡村振兴和新型城镇化补齐城乡发展不平衡短板,引领中国在农村脱贫的基础上,走向持续和谐的现代化通途。

表 13-2　　国家"三大战略"的目标、核心要求与特征

战略	时限	目标	核心要求	基本特征
脱贫攻坚	2020 年	稳定实现"两不愁三保障"	实现贫困地区农民人均可支配收入增长幅度高于全国平均水平、基本公共服务主要领域指标接近全国平均水平	发展生产、易地搬迁、生态补偿、发展教育、社会保障

---

① 王颂吉、魏后凯:《城乡融合发展视角下的乡村振兴战略:提出背景与内在逻辑》,《农村经济》2019 年第 1 期。

② 庄天慧、孙锦杨、杨浩:《精准脱贫与乡村振兴的内在逻辑及有机衔接路径研究》,《西南民族大学学报(人文社科版)》2018 年第 12 期。

续表

战略	时限	目标	核心要求	基本特征
乡村振兴	2020年	制度框架和政策体系基本形成	全面建成小康社会的目标如期实现	产业兴旺生态宜居乡风文明治理有效生活富裕
	2022年	制度框架和政策体系初步健全	脱贫攻坚成果得到进一步巩固，城乡融合发展机制初步建立	
	2035年	取得决定性进展，农业农村现代化基本实现	相对贫困进一步缓解，城乡融合发展体制机制更加完善	
	2050年	乡村全面振兴	农业强、农村美、农民富全面实现	
新型城镇化	2020年	全面提高城镇化质量	城镇化水平和质量稳步提升、城镇化格局更加优化、城镇化体制机制不断完善	城乡统筹、城乡一体、产业互动、节约集约、生态宜居、和谐发展

二 "三大战略"相互衔接和协同推进在山区乡村发展实践中已见成效

洋墩乡用"区域支柱产业转型和再造、乡村生产生活空间重构"两大主轴，将国家"三大战略"串连成一个整体的做法及取得的成效，从实践角度证实了脱贫攻坚、乡村振兴和新型城镇化战略可以而且必须相互衔接和协同推进。应该指出，山区贫困乡村响应国家"三大战略"策略和做法，并不局限于顺昌县洋墩乡，归纳笔者今年在全国集中连片贫困山区和新疆南疆、西藏、四省藏区等14个特殊贫困片区调研的40多个样本县响应"三大战略"的实践，无一例外采取了与洋墩乡相近和相似的策略和做法。进一步观察还发现：在县域经济发展和农民生计改善的需求日益强烈深刻，中国工农关系、城乡关系及发展战略根本性转变的大背景下，以县域为基本地理单元，脱贫攻坚、美丽乡村与特色小镇同步规划建设、全域脱贫、全域小康、全域旅游、全域城镇化口号和行动，渐成统筹县域经济社会发展的新潮流。

三 把农民"穷则思变"欲望转化成响应国家战略的动力，激活并长久维持乡村活力

理论上分析，山区贫困县域响应国家战略的动力是需要和生产之间的

矛盾。马克思、恩格斯 1845—1846 年合作巨著《德意志意识形态》第一次系统阐述了"需要"与"生产"之间的矛盾是推动社会发展的动力源泉，并指出：一切人类生存的第一个前提就是"人们为了能够'创造历史'，必须能够生活。但是为了生活，首先就需要衣、食、住以及其他东西。因此第一个历史活动就是生产满足这些需要的资料，即生产物质生活本身"。"第二个事实是，已经得到满足的第一个需要本身、满足需要的活动和已经获得的为满足需要用的工具又引起新的需要。这种新的需要的产生是第一个历史活动。"① "新时代我国社会主要矛盾是人民日益增长的美好生活需要和不平衡不充分的发展之间的矛盾"②，这是推动新时代中国发展的动力源泉。从山区贫困县域的农民角度看，改变贫穷面貌强烈愿望及其对发达地区城乡生产、生活方式的向往则是推动其积极响应国家脱贫攻坚、乡村振兴和新型城镇化的最大动力。把农民群众"穷则思变"欲望转化为响应国家战略的动力，激活并长久维持乡村活力，推进区域支柱产业转型发展和乡村地域空间系统内的经济、社会、政治、文化、生态环境持续向好的转化，洋墩乡做了三件事：

第一，激发和维持村域集体经济组织的活力。洋墩乡通过盘活村集体资源来增加集体收入，近几年洋墩乡缓解了当年经营无收益的村的困难，全乡 10 村 100% 的村集体当年经营收益超过 3 万元，其中 50% 的村集体收入达到 10 万元以上（表 13-3）。村集体收入主要来源于农作物种植、地租、电站承包、土地转让等。村集体经济发展为服务村域经济发展、消除村域贫困、缩小贫富差距、保障村域社区基本公共服务供给奠定和拓展了活力源泉。

表 13-3　　2017 年、2018 年发展壮大村集体经济增收情况

序号	样本村	2017 年收入上报情况		2018 年收入上报情况	
		项目	合计（万元）	项目	合计（万元）
1	洋墩村	烟叶收入 50000 元，富发电站上交 50000 元，螺旋藻地租 30000 元，毛竹山山本费 10190 元，杉木山山本费 32850 元。	17.3	烟叶收入 162000 元，富发电站上交 77000 元，滋丰源养殖地租 30000 元，配电改造青苗补偿 18900 元。	28.79

---

① 《马克思恩格斯全集》（第三卷），人民出版社 1995 年版，第 24—32 页。
② 习近平：《决胜全面建成小康社会夺取新时代中国特色社会主义伟大胜利——在中国共产党第十九次全国代表大会上的报告》，人民出版社单行本 2017 年版，第 19 页。

续表

序号	样本村	2017年收入上报情况 项目	合计（万元）	2018年收入上报情况 项目	合计（万元）
2	路马头村	烟叶收入20000元，螺旋藻地租85984元，毛竹山山本费20000元，杉木山山本费26376元。	15.24	烟叶收入32500元，螺旋藻地租81016元，烤烟房租金2800元。	11.63
3	蔡坑村	烟叶收入10000元，自来水承包款600元，蔡坑口电站承包款4500元，毛竹山山本费60442元，杉木山山本费159983元。	23.55	烤烟房租金200元，毛竹山山本费16524元，杉木山山本费35766元。	5.29
4	均仓村	烂坑山承包款50500元，毛竹山山本费3250元。	5.38	烟叶收入57500元，毛竹山山本费3250元，礼堂使用租金4700元。	6.55
5	江村村	电站承包款54500元，宅基地地价48000元，毛竹山山本费23871元，杉木山山本费68962元。	19.53	电站承包款18000元，柑橘转让款101000元，杉木山山本费12565元。	13.16
6	连墩村	毛竹山山本费66860元，杉木山山本费81203元。	14.81	毛竹山山本费6900元，杉木山山本费81203元。	8.81
7	秀溪村	毛竹山山本费40500元，宅基地转入款15000元。	5.55	杉木山山本费50900元	5.09
8	田溪村	烟叶收入15000元，毛竹山山本费15000元	3	烟叶收入187100元	18.71
9	洋坑村	扦花山地使用30300元，竹山山本费27200元	5.75	大棚使用租金26000元，漠电投资收入40000元，老果园山本费20000元，毛竹山山本费15000元	10.1
10	郭源村	毛竹山山本费31000元，杉木山山本费50000元。	8.1	毛竹山山本费5500元，南坑仔山转让19500元，东源垅山转让14000元，底科仔山地转让款、道路捐款24600元。	6.36
11	合计		118.21		114.49

数据来源：顺昌县洋墩乡人民政府数据统计。

第二，激活和维持农户经济活力。笔者认为，马克思、恩格斯关于在一定条件下"公社"和"小农"将表现出"它的天然的生命力"或"强大的生命力"的论述，是我们毫不动摇地"坚持以家庭承包经营为基础、统分结合的双层经营体制"的理论基础。当前中国农户经济已经突破"小农经济"的桎梏，不再局限于"小块土地"和传统工副业，家庭经营方式已经拓展到一二三产业，家庭劳动力可以自由流动务工、经商，农户经济中来源于非农业、非家庭经营的收入比例大大提高①。洋墩乡营林新产业培育和发展，以及农业功能向二、三产业延伸，农村地域空间一二三产业融合发展，极大拓展了农户经济空间，农户生产生活方式及收入水平已经跃升到新台阶，表 13-4 显示，洋墩乡访谈问卷农户户均人口 5.13 人，15 户家庭总收入 157.86 万元，总支出 34.01 万元，家庭纯收入 123.85 万元，按总人口（77 人）平均，人均纯收入 16084 元。农户收入结构中工资性收入 111.69 万元，占家庭总收入的 70.75%，家庭经营收入 45.42 万元，占家庭总收入的 28.78%，其他收入约占 0.47%。访谈问卷农户消费性支出 29.8 万元，其中食品支出 4.66 万元，照这样计算，其恩格尔系数 15.64%，农民生活水平达到了极其富裕的程度②。农民生活质量可能被高估，因为访谈问卷中农民还不习惯将自产自给的粮食和油料等计入家庭食品支出；还要看到山区乡村农户经济风险，如洋墩乡柑橘和毛竹市场价格波动风险：柑橘（鲜）均价由 2017 年的 0.95 元/斤降至 2018 年的 0.45 元/斤，这个价格已接近柑橘生产成本线；毛竹每吨市场价格也由前几年 900 元/吨降至 2018 年的 200—300 元/吨。

表 13-4　洋墩乡入户访谈问卷农户家庭经济与生活状况（2018 年）

问卷编号	人口（人）	家庭总收入（万元）	其中 工资性收入（万元）	家庭经营收入（万元）	家庭总支出（万元）	其中 消费支出（万元）	食品支出（万元）	家庭纯收入（万元）	人均纯收入（万元）
1	4	20.0	19.0	1.0	6.26	5.76	0.4	13.74	3.4350
2	7	13.0	13.0	0	3.86	3.65	0.45	9.14	1.3057
3	4	6.57	4.56	2.0	3.62	2.98	0.4	2.95	0.7375
4	9	31.12	20.0	9.12	1.85	1.35	0.4	29.27	3.2522

---

①　王景新：《"农户经济"：将长期存在并有效发展》，《光明日报》2013 年 8 月 9 日第 11 版。

②　联合国根据恩格尔（德国统计学家、经济学家）系数的大小，对世界各国的生活水平有一个划分标准，即一个国家平均家庭恩格尔系数大于 60% 为贫穷；50%—60% 为温饱；40%—50% 为小康；30%—40% 属于相对富裕；20%—30% 为富足；20% 以下为极其富裕。

续表

问卷编号	人口（人）	家庭总收入（万元）	其中 工资性收入（万元）	其中 家庭经营收入（万元）	家庭总支出（万元）	其中 消费支出（万元）	其中 食品支出（万元）	家庭纯收入（万元）	人均纯收入（万元）
5	6	2.29	2.29	0	0.72	0.63	0.2	1.57	0.2617
6	3	3.4	0	3.4	0.92	0.78	0.21	2.48	0.8367
7	7	5.14	4.4	2.0	1.53	1.34	0.32	3.61	0.5157
8	7	12.0	12.0	0	2.09	1.87	0.28	9.91	1.4157
9	4	3.3	30	0.3	1.63	1.47	0.3	1.63	0.4075
10	5	10.0	0	10	1.9	1.56	0.3	8.10	1.6200
11	3	10.2	7.2	3.0	1.33	1.16	0.2	8.87	2.9567
12	6	9.0	6.0	3.0	2.06	1.65	0.3	6.94	1.1567
13	3	15.3	11.3	4.0	2.14	1.95	0.3	13.16	4.3867
14	5	8.74	4.14	4.6	1.19	0.92	0.3	7.55	1.5100
15	4	7.8	4.8	3.0	2.91	2.73	0.3	4.89	1.2225
合计	77	157.86	111.69	45.42	34.01	29.8	4.66	123.85	1.6084

说明：在每个调查村选择经济条件好、中等、相对贫困户各1户入户访谈和问卷调查。

第三，激活和维持农业科技活力。乡村活力激活与再造离不开农业科技的力量。在洋墩乡的实践中，农业科技通过柑橘特色小镇的桥梁在柑橘产学研全过程尽显锋芒，激活了柑橘种植这一传统产业。一是在柑橘生产过程中发挥科技力量。柑橘种植土壤偏酸性会影响柑橘果树营养吸收，并会造成病菌增加、虫害严重，影响柑橘品质。洋墩乡采取测土配方、精准化施肥等标准化生产技术全过程对柑橘种植采取技术监控和推广。二是在柑橘加工生产中注入科技元素。比如：研究完熟采收、收后贮藏的技术；打造柑橘深加工和开放式工厂，着眼于柑橘深加工环节变废为宝的空间，延伸柑橘产业链条，提升产品的附加值；构建柑橘产品展示交流空间；等等。三是与福建农林大学、福建农业职业技术学院等学校及中国农业科学院等科研机构合作，研发改良柑橘种植环境和防治病虫害的新技术，减少化学防治，即少用化学农药，加强物理防治技术的研究，确保柑橘果实更加绿色安全无污染。四是发挥不脱产农技员的作用，带动示范片的建设，促进科学知识的普及和推广，发挥柑橘种植大户的带动效应，由政府邀请大户作为生产标杆进行技术等方面讲学,以身作则,带动柑橘生产技术和先进管理方法的应用。

四 区域乡村支柱产业转型发展需要配套制度

区域乡村支柱产业转型发展需要两个配套制度:一是支柱产业赖以生存发展的以土地为核心的产权制度;二是支柱产业有效利益分配制度支撑的产业根植性和成长性。产业扶贫、产业兴村、产业兴镇、产业融合城乡,符合马克思主义基本原理,恩格斯在《共产主义原理》中早就阐述了产业革命、产业发展与阶级和阶级对立产生与消亡,以及城乡如何由对立走向融合的关系[①]。但是,谁兴产业、如何兴产业,根据资源环境变化和市场需求适时调整或转型区域支出产业,却是亟须回答的马克思主义中国化的新问题之一。洋墩乡支柱产业转型和再造的实践告诉我们:乡村经济活力源于区域支柱主导产业的活力,产业活力取决于产业根植性和成长性。理论上说,产业根植性和成长性是指产业组织制度、经济行为产生于社会关系网络并根植其中。从洋墩乡的实践看:产业根植性和成长性有三个因素:一是主导产品适合本地的地域特性,其中以具有地域标识性产品为最佳,洋墩乡的柑橘、毛竹、杉木三大营林新产业都符合这一特点;二是产品生产技术具有本村农业、工业和第三产业的知识技术积累,其中,以非物质文化遗产传承性产品最佳,洋墩乡营林新产业的生产技术,都牢牢钉在本乡本土先前技术和知识积累基础之上;三是以土地为核心的产权制度,以及产业组织形式、参与和分配机制形成,其中,产权清晰、产业参与各方责权利达到均衡为最佳。洋墩乡建立在集体土地家庭承包经营、统分结合基础上的双层经营体制和产权制度,一方面调动了农民在承包土

[①] 恩格斯在回答了"在产业革命前劳动阶级是怎样的""产业革命和社会划分为资产阶级和无产阶级首先产生了什么结果""产业革命进一步产生了什么结果"等问题之后,在"第二十个问题:彻底废除私有制后将产生什么结果"中写道:"根据共产主义原理组织起来的社会将使自己的成员能够全面地发挥他们各方面的才能,而同时各个不同的阶级也就必然消失。……由此可见,城市和乡村之间的对立也将消失。由社会全体成员组成的共同联合体来共同而有计划地尽量利用生产力;把生产发展到能够满足全体成员需要的规模;消灭牺牲人的一些利益来满足另一些人的需要的情况;消灭阶级和阶级对立;通过消除旧的分工,进行生产教育、变换工种、共同享受大家创造出来的福利,以及城乡的融合,使社会全体成员的才能得到全面发展。"参见《马克思恩格斯全集》(第四卷),人民出版社1995年版,第359—371页。

地上种植柑橘、抚育竹山和封山育林（杉木）的积极性，经济林大规模出现，不仅修复了洋墩乡山地植被，达到了绿山养山的目的，而且促成了柑橘、毛竹、杉木用材三大营林新产业的兴起和发展，使山区形成活山富民新格局；另一方面，在激活农户经济活力的基础上，激活了村域集体经济组织的活力，以柑橘和竹木加工业为核心的乡村工业和以绿色生态为底色的乡村旅游业也发展起来。自主产业利益分配机制至关重要，即便是柑橘小镇建设也不例外（注释专栏13-3）。

注释专栏13-3 洋墩乡农民参与柑橘小镇建设及其利益分享机制

洋墩乡农民可以通过多种方式参与柑橘小镇建设管理和利益分享：一是合力打造连片的柑橘生产区，同时提升村庄风貌，形成柑橘小镇风景线，融原住民生产、生活与乡村旅游为一体；二是引入以柑橘、竹木加工业、旅游及其配套服务业，为当地农村劳动力提供全新的就业机会，农民直接参与柑橘小镇经营管理和利益分享；三是乡村居民可通过经营民宿、农家乐、餐厅及私营工坊成为小镇居民和经营者，路马头、洋墩村的居民可租赁经营各类店铺；四是可以投资柑橘产业链、加工企业、房地产行业，享受农旅结合的利益分配。

——洋墩乡柑橘小镇建设规划文本

五 "一家两地、城乡两头家"既是农民重要生计策略，也是农民城镇化过渡形式

洋墩乡的农民与其他山区贫困县乡的农民一样，"越来越多的农户采取老弱妇孺留守田园，青壮年和有文化的劳动力转移到城镇和富庶地区就业；他们既承包经营土地，保证家庭粮、棉、油等大宗农产品自给和基本生活消费，又参与城镇二、三产业生产经营，以求追赶城镇居民的生活方式和水平；他们既将城镇务工经商收入寄回家乡修房建屋，又在城镇购房、租房，从而形成了'一家两地、城乡两头家'的生计策略"[①]。本次

[①] 王景新、李林林：《中国乡村社会结构变动与治理体系创新》，《教学与研究》2018年第8期。

调查的洋墩乡的非集镇区的洋坑、连墩 2 村，共有农户 411 户，在城镇购房农户合计 166 户，占总户数的 40.4%，其中在乡政府治所集镇购房的 24 户，占城镇购房农户的 14.5%；在县级城镇（顺昌县和江建阳区）购房的 81 户，占城镇购房农户的 48.8%；在地级以上城市（南平等）购房的 23 户，占 13.9%；在省级城市（福州、厦门）购房的 20 户，占 12%，在省外（上海、浙江等地）购房的 18 户，占 10.8%。调查的洋墩村共 658 户，其中大多数农户居住在乡镇府治所集镇，但仍有 100 余户在县级以上城市购房。在所有这些城镇购房农户中，只有 12 户转移了农村户籍。洋墩乡农民"城乡两头家"的比例高于笔者在国定贫困县所调查的比例。还要指出，"城乡两头家"并非局限于集中连片贫困山区，而成为当今中国城乡社会结构的重要表现形式之一，是影响城乡基层治理结构重构的重要因素。

第五节　小结

顺昌县洋墩乡"三大战略"相互衔接、协同推进的实践案例告诉我们：集中连片特困地区不可能等待脱贫攻坚目标任务完成以后，再实施乡村振兴和新型城镇化战略，他们只能"三步并作一步走"。"区域支柱产业转型和再造、乡村生产生活空间重构"两大主轴，可以将国家"三大战略"实施串联成一个相互衔接、协同推进的有机整体。有效实施这一策略，需要激活并长久维持农村集体经济组织、农户和农业科技的活力，同时深化以土地为核心的产权制度和支柱产业利益分配制度改革，提升区域支柱产业的根植性和随区域生态环境、市场和产业政策调整而转型升级的能力。

产业扶贫、产业兴村、产业兴城镇的关键在于产业兴旺，维持产业兴旺格局：一是产品原料适合本地的地域特性，其中以具有地域标识性产品为最佳；二是产品生产技术具有本地产业发展的知识技术历史积累，其中，以非物质文化遗产传承性产品最佳；三是产业组织形式、参与和分配机制形成，其中产业参与各方责权利达到均衡为最佳。保持区域支柱产业的活力，必须把域内后来产业的发展牢牢钉在先前的产业基础之上，有效利用先前的资源、资金、资产以及产业知识、技术积累，选择既符合时代特点又适合区域实际的主导产业，循序渐进。

农村生产空间整备、生活空间改造、生态空间修复拓展、生产空间重构，推动了乡村人口、产业及其相对应的村庄、集镇、道路重新规划布局，这些建设，既是乡村脱贫、振兴的重要基础，也是乡村城镇化和现代化的新起点，事实上成为基层响应并串联"三大战略"的第二个轴心。生产、生活、生态空间再造和边界控制，还是既维持乡村发展活力，又维持乡村生态环境持续向好的关键，是融绿水青山和金山银山于一体的抓手之一。

（本章作者：章艳涛、王景新；张羽参与调查）

参考文献（按引用先后顺序）：

1. 胡锦涛：《坚定不移沿着中国特色社会主义道路前进为全面建成小康社会而奋斗》，人民出版社 2012 年版。

2. 王景新、支晓娟：《中国乡村振兴及其地域空间重构——特色小镇与美丽乡村同建振兴乡村的案例、经验及未来》，《南京农业大学学报》（社会科学版）2018 年第 2 期。

3. 章艳涛：《科技之力激活传统柑橘产业》，《中国科学报》2019 年 6 月 11 日第 7 版。

4. 王景新：《中国农村发展新阶段：村域城镇化》，《中国农村经济》2015 年第 10 期。

5. 王颂吉、魏后凯：《城乡融合发展视角下的乡村振兴战略：提出背景与内在逻辑》，《农村经济》2019 年第 1 期。

6. 庄天慧、孙锦杨、杨浩：《精准脱贫与乡村振兴的内在逻辑及有机衔接路径研究》，《西南民族大学学报（人文社科版）》2018 年第 12 期。

7. 《马克思恩格斯全集》（第三卷），人民出版社 1995 年版，第 24—32 页。

8. 习近平：《决胜全面建成小康社会夺取新时代中国特色社会主义伟大胜利——在中国共产党第十九次全国代表大会上的报告》，人民出版社 2017 年版，第 19 页。

9. 王景新：《"农户经济"：将长期存在并有效发展》，《光明日报》2013年8月9日第11版。

10. 王景新、李林林：《中国乡村社会结构变动与治理体系创新》，《教学与研究》2018年第8期。

第十四章　探索乡村振兴及绿色发展之路
——广东非贫困山区森林小镇调研报告[①]

摘要： 广东省经济发达，城乡经济转型和绿色发展的需求紧迫。2016年12月，广东省先于全国其他省份启动了森林小镇示范镇试点建设工作，形成了自己的特色。首先，森林小镇建设是在广东绿色城市、森林城市建设中起步的，因此被看成森林城市建设的延伸，是珠三角森林城市群的末端，并作为乡村城镇化"补短板"的重要措施。其次，森林小镇建设重心是乡村集镇"存量"改造，而非小城镇"增量"建设，强调建制镇（乡、街办）全域绿化和打造绿色镇域经济新格局；各市、县（区）将森林小镇建设作为对接森林城市建设、促进山区发展和乡村振兴的重要抓手。第三，如果从森林小镇的核心区域、辐射范围、建设路径和产业特色而言，广东省森林小镇可分为三种类型，即国有林场场部及工区、森林旅游和康养基地、岭南特色村落叠加的森林乡镇；城市外围森林旅游基地与街区森林人居环境统一规划、建设和管理的森林街办；森林圩镇、森林公园、森林休闲度假区、森林村庄、森里田园"五位一体"的森林乡镇。课题组还认为：人类从森林走来，住进高楼又思乡愁，森林小镇和森林乡村建设适应了这一返璞归真、绿色发展大趋势；森林小镇和森林乡村建设是贯彻习近平总书记"绿水青山就是金山银山"发展理念的生动实践，是山区县域可持续发展的新载体和重要途径之一，也是经略山区研究不可或缺的研究对象。

关键词： 森林小镇；绿色发展；城乡融合

[①] 本章曾以《探索乡村振兴及绿色发展之路——广东省森林小镇调研报告》为题，发表于浙江大学土地与国家发展研究院《土地观察》，2018。

Chapter 14   Exploring the Way of Revitalization and Green Development of Rural Areas
—An Investigation of Forest Towns in Non-poor Mountainous Areas in Guangdong Province

Abstract: Guangdong is anxious for urban and rural economic transformation and green development due to the developed economy. In December 2016, Guangdong launched the pilot construction of Forest Town Demonstration Town ahead of other provinces in China, and formed its own characteristics. First of all, the construction of Guangdong Forest Town starts from the construction of Guangdong Green City and Forest City, Therefore, it is regarded as the extension of Forest City construction, the end of the Pearl River Delta Forest City group, and an important measure of "put forth efforts to lengthen the short stave" principle in rural urbanization. Secondly, the focus of Forest Town construction is the "stock" transformation of rural market towns, rather than the "incremental" construction of small towns, emphasizing the construction of town (township, street office) greening and the creation of a new pattern of green town economy; cities and counties (districts) regard the construction of forest town as an important starting point to connect with the construction of forest city, to promote the development of mountain areas and to revitalize the rural areas. Thirdly, from the perspective of core area, radiation range, construction path and industrial characteristics, Guangdong Forest Town can be divided into three types: state-owned forest farm and work area, forest tourism and health care base, and forest town with Lingnan characteristics; street office under the planning, construction and management of forest tourism base and residential environment integration; forest town, forest park, forest leisure resort, forest village, forest garden "five in one" forest town. The research group also believes that: human beings come from the forest, living in city with homesickness, and the construction of forest towns and forest villages adapts to this trend of returning to nature and green development; Forest town and forest village construction is a lively practice of implementing the development philosophy of General Secretary Xi Jinping's "Lucid waters and lush mountains are invaluable assets", it is also a new carrier and an important way of sustainable development in Mountainous Counties, and is also an indispensable research object in the study of mountainous areas.

Key words: Forest Town; Green Development; Urban‐rural Integration

坚持人与自然和谐共生，走乡村绿色发展之路，是中国特色社会主义乡村振兴道路之一。森林小镇是以提供森林观光旅游、休闲度假、运动养生等生态产品和服务为主要特色的，融产业、文化、旅游和社区功能于一体的特色小镇。森林小镇建设不仅是坚持绿色生态导向、推进农业现代化及农村可持续发展和统筹城乡生态建设的重要举措和抓手，而且有利于实现山区农村森林资源及水源地的保护与乡村发展的和谐共生，促进城乡居民生态服务均等化，因此，森林小镇建设必将成为中国新时代实施乡村振兴战略、绿色发展和健康中国建设的重要推进平台。

就全国而言，森林小镇建设是在乡村小城镇发展和农民就地就近城镇化的过程中，在特色小镇建设①推进阶段起步的。广东省的森林小镇建设则是贯彻落实中央关于支持绿色城市、森林城市建设的决策部署，在实施国家"十三五"规划和《珠三角国家森林城市群建设规划（2016—2025年）》中起步的，其间学习借鉴了浙江省特色小镇建设的经验，因此，广东省的森林小镇还被认为是森林城市建设的延伸，是珠三角森林城市群的末端。2015年10月29日，中国共产党第十八届中央委员会第五次全体会议通过的《中共中央关于制定国民经济和社会发展第十三个五年规划的建议》中提出："发挥城市群辐射带动作用，优化发展京津冀、长三

---

① 参见2016年7月1日，住房城乡建设部、国家发展改革委、财政部颁发《关于开展特色小镇培育工作的通知》。

角、珠三角三大城市群，形成东北地区、中原地区、长江中游、成渝地区、关中平原等城市群。发展一批中心城市，强化区域服务功能。支持绿色城市、智慧城市、森林城市建设和城际基础设施互联互通"[1]。《中华人民共和国国民经济和社会发展第十三个五年规划纲要》进一步强调，要"根据资源环境承载力调节城市规模，实行绿色规划、设计、施工标准，实施生态廊道建设和生态系统修复工程，建设绿色城市"[2]。

广东省经济发达，珠三角在城市建成区的面积和人口两方面，都已成为世界最大都市区，经济转型和绿色发展的需求更为紧迫。2012 年，广东省启动了新一轮"绿化广东大行动"，随后提出建设珠三角国家森林城市群。2016 年 8 月，国家林业局批复了《珠三角国家森林城市群建设规划（2016—2025 年）》。2107 年 6 月，经广东省人民政府审议通过后实施。这是全国首个国家森林城市群建设规划，它的建设目标是：到 2018 年，包括广州、深圳、珠海、佛山、江门、东莞、中山、惠州和肇庆在内的珠三角 9 市全部成功创建国家森林城市，到 2020 年基本建成国家级森林城市群（注释专栏 14-1）。《规划》还提出，到 2020 年，广东省的森林覆盖率要达到 52%，林地绿化率达到 95% 以上，自然湿地保护率达到 85% 以上，生态公益林的比例达到 60% 以上，国家森林城市达标率达到 100%，50% 以上的城镇达到森林小镇的建设标准，形成生态优美、环境宜居、和谐自然的森林城市群落。

注释专栏 14-1　国家森林城市

国家森林城市是指城市生态系统以森林植被为主体，城市生态建设实现城乡一体化发展，各项建设指标达标并经国家林业主管部门批准授牌的城市。中国森林城市建设是在贯彻科学发展观的基础上起步的。早在 2004 年，时任中共中央政治局常委、全国政协主席贾庆林为首届中国城市森林论坛作出"让森林走进城市，让城市拥抱森林"的批示。同时，全国绿化委员会、国家林业局启动了"国家森林城市"评定程序，制定

---

[1] 新华网：《中共中央关于制定国民经济和社会发展第十三个五年规划的建议》，http：//news.xinhuanet.com/fortune/2015-11/03/c_ 1117027676.htm。

[2] 新华网：《中华人民共和国国民经济和社会发展第十三个五年规划纲要》，http：//news.xinhuanet.com/politics/2016lh/2016-03/17/c_ 1118366322.htm。

了《"国家森林城市"评价指标》和《"国家森林城市"申报办法》。2016年8月,国家林业局发布关于《国家森林城市称号批准办法》(征求意见稿)公开征集意见的通知。截至2017年10月,全国获得"国家森林城市"称号的共有137个城市,涉及25个省(自治区、直辖市),其中广东省7个(广州、惠州、东莞、珠海、肇庆、佛山、江门),占5.1%。广东参与国家森林城市建设的还有7个城市(深圳、中山、汕头、梅州、茂名、潮州、阳江),覆盖了省域内一半以上的地级市。

——笔者根据网络资料综合整理

可见,广东省的森林小镇建设是适应国家森林城市建设向城镇和乡村延伸的趋势,并作为乡村城镇化"补短板"的重要措施而展开的。上述背景,决定了广东森林小镇建设有不同于全国其他地区的做法和特色,这是课题组选择广东森林小镇作为调研样本的重要原因。

2017年8月21日至26日,本课题组对广东省森林小镇示范、试点单位开展了专题调研。此次调研由发展中国论坛副主席、课题学术委员会委员、浙江大学土地与国家发展研究院教授王景新带队,发展中国论坛秘书长、课题学术委员会委员庞波,国家林业局场圃总站国有林场发展处处长欧国平等一行6人,在广东省绿化委员会办公室主任、广东省林业厅森林城市建设办公室常务副主任陈庆辉的陪同下,先后深入广东省广州市增城区派潭镇、惠州市惠东县高潭镇、深圳市盐田区梅沙街道办事处、佛山市高明区明城镇、江门市恩平市大田镇等5个"森林小镇"创建地区开展专题调研[1]。调研内容包括:国有林场(森林公园)属地的地方政府关于森林小镇建设的总体规划和部署;试点小镇、国有林场(森林公园)等对森林小镇建设的认识、想法、做法和出现的新情况、新问题及其政策诉求;对下一步森林小镇建设和评价指标的建议。调研方法采取实地考察和召开小型座谈会的形式进行,调研过程中主持召开了5次座谈会(表14-1)。本调研报告的撰写是建立在上述基础上的。

---

[1] 本课题组衷心感谢广东省绿化委员会办公室、广东省林业厅、广东省相关研究机构及调研样本市、县(区)、乡(镇、街办)的各级党委政府、林业和园林局、国有林场、企业、村落等相关单位和所有参与者对本次调研的大力支持。

表 16-1　　　　　　　　广东省森林小镇调研座谈会一览表

时间	地点	座谈会参加人员
2017.8.21	广州市增城区派潭镇大丰门林场	广东省绿委办主任陈庆辉，广东省国有林场和森林公园管理局科长江堂龙，广东省岭南综合勘察设计院院长战国强、广东省岭南综合勘察设计院副院长陈楚民，华南农业大学林学院教授陈丽丽，广州市林业和园林局规划调研处处长杨宏宇，广州市林业和园林局规划调研处科长张盛，区林业和园林局局长、党委书记刘丰，派潭镇人民政府镇长、党委副书记陈健东，区林业和园林局副局长曾勇坚，派潭镇党委委员曹赞新，区绿委办主任赖桉良，区大封门林场负责人陈天生，派潭镇农业技术服务中心主任谭国先。调研组全体成员
2017.8.22	惠州市惠东县人民政府	广东省绿委办主任陈庆辉，广东省国有林场和森林公园管理局科长江堂龙，广东省岭南综合勘察设计院院长战国强、广东省岭南综合勘察设计院副院长陈楚民，华南农业大学林学院教授陈丽丽。调研组全体成员
2017.8.23	深圳市盐田区政府（梅沙街道办事处）	广东省绿委办主任陈庆辉，广东省国有林场和森林公园管理局科长江堂龙，广东省岭南综合勘察设计院院长战国强、广东省岭南综合勘察设计院副院长陈楚民，华南农业大学林学院教授陈丽丽，市林业局规划调研处处长、市林业和园林局规划调研处科长、市城管局园林与林业处副处长黎明，市创森办负责人庄平弟，市创森办办事员周莉，市创森办办事员官婷，盐田区委常委雷卫华，区城管局副局长陈文盛，区城管局林业、王卓勇，区城管局城管科长韩俊永，区城管局林业科长关震，梅沙街道办事处党工委书记吴坤生，梅沙街道办事处党工委副书记李畅宇，梅沙街道办城管科长卢浩。调研组全体成员
2017.8.24	佛山市高明区明城镇（云勇林场）	广东省林业政务服务中心副主任李涛，广东省国有林场和森林公园管理局科长江堂龙，广东省岭南综合勘察设计院院长战国强，广东省岭南综合勘察设计院副院长陈楚民，华南农业大学林学院教授陈丽丽。调研组全体成员
2017.8.25	江门市恩平市大田镇（河排林场）	广东省林业政务服务中心副主任李涛，广东省国有林场和森林公园管理局科长江堂龙，广东省岭南综合勘察设计院院长战国强，广东省岭南综合勘察设计院副院长陈楚民，党组书记、局长陈斅，党组成员、副局长陈军，绿化科科长赵真庆，副市长劳沈川，林业局局长朱明君，大田镇镇委书记冯锡谋，大田镇镇长张玉婷，河排林场长冯诚泽。调研组全体成员

第一节　广东省森林小镇建设的总体状况

　　2016 年 12 月，广东省启动了森林小镇示范镇试点建设工作，确定首批 12 个森林小镇示范镇进入试点建设。其中包括生态旅游、岭南水乡、休闲宜居等三种类型（表 14-2）。2017 年 6 月 2 日，经广东省人民政府同意，印发了《广东省林业厅关于大力推进森林小镇建设的意见》及相关评价标准和工作方案。这份文件早于2017年7月4日发布的《国家林业局办公室关于开展森林特色小镇建设试点工作的通知》。

表14-2　　　　　　　广东省首批森林小镇示范、试点镇

序号	示范试点镇	所属市、县（区）	建设类型
1	派潭镇	广州市增城区	生态旅游型
2	南澳街办	深圳市大鹏新区	生态旅游型
3	三灶镇	珠海市金湾区	岭南水乡型
4	南山镇	佛山市三水区	生态旅游型
5	清溪镇	东莞市	休闲宜居型
6	东凤镇	中山市	岭南水乡型
7	横河镇	惠州市博罗县	休闲宜居型
8	那吉镇	江门市恩平市	生态旅游型
9	凤凰镇	肇庆市鼎湖区	生态旅游型
10	后宅镇	汕头市南澳县	生态旅游型
11	上举镇	梅州市平远县	生态旅游型
12	钱排镇	茂名市信宜市	生态旅游型

集中反映广东省森林小镇建设工作方案、要求和相关规定的文件，当属《广东省林业厅关于大力推进森林小镇建设的意见》。这份文件规定了全省森林小镇建设的"总体要求""建设类型与任务""申报程序""动态管理""保障措施"等内容，此外，还有《广东省森林小镇评价指标》《广东森林小镇建设工作方案》《广东省森林小镇申报表》三份附件。广东森林小镇建设"总体要求中"提出的目标是"'十三五'期间，全省要建成200个森林小镇，珠江三角洲地区认定数量要达到50%以上"。广东省森林小镇示范试点分为三种类型，即"依托城镇建成区的森林绿地，以满足城乡居民日常休闲、健身锻炼、文化娱乐等需求为目标"的休闲宜居型森林小镇；"依托丰富的生态旅游资源，以促进城镇绿化发展、壮大森林生态旅游为目标"的生态旅游型森林小镇；"依托城镇乡村的河湖水系等湿地景观，以保护岭南独特的水乡风貌、重构绿色生态水网为目标"的岭南水乡型森林小镇。广东省森林小镇评价指标分为"通用指标"

和"特色指标"两大类，共18项二级指标，其中，通用指标12项，特色指标6项，其评价要求是：所有的森林小镇必须满足全部通用指标的要求。特色指标只要求不同类型的森林小镇分别达标，其中：休闲宜居型森林小镇满足街道绿化率和人均公园绿地率两项特色指标；生态旅游型森林小镇满足生态旅游场所和生态旅游配套设施两项特色指标；岭南水乡型森林小镇满足湿地保护率和湿地公园两项特色指标（注释专栏14-2）。

注释专栏14-2　广东省森林小镇评价指标（摘要）

（一）通用指标

1. 森林覆盖率：山区（即林地率≥60%）达50%以上；半山区和丘陵区（即20%≤林地率<60%）达30%以上；平原区（即林地率<20%）达15%以上。湿地面积占镇域面积5%以上的镇，在计算森林覆盖率时，扣除超过5%的湿地面积计算森林覆盖率。

2. 新增造林绿化面积：认定前两年累计新增造林绿化面积占镇域总面积的0.5%以上。

3. 生态公益林比例：休闲宜居型森林小镇和岭南水乡型森林小镇生态公益林比例不低于30%；生态旅游型森林小镇生态公益林比例不低于45%。

4. 镇区绿化覆盖率：达到30%以上。

5. 休闲游憩绿地建设：镇区建有多处以各类公园为主的休闲绿地，使居民出门500米有休闲绿地；镇域范围内建有森林公园、湿地公园或其他面积10公顷以上的郊野公园等生态旅游休闲场所2处以上。

6. 乡村绿化：建有县级以上乡村绿化美化示范村、宜居社区示范点或生态文明建设示范村等具有相关称号的社区、村庄3个以上。

7. 水岸林木绿化率：达80%以上。

8. 义务植树尽责率：达85%以上。

9. 重大案件数：认定前两年，无发生严重非法侵占林地、湿地、绿地，破坏森林资源，滥捕乱猎野生动物等重大案件。

10. 科普宣传：在森林公园、湿地公园、植物园、动物园、自然保护区的开放区等公众游憩地，设有专门的科普小标识、科普宣传栏、科普馆等生态知识教育设施和场所。每年举办镇级生态科普宣传活动3次以上。

11. 古树名木保护率：达100%。

12. 资金投入比例：认定当年，用于绿化造林的资金不低于一般财政总支出的1%。

(二) 特色指标

1. 街道绿化率：达95%以上。

2. 人均公园绿地面积：达11平方米以上。

3. 生态旅游场所个数：镇域内建有1处以上森林生态旅游示范基地或县级以上森林公园、湿地公园、自然保护区等生态旅游场所。生态旅游场所空气负离子含量达1000个/立方厘米以上。

4. 生态旅游配套设施：生态旅游场所可进入性好，道路畅通，旅游标识清晰；总接待床位不少于500张，总接待餐位不少于500个。

5. 自然湿地保护率：达60%以上。

6. 湿地公园个数：修复水系水景，形成亲水环境，增强岭南水乡特色，至少建设县级以上湿地公园1处。

——资料来源于广东省林业厅提供的文件

按照上述标准，至2017年9月末，广东省林业厅组织专家，对各地申报的森林小镇展开评审、核验并征求省发改委、财政厅、住房城乡建设厅的同意，认定和公布了38个镇（乡、街道）为广东省首批森林小镇（注释专栏14-3）。

注释专栏14-3　广东省首批森林小镇名单（2017年9月）

广州市增城区派潭镇、增城区正果镇、花都区梯面镇、南沙区黄阁镇。

深圳市盐田区梅沙街道、大鹏新区南澳办事处。

珠海市金湾区三灶镇。

汕头市南澳县后宅镇。

佛山市高明区明城镇、三水区南山镇。

韶关市乐昌市九峰镇、南雄市帽子峰镇、始兴县深度水瑶族乡。

河源市东源县康禾镇。

梅州市梅江区金山街道、梅县区石扇镇、平远县上举镇。

惠州市博罗县横河镇、龙门县蓝田瑶族乡。

东莞市东城街道、道滘（jiào）镇、清溪镇。

中山市南朗镇、板芙镇、古镇镇、南头镇。

江门市恩平市那吉镇、恩平市大田镇、台山市川岛镇、新会区崖门镇。

阳江市阳东区东平镇、阳春市春湾镇。

茂名市信宜市钱排镇、高州市根子镇。

肇庆市鼎湖区凤凰镇。

潮州市潮安区文祠镇、饶平县上饶镇、潮安区赤凤镇。

——资料来源：广东省林业厅

总体来看，广东省森林小镇建设的有如下特色：

（一）广东省森林小镇建设的目标追求更宽泛、更宏大

广东省林业厅与国家林业局提出的森林小镇建设目标并不完全一致。国家林业局的文件在森林小镇"建设目的"中阐述："森林特色小镇是指在森林资源丰富、生态环境良好的国有林场和国有林区林业局的场部、局址、工区等适宜地点，重点利用老旧场址工区、场房民居，通过科学规划设计、合理布局，建设接待设施齐全、基础设施完备、服务功能完善，以提供森林观光游览、休闲度假、运动养生等生态产品与生态服务为主要特色的，融合产业、文化、旅游、社区功能的创新发展平台。""开展森林特色小镇建设"目的在于"提高国有林场和国有林区吸引和配置林业特色产业要素的能力，推动资源整合、产业融合，促进产业集聚、创新和转型升级"；推动"国有林场和国有林区改革，助推林场林区转型发展，改善国有林场和国有林区生产生活条件、增加职工收入、增强发展后劲"；"促进林业供给侧结构性改革，……着力践行习近平总书记提出的'绿水青山就是金山银山'等新发展理念"。广东省的文件强调："适应森林城市建设向城镇和乡村延伸的趋势，融合森林、绿地湿地资源，统筹城镇和乡村生态建设，保护自然生态风貌，促进均等化生态服务，弘扬乡土生态文化，打造宜居生态环境，满足人民群众生态需求，实现镇域经济、社会、生态、文化协调永续发展。"显然：国家林业局的森林小镇建设的重心在于国有林场改革、林区经济发展方式转型；广东省森林小镇建设的重

心是森林城市群的体系化建设、统筹城乡经济生态文明建设和永续发展。应该说，广东省森林小镇建设的目标追求的范围更为广阔、目标更为宏大。但是，将"森林小镇"内涵的边界扩大到整个建制镇（乡、街办）所辖行政区域，建成的是森林小镇，还是森林乡镇，需要理论上更深入的讨论。

（二）广东省森林小镇建设的工作重心是乡村集镇"存量"改造，而非小城镇"增量"建设，强调建制镇（乡、街办）全域绿化和打造绿色镇域经济新格局

广东省首批认定的38个森林小镇中，32个建制镇、2个乡、4个街道办事处。这样做，一是囿于住房和城乡建设部、国家发展和改革委员会、财政部关于"特色小镇原则上为建制镇（县城关镇除外），优先选择全国重点镇"的相关规定[①]；二是适应广东省森林小镇建设的目标追求。广东省森林小镇的三种类型，就其创建路径和呈现形式而言，都是以现有建制镇（乡、街办）为单元，整合域内的森林资源（包含域内国有林场或森林公园等）、水库和湿地资源，以及集镇建设和美丽乡村建设的成果，采取林区、集镇和村庄联动的方式，使全域的森林生态指标、特色产业、集镇规模、旅游功能等方面的指标，达到森林小镇规定的要求。

（三）森林小镇建设已经成为各市、县（区）对接森林城市建设、促进山区发展和乡村振兴的重要抓手之一

《广东省森林小镇建设工作方案》要求："各县（市、区）人民政府要认真贯彻落实经省人民政府同意的《广东省林业厅关于大力推进森林小镇建设的意见》精神，把森林小镇建设作为一件大事来抓，统筹协调全县森林小镇建设……"在这样的氛围下，各市、县（区）党委、政府都把森林小镇建设作为森林城市建设的重要部分来抓。比如：（1）广州市已进入国家森林城市序列，该市《森林小镇建设规划（2017—2020年）》（征求意见稿）面向社会征求意见，引导公众对森林小镇建设的广泛讨论和参与。该市增城区科学规划、统筹布局森林小镇和生态文明建设，全区林地面积达到118.4万亩，占广州市林地总面积的27%，森林覆

---

① 参见住房城乡建设部、国家发展改革委、财政部《关于开展特色小镇培育工作的通知》。

盖率55.89%，建城区绿化覆盖率42.71%，建城区绿地率36.80%，人均公共绿地面积22.49平方米。至2017年9月末，增城区派潭镇和正果镇、花都区梯面镇、南沙区黄阁镇等4镇，已经被认定为广东省是首批森林小小镇。(2) 惠州市也已进入国家森林城序列。该市惠东县计划至2018年建成高潭、巽寮、港口、平山、平海等5个森林小镇，其中，高潭是中国共产党早著名农民运动领导人彭湃领导农运的红色基地，2016年8月，惠州市委、市政府发布《高潭革命老区"建成三个基地、办好十件实事"实施方案》，要把高潭建成"全国爱国主义教育基地、全国党史教育基地、特色产业基地"和实现"绿水青山就是金山银山"目标，环境优美、社会和谐的宜居宜业宜游的森林乡镇（注释专栏14-4）。(3) 深圳市盐田区承接珠三角森林城市群建设工作，在23.96平方公里的规划建设用地上，建成大小公园63座，建成绿道253公里，辖区森林覆盖率达到65.62%，建成区绿化覆盖率44.6%，19.5公里的海岸线被誉为"中国最美八大海岸线"之一。该区梅沙街道已建成森林小镇。(4) 佛山市自2013年以来，按照建设珠三角国家森林城市群的战略要求，投资86.15亿元建设国家森林城市，全市森林面积达到160.35万亩，市域森林覆盖率36.3%、建成区绿化覆盖率40.98%、建成区人均公园绿地面积14.67平方米，40项指标均达到或超过国家森林城市评价指标要求，顺利进入国家森林城市序列。该市将森林小镇建设纳入全市创建森林城市工作方案，作为全市"创森"新增的工作内容，至2017年9月末，该市三水区南山镇、高明区明城镇已被认定为广东省首批森林小镇。(5) 江门市也是国家森林城市之一，在"创森"工作中积极推进森林小镇建设，至2017年9月末，该市恩平市那吉镇和大田镇、台山市川岛镇、新会区崖门镇等4镇，已被认定为广东省首批森林小镇。

注释专栏14-4　创建中的惠东县高潭森林小镇

高潭镇位于惠东县东北山区，镇域土地总面积196平方公里，其中山地面积174.3平方公里（26.15万亩），占镇域总面积的88.93%。镇区距离惠东县城98公里、惠州市区134公里。该镇辖13个村和1个社区，其中11个行政村先后获得"惠州市生态示范村"称号，全镇总人口1.8万人，耕地面积13470亩。镇区内森林覆盖率为88%，山地面积中，可开发利用面积13万亩，占山地面积的49.7%，农业、林业发展潜力大。2016

年，全镇实现地区生产总值5.19亿元，财政收入2000多万元，农民人均可支配收入11141元。2017年上半年，全镇固定资产投资3亿元，同比增长544.4%。

高潭是东江地区革命斗的发源地之一，被称为"广东的井冈山"。1922年秋，被毛泽东主席称为"农运大王"的中国农民运动领袖彭湃到高潭点燃了农民运动的烈火。1923年，高潭全区24个乡成立了农会。1925年，成立了中国共产党特别支部。1927年秋，中共东江特委、东江革命委员会先后迁至高潭中洞办公；同年10月，南昌起义部队到高潭中洞整编，并先后在中洞建立了我军历史上最早的兵工厂、军装厂、印刷厂、红军医院、红军俱乐部，中洞在东江革命史上被誉为"东江红都"。1927年11月11日，高潭成立了全国第一个区级苏维埃政府。1945年，海丰、陆丰、惠阳、紫金、五华五县边区民主政府在高潭成立。为加快革命遗址保护与修复，还原"东江红都"的历史面貌，惠东县成立了"海陆丰革命老区振兴发展工作领导小组"，制定了《广东海陆丰革命老区惠东振兴发展规划（2016—2020）》《惠东县落实广东省海陆丰革命老区开发建设方案》。惠州市委、政府也加大了支持高潭镇域经济发展的支持，加快了高潭镇经济社会发展。

2017年，高潭镇启动了森林小镇创建工作，主要做法是：（1）环境整治，优化生活环境。高潭镇投资200余万元，开展新联河、黄沙河、中洞河等河道的清淤绿化；投资3200余万元开展中洞河景观改造、黄沙河景观整治工作；投资1700余万元建设圩镇生活污水处理厂和污水管网配套建设，已建成7个村的生活污水处理设施；投资800万，新增1个垃圾处理站、13个垃圾屋、15个垃圾分类亭、143个垃圾池和其他环卫设备。在上述新建项目的同时，推进全镇畜禽养殖污染综合整治工作。（2）红色文化及配套旅游设施建设。预计总投资4.25亿元，其中，投资2.5亿元建设惠州市委党校高潭校区；投资5745万元重建、改建高潭革命老区历史陈列馆、纪念堂；投资6280元建设高潭老区马克思街、改建列宁街及其停车场等配套设施；投资5500万元修复和建设高潭中洞百庆楼等15处革命遗址及旅游配套设施。（3）培育绿色产业，增添镇域发展动力。其一，封山育林、扩大生态公益林、改造桉树等速生林，鼓励企业和农户种植经济林，保护森林资源；其二，用好森林产业，林区主要树种为桉树，木材产量为10万立方；其三，发展茶产业，规模约有5000亩，规划联动森林小镇区域外的其他山地区域，共同建设茶文化产业园和生态旅游区；其四，规划建设森林公园；其五，发展绿色新能源产业，一是建设农业光伏生态产业园，该产业园占地2000亩，总投资2.5亿元，装机容量为30MW，年均发电量为3468.66万 kW·h；二是建设高潭抽水蓄能电站观光项目。这些做法，融合了支持革命老区加快发展和森林小镇建设的政策措施和机制。我们相信，不久，高潭森林小镇将以崭新的姿态展现在人们面前。

——资料来源于笔者根据本课题组调查座谈材料和笔记整理

第二节　广东森林小镇的类型、建设路径、投资和产业特色

广东省森林小镇示范试点建设的休闲宜居、生态旅游、岭南水乡等三种类型，是从小镇建设所依托的资源优势、目标及其需要体现的特色和功能来划分的。如果从森林小镇的核心区域、辐射范围、建设路径和产业特色而言，大体上也可以分为三种类型，即国有林场场部及工区、森林旅游和康养基地、岭南特色村落叠加的森林乡镇；城市外围森林旅游基地与街区森林人居环境统一规划、建设和管理的森林街办；森林圩镇、森林公园、森林休闲度假区、森林村庄、森里田园"五位一体"的森林乡镇。

一　国有林场场部及工区、森林旅游和康养基地、岭南特色村落叠加的森林乡镇

第一种类型是国有林场改革和经济转型发展过程中，利用原国有林场场部的存量建筑和建设用地，通过维修、改建、扩建，新建成旅游基础设施和一二三产业融合发展的生产设施，同时利用国有林场工区的森林资源及周边农村的特色资源，建设森林旅游基地、健康疗养基地，集聚人口和产业，形成森林小镇的核心区域；再以此为圆心，向镇域内的岭南特色村落建设拓展。三方面的建设成果叠加成森林乡镇。广州市增城区派潭镇、佛山市高明区明城镇等，就是通过这样的路径建成森林小镇的。

派潭森林小镇的建设路径、投资和产业特色

派潭镇经济发展和小城镇建设基础好（注释专栏14-5），镇域内资源森林和旅游资源丰沛，是广州东北部生态屏障、珠三角的"绿肺"，其中国有大封门林场（广州市增城区属）的森林资源和旅游资源特色鲜明，国有林场转型发展成效明显。这些有利条件融入派潭镇森林小镇创建工作之中，形成了以大封门林场白水寨风景区为核心，逐步衍生出锦绣温泉城、香江健康山谷等独具特色的森林产业项目，外围联合邓村石屋等传统村落的资源禀赋，"同心圆"式层层铺开的森林小镇。

注释专栏14-5　派潭镇经济社会基本情况

派潭镇位于广州市增城区东北部，是全国特色景观旅游名镇、中国十大文化休闲旅游镇。镇域总面积289.5平方公里，常住人口8.5万，辖36个行政村和1个居委会，是增城区最大的山区镇，镇域内国有大封门林场（增城区属）批建面积32平方公里（4.8万亩）。全镇森林用地总面积35.3万亩，其中有林地面积29.6万亩，森林覆盖率为81.3%，其中生态公益林18.1万亩（包含国有大封门林场生态公益林4.72万亩），占全镇有林地总面积的61.1%。全镇休闲游憩绿地81个，人均绿地面积18.6平方米。区域内有中国大陆落差最大的高山瀑布——白水仙瀑布。建成广州市最早的绿道66.6公里。

——资料来源于本课题组调查座谈笔记

1. 建设路径：国有林场转型、森林旅游产业开发与岭南特色村落建设联动

（1）国有林场转型。大封门林场位于派潭镇高滩境内，林场成立于1983年5月，辖大封门、西坑、佛坳、白水寨等4个护林站。林场工区原为采矿区，水土流失严重，经过20多年的封山育林及多次补植、套种，形成了现有林象整齐的原生态林区。2000年10月，经广州市林业局批准，建立大封门森林公园，批建面积4.8万亩，其中生态公益林面积47163亩，森林覆盖率达97.4%，70%为天然阔叶次生林。2015年下半年，大封门林场围绕"保护生态、保障职工生活"两大目标启动改革。目前，该林场改革任务基本完成，为公益一类事业单位，主要功能定位于

保护培育森林资源、维护国土生态安全和提供生态公益服务，林场告别了砍树为主的生产经营模式。2016年，编制森林公园和森林小镇发展规划，助力属地派潭镇森林小镇建设。目前，大封门森林公园已经对外开放，林场场部职工住房、办公用房、食堂、招待所等建筑已经修缮一新，具备了旅游接待能力。另外，与林场场部一墙之隔的香江健康山谷（注释专栏14-6）集聚1000多人口，加上林场场部近邻的背阴、下九陂、榕树下、东洞、高滩（中心村）等6村的民居建筑群、产业和3000人口，形成了一个以大封门林场场部和香江健康山谷的建筑群为中心，向外延伸至白水寨风景区和大封门森林公园，有一定规模的建筑群、人口、森林特色产业、旅游服务和社区功能的森林小镇核心区域。

注释专栏14-6　香江健康山谷

香江健康山谷位于广州市增城区北部山区的派潭镇，与国有大封门林场比邻，为锦绣香江温泉城旗下健康产业。区域内林木终年繁盛，空气中负离子含量达14.1万个/立方厘米，为华南地区之最。香江健康山谷建设用地是高滩村土地征用，企业经国土局拍卖而得使用权，于2010年5月建设完工并开始试营业，2011年5月正式开放。香江健康山谷温泉度假酒店，按国际七星级酒店标准、融合欧式独特简约建筑风格，有268间各类客房，谷内建有养生别墅群，是南中国顶级生态私密园林，有中医养生温泉区等康养设施，也是国家中医"治未病"研究基地服务示范点，聘请广东省中医院医师定期坐诊，主要服务为面向老年群体的中医仪器预防检测，另开辟谷项目、养生枕、养生茶等周边产业。

——资料来源于本课题组实地调查

（2）森林旅游产业开发。白水寨风景区（4A级）是在大封门林场白水寨护林站的基础上发展起来的。白水寨护林站所辖区域山高林密，雨量充沛，拥有原始森林、浅滩湿地、峡谷天池等广东省罕见的自然生态资源，山林空气中的负离子含量高达11.25万个/立方厘米，被誉为"天然氧吧"。大封门林场将这一资源租赁给旅游公司经营，每年收取资源使用费（定租）580万元。据景区介绍，2016年，白水寨风景区游客60万人次（不含免票），门票价格为60元/人，除去半票及免票，大约每人次的门票收入为40元。2016年，白水寨风景区合计门票收入约3700万元。景区共有管理人员115人，除去员工工资和其他运行成本，上缴利润1100万元，其中支付大封门林场的资源使用费580万元；剩余经费分别支付增城区和派潭镇政府相关管理部门和水电站（为白水寨景区瀑布供水）的管理费提成。白水寨风景区日常游客量为1000—2000人，意味着景区每天在此生活的人口近似于一个小集镇的规模。

（3）岭南特色村落建设联动。邓村村民委员会位于派潭镇东南部，村域国土面积2.7平方公里，辖5个合作社（村民小组），303户1276人，其中石屋合作社49户285人。石屋自然村是一个客家村，清乾隆中期建村，至今已有240多年的历史，是广州市为数不多、增城区保存最完整的客家围龙屋之一，留存有历史建筑70多间（注释专栏14-7）。2015年初，石屋自然村被广州市增城区选定为岭南特色村落建设试点村。派潭镇利用番禺区对口帮扶美丽乡村建设资金1000万元，对石屋社的旧祠堂、古碉楼等文物保护单位及古建筑进行修缮，同时整合石屋社"林、田、塘、溪、屋"资源，招商选资、引进广东盟润建设发展有限公司，投资2000万元，按照"岭南古村、客家石屋、田园人家"的主题定位，建设以岭南乡村文化体验为主题的休闲度假目的地。该项目2016年8月6日正式动工，至笔者调查日，邓村村石屋社岭南特色村落建设已现雏形。

类似于石屋岭南特色村落建设，同时在全镇展开。2013—2015年，派潭镇投入1504万元，完成全镇15个村庄的绿化美化和环村绿化带建设，其中3个村为增城区美丽乡村建设示范点。

注释专栏14-7　派潭镇邓村村石屋社的村落布局与历史建筑

石屋村民的祖先与太平天国著名将领石达开有渊源，村落建筑既有客家文化体现，也受到军事文化的影响。石屋的村头村尾各建一座门楼，整村布局类似一个大型、封闭的四合大院，院内民居布局以威武堂为中轴，左右各建一路3座民宅，民宅左右5条纵巷，前后有3条横巷分隔，靠左边民宅建有砖木石结构的6层高的炮楼（碉楼），炮楼内除了阁楼、书房、射孔以外，一楼还有水井、仓储间，危难时可以容纳全村居民避险、避乱。垂直于门楼处建有一排9间民宅，其后是一排20间民宅。民宅结构均为悬山顶、人字山墙、灰塑屋脊，屋面盖瓦，灰砖砌墙，村内民宅间间相连、排排相接，成带状连绵不断，至今保存较为完整。

——资料来源于本课题组实地调查

2. 建设资金：自筹为主，财政为辅、市场运作

派潭镇森林小镇建设经费主要来源于镇级自筹（表14-3）。近三年来，派潭镇森林小镇建设投入有所增长，由2014年的585.63万元增加到2016年的1207.76万元，其中市级财政资金投入三年来的占比分别为30.87%、5.5%和22.7%。此外，派潭镇在森林小镇建设过程中招商引资，与企业多层次、宽领域合作，激活市场主体的力量为森林小镇可持续发展奠定基础，其中的典型案例如上所述的白水寨风景区的建设和石屋岭南特色村落的建设。

表14-3　　　　派潭镇2014—2016年森林小镇建设投入　　　　（单位：万元）

	2014年	2015年	2016年
总资金投入	585.63	1895.99	1207.76
其中：财政资金	—	—	—
其中：中央	—	—	—
省级	—	—	—
市级	180.78	103.64	274.16
自筹资金	404.85	1792.35	933.6
社会资金			

3. 产业特色：镇域绿色产业群块状集聚

在森林小镇创建过程中，派潭镇形成了以生态旅游、康养产业为核心的全域性绿色产业群，包括：以大封门国家森林公园、香江健康山谷、白水寨风景区、高滩中心村等为核心区域的生态旅游、健康疗养产业群；以邓村石屋岭南古村落为核心区域的岭南特色乡村旅游产业群；加上目前正在推进建设的白水寨健康小镇，以及森林海欢乐水城、金叶子温泉酒店健康服务区、三英温泉酒店二期、香江健康山谷三期康复疗养中心等项目，将形成新的块状集群。

派潭镇旅游产业发展较快，至笔者调查日，派潭镇已经建成星级酒店7家，其中五星级4家，建成万家旅舍163家，总接待床位超过3000张，

总接待餐位30000个。2016年，派潭镇全镇共接待游客596万人次，实现旅游收入16.8亿元，同比增长10.2%和7.2%。2016年，全镇地区生产总值19亿元，其中林业产值5500万元，占镇域总产值的2.9%，一般预算财政收入9000多万元。农民人均可支配收入1.5万元。一个以森林旅游、健康疗养为主体的旅游产业链正在形成，并逐渐成为派潭镇森林小镇建设的特色标杆、镇域绿色生态经济发展主引擎。

4. 佛山市高明区明城镇森林小镇建设路径和产业特色

明城镇的森林小镇建设路径与派潭镇大同小异。该镇自2016年启动森林小镇建设以来，全镇累计新增造林面积101公顷，占镇域总面积的0.6%，镇内森林面积由2016年的10025.9公顷，增加至10126.9公顷，森林覆盖率上升至60.3%，圩镇镇区绿化覆盖率为42%，人均绿地面积达16平方米，实现主要街道绿化率100%，镇区居民出门500米内有休闲绿地的目标。2017年9月末，明城镇被广东省认定为首批森林小镇。明城森林小镇及其产业特色，突出地体现在黉（hóng）宫文化与绿城宜居的叠加（注释专栏14-8）。

注释专栏14-8　佛山市高明区明城镇基本情况

明城镇位于珠江三角洲西部，是佛山市高明区中心腹地。全镇总面积186.5平方公里，辖1个居委会、11个村委会、150个自然村，总人口58000多，户籍人口42244，是国家小城镇经济综合开发示范镇、著名侨乡，也是广东的省级中心镇之一。

明城镇始建于公元1475年，历史悠久，崇文重教，文人学士辈出，早在明清时期就建立了黉宫教育机构，涌现出如南宋淳熙年间名士谭惟寅，"岭南诗派"代表人物"区氏三杰"，清朝《劝世良言》作者梁发，近代著名无产阶级革命家谭平山、谭植棠、谭天度等一大批优秀人才，是国家教育强镇。1890年，明城镇"黉宫"代表建筑、由东洲寺改建而成的东洲书院，中国近代史上赫赫有名的"高明三谭一陈"均在此求学。

——资料来源于本课题组实地调查

明城镇森林小镇建设中，圩镇改造和镇域绿化、美化的建设资金来源主要依靠市、区和镇本级财政投入。2016年，明城镇总投入1709.83万元,着重开展圩镇增绿护绿工程,镇全域新增造林、水岸绿化、广场绿地建设方面。

明城镇森林公园建设包含域内云勇国有林场改革和森林公园建设、泰康山森林休闲度假区的建设,主要依靠国有林场自有资金、社会资本和工商资本的参与。云勇林场2016年启动改革,定位为一类事业单位,实行"三块牌子(云勇林场、广东云勇森林公园、佛山市云勇生态养护中心),一套人马"的运行机制(注释专栏14-9)。目前,林场场部旧建筑已经改建、扩建完成,与周边农村同步建起来的民宿、农家乐等设施一道,具备了一定的旅游接待能力;森林公园内已建成18个功能区,分布有野生微管植物134科335属520种,野生动物47种,其中国家Ⅰ级、Ⅱ级保护动物16种;合理利用林地和森林资源,建成山峰景观、花海景观、水体景观动植物资源景观的旅游景观线路和节点;同时,建成18公里森林步道、8个森林旅游驿站和体验营地。总之,云勇林场已有森林小镇雏形,小镇森林生态辐射"两市四镇"(高明区明城镇、更合镇、杨和镇和江门市鹤山宅梧镇)的居民,2016年全年游客量8万人次。

注释专栏14-9　云勇国有林场发展简要历程

云勇林场是佛山市属的唯一国有林场,管辖面积为30117亩,其中省级公益林面积为29167.5亩,占总面积的96.8%,森林覆盖率为95.7%,是佛山市最大、森林生态系统最完整的城市绿肺。

云勇林场始建于1958年,曾被评为全国国有林场500强、100佳单位。1993年,经广东省林业厅批准建立"广东云勇森林公园(省级)"。2001年,按照国有林场分类经营改革意见将林场定位为"生态公益林场"。2002年,林场开始3万亩公益林改造,促进林场林木多样化。

目前,云勇林场核定人员编制40人,雇员20人(主要为聘请护林员,工资为财政支付,属于政府购买服务)。经费由财政拨付,各项基础设施建设列入同级政府预算。

——资料来源于本课题组实地调查

泰康山森林公园也是在国有林场的基础上发展起来的。2006年,明城镇引入工商资本,租用本镇石塘村的集体林地,开发旅游业,已经建设成为集"运动养生、旅游度假、商务会议"多功能为一体的森林生态旅游度假园区。该度假区中,森林公园总面积为4275亩,公园森林覆盖率为78%;度假区内山水资源丰富,水面面积1000亩,其中山水长廊素有高明"小漓江"之称;度假区中最具特色的为占地总面积1800平方米古瑶寨遗址,正在挖掘其独具瑶族特色的旅游文化区块。2016年,森林公园旅游人次20万左右。2017年,园区进行休闲娱乐设施的升级改造,提升民俗和酒店服务业,为申报4A级景区奠定基础。度假园区可以辐射石塘村村民(600人的自然村)。距离园区南边1公里正在开发占地300亩的恒大地产高端社区,于2017年10月上市。这些条件,有利于康泰度森林生态旅游度假园区集聚为明城森林小镇的核心区域。

二 城市外围森林旅游基地与街区森林人居环境统一规划、建设和管理的森林街办

第二种类型是在森林城市发展与森林小镇建设相结合的产物。城市街办建成森林小镇,最困难、最重要的建设任务:一是以市区外围生态屏障和水源涵养地带的森林资源修复、保护为核心的生态网络体系建设;二是街区森林人居环境体系建设——包括街道风貌和环境卫生整治、社区公园建设和建筑物立体绿化、景观大道和绿道建设。深圳市盐田区梅沙街道办事处利用自身的区位优势,对域内森林资源保护利用、旅游基地、会议及商贸服务精品板块、森林街区和品质社区等统一规划、建设和管理,建成了广东省首批森林小镇之一(注释专栏14-10)。截至2017年9月末,梅沙街办全域18.19平方公里的总面积中,森林用地面积1273.2公顷,其中有林地面积1166.34公顷,森林覆盖率69.98%。街区绿地总面积1351.05公顷,绿地率74.26%,绿化覆盖率68.15%;辖区内有公园16个(包括大梅沙海滨公园和东部华侨城等4个专类公园、东海岸社区公园等11个社区公园和1个自然公园),公园总面积1173.02公顷,其中人均绿地和公园面积118.55平方米。街道内有愿望湖、上坪水库和叠翠湖,湿地总面积76.27公顷。说梅沙街道办事处是一个全域性的森林街办毫不为过。

注释专栏 14-10　梅沙街道经济社会发展历史和现状

梅沙街道地处深圳市区东部，东临大亚湾，西接盐田港，北与龙岗区接壤，南与香港隔海相望，依山傍海，距离市区25公里。街办辖大梅沙、小梅沙、滨海、东海岸等4个社区，常住人口约2.2万，其中户籍人口5190人。

梅沙街道的前身是一个农业生产大队，隶属于当时的沙头角管理区盐田街道办事处。1983年从盐田街道办事处分离出来，成立梅沙街道办事处。1990年更名为深圳市罗湖区梅沙街道办事处，1998年盐田区成立后，隶属于盐田区。近年来，梅沙街道高端产业发展迅猛，万科中心、中兴通讯学院、华大基因等一批具有国际影响力的企业纷纷入驻梅沙，形成了以总部经济、会议经济、高端旅游业、娱乐休闲业、商贸服务业为主体的绿色经济发展模式。2016年，梅沙街办工业总产值24063万元。

——资料来源于笔者根据调查笔记整理

1. 建设路径：森林生态网络体系与品质社区统一规划、建设和管理

按照广东省绿委办、林业厅组织专家评审通过的《深圳市梅沙街道森林小镇建设规划（2016—2020）》，梅沙街道办事处的森林小镇定位是集资源保育、森林康养、旅游观光、休闲购物、科普教育等多功能于一体的独具海滨特色的生态旅游型森林小镇，建设布局为"一岸一屏、一带一网、四核多星"的精品板块，即一岸，梅沙街办南部浅海、海岸、沙滩及边坡绿化、美化，打造海岸绿色风景线；一屏，梅沙街办北部森林资源构成的绿色生态屏障，主要进行森林质量的提升，建设梅沙乃至深圳市区的绿色屏障；一带，梅沙街办中部自西向东的森林资源构成的绿色生态服务带；一网，依托梅沙街办现有道路、绿道和森林资源，建设生态绿色廊道网络；四核，指大梅沙公园、小梅沙度假村、小梅沙海洋世界和东部华侨城4个著名旅游景点组成的旅游核心；多星，指梅沙街办街区内的森林公园、湿地公园、专类公园、社区公园等绿色生态节点。

森林生态网络体系建设是梅沙街办森林小镇建设的重点，包含森林生

态体系建设、森林人居环境建设、森林生态旅游业建设、森林生态文化和森林生态标识系统建设等5大体系。其中，森林生态体系建设包括林地和森林资源保护、森林质量提升、生态公益林优化、海底森林公园建设、自然保护小区建设和完善；森林人居环境建设包括街道风貌整治、环境卫生整治、社区公园建设、绿道建设、绿色生态水岸建设、立体绿化和景观大道建设；森林生态旅游设施建设包含湿地公园、森林健康旅游、村市厨房、自然课堂科普路线、浅海娱乐和购物中心、美食城和空中步道；森林生态文化建设包含了植物名牌、生态标识系统、古树名木保护、森林知识科普和生态文化传播；生态标识系统建设包含识别型标识、导向型标识、解说型标识、管理型标识。

森林生态旅游产业板块和品质社区建设。前者的典型代表如东部华侨城，后者包括梅沙街办所辖4个社区。东部华侨城拥有大量森林资源，是深圳市东北部的生态屏障，也是国家环境保护部和国家旅游局联合授予的首个"国家生态旅游示范区"，是一个集休闲度假、观光旅游、户外运动、科普教育、生态探险等主题于一体的大型综合性国家生态旅游示范区，从森林覆盖率、特色产业定位、森林文化内涵、旅游设施和功能、社区特征以及小城建成区规模、人口及景观等方面衡量，东部华侨城单独即可构成一个很有特色的森林小镇（注释专栏14-11）。

注释专栏14-11　东部华侨城

东部华侨城位于梅沙街道北部森林区，森林覆盖率90%，是深圳市北部的生态屏障。东部华侨城由华侨城集团投资（中央企业），其子公司东部华侨城有限责任公司建设、经营和管理，2007年建成开业，中国国家环境保护部和国家旅游局联合授予其首个"国家生态旅游示范区"。小城占地9.6平方公里，建成区3平方公里左右，建筑容积率0.3%，景区总建筑面积25万多平方米，其中商业运营面积15万平方米。核心区内建成了2个主题公园、茵特拉根小镇等3座旅游小镇和4家度假酒店（3000床位），另有2座36洞山地球场、大华兴寺和天麓地产项目。小城常住人口3600人，其中华侨城工作人员2600人，其余为当地居民——茶农。2016年接待游客370万人次（平均每天约1万人次）。东部华侨城为深圳大都市在提供生态屏障保护、优化城市结构、疏散过度密集的城市人口和提供安全保障方面，越来越显示出它的重要价值。

——资料来源于本课题组实地调查

梅沙街办的4个社区内分布着11座社区公园，楼房（房顶、窗台、墙体）立体绿化初见成效。本课题组考察的万科东海岸社区较典型。该社区占地34.3万亩，其中建筑面积27万亩，容积率0.8%。社区内共有2008户，其中业主1880户，业主入住率约42.6%，其余为游客、投资客租赁。笔者在考察中看到，该社区内绿树成荫，楼房屋顶、窗台绿色植物覆盖，曾在梅沙街办开展的社区"最美阳台"活动中夺魁。社区的垃圾分类、文体文化设施建设、街道日间照料和养老服务等方面也是深圳城市社区的佼佼者，荣获广东省五星级宜居社区。

2. 投资：雄厚的地方财政实力为主要支撑

深圳市盐田区经济发达、财政实力雄厚（注释专栏14-12），只要是合理建设需求，地方财政都"不差钱"。梅沙街道森林小镇建设，除企业投资以外，2015年财政投入为1032万元，2016年投入比2015年增长66.1%，达到1714万元。

注释专栏14-12　深圳市盐田区经济及森林资源状况

2016年，盐田区常住人口22万，户籍人口6.2万。当年全区生产总值537.68亿元，比上年增长8.8%，三次产业比重为0.01：15.25：84.74，人均地区生产总值24.02万元，排名深圳市第三，是同期全国人均国内生产总值（5.398万元）的4.45倍。国税地税总收入83.75万元，一般公共预算收入32.4亿元。居民人均可支配收入4.9万元。

盐田区辖区国土面积小，仅有23.96平方公里，辖区内森林覆盖率65.62%，建成区绿化率44.6%，大小公园63座，建成率达总长253公里，19.5公里的海岸线被誉为中国八大最美海岸线之一。

——资料来源于盐田区委常委雷卫华同志在梅沙森林小镇调研座谈会上的讲话材料

3. 产业特色：总部经济、会议经济、高端旅游休闲和商贸服务为主体的绿色镇域经济

梅沙街道经济体量不大，但产业特色鲜明。一是打造出以"碧海—青山—繁花—健康"为主题，融入观光、摄影、科普、度假、休闲、健身等元素为一体的特色山海旅游品牌，辖区内集中了深圳市著名的大梅沙海滨公园、小梅沙海洋世界、小梅沙度假村，东部华侨城等众多旅游项目，被誉为"黄金海岸""东方夏威夷"，其中"梅沙踏浪"（大、小梅沙）被列入深圳八景，使梅沙成为深圳市乃至广东省独具森林与海滨特色的旅游及休闲胜地，每年接待游客1000万人次以上。二是创新会议、节庆活动的内容，推动旅游业、会议产业和商贸服务业发展。2017年，梅沙街道创立了"爱珊瑚、爱海洋、爱地球"为主题的国际性大型节庆活动——"梅沙国际珊瑚节"暨梅沙国际潜水论坛；此外，举办了国际文化产业博览交易会、深圳（大梅沙）沙滩音乐节、国际风筝节、深港城市建筑双城双年展、"时尚碳币"活动、环保达人评选等一系列大大小小的会议、节庆活动。这些活动吸引游客光临梅沙，形成良性循环、可持续的绿色镇域经济发展态势。

三 森林圩镇、公园、休闲度假区、村庄和田园"五位一体"的森林乡镇

第三种类型是以建制镇（乡）为单元，在镇域绿化、美化等方面下功夫，建成森林圩镇，同时整合域内森林资源，建设森林公园、森林休闲度假区、森林村庄、森林田园，使镇全域的森林覆盖率、圩镇建成区内的绿色覆盖率、休闲游游憩绿地建设、水岸林木绿化率、义务植树尽责率等项指标，达到广东省森林小镇评价指标，建成"五位一体"的森林乡镇。江门恩平市大田镇就属于这一类型。

大田镇是革命老区，森林资源、水资源、地热资源丰富，集镇建设基础较好（注释专栏14-13）。2016年，大田镇政府委托广东岭南规划设计院编制了森林小镇建设规划，启动了森林小镇建设。2017年9月，被认定为广东省首批森林小镇。

注释专栏14-13 大田镇经济社会基本情况

大田镇位于恩平市西部旅游经济走廊的中心地带，锦江河上游，地处

原始森林七星坑口与民间传说"脚踏君子山"的君子山下。镇区距市中心 12 公里，交通便利。镇域土地总面积 374.28 平方公里，其中，河排国有林场（隶属江门市林业和园林局）171.92 平方公里。2016 年末，全镇辖 10 个村委会、2 个居委会，156 个自然村，户籍总人口 31854 人，常住人口 25247 人，其中非农业人口 1936 人。全镇耕地面积 18464 亩，山地面积 51 万亩（其中河排国有林场 25 万亩）。2016 年，全镇地方一般公共预算收入 1556 万元。

该镇境内四面环山，域内山地面积 340 平方公里，占镇域总面积的 90.84%；有林地面积 17400 公顷，其中生态公益林面积达 8376.4 公顷，占有林地面积的 48.14%，全镇森林覆盖率 71.63%。镇域水资源富足，拥有广东十大水库之一的锦江水库（库容量为 4.17 亿立方米）。大田还是恩平地热国家地质公园[①]的核心区域之一，地热资源丰富。大田镇小城镇建设基础较好，曾获得"广东省休闲农业与乡村旅游示范镇""中国最佳生态休闲旅游名镇"等称号，镇政府驻地大田圩镇有一定规模，镇区面积约 2 平方公里，聚集人口 3500 人。

——根据本课题组调查笔记整理

1. 全域绿化、美化，达成森林田园目标。其一，圩镇建成区绿化、美化，建成区绿化覆盖率提升到 40%，超过了广东省关于森林小镇"镇区绿化覆盖率达到 30%"的规定；同时，投入 150 万元，对镇域内的两个圩镇进行街道维修、环境整治和路灯亮化，建设镇级污水处理厂。其二，植树造林，近两年内，镇域内累计植树 101.13 公顷，占镇域总面积 5.2%，达到了广东省森林小镇评价指标中关于"前两年内新增造林绿化面积占镇域总面积的 0.5% 以上"的规定。其三，休闲游憩绿地建设，大田镇投入 150 万元，建成镇区北部（锦江河北岸）250 亩面积的湿地公园，此外还建成茶山坑镇级森林公园，这一指标也超过了广东省的相关规定。其四，乡村绿化，大田镇已经建成中杉、岑那洋、麻行等 3 村，达到了相关指标要求。其五，镇域内的水岸绿化率达到 100%，超过广东省

---

① 广东恩平地热国家地质公园，是中国第一个以地热为主题命名的地热国家地质公园。2005 年 8 月，国土资源部正式批准授牌。恩平地热国家地质公园位于"中国温泉之乡"——广东省恩平市的西北部，面积约 80 平方公里，大体分布于那吉镇、大田镇和良西镇。

"水岸绿化率达到80%以上"的规定。其六，义务植树尽责率达到了90%以上，也超出了广东省的相关规定。

2. 河排国有林场改革和森林公园建设。2016年，河排林场启动改革。林场转型后界定为公益二类、正科级事业单位，核定编制55人，现在编41人，聘用人员31人，离退休人员333人（注释专栏14-14）。目前，河排林场实行分类经营，担负着生态公益林建设和商品用材林培育的双重任务，全场分成7个工区，分别负责营林生产、林木良种生产、护林防火、国有资产资源管理、森林公园和自然保护区管理等项工作。林场经营总面积26.92万亩，林业用地面积24.68万亩，其中生态公益林面积17.02万亩，占林业用地面积的69%；商品林面积7.66万亩，占林业用地面积31%；森林蓄积量60.30万立方米，森林覆盖率77.8%。林场场部开设有宾馆服务业，是集生态、环境、旅游、观光休闲、避暑于一体的多功能的风景区。

注释专栏14-14　河排国有林场发展历程

河排林场（隶属江门市林业和园林局），成立于1955年秋，位于锦江河的上游，是江门地区最大的国有林场、林业基地，内有锦江、凤子山两大水库。1993年，经广东省批准，建立了省级森林公园，森林公园核定总面积5.62万亩（合37.47平方公里）。2006年2月，经江门市人民政府批准，在场内建立面积为11.3万亩（合75.33平方公里）的锦江源市级自然保护区，森林公园和自然保护区有各类植物2000余种、各类动物600余种。为保护水源，2011年始，大田镇陆续投入3035万元，对饮用水源锦江水库第一重山的商品林回收，委托河排林场将2万多亩商品林调整为生态公益林，至2017年全部完验收。

——资料来源于本课题组的调研座谈会上河排林场提供的书面材料

3. 森林休闲度假区建设。大田镇地热资源开发利用早，域内锦江温泉度假区于2002年4月28日营业。2006年，锦江温泉度假区评定为"国家4A级旅游景区"，是江门市新八景之一。森林小镇建设中，锦江温泉成被打造为集住宿、饮食、娱乐、保健、商务、会务、休闲和大型露天温泉融为一体的中国温泉文化度假地。此外，大田镇山泉湾温泉城、岑洞峡谷漂流等景点建设，完善了大田镇域整个旅游体系，成为大田森林小镇的创建重要支撑。

4. 森林村落建设。大田镇12个建制村（居）中，已建成3个森林村庄，其中朗北村庄的"风水林"300亩，其中古树名木98棵，以此为基础建成朗北古树公园，是江门市唯一的古树公园。大田镇域内的古树名木，都建立了档案资料，统一编号、登记造册、挂牌（二维码）保护，实行"属地保护"管理，专人管护，实时监测。

大田镇通过森林、集镇、农业农村和旅游业资源整合，建成了森林公园、森林圩镇、森林村庄、森林休闲度假区和森里田园"五位一体"的森林生态景观、绿色产业结构和可持续发展镇域特色经济体系，为以建制镇为单元建设森林特色小镇蹚出了路子。

第三节　推进森林小镇建设需要讨论的问题和建议

广东省森林小镇建设起步早，建设规划、方案、申报评审程序、评价指标等政策文件准备充分，组织工作严密有序，实施推进效率高、成效明显，创造了休闲宜居、生态旅游、岭南水乡等不同特色森林小镇的建设路子，尤其是将森林小镇建设纳入森林城市群建设体系，作为森林城市群的延伸和乡村振兴"补短板"的理念、思路及规划框架，以及"以建制镇（乡、街办）为单元，整合域内的森林资源（包含域内国有林场或森林公园等）、水库和湿地资源，以及集镇建设和美丽乡村建设的成果，采取林区、集镇和村庄联动的方式，使域内的森林生态指标、特色产业、集镇规模、旅游功能和山区特征等方面的指标，达到森林小镇规定的要求"的全域建设的探索实践，为全国森林小镇建设提供了可资借鉴的做法和经验。

下一步，进一步推进森林小镇建设，需要研究解决一些基本问题。

一　探寻非建制镇建设森林小镇的路径和方式

以建制镇（乡、街办）为单元申报、评审和批复森林小镇的做法有一定的合理性。面对各地森林小镇建设的丰富实践，还需要积极探寻非建制镇建设森林小镇的路径和方式。广东省走出了乡镇（街办）全域森林产业特色的绿色发展之路,在镇(乡、街办)全域开展森林圩镇、森林公园、森林休闲旅游基地、森林康养度假区、森林村庄和森林田园建设,使全域成为森林小镇。这种做法,使城乡居民在共享新型工业化、城市化、信息化和农业现代化的成果的基础上,再增添森林、田园、绿色、生态、环境建设的成果,促进了城乡居民生态服务的均等化,具有重大意义和价值,其经验具有推广价值。

就全国而言,森林小镇建设是在特色小镇兴起之后兴起的。特色小镇建设发轫的云栖小镇,其前身是杭州市政府批复的转塘工业园区,后引入阿里巴巴云公司和云计算产业,再挖掘产业文化和地域文化、拓展旅游功能和社区功能,建成了浙江省首批10个示范特色产业小镇之一。显而易见:特色小镇是块状经济和县域经济基础上的创新经济载体,是独立于建制镇之外的产业、人口集聚新区;建设特色小镇的初衷是做大"小城镇"增量,推动区域经济转型升级和农民市民化,不是将建制镇(乡、街办)整个行政区域贴上"特色小镇"的标签。一些地区(比如广西)也在积极探索建制镇以外的国有林场场部和工区建设成为森林特色小镇。

如果上述不同类型的森林小镇都有存在的必要和发展前景,下一步推进森林特色小镇建设,应该继续鼓励以建制镇乡(街办)全域,通过森林生态网络体系建设和绿色镇域经济发展格局的塑造,建成森林特色乡、森林特色镇、森林特色街办。同时,支持有条件的城乡非建制镇的圩镇、社区、林区等有条件的区域,按照明确的森林产业特色、绿色发展文化内涵、森林旅游休闲度假康养功能和社区特征定位,建设森林特色小镇,以非建制镇为单元申报、评审和认定为森林特色小镇。(1)应着重将那些有一定规模、森林产业(包括森林旅游、休闲度假、康养、森林产品生产和加工等)特色鲜明的林场场部和工区、现代农业农村产业园区、农村特色旅游基地等,通过拓展文化内涵、完善社区功能,转型升级、申报、评审、认定为森林特色小镇。(2)深刻认识森林小镇建设在山区农村振兴,以及森林资源保护区和水源涵养区等限制发展区域的既保护又有合理利用的双重作用,在上述区域内,通过森林小镇建设中的生态修复、保护与合理利用,发展特色农业、林果业、渔业、旅游业、康养业、文化产业等,以特色产业经济带动人口集聚，建成人与自然和谐共生的森林特色小镇。（3）鼓励有条件的历史圩镇、原人民公社和乡镇政府驻地、"三集中"及建制村撤并形成的大型社区，通过"森林产业兴村镇"的路子，建设、申报森林特色小镇。鼓励以建制镇乡（街办）全域，通过森林生态网络体系建设和绿色镇域经济发展格局的塑造，建成森林特色乡、森林特色镇、森林特色街办。

二 探索多样化的森林小镇评价标准

以建制镇乡（街办）为单元，通过森林生态网络体系建设和绿色镇域经济发展格局的塑造，建成森林特色乡、森林特色镇、森林特色街办，其建设方式、申报、评价和认定，可以借鉴广东的经验，并在此基础上进一步完善。

以非建制镇（乡、街办）申报、评审和核定森林小镇，一是要解决评价指标问题，二是要化解国家支持政策运行过程中的森林小镇建设项目、经费的管理问题。关于非建制镇的森立小镇评价指标，可以按照住房与城乡建设部、国家发改委和财政部关于特色小镇的定义，借鉴浙江省关于特色小镇的评价指标，重点考虑：（1）森林特色产业主体地位或者绿色镇域经济发展格局指标，比如，镇域森林产业产值或者绿色产业产值占镇域地区生产总值的65%以上；（2）圩镇人口集聚规模，比如，圩镇集聚人口不少于3000人；（3）圩镇规划建设面积和建成区面积，比如，圩镇规划建设面积3平方公里，建成区面积1平方公里；（4）森里覆盖率、街区绿化率和人均绿地面积；（5）森里旅游设施和接待能力，绿色发展文化；（6）社区组织建设和功能发挥等。非建制镇申报森林小镇后的建设项目、资金的使用和管理，可以委托隶属乡镇（街办）代为执行。

三 解决森林特色小镇的建设用地问题

从森林特色小镇建设情况看，一是要盘活存量建筑和建设用地，如国有林场场部、分场部存量建筑的修复，旧局址、场址的建设用地重新规划、报批和建设旅游设施用房；二是建议相关部委会商，制定农、林业生产管理用房用地规范，以及旅游业和康养业建筑用地规范，制定国务院办公厅关于装配式建筑指导意见[①]用于特色小镇建设的办法和规范；三是增设特色小镇建设用地专门指标，扶持其发展；四是推动以土地产权为核心农村产权制度改革，为森林特色小镇建设提供基本制度支撑。

本章作者：王景新、余国静、杨昕
参与调查：庞波（发展中国论坛秘书长、博士）
欧国平（国家林业局场圃总站国有林场发展处处长）
宋彩虹（中国市场经济研究会学术委员会副主任）

---

① 参见国务院办公厅《关于大力发展装配式建筑的指导意见》。

第三篇 专题研究

第十五章 中国乡村活力评价指数研究[①]

摘要：本章系自然资源部国土整治中心和浙江大学土地与国家发展研究院共同合作开展的研究课题最终成果。文章界定了乡村活力的理论内涵，讨论了乡村活力评价方法及其指标体系构建，介绍了德国乡村重振与乡村活力数据库建设的经验借鉴，分析了乡村活力与国土空间规划的关系，提出了激活和维持乡村活力政策建议。认为：之所以要振兴乡村，其根本的原因就是乡村发展缺少活力，需要振发兴举，增强活力，使其兴盛和可持续发展。可以认为，乡村振兴的关键和核心问题，是乡村发展的"活力"问题。所谓乡村振兴，本质上就是提升乡村的发展活力。乡村活力是指乡村生命有机体的生命力，是乡村生命有机体的生存力、自我发展力和再生力，是乡村地域系统内经济、社会、文化、政治、生态环境各子系统持续供给物质、能量和信息的能力。乡村活力是乡村振兴和乡村发展的内在动力。

关键词：乡村活力；评价指数；激发；维持

Chapter 15　Evaluation of Rural Vitality in China

Abstract: This chapter is the final result of the research project jointly carried out by the Land Consolidation Center of the Ministry of Natural Resources and Land Academy for National Development of Zhejiang University. This paper defines the theoretical connotation of rural vitality, discusses the evaluation methods and index system construction of rural vi-

---

[①] 自然资源部国土整治中心资助课题。

tality, introduces the experience of German Rural Revitalization and rural vitality database construction, analyzes the relationship between rural vitality and land spatial planning, and puts forward policy suggestions for activating and maintaining rural vitality. It is believed that the fundamental reason for the revitalization of rural areas is the lack of vitality in rural development, which needs to be invigorated and strengthened to make it prosperous and sustainable. It can be considered that the key and core issue of Rural Revitalization is the "vitality" of rural development. The so-called rural revitalization, in essence, is to enhance the vitality of rural development. Rural vitality refers to the vitality of rural living organisms, the viability, self-development and regeneration of rural living organisms, and the ability of economic, social, cultural, political and ecological subsystems of rural regional system to continuously supply material, energy and information. Rural vitality is the internal driving force of Rural Revitalization and rural development.

Key words: Rural Vitality; Evaluation Index; Stimulation; Maintenance

第一节 乡村活力的理论内涵

一 活力

"活力"一词最早于1686年由著名的德国数学家莱布尼兹提出,用于表达运动着的物体产生的力(功)的大小。之后,"活力"一词主要用于解释生命体的活动机能或活动能力,如古典哲学中的"活力论"和现代生命科学中的酶活力、比活力等。近百年来,"活力"一词开始广泛应用于社会科学领域,用于表达各类政治、经济、社会组织活动机能与活动能力。

所谓活力,目前普遍使用的解释有两个:一个根源于英文vitality,《新华大字典》解释为"旺盛的生命力",另一个根源于英文vigor,意为身体或精神上的力量或能量。活力主要包含三个维度的能量：体力、情绪能量、认知灵敏性。可见，活力的本源含义主要用于表达单个生命体的生命力。

当代，"活力"一词被普遍运用于社会科学领域，用于表达各类社会组织的活跃度和能力，其中管理学理论中的活力管理理论相对成熟，并被广泛应用于企业管理之中。企业活力是企业生产经营活动得以迅速发展的内在力量，是国民经济能够富有生机和活力的基础。其构成要素是：(1) 内在动力，即企业自身的物质利益要求和职工个人的物质利益要求。(2) 潜在能力，即企业素质和自负盈亏、自主经营、自我积累、自我发展的能力。(3) 外在压力，即科学技术革命挑战，生产者之间竞争及消费者日益增长的需求。[①]

无论是企业活力还是其他社会组织的活力认识，都是基于社会组织的"生命体"认识，即把社会组织当作一种特殊的"生命体"，并参照一般生命体进化规律来表达社会组织"生命体"的进化过程，同时以社会组织"生命体"在进化过程中所表现出来的生存力、自我发展力和再生力来表达其"生命机能"的强弱。

经济组织的活力研究开始于20世纪80年代的企业活力研究，之后经济活力研究逐渐拓展到国家、区域、城市、乡村及其他各类经济组织的层面。

不同学者由于研究对象和目标的区别，对于经济活力的理论内涵认识存在较大差异。孔淑红（2010）认为经济活力是指一国一定时期内经济中总供给和总需求的增长速度及其潜力。刘越、张榆新、闵路路（2017）认为经济活力一般是指一个国家或地区经济能够实现持续增长的机制与能力。它涉及两个方面：一是对生产要素的凝聚力与吸引力；二是资源配置与资源利用的效率。张国（2013）认为，国有经济活力，不仅是指国有经济自身的成长性、对市场上外来资本和各种生产要素的吸引力，而且也指国有经济自身的创新能力。曹雁翎（2012）认为区域经济活力是指一个地区的经济竞争能力、适应能力以及对私人企业和公共企业的吸引能力。美国著名的城市规划和建筑专家凯文·林奇认为，城市的经

---

① 何盛明：《财经大辞典》，中国财政经济出版社1990年版。

济活力主要表现为城市的成长性,而且更多地表现为经济的成长性、对外来资本和各种生产要素的吸引力方面。楼海淼、孙秋碧(2005)认为城市经济活力即城市经济发展过程中的能力和潜力。金延杰(2007)认为目前中国的经济活力主要表现在经济成长的能力,引进资本和吸引高素质劳动力的能力。陆晓丽、郭万山(2007)认为城市的经济活力是一个动态概念,随时间的变动而不断变化。其构成概括起来主要包括以下四方面要素:经济成长性、对外来资本和生产要素的吸引力、充分就业和可持续的生活质量、创新能力。李维安等(2002)认为企业是一个特殊的社会生命体,"活力"作为企业生命状态和质量的一种测度和反映,这种"企业活力"就是"企业生命活力",企业活力包括企业的生存力、成长力和再生力,企业活力内在表现为资源整合—能力整合—特质整合的内动过程,外在表现为企业特质与环境作用的外动过程。胡杨、胡培、侯立文(1997)认为活力即生长能力。生长能力是企业生存力、凝聚力、应变力、竞争力、盈利力和发展力的有机合成。我们认为,从认识经济组织活力的本质内涵上考虑,所有经济组织应被视为特殊的"社会生命体",并从生命体活力的构成要素和外在特征上认识经济组织活力的理论内涵。

二 乡村

乡村(rural area/countryside)是一个区域概念,从广义上来说乡村是指位于城镇之外的地理区域,包括无人居住的自然区,而非狭义上的村庄发展区或村民聚居区。但不同学科对乡村概念的理解和界定有所差异。本质上,乡村是区别于城市的地域系统。地域系统是以地球表层一定地域为基础的人地关系系统,是由人类社会和地理环境两个子系统在特定的地域中交错构成的一种动态结构。地域系统可区分为城市地域系统、城乡融合地域系统和乡村地域系统。乡村地域系统(也称乡村综合体)是由人文、经济、资源与环境相互联系、相互作用下构成的,具有一定结构、功能和区际联系的乡村空间体系。[①]

按照县域范围内乡村行政管理的层级和地域空间范围,可将乡村地域系统区分为乡镇域系统和村域系统两个层级。

---

① 刘彦随:《中国新时代城乡融合与乡村振兴》,《地理学报》2018年第4期。

乡村地域系统由生态环境系统和人类社会系统两个子系统构成。生态环境子系统为人类社会子系统提供其生存发展的物质、能量和空间支持，其机能决定并影响人类社会子系统的发展空间和发展能力。人类社会子系统可以通过生态环境要素的改造来影响地理环境子系统的供给能力。人类社会子系统按照其活动的功能性质和组织形态差异，可进一步区分为经济、社会、文化、政治四个子系统。乡村经济、社会、文化、政治、生态环境各个子系统相互作用、相互影响，进而形成一个相互协同配合的不可分割的整体，即乡村有机体。

作为一个有生命的自然社会耦合系统，乡村地域系统具有开放性、动态性、自组织性、自学习性等特点。按照生命有机体进化理论，乡村有机体亦存在发展进化的阶段性，表现出产生期、成长期、成熟期、衰退期、消亡期的发展周期性。

三 乡村活力

按照以上活力和乡村的概念内涵，乡村活力是指乡村生命有机体的生命力；是乡村生命有机体的生存力、自我发展力和再生力；是乡村地域系统内经济、社会、文化、政治、生态环境各子系统持续供给物质、能量和信息的能力。乡村活力是乡村振兴和乡村发展的内在动力。

乡村活力高低的本质是乡村地域系统发挥其功能的程度或水平。乡村地域系统的总体功能是为乡村持续稳定发展提供其所需的物质、能量和信息，其功能的实现依托于各个子系统功能的有效实现，但不是各个子系统功能实现状况的简单加总。因而乡村活力可分解为乡村地域系统的经济活力、社会活力、政治活力、文化活力和生态环境活力。

乡村地域系统的结构与功能如图 15-1 所示。

乡村自然环境子系统是相对独立的系统，有其独特的发展规律和功能体系，自然环境系统的活力水平评估也有一套自然科学的评估方法体系，但作为乡村地域系统的一个子系统，这里的功能考察重在其为人类社会系统的功能实现提供的物质、能量和发展的地域空间支持，需要重点评价的是自然环境的人类活动承载能力及其与现有人类活动量间的差距。

乡村人类社会子系统的功能发挥是乡村活力评价的主要内容，重在考察政治、经济、社会、文化各子系统为域内居民提供相应活动的数量，以

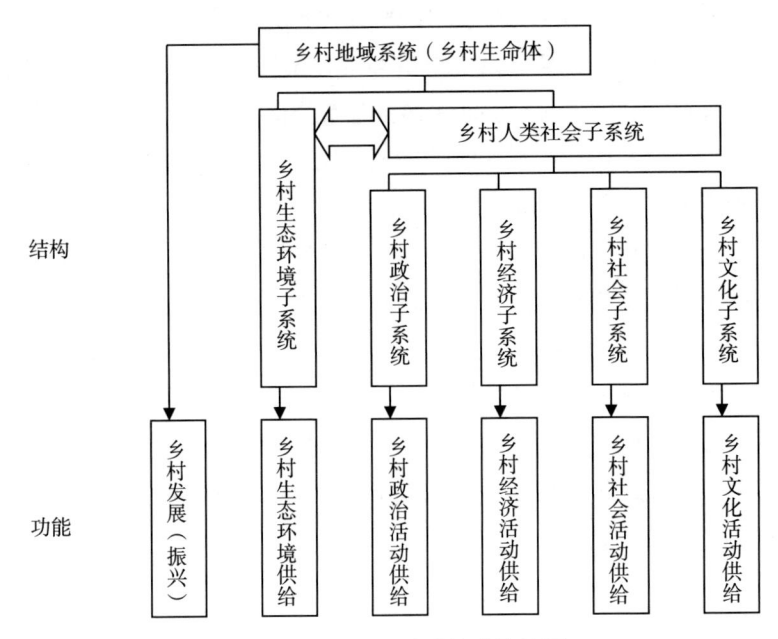

图 15-1 乡村地域系统结构功能简图

及居民各类社会活动需求的满足程度,各个子系统的活力评价均需要从供给能力、成长性和参与性三个维度进行考察。

四 乡村振兴

当代中国乡村复兴自农业始。中国共产党执掌全国政权接手治理的中国农村,是一个处于"崩溃与动荡之状态中"千疮百孔的农村[1]。"农村经济之衰落,在中国已成普遍之现象。水旱蝗虫之天灾,兵匪苛捐之人祸,物价飞涨,举债之绝路。"[2] 因此,新中国农村全面复兴的首先是农业复兴。当代中国农业渐次走过了生产的农业(1949—1983 年主要追求经济价值)、生态的农业(1984—2001 年重视生态环境价值)、生活的农业(2002—2012 年重视农业的生态休闲、旅游观光、文化教育价值),进入到空间的农业(2013 年至今,农业多元价值追求)。"乡愁"时兴,中

---

[1] 许涤新:《灾荒打击下的中国农村》,载陈翰笙、薛暮桥、冯和法编《解放前的中国农村》(第一辑),中国展望出版社 1985 年版,第 469 页。

[2] 陈翰笙:《中国农村经济之发轫》,参见中国社会科学院科研局编《陈翰笙集》,中国社会科学出版社 2002 年版,第 5—6 页。

国加快了传统村落修复保护和农耕文化遗产挖掘、整理和弘扬，意味着农业的生产、生活、生态、文化、教育等多元价值被高度重视，出现了多功能农业（农业一二三产业融合）与农村地域空间一二三产业双双融合（日本称之为"六次产业"）① 发展新阶段。

与农业复兴的上述历史进程相呼应，中国乡村振兴也经历了社会主义农村建设、社会主义新农村建设和美丽乡村建设等不同阶段，如今也进入到农村地域空间综合价值追求和结构再造新阶段。1956 年《中国农村的社会主义高潮》出版发行开启的社会主义农村建设，是新中国为扭转旧中国遗留农业、农村衰败残局而选择的道路，拉开了当代中国乡村振兴的大幕。2005 年《十一五规划纲要建议》（十六届五中全会通过）提出社会主义新农村建设，是改革开放的中国为扭转"三农"发展相对滞后局面而提出的振兴任务。2012 年（十八大）以来的美丽乡村建设，是逐渐富裕的中国对农村地域空间综合价值追求的高标准规划和建设。2017 年（十九大）提出乡村振兴战略，是党对于"三农"工作作出的重大决策部署。2018 年，中共中央、国务院印发实施《关于实施乡村振兴战略的意见》和《乡村振兴战略规划（2018—2022 年）》，其中，要求强化乡村振兴规划引领，根据乡村发展现状和需要，分类有序推进乡村振兴；要求科学把握我国乡村区域差异，推动不同地区、不同发展阶段的乡村有序实现农业农村现代化。因此，如何科学评价乡村的现状发展水平、分析乡村的特征与差异、研判乡村的发展阶段与问题，为乡村振兴战略实施提供科学支撑，是当前落实乡村振兴战略的重要任务。

第二节 活力评价的相关理论与方法

一 区域经济活力及其评价

区域经济活力主要体现区域的经济活动能力。作为一个发展的概念，

---

① 1990 年代，"六次产业"最早由日本学者今村奈良臣提出，当时日本面临农业后继乏人、农村衰落的问题。为了激发农业发展活力，开始推动农业生产向二、三产业延伸，形成生产、加工、销售、服务一体化的完整产业链。因 1+2+3 等于 6，1×2×3 也等于 6，故名"六次产业"。

区域经济活力表现为区域经济的富于变化与快速成长，并且伴随着时间的推移和内部条件的变化，一个区域的经济活力发展空间会随之变化，其经济活力或者增强，或者减弱。区域经济活力概括起来主要包括四个方面的因素：经济成长性、对外来资本和生产要素的吸引力、充分就业和可持续的生活质量、创新能力。

（一）区域经济活力的影响因素研究

体制创新角度。杜海建、刘智（2006）在对宁波鄞州区的分析中指出鄞州经济的增长主要是依靠体制创新，建立社会主义市场经济和市场运行机制，调动市场主体的积极性，主要是从以下几个方面：（1）计划实施手段上，从行政手段直接管理转向运用经济手段、经济政策与必要的行政手段相统一的间接调控。（2）企业层面，以股份制经济和私有经济为主体的产权明晰、自主经营、自负盈亏的所有制框架。（3）市场层面，建立以商品市场为基础、要素市场为重点的市场体系。孙富霞（2010）指出创新投融资机制是增强区域经济发展活力的关键。企业创新投融资机制，构建商业运作模式，自己投资、受益和承担风险，改变区属国有公司完全依靠政府生存的状况，实现政府主导、市场运作的模式，能够增强企业生存能力，增加发展后劲，强化市场主体地位，不断壮大成为经济实体，带动整个区域经济的发展。许爱花（2002）指出以放权让利为中心的经济体制改革，增强了区域经济活力，刺激了区域经济的增长。放权让利的改革中政府成为经济发展的主体，调动了地方政府发展经济的主动性和积极性，增加了发展经济的责任，改善了地方经济的宏观效益，促进了区域经济的建设和发展，增强了区域经济的自我组织和自我发展能力。

科学技术发展角度：李丙春（2008）认为应坚持走科技发展道路，全面促进高端产业引领经济快速发展，协同地区产业特点发展具有比较优势的重点产业，培育具有国际竞争力的产业集群，转变经济发展方式，由实行"三区带三产"到发展二三产业上升到大力发展高端三产服务业的经济工作思路，引进经济效益好的高科技项目，加强配套产业的发展，促进产业集聚的形成，扩大区域发展空间，激发和提升区域经济活力。徐雅、韩艳红（2010）指出要积极发展高新技术产业和运用高新技术改造传统产业，发展高端高新技术产业是产业技术升级的主要标志，是提高竞争力和形成新的经济增长点的主要举措，能够促进产业结构的升级，培养区域特色经济，保障区域发展活力。

人才角度：徐雅、韩艳红（2010）指出人才资源是区域经济发展的第一资源。人才资源作为科技进步的首要因素，是区域经济发展的不竭动力，是发展区域优势产业、形成区域发展优势的必要条件。人才对区域经济有巨大的推动作用，必须抓住机遇，用好人才能最大限度地激发区域经济活力，促进经济繁荣。曹雁翎（2012）从人才活跃度指出了人才是推动经济增长和技术进步的第一资源和动力，区域人才活跃度对区域经济活力成正向支持关系，增强人才整体活跃度可以提升区域经济活力，直接导致区域间经济活力的差距。他认为区域人才活跃度建设对于区域经济发展以及区域经济活力提升具有重要的现实意义。江三良（2004）认为对于地区经济活力，企业家有着重要的影响。地区经济的增长与创新，很大程度上归因于企业家的作用，企业家的成长存在集群现象，企业家集群增长的规模与地区经济活力高度相关。姜秋芬（2006）指出实现一个地区快发展大发展的当务之急和战略任务主要是搞好企业家队伍建设。政府应重点培养具有现代科学技术和生产经营知识才能、良好价值观和个人品质、锲而不舍事业心和较强社会责任感的，有做强勇气和实力的投资者和企业家，大力支持有追求、有作为的企业家。壮大企业家队伍，为区域经济发展提速带来强劲动力。

市场主体角度：鲁德银（2006）通过对鄂苏浙粤鲁的比较发现中小企业成长是区域经济最具活力和潜力的增长极，中小企业成长为大型企业过程实际上就是驱动区域经济增长的过程，是加速区域经济协调发展的关键，且在区域经济和经济增长中发挥重要的作用。楼海淼、孙秋碧（2005）指出一个地区的经济活力主要取决于"企业及对外经济活动因子"，经济活力本质上是地区内所有经济主体的活力，如企业、消费者、政府。其中，企业的经济活力又起到了举足轻重的作用。胡海先（2015）在对浙江省物流产业集聚问题研究时发现产业集聚是区域经济增长的动力源，能够有效提升区域经济活力，集聚带来的经济效应成为推动产业发展进而推动区域经济增长的源泉。张亮（2002）指出加强区（县）产业导向与政策聚集，鼓励区（县）因地制宜地培育和发展特色经济与优势产业，是增强区（县）经济活力与发展后劲的重大指标。

（二）区域经济活力评价方法与指标体系

易伟（2015）在对四川省区域经济进行评价时遵循功能性、可获取性、完备性、非重叠性、可比性原则选择八个方面建立了评价指标体系：

（1）经济总量及其增长：经济总量是一个区域现有的经济基础，在一定程度上反映了经济规模和经济要素的集聚，从而影响经济的产出效率，是经济评价中不可忽略的因素。

（2）企业及其效益：企业是经济的主要载体，是经济活力的基本细胞，其效益是经济活力的体现。

（3）居民消费：消费是促进经济增长的"三驾马车"之一，是经济发展的动力，因此也是经济活力的构成要素。

（4）政府调控：我国的市场经济是有调控的市场，政府对经济的宏观调控，对促进我国经济的快速发展起了重要的作用，政府调控也是经济活力的表现之一。

（5）社会保障：社会保障是社会的稳定器，社会保障高人们就能积极地全身心地投入国家建设之中，能够积极地消费，促进需求，提升企业的生产动力，使消费与生产形成良性的联动，更好地耦合生产，因此，社会保障间接地反映了经济活力。

（6）外贸及外资：外贸反映了区域经济的全球竞争能力，利用外资，可以扩充资本，同时又可引进先进的技术，提高产品的国际竞争力，资本和技术是促进经济发展的另一个因素。

（7）技术研发：经济活力的源泉在于技术研发。

（8）常住人口：区域经济的发展离不开本地区的劳动力，本地区的劳动力来源于其常住人口，常住人口的数量及其变化反映了该地区经济对劳动力的需求。

侯荣涛（2015）指出对一个国家或地区经济活力的分析与评价可以准确定位其经济活力现状，对进一步激发经济活力有着重要指导意义。侯荣涛在科学性、可行性、完备性、实际性原则基础上选取了以下7个指标构建经济活力评价体系：

（1）经济可持续性增长：反映经济增长的潜力与发展后劲。

经济效益：人均GDP；万元GDP建设用地；万元GDP水耗；万元GDP电耗。

财政保障：公共财政预算收入；公共财政预算支出。

（2）要素吸引力：具有经济活力的经济体，应对流动性较强的生产要素具有吸引力。

资本：固定资产总额；固定资产总额占全市比例。

劳动力：年末从业人员数；职工年末平均工资。

企业：总部企业数目；规模以上服务业单位数。

(3) 产业结构升级：通过产业结构优化升级，能提高经济增长效益，并释放产业活力。

产业现状：第三产业增加值/第二产业增加值；第三产业增长率。

特色产业：现代服务业占 GDP 比重；总部经济占 GDP 比重；文化经济占 GDP 比重；金融产业占 GDP 比重。

(4) 对外开放：反映地区的对外交往能力及开放程度，越开放的经济体经济活力越高。

对外开放：实际利用外资总额；出口贸易额。

(5) 居民生活：一个具有经济活力的地区应当使居民能保持长期稳定的生活质量。

居民收入：居民人均可支配收入；人均 GDP。

居民消费：恩格尔系数；人均社消品零售额。

(6) 创新能力：主要反映社会创新实力和能力，以及通过创新推动经济发展的能力。

创新能力：每万人专利销售量；高新技术增加值占 GDP 比重；R&D 支出占 GDP 比重。

(7) 环境及配套：良好的环境及齐全的生活配套设施能加强对经济要素的吸引力。

环境：绿化覆盖率；区域环境噪声平均值。

配套：每万人医院床位数；体育场数量。

评价方法：对经济活力的评价通过经济活力指数表示。在指标计算过程中，将计算每一个指标的指数值，并通过各级指标的权重合成经济活力综合指数。

(三) 企业活力及其评价

1. 不同视角下的企业活力研究

目前，学界对于企业活力的研究各有其不同的观点和看法。主要是从经济体制、人力资源与管理、科技创新三方面来对企业经济活力进行研究。所谓活力，即有机体的生命力。企业活力，是企业生命力、竞争力、适应力的综合能力的体现。

经济体制改革角度：李静（1985）认为企业活力受到若干的内外部条件的制约，要想增强企业活力，必须从外部注入和内部激发两个方面进行。这种从外部注入活力主要是：首先对企业逐步实行政企分离政策，使其成为一个相对独立的经济实体，其次要以大企业为主导地位，真正在自愿互利的基础上，实行政企之间的横向发展联系，不断壮大其竞争力。实行内部经济责任制，有利于创造企业活力的内部条件。通过明确规定各个岗位的责任要求和对应的权力，从制度上确保企业对立统一、有效的经营管理制度。贺阳（1997）认为要想使一个企业具有较高的活力，首先要做到的是明确其产权的主体及其产权主体的责任。正是由于这种产权制度的不明晰，企业中才会出现了权、责极不对称的制度格局。他认为对于国有企业必须将其行政权力与政治权利分割开来，实行政企分离的经济体制改革。并且要使产权制件可以自由地流动自由交易，还要对企业内部各部门进行责任主体的确立。管跃庆（2015）认为提升国有企业活力离不开以下几个方面。其一，对企业实行一种分类监管的制度，可以推动企业市场经济的深入融合，更能促进企业效益和社会效益的提升，对于增强自身的活力具有重要意义。其二，对企业实行政企分离的制度改革，不断提高其资本的配置和运作效率。其三，整合国企，并构建其运营主体，完善现代企业的权责对等的管理机制。严云（1992）认为增强大中型企业活力，提高企业经济效益，必须塑造一个充分面向市场的具有自主经营、自负盈亏能力的生产经营者。对企业实行所有权和经营权分离的体制，使企业成为一个可以自主经营的主体是提升企业活力的必然要求。

人力资源与管理角度：许红（2005）认为现代企业存在员工多、包袱重、机制不灵活等多方面的问题影响着企业自身活力的发育。要想增强企业的自身活力，必须要从人力资源管理方面出发。一是加强对人才能力的建设，提高人才的素质水平，开发人才潜力；二是要构建符合现代企业制度的人才选用机制，择优选择人才；三是组建一种与市场接轨的人才激励和约束制度。当人才要素与合理的激励机制结合起来时，才能够更大程度地提高企业的经济活力。王广北（2006）认为建立一种有效的人才激励机制是增强企业活力的关键要素，也是现代企业建设的必由之路。企业从自身生存发展的环境和条件出发，紧抓"以人为本"的思想，注重人才的建设，从而不断地提升企业员工的整体素质，增强企业凝聚力、向心力和市场竞争力。刘福祥（1999）认为企业经营管理不当，会致使人才效率发挥不到最大的水平，成为企业自身活力低下的重要原因。

技术创新角度：王献齐（2000）认为技术创新在社会主义市场经济发展中具有重要作用，而抓好技术创新对于搞活企业经济活力具有重要意义。他认为企业应依靠科技进步、技术开发、技术改造能力，建立良好的促进企业经济发展的技术创新机制，并能极大地提高自身的市场竞争能力。要生存必须要重视技术创新工作。加快经济创新将是增强创新活力的重要手段。刘延彤（2001）认为我国大中型企业要摆脱困境增强活力，必须要进行改革和技术创新。技术创新在知识经济中起到核心的作用，是企业的生命，积极开展技术创新战略，可以使企业在竞争中获得更大的优势。李巍、王琳（2014）认为要想激发企业活力，必须做到以下的几点：其一，企业建立研发机构，独立设置工程师岗位，并且总工程师作为企业的领导班子成员主抓技术创新工作；其二，政府健全高新技术企业培育机制，建立该新技术企业培育库，对入库的企业重点扶持；其三，加大科技创新的投入，鼓励科技型中小微企业购买技术。袁振宇（1992）认为适当提高固定资产折旧率，加快企业技术改造步伐，是增强大中型企业活力的重要条件。我国企业要在国内市场国际市场的竞争中求得生存和发展，就必须运用先进的科学技术，提高劳动生产率，提升产品的质量和自身的竞争力。减轻企业的赋税，增加企业的留利，将留利的一部分用于企业的技术开发上，会对企业活力的塑造起到巨大作用。

2. 企业活力评价方法与指标体系

胡杨、胡培、侯立文（1997）认为由于企业活力是企业素质中积极要素成分的外在表现，其显现形态可表述为企业生长能力的现实状况和变化趋势，故此可将活力评价指标体系划分为现实生长能力状态和生长能力的发展趋势两大类。根据活力的表现状态看，前者就是企业存量素质的表现形态，而后者就是流量素质的表现形态。根据企业活力的定义和这一划分思想，给出企业活力评价指标体系如下所示，将企业活力划分为两大体系下的八大指标：

(1) 现实生长能力状况：

生产运营能力：包含流资周转次数、原材料利用率、生产能力利用率、产品质量；

科技进步能力：包含技术水平系数、高新产品比重、产值科技贡献率；

资金运用能力：包含资产保值增值率、资产增加值率、折旧率、应收账款比重；

经济效益：包含资产报酬率、劳动生产率、销售利润率、社会贡献率。

(2) 生长能力发展态势：包含以下四大指标。

职工积极性增长率：包括职工收入增长率；

科技进步增长率：包含高新产品增长率、技术水平系数增长率；

经济效益增长率：包含资产报酬增长率、销售收入增长率、利润增长率、利税增长率；

资产增值率：包含资本金增长率、总资产增长率、资金周转增长率。

杨绪忠（2003）认为任何一个企业都处在一定的外部环境和内部环境的运行中，各种环境中的各类因素无不对企业施以影响。企业要以经营目标为中心努力适应外部环境和内部环境，充分认识和发挥自己的优势以获取最强有力的活力参与市场竞争，求得企业的生存进步与发展。根据对企业运行中的外部环境和内部环境的分析及企业的运行机制，组成企业活力的要素有六个方面：

(1) 企业产品竞争力

企业产品的竞争力是企业活力在市场竞争中最直接和最生动的体现，是企业占有市场份额最重要的源泉和最重要的力量之一。

(2) 技术开发和创新能力

企业在科学技术进步中努力创造和开发新技术、使用新技术新工艺、不断推出新产品投放市场的能力就是企业的技术开发和创新能力，它是形成企业活力最活跃最关键的因素。

(3) 市场应变能力

企业适时调整和改变企业的生产经营思想和观念，适应市场发展变化而设计和生产销售产品，从而实现生产经营目标就是企业的市场应变能力。

(4) 资产增值能力

资产增殖能力是企业资产在生产经营中不断增长的能力，企业的资产包括固定资产、流动资产，只有不断地增长企业资产才能得以发展，这是企业活力的重要体现。

(5) 领导决策能力

领导决策能力是企业领导班子对于实现正确的生产经营目标的多种方案择优选取的能力，以及其他关系企业生存发展的各项事务的择优选取的能力。

(6) 职工凝聚力

职工凝聚力是企业全体职工为企业的生存和发展而努力工作所凝聚成的为该企业所特有的企业精神和向心力，具有较高的职工凝聚力的企业，其活力必然不会低下。

根据企业活力的六个要素构建企业活力的指标和指标体系如下：

(1) 企业产品竞争力指标体系

产品质量状况指标、产品品种规格状况指标、产品价格状况指标、产品销售服务指标、产品市场占有率状况指标。

(2) 技术开发和创新能力指标

年度新技术开发使用率、年度申报和批准专利数、技术开发和技术改造费用占总投入比、设备更新率、职工平均技术等级及提高率、技术开发和创新贡献率。

(3) 市场应变能力指标

价格变化消化能力、政策环境变化消化能力、本企业产品与市场上同类产品性价比的比较指标、产品销售利润率。

(4) 资产增殖能力指标

产保值增值率、自我积累发展率、资金利润率、速动比率。

(5) 领导决策能力指标

企业领导层的学历学位职称结构、企业重要各项决策成功、年决策目标实现率、决策民主化程度、成功决策事项所实现的经济效益和社会效益。

(6) 职工凝聚力指标

职工对企业产品品牌的认可度、职工对企业领导层的认可度和配合度、企业实现年终目标的可靠度、职工对企业盈利水平的满意度、职工对企业现状和未来发展的忠诚度、职工合理化建议和技术革新所带来的经济效益增长率。

(四) 城市经济活力及其评价

1. 国内外城市经济活力研究

国外学者在对城市经济活力进行研究的过程中，往往侧重从城市经济增长的来源出发：美国经济学家 E. F. Denison（1975）认为经济增长源泉因素可归结为六个：劳动、资本存量、资源配置、规模经济、知识进展和其他影响单位投入产量的因素；奥沙利文（2007）认为城市经济增长来源除了资本深化、人力资本增长和技术流程这三个传统的、非地理意义的因素外，地理学角度的集聚经济因素也是重要来源；巴顿（1984）认为要进行城市经济增长分析，首要问题是如何实际地测度一个城市的经济增长，而分析城市经济增长必须考虑空间因素以及城市地区社会的经济福利变化。

国内学者关于"城市经济活力"的研究侧重点主要体现在两个方面。一是研究方法的改进与创新。汪胜兰、李丁、冶小梅、陈强、蒋小荣（2013）通过模糊综合评价与信息熵相结合的方法对湖北省12个主要城市的城市活力进行评价研究。金延杰（2007）、楼海淼（2005）、顾朝林（1992）运用因子分析法对城市经济活力进行综合评价。孙发平、马洪波、王兰英（2007）通过 AHP、DEA 和因子分析法对西北五省区经济活力进行研究评价，梳理和分析了制约青海经济活力的主要因素。侯荣涛（2015）在立足福田区经济发展实际的基础上，通过熵值法对福田区"十二五"以来经济活力加以研究和分析。曾伟（2013）运用动态最优化方法以及联立方程系统深入分析了土地资源在城市经济发展过程中的影响作用；曾伟（2014）基于一个改进的二级 CES 生产函数考察了土地资源约束对城市经济的"增长阻尼"，研究发现土地资源约束对城市经济的"增长阻尼"大小受规模报酬、人口增长，以及不同生产要素在城市经济活动中重要程度的影响。李瑶亭（2013）通过计量经济方法研究了我国26个城市旅游经济对城市经济的贡献度，在此基础上分析了城市旅游化水平与城市经济发展两者之间的耦合关系，发现城市旅游化水平的高低与旅游经济对城市经济贡献的大小有较大的相关性，但并非城市旅游化程度高对其城市旅游经济贡献度就大，不同城市的旅游化水平的高低与旅游经济对城市经济贡献的大小耦合度不同。王建康、谷国锋（2015）基于C—D生产函数，通过对中国285个地级市2003—2012年的空间面板数据进行分析得出，土地要素对我国城市的经济增长具有促进作用，但贡献程度小于劳动力与资本，这说明我国城市的经济增长较多依赖劳动力和资本投资，土地要素虽具有不可取代之处但贡献程度相对较小。满向昱、吕雪征、易成栋（2017）基于北京市2000—2012年的投入产出表，建立房地产业和城市经济其他产业的投入产出模型，通过测度房地产业对城市经济的拉动与推动效果及其变化发现，房地产业对城市经济的拉动能力和受城市经济的推动能力位于中间水平，前者较强，房地产业对城市经济有一定的拉动作用，但是它的影响力呈下降态势，在城市经济中的地位下降，房地产业发展受到城市经济的推动作用相对较小，即北京城市经济的发展对于房地产业的发展影响有限，而且，随着时间的推移，房地产业对城市经济的总带动效应逐渐降低。刘斌（2010）运用灰色系统理论，对城市物流与城市经济发展的互促共进关系进行实证分析，并在此基础上，探索城市经济和城市物流互促共进发展的本质规律，探索发现，一些具有某种经济优势的城市与其他具有另外经济优势的城市在产品生产工序的连接中，都必须靠交通运输给予保证，随着城市经济发展，城市物流水平不断上升，因而，城市经济的发展以物流为基础；城市物流的发展以城市经济的发展为前提，城市物流与城市经济之间存在互促共进的关系。

二是研究角度的转换。李永华、石金涛（2006）从经济发展与人才发展的相互依存关系角度出发，明确了人才活力的增强将会促进城市经济量的增长和质的提升。汪胜兰、李丁、冶小梅、陈强、蒋小荣（2013）从城市活力基础与活跃程度两个角度对湖北省12个主要城市的城市活力进行分析，认为湖北主要城市活力水平普遍偏低，且城市间发展不均衡，以及各城市内部经济、文化、社会、环境4个活力系统发展不协调。曾伟（2013）从理论和实证的角度探析土地资源对城市经济可持续增长的影响效应。研究得出：一方面，土地资源对于城市经济可持续发展所涉及的经济产出增长、城市化、工业化以及产业结构等四个方面均存在显著的影响效应，并且土地资源的使用数量对于城市化和经济产出增长的影响为正向效应，而对于工业化和产业结构的影响为负向效应。作为生产要素的土地，其使用数量的多少与城市经济可持续发展的"量"的大小之间存在一种正相关的决定关系；而作为发展要素的土地，其使用数量的多少与城市经济可持续发展的"质"的高低之间存在着一种负相关的表现关系。杨开忠（2003）在新经济指标评价体系中选取了年度企业注册与倒闭总量占企业单位数的比重、股票筹资总额占各省 GNP 的比例两个指标评价了各省的经济活力。陆晓丽、郭万山（2007）认为经济的成长性，即一个城市是否具有经济增长的潜力与发展后劲。该层次着眼于未来，从动态角度对城市经济活力进行阐释，这是评价一个城市是否具有经济活力的首要因素。刘佳（2006）在通过对城市经济活力和商务旅游研究基础上，认为商务旅游与城市的经济活力二者是一种相互制约、相互促进的关系。城市经济活力是发展商务旅游的前提条件，而商务旅游又大大地促进和刺激了经济的发展。金延杰（2007）通过对全国重要的 50 个城市进行城市经济活力指数的定量研究，发现主要影响指标有当年人均财政收入、年居民人均可支配收入、规模企业利润总额、当年实际利用外资金额、人均教育事业支出和人均 GDP。龙奋杰（2006）认为住宅市场是典型的地域性市场，住宅市场与城市经济体系之间存在着互动关系。住宅市场的供给、需求与价格波动都与城市经济基本面的变动紧密相，同时，住宅市场也会通过成本效应、财富-储蓄效应、投资效应等多个渠道反作用于城市经济体系。徐志文、谢方（2015）将土地资源内生化，从理论上分析了城市经济增长系统中土地资源与资本、技术等因素的相互制约的动态关系，认为在城市经济系统均衡条件下，土地资源利用和技术进步决定资本利用的增长率，也是保证城市经济可持续发展的重要途径。张玉新、李天籽（2014）认为对外开放和国际区域经一体化对沿边城市经济的影响渠道主要体现在两个方面：一是沿边地区对外过货量、运输量及相关服务的需求将有所增加，沿边城市可以通过发挥中转站和通道的功能，促进第三产业的发展；二是能够促进沿边城市建立对外生产网络，发挥面向外部市场的生产基地的功能，进而促进沿边城市工业的发展，通过对沿边 7 个省份的 200 个城市研究发现，对外开放水平对城市 GDP 和人均 GDP 均显示出显著的正向影响，可见对外开放的确促进了沿边城市经济的增长，资本投入量的增加、城市化和工资水平的提高对城市经济有显著的促进作用。对沿边地区来说资本是稀缺资源，资本投入是推动城市经济增长的重要因素。谢植雄、叶妙君（2004）从文化与经济本质上具有的共生性入手，认为现代市场经济在其发展过程中已越来越蕴含有丰富的人文价值甚至承载其巨大的人文价值责任，文化的经济化与经济的文化化两种过程耦合的结果，即文化经济代表了未来"新经济"发展方向，文化经济必将是城市经济发展的重要组成部分，文化增长与经济增长都是属于城市发展过程中的自我发育的现象，一定的城市乃至国家的发展主要是通过经济与文化的总量增长而体现出来的，文化经济日益成为城市经济稳定谐调发展的重要因素，发挥重要的杠杆作用。孙爱军、董增川、张小艳（2008）采用随机前沿生产函数—面板数据模型，通过对不同城市经济的用水技术效率的计算以及测算不同城市经济与用水技术效率之间的耦合协调程度发现，我国城市经济与用水技术效率的协调程度虽然逐步提高，但是总体上水平不高，只有发展经济与提高用水技术效率并举，改进协调度，才能为城市经济更好地发展提供用水保障。沈中华、魏世杰、吕青桦（2010）通过研究 2004—2006 年中国 19 座城市不同类型银行与城市经济之间的关系发现，在不同模型中，外资银行均表现出对城市经济的推动作用，同时城市固定效应也强化了其与城市经济的关系，而城市商业银行和其他银行都只能推动城市经济总量上升，而不能促进经济水平提高，其贷款仍处于粗放水平。孙久文（2016）认为城市基础设施是城市存在与发展的基础，在城市经济发展中发挥极其重要的作用。这种重要作用不仅体现在生产有形产品和提供有价值的服务等直接经济效益上，还体现在由外部经济性等带来的间接经济效益上。刘维新、亡育平、赵亚静（2014）认为城市文化是城市经济活动的助推器，是城市经济品位提升的基础，是城市经济吸引力与辐射力扩大的基础，是支撑城市生存、竞争和发展的巨大动力和无形资产。城市文化融入经济活动中，可以提升经济的价值和品位，以形成行业特色，可增强吸引力，推动消费，增加经济的总价值。

2. 城市经济活力评价方法与指标体系

金延杰关于城市经济活力一级指标选取的依据：

（1）经济总量及其增长。经济总量是城市经济活力的基础，倪鹏飞（2004）认为经济总量形成的规模经济导致生产及经济要素的集聚，从而提高城市的产出效率。按照城市经济学的基本理论，集聚经济中的城市化经济能对当地的产业产生正的外部性，从而不断促进城市规模的扩大，动态集聚经济表明集聚因素将对经济的发展有着持续的促进作用。然而随着经济规模的扩大，经济活动过于集中所产生的外部不经济（如拥挤、地价过高）将会成为城市发展的阻碍。

（2）企业及其收益。刘东、梁东黎（2000）认为在现代城市中，企业作为城市的基本单元之一，既是城市活力的经济细胞，又是城市扩大投资、拓展生产力发展规模和提高生产力发展水平的基础。周伟林、严冀（2004）认为企业素质将直接决定城市经济活力。一方面，企业的活力构成了城市经济活力的微观基础。企业素质作用于城市经济增长的总体活力、数量和质量、升降趋势及其有效性，在城市经济增长中具有十分重要的地位和作用。企业的人才、科技、资本及企业所形成的产业结构、组织结构、空间布局、产业集群和专业化程度，对城市经济活力有着直接影响。另一方面，城市中新兴的产业发展需要富有创新精神的企业家及其开展风险投资的行为，企业家精神作为一种发现市场机会并借助开办企业的方式来抓住这个机会的能力，在城市经济发展中将发挥日益重要的作用。

（3）居民收入。居民收入在一定程度上反映了该地区劳动力的数量和质量，劳动力的持续稳定增长是城市经济活力的重要动力，而城市外部人口的流入是城市劳动力增长的重要组成部分。周伟林、严冀（2004）认为收入水平较高的地区对劳动力有较强的吸引力，同时很多研究表明，大量的劳动力转移将会进一步加强城市对劳动力的进一步需求，从而促使更多的劳动力流入该地区。一方面，随着劳动力的持续增长，生产规模将会逐渐扩大，由于规模经济的存在，城市将获得较高的发展速度，从而形成经济的持续增长。另一方面，居民收入水平较高的城市对高技术水平的劳动力有较高的吸引力，劳动力素质的提高也将促进城市经济的进一步发展。但是工资上涨的效应过大时，会提高生产成本，从而抑制该城市经济的进一步发展。

（4）财政与社会保障。按照城市制度理论（Urbanregimetheory），中央和地方（城市）政府的层域重构实际上是一种政治体制的重构过程。在不成熟的市场经济中，伴随中央政府不断增长的经济和政治权力以及不当的管理会导致地方（城市）出现不完善的"地方（城市）增长机制（Urbangrowthmechanism）"。李齐云（2003）认为中国在计划经济体制向市场经济转轨时期，一方面，中央和地方分权过程，促进城市联盟形成巨大地方势力，共同争取较多地方利益；另一方面，权力地方化使得城市政府间相互竞争加剧。因此，政府效率也就成为衡量城市经济活力最重要的因素之一。一般地说，政府效率主要取决于城市政府对市场的干预程度、采取的政策、政务的公开程度、公众的参与程度，以及政府的办事效率，而其中重要的衡量指标即为财政及社会保障。

（5）外贸与外资。外贸与外资是衡量城市对外开放程度的重要指标，周伟林、严冀（2004）认为资本是城市经济持续增长的主要因子之一，先进的技术又是城市经济增长的重要源泉。吸引大量外资，发展对外贸易，是目前中国城市实现资本和技术两者结合最快捷的途径。在全球化和世界市场的背景下，城市商品和服务主要是向外输出，城市经济活力的重要标志表现为外贸，外贸在带来资本的同时也可带来先进的技术，并使其能更进一步参与到全球化进程中去。而对于处于起步阶段的城市，制约其经济增长和发展的主要因素是资本短缺，外资将是其提高投资水平的重要途径。

（6）技术水平与教育。技术的进步一方面为城市经济的发展提供了技术支持，另一方面对城市外的高素质生产要素也形成巨大的吸引力，从而进一步促进城市经济的发展。技术进步主要包括：新产品、新工艺及新技术的扩散。发达国家的政府往往制定大量的政策来鼓励技术进步，同时为高校和研究机构的很多基础性和应用性的研究提供各类资金支持，实证结果表明高校研发中心的发展同许多部门的地方化增长呈现显著的正相关关系。教育水平是城市经济活力的灵魂。它不单影响劳动力的素质及城市的创新能力，同时也是城市整体的技术水平的基础，并影响技术转化为生产力的能力。

（7）环境。朱晓东（2003）认为城市的环境不仅包括其自然景观，也包括其社会环境。[周伟林、严冀（2004）]随着技术的进步，很多工业企业的选址都逐步摆脱了传统意义上的资源、中间投入品或者市场导向的原则，景观优美、文化氛围健康向上、符合主流等环境方面的因素成为吸引生产要素、提高居住者素质从而提升城市经济活力的重要因素。

陆晓丽关于城市经济活力一级指标选取的依据：

（1）经济的成长性，即一个城市是否具有经济增长的潜力与发展后劲。该层次着眼于未来，从动态角度对城市经济活力进行阐释，这是评价一个城市是否具有经济活力的首要因素。

（2）对资本和生产要素的吸引力。一个具有经济活力的城市，应该具有较强的吸引力，特别是能吸引人力、资本等流动性很强的生产要素，成为令市民向往的活力之都。分别从人才、企业、资本三个层次进行评价。

（3）就业及居民生活质量。城市居民的生活质量是评价城市经济活力的重要指标。居民的生活水平是城市经济、文化等全面发展状况的体现。一个具有经济活力的城市应当有使居民享有长期稳定生活质量的能力。本层次分别从居民的财富状况、居住状况、就业状况三个层面进行评价分析。

（4）创新能力。创新是城市发展的不竭动力，只有努力创新，一个城市才能焕发勃勃生机，并不断发展进步。而对知识产权的保护体现了一个城市对个人及企业的创新精神、创新成果在制度层次上的尊重与保障，能激发并鼓励创新成果的涌现，进而转化为推动城市经济发展的动力。本层次分别从创新能力、知识产权保护两个层面进行评价。

第三节　德国乡村重振与乡村活力数据库建设的经验借鉴

一　德国乡村重振的历史经验及启迪

德国人通常把 16 世纪中期始于施瓦本肯普滕侯爵领地的"土地整理"运动视为乡村重振运动的发端①。德国乡村的这种活力与现代化进程中形成的乡村重振传统关系密切。德国乡村重振历经 4 个多世纪，取得了很好的效果："在当今高度城市化的德国，有 3.5 万个村庄点缀于美丽的乡野，与喧嚣繁华的现代都市和谐共处"②。德国乡村重振所取得的成就，乡村土地整理和整治、乡村美化运动、乡村传统捍卫、乡村整体功能结构优化等政策措施功不可没。邢来顺教授的研究成果还显示：

---

① 邢来顺：《德国乡村重振运动的历史考察》，《光明日报》2018 年 2 月 12 日第 14 版。
② 邢来顺：《德国乡村重振运动的历史考察》，《光明日报》2018 年 2 月 12 日第 14 版。

——"土地整理"始于16世纪，就是要对耕地进行整合清理，使各户农民耕种田地连片，农民就近安家，从而提高耕种效率，用单个农户定居取代了封闭式集中定居点。这一合理化进程在开明专制时期进一步强化，一定时期内使乡村摆脱了发展困境。

　　——"乡村美化运动"始于巴伐利亚。19世纪上半期，巴伐利亚王国建筑总管古斯塔夫·A. 福尔赫尔在德国发起了"乡村美化运动"，提出改善耕种环境，建设和维护乡村景观及特色建筑，重振乡村生活。福尔赫尔为此成立了巴伐利亚乡村美化协会并出版《巴伐利亚建筑和农村美化月报》，这一运动得到安哈尔特-德骚侯爵利奥波德三世和著名作家歌德等人的热心支持，对于德国乡村古建筑的保护等产生了重要影响。

　　——捍卫乡村传统、重现乡村生机，大致发生于19世纪中期到20世纪上半期。这次乡村重振，其主要措施：（1）用租赁地产的方式增加中小农户数量，推进农村居民点建设，强化乡村吸引力，抗御农村人口流入城市后的乡村衰落；（2）发起以保护乡村自然景观为中心的"家乡保护"运动，抗衡工业化和城市化对乡村景观的破坏。到20世纪上半期，德国人经历了两次世界大战。魏玛共和国时期，为了解决一战后的经济困难，接纳和安置战败后因割让领土而失去家园的难民，乡村重振集中于移民垦殖和定居点建设；第二次世界大战结束后，延续乡村重振传统，试图通过在乡村投入具体项目建设，创造就业岗位，激活乡村生机。

　　——"优化乡村整体功能结构"始于20世纪60年代，用邢来顺教授的话来说，优化乡村整体功能结构，是联邦德国乡村重振运动的"革命性"转变。1965年联邦政府推出新的"乡村发展计划"，1976年又将"乡村重振"和"促进乡村发展"列入法规，提出制定村镇整体规划，改善乡村生活和环境，使农村人口生活和福利达到全国平均水平。为了推动全社会关注乡村重振，联邦德国从1961年开始举办三年一次的全国性"我们村庄更美丽"竞赛，1998年以后竞赛更名为"我们村庄明天会更好"，竞赛取向从表象性"美丽村庄"向内涵性"乡村生活品质"转变。

　　综上，德国乡村重振的历史经验给予我们的启迪至少有三：其一，如果从16世纪算起，德国乡村重振先后历经4个多世纪，证明乡村振兴不能一蹴而就，中国乡村振兴战略规划一直延续至21世纪中叶，尽管其已经是我国最长的发展战略规划之一，但仍然需要有更长期战略思想和计划储备。其二，乡村振兴，激发和维持乡村活力是根本。进而言之，土地整理和整治、乡村美化、捍卫乡村传统、优化乡村整体功能结构等，是激发和维持乡村活力的重要政策措施。由土地整理晋级到山水林田湖综合治理和美丽乡村建设，是增强中国乡村吸引力、积蓄发展动能的基本方式。其三，当今中国乡村振兴平台上，同时植入了"四化同步发展"，"新型城镇化""城乡一体化"和"基本公共服务均等化"，"美丽乡村建设"及"看得见山、望得见水、记得住乡愁"和"绿水青山就是金山银山"等多重愿景，农村地域空间综合价值追求超过以往任何时代，必然推动乡村空间结构重构，包括：人口、产业及其相对应的村庄、集镇、道路重新规划布局和建设；生产空间整备（农田水利、土地整理、三次产业融合）、生活空间改造（危旧房和旧村改造、新村建设社区及服务中心、文化体育广场）、生态空间修复拓展（森林、湿地、生态产业和产品、城乡空间绿化），以及"三区三线"① 空间边界的划定、管控及互动关系重新架构和理顺；由上引发的农业和农村产业组织、农村社会和经济组织重构，乃至农民、集体、国家关系的重新架构和重大调整。可见，中国乡村空间结构重构，比德国优化乡村整体功能结构更具紧迫性和重大意义。

二 巴伐利亚州乡村活力分析数据库建设及运用的启示

巴伐利亚州有乡村重振的悠久历史文化传统。19世纪上半叶德国"乡村美化运动"就发源于此。21世纪以来，这里又率先展开了乡村活力分析数据库——巴伐利亚州食品农林部和环境保护部门共同协作创建的数据库。现在，除了巴伐利亚州之外，黑森州和下萨克森州一些地区的农村发展部门也在规划过程中使用了该数据库。用德国专家萨比娜·哈夫纳（Sabine Hafner）、曼弗雷德·米奥斯加（Manfred Miosga）② 的话说，该数

---

① 2016年12月27日，中共中央办公厅、国务院办公厅关于印发《省级空间规划试点方案》的通知，要求试点省份"全面摸清并分析国土空间本底条件，划定城镇、农业、生态空间以及生态保护红线、永久基本农田、城镇开发边界（简称'三区三线'）"。

② 2018年4月13日，中国自然资源部土地整治中心举办了"土地整治国际学术交流会"，邀请德国拜罗伊特大学地理学院城市与区域发展专业的曼弗雷德·米奥斯加教授、区域规划乡镇发展咨询顾问萨比娜·哈夫纳博士主讲"巴伐利亚州乡村活力分析数据库及其在中国的应用"。本节内容系根据讲课内容及其听课记录整理。

据库是一个观察乡村活力的工具，主要功能是为每一个乡村的发展量身定制发展方案，为编制乡村规划和区域发展战略提供科学依据和技术支撑。

自 2006 年开始，巴伐利亚州食品农林部农村发展部门就开始在做规划时使用这个数据库，该数据库建设和运用大体上包括基础数据获取、数据分析总结、评估发展可能性并制定目标和措施等三个方面。首先是获取基础数据。基础数据由人口、土地利用、村落结构、土地管理数据库、土地政策、基本生活供给、公众参与和经济八个部分组成，这是活力分析最基础的工作（见表 15-1）。

表 15-1　　　　　　　巴伐利亚州乡村活力数据库基础数据

指标项	分析方法	具体分析指标
（1）人口	包括乡镇人口和县城人口两部分统计数据，数据由巴伐利亚州统计局提供	①人口现状。人口数量（现有人口数量、5年前人口数量和10年前人口数量）；人口年龄结构（小于18岁、18—64岁、大于64岁人口百分比）；人口迁移情况（每千人当中迁入和迁出人口数量）；人口发展情况（5年和10年内人口增减百分比）；人口老化程度（15岁以下人口百分比减去50岁以上人口百分比，再除以15到50岁的人口百分比）。 ②人口预估。人口发展（20年人口增减百分比）；人口年龄结构（预估期内小于18岁，18—64岁和大于64岁的人口百分比）
（2）乡村土地利用	分别统计1980年、2010年、2004年、2014年的乡村土地总面积和建设用地数量以及增加百分比	①区域总面积；②居民生产生活用地和交通用地数量及其百分比；③人均生活面积；④人均建筑面积；⑤人均空地面积；⑥人均住房面积；⑦人口居住密度
（3）村落结构	规划人员通过调研对乡村的建筑密度和村落建设敏感性作出评估	①建筑密度评估。将村落结构划分为低密度居住（单门独户分散居住）、中密度居住（连片居住，一房两户等）、高密度居住（小区公寓式居住，高层建筑）。 ②建设敏感性评估。根据"同质性（建筑结构单一程度）""空地和村落结构关系""历史村落""区域特色和历史风貌的建筑结构占比""房屋整体质量"5项指标，综合打分，将村落建设敏感性划分为高、中、低三等
（4）土地管理数据库	利用对乡村的土地权属、利用、交易、开发潜力进行专门统计分析的数据库，分析乡村内部发展潜力以及未来发展空间	①土地内部发展潜力，包括建筑物总量、建筑物空置比例、建筑物未充分利用比例、建筑空隙、建筑物空置风险；②土地所有者情况调查，土地所有者在线填写问卷调查表，获取建筑空置率、建筑物空隙、房屋空置原因、土地所有人出售意向等内容；③问卷分析；④存在土地交易可能性的地块调查；⑤未来住房面积需求预估

续表

指标项	分析方法	具体分析指标
（5）土地政策	通过建设用地价格和土地利用规划体现土地政策的影响	①居住用地单价（包括基础设施建设费用）；②建设规划
（6）基本生活供给	该村落及其所在地乡镇的基础供应情况	①公共交通；②宽带网络普及率；③村基本供给结构（小商店、诊所、邮局、银行、幼儿园、小学、旅馆、养老院、体育馆、公共活动中心等）；④乡镇供给结构（医院、幼儿园、小学、养老院的数量和规模）
（7）公众参与	由村主任或者镇长以及他们的工作人员填报	①村庄的协会和公共机构；②村庄的社会公益性活动、志愿者活动数量；③乡镇公共活动，包括环境保护宣传、地域性产品市场化推广、村庄革新圆桌会议、老年人理事会等细化指标
（8）经济发展	主要考察农业的发展情况、就业结构和市场发育情况	①就业市场，包括工作地每千人从业人员社保缴纳人数、居住地每千人从业人员社保缴纳人数、异地通勤人口数；②就业人口行业比例；③农业发展，包括农场数量、农场每千人占有量和农场增减百分比

其次是数据分析总结。包括对乡村内部发展潜力进行统计，分析空心和空置情况，在所有的基础数据都录入和整理完毕之后，数据库会自动生成一个乡镇发展报告，从这个报告中可以了解乡村基本的发展状况。规划人员对统计数据进行总结分析，并制作相应图表，如乡村基本生活供给图、乡村村落结构图等，编制完整的乡村发展活力报告。最后，通过大量数据的论证和分析评估乡村发展可能性，精准地制定未来发展目标，并列出实施发展目标的针对性措施。

综上，德国的乡村发展作为欧洲乡村发展的范例，其政策和措施对欧洲乃至世界影响巨大，其中乡村更新是德国乡村发展中的重要一环。巴伐利亚州通过"工作/农业、基础设施、环境/生态和社会/文化实现未来"4个方面整合乡村更新的发展目标，率先开展了乡村活力分析的研究，并且建立了乡村活力数据库。这一做法和经验，对于我国实施乡村振兴战略、激发和维持乡村活力（内生动力）有重要启示和借鉴意义：要高度重视空间规划对于激发和维持乡村活力的基础性作用；利用土地基础数据，为土地整理、整治和空间规划服务，从而撬动乡村重振，德国运用得驾轻就熟，值得在我国乡村振兴战略推进中借鉴和运用。但同时也要看到，德国乡村活力分析数据库是在经济高度发达、城市化程度高、就业充分、城乡差距小、乡村基础设施较为完善的背景下建立的,这与当今中国乡村振兴所面临的问题有很大不同,中国激发并维持乡村活力,除了同样需要关注土地整治及其科学的土地利用空间规划、关注城乡人口流动,尤其是乡村对人口、人才的吸引力以外,更加需要关注(甚或补课):农业农村优先、城乡融合发展制度和政策效应;农业功能拓展及乡村地域空间一二三产业融合发展对农民收入增长及生活品质提升的推动力;乡村社会治理体系创新及其善治(执政党组织领导、村民自治和社会多元参与)释放的乡村活力;优秀乡土文化挖掘、整理与复活,以及生态修复与可持续利用对城镇人口、人才、资本、技术和信息的吸引力;等等。以上每一个方面都深深触及乡村活力激发与维持。因此,中国乡村活力评价指数设计,必须借鉴但不可能局限于巴伐利亚州乡村活力分析数据库已有的经验。

第四节 乡村活力与国土空间规划

一 国土空间规划的基本含义

虽然空间规划的历史可以追溯到周代或者古希腊时代甚至更远,但全世界国土空间规划的实践和理论探索是从20世纪20年代才开始的。当时第一次世界大战刚刚结束,再加上1929年开始的世界性经济大危机,西方国家普遍陷入严重的经济萧条,工厂纷纷倒闭,人口大量失业,原先以城市为单一对象的空间规划已经无法满足经济社会发展的需要,于是世界各国开始寻找以区域为整体的国土空间规划作为治国之策。20世纪70年代以来,世界经济全球化和区域化问题日益凸显,生态系统、生物圈关系和人类存在的交叉网络联系使得各种问题变得日益复杂化,任何单一规划更加无法解决区域和国家层面的重大问题。因此,国土空间规划进一步超越传统的城乡分界,以一种整体性的方式理解空间发展,并被塑造出"空间管理"的中心功能,成为不同层级地区管理的"枢纽"。

从历史逻辑、功能逻辑、整体逻辑和现实逻辑看,国土空间规划是对国土空间自然保护、有序开发、高效利用和高品质建设的整体性谋划和有意识行动。它不是社会结构背景下的引喻,也不是实证世界的抽离,而是人们解决问题的自然方式和人类共同的现象。其核心命题是围绕如何处理好人与自然之间的相互作用关系而展开的，是对国土空间开发利用保护上所做的整体性安排。它以实现国土空间的高质量生产、高品质生活和持续性演进为终极目标，是国家国土空间发展的指南、可持续发展的空间政策、各类开发保护建设行动和空间用途管制的依据。按照地域空间划分，国土空间规划可以区分为城市地区空间规划、乡村地区空间规划和海洋地区空间规划等。

二 国土空间规划是国家现代空间治理的重要平台

2018年3月，中共中央印发《深化党和国家机构改革方案》，组建自然资源部，将"建立空间规划体系并监督实施"作为其主要职责之一。此项重大改革将发改委组织编制主体功能区规划的职责、住房和城乡建设部的城乡规划管理职责、原国土资源部土地利用总体规划编制职责等统一整合到自然资源部，结束了多年来"多规演义"政出多门的历史，多个部门各自主导推动的"多规合一"试点工作也由此画上了一个句号，中国空间规划和空间治理走进了新时代。2018年8月，中共中央办公厅、国务院办公厅印发《自然资源部职能配置、内设机构和人员编制规定》，设置国土空间规划局，其职能是拟定国土空间规划相关政策，承担建立空间规划体系工作并监督实施。组织编制全国国土空间规划和相关专项规划并监督实施。承担报国务院审批的地方国土空间规划的审核、报批工作，指导和审核涉及国土空间开发利用的国家重大专项规划。开展国土空间开发适宜性评价，建立国土空间规划实施监测、评估和预警体系。

从国家机构改革的顶层设计看，空间规划最高层级称谓定为国土空间规划。按照国家机构改革的目标和任务，自然资源部的一项重要使命是统一行使所有空间用途管制，建立空间规划体系并监督实施。国土空间规划是国家开展现代空间治理的重要平台和工具，是国家空间治理的"枢纽"，构建统一有序的国家空间规划体系是实现国家治理体系和治理能力现代化的目标和必然要求。国家空间规划体制的重大改革，应该从治国理政的高度来理解和认识国土空间规划对于"统筹城乡发展、统筹区域发展、统筹经济社会发展、统筹人与自然和谐发展、统筹国内发展和对外开放"的重大作用。未来空间的开发、利用、整治和保护，都应该纳入国土空间规划的范畴，乡村振兴和发展的空间行为自然也不例外。

三 乡村活力是国土空间规划的重要依据

长期以来，空间规划学科一直存在着明显的"城市中心"偏向，长期缺乏对乡村地区空间规划的理论研究和实践。由此也导致了乡村地区开发低效无序、基础设施和公共设施配套建设滞后、生态退化和环境脏乱差。例如，2006—2015年，农村人口向城市转移了1.9亿人，农村建设用地不但没有相应减少，反而增加了255万公顷；2016年全国人均农村建设用地面积为325.58平方米，远高于国家规定的标准。然而，乡村地区与城市地区的发展逻辑、动力机制、价值取向和主体需要都是很不相同的。相比城市的国土空间而言，乡村国土空间具有以下重要特性：

1. 自然性。乡村国土空间的最重要特征是自然性。利用自然形成的地质、地形、地貌、水文、土壤和气象等发展农业、林业和牧业生产；利用自然的生态系统，形成适宜人类居住和生活的空间。如利用坡度、朝向和溪流，采用自然做法建造房屋，产生最原始的村庄，建设水利设施，获取生产生活用水，形成具有生产能力、生态功能、适宜生活居住的乡村国土空间。

2. 多功能性。乡村地域功能是指在一定的社会发展阶段，特定乡村地域系统在更大的地域空间内，通过发挥自身属性及与其他系统共同作用所产生的对自然界或人类有利的作用。乡村地域具有多功能的客观属性，不仅为城乡居民提供食物保障，也是大量农村人口的居住地和传统农业文化保留地，更是维系城乡生态安全的重要开敞空间，具有生产、生活、经济、文化、生态等多重功能。

3. 复合性。乡村的生产、生活、生态和文化空间是重叠和复合的，很难清楚地区别和分开。乡村田野既是农业生产空间，也是生态空间和田园景观空间；村庄既是生活居住空间，也是各种乡村习俗、传统乡村工艺和建筑艺术、街巷机理、乡村风貌等的文化艺术传承和乡村景观空间；河塘溪沟既是水的储存空间，能防洪蓄水和排水，也能提供灌溉和生活用水，养殖鱼虾等水产，或作为水上交通系统、水上运动娱乐场所。

4. 生态性。乡村国土空间本身是一个陆地生态系统，具体包括林地生态系统、农业生态系统、水循环系统。如家禽家畜等排泄物制成有机肥料和鱼饲料，成为增加田间土壤肥力、饲养水产、种植蘑菇等的原料，以生产更多的粮食、水产和蔬果，为居民生活提供保障，进而形成促进空间复合利用和物质循环利用的完整生态系统。

5. 领域性。乡村国土空间具有明确的领域性，由独特的地形地貌、强烈的血缘和地缘关系、特有的植被景观构成，虽然内部会随着季节气候变化和社会经济发展变迁而动态变化，但从年度或更长时间段看基本上是稳定的，有明确的地域界限。

就乡村地区而言，国土空间规划就是要根据乡村国土空间的基本特性实现以下基本任务：优化空间格局，调整利用结构，找准限制因素，补齐设施短板，注入新型业态，发掘新增长动能，提升人民福利，促进可持续发展。而要实现这一任务，根本路径在于激发乡村各类要素和主体的内在活力和动力，如此才能促进乡村地区经济、社会、政治、文化、生态向好的方向转化，并提升其持续维持的能力。从动力机制角度看，提升乡村地区的经济竞争力、社会吸引力、文化凝聚力和生态适应力，是国土空间规划的重要逻辑和存在依据。而这"五个力"，归根结底就是乡村活力，一种乡村振兴和乡村发展的内在动力。可见，评价乡村活力的高低和强弱，可以为国土空间规划优化空间格局、调整利用结构、找准限制因素、补齐设施短板等提供重要依据，这也是国家现代空间治理的重要组成部分。例如，土地内部发展潜力，包括建筑物空置比例、建筑物未充分利用比例、建筑物空置风险等，反映了乡村的生存力高低，是优化乡村空间格局和调整乡村利用结构的重要依据。再例如，乡村自然资源的优势程度和人文资源的丰富程度，具体如区域特色和历史风貌的建筑结构占比，历史村落的文化价值等，能够充分反映乡村的发展潜力大小，是国土空间规划因地制宜谋划注入新型文化业态、发掘新增长动能的重要依据。还例如，如果所在乡村的生态环境脆弱，其发展受到土地政策的限制，在土地利用规划中被划入禁止开发区或限制开发区，乡村的"限制力"就很高，或者说乡村的环境压力指数就很大，则乡村的活力就会受到很大影响，国土空间规划就需要调整利用结构，找准限制因素，补充设施短板，加大生态修复，才能促进和维持乡村的可持续发展。所有这些生存力、发展力和限制力，或者说环境压力，既是乡村活力的表征，也是国土空间规划的依据，二者是一个互动的内生关联系统。也就是说，乡村活力的结构、功能、脆弱点、恢复力、限制、边界、退化风险、时滞、惯性、动力机制、互动过程、激励结构、可持续性轨迹、长期趋势和演变规律及其指数的高低强弱，能够为国土空间规划的问题界定、目标设定、方案制定和决策制定等全过程提供重要的科学依据。

第五节 乡村活力评价及其指标体系构建

一 乡村活力评价的基本思路与模型选择

（一）中国乡村活力评价的原则

乡村活力评价必须以中国乡村振兴时代特征和新要求为遵循，目的在于高效、直观、准确地反映乡村地域系统的活力水平。中国乡村活力评价应综合考虑共性与个性、短期与长期、多元与统一的关系，遵守以下原则：

一是导向性原则。任何评价都应该是问题导向和目标导向的，乡村活力评价也不例外。只有坚持问题目标的导向性，才能使评价指标体系的建立具有针对性，使评价的结果"可用"和"管用"，不存在"放之四海而皆准"的评价体系。乡村活力评价可以服务于乡村振兴，可以服务于城乡统筹，可以服务于乡村旅游，可以服务于生态环境保护，可以服务于流域整治，可以服务于农业发展，也可以服务于国土空间规划和自然资源管理等。为了提高评价的针对性和可用性，本研究主要服务于国土空间规划，同时也为自然资源管理提供科学依据。

二是整体性原则。乡村经济、社会、文化、政治、生态环境各个子系统相互作用、相互影响，进而形成一个相互协同配合的不可分割的整体，即乡村有机体。乡村活力评价综合体现经济、文化、政治、社会、生态的各个方面。

三是关键性原则。由于乡村地域系统的要素构成的复杂性，影响乡村活力的因素繁多，而且不同地域制约乡村活力的因素也不尽相同。乡村活力评价在保证目标问题导向性原则和整体性原则的基础上应力求简洁，既要尽力避免规模类指标的过度相关性，又能够反映不同区域和不同类型乡村的特色活力。

四是系统性原则。乡村是一个有生命的自然社会耦合系统,乡村地域系统是由人文、经济、资源与环境相互联系、相互作用下构成的,具有一定结构、功能和区际联系的乡村空间体系。乡村活力评价应能反映出乡村地域系统的这种开放性、动态性、自组织性、自学习性等特点。评价指标既要能够涵盖显示性因素和解释性因素,又能够反映静态性因素和动态性因素。

五是成长性原则。乡村活力是一个发展的概念,表现为乡村有机体的富于变化与快速成长,并且伴随着时间的推移和内部条件的变化,乡村活力发展空间会随之变化,其活力或增强或减弱。乡村活力评价不仅要能够体现乡村的当前发展水平,还应当从动态角度反映出这种增长的潜力与发展后劲。

(二) 中国乡村活力评价的内容框架

由于乡村地域系统要素构成的复杂性,影响乡村活力的因素繁多,而且不同地域制约乡村活力的因素也不尽相同,乡村地域系统内在发展规律尚不明确,为保证乡村活力评估结果尽可能科学合理,基于未来一段时期内我国国土空间重构与自然资源管理的需求,我国的乡村活力评价既要考察我国乡村地域综合体的当前活力状况,也要充分体现乡村未来发展与空间潜力,同时还要充分关注各类环境约束条件对乡村未来发展的制约作用,概括而言就是乡村地域综合体的生存力、发展力和环境压力。

乡村地域综合体的生存力是乡村地域综合体的功能发挥状况,其活力水平反映的是该系统的生存力水平和发展阶段,是系统结构完备性和合理性的综合反映。主要从三个方面反映其生存力,一是系统当前总量规模,是系统长期发展的结果;二是系统的活跃度,即系统的物质、能量、信息的流动规模与流动频率;三是系统的参与性,即系统内部各部分参与系统活动的参与度与贡献率。

乡村地域综合体的发展力是乡村地域综合体潜在功能水平,是根据系统现有结构和条件下一些有待激发的功能潜力,反映的是乡村未来一段时期内可能具有的活力水平。主要从两个方面反映发展潜力,一是乡村地域综合体近期发展态势,是系统当前发展趋势的反映,如生命周期和发展速率等;二是乡村地域综合体受资源环境条件决定的未来发展潜力,如自然资源优势程度和人文资源丰富程度等。

乡村地域综合体的环境压力是乡村地域系统外围环境条件对乡村未来发展产生的各种约束力或限制力，是系统自我发展的约束性指标（逆指标）。乡村自我发展的环境约束主要有三：一是政策环境管制力，重点是各类经济社会发展规划、自然保护规划对乡村发展定位上的管制和约束；二是生态环境胁迫力，即乡村所处地域生态系统的自我调节能力对乡村发展的约束；三是基础设施条件约束力，即受乡村交通、通信、水电、社会服务等各类生产生活设施条件限制而产生的约束力。

（三）中国乡村活力评价指标体系和方法

1. 中国乡村活力评价指标体系

乡村活力是乡村地域综合体的生存力、发展力和环境压力水平的综合表现，只有根据相应的权重将各评价指数合成综合指数，才可以反映乡村活力的整体状况。同时，相对于评价数值，活力指数既能较好地表现活力水平高低，又可以消除地域因素的影响，提高结果的可比性。

根据乡村活力评价的目标和原则，结合乡村振兴的时代特征和新要求，重点考虑未来我国国土空间规划及自然资源管理的需求，将中国乡村活力指数分为三级指标。一级指标为乡村地域综合体生存力指数、发展力指数和环境压力指数，综合反映乡村地域综合体的生存力、发展力和环境压力；二级指标和三级指标分别由9个结构指标和对应的12个评价指标组成。

（1）I_{cL}乡村生存力指数

生存力是生命有机体维持基本生存条件的能力。乡村生存力是乡村地域综合体为乡村居民的政治、经济、社会、文化活动的服务能力，其能力水平由系统内在的各类组织及其结构状况决定，并主要从总量规模、活跃度、参与性等三个维度进行度量。

①总量规模指标：乡村地域综合体的总量规模是乡村长期发展的历史结果，综合反映了其历史时期所具有的生存能力水平。衡量乡村地域综合体总量规模的指标包括域内人口、资源、经济产出、社会文化活动等的总量。由于我国不同地域经济社会发展水平及聚居习惯的巨大差异性，不同地域间乡村的总量指标不具有可比性，因而采用相对总量指标更具说服力。根据各类乡村总量指标的可获得性及其内在的相关性，课题组采用"乡村人口集聚的相对规模"指标来反映。

②活跃度指标：乡村地域综合体的活跃度是系统提供各类功能活动的数量与频率，一般以系统内外物质、能量、信息交换的数量与流动速度表示。对于乡村而言，则表现为乡村与外部之间人、财、物的流动规模和速率，以及乡村内部资源利用程度，课题组选择"乡村流动人口比率"和"农居点用地利用程度"来反映乡村地域综合体的活跃度。

③参与度指标：乡村地域综合体各构成部分参与乡村活动的程度，反映乡村生存力的内在质量及其可持续性，一般以乡村地域综合体供给的各类政治、经济、社会、文化活动中村民参与人次占常住人口的百分比来表达。由于乡村各类活动类型多样且缺乏相应的统计数据，需要采用替代指标来表征。课题组拟采用农户乡村经济收入占农户总收入的比重来间接反映村民的参与度。一般说来，农户乡村经济收入的比重大，对乡村发展就会有更多的关注和参与；如果主要收入来源于村外的经营或打工，就会缺少更高热情来参与乡村的发展。

（2）I_{cD}乡村发展力指数

发展力是生命有机体按照其生命周期规律持续成长的能力。乡村发展力是乡村地域综合体持续发展的能力和潜在空间，其能力水平与乡村地域综合体所处的发展周期（濒死距离）相关，同时也与其内在的可开发利用的资源条件（资源禀赋）相关，其能力的外在表现形式是乡村总量规模或生存能力的持续增长或维持，因此，乡村发展力指数水平的高低主要从生命周期、发展速率、发展潜力三个维度进行度量。

①生命周期指标。乡村地域综合体作为复杂的耗散结构系统，并不存在单纯的生命周期率，但乡村发展仍然有生成、成长、衰落到再兴起的螺旋式循环发展规律，乡村所处生命周期可以从其生命年龄、生存力变化、内在结构特征等进行综合判断，但在乡村发展历程中，乡村的兴起或衰落，与乡村常住人口的年龄结构演化趋势密切关联，使用"常住人口的年龄结构系数"指标可以较好地反映乡村地域综合体所处的生命周期。

②发展速率指标。生命体的发展速率是其成长能力的直接表现，其外在形态上表现为总量规律的直接扩张速率，内在逻辑上则是其快速持续提升的功能水平带来的吸引力和扩张力，一般生命体成长初期发展速率较高，进入成熟期后发展速率放缓且相对稳定，进入衰退期后其发展速率相对缓慢或出现明显的负速率。乡村地域综合体的发展速率同样在外在形态

上表现为乡村政治、经济、社会、文化、环境子系统的产出能力的增长,其中经济子系统产出能力的增长是基础,在一定程度上与其他子系统产出能力的增长具有正相关性,因此,采用"经济产出能力的增长速率"即可以全面表达乡村发展速率。

③发展潜力指标。生命有机体的发展潜力是其内在具有的某些特质使之在未来的成长中成为发展优势的能力,这种特质条件包括组织结构、生存环境等方面的独特性。乡村地域综合体的发展潜力主要体现在其为人类生存可以提供的资源环境条件和空间,主要依赖乡村自身拥有的独特性资源和乡村在区域发展中体现的重要性,因此这里用"自然资源丰富程度、人文资源丰富程度和评价区域乡村重要性排序"来反映乡村发展潜力。

(3)I_{cEP}乡村环境压力指数(逆向指标)

环境压力是生命有机体在生存发展过程中受其所处环境的约束影响而受到的抑制力,是生命有机体活力水平的负向指标。乡村地域综合体的环境压力包括其在生存发展中受到的政策环境、生态环境和社会环境的约束,其压力水平也主要从以上三个维度来度量。

①政策环境压力指标:乡村生命有机体在当前发展阶段受到的国家和地方相关政策的约束和影响力。在我国,从长远来看,乡村发展所受的政策环境约束主要来源于上层规划的管制,包括国民经济和社会发展规划、主体功能区规划、土地利用规划、乡村居民点布点规划、交通建设规划、水利建设规划、生态环境保护规划、各类自然资源保护规划、乡村文化保护规划等,因而拟采用"规划约束度"指标来表达乡村的政策环境压力。当然,一些短期的政策也会对乡村活力产生影响,如扶贫政策、征地政策、城乡建设用地增减挂钩政策等。但是这些政策更多的是局部性的,具有不确定性,从长远来看不具有根基性影响。

②生态环境压力指标:乡村生命有机体在生存发展中受到其所在生态环境的自我调节能力的限制而产生的压制力,"乡村生态环境的脆弱度"指标可以直观地表征其生态环境压力的大小。

③社会环境压力指标:乡村地域系统所在的社会环境条件限制给乡村活力的发挥带来的抑制作用力。乡村社会环境条件是乡村所在区域为乡村提供各类社会服务的总体能力和质量水平,主要受相应社会服务设施条件、服务供给方式和服务队伍的规模、素质等影响,包括交通、水电、环

卫等基础设施供给服务，以及教育、医疗、健身、文娱、养老、救助等社会公共服务设施，涉及范围较广，可选择的指标类别多，在我国广大农村基本公共服务供给水平总体不高且地区差异巨大的情形下，为便于比较，选择各地均有一定供给且能够对应表达总体社会环境条件的服务设施条件来表达社会环境压力是可行的选择，显然，交通条件成为反映社会环境压力的最佳指标。大量调查表明，交通条件越好的乡村，其相应的社会服务供给也越多，相应的社会环境压力也较低。交通条件是交通设施的数量与质量、通行工具与交通方式等的综合状况，其直接的表现为乡村对外交通的时间距离，因此，课题组拟采用"乡村与最近市镇的通勤时间"来反映乡村的社会环境压力。

上述各项汇总为评价指标体系如表15-2所示。

表15-2　　　　　　　　乡村活力评价指标体系

	一级指标	二级指标	三级指标
乡村活力指数	生存力指数	总量规模	人口集聚相对规模
		活跃度	近五年平均流动人口比率
			农居点用地利用程度
		参与度	近五年农户乡村经济收入占农户总收入比重
	发展力指数	生命周期	常住人口年龄结构系数
		发展速率	近五年乡村经济总产出平均增长率
		发展潜力	自然资源丰富程度
			人文资源丰富程度
			评价区域乡村重要性排序
	环境压力指数（逆向指标）	政策环境压力	规划制约度
		生态环境压力	生态环境脆弱度
		社会环境压力	距最近市镇的通勤时间

2. 评价指标说明

（1）人口集聚相对规模：以乡村地域内户籍人口规模与所在县（市、区）乡村平均户籍人口规模的比表达，用于反映评价单元人口的相对集聚度。集聚相对规模越大，相对越有活力。

（2）近五年平均流动人口比率：近五年乡村流动人口（流入人口-流出人口）年均值与乡村户籍人口之比。正数越大越有活力，越是负数越没有活力。

（3）农居点用地利用程度：评价单元实际已利用农村居民点建设用地总面积与乡村农居点建设用地总面积的比，其中实际已利用农居点建设用地总面积等于乡村农居点建设用地总面积与空置和闲置农居点用地面积之差。数值越大，越有活力。

（4）近五年农户乡村经济收入与农户总收入比：乡村调研经验表明，村民的乡村活动参与度和村民收入与村庄经济的相关性密切相关，村民收入中来自村庄经济的比例越高，村民对村庄事务的关注度越高，也对村庄事务的参与越积极。农户乡村经济收入与农户总收入比值越大，表明农户家庭收入来源于本乡村经济的比例越高，反之则越低。

（5）常住人口年龄结构系数：常住人口中的 18 岁以下人口与 64 岁以上人口之差与 18—64 岁人口数的比。系数越大，表明青少年人口比重较大，乡村处于成长初期，系数越小，表明老龄人口在常住人口中的比重较大，乡村处于衰退期。

（6）近五年乡村经济总产出增长率：评估年度与上一年度乡村地域内经济总产出之差与上一年度乡村地域内经济总产出之比即为评估年度的经济总产出增长率。通过比较评价年度之前五年内的经济总产出增长率的大小及其变化趋势，即可判断其当前所处的发展阶段和成长能力的大小。

（7）自然资源丰富程度：自然资源数量和质量在评价区域内的排序先后关系。

（8）人文资源丰富程度：人文资源数量和质量在评价区域内的排序先后关系。

（9）评价区域乡村重要性程度：按照各类规划或社会经济发展的重要性排序。

（10）规划约束度：各级各类规划对评价单元发展的总体约束程度评估。拟采用分值累加的方式量度，即评价单元在任何规划中划入禁止开发区或限制开发区，计 100 分，并依约束性等级梯次递减，若合计分值超过 100 分，则仍按 100 分计量。

（11）生态环境脆弱度：表示生态环境的脆弱性程度，是生态系统对外界施加胁迫或干扰的抵抗力数量表达，一般以生态环境脆弱度指数表示，生态环境脆弱度指数与生态系统的结构、功能以及演替阶段密切相关，其测度由专业评估人员根据生态脆弱度指数的测算模型和方法进行专项评估。

（12）距最近市镇的通勤时间：采用乘交通工具到达最近市镇所花费的时间。这是表示交通区位的指标，通勤时间越长，相对活力越低。

表15-3　　　　　　　　　乡村活力评价指标说明

指标		计算方法	指标说明
X1	人口集聚相对规模	乡村户籍人口/县（市、区）村均户籍人口	正指标（值越大，表明乡村活力越强）
X2	近五年平均流动人口比率	年均乡村（流入人口-流出人口值）/乡村户籍人口	正指标（正值越大，表明乡村活力越强）
X3	农村居民点用地利用程度	（农村居民点用地总面积-闲置和空置农居点用地面积）/乡村农居点用地总面积	正指标（值越大，表明乡村活力越强）
X4	近五年农户乡村经济收入与农户总收入比	年均农户乡村经济收入/年均农户总收入	正指标（值越大，表明乡村活力越强）
X5	常住人口年龄结构系数	（常住18岁以下人口-64岁以上人口）/18—64岁人口数	正指标（值越大，表明乡村活力越强）
X6	近五年乡村经济总产出平均增长率	（评估年度乡村经济总产出-上一年度乡村经济总产出）/上一年度乡村地域内经济总产出	正指标（值越大，表明乡村活力越强）
X7	自然资源丰富程度	$(1-\sum m*P/\sum m)/n$，其中m为某种自然资源数量，p为其排序，各类资源总量	正指标（值越大，表明乡村活力越强）
X8	人文资源丰富程度	$(1-\sum R*P/\sum R)/n$，其中R为某种人文资源数量，p为其排序，n为人文资源总量	正指标（值越大，表明乡村活力越强）
X9	乡村重要性排序	各类规划或乡村社会经济发展重要性排序	正指标（值越大，表明乡村活力越强）
X10	规划制约度	评价单元在任何规划中划入禁止开发区或核心保护区，计100分，并依约束性等级梯次递减，若合计分值超过100分，则仍按100分计量。	逆指标（值越小，表明乡村活力越强）
X11	生态环境脆弱度	根据生态脆弱度指数的测算模型和方法进行专项评估	逆指标（值越小，表明乡村活力越强）
X12	距最近市镇的通勤时间	乘交通工具到达最近市镇所需花费的时间	逆指标（值越小，表明乡村活力越强）

3. 中国乡村活力评价方法

乡村活力评价是一项涉及经济、社会、资源、生态等方面的复杂系统工程。为确保评价指标科学性、评价方法可行性和可操作性，多次召开讨论会，评价中采用专家打分法和熵值法来共同确定指标权重。征求从事土地利用、城乡规划、农业领域的 15 位专家的意见，作为评价指标权重的参考。熵值法可以排除主观因素，具有一定的可信度和精确度。其计算步骤：

（1）指标标准化

村活力评价涉及 12 个指标，为消除量纲的影响，采用极值法对各个评价指标进行归一化处理。根据评价指标的性质不同，分为正负向作用指标，计算公式为：

正向作用指标：

$$X'_{ij} = \frac{X_{ij} - \min X_j}{\max X_j - \min X_j} \tag{1}$$

负向作用指标：

$$X'_{ij} = \frac{\max X_j - X_{ij}}{\max X_j - \min X_j} \tag{2}$$

式（1）(2) 中 X_{ij} 和 X'_{ij} 分别为第 i 年第 j 项指标的原始值和标准化值，$\max X_j$ 和 $\min X_j$ 分别为第 j 项指标的最大值和最小值。

（2）指标权重的确定

多指标定量综合评价的过程中，指标权重的确定直接关系到评价结果的准确性。这里采用熵值法来确定指标权重，熵是对不确定性的一种度量，其特性表现为指标变异程度越大，信息熵越少，该指标权重值就越大，反之越小。

①由于熵值法的计算中运用了对数计算，负值不能直接参与计算，因此用坐标平移的方法清除负数。

$$X'''_{ij} = a + X''_{ij} \quad i = 1, 2, \cdots, m; \ j = 1, 2, \cdots, n \tag{3}$$

式中 a 为平移幅度，X'''_{ij} 为平移后的指标值。

②计算第 j 项指标的第 i 年样本值的比重 P_{ij}。

$$P_{ij} = \frac{X'''_{ij}}{\sum_{i=1}^{m} X'''_{ij}} \tag{4}$$

③计算第 j 项指标的熵值 e_j。

$$e_j = -k \sum_{i=1}^{m} P_{ij}\ln(P_{ij}) \tag{5}$$

其中 $k > 0$，若 $P_{ij} = \frac{1}{m}$，那么 $e_j = -k \sum_{i=1}^{m} \frac{1}{m} ln \frac{1}{m} = klnm$

设 $k = \frac{1}{lnm}$，$e_j = 1$，则 e_j 的区间为 $[0, 1]$。

④计算第 j 项指标的差异性系数 g_j。e_j 越小，g_j 越大，指标就越重要。

$$g_j = 1 - e_j \tag{6}$$

⑤计算第 j 项指标的权重 w_{ij}。

$$w_{ij} = \frac{g_j}{\sum_{i=1}^{m} g_j} \quad j = 1, 2, \cdots, n \tag{7}$$

(3) 计算综合指数

参照各类经济社会系统活力评价的通用方法，采用线性加权和法来计算乡村活力指数。公式如下：

$$S_i = \sum_{i=1}^{9} w_j \cdot X'_{ij} \tag{8}$$

式中 w_j 为各评价指标权重，S_i 为乡村活力指数，数值越大则表明其乡村活力水平越高。

(4) 乡村活力指数评价标准

借鉴国内外现有研究以及国内乡村调研经验，乡村活力可划分为5个等级：活力性强、较强、一般、活力较弱和很弱（表15-4），分级临界点采用半开区间，即 $0<X\leqslant 1$ 的范式。

表15-4　　　　　乡村活力指数分级评价标准

综合指数	0.8—1.0	0.6—0.8	0.4—0.6	0.2—0.4	0—0.2
等级	Ⅰ	Ⅱ	Ⅲ	Ⅳ	Ⅴ
活力级别	强	较强	一般	较弱	很弱

第六节　乡村活力评价的政策建议

一　应当持续推进乡村活力评价指数研究

实施乡村振兴战略，是党的十九大作出的重大决策部署。2018年，中共中央、国务院制定印发实施了《关于实施乡村振兴战略的意见》和《乡村振兴战略规划（2018—2022年）》，其中，提出强化乡村振兴规划引领，根据乡村发展现状和需要，分类有序推进乡村振兴，对具备条件的村庄，加快推进城镇基础设施和公共服务向农村延伸；对自然历史文化资源丰富的村庄，要统筹兼顾保护与发展；对生存条件恶劣、生态环境脆弱的村庄，要加大力度实施生态移民搬迁。这需要一套行之有效的乡村发展评价指标体系，科学把握我国乡村区域差异，推动不同地区、不同发展阶段的乡村有序实现农业农村现代化。因此，如何科学评价乡村的现状发展水平、分析乡村的特征与差异、研判乡村的发展阶段与问题，为乡村振兴战略实施提供科学支撑，意义重大。

乡村活力是决定乡村发展水平的内在力量，课题组借鉴德国巴伐利亚州"乡村活力分析数据库"及国内外活力评价理论和方法，对乡村活力的理论内涵、构成要素、诊断指标、表征方式进行系统梳理，揭示乡村活力与乡村发展之间的逻辑关系，结合中国乡村发展特点建立乡村活力评价体系，对乡村活力进行识别和判断。通过实证分析，本研究所构建的乡村活力评价指数能够较好地反映乡村发展现状及潜力，对乡村发展要素进行审视，对优化乡村发展路径具有较大的参考价值和借鉴意义。但同时也应该看到，由于乡村地域系统的要素构成复杂，影响乡村活力的因素繁多，目前开展的乡村活力研究，理论和实践的探索都还在路上。未来需要继续深入研究不同区域、不同类型、不同发展阶段乡村地域系统内在发展规律，探明乡村活力的内在驱动机理，不断提炼和总结乡村活力的评价指标与方法，才能更好地为实施乡村振兴的国家战略提供决策依据。

二　国土空间规划需要特别关注乡村活力问题

2018年8月，中共中央办公厅、国务院办公厅印发《自然资源部职能配置、内设机构和人员编制规定》，设置国土空间规划局。此项重大改革将发改委组织编制主体功能区规划的职责、住房和城乡建设部的城乡规划管理职责、原国土资源部土地利用总体规划编制职责等统一整合到自然资源部，结束了多年来"多规演义"政出多门的历史，这是国家的重大战略调整和空间治理体系的重大改革。新国土空间规划始终站位整体发展和人的需要，聚集国土空间关键问题，着力围绕战略引领、底线控制、全域统筹、补齐短板、激励要素和监管实施，重构国土空间规划新体系，其显著特点是"区域整体"的谋划。如何按照整体性逻辑规划好国土空间，乡村就具有关键性的作用。当前，空间规划的成效离国家国土空间治理的目标差距仍然很大，其中，最突出表现就是"现阶段我国农村地区国土空间利用不充分、不均衡的特点与乡村振兴愿景的突出矛盾"。正如本报告前文所指出的那样，乡村活力与国土空间规划是一个互动的内生关联系统。乡村活力的结构、功能、脆弱点、恢复力、限制、边界、退化风险、时滞、惯性、动力机制、互动过程、激励结构、可持续性轨迹、长期趋势和演变规律及其指数的高低强弱，能够为国土空间规划的问题界定、目标设定、方案制定和决策制定等全过程提供重要的科学依据。尤其是，对乡村居民点的结构优化和布局调整，以及乡村基础设施和公共设施的投资建设等，能够提供直接的决策依据。城市化是人类历史发展的选择，乡村振兴不可能也不应该保持每一个乡村的规模和结构不变。如果乡村活力指数很低，总体上就应该考虑结构布局调整，就应该考虑减少建设投资。否则，大量投资就可能变成沉淀成本。因此，深入研究乡村活力评价指数，在未来的国土空间规划中应该具有十分广阔和美好的应用前景。

三 应当尽快建立中国乡村活力分析数据库

鉴于乡村活力评价指数在国家乡村振兴战略和国土空间规划中的重大意义，持续推进和深化研究是十分必要的，也是一种理性选择。从本课题研究的实践看，开展乡村活力评价指数研究，最大的瓶颈和障碍是缺少数据支撑。而且这种数据是需要动态和连续的，因为仅仅某一年的数据，具有很大的偶然性，并不能表征乡村活力的高低强弱。因此，应该充分应用高分数据和田间调查数据，结合大数据和云计算技术，从人口、土地利用、村落结构、基础设施、公共设施、经济发展、自然资源、社会资源、生态环境、文化基因、规划政策、公众参与等方面尽快建立中国乡村活力分析数据库，使乡村活力分析规范化和常态化，为乡村振兴、生态文明建设和国土空间规划等提供更科学的依据。

（本章作者：吴次芳、王景新、叶艳妹、车裕斌、支晓娟；自然资源部国土整治中心范树印、高世昌、肖文等指导和参与课究）

参考文献（按引用先后顺序）：

1. 何盛明：《财经大辞典》，中国财政经济出版社 1990 年版。

2. 许涤新：《灾荒打击下的中国农村》，载陈翰笙、薛暮桥、冯和法编《解放前的中国农村》（第一辑），中国展望出版社 1985 年版。

3. 陈翰笙：《中国农村经济之发轫》，参见中国社会科学院科研局编《陈翰笙集》，中国社会科学出版社 2002 年版。

4. 邢来顺：《德国乡村重振运动的历史考察》，《光明日报》2018 年 2 月 12 日第 14 版。

第十六章 "苏区模范乡"建设初心与振兴之路
——毛泽东《才溪乡调查》中的八村回访[①]

摘要：通过对毛泽东《才溪乡调查》中的八村的回访调查，本文详细描述了85年来这八个村的境域、村域经济结构及农户生计方式变迁。新时代才溪镇村经济持续发展，其基层政权建设和社会治理独具特色，农民生活富裕，为中国山区长远发展、中国特色乡村振兴探索出一条新路径：一是基层立足实际，开创基层党委、政府、人大、村民自治组织、村民代表协同共治的乡村治理新格局；二是保障村级组织和社区基本公共服务，探索公共财政覆盖农村和乡村两级农民集体收益分享的新途径；三是激活现有资源，利用其生态、旅游等优势，助力苏区乡村经济结构转型。

关键词：苏区；乡村振兴；乡村治理；经济转型

Chapter16　The Way of Rural Revitalization in Model Township of Chinese Soviet area
—Retrace the Eight Villages of *The Investigation in CaiXi Township* by Mao Zedong

Abstract: This chapter is a return survey of eight villages in Mao Zedong's Caixi Township Investigation, describing in detail the changes of

---

[①] 本文曾发表于《西北农林科技大学学报》（社会科学版，双月刊）第19卷2019年第4期（总第124期），第16—27页。

the villages' territory, the economic structure and the peasants' livelihoods in the past 85 years. In the new era, the economy of Caixi Town and Villages keeps on developing. Its grass-roots political power construction and social governance have their own characteristics, and the peasants are well-off. It has explored a new path for the long-term development of mountainous areas and the revitalization of rural areas. Firstly, Caixi grassroots create a new situation of rural governance, which is the process of cooperative management by multi-actors on the public affairs. The multi-actors are Caixi township Party committee, Caixi town government, Caixi town people's congress, the villagers' autonomous organization and the villagers' representatives. Secondly, they ensure the basic public services of village organizations and communities, and explore new ways for public finance to cover rural areas and share collective incomes of farmers in rural areas. Thirdly, they activate the existing resources and make use of their advantages in ecology and tourism to help the transformation of rural economic structure in the Chinese Soviet area.

Key words: Chinese Soviet Area; Rural Revitalization; Rural Governance; Economic Transition

1930年至1933年间，毛泽东曾三次到才溪，写下了著名的《才溪乡调查》，1934年1月，在中华苏维埃第二次全国代表大会上以《乡苏工作的模范（二）才溪乡》为题首次刻板油印（1934年2月2日、9日、23日《斗争》杂志连续刊载了《上杭才溪乡的苏维埃工作》；延安时期（1937年）准备出版毛泽东《农村调查》文集时，《才溪乡调查》标题第一次出现，后文集未付印；1941年4月，中共中央出版了毛泽东《农村调查》文集；1946年，东北书局出版《毛泽东选集》直排版收入了《才溪乡调查》；1982年12月，中共中央文献研究室编辑、人民出版社出版了《毛泽东农村调查文集》，1983年1月再版发行）。2018年10月，因参加"纪念毛泽东才溪乡调查85周年理论研讨会"，笔者再次来到上杭，重走毛泽东才溪乡调查之路。

才溪八村的学术价值和现实意义：其一，才溪是一块"红色"的土地，20世纪二三十年代，中华苏维埃基层政权建设在这里成功实验。才溪区是福建省苏维埃政府授予的"第一模范区"；"才溪区以下才溪乡工作为最好"[1]，是"全苏区几千个乡的模范"[2]。中国共产党在革命根据地创办的第一份中央机关报《红色中华》，在5年时间内（1931.2.1—1936.3.1），对才溪直接和间接报道83篇次，涉及民主建政、武装斗争、扩红支前、代表选举及履职、干部作风、机关团体建设、妇女解放、儿童团、土地问题、公债、春耕夏种、开垦荒地、劳动力和畜役力互助、消费合作社、借谷和粮食调剂、文化教育等各方面。可以说，才溪区、乡的各项工作，代表着革命根据地政治、经济、社会和文化建设方向。重走毛泽东才溪调查之路，挖掘才溪乡苏维埃民主建政、代表选举及履职、经济发展及文化建设的历史经验，对于贯彻落实习近平总书记"全党同志一定要不忘初心……"[3]的重要指示意义深远。其二，才溪镇属于山区，境内山脉属武夷山脉南段延伸分支，四面群山连绵，中间一块小盆地，才溪溪水由东北向西南穿镇而过注入汀江。境内最高海拔（紫金山）1138米，最低海拔（同康村落河头）200米，平均海拔420米。大部分山地切割深度为50—200米，坡度30度以上，组成"八山一水一分田"的地理结构。习近平在福建工作期间也曾三次到才溪调研指导工作，引导才溪镇村经济持续发展，其基层政权建设和社会治理独具特色，农民生活富裕，为中国山区长远发展、中国特色乡村振兴之路蹚出了路子，值得总结和推广。

"没有调查，没有发言权"，"不做正确的调查同样没有发言权"[4]。为此，我们分别与上杭县党史研究室，才溪镇党委、政府主要领导，才溪85年变迁研究者进行了访谈和讨论；深入村庄访问村干部和乡村变迁亲历者；每村按经济条件好、中、差选择3户进行访谈和做问卷调查，共访19户农户。

第一节 镇村建制沿革及境域变迁

一 乡级建制沿革和镇域变迁

《才溪乡调查》对象是"中央苏区有名的上下才溪，属于福建上杭的才溪区。才溪区自新划行政区后分为下列八乡：上才溪、下才溪、岭保、同康、曾坑、文才、大地、下王"[4]。时过境迁，85年后，才溪区、才溪乡的行政区划不再，取而代之的是才溪镇①。

如今，才溪镇人民政府辖才民、溪北、岭和、中兴、溪东、溪西、下才、才溪、曾杭、大贵、下王、陈坑、荣石、黄竹等14个行政村、167个村民小组。全镇总户数6824户，总人口26548人，其中：男13649人，女12899人，全、半劳动力14092人（表16-1）。全镇山林面积117832亩，耕地面积27657亩，其中水田24995亩，旱地2670亩；养殖水面积0.03万亩②。

表16-1　　　　　　　　才溪镇辖区人口基本情况

乡村名称	村民小组（个）	户数（户）	总人口（人）	其中 男（人）	其中 女（人）	实有劳动力（人）
镇域合计	167	6824	26548	13649	12899	14092
才民村	3	116	439	235	204	241
溪北村	10	482	1941	1031	910	877
岭和村	11	643	2678	1429	1294	1651
中兴村	12	539	2113	1102	1011	925
溪东村	9	398	1654	878	776	1203
溪西村	8	409	1519	786	733	804

---

① 才溪镇建制沿革与境域变迁：才溪自北宋淳化五年（994年）上杭建县始，一直隶属上杭县。民国十八年（1929年）10月，上杭县苏维埃政府成立，才溪为西三区，辖上才溪、下才溪、通贤、东里、障云、秀坑、文坑、岭坑、岭头、同康、曾坑、四坊等12个乡。翌年，西三区改为杭武第七区，官庄、珊瑚两乡划入。民国二十年（1931年），才溪区苏维埃政府境域缩小，辖上才溪、下才溪、岭保、同康、曾坑、文才、大地、下王等八乡，此为《才溪乡调查》记录的才溪区八乡。民国二十五年（1936年）国民政府卷土重来，才溪改为西路第四区，辖11个乡、96个村、71保、725甲。1949年9月，上杭县解放，恢复才溪区，辖11个乡。1955年扩大到14乡。1958年3月，才溪区划分为旧县、三康、才溪、通贤、回龙、官庄、珊瑚7个乡；10月，才溪、通贤、三康（同康、曾坑除采彩）合并为才溪人民公社。1961年6月，才溪公社拆分为才溪、通贤、四坊3个公社。1964年，四坊人民公社乡并入才溪人民公社。自此，才溪公社境域基本固定下来。1984年9月，撤销人民公社，恢复重建了才溪乡人民政府，1993年撤销才溪乡建制、设立才溪镇人民政府，镇域继承才溪人民公社境域，总面积为116.5平方公里。转引自《才溪镇志》，中国文史出版社，2015年版。

② 数据来源于实地调研时与才溪镇统计站工作人员访谈。

续表

乡村名称	村民小组（个）	户数（户）	总人口（人）	其中男（人）	其中女（人）	实有劳动力（人）
下才村	22	925	3634	1832	1802	2274
才溪村	31	1220	4725	2353	2373	2151
曾杭村	15	411	1532	740	792	552
大贵村	23	698	2783	1400	1383	1632
下王村	10	309	1205	624	581	707
陈坑村	4	140	559	291	268	370
荣石村	7	318	1258	644	614	600
黄竹村	2	85	339	177	162	214
公共户	0	131	169	122	47	

数据来源：才溪镇统计站《才溪统计年鉴 2016》。

二 八村建制沿革及当今概况

《才溪乡调查》包含上才溪乡、下才溪乡。时年，"上才溪：五百二十三家，二千三百一十八人。分为四村：雷屋（人口约六百）、洋下（五百）、中兴（五百）、上屋（六百）。……下才溪五百零三家，二千六百一十人。分为四村：樟坑（人口约六百）、下坑（五百）、发坑（八百）、孙屋（七百）"[4]。根据《才溪乡调查》中的数据统计，八村合计 4800 人，两乡男女劳动力（16—55 岁）2342 人，其中当红军和调外工作的 1067 人，脱离农业生产的劳动力占总劳力的 45.6%。85 年后的今天，当年上才溪、下才溪 2 乡所辖八村，除中兴村的村名依旧外，其他七村村名不再，村级建制也历经多次重组，八村早已并为六村：

雷屋村现为溪北村。该村处于镇域北部，距镇政府 1.5 公里。1929—1934 年称雷屋村，隶属于才溪区上才溪乡苏维埃管辖。时年，梁坑和倒坑均属于雷屋村。1958 年 10 月人民公社后设雷屋大队、梁坑大队，1965 年合并为溪北大队，1984 年恢复乡镇建制和实行村民自治，溪北大队设立为溪北村民委员会。截至 2018 年 10 月（笔者调查时），该村村域总面积 5.38 平方公里，域内分雷屋、梁（坑）倒坑两个片区，9 个村民小组，435 户、2087 人，其中劳动力 790 人。

中兴村的村名一直沿用至今。该村位于镇域北部，部分村民居住在场镇集市区，村域范围一如既往。1929—1934年称中兴村，隶属于才溪区上才溪乡苏维埃管辖。1935年国民党地方政府复辟后改为中兴保。1949年以后，改为中兴村。1958年10月成立人民公社时属于上才大队，1961年成立中兴大队，1966年中兴、溪东、溪西合并为上才大队，1981年上才大队再度拆分为中兴、溪东、溪西3个大队。1984年恢复乡镇建制和村民自治，中兴大队设立为中兴村民委员会。截至2018年10月，该村村域总面积11平方公里，辖12个村民小组，578户2259人，劳动力1200人。

洋下村现名溪西村。该村处于镇域西部，部分村民居住在场镇区。1929—1934年的洋下村，隶属于才溪区上才溪乡苏维埃管辖。1958年10月成立人民公社时属于上才大队。1961年成立溪西大队，1966年并入上才大队。1981年再次分开为溪西大队，1984年恢复乡镇建制和村民自治，溪西大队设立为溪西村民委员会。截至2018年10月初，该村村域总面积4.124平方公里，辖中洋、下洋、上坊一、上坊二、红庄、竹子背、陈屋、背头岗等8个村民小组，共有430户1600人，劳动力860人。

上屋村现为溪东村。该村处于镇区集市东部。1929—1934年为上屋村，隶属于才溪区上才溪乡苏维埃管辖，1935年国民党地方政府复辟后改为溪东保，辖13甲129户。新中国成立后恢复溪东村。1958年10月成立人民公社时溪东村归上才大队。1961年6月从上才大队划出，成立溪东大队。1984年恢复乡镇建制和村民自治，溪东大队设立为溪东村村民委员会。截至2018年10月初，该村村域总面积8平方公里，辖上屋、大屋、五星、光辉、东山、东红、东兴、元坑、红石等9个村民小组，共有398户1826人，劳动力850人。

发坑、樟坑两村现合并为下才村。该村处于镇场区西南部、才溪红色旅游景区核心部位，才溪乡调查纪念馆、光荣亭、列宁台、红军公田等都处于村域内。1929—1934年，分别为发坑村、樟坑村，隶属于才溪区下才溪乡苏维埃管辖。新中国成立后，成立下才乡人民政府，辖樟坑、发坑、溪岭、溪南。1958年10月成立才溪人民公社，下才乡改为下才大队，溪岭、溪南大队被划出，发坑、樟坑合并成立下才大队。1984年恢复乡镇建制和村民自治，下才大队设立为下才村民委员会。

截至2018年10月初,该村村域总面积10平方公里,是才溪镇第二大行政村,辖发坑、樟坑两个自然村22个村民小组,993户3856人,劳动力2326人,其中发坑14个小组,490户1815余人,樟坑8个小组,约503户2041人。

下坑、孙屋两村合为才溪村。该村处于镇区东南部,1929—1934年,分别为下坑村、孙屋村,隶属于才溪区下才溪乡苏维埃管辖。新中国成立后,成立下才乡人民政府,辖樟坑、发坑、溪岭、溪南。1958年10月成立才溪人民公社时属于下才大队。1961年从下才大队分出,设立溪邻大队、溪南大队。1964年,溪邻、溪南合并成立才溪大队。1984年恢复乡镇建制和村民自治,设立才溪村民委员会。才溪村是才溪镇面积最大、人口最多的村,截至2018年10月初,村域面积14.32平方公里,辖31个村民小组,1072户(不含非土地承包户)4636人,劳动力3100人。其中:上坑、坑里、二丘、东坑、五一、四组、园子山、寨脚、上庄、下庄、新屋、庵下、光明、过水等14个村民小属于原下坑村,现约530户2325人;刘屋、湖背、岗下、田心、禾口、寨子下、秧地、牛路口、联合、茶溪、富基、谢屋、莲塘、新楼、林一、林二、赤水等17个村民小组属于当年的孙屋村,现442户2311人。

截至2018年10月,上述6村合计共有3906户16042人,其中劳动力9126人,常年外出务工经商的5760人,占6村劳动力总数的63.1%。2018年的农户、人口、劳动力分别是85年前的3.5倍、3.3倍和3.9倍(表16-2)。

表16-2 《才溪乡调查》8村85年前后的建制、农户、人口、劳动力及流动比较

1933年《才溪乡调查》中的乡村基本情况(人)			2018年村建制、户数、人口与劳动力(个、户、人)					
乡	村	人口	行政村	小组	户数	总人口	劳动力	常年外出
上才溪乡523家2318人男女劳动力(16—55岁)554+581=1135人当红军和调外工作485+22=507人	雷屋	约600	溪北村	9	435	2087	790	630
	中兴	约500	中兴村	12	578	2259	1200	720
	上屋	约600	溪东村	9	398	1826	850	420
	洋下	约500	溪西村	8	430	1600	860	680

续表

1933年《才溪乡调查》中的乡村基本情况（人）			2018年村建制、户数、人口与劳动力（个、户、人）						
乡	村	人口	行政村	小组	户数	总人口	劳动力	常年外出
下才溪乡503家2610人 男女劳动力765+442 当红军和调外工作533+27=560人	下坑	约500	下才村	22	993	3634	2326	1200
^	孙屋	约700	^	^	^	^	^	^
^	发坑	约800	才溪村	31	1072	4636	3100	2110
^	樟坑	约600	^	^	^	^	^	^
合计：1035户4928人	8村	4800人	6村	91	3906	16042	9126	5760

数据来源：毛泽东《才溪乡调查》和笔者进村调查时与村主要干部统算。

有意思的是，1933年，"上才溪全部青壮年男子（十六岁至五十五岁）五百五十四人，其中出外当红军、做工作的四百八十五人，占百分之八十八。下才溪全部青壮年男子七百六十五人，出外当红军、做工作的五百三十三人，占百分之七十"[4]。两乡合计出外当红军、做工作的青壮年男子占总数的77.2%。因此"耕田主要依靠女子，上才溪女子能用牛年的约三百人……老同志精神很好，开山开岭多是他们，一部分还可莳田割禾。儿童又参加生产。生产的发展还依靠劳动力的互相调剂……因此生产得到更大发展"[4]。现今才溪，男女劳动力外出从业者占比高达63%，依靠留守人员同样保持了镇村经济快速发展。这种现象是否证明在青壮年劳动力大量外流的条件下，通过留守劳动能力动员，以及技术和资本替代作用发挥，仍然能够维系乡村经济活力？

第二节 镇村经济与农民生计

一 镇域经济

上杭县是福建省16个国家粮食产能县之一，也是福建经济实力十强县（市）之一，才溪镇域经济处于上杭县前列。才溪镇以稻作农业为主体的粮食生产和以泥水匠为基础发展起来的建筑业都有悠久历史和深厚的根基，由此形成了稻作农业与建筑业比翼齐飞的镇域经济特色。

改革40年来，才溪镇依靠上述两大主导产业，镇级财政收入、农民人均可支配收入跳跃式增长，1977年、1987年、2017年分别实现财政收入11万元、51万元和1904万元；农民人均可支配收入155元、361元和16731元[①]。

(一) 粮食生产

才溪镇历来重视稻作农业和杂粮生产。《才溪乡调查》"经济生活"一节描述都是围绕稻作和杂粮的生产而展开的：时年，劳动力中的男子大多数当红军和调外工作，"耕种主要于女子。上才溪今年女子能用牛的约三百人，能莳田的六十多人"。"老同志精神很好，开山开岭多是他们，一部分还可莳田割禾。""暴动后……一九三二年恢复了百分之十，今年（一九三三）比去年增加二成（杂粮如番薯、豆子、芋子、大薯等，则比去年增加了百分之五十）"；"……今年大开，开了一千三百多担。开山比开田更多，山占四分之三，田占四分之一，因田开尽，故进到开山。没有一片田塍没有种杂粮，能种番薯的田一概种下番薯了"[4]。可见：(1) 时年，青壮年劳动力大量"外出"，主要依靠女子耕田、莳田，老人开山开岭、莳田割禾，依靠劳动互助社和耕田队，从事稻作和杂粮生产；(2) 耕地充分利用，稻田栽种稻谷，田垄也全部种上了杂粮；(3) 开田开山，增加耕种面积。依靠妇女、老人在短短两年内才溪稻谷增长了20%、杂粮增长了50%，保障了军民粮食需求。

当今，才溪农业主体仍然是稻作为主、辅以杂粮的粮食生产。近几年，才溪镇水田面积的73.6%是稻作栽培，调查6村中的所有农户水稻田基本是稻作，而且多种两季。2016年，全镇农作物播种总面积27163亩，其中粮食作物播种面积20618亩，占75.9%，粮食总产量88329吨；粮食作物中又以水稻为主体，2016年稻谷播种面积18385亩，占粮食作物播种面积的89.2%，稻谷总产量7816吨，占全镇粮食总产量的88.5%（表16-3）。2017年稻谷播种面积仍然维持在1.83万亩，总产7955吨，平均亩产430公斤，完成粮食收购1200吨。

---

① 数据来源于上杭县委、县政府"乡村振兴发展调研工作组"发布的内部文稿——《乡村振兴方法和路径的调查报告——以才溪镇乡村发展为例》。

表 16-3　　　　才溪镇农业种植业生产情况（2016 年）（单位：亩、吨、公斤）

	农作物耕地总面积	其中非耕地播种面积	其中粮食作物播种面积			粮食作物中的稻谷播种面积		
			面积	产量	亩产	面积	产量	亩产
全镇	27163	2670	20618	8329	404	18385	7816	425
才民	580	50	324	279	860	281	257	914
溪北	2228	197	1740	592	340	1581	566	358
岭和	2444	277	1943	771	397	1709	711	416
中兴	1802	182	1412	585	414	1267	550	434
溪东	1420	115	1017	411	404	886	377	425
溪西	2225	197	1737	673	387	1589	641	404
下才	3395	359	2688	956	356	2366	886	374
才溪	3552	374	2592	1111	429	2250	1049	466
曾坑	1128	108	800	342	428	709	315	444
大贵	4570	388	3173	1298	409	2857	1239	434
下王	1478	153	1102	976	885	990	946	955
陈坑	763	78	567	203	359	502	184	367
荣石	1487	135	1140	412	362	1057	396	374
黄竹	566	49	385	231	600	343	209	610

数据来源：才溪镇统计站《才溪统计年鉴 2016》。

（二）建筑业发展

才溪素有"三千榔头八百斧"之称。旧中国，才溪泥水匠多以个体或结伙外出从业，从业范围遍及闽、粤、赣各地。《才溪乡调查》载："上才溪：前五十三个代表，此次选举，工人家属算入工人成份，增至七十五个代表（新增二十二，本乡泥水工人多）……下才溪：前七十三个代表，现在九十一个代表新增了十八个代表，也是因为工人家属的选举比例提高了。"[4]才溪建筑业传统由此可见一斑。

新中国成立后前 30 年，才溪泥水匠逐渐组织起来，1964 年，才溪成立建筑专业队，1965 年改为建筑社。农村改革以来，才溪建筑企业以广东省为重点发展区域，积极参与市场竞争，依靠集体的力量承建各类大型建筑项目，队伍逐年壮大，管理和技术不断提高。至 2017 年，县内注册的才溪建筑施工资质企业 17 家，其中一级总承包企业 3 家、二级企业 10 家、三级企业 4 家。施工范围涉及建筑工程、市政公用、矿山工程、公路工程、水利水电、机电工程等6类总承包和特色专业钢结构、机电设备安装等17类专业承包。改革初期（1981年）才溪建筑业产值只有258万元，利润26.3万元；至2017年，才溪建筑业产值106.9亿元（含镇外），产值占上杭县的24.2%，利润34.7亿。2017年纳税亿元以上的企业3家，千万元以上的企业1家，百万元以上6家，全年纳税总额达3.85亿元，其中回上杭纳税计1.5亿元，列入才溪统计口径2700余万元[①]。

（三）镇域生产总值及结构

就才溪镇劳动力从业结构、技术积累和专业人才而言，才溪是名副其实的建筑之乡，但就地区生产总值结构而言，则是一二三产业"三分天下"（表16-4）。

表16-4　　才溪镇农村社会总产值及其结构　（2016年）　（单位：万元）

农村社会总产值	44278	占比
一、农林牧渔业产值	17151	第一产业 38.73%
其中：农业	8132	
林业	2306	
牧业	6481	
渔业	232	
二、工业总产值	5596	第二产业 30.62%
三、建筑业总产值	7963	
四、交通运输业总产值	2142	第三产业 30.64%
五、批发零售业产值	3428	
六、住宿及餐饮业产值	4596	
七、居民服务业、其他服务和娱乐业产值	2229	
八、其他	1173	

数据来源：才溪镇统计站《才溪统计年鉴2016》。

才溪仍属农业乡镇，家庭经营是镇域产业组织的主要形式。2016年，全镇共有农户6600户，其中纯农业经营户600户，以农业为主的兼业户1700户，非农为主的兼营农业2100户，合计4400户，占66.7%，非农业经营户2200户，占33.3%，其中个体工商户1173户。域内乡镇企业只

---

① 数据来源于实地调研访谈。

有10家，按国民经济行业分类，农业企业4家、工业和建筑业3家、第三产业3家，企业年末从业人数合计1727人，仅占全镇劳动力总数的12.26%；农民专业合作社的数量和规模有限，只有养蜂专业合作社、脐橙专业合作社两家；全镇家庭农场4—5家，规模20—40亩，较大的脐橙园也只有600亩。①

二 村域经济与农户生计

（一）村域经济

才溪调查6村经济收入源于家庭经营，农民收入所得总额25236万元，人均所得15731元，其中农村经营收入占72.3%，农民外出务工收入27.8%（表16-5、16-6）。

表16-5　　　　　6村2017年经济收入初步统计　　　　（单位：万元）

村 名	村经济总收入	按行业划分						
		农业	林业	牧业	渔业	工业	建筑业	运商服等
溪北村	2525	567	57	238	6.4	310	780	567
中心村	2841	380	16	289	13.8	526	870	746
溪东村	2516	271	12	237	6	562	602	826
溪西村	2373	321	13	232	15.8	385	615	790
下才村	5897	828	54	522	21	816	1344	2312
才溪村	6417	897	64	762	28.9	562	1459	2644
合 计	22568	3264	216	2280	91.9	3161	5670	7885

数据来源：根据《才溪镇2017年农村经济收益分配统计》整理。

表16-6　　　　　6村2017年经济收益分配初步统计　　　　（单位：万元）

村 名	总费用	净收入	+投资收益	+农民外出务工收入	-国家税金	+集体再分配	农民所得总额	农民人均所得（元）
溪北村	451	2074	0	1139	7	10	3216	15165
中心村	536	2305	0	1021	8	12	3330	14553
溪东村	526	1990	0	670	12	13	2661	15302
溪西村	437	1936	0	561	11	7	2493	15053

---

① 数据来源于实地调研时与才溪镇统计站工作人员访谈。

续表

村名	总费用	净收入	+投资收益	+农民外出务工收入	-国家税金	+集体再分配	农民所得总额	农民人均所得（元）
下才村	1175	4722	0	1310	28	13	6017	15432
才溪村	1195	5222	0	2311	28	14	7519	16350
合计	4320	18249	0	7012	94	69	25236	15731

数据来源：根据《才溪镇2017年农村经济收益分配统计》整理。

（二）村集体经营收益和支付能力

6村村集体当年经营收益较少（表16-7）。6村集体均无村办企业、合作社等直接经营项目。发包及上交收入来源是为数不多的山地、林地发包或集体所有的林权所获得的生态林补偿，以及果场、石料场、店铺和房屋的租金。投资收益来源有二：一是部分村（如下才村等）设立的村财发展基金投入到企业或公司生息；二是上杭县"革命基点村"获得每年10万元发展基金（连续5年）与村集体历年积累（如溪北村采石场积累18万元）形成的发展基金的投资收益。

表16-7 2017年才溪调查6村集体经济组织当年经营收益和支付能力

（单位：万元）

村名	当年经营收益	当年经营收益构成			转移支付及补助收入	支付能力
		发包及上交	发展基金投资收益	紫金矿业股份分红		
溪北村	5.10	1.50	2.40	1.20	10.00	15.10
中兴村	1.80	0.60	0	1.20	10.00	11.80
溪东村	3.20	2.00	0	1.20	10.00	13.20
溪西村	2.90	1.70	0	1.20	10.00	12.90
才溪村	10.80	9.60	0	1.20	10.00	20.80
下才村	14.10	0.90	12.00	1.20	10.00	24.10

说明：（1）村集体当年经营收益＝村集体经营收入+发包及上交收入+投资收益-经营性支出和管理费用；（2）表中数据系与村干部座谈时的匡算，没有财务会计账目精准，但能够反映村集体收益实际情况；（3）转移支付及补助收入，上杭县财政转移支付每村10万元/年，镇财政从中扣除村主职干部工资（每村在2万—3万元之间）用于统一考核和发放，镇财政在补助各村总计33万元（按人口分配，各村1.6万—3.6万元不等），本表忽略其中的扣除和再补助后的细微差异，各村仍按10万元计。

村集体支付能力包括村集体经营收益和财政对村级组织的转移支付及各项补助。6村能够获得转移性和补助收入,一是上杭县财政每村(不论规模大小)每年转移支付10万元,才溪镇政府先从中扣除该村"两委"主职干部的工资,再实行按月支付和按年度绩效考核奖励相结合的办法,由镇财政按月和年终分次直接支付入村"两委"班子成员个人工资卡;二是镇财政每年再补助各村总计33万元,按人口多少分配到村,支持村域社区基本公共服务运行。如果忽略镇财政的扣除、再补助的细微差异(详见表16-7说明),各村获得的转移支付和补助收入基本维持在10万元左右。总支付能力,最高的24.1万元(下才村),最少的11.8万元(中兴村)。

(三) 农户生计

6村农户兼业化、非农化程度高。在6村收集农户问卷19份,按农户类型分:农业专业户3户(占15.8%),以非农业为主的兼营农业户5户(占26.3%),非农业户11户(占57.9%),其比例高于全镇平均水平,这与6村均处于才溪场镇街区及其周边有关。问卷农户总人口93人、户均4.89;总劳动力53人,户均2.79,劳均赡养系数为1.75;外出务工人员21人,占劳动力总数的39.6%;承包耕地85亩,户均4.47亩,人均0.92亩;宅基地拥有面积5155平方米,住宅建筑面积12200平方米,全部为砖混结构,一般为3.5层,户均宅基地、建筑面积分别为271、642平方米,19户住房估价1140万元(户主自我评估),户均60万元,其中最大的住房面积1500平方米,总造价500多万元。

19户的家庭总收入419.89万元,其中工资性收入258.19万元,占总收入的61.5%,家庭经营收入159.28万元,占37.9%。家庭经营中经营第一产业收入只有36万元,仅占家庭经营收入的22.6%、占家庭总收入的8.57%(表16-8),农业收入对于家庭收入比例极低,显示"仅靠农业就能养活全家的时代结束"。19户合计纯收入331.52万元,按问卷户共93人平均,人均纯收入35647元,相当于同期全国城镇居民人均可支配收入(36396元)[①]。19户农户消费性支出50.73万元,其中食品支出仅为4.77万元,恩格尔系数(逆指标)为9.4%,比同期上杭县农村

[①] 数据来源于国家统计局《中华人民共和国2017年国民经济和社会发展统计公报》。

居民恩格尔系数（38.9%）的整体水平低了近29.5个百分点。如果用联合国的相关标准①衡量，问卷农户平均生活品质已达到极其富裕的程度。

表16-8 才溪调查6村中19户问卷农户家庭经济与生活状况（2017年）

问卷户编号	家庭总收入（万元）	其中 工资性收入（万元）	家庭经营收入（万元）	家庭总支出（万元）	其中 消费性支出（万元）	食品支出（万元）	家庭纯收入（万元）
1	20.32	0.32	20.00	7.20	4.90	0.30	13.12
2	33.00	3.00	30.00	4.70	1.88	0.20	28.30
3	0.478	0.344	0.135	0.61	0.48	0.09	-0.132
4	1.66	1.56	0.10	0.60	0.50	0.10	1.06
5	5.56	2.56	3.00	1.92	1.47	0.22	3.62
6	6.53	0.53	6.00	1.97	1.55	0.20	4.56
7	11.17	2.17	9.00	1.00	0.68	0.10	10.17
8	14.66	14.66	0	2.90	2.50	0.26	11.76
9	16.00	16.00	0	4.98	1.98	0.25	11.02
10	0.94	0.86	0.08	0.52	0.42	0.09	0.42
11	81.24	80.80	0.44	5.50	4.20	0.20	75.74
12	13.96	13.80	0.16	3.21	2.90	0.30	10.75
13	24.40	22.00	2.40	6.50	6.20	0.36	17.90
14	23.43	23.40	0.03	6.20	5.80	0.20	17.23
15	38.2	38.00	0.18	4.22	0.373		33.98
16	2.05	2.00	0.05	1.20	1.10	0.10	0.85
17	2.80	2.70	0	3.80	3.50	0.20	-1.00
18	33.49	33.49	0	3.02	2.20	0.30	30.47
19	90.00	0	90.00	28.30	8.10	1.00	61.70
合计	419.89	258.19	159.28	88.35	50.73	4.77	331.52

说明：数据源于入户问卷与统计。

问卷农户一组数据，在一定程度上反映出才溪镇农民生计的整体状况，揭示了经济较为发达的建制镇镇区及周边农户收入和生活的真实水平，凸显出才溪农民生活逐渐富裕起来的事实。（1）问卷农户的选择具

---

① 联合国根据恩格尔系数的大小，对世界各国的生活水平有一个划分标准，即一个国家平均家庭恩格尔系数大于60%为贫穷；50%—60%为温饱；40%—50%为小康；30%—40%属于相对富裕；20%—30%为富足；20%以下为极其富裕。

有代表性，19户中，高收入农户（年纯收入30万元左右及以上）5户（序号2、11、15、18、19），占26.3%；中等收入（10—20万元）的农户7户（序号1、7、8、9、12、13、14），占问卷农户36.8%；低收入农户7户，占36.8%（包含低保户3户，其中"超支"的2户）。因此问卷数据也具有一定的代表性。（2）调查6村外出务工人员的特殊的从业结构，使问卷农户家庭收入大大高于其他地区普通打工者家庭收入，这种状况从表16-8中能够清晰地反映出来：问卷农户中高收入户的收入普遍较高，11万元左右及以上的农户合计11户，占样本农户总数的57.9%。以农户年纯收入11万元，按问卷农户平均人口4.89计算，人均纯收入22495元左右，6村中，达到和超过同期全国居民人均可支配收入中位数水平[1]的农户可能已近6成。

"城乡两头家"是才溪调查6村农户的重要家庭生计策略。"两头家"的概念原是陈达在《南洋华侨与闽粤社会》中描述的家庭婚姻策略[5]。"城乡两头家"则是指当今中国流动社会中，以农业转移人口为主体的人群，既在城镇购房或租房，又在家乡修老宅或建新宅；老弱妇孺留守田园，青壮年和学龄儿童迁徙城镇，从而形成"一家两地、城乡两头家"的生计策略（表16-9）。

表16-9　才溪调查6村农民"城乡两头家"状况（截至2018年10月1日）

村名	总户数（户）	总人口（人）	城镇购房（户）	才溪镇区	龙岩上杭	福州厦门	广东外省	港澳（户）	备注
溪北村	435	2087	86	11	35	17	18	5	
中心村	578	2259	98	13	42	14	26	3	
溪东村	398	1826	220	80	80	28	30	2	镇区有门店80户
溪西村	430	1600	79	15	50	7	6	1	
下才村	993	3856	230	90	56	37	42	5	部分农户居住镇区
才溪村	1072	4636	350	149	120	38	39	4	部分农户居住镇区
合　计	3906	16264	1063	358	383	141	161	20	

说明：数据源于课题组与调查村干部的座谈时逐户筛查统计，并非农户自己填报的精确统计，因此有漏填；因为截止时间不同，本表中的农户、劳动力等数据不同于本文中统计口径的数据。

---

[1] 据《中华人民共和国2017年国民经济和社会发展统计公报》，2017年全国居民人均可支配收入中位数为22408元。

才溪调查6村农户"城乡两头家"的表现不同于其他地区：（1）进城镇购房农户比例大，近三年来，笔者调查了37个山区县，其中，进城购房农户占总农户的比例一般占20%左右、占外出务工农户的比例约为30%，而且多数在本市县域内的城镇体系购房。才溪调查6村共有3906户，进城购房农户1063户，占总农户比例达27.21%。（2）才溪农民在省级城市、省外和港澳购房农户总数为322户，占进城购房农户总数30.3%，其中到港澳购房的农户20户，占购房农户1.9%；调查6村中有一部分农户同时在市县级城市、省级城市、广东深圳、港澳都购买了住房，同时拥有2—3套住房的农户占有一定的比例。这两种表现在其他地区少见。（3）购房农户户籍转入城镇的比例高于其他地区，如：下才村已迁出户籍的有30余户；才溪村民在城市购房的农户多数迁出了户籍；其余各村一般是年轻人和学龄儿童的户籍迁入城市，老年人的户籍留在农村。才溪农民"城乡两头家"生计策略选择的上述特征，是高收入农户家庭的理性选择，或可代表未来中国农民市民化的走向。

第三节　山区发展与乡村振兴路径

一　基层立足实际，勇于创新，开创由基层党委、政府、人大、村民自治组织、村民代表协同共治的乡村治理新格局

《才溪乡调查》记述了一个乡苏维埃政府产生的全过程。从中可以看到，才溪乡社会各阶层代表分配、政治表现、选举、调动与补选，村代表主任制度，代表与居民的固定联系制度，以乡为单位的选民大会及乡苏维埃报告工作制度等完整的制度体系。"将乡的全境划分为若干村，依靠于民众自己的乡苏代表及村的委员会与民众团体在村的坚强的领导，使全村民众象网一样组织于苏维埃之下，去执行苏维埃的一切工作任务，这是苏维埃制度优胜于历史上一切政治制度的最明显的一个地方。"[4]当时，苏维埃政权受到苏区农民群众的衷心拥护，他们用生命和鲜血保护"自己的政权"。毛泽东号召"长冈、才溪、石水等乡的办法，应该推行到全苏区去"[4]。

85年后，如何让人民群众依然有"当家做主"之感，考验着基层的治理能力。实际工作中，才溪镇充分发挥镇人大代表和村民代表的作用，

创造出"一四七九"工作法，得到了时任全国人大常委会委员长张德江的高度评价和批示①，之后才溪镇人大主席团的做法成为全国学习样板，吸引上海、湖北、贵州、内蒙古等地的单位前来学习。到2018年9月，"一四七九"升级版在上杭县人大常委会及所属22个乡镇全面推行。

才溪镇人大代表56人。镇党委、政府和人大主席团依靠这些代表，在全镇建立起"4点工作法"网络体系，即在全镇14个行政村设立政策宣传点、互助帮扶点、纠纷调解点、民情收集点，较大的村设20个点、较小的村设5个点，每个点设点长，由镇人大代表和村民代表兼任。才溪镇通过"4点工作法"网络体系，把社情民意与党委、政府的工作紧密联系在一起。

6村共有村民代表280人，其中溪北村47人、中兴村39人、溪东村36人、溪西村38人、下才村60人、才溪村60人。每个村民小组2—3名村民代表，加上中共党员、村"两委"成员、村民小组长，在村组一级形成力量雄厚的管理服务队伍。才溪调查6村的村民代表会议每年度10—20次不等，村域发展、社区治理、建设工程和集体资源发包、集体收益分配等重大事项随时召集村民代表会议听取意见，集体决策。

与1933年相比较：（1）代表人数增加了。时年，上、下才溪两乡合计166个代表；当今，才溪镇人大代表、村民代表共有336人。（2）代表组织形式及联系居民的方式发生了改变。时年"代表在各村，每村有十多个的，有二十多个的，四村每村代表各自开会选举一人成为乡苏的'代表团'，故代表团是四人。比较小的工作即由主席召集代表团开会解决"。"每个代表管辖的居民有十多人的，二十多人的，三十多人的，四十多人的，以五十多人的为最多"[4]；当今，代表联系居民并不固定，多

---

① 才溪镇人大主席团创立了"一四七九"工作法。2014年3月，"一四七九"工作法受到来才溪调研指导党的群众路线教育实践活动的，时任中共中央政治局常委、全国人大常委会委员长张德江的高度评价和重要批示，认为才溪镇人大的做法比较系统，提供了一个很好的平台，是人大工作做得最好的乡镇之一。2015年以后，才溪镇拓展提升了"一四七九"工作法，将其重新归纳，即坚持"党对一切工作的领导"这一原则，处理好镇人大与镇党委、政府、人大代表及与人民群众等四种关系，开展代表学习日、代表小组、视察调研、执法检查、工作评议、代表述职、著名苏区新模范评选等七项活动，做好九项工作（开好人民代表大会和主席团会议、依法行使监督权、督办代表建议、宣传基层民主法治、组织代表联系群众、促进政府倾听民意、加强代表代表履职行为的服务保障和管理监督、讨论决定重大事项、加强自身建设）。根据才溪镇党委座谈笔记及镇人大主席团提供的相关材料整理。

以村民小组为单元,本小组的代表联系本小组的居民、表达本小组居民诉求,代表意见可在各种会议上表达。

二 保障村级组织和社区基本公共服务,探索公共财政覆盖农村和乡村两级农民集体收益分享的新途径

才溪镇域内工商业并不发达,但因管理得法,形成了比较稳定的财政收入。镇财政较为固定的收入源于紫金矿业股份收入[①],农村商业银行股份收入和镇级水电站承包经营收入,镇财政年自收能力约为1500万元。[②]

乡级财政收入稳定,使其有能力配套县级财政,共同支撑村级组织正常运行和保障村域社区基本公共服务供给。为保障村级组织正常运转和村域基本公共服务正常运行,除了上杭县财政每年为每村转移支付10万元、镇财政再补助运转经费33万元之外(按人口多次分配到各村),镇紫金矿业股份分红收入中每村每年平均分配1.2万元,村环卫保洁员等公益性岗位工资由公共财政支出。[③]

才溪镇保障村级组织在正常运转和村域社区基本公共服务供给,年度经费村均所需10万—20万元(表16-10)。村级组织运转及村域社区基本公共服务供给所包含的事项有:村组干部工资性支出、误工补贴、村级公益岗位(如文员、保洁员)购买服务、村级办公经费、村民代表会议支出、村务公开监督开支、救济性和奖励性支出、路灯电费、村域绿化和公共场所维护费用、村内道路和水渠养护费用,以及镇(乡)党委和政府工作延伸到村级工作经费。

表16-10 才溪调查6村2017年村级组织运转及社区基本
公共服务支出一览表 (单位:万元)

科目	溪北村	中兴村	溪东村	溪西村	才溪村	下才村
一、村级组织支付能力	15.10	11.80	13.20	12.90	20.80	24.10
二、村级集体刚性支出总计	15.43	12.60	12.70	12.20	20.00	23.34

---

① 紫金矿业集团股份有限公司是一家以金、铜、锌等金属矿产资源勘查和开发为主的大型矿业集团。紫金矿业约有三分之二的矿藏开采地在才溪镇,镇政府拥有紫金矿业原始股,每年分红700万—1000万元。

② 资料来源于实地调研访谈所得。

③ 资料来源于实地调研访谈所得。

续表

科目	溪北村	中兴村	溪东村	溪西村	才溪村	下才村
1. 村级组织运转费用合计	11.23	10.80	9.70	8.90	16.50	18.34
其中村干部报酬（含误工补贴）	7.50	6.30	6.70	6.60	12.00	13.34
办公费用	1.73	3.00	2.20	1.70	3.50	4.00
会议费用（含村民代表会议）	2.00	1.50	0.80	0.60	1.00	1.00
2. 公共设施维护费用	3.00	1.30	2.00	2.30	1.50	2.00
3. 其他（救济性、奖励性）支出	1.20	0.50	1.00	1.00	2.00	3.00
三、村级可用经费支出后余缺	-0.33	-0.80	0.50	0.70	0.80	0.76

说明：（1）才溪村"两委"配备5—7名，村级组织工资性支出大体上是：村支部副书记800元/月，副主任700元/月，村"两委"委员600元/月，妇女主任500元/月，村民小组长300元/年，村主职干部误工补贴每月不超过12天，副职及委员误工补贴4天，每天均按80元计。（2）村支部书记2000元/月，村委会主任2000元/月，由镇财政从县财政转移支付各村10万元经费中先扣除，再统一发放，未计入本表村级支付之中；村文员公开招聘1900元/月，村保洁员（3—4人）830元/月，这几个岗位均由县乡财政购买，未计入村级支付。

数据来源：笔者在样本村调查时与村支部书记、村委会主任、会计等负责人座谈时匡算。

村级组织协助镇人民政府完成相关管理工作任务，还可以获取公共财政的额外补助（表16-11）。这一做法的意义在于：一是开创了村民自治组织协助完成基层政权延伸的行政管理职能须由公共财政支付费用的先河；二是用经济手段理顺了基层政权与村民自治组织的关系。

表16-11　才溪镇村级组织"四大员"及相关岗位设置与补贴情况

序号	类别	岗位名称	岗位补贴（元/月）	序号	类别	岗位名称	岗位补贴（元/月）
1	社会保障员	关工委常务副主任	100	19	三农综合协理员（续）	防汛信息员	116.7
2		劳保协理员	100	20		敲锣员（锣长）	16.7
3		扶贫协理员	300	21		国土村建环保气象	100
4		残疾联络员	60	22		三农保险协管员	100
5		民政协理员	100	23		食品药品协管员	无工资
6	计生、统计员	计生协管员	200（含绩效）	24		动物防疫联络员	50/80/100 三级
7		计生协会秘书长	100	25		团支部书记	100
8		计生协会常务副会长	100	26		妇联主席	100
9		统计员	100	27		民兵营长	100

续表

序号	类别	岗位名称	岗位补贴（元/月）	序号	类别	岗位名称	岗位补贴（元/月）
10	综合治理安全员	综治协管员	185	28		村务监督委员3—5人	100
11		村级民情服务员	无工资	29		计生中心户长3人	50
12		安全协管员	100	30		保障员	无工资
13		禁毒巡查员	无工资	31		村医和公共卫生协管员	800
14		交通安全劝导员	200	32		村级河长	无工资
15		防震减灾联络员	无工资	33		河道专管员	200
16	三农综合协理员	水库管理员	300	34		乡村道路养护员	4000元/公里年
17		农技员	100	35		保洁员	830
18		文化协理员	100				

说明：序号1—24为上杭县级整合的"四大员"，均由村"两委"兼任，村"两委"5人（不含5人）以上的村，主职干部原则上不得兼任；妇联主任、团支书选举产生，民兵营长需为中共党员。本表数据均来源于6村实地调查。

三 激活现有资源，利用其生态、旅游等优势，助力苏区乡村经济结构转型

乡村振兴是乡村的经济、社会、政治、文化、生态等方面向好的方向转化，并具有持续维持的能力。才溪具备这样的基础和条件。

其一，充分利用才溪耕地资源，提升农业产能，扩大人口增长空间。据相关调查数据，2017年，才溪镇抛荒（指荒芜一年以上）总面积5630亩，相对集中分布在755个地段，15227小块田丘，抛荒率39.6%[①]。才溪调查6村合计，确权耕地面积7151.8亩，其中抛荒2567.4亩，占确权耕地面积的35.89%（表16-12），略低于全镇平均水平。才溪镇用现有耕地面积的60%，即保障了全镇2.65万人全面小康生活水平对粮食等大宗农产品需求，如果耕地资源全部利用，农业产能可承载4.42万人，未来人口增长空间约为1.77万人。耕地撂荒除了劳动力大量外出，还在于稻作成本过高和土地流转效益偏低。才溪水田稻作两季，总产量为900公斤，按照2.4元/公斤，产值2160元，生产成本约500元，如果再加上劳

---

① 数据来源于实地调研访谈相关政府部门所得。

动力成本（120元×10天=1200元），亩均纯收益460元；耕地流转费用偏低，问卷调查的19个农户中，有土地流转的农户11户，其中，无偿流转的6户，占流转土地户的55%；有偿流转的5户，流转价格分别是300元/亩（1户）、500元/亩（1户）、800元/亩（3户）。

表16-12　才溪调查6村耕地抛荒情况（截至2017年底）

村名 科目	溪北村	中兴村	溪东村	溪西村	下才村	才溪村	合计
耕地确权面积（亩）	1105.6	1102.1	597.4	848.2	1987.3	1511.2	7151.8
抛荒撂荒面积（亩）	362.6	407.4	302.9	167.5	995.7	331.3	2567.4
占确权耕地的比例（%）	32.79	36.97	50.70	18.81	50.10	21.92	35.89

其二，开启"绿色发展"通道，助力乡村振兴。民国时期，才溪山林全部私有，加上交通闭塞，生产效益低，绝大部分森林未能开发和利用。新中国前30年，山林破坏严重，诸如"大办钢铁""向荒山要粮"等。改革开放40年来，才溪造林、育林、护林工作逐步走上正轨，1991年，才溪造林绿化通过福建省有关部门验收，确认为消灭荒山乡。才溪现有林地面积127165亩，其中生态林34422亩（国家级生态林31580亩、镇生态林2842亩）、集体商品林92743亩，森林覆盖率达77.2%。才溪森林资源利用主要有林果、林蜂、林禽等方式，但规模有限，大多数林地尚未利用，未来"绿色"发展空间相当大。

其三，建设特色小镇，发展乡村旅游，实现苏区乡村经济结构转型。才溪镇地势较高，水系都向外流，缺水影响着工农业生产，加之镇域内禁止工业开发，未来镇域经济的主攻方向是特色小镇和美丽乡村建设引领乡村旅游业发展。(1) 苏区模范小镇建设开拓特色小镇旅游市场。2011年，才溪镇入选福建省第二批小城镇综合改革试点镇。目前，正在申报福建省"苏区模范小镇"建设计划。未来才溪镇将与古田镇连片共同开发利用红色资源、发展红色小镇特色游。(2) 利用"美丽乡村"建设，拓展乡村旅游。才溪镇已经完成才溪、下才、溪西、岭和、大贵等5个村的美丽乡村建设，下王村正在展开国家住建部农房整治试点。"红色"（苏区资源）+"绿色"（森林资源）的特色乡村旅游发展，未来可期。

致谢：2011年1月，课题组曾到上杭县才溪乡毛泽东做调查的几个村调研，2018年10月再次回访调研。两次调研都是在上杭县委党史研究室的协助下进行的，还得到才溪镇党委、镇人民政府、毛泽东才溪乡调查纪念馆，以及溪北、中兴、溪东、溪西、下才、才溪6村"两委"及相关农户的大力支持，在此表示特别的感谢。

（本章作者：王景新、郭海霞、张羽）

参考文献

1. 《上杭党的活动》，《红色中华》，1933年6月17日（1）。

2. 李质忠：《才溪中央苏区六个模范·毛泽东才溪乡调查史料汇编》，2018：76。

3. 习近平：《习近平谈治国理政》（第二卷），外文出版社2017年版，第33页。

4. 毛泽东：《毛泽东农村调查文集》，人民出版社1982版，第1—13、9—11、333、349、351、342—344、334、336、334—335页。

5. 陈达：《南洋华侨与闽粤社会》，商务印书馆2011年版，第157页。

第十七章 中国乡村振兴及其地域空间重构

——特色小镇与美丽乡村同建振兴乡村的案例、经验及未来[①]

摘要：中国农村全面复兴始于中华人民共和国成立，特色小镇与美丽乡村同建推进中国乡村振兴进入地域空间重构和综合价值追求新阶段。这个阶段，农业产业多元价值追求拓展到农村地域空间内一、二、三次产业融合发展，农村现代化推向特色小镇和美丽乡村同步规划建设新阶段，农民与市民的收入水平、生活品质、权益保障和基本公共服务等方面的差距全面缩小；这个阶段，农村地域空间内同时嵌入了"四化同步推进""城乡一体化""基本公共服务均等化""留得住绿水青山"和"记得住乡愁"等多重愿景，伟大复兴中国梦赋予"乡村振兴"的重大历史使命将逐步实现。下一步，应该以县域为单元，以乡村振兴为重心，以特色小镇和美丽乡村同步规划建设为抓手，制定更加具体可行的"乡村振兴"计划和推进政策。

关键词：特色小镇建设；乡村振兴；空间重构

Chapter 17 Rural Revitalization in China and its Regional Spatial Reconstruction: Building up Characteristic Towns with Beautiful Countryside to Revitalize Chinese Countryside

Abstract: China's rural comprehensive revival began with the founda-

---

[①] 本文曾发表于《南京农业大学学报》（社会科学版）2018年第18卷第2期（总第80期），第17—26页；人民大学复印报刊资料《农业经济研究》2018年第6期全文转载。

tion of People's Republic of China, "building up characteristic town with beautiful countryside" promotes the revitalization of China's rural areas into a new stage of the regional space reconstruction and the pursuit of comprehensive value. At this stage, the pursuit of multiple value of the agricultural industry extends to the integrated development of primary, secondary and tertiary industry in countryside, the rural modernization develops to the new stage characterized by synchronous planning and construction of characteristic towns and beautiful countryside, the gaps between urban and rural residents in income level, quality of life, rights protection and basic public services narrows dramatically. At this stage, the regional spatial of countryside embeds multiple visions of "synchronous advance of Four Modernizations", "promote the urban and rural integration", "equalize basic public services", "protect the lucid waters and lush mountains" and "remember the nostalgia", the great historical mission of rural revitalization that the great rejuvenation of the Chinese nation endows with will be progressively realized. The next step is to take county area as the basic unit, focus on the rural revitalization, and strengthen the planning and construction of characteristic towns and beautiful countryside, make more concrete and feasible plans and measures to push on rural revitalization.

Key words: Characteristic Towns Construction; Rural Revitalization; Regional Spatial Reconstruction

"地域是从事生产和生活的人类活动的场所，是在经济社会和自然方面都具有一定自律性和个性的完整的地理空间。"[①] 按这一定义延展，农村地域则是指县以下不同层级的地理空间。中国农村地域空间包含乡（镇）和建制村两个行政管理层级，即乡（镇）域地理空间、村域地理空间。这是两个土地及其他资源权属边界清晰、成员利益及其归属关系明白、行政区域经济社会管理职能完整的行政区域空间。"乡村振兴"应包

---

① ［日］祖田修：《农学原论》，张玉林等译校，中国人民大学出版社 2003 年版。

括上述两个地域空间内的特色小镇（含森林小镇，全文同，不赘述）和美丽乡村同步规划、建设与和谐，农业现代化、农村三次产业融合发展、农民生活品质大幅度提升，域内生态环境和精神文明普遍向好。

第一节 中国乡村振兴已进入农村地域空间综合价值追求新阶段

一 中国农村全面复兴从农业始，从主要追求经济价值阶段，渐次进入追求生态环境价值、生活价值等多元价值新阶段

中国农村全面复兴始于中华人民共和国成立。中国共产党执掌全国政权接手治理的中国农村，是一个处于"崩溃与动荡之状态中"①千疮百孔的农村。"农村经济之衰落，在中国已成普遍之现象。水旱蝗虫之天灾，兵匪苛捐之人祸，物价飞涨，举债之绝路。"②因此，新中国农村全面复兴的首先是农业。最近，中央广播电台的一句公益广告词——"啥叫新中国？新中国就是人人有饭吃"——形象地说明了中华人民共和国成立后农业生产的主要任务：要在最短的时间内，迅速恢复处于崩溃边缘的农业经济，确保粮食供应满足国民生存最低要求。

1949—2000 年，中国农业主要追求经济价值，"以粮为纲"是那个时代的农业生产的中心任务。从 1949 年到 1978 年，中国农业一直承载着保障国民"生存水准之上"的粮食、棉花、油料、糖料、蔬菜、水果、肉类、奶类等大宗农产品生产和供给。"发展生产、保障供给"，形象地阐释了新中国前 30 年间的农业，主要追求其经济价值，始终"处于一味重视生产的扩大和发展的'生产的农学'阶段"③。

20 世纪 80 年代，由于农业机械化、水利化、化肥化、电气化持续推进，加之农村基本经济制度改革成果初显，大宗农产品产量稳定增长，供

---

① 陈翰笙、薛暮桥、冯和法：《解放前的中国农村》（第一辑），中国展望出版社 1985 年版。

② 陈翰笙：《中国农村经济之发轫》，载中国社会科学院科研局编《陈翰笙集》，中国社会科学出版社 2002 年版，第 5—6 页。

③ ［日］祖田修：《农学原论》，张玉林等译校。

给稳定，追求可持续农业和提升国民是生活品质的要求逐渐显现，农业的生态环境价值开始受到人们重视，高校专家学者以及政府部门领导和实际工作者提出了中国必须发展生态农业的观点主张，如叶谦吉教授的《生态农业决策分析》（1981），石山、杨晗熙、杨挺秀、沈长江的《生态问题与开创农业新局面》（《红旗》杂志，1983），等。这些观点和主张受到了政策层面的关注。1984年，国务院相关文件决定"成立国务院环境保护委员会"，要求"各级环境保护部门要会同有关部门积极推广生态农业，防止农业环境的污染和破坏"①。90年代中后期，中国主要农产品逐渐由短缺转向结构性过剩，至2000年，农产品告别了短缺时代，农产品生产和供给结构调整的需求趋强。2001年，中国加入世贸组织，"提高农产品国际竞争力"的约束显现。中国农业在双重压力下，更加重视生态农业。时至今日，堵、霾、涝等大城市病凸显，为了生存和持续发展，生态农业被前所未有地追捧，中国农业进入到"为维持和保护人的生命而追求生态环境价值"的"生命和环境的农学"阶段。

20世纪90年代，中国工业化、城镇化加速推进，人们对乡土的怀念日盛，在深圳市首届荔枝节（1988）②的影响下，农业观光、体验和农村旅游业发展起来。2000年，中国总体小康目标实现后，"农家乐"和"民宿"在全国各地呈现加速发展态势，中国农业功能大踏步向观光、旅游、休闲方向拓展。

进入21世纪，蕴含在农业和农村的生活（包括社会、文化）价值被重新挖掘出来。农耕时代，农业生产与农民生活紧密相连，"农活""耕读传家"等汉语词汇所蕴含的"以耕事稼穑、丰五谷、养家糊口、以立性命，以读知诗书、达礼义、修身养性、以立高德"等崇高境界曾一度消失。至此，中国农业重新拾回了"……所应担负的生活上的功能"，进入到所谓"生活的农学"或"社会农学"阶段③。

2013年12月，习近平总书记在中央城镇化工作会议讲话中提出，"要让居民望得见山、看得见水、记得住乡愁"。此后，中国加快了传统村落修复保护和农耕文化遗产挖掘、整理和弘扬。"乡愁"时兴，意味着

---

① 《国务院关于环境保护工作的决定》，1984年5月8日国务院发布。
② 1988年6月28日至7月8日，深圳市举办首届荔枝节。此后，荔枝节成为深圳市节。
③ ［日］祖田修：《农学原论》，张玉林等译校。

农业的生活（包含社会、文化）价值被高度重视。2015年2月，中共中央、国务院印发了《关于加大改革创新力度加快农业现代化建设的若干意见》（"中央一号文件"），强调"积极开发农业多种功能，挖掘乡村生态休闲、旅游观光、文化教育价值"；同时"推进农村一二三产业融合发展……"。这标志着中国农业产业多元价值追求，已经拓展到农村地域空间多种产业融合，进入到祖田修所说的"空间的农学"阶段。

二 中国历经社会主义农村建设、社会主义新农村建设，美丽乡村建设平台上同时植入多重梦想和愿景，推动农村地域空间重构及综合价值追求

"社会主义农村建设"是新中国为迅速扭转旧中国遗留的农业、农村衰败残局而选择的道路，拉开了新中国农村地域空间大规模重建和农村全面复兴的序幕。1955年底，毛泽东主席亲自主持编辑《中国农村的社会主义高潮》，翌年1月人民出版社出版。该书分上、中、下三卷，共收录各省（直辖市、自治区）报送的典型合作社材料176篇，毛泽东主席为该书写了序言，并为其中104篇加了按语。该书被称为"中国合作化运动百科全书"。1956年1月，中共中央政治局提出《1956年到1967年全国农业发展纲要》（草案），几经修改完善后正式颁布，简称为《农业发展纲要四十条》。它是中国第一个到第三个五年计划期间为迅速发展农业生产力、提高农民以及全体人民生活水平的纲领性文件，也可以看成是中国农村的社会主义建设纲领。

"社会主义新农村建设"是改革开放的中国为扭转"三农"发展相对滞后局面而提出的振兴任务，农村至此进入到地域空间综合规划建设新阶段。农村复兴是恢复过往的兴盛，振兴则是将农村发展提升到前所未有的程度和水平。2015年，中国共产党第十六届五中全会通过的《十一五规划纲要建议》，提出了扎实推进社会主义新农村建设的20字方针，即"生产发展、生活宽裕、乡风文明、村容整洁、管理民主"。20字方针概括的是中国全面小康目标下的农村发展目标，它指明了农村地域空间必须按照生产、生活、生态、社会、文化和治理之间的和谐发展目标予以再造。

"美丽乡村建设"则是一个逐渐富裕的中国对农村地域空间综合价

值追求的高标准规划和建设。"美丽乡村建设"平台上，同时植入了"四化同步发展""新型城镇化""城乡一体化"和"基本公共服务均等化"，"看得见山、望得见水、记得住乡愁"，"绿水青山就是金山银山"等多重梦想和愿景，农村地域空间综合价值追求，推动其空间结构"翻天覆地"般重构。其一，人口、产业及其相对应的村庄、集镇、道路重新规划布局和建设；其二，生产空间整备（农田水利、土地整理、三次产业融合），生活空间改造（危旧房和旧村改造、新村建设社区及服务中心、文化体育广场），生态空间修复拓展（森林、湿地、生态产业和产品、城乡空间绿化），以及"三区三线"[①]空间边界的划定、管控及互动关系重新架构和理顺；其三，由上引发的农业和农村产业组织、农村社会和经济组织的重构，尤其是农民专业合作与信用合作组织的兴起，已经和正在引发农村社会、经济关系，乃至农民、集体、国家关系的重新架构和重大调整。

三 中国农民与市民的收入水平、生活品质、权益保障和基本公共服务等方面的差距正在全面缩小

根据国家统计局的统计数据，改革开放以来，中国城乡居民人均可支配收入差距经历"缩小→扩大→缩小"的循环。1978—1983年城乡居民收入差距逐年缩小，由2.57∶1缩小到1.82∶1；1984—2009年城乡居民收入差距逐年扩大，由1.84∶1扩大到3.33∶1；2010—2016年城乡居民差距又进入逐年缩小阶段，由3.23∶1缩小到2.72∶1，基本恢复到1978年的差别水平（图17-1）。

衡量居民生活水平的一个重要指标就是恩格尔系数，改革开放以来城市居民的恩格尔系数从1978年的57.5%下降至2016年的29.3%，农村居民恩格尔系数也持续下降，从1978年的67.7%下降至2016年的32.2%。城乡差距经历了"缩小→扩大→缩小"的过程，至2016年，城乡恩格尔系数只相差2.9个百分点（图17-2）。

[①] 2016年12月27日，中共中央办公厅、国务院办公厅关于印发《省级空间规划试点方案》的通知，要求试点省份"全面摸清并分析国土空间本底条件，划定城镇、农业、生态空间以及生态保护红线、永久基本农田、城镇开发边界（简称'三区三线'）"。

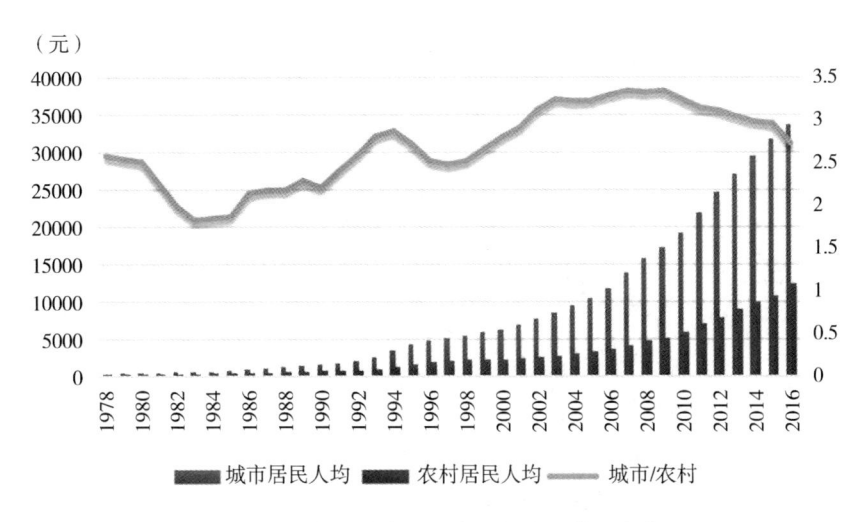

图 17-1　中国城乡居民人均可支配收入变化

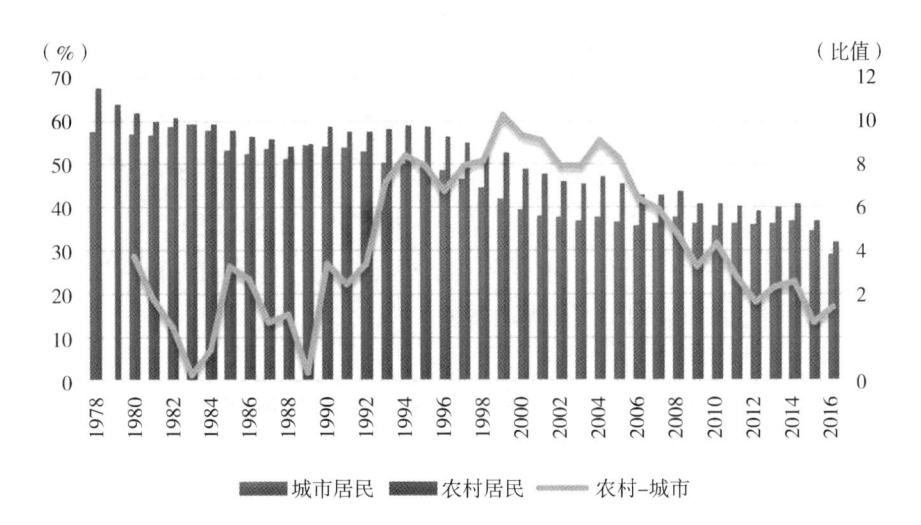

图 17-2　改革开放以来中国城乡居民恩格尔系数变化

按照联合国的标准①，1978—1980 年，中国农村居民生活"贫穷"，城市居民生活已进入"温饱"。1981—1995 年，城乡居民生活水平同处于"温饱"阶段。1996 年，城市居民生活率先跨入"小康"门槛，2000 年

---

① 联合国根据恩格尔（德国统计学家、经济学家）系数的大小，对世界各国的生活水平有一个划分标准，即一个国家平均家庭恩格尔系数大于 60% 为贫穷；50%—60% 为温饱；40%—50% 为小康；30%—40% 属于相对富裕；20%—30% 为富足；20% 以下为极其富裕。

农村居民进入"小康"。2012—2015 年，城乡居民生活再次处于同一水平（相对富裕），2016 年，城市居民生活先进入"富足"阶段。城乡居民生活水平不断提高并且城乡差距在缩小（图 17-3）。

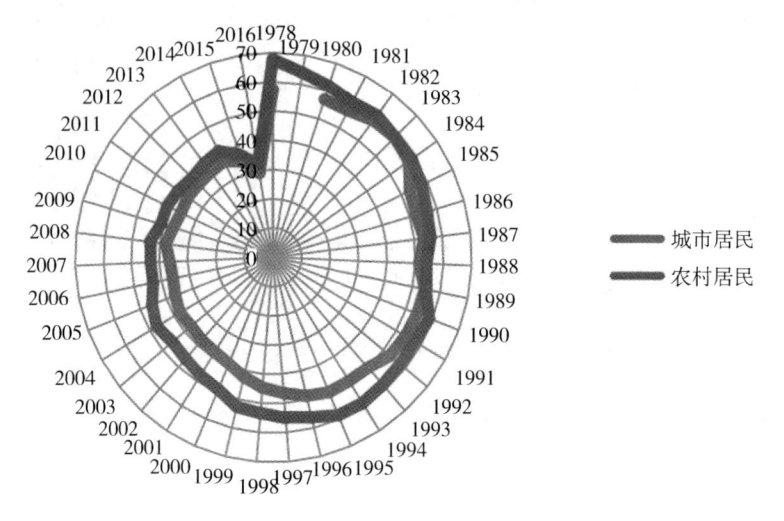

图 17-3　中国改革开放以来城乡居民生活水平变化

此外，城乡居民待遇的其他方面差距也在缩小。比如：赋予农民更多的财产权，缩小了城乡居民的财产差距；基本公共服务均等化缩小了城乡居民社会保障差距；农民工返乡创业、产业兴村镇、农村电商兴起；等等。开始翻转农业衰退、农村凋敝格局。

第二节　特色小镇与美丽乡村同建振兴乡村的案例和经验

特色小镇是中国农村改革以来"小城镇"建设的延续和新形式。建设特色小镇是"城乡一体化"重要节点，更是乡村振兴、农村城镇化和农民市民化的重要载体和平台。

农村改革之初，中国政府就认识到农村小型经济文化中心建设的重要性。1983 年"中央一号文件"要求，"改变农村的面貌，建设星罗棋布的小型经济文化中心，逐步缩小工农差别和城乡差别……"。1984 年"中央一号文件"进一步强调，"农村工业适当集中于城镇，可以节省能源、交通、仓库、给水、排污等方面的投资，并带动文化教育和其他服务事业发展，使集镇逐步成为农村区域性经济文化中心"[1]。此期间，中国著名社会学家费孝通先生先后在《瞭望》周刊发表了《小城镇大问题》《小城镇再探索》《小城镇苏北初探》《小城镇新开拓》等 4 篇文章[2]，系统阐述了他的小城镇理论，并且论证了小城镇战略对于走符合我国国情的现代化道路的现实意义。费老的小城镇理论对农村改革时期小城镇建设产生了重要影响。1998 年 10 月，党的十五届三中全会《决定》首次把小城镇建设提升到战略高度，指出，"发展小城镇，是带动农村经济和社会发展的一个大战略……"[3]。"小城镇、大战略"推进了中国小城镇迅猛发展，仅建制镇就从 1978 年的 2176 个发展到 2010 年的 19410 个[4]。中国小城镇事实上要大大超过建制镇的数量，它还应包括以下五种类型的小镇：其一，乡府驻地形成的集镇；其二，国务院关于把"与政府驻地的实际建设不连接，且常住人口在 3000 人以上的独立的工矿区、开发区、科研单位、大专院校等特殊区域及农场、林场的场部驻地视为镇区"[5] 精神所涵盖的集镇；其三，自改革以来著名经济强村建成的村域特色小镇；其四，农村"三集中"[6] 引发农村聚落和产业布局重构而形成的集农村产业园区和新社区为一体的特色小镇；其五，传统（古）村落修复、保护及合理利用过程中复活的历史文化古镇。这五类都非建制镇，但它们却完全属于中国小城镇。

"特色小镇"被高度重视源于浙江杭州云栖小镇（2014）。2015 年 12 月，习近平总书记为之作出重要批示："抓特色小镇、小城镇建设大有可为，对经济转型升级、新型城镇化建设，都大有重要意义。"[7] 至 2017 年 7 月末，国家三部委已经审查、认定和公布两批全国特色小镇（127+276）403 个。有意思的是，囿于建制镇才能申报特色小镇的规定，被公认为特色小镇发源地的杭州云栖小镇却不在已公布的全国特色小镇名

---

[1] 参见《当前农村经济政策的若干问题》；《中共中央关于一九八四年农村工作的通知》。
[2] 费孝通：《怎样做社会研究》，上海人民出版社 2013 年版。
[3] 《中共中央关于农业和农村工作若干重大问题的决定》，1998 年 10 月 14 日，中国共产党第十五届中央委员会第三次全体会议通过。
[4] 国家统计局：《中国统计摘要（2011）》，中国统计出版社 2011 年版。
[5] 国务院关于《统计上划分城乡的规定》的批复（国函〔2008〕60 号），2008 年 7 月。
[6] 人口向中心村集中，土地向规模集中，产业向园区集中。
[7] 李刚：《特色小镇：激活发展新引擎》，《山西日报》2016 年 12 月 6 日。

录中。

按照国家政策文件精神,"特色小镇"是指那些具有明确的产业定位、文化内涵、旅游功能和社区特征的发展载体或空间平台①。"森林小镇"是特色小镇的一种类型,是以提供森林观光旅游、休闲度假、运动养生等生态产品和服务为主要特色的,融合产业、文化、旅游和社区功能的创新平台②。当今中国特色小镇建设展现出多样化的方式和类型。

一 经济强村工业化、城镇化和农民市民化——村域特色小镇

工业布局打破城乡藩篱,以及"小城镇、大战略"实施,给农村工业化、城镇化和农民市民化带来了前所未有的机遇,那些具有深厚的工商业文化根基、较多的手工业技术和社队企业管理经验积累、处于城市工业技术辐射范围内、民间资本相对充足且具有活跃的民间借贷市场的村,抓住市场先机,推进了工业化、市场化,进而实现了村域城镇化和农民市民化,形成了为数众多的村域特色小镇,从而将中国农村发展推进到村域城镇化的新阶段③。

笔者根据实证研究界定:村域城镇化是建制村域经济社会结构、人口集聚规模、聚落建筑景观、农民生产生活及基本公共服务的方式和水平趋同于城镇的过程,是农村现代化的新阶段,也是城乡一体化的重要表现形式之一,是居村农民不可剥夺的发展权,但并不是所有村域都要建成城镇,所有农民都脱离农业和农村。按照这一定义,我们建立了村域工业化、城镇化和农民市民化评估体系(表17-1),分别深入山西平顺县西沟、昔阳县大寨,河南新乡县刘庄,浙江奉化市滕头、东阳市花园、台州路桥区方林、杭州萧山区航民,上海闵行区九星,山东邹平县西王,河北滦平县周台子等10个著名经济强村进行了实地调查和评估,认为这些村庄已经实现了村域城镇化和农民市民化[7]。

---

① 参见住建部、发改委、财政部《关于开展特色小镇培育工作的通知》。
② 参见国家林业局办公室《关于开展森林特色小镇建设试点工作的通知》。
③ 王景新:《中国农村发展新阶段:村域城镇化》,《中国农村经济》2015年第4期。

表 17-1　　　　　　　　　　村域"三化"评估指标

类别	评估指标	参考目标值
村域工业化	三次产业产值结构	$A\leq10\%$ 或 $I+S\geq90\%$
	三次产业就业结构	$a\leq20\%$ 或 $i+s\geq80\%$
	人均地区生产总值	42000 元
村域城镇化	中心村（集镇）人口数	最低 2000 人，较理想 1 万人
	中心村（集镇）人口集聚度	中心村（集镇）人口占村总人口 90%
	中心村（集镇）建成区面积	1 平方公里
农民市民化	农民人均纯收入	13700 元
	村集体提供的农民社会福利	人均村级集体经济纯收入 $\geq$ 2500 元
	农民居住条件	公寓楼标准人均建筑面积 $\geq$ 32 平方米
	医疗和教育条件	$\geq$ 所隶属县城关镇居民水平

说明：①A、I、S 分别代表第一、第二、第三产业产值比重，a、i、s 分别代表第一、第二、第三产业劳动力比重，下同。其中，$I>S$ 是工业型村域经济类型，$I<S$ 是市场型村域经济类型。②2008 年，浙江省人均地区生产总值 41405 元人民币，按 1970 年美元折算为 2269 美元。据此，笔者把村域人均地区生产总值达到 42000 元作为工业化成熟期上限或工业化发达期下限。③农民人均纯收入和人均住房建筑面积的推算依据是：2005 年，全国"千强镇"农民人均纯收入 7735 元，按年均增长 12% 的速度推算，到 2010 年，全国"千强镇"农民人均纯收入可达 13700 元；2010 年，全国城市居民人均住房建筑面积 31.6 平方米。基数源于《中国建制镇统计资料—2010》（国家统计局编，中国统计出版社，2010 年）。

值得注意的是，目前中国农村工业化推动村域城镇化的"引擎"作用由强转弱，现代农业、旅游业和农村商贸业发展，反而成为农村城镇化的主动力。比如：

浙江兰溪市诸葛村。诸葛村是诸葛亮后裔全国最大聚居地，约在元朝至正四年至十四年（1344—1354 年）建村，历经 670 余年，至今保存完好的明清古建筑 200 多套，村域常住人口 6000 余人。该村 1994 年成立"诸葛文物旅游管理处"，村域旅游业起步（门票 3 元/人），当年进村游 1.4 万人次，门票收入 2.1 万元。到 2015 年，进村游 48 万人次，门票收入 1886 万元，旅游综合收入合 1 亿元。中华人民共和国成立以来，该村一直是乡（镇）人民政府驻地。

浙江义乌市何斯路村。何斯路村是一个山区小村。2016 年，该村 431 户 1023 人，2008 年，农民人均纯收入只有 4570 元，村集体经济亏损 14.6 万元。换届选举后开始现代农业建设，找到了种植薰衣草，办薰衣草节、黄酒节等旅游项目。2016年，村民人均可支配收入36060元，村集体可支配收入2230万元。本科生到该村创业70多人，义乌经商外国人常住该村10多人。CCTV4《走遍中国之——何斯路村启示录》（2015年1月24日首播）曾就该村究竟是乡村还是特色小镇开展讨论。

如果把村集体当年经营收益①超过1000万元的村都列入中国著名经济强村序列，在中国当今61.3万个建制村中，估计约有1.2%的村可以达到村域"三化"标准②。另据农业部农村经济体制与经营管理司、农村合作经济经营管理总站的统计，2013年，村集体当年经营收益100万元以上的，占统计汇总村总数的比例已达2.7%③，其中，越来越多的村集体当年经营收益达到或超过了1000万元，各种迹象表明，中国将有越来越多的村步入实现村域"三化"的行列④。各个经济强村因其不同的产业定位、传统村落文化和社区特征，已经形成了一定规模、各具特色小城镇。

我们认为："随着新型城镇化、城乡一体化成为国家发展战略和政策的主轴，全域城镇化及城乡同步建设渐成市域和县域发展新潮，越来越多的村域实现了工业化、城镇化和农民市民化，标志着中国农村进入村域城镇化新阶段；工业化的'引擎'作用由强到弱，农村商贸业向现代服务业拓展成为主动力，基层行政区划调整及建制村撤并的推力作用逐渐显现，是未来中国村域城镇化的重要特点和趋势。把村域城镇化作为中国新型城镇化战略的重要组成部分，将村域城镇发展纳入市域、县域城镇发展体系中统一规划、建设和管理，将有利于城乡融合，统筹发展。"⑤

---

① 农业部农经统计中，村集体当年经营收益=经营收入+发包及上交收入+投资收益-经营支出-管理费用。

② 估算依据是：2007年，中国农村年产值超过亿元的村8000个，约占当年全国建制村总数（约63.5万个）的1.26%；2013年，浙江省29849个村中，当年集体经营收益超过1000万元的共有363个村，占建制村总数的1.22%。

③ 农业部农村经济体制与经营管理司、农村合作经济经营管理总站：《2013年全国农村经营管理统计资料》。

④ 王景新：《中国农村发展新阶段：村域城镇化》。

⑤ 王景新：《中国农村发展新阶段：村域城镇化》。

二 基层区划调整及农村社区和产业园区同建形成的小型经济文化中心

基层行政区划调整及建制村撤并过程中，在建设农村新社区的同时建设社区的产业园区，从而形成了为数众多的区域性小型经济文化中心，其中一些有特色的小型经济文化中心将跻身于特色小镇行列。

山东德州市的"两区同建"。德州市编制的市级城镇规划（"全域城镇化"），其中包含1个中心主城区、10个次中心城市（县城）、36个中心镇、710个小集镇（农村社区）。在规划指引下，实施农村产业园区和农民居住社区统一规划建设（"两区同建"）。该市将8319个行政村，合并为3070个行政村；再将3070个行政村规划为710个社区；同步规划了农业、工业、商贸、文化旅游等各类产业园区1538个。到2017年9月中旬，已建成社区430个、园区900个。已经建成的农村社区和产业园区相互依托，每个社区人口规模5000—10000人，产业包含现代农业、农产品和农村生活用品加工工业、旅游业等各种类型，聚落景观堪比小集镇，基本符合政策界定的特色小镇的内涵。

湖北十堰市（秦巴山集中连片贫困区）特色镇和农村片区联建共创，造就了众多乡村经济文化中心。"竹房城镇带"（竹山、竹溪、房县）建设中形成了许多有研究价值的案例。比如：竹溪县蒋家堰镇，处于鄂陕交界处，与陕西省平利县长安镇接壤，是湖北通往大西北、出入大西南的重要门户，楚长城横亘其间，历史上就是边贸重镇，素有"朝秦暮楚"之称。目前，镇区建成区面积已达2.5平方公里，集聚1.1万人，商贸重镇已经成形。同时，该镇将所隶的32个村（场）规划4个中心片区，通过商贸重镇（镇区）核辐射和带动镇域新农村片区联建共创，镇域内出现了商贸重镇与秀丽、宜居、宜业、宜游的美丽乡村新片区（小集镇）交相辉映的景象，受到此调研的时任湖北省委书记李鸿忠的肯定（2015.4）。

四川巴中平昌县驷马镇（建制镇）驷马水乡景区。驷马镇是一个建制镇，处于秦巴山集中连片贫困山区。该镇在巴中市全域扶贫接轨新型城镇化发展战略指引下，利用水域、森林资源和本土文化特色，以创举村、当先村为中心，数村联建驷马水乡景区，已经作为新的旅游景区对外开放，形成了以旅游为特色的小镇。由此，驷马镇于 2017 年 7 月被评选为第二批全国特色小镇之一。

应该看到：中国农村部分村域城镇化和农民市民化形成的村域特色小镇，以及为数众多跨村域的小型经济文化中心建成区域性特色中心小镇，不仅为乡村振兴提供了动力，而且对于吸引城市产业、人口向农村回流，走出中国城市人口过密、安全隐患不断累积和乡村人口过疏、衰落难以有效遏制的困境，以及未雨绸缪建设国家安全体系等，有重要的战略性意义。

三 森林特色小镇建设推动山区、林区振兴和地域空间再造

2017 年 7 月，国家林业局办公室印发了《关于开展森林特色小镇建设试点工作的通知》。广东省早于全国（2016.12）启动森林小镇示范、试点工作。2017 年 9 月末，省林业厅组织过专家评审核验，并征求广东省发改委、财政厅、住房城乡建设厅的同意，认定和公布了 38 个镇（街道）为广东省首批森林小镇。浙江省林学会（2017.9）公布了 10 个乡镇为首届"浙江省森林文化小镇"。四川省绿化委员会、省林业厅（2017.10）发布了首批省级森林小镇 32 个乡（镇）。

自 2017 年初始至 10 月中旬，笔者及课题组已先后对吉林、浙江、江西、广东、广西等省（自治区）森林小镇试点建设情况进行了调查，发现中国森林小镇试点建设至少有三种类型：

第一种类型是国有林改革和林业经济转型发展过程中，利用原国有林业局的局址、国有林场场部和工区的存量建筑和存量建设用地，维修、改建职工居住区，扩建、新建林区一二三产业融合发展的基础设施及用房，建设林区旅游业基础实施及用房，从而形成了森林特色小镇。

——广西壮族自治区六万大山森林特色小镇。六万国有林场地处广西玉林市，隶属广西壮族自治区林业厅。如果用国家相关部、委、局关于特色小镇政策含义的界定来衡量，六万大山森林特色小镇框架格局和景观已经形成。(1) 集镇建设已具一定规模。小镇规划建设面积 5.2 平方公里，其核心区位于该林场的河嵩分场场部、旧址占地 182 亩（约 0.121 平方公里），存量建筑包括职工宿舍、学校、卫生所、警务室、食堂等 70 余座，

总建筑面积54250平方米,曾容纳2000名职工居中生活。截至笔者调查日(2017.10.19),小镇核心区的基础设施以及存量建筑维修和扩建已基本完成,另在河嵩、茶山等分场场部建成李宗仁展馆,知青人家(包括纪念馆、食堂、旅舍),党性教育体验馆,爱国教育展馆,香海文化馆,酒店、星空露营地和房车营地,森林健身步道和音乐大草坪等一批文化、旅游及服务设施。(2)产业定位明确且已形成链条和规模。小镇主导产业为八角(别名八角茴香、大茴香)种植及八角莽草酸(莽草酸具有抗炎、镇痛、抗肿瘤、抗血栓、抗脑缺血等作用。令人注目的是,莽草酸是合成抗禽流感药物"达菲"关键原料。从八角茴香中提取莽草酸对开发和利用我国丰富的八角茴香资源具有十分重要意义)加工提取,辅助产业有林下中草药种植、娃娃鱼养殖,以及森林步道、中医药疗养等康养产业。其中,八角连片种植面积已达11万亩,号称"中国香海",八角加工厂已经建成,年生产能力可提取莽草酸300吨(目前价格90万元/吨)。(3)小镇文化内涵深厚。六万林场历史悠久,河嵩分场场部所在地曾经是抗日名将李宗仁先生屯兵旧址,李宗仁在国民政府任职期间已于1935年在此设立六万垦区,李宗仁展馆展示了当年屯兵文化;新中国成立后,1951年设立六万国有林场,1960年代初,共有199名知识青年上山插场,知青人家展现出浓郁的知青文化。小镇周边大面积种植的八角茴香所展现的"中国香海"文化,国内第一、世界仅有。(4)小镇旅游功能已经具备,2016年获批为3A级森林特色旅游景区,2016年接待游客10万人次。(5)小镇居住生活着职工378户500余人,加上每天平均近500人次的游客,小镇具备一定的人口规模和社区功能。六万大山森林特色小镇创建,推动了国有林场转型发展,也为全国国有林场改革和发展、山区未来发展提供了可资借鉴的案例。

第二种类型是在大中城市外围的生态屏障或水源涵养地带,以森林资源富足的乡(镇、街办、国有林场场部等)为依托,建设森林小镇。

——广东省深圳市盐田区(梅沙街道)。梅沙街道是广东省首批认定的38个森林小镇之一。该小镇由华侨城集团(中央企业)投资,其子公司东部华侨城有限责任公司建设、经营和管理,于2007年建成开业,是由中国国家环境保护部和国家旅游局联合授予的首个"国家生态旅游示范区"。东部华侨城占地9.6平方公里,建成区3平方公里左右,建筑容积率0.3%，景区总建筑面积25万多平方米，其中商业运营面积15万平方米。核心区内建成2个主题公园、茵特拉根等3座旅游小镇、四家度假酒店（3000床位）、2座36洞山地球场、大华兴寺和天麓地产项目。小城常住人口3600人，其中华侨城工作人员2600人，其余为当地居民——茶农。2016年接待游客370万人次（平均每天1万人次）。从小城及周边地区的森林覆盖率、产业定位、文化内涵、旅游功能、社区特征，以及小城建成区规模、人口及景观等方面衡量，东部华侨城单独即可构成一个很有特色的森林小镇。该森林小镇在为深圳大都市提供生态屏障保护、优化城市结构、疏散过度密集的城市人口和提供安全保障方面，将越来越显示出它的重要价值。

第三种类型是延伸森林城市建设的做法，以建制镇（乡）为单元，在已有的集镇建成区内的绿化、美化等方面下功夫，建成具有一定森林覆盖率（比如广东要求达到30%以上）的小城镇。

——广东省江门市恩平市大田镇。大田镇按照《恩平市创建珠三角森林城市群建设规划（2015—2018年）》，于2016年启动"大田森林小镇"建设，2017年9月，被认定为广东省首批森林小镇。该镇位于山区，森林资源丰富，全域森林覆盖率71.63%，已建成河排国有林场国家森林公园、茶山坑镇级森林公园。镇政府驻地大田集镇具有一定规模，镇区面积约2平方公里，聚集人口3500人，镇区北部（锦江河北岸）湿地公园（250亩），镇区植树造林新增绿化面积101.13公顷，占镇域总面积的52%，镇区森林覆盖率提升到40%。另外，在全镇12个建制村（居）中，建成3个森林村庄，其中朗北村庄的"风水林"300亩，有古树名木98棵。镇域支柱产业为农业，同时按照江门市首个独具岭南特色休闲文化宜居型森林小镇建设目标发展旅游和康养业，并已初具规模，建成锦江温泉、山泉湾温泉2个国家4A级旅游区，2015年，该镇分别荣获"中国最佳生态休闲旅游名镇""江门市乡村旅游示范镇"称号。镇域内除浓郁的岭南文化以外，该镇又是广东人民抗日游击队和解放军的根据地，岑洞曾经是广东人民抗日解放军司令部旧址，在全镇的156个自然村中，革命老区村共有73个，这里流传着广东的"狼牙山五壮士"——"镬盖山六壮士"的故事，红色革命文化在这里传承。恩平市大田镇通过森林、集镇、农业农村和旅游业资源整合，建成了"森林公园（国有林场）、森林集镇（镇区中心）、森林村庄（建制村）、森林休闲度假区、森里田园"五位一体的森林生态和绿色发展网络，为以建制镇为单元建设特色小镇和农村地域空间综合价值追求，蹚出了路子。

第三节　特色小镇与美丽乡村同建振兴乡村的下一步

下一步：中国新型城镇化的重心应该由发展大都市转向农村中小城市、特色小镇和经济强村的村域城镇化，农业转移人口城镇化、市民化的重心应同步转向农民就近、就地城镇化和市民化；中国城乡一体化应该以县域为单元，以乡村振兴——农业、农村和农民现代化为重心，以特色小镇和美丽乡村同步规划建设为抓手，推动农业现代化和农村一、二、三产业融合发展，吸引人口和产业回流，创造农村地区的非农就业机会和安定的就业环境，确保农村人口的维持与稳定，扭转城市"过密"和农村"过疏"的局面。

中国乡村振兴应该制定更加具体可行的规划、计划和推进政策。未来可持续发展战略重心应该转向"经略农村""经略山区"。"乡村衰败源于中国城乡不平等的发展理念和对乡村文明的忽视。"[①] 农业劳动力、土地、资本等过度向城市转移，导致农村人口"过疏"和城市人口"过密"。农业劳动力过度向东部沿海大城市转移，凸显出"胡焕庸线"所揭示的矛盾。山区人民群众对中国革命和建设做出过重大牺牲和贡献，但近几十年山区发展却落伍了，彻底解决我国当前的农村和山区的贫困问题，让人民群众共享全面小康社会建设成果，是经济持续发展、社会公平公正的需要。化解当前宏观经济下行压力，保持国民经济持续增长乃至中华民族子孙长久繁衍和生存，潜力和后劲在农村、在山区；全面建成小康社会，基本实现社会主义现代化和迈向"富强民主文明和谐美丽的社会主义现代化强国"，困难、重点、希望和出路在农村、在山区；未雨绸缪，建成国家总体安全体系，其资源保障、战略屏障、疏散空间、回旋余地和战略后方也在农村、在山区。

新型城镇化的重点应该向中小城市和特色小镇和村镇转移，以农民就

[①] 王景新：《中国农村发展新阶段：村域城镇化》。

近、就地城镇化为重心。就近城镇化，是指居村农民和农业转移人口无须远距离迁徙，就近迁入户籍所在地"市→县→镇"的城镇体系中居住、就业，并实现市民化；就地城镇化是就近城镇化的一个特例，是指居村农民和农业转移人口无须迁徙和改变户籍性质，在居住地（社区）内实现了市民化。农民就近、就地城镇化的实质在于，农民的生产生活方式、收入水平及基本公共服务质量，都达到中小城镇居民标准，或至少不低于所属县（市）城关镇居民的水平和质量[①]，与户籍性质是否变更为城市户口毫无关系。笔者及其团队连续三年（2015—2017）跟踪"11个集中连片贫困山区扶贫开发接轨新型城镇化研究"[②]，实地调查发现，农村人口"过疏"甚或"空心化"是农村萧条、衰落的根本原因。2016年，本课题组入户问卷，414户有效问卷中，农户家庭总人口1811（户均4.38）人，劳动力967（户均2.34）人，其中外务工的396人，占问卷农户劳动力总数的41%。有些县域农村劳动力外出务工及其随徙人口占比达到65%甚至70%，许多山区的农户收入仍然主要依赖外出务工。但在北、上、广、深等一类城市限制人口扩张的新态势下，无论居村农民还是农业转移人口的城镇化，只能主要依靠"就近、就地城镇化"路子。农户问卷显示，外出务工农户中，已经在城镇购房定居的农户占外出务工总农户的30.5%，其中在户籍地的市、县、镇（乡）集镇购房定居的占26.3%。以此推算，在中国约2.8亿的农业转移人口中，已约有8540万农业转移人口城镇化，其中就近、就地城镇化的农业转移人口达7364万人。农户意愿调查显示了同样的趋势：在回答"如果条件允许，您或您的家人倾向于在哪里购房落户"时，68.6%的被调查农户表示愿意进城定居，31.4%的受访者表示不愿意进城定居。在愿意进城定居的农户中，88.7%的农户表示愿意在户籍地的市（12.5%）、县（38.1%）、镇（乡）集镇（38.1%）购房定居。实地调查还发现，建制村户籍农户中，

---

① 王景新、郭海霞：《农民市民化：中国10个著名经济强村实证研究》，《广西民族大学学报（哲社版）》2014年第1期。

② 2012年6月，中国国务院扶贫办公室公布的《11个集中连片特殊困难地区分县名单》中，包含六盘山区、秦巴山区、武陵山区、乌蒙山区、滇桂黔石漠化区、滇西边境山区、大兴安岭南麓山区、燕山—太行山区、吕梁山区、大别山区、罗霄山区；加上此前已经明确实施特殊扶持政策的西藏、四省藏区、新疆南疆三地州，共14个片区，680个贫困县。

30%左右已经在各级城镇购房定居,但这一部分农户并未打算其将户籍迁入城镇,他们既在城镇购房,又在村中建房修房,形成了"一家两地""城乡两头家"①的特殊局面。笔者认为,允许中国农民"城乡两头家"现象较长时期内存在,对于农业转移人口及农户应对自然灾害和经济波动,严重自然灾害等特殊时期的农业转移人口、城市人口疏散,乃至对于整个国家的国民安全、经济安全、国土安全极具战略价值。我们建议,暂缓进城定居农户的宅基地使用权、集体土地承包权退出,至少不要"动员和激励进城定居农户退出宅基地使用权和集体土地承包权"。

"农村仅仅依靠农业就能生存的时代已经结束。"农村地域空间应该是"向外部开放的、具有自律性、独特的多种产业复合体的经济空间","完全无视经济需求而述说乡愁,……农业和农村是无法存续的";"仅仅站在生态学的立场上强调恢复自然的权利,常常会忘却人类的存在"②。农村一、二、三产业融合发展,特色小镇和美丽乡村建设推动农民就近、就地城镇化,将进一步打破农村单一依靠农业的格局。新时代的乡村振兴,必须对农村地域空间重构及其综合价值追求做出科学规划和布局:要综合规划农村人口、产业、村庄、集镇、道路建设;要科学布局农村生产空间,重建农民生活空间,修复和拓展城乡生态空间,划定和管控"三区三线"③空间边界并理顺其互动关系,追求农村地域空间的经济价值、生态环境价值、生活(社会、文化)价值三者和谐;要理顺农村政治组织、产业及合作组织、社会组织之间的关系,以及调整农民之间及其与各类产业及合作组织、村组集体和国家的关系。

推进特色小镇建设亟须研究解决一些基本问题。第一,以建制镇为单元申报、评审和批复特色小镇(森林小镇)的做法,可能把特色小镇建设引入歧途,现行方式应予以改变或完善。特色小镇建设发轫的云栖小镇,其前身是杭州市政府批复的转塘工业园区,后引入阿里巴巴云公司和

---

① "两头家"概念最早见诸著名社会学家陈达《南洋华侨与闽粤社会》(1938),他在文中描述:南洋华侨往往维持"两头家",土人妇常居南洋,发妻常居故乡……。

② [日]祖田修:《农学原论》,第71、52、173页。

③ 2016年12月27日,中共中央办公厅、国务院办公厅关于印发《省级空间规划试点方案》的通知要求,试点省份"全面摸清并分析国土空间本底条件,划定城镇、农业、生态空间以及生态保护红线、永久基本农田、城镇开发边界(简称'三区三线')"。

云计算产业，再挖掘产业文化和地域文化、拓展旅游和社区功能，建成为浙江省首批 10 个示范特色产业小镇之一。显而易见：特色小镇是块状经济和县域经济基础上的创新经济载体，是独立于建制镇之外的产业、人口集聚新区；建设特色小镇的初衷是做大"小城镇"增量，推动区域经济转型升级、新型城镇化和农民市民化，绝不是将建制镇（乡）整个行政区域贴上"特色小镇"的标签。推进特色小镇建设，应着重将那些成形、有规模的产业园区，拓展文化内涵、旅游功能和社区特征，转型升级为特色小镇；将那些因"三集中"、基层行政区划调整、建制村撤并等方式而形成的人口集聚的大型社区（如中心村镇），通过"产业兴镇"的路子建成特色小镇；将那些森林等资源丰富的区域，通过发展特色农业、林果业、渔业、旅游业、康养业、文化产业等，以特色产业经济带动人口集聚，建成特色小镇。第二，多渠道、多方式解决特色小镇建设的用地问题。从森林特色小镇建设情况看，一是要盘活存量建筑和建设用地，如国有林场场部、分场部存量建筑的修复，旧局址、场址的建设用地重新规划、报批和建设旅游设施用房；二是建议相关部委会商，制定农、林业生产管理用房用地规范，以及旅游业和康养业建筑用地规范，制定国务院办公厅关于装配式建筑指导意见[①]用于特色小镇建设的办法和规范；三是增设特色小镇建设用地专门指标，扶持其发展。第三，研究制定特色小镇评价指标体系，指导其规划和建设。特色小镇作为县域城镇体系的最小单元，首先必须强调镇区规模，比如小镇规划及建成区面积（浙江省的规划分别为 3 平方公里、1 平方公里），人口集聚规模（如国务院《关于统计上划分城乡的规定》的批复规定的常住人口 3000 人以上）等；其次，镇区设施、特色文化内涵、旅游接待能力、社区功能等方面的指标；最后，小镇特色产业，镇区主要经济指标，以及镇区居民生产、生活和基本公共服务的方式及水平。

（本章作者：王景新、支晓娟）

参考文献（按引用顺序）：

1. ［日］祖田修：《农学原论》，张玉林等译校，中国人民大学出版

---

① 参见国务院办公厅《关于大力发展装配式建筑的指导意见》。

社 2003 年版。

2. 陈翰笙、薛暮桥、冯和法：《解放前的中国农村（第一辑）》，中国展望出版社 1985 年版。

3. 陈翰笙：《中国农村经济之发轫》，载中国社会科学院科研局编《陈翰笙集》，中国社会科学出版社 2002 年版。

4. 费孝通：《怎样做社会研究》，上海人民出版社 2013 年版。

5. 李刚：《特色小镇：激活发展新引擎》，《山西日报》2016 年 12 月 6 日。

6. 王景新：《中国农村发展新阶段：村域城镇化》，《中国农村经济》2015 年第 4 期。

7. 王景新、郭海霞：《农民市民化：中国 10 个著名经济强村实证研究》，《广西民族大学学报（哲社版）》2014 年第 1 期。

第十八章　中国乡村社会结构变动与治理体系创新[①]

摘要："乡村振兴，治理有效是基础。""创新乡村治理体系，走乡村善治之路"必须厘清当今中国乡村社会结构。本章认为：当代中国乡村社会结构发生了重大变动，"村落共同体"已被社会主义（村域）集体经济共同体所取代，"基层市场共同体"转变为区域性政治经济文化中心共同体，"基层生产共同体"拓展成农民"三位一体"合作社共同体，"城乡两头家"已成当今中国社会结构重要特征；乡村治理体系创新方向和目标，应以中共十九大报告精神和《中共中央、国务院关于实施乡村振兴战略的意见》为遵循，构建中国特色社会主义乡村治理体系。

关键词：乡村振兴；社会结构；治理体系；变动与创新

Chapter 18　Changes in China's Rural Social Structure and Innovations of the Governance System

Abstract: "Effective governance is the basis for rural revitalization", "the innovation of rural governance system and adoption of good governance in rural areas" need to clarify the rural social structure in China today. This article points out thatsignificant changes have taken place in China's rural social structure. The "Community of Villages" has been re-

---

[①] 本文曾发表于中国人民大学《教学与研究》（教育部委托中国人民大学主办的理论刊物，月刊）2018 年 8 月 16 日第 52 卷第 8 期。

placed by the Socialist (Village) Collective Economic Community; the "Grassroots Market Community" has become a Community of Regional Political, Economic, and Cultural Centers; the "Grassroots Production Community" has expanded into a Community of Farmers' "Three-In-One" Cooperatives; the phenomenon of "two families" in urban and rural areashas become an important feature of China's rural social structure. The direction and objective of innovating rural governance system should follow the report of the 19th CPC National Congress and the Opinions of the Central Committee of the CPC and the State Council on the Implementation of the Strategy of Rural Revitalization, in order to build a socialist rural governance system with Chinese characteristics.

Key words: Rural Revitalization; Social Structure; Governance System; Changes and Innovations

"乡村振兴，治理有效是基础。"[1] "创新乡村治理体系，走乡村善治之路"[2] 必须厘清当今中国乡村社会结构。中华人民共和国成立至今，乡村社会结构变动极其剧烈，费孝通先生《乡土中国》"差序格局"的分析框架[3]已不能准确描述和概括当今中国乡村社会结构；日本学者平野义太郎（1944）和美国学者杜赞奇（1988）等关于"村落共同体"的描述和分析，也与当今中国乡村社会结构相去甚远；美国学者施坚雅（1964）的"基层市场共同体"，以及刘玉照（2002）的"农村基层生产共同体"也发生了重大变化[4]。厘清当今中国乡村社会结构，以中国共产党十九大报告精神和《中共中央、国务院关于实施乡村振兴战略的意见》为遵循，创新适应乡村社会新结构的治理体系尤为紧迫和重要。

---

[1] 《中共中央、国务院关于实施乡村振兴战略的意见》，人民出版社2018年版，第19页。
[2] 《中央农村工作会议公报》，http://www.chinanews.com/gn/2017/12-29/8412714.shtml.
[3] 费孝通：《乡土中国》，生活·读书·新知三联书店2013年版，第35页。
[4] 刘玉照：《村落共同体、基层市场共同体与基层生产共同体——中国乡村社会结构及其变迁》，《社会科学战线》2002年第5期。

第一节 "村落共同体"被社会主义（村域）集体经济共同体所取代

新中国历史中，自然村落经历了互助组、合作社、人民公社的组织化过程，又经受了农村改革开放、农业人口大规模转移、农业现代化、农村工业化和城镇化的冲击，传统村落的血缘、亲缘、地缘关系网络及其结构早已被冲得七零八落，自然村落共同体瓦解了，取而代之的是以村民委员会（简称"建制村"）为单元的社会主义集体经济共同体（简称"村域集体经济共同体"）。

中国村落共同体瓦解除了村落组织化的推动作用以外，还与村落人口结构变动相关。农业现代化、农村工业化和城镇化加速推进过程中，农业劳动力从土地的束缚中解放出来，向东南沿海发达地区、工业经济中心和大中城市大规模转移流动，加速了自然村落消失和建制村合并，带动了建制村域资源重组。这类重组既有发达地区、富裕村经济资源集聚性重组，也有欠发达地区、贫困村域经济资源流失性重组。无论哪一类重组都改变了原有聚落结构的人口结构、族群特质及其关系网络。笔者曾以我国东、中、西部的10个著名经济强村为样本，研究资源集聚性重组的村域产业集聚带动人口集聚的状况，截至2011年末，平顺县西沟村、昔阳县大寨村、滦平县周台子村、新乡县刘庄村、邹平县西王村、杭州市萧山区航民村、东阳市花园村、奉化市滕头村、台州市方林村、上海闵行区九星村的常住人口分别达到2950人、2720人、3900人、8784人、21702人、13083人、27750人、8854人、4076人、27420人，其中外来人口占比分别为 33.9%、80.8%、46.2%、79.7%、96.8%、91.7%、93.7%、90.4%、73.6%、83.9%[1]，村域业缘型人口结构特征和跨区域交往关系特征十分明显。

建制村域重组过程中的另一个明显趋势是村民小组（原生产队）集体资源配置、核算分配等权利快速向建制村集中，村级集体的权力越来越集中、边界越来越清晰。（1）村域内，资源、资产、资金的占有，经营、

---

[1] 王景新：《中国农村发展新阶段：村域城镇化》，《中国农村经济》2015年第10期。

分配及权益保障基本归属村级集体。到 2013 年，全国农村集体所有的 14.13 亿亩耕地中，归村所有的 5.81 亿亩，归村民小组所有的 7.28 亿亩[①]，土地所有权有向村集体集中的趋势。此外，农村集体成员"三权"（成员的土地承包权、宅基地使用权和集体收益分配权）基本上以建制村为单元来使用和保障。(2) 村际间，村域经济类型多样化、发展水平多极化。产权制度和技术的创新，促进了村域经济分工分业，"一村一品"特色产业发展，加速了村域经济类型的多样化，农业型、工业型、市场型、旅游型等不同类型的村域经济各展风采。由此，导致村域经济水平多极分化[②]。(3) 村民自治、生产组织、福利和公共服务等，都以建制村为独立单元，"村庄共同体较为明显地发挥着保护村庄资源边界、聚合力量兴办社区公共事业、调解社区利益等等复杂作用"[③]。一切迹象都表明：村域虽然不是一个完整的经济地理单元，但它却构成了建制村地域经济共同体，成为相对独立的经济社会单元。

村域集体经济共同体的维系有赖于另外两项长期坚持的制度。一是以土地资源为核心的生产资料所有权坚持了"人民公社六十条"（《农村人民公社工作条例修正草案》）确定的隶属关系和边界。"六十条"把土地、劳动力、牲畜、农具"四固定"到生产队，规定："生产队的规模定下来以后，长期不变。""生产队范围内的土地，都归生产队所有。"[④] 农村改革 40 年历程中，乡村基层行政区划调整及建制村大规模合并，村民小组基本不合并，全国村民委员会由 1985 年的 94.06 万个减少到 2016 年的 55.97 万个[⑤]，村民小组维持在 490 万个左右[⑥]。村民小组基本保持长

[①] 农业部农村经济体制与经营管理司、农村合作经济经营管理总站：《全国农村经营管理统计资料（2013）》，第 2 页。

[②] 王景新：《村域集体经济：历史变迁与现实发展》，中国社会科学出版社 2013 年版，第 29 页。

[③] 毛丹、任强：《中国农村公共领域的成长——政治社会学视野的村民自治诸问题》，中国社会科学出版社 2006 年版，第 25 页。

[④] 中华人民共和国国家农业委员会办公厅（编）：《农业集体化重要文件汇编（1958—1981）（下册）》，中共中央党校出版社 1981 年版，第 629—634 页。

[⑤] 中华人民共和国农业部：《中国农业统计资料（2016）》，中国农业出版社 2017 年版，第 192 页。

[⑥] 《中国农村统计年鉴（1992）》，中国统计出版社 1992 年版，第 39 页。

期不变，为坚持家庭承包经营制度长期不变奠定了基础。二是农户家庭土地承包经营权长期不变，具体化为"15 年不变"（约 1982—1997）、30 年不变（约 1997—2027）、到期后"再延长 30 年不变"（约 2027—2057）等几个阶段。这意味着：不论建制村域集体经济资源如何重组，也不论村组集体成员流动到何方，只要保留集体成员资格（户籍），"三项权利"（集体土地承包权、宅基地使用权、集体收益分配权）将受到法律制度和国家政策的保护，强化了村域集体经济共同体内聚性。

综上：建制村域集体经济共同体，有深厚的历史村落文化渊源和相邻而居、互助生产的认同感和归宿感，有 60 年（1958—2018）社会主义集体所有土地、森林、水面等共有资源，有几代人共同创造、传承下来的共有资产、资金积累，有特定的政治文化生态、社会结构和互动方式；在此基础上形成的村域集体经济共同体是一个有灵魂、有内聚性的治理单元，是传统"村落共同体"无法比拟的。我们判断：中国乡村振兴和治理都将以"村域集体经济共同体"为基本单元展开；乡村活力、竞争力、发展和治理水平，取决于"村域集体经济共同体"的吸引力和内聚力；县域经济的竞争和角逐，也将围绕"村域集体经济共同体"的活力和竞争力而展开。

第二节　"基层市场共同体"转变为区域性政治经济文化中心共同体

"区域性政治经济文化中心对增强村域发展动力、沟通城乡经济、传播城市文明、缩小工农和城乡差别、改变农村社会经济结构、促进城乡一体化等意义重大。"[1] 中国传统乡村受制于交通条件，农民交往局限于就近的集市、圩镇等基层市场。所谓就近，用费孝通先生的话说，大约是一个成年农民肩挑 100 斤步行一天能够往返的距离。当代中国的乡村变迁过程中，多数传统集市、圩镇都萧条退化为村落，不再具有基层市场共同体的功能，代之而起的是县、乡（镇）人民政府驻地的中小型政治经济文化中心。农村改革之初，中共中央、国务院就认识到区域性经济文化中

---

[1]　王景新：《村域经济转型发展态势与中国经验》，《中国农村经济》2011 年第 12 期。

心建设的重要性。1983年的"中央一号文件"（《中共中央关于印发〈当前农村经济政策的若干问题〉的通知》）要求，"改变农村的面貌，建设星罗棋布的小型经济文化中心，逐步缩小工农差别和城乡差别……"；1984年的"中央一号文件"（《中共中央关于一九八四年农村工作的通知》）又说，"农村工业适当集中于城镇，可以节省能源、交通、仓库、给水、排污等方面的投资，并带动文化教育和其他服务事业发展，使集镇逐步成为农村区域性经济文化中心"。至2016年末，中国乡级行政区划共有39862个，其中建制镇20883个、乡人民政府10872个、农村街道办事处8105个[①]，每一个行政区划内至少在乡（镇、街办）级人民政府驻地形成了一个区域性经济文化中心。如果再加上重新复活的历史圩镇、商贸古镇，以及新兴的特色小镇（旅游小镇、森林小镇、工业园区型小镇）和村镇（著名经济强村、多村合一的新社区等），当今中国农村小城镇已具庞大数量，1980年代初期提出的"建设农村区域性经济文化中心"已达成"星罗棋布"之要求。

中国乡村区域性政治经济文化中心兴起的过程，也是乡村传统集市、圩镇等基层市场衰落的过程。那些既非基层政府驻地，又非经济文化中心的传统集市、圩镇等都退化为一般村落，"基层市场共同体"瓦解了，取而代之的是乡级行政区划的政治中心或区域性小型经济文化中心。当代农民的经济、政治、社会、文化活动半径越来越大，参与城乡互动的频率越来越高。农民活动与交往半径脱离了"基层市场共同体"的桎梏，扩展到相当于汽车、轿车、摩托车等交通工具一天能够往返的里程，大体上：山区及国土面积广阔、人口密度低、交通条件较差、区域经济滞后、农民（合作社）组织化程度低的县域，农民活动与社会文化交往集中于乡级人民政府驻地集镇或乡域经济文化中心；平原及国土面积相对较小、人口密度大、交通便捷、区域经济发达、农民合作社联社组织体系健全的县域，农民活动与社会文化交往以县城为阵地；在高速铁路网络辐射范围内的乡村，农民活动与社会交往可以达于地级城市，甚至省会城市。

区域性政治经济文化中心有较强的内聚性。（1）农民把自己的公司、

[①] 中华人民共和国国家统计局：《中国统计年鉴——2017》，中国统计出版社2017年版，第3页。

门市部或联系点设在县城、乡镇集市区、区域性小型经济文化中心，农民合作社或联社把办公场地或"总部"设在县城、乡镇集市区。(2) 农民在区域性政治经济文化中心获取市场信息，学习生产技术，销售各类产品，交友联谊，招商引资和洽谈合作。(3) 农民合作社及联社利用区域性政治经济文化中心平台，下联农民合作社基层社、家庭农场和农户，下达政府文件和政策，协调各类关系，组织文化交流及娱乐活动，发挥生产、供销、信用"三位一体"功能；上联各级政府，转达农民诉求，争取各种权益。总之，当今中国，农民的政治、经济和社会利益关系与县、乡两级政权组织紧密，农民发展及其成果分享与县、乡两级党委和政府的政策密不可分，区域性政治经济文化中心的边界意识，以及对外行动具有一致性。

第三节　"基层生产共同体"拓展成农民"三位一体"合作社共同体

农民生产、供销、信用综合合作（简称"三位一体"合作），萌发于1950年代的浙江省平湖县新仓乡（现新仓镇），在农业生产合作社发展过程中，供销、信用合作社加盟进来，三方签订合同（时称"三角结合合同"），形成了农民生产、供销、信用三结合新型关系，其经验材料被收入《中国农村的社会主义高潮》，毛泽东主席撰写了按语："本书谈这个问题的只有这一篇，值得普遍推荐，文章也写得不坏。供销合作社和农业生产合作社订立结合合同一事，应当普遍推行。"[①]

农民"三位一体"合作再度兴起是2006年1月，时任浙江省委书记习近平在全省农村工作会议上提出，"积极探索建立农民专业合作、供销合作、信用合作'三位一体'的农村新型合作体系"[②]。两个月后，瑞安农村合作协会成立，农民专业合作社、村经济合作社加入了"农协"，供销合作社、信用合作社及其基层组织自动转为"农协"会员。同年12月，浙江省委、省政府在瑞安召开全省发展新型农村合作经济工作现场会，部署在更大范围开展"三位一体"试点。至2017年末，"浙江省已

[①] 中共中央办公厅（编）：《中国农村的社会主义高潮（中）》，人民出版社1956年版，第651—679页。

[②] 陈仲东：《"三位一体"的前世今生》，《浙江日报（浙报制图）》2017年7月26日。

组建了省级农合联、11 个市级农合联、82 个县级农合联、930 个乡镇农合联，会员 6 万家，涵盖农民合作社及联社、行业协会、农业龙头企业、家庭农场等，形成了较完整的'三位一体'组织框架"①。

"三位一体"合作的纽带和难点是信用合作，中共中央、国务院一号文件（简称"中央一号文件"）给予了强力推动。自 2004 年至 2010 年的 7 个 "中央一号文件" 无一例外地阐述了 "改革和创新农村金融体制"、培育和鼓励 "农民资金互助社" 的相关政策②。截至 2010 年末，全国共组建新型农村金融机构 509 家，其中开业 395 家（村镇银行 349 家、贷款公司 9 家、农村资金互助社 37 家），筹建 114 家③。2017 年 "中央一号文件" 明确要 "……积极发展生产、供销、信用'三位一体'综合合作"④。目前，全国基层供销社系统新发展农民专业合作社 10.9 万家，总数达到 18.6 万家，入社社员 1582 万户⑤。农民 "三位一体" 合作社已普遍存在于我国东、中、西部和东北地区的广大乡村。

典型案例调研（注释专栏 18-1）发现：农民 "三位一体" 合作社共同体通过乡、县两级联合社，形成了与县、乡、村行政区划相匹配的共同体组织体系。

注释专栏 18-1　吉林省梨树县、公主岭市农民合作社联社发展概况

吉林省农民资金互助社发源于四平市梨树县闫家村⑥，但农民资金互助社县级联合社成立公主岭市在先。2012 年 9 月，公主岭市第一家农民

---

① 王侠：《发展 "三位一体" 综合合作加快打造为农服务大平台》，http://theory.people.com.cn/n1/2017/1201/c40531-29679501.html。
② 王景新、李玲：《苏浙农村资金互助合作组织的调查与思考》，《中国集体经济》2009 年第 11 期。
③ 张健华：《中国农村金融服务报告 2010》，中国金融出版社 2011 年版，第 69 页。
④ 《中共中央、国务院关于深入推进农业供给侧结构性改革加快培育农业农村发展新动能的若干意见》，http://www.gov.cn/zhengce/2017-02/05/content_5165626.htm。
⑤ 齐志明：《农民专业合作社 5 年新增 11 万家》，《人民日报》2018 年 1 月 17 日。
⑥ 吉林省四平市梨树县闫家村农民资金互助社 2003 年筹备，2004 年开始试验，经 3 年试验，到 2007 年 3 月 2 日，四平市银监局审核、发放了 "闫家村百信农村资金互助社" 经营许可证，3 月 7 日，该资金互助社成立并正式运营。该资金互助社由 32 户农民发起，运营资本金 10.18 万元。2015 年末，"梨树县吉信柏林农民合作联社"（县级联社）注册成立，现有成员社 18 家。

资金互助社——朝阳坡镇华生农民种植专业合作社暨华生农民资金互助社挂牌成立，比梨树县闫家村农民资金互助社成立（2007）晚了5年。但公主岭市农民资金互助社后发优势明显，在不到一年的时间内，全市就发展到20余家。当年11月1日，公主岭市柏林农民合作社股份联社即注册登记成立。该县级联社是由公主岭市域内25家农民专业合作社暨农民资金互助社共同出资组建而成，注册资金5000万元。截至2017年6月末，公主岭联社的总资产4.3亿元，社员总数4.5万人，社员入股金和互助金余额5亿元，累计向1.4万人（户）提供社员借款7.2亿元，借款余额2.1亿元。到2017年末，公主岭市柏林农民合作联社的规模已有32家（其中包含联社），形成了办公楼及车库等固定资产，联社风险稳定金等共有资本金和共同资产。

——资料来源于2017年10月笔者在公主岭市实地调查笔记

第一，现有"乡政村治"格局中嵌入了农民"三位一体"合作社共同体组织体系，形成了政府、村组集体与合作社共治乡村的新格局。(1) 农民"三位一体"合作社县级联社内部管理科层化，并依靠科层体制及业务部门，行使（生产、供销、信用、培训）职能及项目、结算手段链接基层社，结成县域农民"三位一体"合作社共同体组织体系。(2) 县联社具有资源调配和"辖区治理"的意识与功能。这种意识和功能，首先体现在基层社的布局上，基本按照每个乡级行政区划内布局1个农民专业合作社暨农民资金互助社或联社①；其次在县级联社的协调下，各基层社的生产、供销、金融资源动员及服务，都不超越乡级行政区划边界。(3) "三位一体"合作社共同体组织体系层级分工明确，逐渐渗透到

---

① 公主岭市实行的农民专业合作社联社暨农民资金互助社是一家乡级联社，系由万欣农业专业合作社拓展而成。万欣农业专业合作社位于刘房子街道办事处山前村，成立于2007年。2013年，该专业合作社被农业部评为"全国农机合作示范社"，翌年评为"全国农民专业合作社示范社"。至笔者调查日（2017年10月10日），该专业合作社有社员1120户，经营（土地入股、租赁、托管）耕地3900公顷，拥有各种农机具213台套，以及（日产60吨）粮食加工车间及设备。2017年8月，在公主岭市农民资金互助联社的协调下，万欣农民专业合作社与山前村周边的3个乡（镇）7家农民专业合作社联合组建了"公主岭市实利农民专业合作社联社暨农民资金互助社"，并加入公主岭市柏林农民合作社股份联社。到笔者调查日（2017年10月10日），该社社员股金和互助金累计已达1000万元。

乡村治理体系之中。县级联社发挥辖区边界协调、行业自律和监管、资金调剂（拆借）、财务会计报表及大额资金和风险稳定资金的筹集管理；乡级联社发挥农民专业合作社协会职能，运作本级农民资金互助社这一纽带，带动社员的农资供应合作、农产品推广销售合作、社员生活消费合作；村级农民专业合作社的主要功能是生产合作，扎根于自然屯（村民小组）。

第二，农民"三位一体"合作社共同体已形成共有资源、资金和资本，社员（农户）与合作社结成紧密实体。合作社成员共有资源是通过入社入股、公共购买等途径形成的土地、农机具、场地、仓库等生产资料和固定资产。共有资金主要是社员入社股金和存入资金互助社的存入互助金。"三位一体"合作社共同体的内聚性表现为：社员（农户）生产须臾不能离开"三位一体"合作社，比如生产资料供应、生产资金筹集、生产信息和技术获取、劳动力（机器替代）；社员（农户）产品销售和生活消费，依托"三位一体"合作社；社员（农户）生产和创业不再依赖传统的融资方式——找政府要项目、要资助或者向银行要贷款，而是依托农民"三位一体"合作社的信用服务。

第三，农民"三位一体"合作社以信用文化为核心的共同意识和一致行动。梨树县联社和公主岭联社，都有自己的战略规划，共同体意识一目了然，用梨树县、公主岭市联社领头人话说："联合才能强大"；"有了信用合作，农民专业合作才可持续"；"发展农民资金互助社的意义在于，把金融寡头垄断金融变成了以农民为中心的普惠金融，等于把少数金融寡头垄断的金融利润分割出一部分给农民；这代表了农村生产关系的改变，代表乡村先进生产力的发展方向"。这样的信念和意识通过领头人的传播和作为，将转变为社员的共同意识和共同行动。

乡村储蓄、融资能力大小，决定着乡村发展活力的强弱。可以预想，如果沿着农民"三位一体"综合合作社发展方向继续前行，必将引致乡村利益关系及其治理体系重构，从而极大增添乡村发展活力。

第四节 "城乡两头家"成为中国乡村社会结构的重要特征

"两头家"概念最早见诸著名社会学家陈达《南洋华侨与闽粤社会》

(1934)。该著描述："'两头家'盛行于侨外较久的华侨,因久在南洋①的人,容易与家乡疏远,且因经济比较充裕,可以再娶,娶时以南洋妇女最为便利。""有些'两头家'的主妇,虽经长时间,亦各相安无事。不但如此,两个夫人有时候还可以彼此爱护。"② 陈达先生认为"'两头家'是环境的产物";中山大学陈杰博士认为"'两头家'是早期华南侨乡移民在文化传统与社会结构的框架下一种集体选择的家庭策略"③。笔者曾在海南工作6年,在琼北传统村落调查中经常看到一些保存完好的近代骑楼式民居,既体现出深厚的闽南风格、融入了某些中原建筑元素,又具有欧洲风格和南洋文化。如果你再深入了解,其民居主人的先辈就有下南洋或"两头家"经历。

当今中国,大多数农业转移人口仍然处于流动状态,久之也会产生适应城乡两头奔忙的"家庭生计策略":(1)越来越多的农户采取老弱妇孺留守田园,青壮年和有文化的劳动力转移到城镇和富庶地区就业;(2)他们既承包经营土地,保证家庭粮、棉、油等大宗农产品自给和基本生活消费,又参与城镇二、三产业生产经营,以求追赶城镇居民的生活方式和水平;(3)他们既将城镇务工经商收入寄回家乡修房建屋,又在城镇购房、租房,从而形成了"一家两地、城乡两头家"的生计策略。应该指出,农业转移人口流动中的"城乡两头家"与闽粤移民南洋文化结构下的"两头家"不同,前者描述家庭生计策略——农户城乡两头奔忙的生产(工作)、生活和消费方式,后者描述家庭婚姻策略——南洋和闽粤两个妻的特殊婚姻方式。二者产生和存在的社会经济基础具有相同性,都属于人口流动状态下农民集体选择的"家庭策略",出现差异则根源于社会婚姻观念和国家婚姻制度的进步。

笔者及其团队连续三年(2015—2017)开展"11个集中连片贫困山区扶贫开发接轨新型城镇化研究",2017年暑假,我们再次组织大学

---

① 南洋,指太平洋西部印度洋东部的半岛及海岛,如菲律宾群岛、中国台湾岛、东印度群岛、马来亚、印度支那等。参见陈达《南洋华侨与闽粤社会》,第2页脚注。

② 陈达:《南洋华侨与闽粤社会》,商务印书馆(据商务印书馆1939年版排印)2011年版,第157页。

③ 陈杰:《两头家华南侨乡的一种家庭策略——以海南南来村为例》,《广西民族大学学报(哲学社会科学版)》2008年第3期。

生深入 11 个集中连片贫困山区入户问卷，收回有效问卷 414 份。统计分析发现：（1）贫困山区农户生计仍然主要依靠外出务工或经商。问卷农户家庭总人口 1811（户均 4.37）人，劳动力 967（户均 2.34）人，劳动力负担系数为 53.6%。户均承包耕地和林地分别为 4.24 亩和 8.53 亩，户均总收入 6.64 万元，其中外出务工收入占 64%。户均可支配收入 2.24 万元，人均可支配收入 5200 元。（2）贫困山区农村"城乡两头家"已成普遍现象。问卷农户中，外出务工共 396 人，占问卷农户劳动力总数的 41.0%，其中跨省流动的占外出务工总人数的 46.5%。有些县农村劳动力外出务工及随徙人口占比高达 60% 以上。（3）外出务工农户中，已经在城镇购房定居的农户占外出务工总农户的 30.5%，其中在户籍地的市、县、镇（乡）集镇购房定居的占 26.3%。以此推算，在中国约 2.8 亿农业转移人口中，已约有 8540 万农业转移人口城镇化，其中就近、就地城镇化的农业转移人口达 7364 万人。农户意愿调查显示了同样的趋势：在回答"如果条件允许，您或您的家人倾向于在哪里购房落户"时，68.6% 的被调查农户表示愿意进城定居，31.4% 的受访者表示不愿意进城定居。在愿意进城定居的农户中，88.7% 的农户表示愿意在户籍地的市（12.5%）、县（38.1%）、镇（乡）集镇（38.1%）购房定居。实地调查还发现，已经在各级城镇购房定居的农户，并未打算或者并未将其户籍迁入城镇。

"城乡两头家"并非局限于集中连片贫困山区。21 世纪初，陆学艺先生及其团队就对"当代中国社会阶层结构"和"当代中国社会流动"做过系统研究，认为"这数十年的历史过程中，中国的政治……、经济剧烈变动，……直接影响着人们的社会流动，个人、家庭乃至某个社会阶层的社会地位的获得和沉浮，都不能由他们自己掌握，而是由当时的制度、政策变化来决定"[①]。目前，全国农业转移人口流动量出现下降趋势，但流动人口总量仍有扩大趋势。据国家统计局数据，2016 年，全国人户分离的人口 2.92 亿人，其中流动人口 2.45 亿人；2017 年，全国人户分离的人口 2.91 亿人，其中流动人口 2.44 亿人，呈微弱减少趋势[②]。但据相

[①] 陆学艺（主编）：《当代中国社会流动》，社会科学文献出版社 2004 年版，第 3 页。
[②] 国家统计局：《中华人民共和国 2016 年国民经济和社会发展统计公报》《中华人民共和国 2017 年国民经济和社会发展统计公报》。

关报道,"2018年2月15日至21日春节假期,全国铁路、道路、水路、民航共累计发送旅客4.19亿人次,比去年同期增长2.7%"①。这意味着流动人群已拓展到农民以外的社会阶层,意味着"流动的中国"已成"新常态"。

综上:中国农村人口"过疏"是农业现代化滞后、乡村萧条衰落的根本原因;农村仅仅依靠农业就能生存的时代已经结束,在农业功能尚未拓展到二三产业、农村地域空间尚未形成一二三产业融合发展格局之前,主要依靠外出务工维系家庭生计的格局仍将是农户的集体选择。因此,"城乡两头家"的格局短期内难以根本改变。未来中国,"从社会结构来说,最关键的出路,就是在中国社会努力构建起一种公正、合理、开放的符合中国国情的现代化社会流动模式"②;从中华民族永续发展长远战略角度思考,应该尽早调查、研究、探索并建立一套既适应现代社会流动,又能满足"乡村振兴""城乡融合发展""国家总体安全"需求的城乡人口、产业、资本、技术和信息互动的体制和机制。

第五节 构建中国特色社会主义乡村治理体系

适应中国乡村结构变动的乡村治理体系创新,其思路应按"健全自治、法治、德治相结合的乡村治理体系"③,"建立健全党委领导、政府负责、社会协同、公众参与、法治保障的现代乡村社会治理体制"④ 和"走乡村善治之路"的精神来构想。乡村治理体系创新方向和目标是构建中国特色社会主义乡村治理体系,即中国共产党农村工作领导体系,农村基层政权治理体系指导下的村级党组织的委员会和村民委员会主导的自治体系及其与乡村经济和社会组织体系结合而成的基层协商共治的结构体系、

---

① 梁士斌:《春节假期全国发送旅客4.19亿人次同比增长2.7%》,http://sn.people.com.cn/n2/2018/0222/c378287-31271704.html。

② 陆学艺主编:《当代中国社会流动》,第16页。

③ 习近平:《决胜全面建成小康社会夺取新时代中国特色社会主义伟大胜利——在中国共产党第十九次全国代表大会上的报告》,人民出版社2017年版,第32页。

④ 《中共中央、国务院关于实施乡村振兴战略的意见》,第19页。

制度体系、方法体系的总和。

一 健全乡村治理结构体系

中国乡村治理结构体系、功能及运行机制亟须根据中国乡村治理实践经验总结。首先，要明确治理主体，建立健全多元化、负责任的治理主体结构体系，包括：中国共产党农村工作领导体系，国家基层政权治理体系，村级党组织的委员会和村民委员会主导的自治体系及其与乡村经济和社会组织体系结合而成的基层协商共治体系。

其次，要厘清各主体责任、职能及各主体间的边界，建立各主体间分工合作、平衡互动、合作共治的和谐关系。原则上：县、乡（镇）党委通过建制村党委（总支、支部）发挥领导作用；县、乡（镇）政府负总责，并指导村民委员会对农村经济、政治、文化、社会、生态开展有效治理；农村经济组织协同治理；农民群众主动参与治理。构建乡村治理多元主体平衡互动、合作共治的和谐关系，从国家层面而言，关键是"把本应该属于市场、社会的职能，完全交给市场和社会处理，政府重点履行好宏观调控、公共服务、维护社会规则等职能"[①]；从基层面而言，关键是将已经成长起来的农村经济组织的治理能力融入乡村治理的体制之中；同时培育农村其他服务性、公益性、互助性社会组织积极参与乡村治理，形"协同共治"的体制机制。

二 创新乡村治理制度体系

乡村治理不能狭隘地理解为乡村社会管理，它本应包括乡村经济、政治、社会、文化和生态治理等五大方面。因此，乡村治理制度体系内容庞杂，需要条理。

首先，要建立健全有效的乡村经济治理制度体系。（1）总结农村土地制度改革40年的经验，"完善承包地'三权分置'制度"，探索出一套更加有效的"保持土地承包关系稳定长期不变，第二轮土地承包到期后再延长三十年"[②]的具体制度安排。（2）"不断深化农村集体产权制度改

---

① 陶希东：《国家治理体系应包括五大基本内容》，《学习时报》2013年12月30日。
② 习近平：《决胜全面建成小康社会夺取新时代中国特色社会主义伟大胜利——在中国共产党第十九次全国代表大会上的报告》，第32页。

革，……构建集体经济治理体系，形成既体现集体优越性又调动个人积极性的农村集体经济运行新机制。"① 农村产权制度改革中最具挑战性的课题，一是统筹协调推进农村土地征收、集体经营性建设用地入市、宅基地制度改革试点；二是农业转移人口集体成员三权（土地承包权、宅基地使用权、集体收益分配权）的处置。笔者认为：农村宅基地不同于承包土地，因此，"农村宅基地三权分置改革试点"需慎重；"城乡两头家"涉及人群远不止农业转移人口，无论从社会公平，还是从防御自然灾害、经济波动和国家安全风险角度考虑，都应暂缓"动员和激励进城定居农户退出宅基地使用权和集体土地承包权"。(3) 构建促进一二三产业在农业领域和农村地域空间的双向融合的制度体系。借鉴日本和中国台湾的经验，将我国农业生产经营初级农产品生产（一产），延伸到加工制造（二产）和休闲体验、餐饮、教育功能发挥等（三产）；同时构建促进农村地域空间一二三次产业融合发展的制度体系，使农村产业转型为六级产业（1+ 2+ 3 = 6，1×2×3 = 6）② 发展新格局。为促进乡村产业振兴，建议研究制定日本的《中国乡村六次产业发展目标、实施计划》之类的政策纲要。(4) 总结改革实践经验，建立健全农民"三位一体"合作社发展、工商资本和社会资本参与乡村振兴，以及国家支持农业农村优先发展的政策和制度体系。

其次，完善执政党领导、村民自治、社区基本公共服务，以及生态环境保护等方面的制度体系。(1) 以"研究制定中国共产党农村工作条例"③、完善《中国共产党农村基层组织工作条例》为核心治理制度，进一步强化农村基层党组织领导核心地位。(2) 建立健全以《中华人民共和国村民委员会组织法》为核心，包含村民自治章程、村规民约、民主议事和决策、政务村务公开和监督、一站式综合服务制度在内的一整套自

---

① 中共中央、国务院关于稳步推进农村集体产权制度改革的意见，http：//www.gov.cn/zhengce/2016-12/29/content_ 5154592.htm.

② 1990年代，"六次产业"最早由日本学者今村奈良臣提出，当时日本面临农业后继乏人、农村衰落的问题。为了激发农业发展活力，开始推动农业生产向二、三产业延伸，形成生产、加工、销售、服务一体化的完整产业链。因1+2+3 等于6，1×2×3 也等于6，故名"六次产业"。

③ 《中共中央、国务院关于实施乡村振兴战略的意见》，第43页。

我教育、管理、服务的制度体系。考虑村民小组土地所有权及其他财产权数量庞大的现实,建议重建和完善村民小组自治组织,提升其自治能力。(3)建立和完善公共财政托底、村组集体经济组织为主体、村域其他经济社会组织参与的社区基本公共服务均等化的制度体系。(4)建立健全促进乡村绿色发展、人与自然和谐共生、改善和巩固农村人居环境的治理制度体系。

三 完善乡村治理方法体系

中国乡里自治制度和德治思想文化有着悠久的历史传承,在传统村落里留下了乡约、族谱和祠堂、社仓社学、义庄义田等一套完整的乡里自治方法和手段体系,薄弱环节在于法治。因此"健全自治、法治、德治相结合的乡村治理体系"法治嵌入是关键。(1)自治方面,建立和完善中国共产党领导下的乡村依法自治体系是核心。(2)德治方面,应以社会主义核心价值观(富强、民主、文明、和谐,自由、平等、公正、法治,爱国、敬业、诚信、友善)为主导。在当前中国"记住乡愁"潮流中重新被挖掘、整理与部分复活的乡村自治、德治和法治传统,可以作为新时代中国乡村善治的文化基础和辅助手段予以弘扬。(3)法治方面,重点在于:建立健全基层政权机关、村民自治组织和村域集体经济组织依法行政、依法管理的方法体系;建立健全普法宣传、法治教育和提高农民法治素养的方法体系,培育农民尊重知法、懂法、守法的热情和习惯;"健全农村公共法律服务体系,加强对农民的法律援助和司法救助"[①]。

(本章作者:王景新、李林林)

参考文献(按引用顺序):

1.《中共中央、国务院关于实施乡村振兴战略的意见》,人民出版社2018年版。

[①] 《中共中央、国务院关于实施乡村振兴战略的意见》,第22页。

2. 费孝通：《乡土中国》，生活·读书·新知三联书店 2013 年版。

3. 刘玉照：《村落共同体、基层市场共同体与基层生产共同体——中国乡村社会结构及其变迁》，《社会科学战线》2002 年第 5 期。

4. 王景新：《中国农村发展新阶段：村域城镇化》，《中国农村经济》2015 年第 10 期。

5. 王景新：《村域集体经济：历史变迁与现实发展》，中国社会科学出版社 2013 年版。

6. 毛丹、任强：《中国农村公共领域的成长——政治社会学视野的村民自治诸问题》，中国社会科学出版社 2006 年版。

7. 中华人民共和国国家农业委员会办公厅（编）：《农业集体化重要文件汇编（1958—1981）（下册）》，中共中央党校出版社 1981 年版。

8. 王景新：《村域经济转型发展态势与中国经验》，《中国农村经济》2011 年第 12 期。

9. 中共中央办公厅（编）：《中国农村的社会主义高潮（中）》，人民出版社 1956 年版。

10. 陈仰东：《"三位一体"的前世今生》，《浙江日报（浙报制图）》2017 年 7 月 26 日。

11. 王景新、李玲：《苏浙农村资金互助合作组织的调查与思考》，《中国集体经济》2009 年第 11 期。

12. 张健华：《中国农村金融服务报告 2010》，中国金融出版社 2011 年版。

13. 齐志明：《农民专业合作社 5 年新增 11 万家》，《人民日报》2018 年 1 月 17 日。

14. 陈达：《南洋华侨与闽粤社会》，商务印书馆 2011 年版。

15. 陈杰：《两头家华南侨乡的一种家庭策略——以海南南来村为例》，《广西民族大学学报（哲学社会科学版）》2008 年第 3 期。

16. 陆学艺主编：《当代中国社会流动》，社会科学文献出版社 2004 年版。

17. 习近平：《决胜全面建成小康社会夺取新时代中国特色社会主义伟大胜利——在中国共产党第十九次全国代表大会上的报告》，人民出版社 2017 年版。

18. 陶希东：《国家治理体系应包括五大基本内容》，《学习时报》2013 年 12 月 30 日。

余　　论

《经略山区》洋洋 40 多万字，付梓之际仍然意犹未尽，予以补述，以为余论。

（一）

"加快形成以国内大循环为主体、国内国际双循环相互促进的新发展格局"彰显"经略山区"的重要性和紧迫性。

原以为"美国优先"只是美国总统特朗普就职演讲上的一段说辞，"让美国再次伟大"不过"美国梦"而已。殊不知这句话的背后隐藏着美国霸权和遏制中国的图谋。相关研究指出：2018 年，世界形势面临百年未有之大变局，其主旋律就是美国等西方国家公开把中国当作主要竞争对手，有些国家试图在地缘上围堵、在规则上钳制、在发展上迟滞、在形象上妖魔化中国[①]。2020 年，新冠肺炎疫情全球蔓延，加上美国近乎歇斯底里的表现，我国"出口导向型"经济已受到严峻挑战。

2020 年 5 月中旬以来，以"内循环经济为主"的导向逐渐清晰。7 月 30 日，中共中央政治局召开会议，对国际环境和经济形势做出了两个基本判断："当今世界正经历百年未有之大变局，和平与发展仍然是时代主题，同时国际环境日趋复杂，不稳定性不确定性明显增强"；"当前经济形势仍然复杂严峻，不稳定性不确定性较大，我们遇到的很多问题是中长期的"。中央据此进一步明确，"必须从持久战的角度加以认识，加快

[①] 《国际形势黄皮书：全球政治与安全报告（2019）》发布会新闻报道，来源：中国社会科学网 2018 年 12 月 27 日，网址：http://www.cssn.cn/gjgxx/gj_bwsf/201812/t20181227_4801908.shtml。

形成以国内大循环为主体、国内国际双循环相互促进的新发展格局"①。

中国经济导向转变，彰显"经略山区"的重要性和紧迫性。从近期看，"以国内大循环为主体"经济发展空间和潜在市场在山区。课题组及调研结论已经证明：后扶贫时代，全国欠发达县仍将集中于山区，低收入人群主要集中在山区，农业农村现代化和区域协调发展的短板在山区，因此"实施乡村振兴战略"彻底解决我国贫困问题，如期建成富强民主文明和谐美丽的社会主义现代化强国，重点和难点在山区，困难和出路也在山区，"实施区域协调发展战略"短板和重心在山区。从长远看，中国生态文明建设和可持续发展的空间在山区，可持续安全的战略屏障也在山区，实现中华民族"从站起来、富起来，到强起来的伟大飞跃"资源保障和地域空间也在山区。扶持山区发展就是夯实中华民族长久繁衍生息和国家长治久安的基础。

（二）

"经略山区"就是落实"坚持总体国家安全观，统筹发展和安全"治国方略。

"坚持总体国家安全观，统筹发展和安全"是习近平新时代中国特色社会主义思想和基本方略的重要内容。2014年4月15日，习近平总书记在中央国家安全委员会第一次全体会议上首次提出"总体国家安全观"。2015年7月1日第十二届全国人民代表大会常务委员会第十五次会议通过《中华人民共和国国家安全法》。党的十九大报告把"坚持总体国家安全观"作为"新时代中国特色社会主义思想和基本方略"，强调"统筹发展和安全，做到居安思危，是我们党治国理政的一个重大原则"②。同一时期，习总书记还在不同场合倡导国际社会综合安全、共同安全、合作安

---

① 新华社北京7月30日电。来源：中共中央党校（国家行政学院）官网，网址：http://www.ccps.gov.cn/xtt/202007/t20200730_142599.shtml.

② 习近平：《决胜全面建成小康社会夺取新时代中国特色社会主义伟大胜利——在中国共产党第十九次全国代表大会上的报告》，人民出版社2017年版，第24页。

全和可持续安全,指出"可持续,就是要发展和安全并重以实现持久安全……"①。但是,中华人民共和国70多年的和平发展,多数人放松了居安思危的警惕性,不愿意相信逐渐强大起来的中国仍然有可能被迫面对战争灾难,因此重视可持续发展而轻视可持续安全,未雨绸缪的呐喊容易被当成"杞人忧天"。

当今国际局势复杂多变,人类和平与发展仍面临着不容忽视的挑战。最近一段时间内,美国在南海、台湾海峡频繁挑衅、高频度骚扰。据外媒统计,进入2020年以来美国针对中国的"飞行侦查、监视",累计达1263架次,动员军事人员累计36万人次,花费620万美元。这是冷战结束以来从来没有过的现象②。无论国际局势如何复杂多变,"未雨绸缪"和"有备无患"乃中国智慧,我们从现在开始就要加快行动,推动国民经济社会发展与总体国家安全体系建设相向而行,加快构建中国特色可持续发展与可持续安全综合体系。

(三)

以习近平"两山"理念为指导,探索山区县域经济高质量发展、城乡居民生计改善、生态涵养向好(三者)的平衡点。

习近平"两山"理念形成于浙江山区转型发展实践,"山海协作"和"八八战略"实践经验是其形成发展的两块重要基石。习近平在担任宁德地委书记期间(1988—1990)就提出了"山海协作"发展模式。他到浙江工作后,浙江"山海协作工程"正式实施(2002年4月),2003年7月中共浙江省委十一届四次全会推出了"八八战略"。"两山"理念就是在这个过程中提出来的。"两山"理念的精髓是人和自然之间、"两座山"之间、"两座山"与"五位一体"战略布局之间的关系法则。习近平强调,"人因自然而生,人与自然是一种共生关系,对自然的伤害最终会伤及人类自身"。但人类对自然环境不是无能为力的。他赞扬塞罕坝"创造

---

① 中共中央党史和文献研究室:《习近平关于国家总体安全观论述摘编》,中央文献出版社2018年版,第231页。

② 兰德公司:《美国和中国必有一战》,2020年8月7日,来源,网易号,网址: https://dy.163.com/article/FJEDTHCS054307LJ.html。

了荒原变林海的人间奇迹"，要"努力形成人与自然和谐发展新格局"①。"两座山"之间是有矛盾的，但又可以辩证统一，其价值取向是既要绿水青山，也要金山银山。把"两座山"的道理延伸到统筹城乡和区域协调发展上，体现到生态文明建设中，是习近平"两山"理念的一个重要层次。他强调"建设生态文明是中华民族永续发展的千年大计"②，"生态文明建设是'五位一体'总体布局和'四个全面'战略布局的重要内容"③。总之，"两山"理念不仅是指导山区发展的最高原则，也是实现"中华民族伟大复兴"和"构建人类命运共同体"等宏大战略目标的指导思想。

人类是靠开发利用自然资源来繁衍生息的，资源不可能不开发，但又不能过度开发。以习近平"两山"理念精髓为指导，探索山区县域经济高质量发展、城乡居民生计改善、生态环境持续向好三者兼顾的路径，亟须深入调查研制《中国山区绿色发展指南》，以克服现实面临的一些问题。比如：（1）山区是我国主要的生态源，山区发展如何包含保持水土、维持生态平衡的内涵；山区是我国矿藏资源宝库，如何统筹规划、有计划开采④。解决了这两个问题，才能实现山区县域经济高质量发展、城乡居民生计改善、生态涵养向好（三者）平衡点。（2）目前认定的"三区三线"边界是否合理恰当，是否存在"自然保护地区划和生态红线的划定偏大"和"采取简单的一切都封起来"等"不作为"方式⑤。笔者在山区县调查发现，在各类自然保护区外的水源区、生态限制区、近海海域等区域，农牧渔民的生产生活空间被严重压缩，返贫风险增大，乡村振兴困难；山区森林资源利用思路尚不清晰，无论是否自然保护区，无论生态公益林、用材林、经济林、防护林等林种，谈砍伐而色变，用材林轮伐、"三北防护林"和经济林更新等障碍重重，制约林区发展，降低林权改革

---

① 《习近平谈治国理政》（第二卷），外文出版社2018年版，第394、397页。
② 习近平：《决胜全面建成小康社会夺取新时代中国特色社会主义伟大胜利——在中国共产党第十九次全国代表大会上的报告》，人民出版社2017年版，第23页。
③ 《习近平谈治国理政》（第二卷），外文出版社2018年版，第394页。
④ 杜润生：《山区经济研究是个大课题——〈中国山区经济学〉序》，载《中国山区经济学》，大地出版社1988年版，第Ⅰ—Ⅳ页。
⑤ 参见沈国舫《对当前践行"两山理论"的一些倾向的看法》，来源：关注森林网，网址http://www.isenlin.cn/sf_46391FF1242543598A78F998F684A1B2_209_3E73A776606.html.

和退耕还林政策效应。(3) 满目绿色并不等于绿色发展。一些地方的基本农田变成了花卉、苗木、茶叶、果蔬生产基地。近些年，土壤污染、耕地退化、茶山水土流失和面源污染、山核桃等经济林区泥石流等现象时有发生。山区县域绿色崛起还有很长一段路要走。

(四)

锻造山区县域经济韧性，加强中国山区经济学研究和学科体系建设。

近年来经济韧性逐渐成为备受关注的热点。通江县在近百年历程中县域经济屡经扰动，如民国初年的"红灯教"、1924年川陕地区大旱和大饥荒、川陕苏区首府等，是研究山区县域经济韧性极好的样本。我们曾四次进入通江县调研，但在实证研究中，仅把和平发展时期维持山区县域发展的人口资源下限，与非常时期（重大自然灾害、经济危机、安全危机）山区县域最大人口承载能力，这两者之间的回旋余地（弹性）作为衡量县域经济韧性，未深入研究县域经济系统应对历次冲击扰动的表现和恢复能力，也未构建山区县域经济韧性评价指标体系，有待深入。

20世纪80年代中后期，一些专家学者就呼吁建立"中国山区经济学"，认为：国民经济的协调发展，要求山区经济有较快的发展速度[1]；倡议成立中国山区经济开发研究会[2]；呼吁建立具有中国特色的山区经济学就已显得十分重要了[3]。享有中国农村改革之父赞誉的杜润生先生曾为《中国山区经济学》（1988）写序，认为《山区经济研究是个大课题》。但时至今日，中国山区经济学研究及其学科体系建设仍在原地踏步。

我们重提加快中国山区经济学研究和学科体系建设，一是应锻造山区县域经济韧性、开拓内循环经济潜在市场之急需；二是绸缪中国可持续发展和可持续安全。亟须研究：（1）山区县未充分利用资源多，潜力大，如何合理、有序开发利用。山区样本县调研揭示：县均土地面积3224.34

---

[1] 陈池波、赵蕾:《创建"中国山区经济学"断想》,《企业经济》1987年第1期。

[2] 肖克非等:《中国山区经济学》,大地出版社（原红旗出版社）1988年10月版（这本书是在原国务院农村发展研究中心指导下，由全国24所大专院校、科研单位和有关省、地领导机构的教授、研究员、高级农艺师、高级工程师、实际工作者合作撰写）。

[3] 罗余才:《亟待建立具有中国特色的山区经济学》,《嘉兴学院学报》1996年第2期。

平方公里、户籍人口42.10万人、人口密度130.6人/平方千米，相当于东南沿海地区同期人口密度的1/5左右（北方六盘山区县均人口密度只有78.11人/平方千米）；各县承包地确权丈量的耕地面积比原有上报耕地面积都有增加，南方山区县一般增长20%左右，且撂荒比例较大，复种指数低；县均林地面积230.77万亩，多数县的山林资源未合理利用，发展空间巨大。(2) 山区县域能不能发展工业，绿色工业如何培育和评价。浙江山区安吉县2019年再次入选全国综合实力百强县，同时入选全国绿色发展百强县。2020年7月上旬，笔者带队到该县调研了6家规上企业和上市公司，这些工业企业的产品90%以上销往欧美，今年4月以后，订单不降反升。诸如此类的山区县域工业化及绿色工业发展模式、经验需要研究总结。(3) 杜润生先生当年（1990）提出的一些问题待解。如：山区比较适宜于林业、草业、畜牧业生产，不适宜粮食生产，但山区必须生产粮食，如何在少量的耕地上较大幅度地提高粮食产量，如何在宜种果木林、油茶林的地区发展木本粮油；人力资本的投入是开发山区资源、发展山区经济力的前提条件，山区如何引进科学技术、提高劳动力素质、吸引和培养经营人才等。

（五）

转变"中国东南地狭人稠、西北地广人稀"格局，我们还能重返大西北吗？

中华民族祖先逐水草而居，自西北向东南迁徙，国家政治经济文化中心也随之南移。这种现象持续了几千年。至近代，东南富庶和人口密度日甚一日，到1935年，胡焕庸先生划分了我国人口密度对比线，揭示：对比线东南半壁36%的土地供养了全国96%的人口，西北半壁64%的土地仅供养4%的人口，二者平均人口密度比为42.6：1。中华人民共和国成立70年来，中国人口由西北向东南地区集聚日趋明显，"1953—2010年，有近80%的人口集中分布在20%的国土面积上"[①]。为回答《李克强之问：

[①] 中国人口分布适宜度研究课题组（封志明、扬艳昭等）：《中国人口分布适宜度报告》，科学出版社2014年版，第4—5页。

"胡焕庸线"怎么破?》①,课题组提出了"经略山区"的人口集聚战略:突破"胡焕庸线",逐步转变"中国东南地狭人稠、西北地广人稀"格局。问题是,我们还能重返大西北吗?

越来越多的研究证实,历史时期,中国西北水肥草美,山区森林茂密,是炎黄子孙最重要的发源地和繁衍生息之所。秦汉时期,祁连山区及其山前焉支山一带,不仅松柏五木、"仙树"生长良好,而且水肥草美,牛羊赖之充肥,为匈奴等游牧民族所依依眷恋。祁连山区宜林面积为2000余万亩,但现有林地面积仅70多万亩,森林覆盖率不足15%,其减少的原因在于历史上的滥砍滥伐人为破坏②。秦巴山区自古以来森林茂密,开发历史悠久,早在几十万年前就有先民在这里生息繁衍,石器时代人与自然和谐相处,青铜时代人类征服自然的能力增强但对秦巴山区环境的影响是轻微的,铁器时代人类对秦巴山区自然环境的破坏日趋严重,但唐代以前对环境的破坏是局部的,宋代以后特别是明清时期对环境的破坏是全局的,晚清以来的工业文明时代对自然环境的破坏超过了以前任何时期,民国以来对森林的破坏往往大于建设……③。南方山区历史时期经济开发以农田垦辟、粮食作物种植为主线索,但山林、矿产资源的开发利用也一直是南方山区开发的重要方面,在很多山区,采集渔猎,山林矿产资源的综合利用与多种经营一直是较长时期内山区民众最重要的生计依靠④。

要想重返大西北,气候变化是前提,涵养生态、人与山水林田湖草生命共同体包容发展是根本。2019年,新华社一篇报道给了我们信心:《一个重大信号!中国大西北正在变暖变湿》⑤。文章指出,1961年以来西北呈升温趋势,大部降水增多,2000年后暖湿化更为显著。文章描绘了若

---

① 来源:人民网-时政频道,http://politics.people.com.cn/n/2014/1128/c1001-26113082.html,2014年11月28日。

② 李并成:《历史上祁连山区森林的破坏与变迁考》,《中国历史地理论丛》2000年第1期。

③ 梁中效:《历史时期秦巴山区自然环境的变迁》,《中国历史地理论丛》2000年第17卷第3辑。

④ 鲁西奇、董勤:《南方山区经济开发的历史进程与空间展布》,《中国历史地理论丛》2010年第25卷第4期。

⑤ 来源:新浪新闻中心,网址 http://news.sina.com.cn/c/2019-09-19/doc-iicezueu6793225.shtml。

干细节：兰州市区和机场间荒山变绿了；敦煌石窟周围的戈壁竟然长了草……有关专家预测，全球变暖驱动水循环加剧，可能是西北气候暖湿化的根本原因，这一趋势将持续到 21 世纪中叶。如果这种预测成真，笔者"重返大西北"[①] 的梦想亦有望成真：

炎黄繁衍史，逐水五千秋。

晋浙徽商替，归宗三角洲。

东南难负重，焕庸警言留。

子嗣回西北，中华万古遒。

王景新

2020 年 8 月于海口

[①] 王景新：《重返大西北》，撰于戊戌（2018）年腊月二十五。